Zivilisationen & Geschichte

Herausgegeben von
Ina Ulrike Paul und Uwe Puschner

Band 15

PETER LANG
Frankfurt am Main · Berlin · Bern · Bruxelles · New York · Oxford · Wien

„Absolutismus“

Reinhard Blänkner

„Absolutismus"

Eine begriffsgeschichtliche Studie
zur politischen Theorie
und zur Geschichtswissenschaft
in Deutschland, 1830-1870

PETER LANG
Internationaler Verlag der Wissenschaften

Bibliografische Information der Deutschen Nationalbibliothek
Die Deutsche Nationalbibliothek verzeichnet diese Publikation in der Deutschen Nationalbibliografie; detaillierte bibliografische Daten sind im Internet über http://dnb.d-nb.de abrufbar.

ISSN 1867-092X
ISBN 978-3-631-60428-1

Zweite, um eine Vorbemerkung
ergänzte Auflage der Dissertation,
Göttingen 1990

www.peterlang.de

"Absolutism". The History of a Concept. Political Theory and Historiography in Germany, 1830-1870.

For more than a century early modern state-formation has been described with the historiographical concept of "absolutism" and the early modern period is generally marked as the "The Age of Absolutism", particularly by German historians, who initiated historical research on "absolutism" during the 19th century. Despite increasing criticism of the concept of "absolutism", an investigation of its transition from pejorative political term to positive normative concept for historical research has been lacking. This dissertation seeks to analyse the polemics against the concepts of "absolutism" and "constitutionalism" in 19th century German media and to reconstruct key issues of research on absolutism. The main focus lies on the shift from a philosophical concept of "the absolute" to a more trivial historical concept of "absolutism", which was crucial for the development of Prusso-German historiography and Prussia's established role as paradigm for modern state-formation. Hence, the present study explores not only the history of the idea of "absolutism" but also pivotal aspects of the history of historiography in a 19th century German context.

„Absolutisme". Une étude sémantico-historique de la théorie politique et de la science historique en Allemagne, 1830-1870.

Depuis plus d'un siècle, le processus de formation des Etats modernes est résumé par la conception de „l'absolutisme" et, jusqu'à aujourd'hui, le début de l'époque moderne est décrit comme étant le „siècle de l'absolutisme". Ceci vaut avant tout pour la science historique en Allemagne, où la recherche sur l'absolutisme s'est développée à partir du XIXème siècle. Même si le concept d'„absolutisme" est de plus en plus considéré de manière critique, le glissement sémantique de „l'absolutisme" d'un terme péjoratif et politique en un concept positiviste et normatif servant à définir la formation de l'Etat reste encore à analyser. L'ouvrage présent, issu d'une thèse de doctorat, poursuit cette question en se fondant sur les polémiques publicistiques concernant l'„absolutisme" et le „constitutionalisme" ainsi que sur la reconstruction des données principales de la recherche scientifique sur l'absolutisme. La thèse insiste sur la « trivialisation » à l'œuvre dans le passage de la question philosophique de „l'Absolu" au concept historique de „l'absolutisme". En découle la place centrale de ce concept dans la science historique prussienne-allemande et l'établissement de la Prusse comme exemple paradigmatique de la formation d'un Etat moderne. Par là, cette étude sémantico-historique met en lumière des aspects centraux de l'histoire scientifique allemande au XIXème siècle.

Inhalt

Abkürzungsverzeichnis

ADB	Allgemeine Deutsche Biographie
AHRF	Annales Historiques de la Révolution Française
AKG	Archiv für Kulturgeschichte
Annali ISIG	Annali dell'Istituto storico italo-germanico in Trento
ApA	Allgemeine politische Annalen
BICHS	Bulletin of the International Committee of Historical Sciences
BpW	Berliner politisches Wochenblatt
Bw	Briefwechsel
DStWb	Deutsches Staatswörterbuch Bluntschli-Brater
DVjSchr	Deutsche Vierteljahrschrift
FS	Festschrift
GA	Gesammelte Abhandlungen
GS	Gesammelte Schriften
GWU	Geschichte in Wissenschaft und Unterricht
HZ	Historische Zeitschrift
JbbGMOD	Jahrbücher für die Geschichte Mittel- und Ostdeutschlands
JbbGStk	Jahrbücher der Geschichte und Staatskunst
JHI	Journal of the History of Ideas
KZfSS	Kölner Zeitschrift für Soziologie und Sozial-Sozialpsychologie
MEW	Marx-Engels-Werke

NapA	Neue allgemeine politische Annalen
NDB	Neue Deutsche Biographie
NJbbGP	Neue Jahrbücher der Geschichte und Politik
PJ	Preußische Jahrbücher
RhZ	Rheinische Zeitung
SOWI	Sozialwissenschaftliche Informationen für Unterricht und Studium
StL	Staats-Lexikon Rotteck-Welcker
TAJB	Tel Aviver Jahrbuch für deutsche Geschichte
VSWG	Vierteljahrsschrift für Sozial- und Wirtschaftsgeschichte
WaG	Die Welt als Geschichte
Zdspr	Zeitschrift für deutsche Sprache
ZdR	Zeitschrift für deutsches Recht und deutsche Rechtswissenschaft
ZdWf	Zeitschrift für deutsche Wortforschung
ZfG	Zeitschrift für Geschichtswissenschaft
ZfP	Zeitschrift für Politik
ZHF	Zeitschrift für Historische Forschung
ZRG (GA)	Zeitschrift der Savigny-Stiftung für Rechtsgeschichte, Germanistische Abteilung

Vorbemerkung zur zweiten Auflage

Die vorliegende Dissertation wurde im Wintersemester 1989/90 am Seminar für Mittlere und Neuere Geschichte der Philosophischen Fakultät der Georg August-Universität Göttingen eingereicht, im Sommer 1990 zunächst als Dissertationsdruck und 1996 als Mikroficheausgabe publiziert. Der raschen Veröffentlichung in Buchform stand zunächst die Absicht entgegen, die in der Dissertation zwischen 1830 bis 1870 behandelten Absolutismusdiskurse in Deutschland bis zu den Diskursen der 1930er Jahre fortzuführen, in denen die Absolutismusforschung sich unter dem Einfluß der Ranke-Renaissance, vor allem jedoch der sozialwissenschaftlichen Öffnung der jüngeren Historischen Schule der Nationalökonomie im Zeichen des aus dem Hegelianismus hervorgegangenen Paradigmas der „Staatsbildung" etablierte (Gustav Schmoller, Adolf Wagner) und nachfolgend zunächst durch die maßgeblich von Otto Hintze angeregte Ständeforschung erweitert,[1] dann aber durch völkische Problemstellungen (Otto Brunner) überholt wurde.[2] Die Hinwendung zu anderen Forschungsfeldern nach Abschluß der Promotion und die damit verbundenen institutionellen Einbindungen haben die Realisierung dieser Absicht jedoch immer wieder hinausgezögert. Der Entschluß, die Arbeit nun ohne diese Fortschreibungen erneut zu veröffentlichen, folgt dem vielfach an mich herangetragenen Wunsch, diese Dissertation durch eine leserfreundliche Buchform einer breiteren wissenschaftlichen Öffentlichkeit zugänglich zu machen.

Die Arbeit nach über zwanzig Jahren, von formalen Korrekturen abgesehen, erneut vorzulegen, geschieht nicht ohne Zögern. Nicht nur, weil im Rückblick manches Urteil als überpointiert formuliert erscheinen mag. Vor allem ist auf mehreren der hier bearbeiteten Feldern die historische Forschung inzwischen weiter oder in eine andere Richtung gegangen. Dies betrifft zunächst die allgemeine Forschung zur deutschen Geschichte im 19. Jahrhundert, so weit sie hier tangiert ist, insbesondere jedoch die Absolutismusforschung selbst.[3] Die lange vorherrschende

---

1 S. hierzu W. Neugebauer, Gustav Schmoller, Otto Hintze und die Arbeit an den Acta Borussica, in: Jahrbuch für Brandenburgische Landesgeschichte 48 (1997), S. 152-202; O. Büsch/M. Erbe (Hrsg.), Otto Hintze und die moderne Geschichtswissenschaft, Berlin 1983.

2 S. hierzu meine auf den Ergebnissen der Dissertation aufbauenden und weiterführenden Aufsätze: „Absolutismus" und „frühmoderner Staat". Probleme und Perspektiven der Forschung, in: R. Vierhaus u. a. (Hrsg.), Frühe Neuzeit – frühe Moderne? Forschungen zur Vielschichtigkeit von Übergangsprozessen, Göttingen 1992, S. 48-74 sowie: Von der „Staatsbildung" zur „Volkwerdung". Otto Brunners Perspektivenwechsel der Verfassungshistorie im Spannungsfeld zwischen völkischem und alteuropäischem Geschichtsdenken, in: L. Schorn-Schütte (Hrsg.), Alteuropa oder Frühe Moderne. Deutungsmuster für das 16. bis 18. Jahrhundert aus dem Krisenbewußtsein der Weimarer Republik in Theologie, Rechts- und Geschichtswissenschaft, Berlin 1999 (ZHF, Bh. 23), S. 87-135.

3 Zum jüngeren Forschungsstand s. E. Hinrichs, Fürsten und Mächte. Zum Problem des europäischen Absolutismus, Göttingen 2000, insbes. S. 19-36 u. 233-256; W. Schmale, Absolutismus: Biographie eines Begriffs, in: Politische Zivilisation des Absolutismus. Beiträge zur historischen Sozialkunde 4/2001, S. 5-14; M. Sanfilippo, Alcune note sul concetto di assolutismo nella storiografia europea, in: G. Platania (Hrsg.), L'Europa di Giovanni Sobieski: cultura, politica, mercatura e società. Atti del VI colloquio internazionale, Viterbo (Sette Città) 2005, S. 475-503; P. H. Wilson, Absolutism in Central Europe, London/New York (Routledge) 2000; P. Mat'a (Hrsg.), Die Habsburgermonarchie 1620-1740. Leistungen und Grenzen des Absolutismusparadigmas, Stuttgart 2006; H. Duchhardt, Barock und

These über den Zusammenhang zwischen monarchischem Absolutismus und moderner Staatsbildung, die bereits ausgangs der 1960er Jahre durch die Ständeforschung fragwürdig geworden war, ist, ausgelöst durch die praxeologische und kulturgeschichtliche Wende seit den 1980er Jahren, weiter destruiert worden. Hervorzuheben sind hier insbesondere die Forschungen zur frühneuzeitlichen Policey,[4] zu frühneuzeitlichen Herrschaftspraktiken und der „Staatsbildung von unten"[5] sowie neue Perspektiven auf den frühneuzeitlichen Hof.[6] Hierdurch hat sich nicht nur das Profil des Forschungsfelds der frühneuzeitlichen Staatenformierung grundlegend verändert, sondern darüber hinaus haben diese Forschungen eine neue Grundlagendebatte über den eigenständigen Epochencharakter der Frühen Neuzeit ausgelöst,[7] in der sich der Begriff des „Absolutismus" als Epochensignatur als umstrittener denn je erweist.[8]

Aufklärung, 4., neubearbeitete und erweiterte Auflage des Bandes „Das Zeitalter des Absolutismus", München 2007; D. Freist, Absolutismus, Darmstadt 2008; F. Consandey/R. Descimon, L'Absolutisme en France. Histoire et Historiographie, Paris (Editions du Seuil) 2002; L. Schilling (Hrsg.), Absolutismus, ein unersetzliches Forschungskonzept? Eine deutsch-französische Bilanz, München 2008.

4 S. hierzu K. Härter (Hrsg.), Policey und frühneuzeitliche Gesellschaft, Frankfurt a. M. 2000; A. Holenstein/R. Konersmann/J. Pauser/G. Sälter (Hrsg.), Ordnungskräfte und Sicherheitspersonal in Gemeinden und Territorien vom Spätmittelalter bis zum frühen 19. Jahrhundert, Frankfurt a. M. 2002 sowie speziell mit Blick auf die jüngere Absolutismusforschung die kritische Bestandsaufnahme von Achim Landwehr, Absolutismus oder „gute Policey"? Anmerkungen zu einem Epochenkonzept, in: Schilling (Hrsg.), Absolutismus, ein unersetzliches Forschungskonzept? (wie Anm. 3), S. 205-228.

5 S. hierzu G. Levi, Das immaterielle Erbe. Eine bäuerliche Welt an der Schwelle zur Moderne, Berlin 1985; M. Hohkamp, Herrschaft in der Herrschaft. Die vorderösterreichische Obervogtei Triberg von 1737 bis 1780, Göttingen 1998; T. Klingebiel, Ein Stand für sich? Lokale Amtsträger in der Frühen Neuzeit. Untersuchungen zur Staatsbildung und Gesellschaftsentwicklung im Hochstift Hildesheim und im älteren Fürstentum Wolfenbüttel, Hannover 2002; U. Löffler, Dörfliche Amtsträger im Staatswerdungsprozess der Frühen Neuzeit. Die Vermittlung von Herrschaft auf dem Lande im Herzogtum Magdeburg, 17. und 18. Jahrhundert, Münster 2005; M. Meumann/R. Pröve (Hrsg.), Herrschaft in der Frühen Neuzeit. Umrisse eines dynamisch-kommunikativen Prozesses, Münster 2004; S. Brakensiek/H. Wunder (Hrsg.), Ergebene Diener ihrer Herren? Herrschaftsvermittlung im alten Europa, Köln/Weimar/Wien 2005; A. Holenstein/W. Blockmans/J. Mathieu/D. Schläppi (Hrsg.), Empowering Interactions. Political Cultures and the Emergence of the State in Europe, 1300-1900, Ashgate (Farnham) 2009; R. G. Asch/D. Freist (Hrsg.), Staatsbildung als kultureller Prozess. Strukturwandel und Legitimation von Herrschaft in der Frühen Neuzeit, Köln/Weimar/Wien 2005. S. hierzu auch meine Rezension, in: ZHF 35 (2008), S. 124-127; S. Brakensiek, Akzeptanzorientierte Herrschaft. Überlegungen zur politischen Kultur der Frühen Neuzeit, in: H. Neuhaus (Hrsg.), Die Frühe Neuzeit als Epoche, München 2009 (HZ, Bh. 49), S. 395-406.

6 A. Pečar: Die Ökonomie der Ehre. Höfischer Adel am Kaiserhof Karls VI. (1711-1740) Darmstadt 2003; M. Hengerer, Kaiserhof und Adel in der Mitte des 17. Jahrhunderts. Eine Kommunikationsgeschichte der Macht in der Vormoderne, Konstanz 2004.

7 S. hierzu H. E. Bödeker/E. Hinrichs (Hrsg.), Alteuropa – Ancien Régime – Frühe Neuzeit. Probleme und Methoden der Forschung, Stuttgart/Bad Cannstadt 1991; Vierhaus u. a. (Hrsg.), Frühe Neuzeit – Frühe Moderne? (wie Anm. 2); Schorn-Schütte (Hrsg.), Alteuropa oder Frühe Moderne (wie Anm. 2); dies., Geschichte Europas in der Frühen Neuzeit. Studienhandbuch 1500-1789, Paderborn 2009; Neuhaus (Hrsg.), Die Frühe Neuzeit als Epoche (wie Anm. 5); R. Schlögl, Vorbemerkung: Von der Einheit der Neueren Geschichte, in: GG 33 (2007), S. 313-316; ders., Kommunikation und Vergesellschaftung un-

Nicht weniger fragwürdig erscheint der Begriff des „frühmodernen Staates“, den Gerhard Oestreich als Alternative für den „immer verdächtiger werdenden Begriff des Absolutismus“[9] eingeführt hat. Im Sinne einer langfristig angelegt gedachten Entstehung des modernen Staates ist dieser Alternativbegriff jedoch entwicklungsgeschichtlich kontaminiert[10] und verstellt damit den Blick auf die figurativen Eigenheiten des „frühneuzeitlichen“ Staates als historisch besonderes institutionelles Ordnungsarrangement. In der Fachhistorie ist Oestreichs Begriff rasch aufgenommen worden. Entgegen der Absicht seines Inaugurators hat er jedoch den problematisch gewordenen Begriff „Absolutismus“ nicht konzeptuell ersetzt, sondern lediglich synonymisch überformt. Im Unterschied zu Oestreichs Konzept der „Sozialdisziplinierung“, das eine breite Forschungsdiskussion ausgelöst hat, ist sein Konzept des „frühmodernen Staates“ vor allem in der Konfessionalisierungsforschung,[11] darüber hinaus jedoch kaum Gegenstand einer kritisch weiterführenden Debatte geworden, die interdisziplinär und international fruchtbar hätte sein können.[12]

---

ter Anwesenden. Formen des Sozialen und ihre Transformation in der Frühen Neuzeit, in: GG 34 (2008), S. 155-224.

8 S. hierzu Duchhardt, Barock und Aufklärung (wie Anm. 3), S. 169-176; Freist, Absolutismus (wie Anm. 3), S. 9-11.

9 G. Oestreich, Ständetum und Staatsbildung in Deutschland (1967), in: ders., Geist und Gestalt des frühmodernen Staates, Berlin 1969, S. 276-289, hier: 289. Zu Oestreichs Begriff des „frühmodernen Staates“ s. ebd., S. 5 f. 186 u. 278.

10 S. hierzu paradigmatisch das von der European Science Foundation geförderte Projekt: W. Blockmans (Hrsg.), The Origins of the Modern State in Europe, 13th to 18th Century, 7 Bde., Oxford (Clarendon Press) 1995-2000. In der Gesamtanlage ähnlich, mit Blick auf die Historizität des Staates als spezifisch europäisches Ordnungsmodell jedoch stärker differenzierend: W. Reinhard, Geschichte der Staatsgewalt. Eine vergleichende Verfassungsgeschichte Europas von den Anfängen bis zur Gegenwart, München 1999.

11 S. hierzu W. Reinhard, Gegenreformation als Modernisierung? Prolegomena zu einer Theorie des konfessionellen Zeitalters, in: ders., Ausgewählte Abhandlungen, Berlin 1997, S. 77-101 (zuerst 1977); ders., „Konfessionalisierung“ auf dem Prüfstand, in: J. Bahlcke/A. Strohmeyer (Hrsg.), Konfessionalisierung in Ostmitteleuropa. Wirkung des religiösen Wandels im 16. und 17. Jahrhunderts in Staat, Gesellschaft und Kultur, Stuttgart 1999, S. 79-88; H. Schilling, Konfessionskonflikt und Staatsbildung. Eine Fallstudie über das Verhältnis von religiösem und sozialem Wandel in der Frühneuzeit am Beispiel der Grafschaft Lippe, Gütersloh 1981; ders., Die Konfessionalisierung von Kirche, Staat und Gesellschaft – Profil, Leistung, Defizite und Perspektiven eines geschichtswissenschaftlichen Paradigmas, in: W. Reinhard/H. Schilling (Hrsg.), Die katholische Konfessionalisierung, Gütersloh 1995, S. 1-49; P. S. Gorski, The Disciplinary Revolution. Calvinism and the Rise of the State in Early Modern Europe, Chicago/London (The University of Chicago Press) 2003. Zur weiteren Debatte über den „Etatismus“ und den modernisierungstheoretischen Überschuß des Konfessionalisierungsparadigmas s. L. Schorn-Schütte, Evangelische Geistlichkeit in der Frühneuzeit. Deren Anteil an der Entfaltung frühmoderner Staatlichkeit und Gesellschaft, dargestellt am Beispiel des Fürstentums Braunschweig-Wolfenbüttel. Der Landgrafschaft Hessen-Kassel und der Stadt Braunschweig, Gütersloh 1996, insbes. S. 24-26; R. Blänkner, Strukturprobleme des frühmodernen Staates, in: F. S. Carney/H. Schilling/D. Wyduckel (Hrsg.), Jurisprudenz, Politische Theorie und Politische Theologie. Beiträge des Herborner Symposions zum 400. Jahrestag der Politica des Johannes Althusius 1603-2003, Berlin 2004, S. 399-435, insbes. S. 412-415.

12 Zu Oestreichs Bemühungen um eine neue Begrifflichkeit s. K. Krüger, Policey zwischen Sozialregulierung und Sozialdisziplinierung, Reaktion und Aktion – Begriffsbildung durch Gerhard Oestreich 1972-1974, in: K. Härter (Hrsg.), Policey und frühneuzeitliche Gesellschaft, Frankfurt a. M. 2000, S. 107-119; Blänkner, Absolutismus und frühmoderner Staat

Stattdessen hat sich die jüngere, zumal deutschsprachige Diskussion an Nicolas Henshalls Buch „The Myth of Absolutism" (1992) orientiert,[13] das jedoch schon zum Zeitpunkt seines Erscheinen in vieler Hinsicht hinter den Problemhorizont zurückfiel, der in der Bundesrepublik Deutschland bereits seit Ausgang der 1960er Jahre durch die Arbeiten von Rudolf Vierhaus, Gerhard Oestreich u. a. erreicht war.[14] Darüber hinaus handelt es sich bei diesem Buch, wie Monika Neugebauer-Wölk mit Recht hervorgehoben hat, „keineswegs nur um die Destruktion des Absolutismusbegriffs (...), sondern mindestens mit derselben Entschiedenheit um die Destruktion der Lehre von der liberalen englischen Verfassungstradition."[15] Für die Diskussion vergleichender frühneuzeitlich-europäischer Staatlichkeit ist Henshalls Buch wenig ergiebig und die Problemstellung – Absolutismus: Mythos oder Wirklichkeit? – ist nicht erst aus neuerer kulturwissenschaftlicher Sicht dürftig.

Es ist darum nicht verwunderlich, daß von der Debatte über Henshalls Buch keine nachhaltigen weiterführenden Impulse für die Diskussion über das Problem „frühmoderner Staatlichkeit" ausgegangen sind. Jedenfalls bedurfte der überfällige und bereits früher nachdrücklich postulierte „Abschied vom Absolutismus"[16] als Leitbegriff für das Verständnis frühneuzeitlicher Staatlichkeit und darüber hinaus als Epochenbegriff nicht einer Debatte über dieses Buch, das vornehmlich „althergebrachte und überlebte Seifenblasen platzen (läßt)."[17]

(wie Anm. 2); ders., Strukturprobleme des frühmodernen Staates (wie Anm. 11), S. 405-412. Weiterführend auch H. Gerstenberger, Die subjektlose Gewalt. Theorie der Entstehung bürgerlicher Staatsgewalt, 2., überarb. Aufl., Münster 2006 (zuerst 1990) sowie mit anderer Schwerpunktsetzung: B. Stollberg-Rilinger (Hrsg.), Vormoderne politische Verfahren, Berlin 2001 (ZHF, Bh. 25).

13 N. Henshall, The Myth of Absolutism: Change and Continuity in Early Modern European Monarchy, London/New York (Longman) 1992. Zur Debatte über dieses Buch s. R. G. Asch/H. Duchhardt (Hrsg.), Der Absolutismus – ein Mythos? Strukturwandel monarchischer Herrschaft in West- und Mitteleuropa (ca. 1550-1700), Köln/Weimar/Wien 1996.

14 R. Vierhaus, Staaten und Stände. Vom Westfälischen bis zum Hubertusburger Frieden 1648 bis 1763, Berlin 1984, insbes. S. 9 f.; H. Dreitzel, Monarchiebegriffe in der Fürstengesellschaft. Semantik und Theorie der Einherrschaft in Deutschland von der Reformation bis zum Vormärz, Köln 1980; ders., Absolutismus und ständische Verfassung. Ein Beitrag zu Kontinuität und Diskontinuität der politischen Theorie in der frühen Neuzeit, Mainz 1992, insbes. S. 130; R. van Dülmen, Entstehung des frühneuzeitlichen Europa 1550-1648, Frankfurt a. M. 1982; R. Blänkner, Westlicher und östlicher „Absolutismus" auf dem Kontinent – „Parlamentarismus" in England, oder: Vom Elend der Kategorien, in: Sozialwissenschaftliche Informationen für Unterricht und Studium 12 (1983): Absolutismus: Herrschaft und Widerstand (1620-1790), S. 218-227; W. Neugebauer, Absolutistischer Staat und Schulwirklichkeit in Brandenburg-Preußen, Berlin 1985; E. Hinrichs, Zum Stand und zu den Aufgaben gegenwärtiger Absolutismusforschung, in: ders. (Hrsg.), Absolutismus, Frankfurt a. M. 1986, S. 7-32.

15 M. Neugebauer-Wölk, Absolutismus und Aufklärung, in: GWU 49 (1998), S. 561-578, hier: S. 569.

16 E. Hinrichs, Abschied vom Absolutismus? Eine Antwort auf Nicholas Henshall, in: Asch/Duchhardt (Hrsg.), Der Absolutismus – ein Mythos? (wie Anm. 13), S. 353-371. S. a. H. Duchhardt, Absolutismus – Abschied von einem Epochenbegriff?, in: HZ 258 (1994), S. 113-122; ders., Die Absolutismusdebatte – eine Antipolemik, in: HZ 275 (2002), S. 323-331; ders., Barock und Aufklärung (wie Anm. 3), S. 169-176. Zu vorangegangenen „Abschieden" s. o., Anm. 14.

17 So Helmut G. Koenigsberger treffend in seiner Rezension dieses Buches, in: ZHF 24 (1997), S. 288 f. Ähnlich kritisch charakterisiert auch Winfried Müller dieses Buch, das „in

Nicht zuletzt vor diesem Hintergrund mag es gerechtfertigt erscheinen, die hier erstmals im Druck präsentierte Dissertation erneut vorzulegen. Denn ihr problemgeschichtlicher Fokus, die Frage nämlich nach der diskursiven Formierung des „Absolutismus" als politisches Schlagwort und seine begriffs- und konzeptgeschichtliche Transformation vom negativ konnotierten politisch-polemischen Kampfbegriff zum historiographisch-normativen Leit- und Epochenbegriff ebenso wie ihr argumentativer Kern sind seither nicht wieder eingehend behandelt oder weitergeführt worden.[18] Gleichsam unbeschadet von der jüngeren Absolutismusforschung ist der unter dieser Problemstellung in dieser Arbeit vorgelegte Forschungsstand daher unverändert aktuell.

Zeitgleich mit dem Abschluß dieser wissenschaftsgeschichtlichen Dissertation wurden mehrere innovative Ansätze formuliert und monographische Gesamtdarstellungen zum Problem frühneuzeitlicher Staatenformierung vorgelegt, die, im Unterschied zu Henshalls Buch, neue Forschungsperspektiven eröffneten, in der jüngeren geschichtswissenschaftlichen Absolutismusforschung, zumal in Deutschland, allerdings nur geringe Aufmerksamkeit gefunden und keine nachhaltige Wirkung erzielt haben.

Dies gilt zunächst für die wegweisende Studie „The Sinews of Power" von John Brewer, die, Otto Hintzes historisch-soziologische Problemstellungen aufnehmend, aber gleichsam gegen dessen preußischen Strich lesend, die englische Staatenformierung im Sinne eines „fiscal-military state" neu interpretierte.[19] Hiermit unternahm Brewer, wie nachfolgend auch Michael J. Braddick und Steve Hindle,[20] nicht nur einen entscheidenden Schritt zur Überwindung der These vom englischen „Sonderweg" zu moderner Staatlichkeit, die zum argumentativen Kernbestand der deutschen Absolutismusforschung gehört(e). Zugleich eröffnete er hiermit einen innovativen Blick auf die vergleichend-europäische Staatenformierung,[21] der über

---

manicher Hinsicht der Neuerfindung des Rades glich", vgl. ders., Literaturbericht 1648-1806, Teil 1, in: GWU 57 (2006), S. 208-216, hier: S. 208.

18 S. jedoch über die vorliegende Dissertation hinausführend R. Blänkner, „Der Absolutismus war ein Glück, der doch nicht zu den Absolutisten gehört." Eduard Gans und die hegelianischen Ursprünge der Absolutismusforschung in Deutschland, in: HZ 256 (1993), S. 31-66, sowie zur Absolutismuskritik des preußischen Altkonservatismus im Umfeld von Ernst Ludwig von Gerlach und des „Berliner politischen Wochenblatts" der 1830er Jahre H.-Ch. Kraus, Ernst Ludwig von Gerlach. Politisches Denken und Handeln eines preußischen Altkonservativen, 2 Bde., Göttingen 1994, insbes. Bd. 1, S. 151-165, 174-184, 203 ff. u. 254-266; ders., Englische Verfassung und politisches Denken im Ancien Régime 1689-1789, München 2006, S. 25 u. S. 493. Zusammenfassend, auch mit Blick auf die nachfolgenden Debatten, s. Schmale, Absolutismus: Biographie eines Begriffs (wie Anm. 3).

19 J. Brewer, The Sinews of Power. War, Money and the English State, 1688-1783, Harvard (Harvard University Press) 1988.

20 M. J. Braddick, State Formation in Early Modern England c. 1550-1700, Cambridge (Cambridge University Press) 2000; S. Hindle, The State and Social Change in Early Modern England, c. 1550-1640, Basingstoke (Palgrave) 2000; ders., Law, law enforcement and state formation in early modern England, in: Asch/Freist (Hrsg.), Staatsbildung als kultureller Prozess (wie Anm. 5), S. 209-233.

21 S. hierzu J. Brewer/E. Hellmuth (Hrsg.), Rethinking Leviathan. The Eighteenth-Century State in Britain and Germany, Oxford (Oxford University Press) 1999; E. Hellmuth, Der Staat des 18. Jahrhunderts. England und Preußen im Vergleich, in: G. Birtsch (Hrsg.), Reformabsolutismus im Vergleich, Hamburg 1996, S. 5-24 (Aufklärung. Interdisziplinäre Halbjahresschrift zur Erforschung des 18. Jahrhunderts und seiner Wirkungsgeschichte 9, H. 1); ders., The British State, in: H. T. Dickinson (Hrsg.), A Companion to Eighteenth-

Hintzes am preußischen „Paradigma“[22] orientierte Sicht hinausging und der die Einheit der europäischen Geschichte im Fokus der „Staatenbildung“ als ungelöstes Problem zurückgelassen hatte.

Von einem anderen Ausgangspunkt, der Frage nach der „Entstehung bürgerlicher Staatsgewalt“ ausgehend, hat auch Heide Gerstenberger diese Problemstellung in ihrer historisch-politikwissenschaftlichen Studie „Die subjektlose Gewalt“ aufgegriffen.[23] In Abgrenzung von der Absolutismusforschung und deren entwicklungsgeschichtlich motivierter Frage nach der Entstehung des „modernen Staates“ betonte Gerstenberger die Historizität des Strukturtypus „Ancien Regime“, der eine historisch-spezifische Form „personaler Herrschaft“ hervorgebracht habe und daher von feudalen Formen personaler Herrschaft ebenso wie von der entpersonalisierten Herrschaft des „modernen“ bürgerlichen Staates zu unterscheiden sei.[24]

Schließlich sind Immanuel Wallersteins bereits früher erschienene Studien zum Modernen Welt-System[25] zu nennen, die neben dem wegweisenden Ansatz, die europäische Geschichte in einen weiteren, globalen ökonomischen und geopolitischen Kontext zu stellen, auch den Prozeß der Staatenformierung der frühen Neuzeit in einem anderen Licht erscheinen lassen. Dies gilt insbesondere für die systematische Unterscheidung zwischen „empire“ und „state“, die eines der tragenden Elemente in Wallersteins Konzept des Modernen Welt-Systems darstellt.[26]

Century Britain, Oxford (Blackwell) 2002, S. 19-29. S. a. Kraus, Englische Verfassung (wie Anm. 18), S. 30 f.

22 S. hierzu Hintzes programmatische „Antrittsrede in der Preußischen Akademie der Wissenschaften“ (1914), in der er formuliert: „Das eigentliche Ziel, das mir bei meinen wissenschaftlichen Bemühungen vorschwebte, war von Anfang an eine allgemeine Verfassungs- und Verwaltungsgeschichte der neueren Staatenwelt, namentlich der romanischen und germanischen Völker. (...) Die preußische Geschichte wurde mir zum Paradigma für die Ausgestaltungen und Abwandlungen des Lebens eines modernen Staates überhaupt; und von diesem quellenmäßig erforschten und durch die Erfahrungen des öffentlichen Lebens genügend beleuchteten Boden aus konnte ich hoffen, in allseitigem Vordringen ein allmählich tiefer und schärfer werdendes Verständnis für die Eigenart anderer staatlicher Bildungen von ähnlichem oder abweichendem Typus zu gewinnen.“, in: O. Hintze, Gesammelte Abhandlungen, Bd. 1: Staat und Verfassung. Gesammelte Abhandlungen zur Allgemeinen Verfassungsgeschichte. Hrsg. v. G. Oestreich mit einer Einleitung v. F. Hartung, 3., durchgesehene und erweiterte Auflage, Göttingen 1962, S. 563-566, hier: S. 564 f. S. hierzu auch anläßlich der posthumen Publikation von Hintzes Fragment gebliebener Verfassungsgeschichte: W. Neugebauer, Otto Hintze und seine Konzeption der „Allgemeinen Verfassungsgeschichte der neueren Staaten“, in: O. Hintze, Allgemeine Verfassungs- und Verwaltungsgeschichte der neueren Staaten. Fragmente, Bd. 1. Hrsg. v. G. Di Costanzo/M. Erbe/W. Neugebauer, Bari (Palomar) 1998, S. 35-83.

23 Gerstenberger, Die subjektlose Gewalt (wie Anm. 12). Englische Übersetzung u. d. T.: Impersonal Power. History and Theory of the Bourgeois State, Chicago (Haymarket) 2009.

24 Vgl. ebd., S. 501 f. u. 630-633.

25 I. Wallerstein, The Modern World-System. Capitalist agriculture and the origins of the European world-economy in the sixteenth century, New York (Academic Press) 1974. Die deutsche Übersetzung erschien unter dem Titel: Das moderne Weltsystem. Die Anfänge kapitalistischer Landwirtschaft und die europäische Weltökonomie im 16. Jahrhundert, Frankfurt a. M. 1986.

26 Vgl. ebd., insbes. Kap. 4. From Seville to Amsterdam: The failure of Empire, S. 164-221. Das in der deutschen Ausgabe als „Fehlschlag des Imperiums“ übersetzte Kapitel verfehlt die Pointe des mehrschichtigen englischen Begriffs „empire“, der sich hier einerseits historisch auf das Heilige römische Reich unter Kaiser Karl V. und andererseits auf die politi-

Trotz der Unterschiedlichkeit und jeweiligen Besonderheiten sowie mancher Einseitigkeiten dieser Ansätze und Darstellungen, die hier im einzelnen nicht kritisch zu würdigen sind, bleibt festzuhalten, daß sie in drei wichtigen Aspekten über den konzeptuellen Rahmen der Absolutismusforschung hinausweisen – in der Überwindung des Muster-Sonderwegs-Theorems bei dem Versuch, den Formierungsprozeß frühneuzeitlicher Staatlichkeit zu verstehen; daran anschließend bei der Konzeptualisierung der Einheit der europäischen Geschichte bzw. des Modernen Welt-Systems sowie, vor allem bei Brewer und Gerstenberger, bei dem Blick auf die Spezifik und Historizität des Staates im Ancien Régime. Ausdrückliche, wenngleich zunächst nur marginale Berücksichtigung fand diese Problematik auch in den dem Wallersteinschen Ansatz und der Frage nach der Entstehung des kapitalistischen Welt-Systems[27] nahestehenden Forschungen zur Proto-Industrialisierung, für deren historische Periode Jürgen Schlumbohm eine eigene „Theorie des Staates" postulierte.[28]

Fraglos wären die jüngeren Forschungen über den „Absolutismus" bzw. über den „frühmodernen Staat" anders und produktiver verlaufen, wenn die genannten Arbeiten kritische Aufnahme in die einschlägigen Debatten gefunden hätten. Dieses nachzuholen, um die Sackgassendiskussion über Henshalls Buch nachträglich umleiten zu wollen, wäre jedoch illusorisch und vor dem Hintergrund seither etablierter neuer Forschungsrichtungen sowie der Formulierung neuer weiterführender Problemstellungen auch nicht mehr hinreichend. Dies gilt zunächst für die „Kulturgeschichte des Politischen", die auch den Blick auf die besonderen institutionellen Mechanismen frühneuzeitlicher Staatlichkeit, ohne deren Berücksichtigung jegliche Betrachtung der frühen Neuzeit unzureichend bleiben muß, nachhaltig verändert hat.[29] Umso verwunderlicher muten vor diesem Hintergrund jüngere

---

sche Struktur eines Imperiums im allgemeinen zur Unterscheidung von „state" bezieht, den Wallerstein als spezifisches Strukturmerkmal des Modernen Welt-Systems erachtet. Vgl. Wallerstein, Das moderne Weltsystem (wie Anm. 25), S. 245-336.

27 S. hierzu D. Senghaas (Hrsg.), Kapitalistische Weltökonomie. Kontroversen über ihren Ursprung und ihre Entwicklungsdynamik, Frankfurt a. M. 1979. Bereits zuvor im Kontext der neomarxistischen „Staatsableitungsdebatte", d. h. der Debatte über die funktionale Ableitung des „Staates" aus dem allgemeinen Begriff des Kapitals, s. H. Gerstenberger, Zur Theorie der historischen Konstitution des bürgerlichen Staates, in: Prokla 8/9 (1973), S. 207-226.

28 Vgl. P. Kriedte/H. Medick/J. Schlumbohm, Industrialisierung vor der Industrialisierung. Gewerbliche Warenproduktion auf dem Land in der Formationsperiode des Kapitalismus, Göttingen 1978, darin insbes. den „Exkurs zur Bedeutung der politisch-institutionellen Rahmenbedingungen in der Proto-Industrialisierung" (J. Schlumbohm), S. 258-271. In den Forschungen zur Proto-Industrialisierung ist dieser Aspekt allerdings erst später vereinzelt wieder aufgegriffen worden, s. H. Medick, Weben und Überleben in Laichingen 1650-1900. Lokalgeschichte als Allgemeine Geschichte, Göttingen 1996, S. 39-64. S. a. J. Schlumbohm, Gesetze, die nicht durchgesetzt werden – ein Strukturmerkmal des frühneuzeitlichen Staates?, in: GG (23) 1997, S. 647-663. Als darstellerische Synthese im Anschluß an diese Forschungen ebenso wie an die absolutismuskritische Ständeforschung s. R. van Dülmen, Entstehung des frühneuzeitlichen Europa 1550-1648, Frankfurt a. M. 1982.

29 S. hierzu B. Stollberg-Rilinger (Hrsg.), Was heißt Kulturgeschichte des Politischen?, Berlin 2005; U. Frevert/H.-G. Haupt (Hrsg.), Neue Politikgeschichte. Perspektiven einer historischen Politikforschung, Frankfurt a. M.. 2005; L. Schorn-Schütte, Historische Politikforschung. Eine Einführung, München 2006; H.-C. Kraus/T. Nicklas (Hrsg.), Geschichte der

Versuche eines *rollback* an, die den „Absolutismus" für „kaum ersetzbar"[30] halten oder ihm gar „erhebliche Erkenntnischancen"[31] zuschreiben wollen.

Ein kritisches Resümee der einschlägigen internationalen ebenso wie der interdisziplinären Forschungen der letzten Dekaden wird hingegen zu der Feststellung kommen müssen, daß der „Absolutismus" als Forschungskonzept für die frühe Neuzeit seine Plausibilität verloren hat. Es ist Wolfgang Reinhard zuzustimmen, der jüngst zu dem drastisch formulierten Urteil kam, daß der „'Absolutismus' als Epochenbegriff nicht nur entbehrlich, sondern sogar schädlich (ist) und darum umgehend verschwinden (sollte)."[32] Nach dieser Verabschiedung bleiben als Felder für eine sinnvolle Verwendung des „Absolutismus" lediglich die philosophiehistorischen Kontroversen über den spekulativen „Absolutismus" um 1800, die Rekonstruktion der ideologischen Kontroversen des 19. Jahrhunderts, in denen „Absolutismus" zum „asymmetrischen Gegenbegriff" (Reinhart Koselleck) des „Konstitutionalismus" stilisiert wurde oder für die Untersuchung der geschichtspolitischen Debatten des neunzehnten – und teilweise des zwanzigsten – Jahrhunderts.

Neben der Kulturgeschichte des Politischen und über deren Analyserahmen hinausweisend gehen weiterführende Anstöße für Untersuchungen über den frühmodernen Staat vor allem von jüngsten Ansätzen der *global history* und des Postkolonialismus aus. Programmatisch lassen sie sich unter dem Titel *Staatlichkeiten im globalen Kontext der frühen Neuzeit* fassen.

Hiermit ist allerdings nicht eine geographische Ausweitung des Blicks auf die Funktionsweisen staatlicher Ordnungen als universalhistorischem Phänomen gemeint, der in der ethnologischen und sozialwissenschaftlichen Literatur verbreitet ist. Post-primitive Zivilisationen werden hier pauschal als staatlich organisierte Gesellschaften verstanden[33] und damit „Herrschaft", „Politik" und „Staat" nicht hinreichend systematisch unterschieden. Dies trifft auch auf jüngere, in anderen Hinsichten anregende soziologische Staatstheorien wie jene von Michael Mann zu,

---

Politik. Alte und neue Wege, München 2007 (HZ Bh. 44). Zur Debatte über eine frühneuzeitliche Kulturgeschichte des Politischen s. ferner: Asch/Freist (Hrsg.), Staatsbildung als kultureller Prozess (wie Anm. 5); Reinhard, Geschichte der Staatsgewalt (wie Anm. 10), S. 80-100 u. 125-140; T. C. W. Blanning, Das Alte Europa 1660-1789. Kultur der Macht und Macht der Kultur, Darmstadt 2006 (engl. 2002). Aus geschlechtergeschichtlicher Perspektive s. I. V. Hull, Sexuality, state and civil society in Germany, 1700-1815, Ithaca (Cornell University Press) 1996. Zu Bodin s. C. Opitz-Belakhal, Das Universum des Jean Bodin. Staatsbildung, Macht und Geschlecht im 16. Jahrhundert, Frankfurt a. M. 2006.

30 M. Wrede, Absolutismus, in: Enzyklopädie der Neuzeit. Im Auftrag des Kulturwissenschaftlichen Instituts (Essen) und in Verbindung mit den Fachwissenschaftlern hrsg. v. F. Jaeger, Bd.1, Stuttgart/Weimar 2005, Sp. 24-34, hier: Sp. 34.

31 L. Schilling, Vom Nutzen und Nachteil eines Mythos, in: ders. (Hrsg.), Absolutismus, ein unersetzliches Forschungskonzept? (wie Anm. 3), S. 13-31, hier: S. 31.

32 W. Reinhard, Zusammenfassende Schlussüberlegungen, in: Schilling (Hrsg.), Absolutismus, ein unersetzliches Forschungskonzept? (wie Anm. 3), S. 229-238, hier: S. 235. In der Sache ebenso Hinrichs, Abschied vom Absolutismus? (wie Anm. 16), S. 371.

33 S. hierzu die informativen, aber unter dem Aspekt der Historizität des „Staates" als historisch spezifisches institutionelles Ordnungsarrangement unergiebigen Anthologien von J. A. Hall (Hrsg.), States in History, Oxford (Basil Blackwell) 1986 u. A. Kazancigil (Hrsg.), The State in Global Perspective, Aldershot (Gower) 1986.

in der im Anschluß an Max Webers Methode der begrifflichen Idealtypenbildungen verschiedene Staatstypen bzw. Formen staatlicher Macht unterschieden werden.[34]

In der geschichtswissenschaftlichen Globalisierungsforschung hat diese Sicht vor allem Peer Vries bei seinen hoch anregenden Vergleichen zwischen frühneuzeitlichen Funktionen des „Staates" in Asien und Europa, insbesondere in China und Großbritannien aufgenommen. Völlig zurecht hebt Vries als entscheidenden Aspekt der „Great Divergence" (Kenneth Pomeranz) die Ressourcen und Kapazitäten des (britischen) „fiscal-military-state" hervor.[35] Allerdings gerät sein Vergleich mit China auf eine problematische asymmetrische Ebene, wenn die „Staatlichkeit" des frühmodernen Staates nicht als Antwort auf die spätmittelalterliche Strukturkrise und die konfessionellen Bürgerkriege des langen 16. Jahrhunderts verstanden, sondern der „Staat" – als ahistorisch-universale Kategorie – bereits vorausgesetzt wird.

Gegen den „üblichen Schlendrian scheinbar allgemeingültiger Begriffe" hatte bereits Otto Brunner mit Blick auf die Unterscheidung zwischen mittelalterlichem „Land" und (früh-)neuzeitlichem „Staat" polemisiert,[36] und aus systemtheoretischer Sicht hat Niklas Luhmann, der Brunner in verschiedener Hinsicht intellektuell verpflichtet war, gegen die aus historisch-kulturwissenschaftlicher Sicht fragwürdige ahistorische Verwendung des Staatsbegriffs auf das „Zusammenspiel von strukturellen und semantischen Veränderungen"[37] aufmerksam gemacht. Nachdrücklich verweist er auf die „Selbstbeschreibung" als konstitutiven Aspekt der Analyse von Sozialsystemen und legt diesen Zusammenhang in ausführlichen Studien anhand der Staatenformierung dar, von der erst seit der frühen Neuzeit in Europa sinnvoll gesprochen werden könne.[38] Im Anschluß hieran ebenso wie an die Arbeiten von Wolfgang Reinhard bleibt daher die Besonderheit des Staates als spezifisch neuzeitlich-europäisches institutionelles Ordnungsarrangement hervorzuheben.[39]

---

34 Vgl. M. Mann, The Autonomous Power of the States: Its Origins, Mechanisms and Resulats, in: Hall (Hrsg.), States in History (wie Anm. 33), S. 109-136 (zuerst 1984).

35 Vgl. P. H. H. Vries, Governing Growth: A Comparative Analysis of the Role of State in the Rise of the West, in: Journal of World History 13 (2002), S. 67-138; ders., Are Coal and Colonies really Crucial? Kenneth Pomeranz and the Great Divergence, in: Journal of World History 12 (2001), S. 407-446; ders., Zur politischen Ökonomie des Tees, Wien/Köln/Weimar 2009.

36 Vgl. O. Brunner, Land und Herrschaft. Grundfragen der territorialen Verfassungsgeschichte Südostdeutschlands im Mittelalter. Dritte, erg. Auflage, Brünn/München/Wien 1943, S. 147.

37 Niklas Luhmann, Gesellschaftsstruktur und Semantik. Studien zur Wissenssoziologie der modernen Gesellschaft, Bd. 3, Frankfurt a. M. 1989, S. 7.

38 Ders., Staat und Staatsräson im Übergang von traditioneller Herrschaft zu moderner Politik, in: ebd., S. 65-148; ders., Der Staat des politischen Systems, in: ders., Die Politik der Gesellschaft. Hrsg. v. A. Kieserling, Frankfurt a. M. 2002, S. 189-227; ders., Selbstbeschreibungen, in: ebd., S. 319-372; ders. Selbst-Thematisierung des Gesellschaftssystems. Über die Kategorie der Reflexion aus der Sicht der Systemtheorie, in: ders., Soziologische Aufklärung 2. Aufsätze zur Theorie der Gesellschaft, Opladen 1991, S. 75-102.

39 Vgl. Reinhard, Geschichte der Staatsgewalt (wie Anm. 10), S. 480-536; ders. (Hrsg.), Verstaatlichung der Welt? Europäische Staatsmodelle und außereuropäische Machtprozesse, München 1999; ders., Geschichte des modernen Staates, München 2007. Zum Konzept des „institutionellen Ordnungsarrangements" s. K.-S. Rehberg, Institutionen als symbolische Ordnungen. Leitfragen und Grundkategorien zur Theorie und Analyse insti-

Für den interkulturellen Vergleich, der die historischen Kulturwissenschaften im Zeichen der Globalisierung vor besondere methodologische Herausforderung stellt,[40] hat der Soziologe Joachim Matthes auf das Problem der Universalisierung anglo-europäischer abstrakter Begriffe als epistemologische Operation der „Nostrifizierung" aufmerksam gemacht, die das „Ver-gleichen" gerade umgeht und die zu erklärenden Differenzen durch nivellierendes „An-gleichen" ersetzt.[41] Ähnlich hat aus postkolonialer Sicht Dipesh Chakrabarty argumentiert und hieraus seine epistemologische Forderung nach einem „Provincializing Europe" abgeleitet.[42]

Diese kritischen Anregungen können auch als Ausgangspunkt für zukünftige Forschungen über das Problem der Staatlichkeiten im globalen Kontext der frühen Neuzeit fruchtbar gemacht werden. Dabei ist mit „Globalisierung" nicht die vermeintlich globale Ausbreitung europäischer Ideen und Institutionen seit dem „Zeitalter der Entdeckungen" und der „europäischen Expansion" gemeint, sondern die Formierung globaler „Netzwerke und Interaktionsräume"[43] seit dem „langen 16. Jahrhundert" (F. Braudel/I. Wallerstein). Diese Prozesse der globalen „Verflechtung", die aus europäischer Perspektive bereits der Göttinger Aufklärungshistoriker Arnold Hermann Ludwig Heeren unter dieser begrifflichen Form eindrucksvoll beschrieben hat,[44] haben jedoch keineswegs zur Herausbildung universaler politischer Ordnungsmuster, sondern zur Neustrukturierung der entstehenden globalen Handlungsräume geführt,[45] die maßgeblich durch politische Fragmentierung und Asymmetrien geprägt sind. Der Versuch, die (frühneuzeitliche) Globalisierung in einer universalisierenden Begriffssprache zu beschreiben, würde daher hinter die methodologischen Einsichten des Postkolonialismus zurückfallen und wäre grundsätzlich verfehlt.

---

tutioneller Mechanismen, in: G. Göhler (Hrsg.), Die Eigenart der Institutionen. Zum Profil politischer Institutionentheorie, Baden-Baden 1994, S. 47-84.

40 S. hierzu R. Blänkner, Historische Kulturwissenschaften im Zeichen der Globalisierung, in: Historische Anthropologie 16 (2008), S. 341-372.

41 Vgl. J. Matthes, The Operation Called „Vergleichen", in: ders. (Hrsg.), Zwischen den Kulturen? Die Sozialwissenschaften vor dem Problem des Kulturvergleichs, Göttingen 1992, S. 75-99, insbes. S. 84 (Soziale Welt, Sb. 8).

42 Vgl. D. Chakrabarty, Provincializing Europe. Postcolonial Thought and Historical Difference, Princeton/Oxford (Princeton University Press) 2000, darin insbes. Introduction: The Idea of Provincializing Europe, S. 3-23, u. Postcoloniality and the Artifice of History, S 27-46 (zuerst 1992).

43 J. Osterhammel/N. P. Petersson, Geschichte der Globalisierung. Dimensionen – Prozesse – Epochen, München 2003, S. 20-24. Zur frühneuzeitlichen Globalisierung s. a. F. Edelmayer/P. Feldbauer/M. Wakounig (Hrsg.), Globalgeschichte 1450-1620. Anfänge und Perspektiven, Wien 2002; M. Grandner/A. Komlosy (Hrsg.), Vom Weltgeist beseelt. Globalgeschichte 1700-1815, Wien 2004.

44 Vgl. A. H. L. Heeren, Handbuch der Geschichte des europäischen Staatensystems, 2 Theile, 4., verb. u. fortges. Ausgabe, Göttingen 1822 (1. Aufl. 1809).

45 S. hierzu, auch mit Blick auf die frühe Neuzeit, M. Middell, Der *spatial turn* und das Interesse an der Globalisierung in der Geschichtswissenschaft, in: J. Döring/T. Thielmann (Hrsg.), Spatial Turn. Das Raumparadigma in den Kultur- und Sozialwissenschaften, Bielefeld 2008, S. 103-123. Mit Blick auf die interdisziplinäre Debatte über den *spatial turn* s. D. Bachmann-Medick, Cultural Turns. Neuorientierungen in den Kulturwissenschaften, Reinbek, 4. Aufl. 2010, S. 284-328.

Anstelle des fragwürdigen Diffusionsmodells[46] ist daher nach den komplexen Zusammenhängen zwischen – keineswegs gradlinig verlaufender – steigender globaler ökonomischer Verflechtung und deren Rückwirkungen auf die politisch-sozialen Strukturen der beteiligten Akteure zu fragen. Aus der globalgeschichtlich motivierten Umkehrung der bisher vorherrschenden Blickrichtung, die in der jüngeren Forschung als „methodologischer Nationalismus" charakterisiert wird,[47] ergibt sich ein Komplex neuer Fragestellungen, der in seiner Gesamtheit eine neue Forschungsagenda umreißt und die hier lediglich angedeutet werden kann.

Zunächst wäre nach den Rückwirkungen der frühneuzeitlichen Globalisierung auf den Prozeß der Staatenformierung zu fragen. Dabei wäre der in den Dreißigjährigen Krieg mündende Prozeß der Kriegsverdichtung des 16. und frühen 17. Jahrhunderts als – wie Johannes Burkhardt in einer treffenden Begriffsschöpfung formuliert hat – „Staatenbildungskrieg"[48] in globalgeschichtlicher Perspektive zu erweitern. Diese Argumentation könnte zugleich die ohnehin und seit langem fragwürdige These einer kontinuierlichen Genese des „modernen" Staates seit dem Mittelalter weiter destruieren, die den Prozeß der Staatenformierung auf die Zentralisierung politischer Macht und den damit verbundenen Aufbau der Bürokratie reduziert[49] und somit die Besonderheit des frühneuzeitlichen „Staates" als ein institutionelles Ordnungsarrangement verfehlt, das auf der Souveränität als politischer Machtbeziehung zwischen den Eliten der frühneuzeitlichen Ständegesellschaft beruht.

Sodann ist nach den Verflechtungen zwischen Staatenformierung und Imperiumsformierung zu fragen. Beide Prozesse markieren einen Grundzug frühneuzeitlicher Globalisierung,[50] jedoch sind sie keineswegs identisch. Wie das Beispiel der spanischen Habsburger zeigt,[51] münden nicht alle Imperiumskonstituierungen

---

46 S. hierzu J. Blaut, The Colonizer's Model of the World. Geographical Diffusionism and Eurocentric History, New York/London (The Guilford Press) 1993.

47 S. hierzu U. Beck, Macht und Gegenmacht im globalen Zeitalter, Frankfurt a. M. 2002, S. 84-94; A. Wimmer, Methodological Nationalism, the Social Sciences, and the Study of Migration: An Essay in Historical Epistemology, in: International Migration Review 37 (2003), S. 576-610.

48 J. Burkhardt, Der Dreißigjährige Krieg, Frankfurt a. M. 1992, S. 20-28; ders., Der Dreißigjährige Krieg als Staatenbildungskrieg, in: GWU 45 (1994), S. 487-499. S. a. W. Neugebauer, Staat – Krieg – Korporation. Zur Genese politischer Strukturen im 17. und 18. Jahrhundert, in: HJ 123 (2003), S. 197-237, insbes. S. 202-205.

49 S. hierzu zuletzt T. Ertman, Birth of the Leviathan. Building States and Regimes in Medieval and Early Modern Europe, Cambridge (Cambridge University Press) 1997; B. Teschke, Mythos 1648. Klassen, Geopolitik und die Entstehung des europäischen Staatensystems, Münster 2007 (engl. 2003), s. hierzu auch die Rezension v. H. Duchhardt, in: http://www.sehepunkte.de/2004/03/4630.html.

50 S. hierzu H.-H. Nolte, Weltgeschichte. Imperien, Religionen und Systeme 15.-19. Jahrhundert, Wien/Köln/Weimar 2005; J. Osterhammel, Imperien, in: G. Budde/S. Conrad/O. Janz (Hrsg.), Transnationale Geschichte. Themen, Tendenzen und Theorien, Göttingen 2006, S. 56-67; J. Darwin, After Tamerlane. The Global History of Empire since 1405, London (Lane) 2007 (hierzu die Rezension v. P. Vries, in: British Scholar 1 (2008), S. 111-117); Ch. Parker, Global Interactions in the Early Modern Age, 1400-1800, Cambridge (Cambridge University Press) 2010.

51 S. hierzu J. H. Elliott, Spain and its world, 1500-1700, New Haven/London (Yale University Press) 1989; ders., Empires of the Atlantic World. Britain and Spain in America 1492-1830, New Haven/London (Yale University Press) 2006; J. Lynch, The Hispanic World in Crisis and Change, 1598-1700, Oxford (Oxford University Press) 1994; H. Kamen, Spain's

unmittelbar in erfolgreiche Staatenformierung. Und wie die mittleren und kleinen dynastischen Fürstenstaaten des Alten Reiches zeigen, führt umgekehrt nicht jede Staatenformierung zur Imperiumsbildung. Aus globalgeschichtlicher Perspektive wären die Verflechtungen zwischen Staatenformierung und Imperiumsformierung vor allem mit Blick auf die Implikationen und Folgen der Unterscheidung zwischen maritimen (Niederlande,[52] Großbritannien[53]) und kontinentaleuropäischen Mächten (Österreich, Brandenburg-Preußen) sowie dem beiden zugehörigen Frankreich aufschlußreich.[54]

Zu kontrastieren wären die durch die Globalisierung ausgelösten frühneuzeitlich-europäischen Zusammenhänge zwischen Imperiumsformierung und Staatenformierung mit den Auswirkungen der Globalisierung auf die politischen Strukturen der (asiatischen) Imperien, in denen es, wie etwa im „sino-manchurischen Imperium" (J. Osterhammel), wohl zur Ausbildung zentraler bürokratischer Machtapparate,[55] gerade nicht aber zur Ausbildung von (frühneuzeitlicher) Staatlichkeit gekommen ist. Besondere Aufmerksamkeit verdienen darüber hinaus die im Zuge der frühneuzeitlichen Globalisierung entstehenden gleichsam hybriden politischen Strukturen an den Kontaktzonen der Zivilisationen. Dies gilt für die häufig mit staatlichen Hoheitsrechten ausgestatteten Handelskompanien[56] ebenso wie für jene politischen Gebilde etwa in Indien, die im Zuge der Auflösung des Mogulreiches entstanden und in der Politischen Anthropologie häufig mit dem – freilich irreführenden – Begriff des „segmentären Staates"[57] beschrieben werden.

Road to Empire. The Making of a World Power 1492-1763, London (Allen Lane) 2002; Serge Gruzinski, Les quatre parties du monde. Histoire d'une mondialisation, Paris (Editions de La Martinière) 2004; Wallerstein, The Modern World-System (wie Anm. 26).

52 S. hierzu Marjolein 't Hart, The Making of a Bourgeois State. War, Politics and Finance during the Dutch Revolt, Manchester (Manchester University Press) 1993; Jonathan I. Israel, Dutch Primacy in World Trade, 1585-1740, Oxford (Clarendon Press) 2002.

53 S. hierzu L. Stone (Hrsg.), An Imperial State at War. Britain from 1689 to 1815, London (Routledge) 1992; E. Mancke, Empire and State, in: D. Armitage/M. J. Braddick (Hrsg.), The British Atlantic World 1500-1800, Basingstoke/New York (Palgrave MacMillan) 2002, S. 175-195; Elliott, Empires of the Atlantic World (wie Anm. 51); E. H. Gould, War, Empire and the Language of state formation. British imperial culture in the age of the American Revolution, Ph. D., The Johns Hopkins University 1993. Zum niederländisch-britischen Vergleich s. D. Omrod, The Rise of Commercial Empires: England and the Netherlands in the Age of Mercantilism, 1650-1770, Cambridge (Cambridge University Press) 2003.

54 Zum Gesamtzusammenhang s. Wallerstein, Das Moderne Weltsystem, Bd. II: Der Merkantilismus. Europa zwischen 1660 und 1750, Wien 1998, S. 283-338 (zuerst engl. 1980); Paul Kennedy, Aufstieg und Fall der großen Mächte. Ökonomischer Wandel und militärischer Konflikt von 1500 bis 2000, Frankfurt a. M. 1989, S. 129-225.

55 S. hierzu J. Osterhammel, China und die Weltgesellschaft. Vom 18. Jahrhundert bis in unsere Zeit, München 1989, S. 86-124; ders., Die Entzauberung Asiens. Europa und die asiatischen Reiche im 18. Jahrhundert, München 1998, S. 300-304.

56 S. hierzu Perry Gauci, The Politics of Trade: The Overseas Merchant in State and Society, 1660-1720, Oxford (Oxford University Press) 2001. Zuletzt und mit kritischer Bibliographie zu weiterführender Forschungsliteratur Jürgen G. Nagel, Abenteuer Fernhandel. Die Ostindienkompanien, Darmstadt 2007.

57 Vgl. Ch. Sigrist, Regulierte Anarchie. Untersuchungen zum Fehlen und zur Entstehung politischer Herrschaft in segmentären Gesellschaften Afrikas, Olten/Freiburg i. Br. 1967; B. Stein, The Segmentary State in South Indian History, in: R. G. Fox (Hrsg.), Realm and Region in Traditional India, Durham (Duke University Press) 1977, S. 3-51; A. Southall,

Dieser hier lediglich in einigen Aspekten skizzierte transnationale bzw. globalgeschichtliche Fragenkomplex führt nicht nur über das herkömmliche Forschungsprofil „absolutistischer" oder frühneuzeitlicher Staatenbildung hinaus, sondern eröffnet auch Möglichkeiten, bisher zumeist unverbunden nebeneinander stehende Forschungsfelder miteinander zu verknüpfen. Dies gilt insbesondere für die Verflechtungen zwischen „innerer Staatsbildung", die im Mittelpunkt der älteren Absolutismusforschung wie auch der Ständeforschung stand, und der „äußeren" Politik der Großen Mächte, die sich historiographisch lange Zeit weitgehend in Diplomatiegeschichte erschöpfte. Auf den Zusammenhang zwischen der „äußere(n) und inneren(n) Seite der Staatenbildung" hatte bereits Otto Hintze nachdrücklich aufmerksam gemacht,[58] allerdings blieb dieser Anstoß ohne nachhaltige Wirkung. Stattdessen kulminierte die Debatte in einer unfruchtbaren Polemik über den Primat der „inneren" oder „äußeren" Politik, deren gemeinsamer Ausgangspunkt die Fixierung auf den Nationalstaat war. Ansätze zu deren Überwindung gingen bereits von Forschungen über den „dynastischen Fürstenstaat"[59] und der jüngeren Zeremoniellforschung aus,[60] die nun durch globalgeschichtliche Perspektiven erweitert werden. Neben dem sich formierenden Feld der Internationalen Geschichte[61] bzw. der – wenngleich für die frühe Neuzeit begrifflich fragwürdigen – „Internationa-

---

The Segmentary State in Africa and Asia, in: Comparative Studies in Society and History 30 (1988), S. 52-82.

58 Vgl. Otto Hintze, Roschers politische Entwicklungstheorie (1893), in: ders., Gesammelte Abhandlungen, Bd. 2: Soziologie und Geschichte. Gesammelte Abhandlungen zur Soziologie, Politik und Theorie der Geschichte. Hrsg. u. eingel. Von Gerhard Oestreich, Göttingen 1964, S. 3-45, hier: S. 44; ders., Staatenbildung und Verfassungsentwicklung, in: ders., Gesammelte Abhandlungen, Bd. 1 (wie Anm. 22), S. 34-51.

59 S. etwa J. Kunisch (Hrsg.), Der dynastische Fürstenstaat. Zur Bedeutung von Sukzessionsordnungen für die Entstehung des frühmodernen Staates, Berlin 1982; ders., La guerre – c'est moi. Zum Problem von Staatenkonflikten im Zeitalter des Absolutismus, in: ders., Fürst – Gesellschaft – Krieg. Studien zur bellizistischen Disposition des absoluten Fürstenstaates, Köln/Weimar 1992, S. 1-41 (zuerst 1987); W. E. J. Weber, Dynastiesicherung und Staatsbildung. Die Entfaltung des frühmodernen Fürstenstaates, in: ders. (Hrsg.), Der Fürst. Ideen und Wirklichkeiten in der europäischen Geschichte, Köln/Weimar/Wien 1998, S. 91-136. Als Gesamtdarstellung, allerdings ohne weitführende Konzeptualisierung, s. R. Bonney, The European Dynastic States 1494-1660, Oxford (Oxford University Press) 1991.

60 S. hierzu A. Gestrich, Absolutismus und Öffentlichkeit. Politische Kommunikation in Deutschland zu Beginn des 18. Jahrhunderts, Göttingen 1994, insbes. S. 156-168; B. Stollberg-Rilinger, Zeremoniell als politisches Verfahren, in: J. Kunisch (Hrsg.), Neue Studien zur frühneuzeitlichen Reichsgeschichte, Berlin 1997, S. 91-131; M. Vec, Zeremoniellwissenschaft und Fürstenstaat. Studien zur juristischen und politischen Theorie absolutistischer Herrschaftsrepräsentation, Frankfurt a. M. 1998.

61 S. hierzu W. Loth/J. Osterhammel (Hrsg.), Internationale Geschichte. Themen – Ergebnisse – Aussichten, München 2000.

len" Beziehungen,[62] gilt dies insbesondere für das Völkerrecht und die Völkerrechtswissenschaft.[63]

Der globalgeschichtliche Ansatz zur Untersuchung frühneuzeitlicher Staatlichkeiten bliebe jedoch unbefriedigend, wenn er sich auf die bloße Erweiterung materialer Forschungsfelder beschränkte und nicht zugleich mit einer kulturwissenschaftlichen Reflexion über die Kategorien verbunden wäre, mit denen die Beziehungsgeschichten der Welt beschrieben werden sollen. Im Anschluß an die Überlegungen von Matthes und Chakrabarty steht dabei im Mittelpunkt das Problem des Zivilisationsvergleichs und der kulturellen „Übersetzung",[64] das sich kritisch mit der eurozentristischen Methode universalisierender „Übertragung" von Begriffen wie etwa dem des „(frühmodernen) Staates" auseinanderzusetzen haben wird. Ergiebiger aus globalgeschichtlicher Sicht wäre es stattdessen, den Prozeß der frühneuzeitlich-europäischen Staatenformierung im globalen Kontext epistemologisch als *Provincializing the Early Modern State* zu verstehen.

Einen Ausweg aus dem kulturwissenschaftlichen Grundproblem der Historizität von Kategorien allein in der Hinwendung zu empirischer und quellengestützter Forschung zu erwarten, wäre naiv.[65] Und ebenso wenig sollte man sich der Hoffnung des Gelehrten Heinrich Faust anvertrauen, daß „dort, wo die Begriffe fehlen, (...) zur rechten Zeit ein Wort sich ein(stellt)". Otto Hintze hatte sein Ziel einer „allgemeine(n) vergleichenden Verfassungs- und Verwaltungsgeschichte der neueren Staatenwelt"[66] mit einer methodologischen Kritik am „traditionelle(n) Fachwerk

---

62 S. hierzu H. Duchhardt, Balance of Power und Pentarchie. Internationale Beziehungen 1700-1785, Paderborn 1997; H. Schilling, Konfessionalisierung und Staatsinteressen. Internationale Beziehungen 1559-1659, Paderborn 2007; K. Malettke, Hegemonie – multipolares System – Gleichgewicht. Internationale Beziehungen 1648/1659-1713, Paderborn 2010; E. Conze/U. Lappenküper/G. Müller (Hrsg.), Geschichte der Internationalen Beziehungen. Erneuerung und Erweiterung einer historischen Disziplin, Köln/Weimar/Wien 2004.

63 S. hierzu A. Anghie, Imperialism, Sovereignty and the Making of International Law, Cambridge (Cambridge University Press) 2004; L. Benton, A Search for Sovereignty. Law and Geography in European Empires, 1400-1900, Cambridge (Cambridge University Press) 2010; S. Externbrink (Hrsg.), Der Siebenjährige Krieg. Ein europäischer Weltkrieg im Zeitalter der Aufklärung, Berlin 2010; O. Asbach/P. Schröder (Hrsg.), War, the State and International Law in Seventeenth Century Europe, Aldershot (Ashgate) 2010; J. E. Thomson, Mercenaries, Pirates, and Sovereigns. State-Building and extraterritorial Violence in Early Modern Europe, Princeton (Princeton University Press) 1996; M. Kempe, Fluch der Weltmeere. Piraterie, Völkerrecht und Internationale Beziehungen 1500-1900, Frankfurt a. M. 2010.

64 S. hierzu Bachmann-Medick, Cultural Turns (wie Anm. 40), S. 238-283; dies. (Hrsg.), The Translational Turn (= Translation Studies vol. 2, No. 1), New York/London (Routledge) 2009. Zur Methodologie des Zivilisationsvergleichs s. J. Osterhammel, Transkulturell vergleichende Geschichtswissenschaft, in: ders., Geschichtswissenschaft jenseits des Nationalstaats. Studien zu Beziehungsgeschichte und Zivilisationsvergleich, Göttingen 2001, S. 11-45 (zuerst 1996); ders., Die Vielfalt der Kulturen und die Methoden des Kulturvergleichs, in: F. Jaeger/J. Straub (Hrsg.), Handbuch der Kulturwissenschaften, Bd. 2, Stuttgart 2004, S. 50-65; Blänkner, Historische Kulturwissenschaften im Zeichen der Globalisierung (wie Anm. 35), S. 370-371.

65 Vgl. etwa die Rezension von A. Buschmann: H. Gerstenberger, Die subjektlose Gewalt. Theorie der Entstehung bürgerlicher Staatsgewalt (wie Anm. 12, in: ZRG (GA) 126 (2009), S. 581-582.

66 Hintze, Antrittsrede in der Preußischen Akademie der Wissenschaften (wie Anm. 22), S. 564.

der Kategorien"[67] verbunden. Dies gilt auch für die Forschungsagenda der Staatlichkeiten im globalen Kontext der frühen Neuzeit. Dieses durch Problemstellungen der Globalisierung und des Postkolonialismus sich neu konstituierende Forschungsfeld steht erst am Beginn. Die Absolutismusforschung, in ihren Problemstellungen ebenso wie in ihren Antworten, hat hierzu nichts mehr beizutragen. „In diesem Sinne denn – ruhe sanft, Absolutismus!"[68]

***

Mein später öffentlicher Dank gilt meinem verehrten Doktorvater Rudolf Vierhaus, ohne dessen Offenheit gegenüber Neuansätzen über Epochen- und Disziplingrenzen hinweg, vielfältige Förderung und Ermutigung zum Selbstdenken diese Arbeit seinerzeit nicht als geschichtswissenschaftliche Dissertation entstanden wäre, sowie Rudolf von Thadden, an dessen Göttinger Oberseminar, einem Ort, an welchem allzu akademische Diskussionen durch Reflexionen über die Verbindung von „Wissenschaft und Leben" zivilisiert wurden, ich in den achtziger Jahren über etliche Semester teilnehmen konnte.

Für intellektuelle Anregungen, Kritiken und emotionalen Beistand danke ich darüber hinaus den Kollegen und Freunden Hans Erich Bödeker, Albert Cremer, Peter Kriedte, Alf Lüdtke, Hans Medick, Jürgen Schlumbohm, Peter Schumann sowie Bernd Ristau (†), Klaus A. Vogel und Michaela Hohkamp am damaligen Max-Planck-Institut für Geschichte, einem seinerzeit in Deutschland einzigartigen Laboratorium interdisziplinärer und internationaler Forschung und Begegnung, wo diese Dissertation geschrieben wurde.

Ina Ulrike Paul und Uwe Puschner danke ich für den Zuspruch, die Dissertation in Buchform erneut zu veröffentlichen und vor allem für das Angebot, sie in der von ihnen herausgegebenen Reihe *Zivilisationen und Geschichte* aufzunehmen. Dem Peter Lang Verlag danke ich für großzügiges finanzielles Entgegenkommen. Stefanie Schrader danke ich für die akkurate Korrektur des ursprünglichen Manuskripts, Lilja-Ruben Vowe für die Hilfe bei Recherchen und Elke S. Teichert für die umsichtige Übertragung in die druckfertige Form.

Vor allem aber danke ich meiner Frau Beate Steinberg, die mit mir den Spagat zwischen dem *otium* des Landlebens und dem *negotium* der akademischen Welt wagt.

Montefalco, im März 2011

Reinhard Blänkner

---

67 Hintze, Roschers politische Entwicklungstheorie (wie Anm. 49), S. 6.
68 Hinrichs, Abschied vom Absolutismus? (wie Anm. 15), S. 371.

I. Einleitung

1. Das „Zeitalter des Absolutismus“ als Forschungsproblem

Wenige historiographische Begriffe sind ähnlich klischeebehaftet wie der des „Zeitalters des Absolutismus“. Durch Parömien wie „l'état c'est moi“ (Ludwig XIV.) oder „le roi le premier serviteur de l'état“ (Friedrich der Große) und deren Verbreitung durch Konversationslexika, Wörter-, Hand- und Lehrbücher der Geschichte über Jahrzehnte tradiert, gehört er gleichsam zum Bestand historischer Allgemeinbildung vor allem in Deutschland, von wo die Absolutismusforschung ihren Ausgangspunkt genommen hat.[1] Ein Blick auf die kaum noch überschaubare einschlägige internationale wissenschaftliche Literatur zeigt indes, daß die Grundlagen dieser Forschung keineswegs unumstritten sind.[2] Abgesehen von vereinzelten, unter komparativen Aspekten fragwürdigen Versuchen, den Absolutismusbegriff auch auf die Althistorie auszudehnen[3] oder Asien in die Untersuchung absoluter Monar-

---

1 Aus der Vielzahl der verschiedenartigen Wörterbücher und Lexika sei hier lediglich verwiesen auf den Art. Absolutismus, in: Meyers Enzyklopädisches Lexikon, neunte, völlig neu bearb. Aufl., Mannheim/Wien/Zürich 1971; Wörterbuch zur Geschichte, hrsg. v. E. Bayer, Stuttgart 1960; Wörterbuch zur Geschichte, hrsg. v. K. Fuchs u. H. Raab, München 1972; E. Lousse, Art. „Absolutismus und Gottesgnadentum“, in: 50 Beiträge zum europäischen Geschichtsbild, hrsg. in Zusammenarbeit mit dem Europarat und dem internationalen Schulbuchinstitut, Gütersloh 1964, S. 9-16, sowie zuletzt E. Weis, Absolutismus, in: Staats-Lexikon der Görres-Gesellschaft, siebente, völlig neu bearb. Aufl., Freiburg 1985, Sp. 37-41; aus marxistisch-leninistischer Sicht: Wörterbuch zur Geschichte, hrsg. v. H. Bartel u. a., Köln 1984; zur Darstellung des Absolutismus in Schulbüchern s. E. Hinrichs, Absolutismus im Schulbuch, in: Internationale Schulbuchforschung 8 (1986), S. 303-320.

2 S. R. Vierhaus, Absolutismus, in: ders., Deutschland im 18. Jahrhundert. Politische Verfassung – Soziales Gefüge – geistige Bewegung, Göttingen 1988, S. 63-83 (zuerst ersch. 1966); K. Malettke, Fragestellungen und Aufgaben der neueren Absolutismus-Forschung in Frankreich und Deutschland, in: GWU 30 (1979), S. 140-157; A. A. Strnad, Aspekte des Absolutismus in neuerer Sicht, in: Innsbrucker Historische Studien 5 (1982), S. 111-192; Absolutismus: Herrschaft und Widerstand, in: SOWI 12 (1983); E. Hinrichs, Zum Stand und zu den Aufgaben gegenwärtiger Absolutismusforschung, in: ders. (Hrsg.), Absolutismus, Frankfurt a. M. 1986, S. 7-32; nützlich wegen der Kombination von Forschungsüberblick und Epochendarstellung J. Kunisch, Absolutismus, Göttingen 1986, insbes. S. 179-202, u. H. Duchhardt, Das Zeitalter des Absolutismus, München 1989, insbes. S. 166-171. Unter den zahlreichen Gesamtdarstellungen der Epoche sei insbesondere verwiesen auf R. Vierhaus, Staaten und Stände, Berlin 1984, u. R. Mandrou, Staatsräson und Vernunft (1649-1775), Berlin/Wien 1975; einen kritischen Einstieg in die angelsächsische und französische Forschung bietet R. Hatton (Hrsg.), Louis XIV and Absolutism, London/Basingstoke 1976; zur marxistisch-leninistischen Forschung s. H. Lehmann, Zum Wandel des Absolutismusbegriffs in der BRD, in: ZfG 22 (1974), S. 5-27; H. Langer, Fragen der Absolutismus-Forschung, in: Jahrbuch für die Geschichte des Feudalismus 3 (1979), S. 365-391; C. Scharf, Strategien marxistischer Absolutismusforschung. Der Absolutismus in Rußland und die Sowjethistoriker, in: Annali ISIG 5 (1979), S. 457-506.

3 S. hierzu F. Wagner, in: ders., (Hrsg.), Europa im Zeitalter des Absolutismus und der Aufklärung, Stuttgart 1968, S. 3.

chien einzubeziehen,[4] besteht weitgehend Übereinstimmung in der räumlichen und zeitlichen Begrenzung des Phänomens „Absolutismus" auf das nach-antike Europa. Die positive Definition dieser Negativbestimmung ist hingegen umstritten. Wird der „Absolutismus" einerseits noch immer häufig als „eine *notwendige* Durchgangsstufe zwischen der Zeit des Feudalismus und der Moderne"[5] begriffen, so gilt er andererseits G. Barudio als „Zerstörung der libertären Verfassung";[6] vermag E. Hinrichs „Absolutismus" als ein umfassendes System lediglich „in den Denkschriften der Minister, den Traktaten der Philosophen, den politischen Testamenten der Fürsten"[7] auszumachen, so erhebt P. Anderson den Absolutismus zu einer „fundamentale(n) historische(n) Kategorie".[8]

Diese Diskrepanzen liegen nicht zuletzt darin begründet, daß der seit den 1820er Jahren sich verbreitende Ausdruck „Absolutismus" erst in Umlauf kam, als das in der späteren Historiographie nach ihm benannte Zeitalter in den meisten europäischen Ländern bereits der Vergangenheit angehörte.[9] Daher ist es nicht überraschend, daß Periodisierungs- und Typisierungsfragen des Absolutismus seit langem einen wichtigen Platz in der Forschung einnehmen. War dies zunächst, wie die Absolutismusforschung überhaupt, ein um die Jahrhundertwende diskutiertes Problem der deutschen Forschung,[10] so hat es nach dem Zweiten Weltkrieg in zunehmendem Maße auch die internationale Forschung bewegt. Einen wichtigen Anstoß hat hierzu der X. Internationale Historiker-Kongreß in Rom (1955) gegeben, auf dem R. Mousnier in seinem gemeinsam mit F. Hartung vorgelegten Referat eine typologische Unterscheidung zwischen westlichem und östlichem Absolutismus vorschlug.[11]

---

4 S. hierzu zuletzt R. Mousnier, Quelques remarques pour une comparaison des monarchies absolues en Europe et en Asie, in: Revue historique 272 (1984), S. 29-44; S. D. Skazkin, Art. Absolutism, in: Great Soviet Encyclopedia, dritte Aufl., London 1973, S. 36; kritisch hierzu Vierhaus, Absolutismus, S. 79.

5 So der kritische Vermerk von K. v. Raumer, Absoluter Staat, korporative Libertät, persönliche Freiheit, in: W. Hubatsch (Hrsg.), Absolutismus, Darmstadt 1973, S. 164 (zuerst ersch. 1957); aus „bürgerlicher" Sicht zuletzt: Weis, Art. Absolutismus, Sp. 40; aus marxistisch-leninistischer Sicht: A. Laube u. a. (Hrsg.), Deutsche Geschichte, Bd. 3: Die Epoche des Übergangs vom Feudalismus zum Kapitalismus von den siebziger Jahren des 15. Jahrhunderts bis 1789, Köln 1983, S. 339.

6 G. Barudio, Absolutismus – Zerstörung der „libertären Verfassung". Studien zur „karolinischen Eingewalt" in Schweden 1680 und 1693, Wiesbaden 1976.

7 E. Hinrichs, Einführung in die Geschichte der Frühen Neuzeit, München 1980, S. 194.

8 P. Anderson, Die Entstehung des absolutistischen Staates, Frankfurt a. M. 1979 (zuerst englisch 1974).

9 S. a. Vierhaus, Absolutismus, S. 63; G. Durand, Etats et Institutions XVIe-XVIIIe siècles, Paris (Librairie Armand Colin) 1969, Kap. XX. Qu'est-ce que l'absolutisme?, S. 275-285, insbes. S. 275 f.; W. Doyle, The Old European Order 1660-1800, Oxford (Oxford University Press) 1978, S. 224.

10 S. hierzu F. Hartung, Die Epochen der absoluten Monarchie in der neueren Geschichte, in: W. Hubatsch (Hrsg.), Absolutismus, S. 57-64 (zuerst ersch. 1932); L. Just, Stufen und Formen des Absolutismus, in: ebd., S. 288-302 (zuerst ersch. 1961).

11 Vgl. F. Hartung/R. Mousnier, Quelques problèmes concernant la monarchie absolue, in: Relazioni del X. Congresso Internazionale di Scienze Storico, Vol. IV.: Storia Moderna,

Dieser bereits auf dem Kongreß, der erstmals „bürgerliche" Historiker und solche aus sozialistischen Ländern zusammenführte,[12] lebhaft diskutierte Bericht hat in der Folgezeit vor allem auf die marxistisch-leninistische Geschichtswissenschaft anregend gewirkt, zumal Mousniers Typologie ihrer eigenen Neigung zu Systematisierungsversuchen entgegen kam. Insbesondere die sowjetische Geschichtswissenschaft hat sich mit Mousniers Arbeiten auseinandergesetzt[13] und in der Mitte der sechziger Jahre u. a. von A. Cistozvonov ausgelösten bemerkenswerten, von der westlichen Forschung zu wenig beachteten neueren Absolutismusforschung Typologisierungsfragen erneut aufgegriffen.[14] Auch im „westlichen" Marxismus hat sich die Unterscheidung zwischen einem westlichen und östlichen Typus des Absolutismus verbreitet; sie hat insbesondere der international viel beachteten Studie von Anderson über „Die Entstehung des absolutistischen Staates" zugrunde gelegen.[15]

Auffallend geringes Interesse haben diese typologischen Diskussionen nach 1945 hingegen in der (west-) deutschen Absolutismusforschung gefunden.[16] Dies ist vor allem auf das infolge des Zusammenbruchs von 1945 entstandene Bedürfnis nach einer Überprüfung wichtiger Deutungsmuster der deutschen und europäischen Geschichte zurückzuführen, unter denen das „Zeitalter des Absolutismus" einen zentralen Ort einnahm. An die Stelle der bis dahin uneingeschränkt positiven Beurteilung des monarchischen Absolutismus und seines unterstellten genetischen Zusammenhangs mit dem modernen Staat, wie er sich beispielhaft in der Geschichte

---

Florenz 1955, S. 3-55, insbes. S. 15-32; eine chronologische Typisierung wenig später noch bei Ch. Petrie, Die absolute Monarchie und ihr System, in: Historia Mundi, Bd. 7, hrsg. v. F. Valjavec, Bern-München 1957, S. 249-276.

12 S. hierzu K. D. Erdmann, Die Ökumene der Historiker. Geschichte der internationalen Historikerkongresse und des Comité International des Sciences Historiques, Göttingen 1987, insbes. S. 316 ff.; zur politischen Atmosphäre dieses Zusammentreffens s. die Berichte von G. Ritter, Der X. Internationale Historikerkongreß in Rom (4.-11. September 1955), in: HZ 180 (1955), S. 657-663, u. K. Repgen, X. Internationaler Historikerkongreß in Rom, in: GWU 7 (1956), S. 43-47; informativ aus marxistisch-leninistischer Sicht H. Haun, Der X. Internationale Historikerkongreß in Rom 1955 und die Geschichtswissenschaft der DDR, in: ZfG 34 (1987), S. 303.

13 S. etwa A. D. Lublinskaya, The contemporary bourgeois conception of absolute monarchy, in: Science and Society 1 (1972), S. 65-92 (zuerst russ. 1961); zu Lublinskaya s. G. M. Littlejohn, An introduction to Lublinskaya, in: ebd., S. 57-64; Scharf, Strategien marxistischer Absolutismusforschung, S. 487 f.

14 S. hierzu die Überblicksaufsätze von W. Küttler, Gesellschaftliche Voraussetzungen und Entwicklungstyp des Absolutismus in Rußland, in: Jb. f. d. Geschichte der sozialistischen Länder Europas, Bd. 13/2, Berlin (DDR) 1969, S. 71-108; Scharf, Strategien marxistischer Absolutismusforschung, insbes. S. 460, 473 f. u. 482 f., u. H.-J. Torke, Die neuere Sowjethistoriographie zum Problem des russischen Absolutismus, in: Forschungen zur osteuropäischen Geschichte, Bd. 20 (1973), S. 113-133.

15 P. Anderson, Die Entstehung des absolutistischen Staates, Frankfurt a. M. 1979, s. insbes. S. 17-52 u. 237-270; zur Problematik von Andersons Arbeit s. R. Blänkner, Westlicher und östlicher „Absolutismus" auf dem Kontinent, „Parlamentarismus" in England, oder: Vom Elend der Kategorien, in: Absolutismus: Herrschaft und Widerstand, in: SOWI 12 (1983), S. 218-227.

16 S. jedoch Weis, Art. Absolutismus, Sp. 37 f.

des nun durch Beschluß des Alliierten-Kontrollrats aufgelösten Preußen zu manifestieren schien, trat zunehmend die Frage nach den historischen Vorbelastungen des Absolutismus für den nationalsozialistischen Totalitarismus.[17] Diese Frage hat die nur zögernd einsetzende Neuorientierung der Absolutismusforschung[18] in den fünfziger Jahren entscheidend mitbestimmt.[19]

Diese Unterschiede deuten bereits eine Intensivierung und Aufspaltung der Absolutismusforschung an, die sich jedoch nicht, wie es in den beiden ersten Nachkriegsjahrzehnten den Anschein haben mochte, im Gegensatz zwischen „bürgerlicher“ und „marxistisch-leninistischer“ Forschung erschöpften.[20] Spätestens Mitte der sechziger Jahre setzte vor allem in den westlichen Gesellschaftswissenschaften ein vielschichtiger Innovationsschub ein, in dessen Folge zum Teil sich über-
schneidende sozialwissenschaftliche Modernisierungstheorien und neomarxistische Staatstheorien die alten Phalanxen aufbrachen und die historische Behandlung des modernen Staates sowie die damit verbundene Frage nach der Bedeutung des Absolutismus neu aufwarfen.[21] Von einem einheitlichen Forschungsstand über das

---

17 In diesem Sinn schrieb R. Wittram 1948: „Die Geschichte des europäischen Absolutismus birgt so viel von unserem Schicksal, daß wir Grund haben, ihr immer von neuem denkend nachzugehen.“, ders., Formen und Wandlungen des europäischen Absolutismus, in: Hubatsch (Hrsg.), Absolutismus, S. 116.

18 Die Hindernisse einer Neuorientierung dokumentieren die ersten Literaturberichte. So schrieb W. Andreas, Absolutismus und Aufklärung. Literaturbericht, in: GWU 2 (1951), S. 112: „Die naheliegende Besorgnis, Herrschaft und Sturz mehrerer zeitgenössischer Diktaturen könnte die historische Erscheinung des Absolutismus in mißverständliche oder abschreckende Beleuchtung rücken, hat sich nicht verwirklicht. Das geschichtliche Interesse an ihr und der objektive Erkenntniswille behaupten sich. Persönlichkeit und Werk Friedrichs des Großen ist zwar wie Bismarck von simplificateurs terribles ... bisweilen in politischer und historischer Verzerrung auf Hitler vorausbezogen worden; aber dieser Fall liegt, weil von jeher umstritten, auf anderer Ebene ...“. Einen ähnlichen Rettungsversuch für die traditionelle Absolutismusforschung unternahm wenig später W. Hubatsch, Das Zeitalter des Absolutismus in heutiger Sicht (1945-1953). Ein Literaturbericht, in: AKG 35 (1953), S. 370: „Die deutsche Geschichtswissenschaft stand – und steht noch – vor der schicksalhaften Aufgabe, das Zeitalter des Absolutismus auf seine Darstellungs- und Deutungsmöglichkeiten für die Gegenwart neu zu prüfen und ihm gegenüber einen festen Standpunkt zu gewinnen. Neue Linien und bewahrende Bestrebungen überschneiden sich vielfach bei einem solchen Unterfangen. Zaghaft und tastend wirken manche Versuche, eine ganze Epoche mit vielen unbestrittenen Werten nicht zu verlieren. Allzu bequem und deshalb das Problem nicht lösend ist die Absage an die politische Geschichte und das Ausweichen auf die reine Ideen-, Geistes- und Kulturgeschichte.“

19 S. St. Skalweit, Das Zeitalter de Absolutismus als Forschungsproblem, in: Deutsche Vierteljahresschrift für Literaturwissenschaft und Geistesgeschichte 35 (1961), S. 298 ff.; L. Just, Stufen und Formen des Absolutismus, S. 228 f.; Vierhaus, Absolutismus, S. 79; Oestreich, Strukturprobleme des europäischen Absolutismus, in: ders., Geist und Gestalt des frühmodernen Staates, Berlin 1969, S. 180 f. (zuerst ersch. 1968)

20 Als wichtiges, gleichzeitig in deutscher und englischer Sprache erschienenes zeitgenössisches Dokument s. hierzu: Sowjetsystem und demokratische Gesellschaft. Eine vergleichende Enzyklopädie, hrsg. v. C. D. Kernig, 6 Bde. u. 1 Sonderbd., Freiburg i. Br. 1966-1972.

21 S. hierzu H. Lubasz, The development of the modern state, New York/London 1964; S. N. Eisenstadt/S. Rokkan (Hrsg.), Building States and Nations, 2 Bde., London (Sage Publi-

„Zeitalter des Absolutismus", der in einem Literaturbericht zusammenzufassen wäre, kann seither nicht mehr gesprochen werden. Alte nationale Diskurse sind abgebrochen oder überlagert worden durch neue, die zudem durch Disziplingrenzen untereinander künstlich getrennt sind. Im Unterschied zu anderen Ländern, insbesondere dem angelsächsischen Raum, wo Geschichtswissenschaft und die seit geraumer Zeit etablierte historische Soziologie kooperieren, scheint dies in besonderem Maße in der Bundesrepublik ausgeprägt zu sein. Hat die in den siebziger Jahren in der Politikwissenschaft intensiv geführte Staatsdiskussion[22] die Ergebnisse der jüngeren Absolutismusforschung unberücksichtigt gelassen, so gilt gleiches auch weitgehend für die Geschichtswissenschaft im allgemeinen,[23] insbesondere aber für die seit einem Jahrzehnt wieder auflebende Absolutismusforschung.[24] Die Gründe sollen hier nicht erörtert werden. Bemerkenswert ist jedoch bei allen Differenzen im Detail das erstaunlich hohe Maß an gemeinsamen Deutungsmustern, die das „Zeitalter des Absolutismus" erst eigentlich zum einem Forschungsproblem werden lassen.

Einen herausragenden Platz unter diesen Deutungsmustern nimmt die Auffassung von dem inneren Zusammenhang zwischen dem (monarchischen) Absolutismus und dem modernen Staat ein, die im 19. Jahrhundert „unter dem Einfluß des forcierten Nationalbewusstseins" und „des damit entzündeten Interesses an der

---

cations) 1973; R. Tilly (Hrsg.), The Formation of the National State, Princeton University Press (Princeton) 1975; On the State, in: International Social Science Journal, Vol. XXXII, Nr. 4, Paris 1980; N. Poulantzas, Politische Macht und gesellschaftliche Klassen, Frankfurt a. M., zweite überarb. Aufl. 1975 (zuerst franz. 1968); S. Breuer/H. Treiber (Hrsg.), Entstehung und Strukturwandel des Staates, Opladen 1982; I. Wallerstein, Das moderne Weltsystem: Kapitalistische Landwirtschaft und die Entstehung der europäischen Weltwirtschaft im 16. Jahrhundert, Frankfurt a. M. 1986 (zuerst amerik. 1974); zur marxistisch-leninistischen Forschung s. Beiträge zur Entstehung des Staates, hrsg. v. J. Herrmann u. I. Sellnow, Berlin (DDR), dritte Aufl. 1976, u. Marxistisch-leninistische allgemeine Theorie des Staates und des Rechts, Bd. 2, Berlin 1974, S. 161-167.

22 S. hierzu Handbuch 5: Staat, hrsg. v. V. Brandes/J. Hoffmann/U. Jürgens/W. Semmler, Frankfurt a. M./Köln 1977; N. Kostede, Die neuere marxistische Diskussion über den bürgerlichen Staat. Einführung – Kritik – Resultate, in: Gesellschaft – Beiträge zur Marxschen Theorie, Bd. 8/9, Frankfurt a. M. 1976, S. 150-196; zum politischen Hintergrund s. P. Graf Kielmannsegg (Hrsg.), Legitimationsprobleme politischer Systeme, Opladen 1976 (Politische Vierteljahresschrift, Sonderh. 7); N. Achterberg/W. Krawietz (Hrsg.), Legitimation des modernen Staates, Wiesbaden 1981 (Archiv f. Rechts- und Sozialphilosophie, Beih. 15).

23 Als Ausnahmen hiervon sind vor allem zu nennen: J. Schlumbohm, Exkurs zu den politisch-institutionellen Rahmenbedingungen in der Proto-Industrialisierung, in: P. Kriedte/H. Medick/J. Schlumbohm, Industrialisierung vor der Industrialisierung. Gewerbliche Warenproduktion auf dem Land in der Formationsperiode des Kapitalismus, Göttingen 1977, S. 258-271, u. A. Lüdtke, Genesis und Durchsetzung des „modernen Staates". Zur Analyse von Herrschaft und Verwaltung, in: Archiv für Sozialgeschichte 20 (1980), S. 474-479.

24 Kunisch und Duchhardt haben in ihren bereits erwähnten Arbeiten diese gesamte Diskussion über „Nation-building", das „moderne Weltsystem" sowie die von der neomarxistischen historischen Soziologie, insbesondere von Poulantzas ausgegangenen Anregungen für die Absolutismusforschung souverän ignoriert.

Vor- und Entwicklungsgeschichte des ... nationalen Einheitsstaates"[25] entstand und vor allem in der deutschen Forschung „eine geradezu kanonische Geltung erlangt (hat)".[26] Ob dies ein „sinnvolle(s) ... und historisch ergiebige(s) Paradigma"[27] ist, wird man bezweifeln können. Unbestritten aber ist es ein sinnstiftendes Paradigma, das der Absolutismusforschung über ein Jahrhundert hinweg als „erkenntnisleitendes Interesse" (J. Habermas) zugrunde gelegen hat. Sein Rang als modernisierungstheoretisches, die Rolle des Beamtentums betonendes Paradigma geriet erst in Zweifel, nachdem dieser Weg in die „deutsche Katastrophe" (F. Meinecke) geführt hatte.[28] Im Zuge der Ausbreitung der angelsächsischen Verfassungsideen und des Aufstiegs der USA zur führenden westlichen Weltmacht nach dem zweiten Weltkrieg wurde es verdrängt[29] durch neue modernisierungstheoretische Ansätze, die den Zusammenhang von historisch frühzeitig entstandenen politischen Vertretungsorganen und der modernen demokratischen Welt herausstellten.[30]

In diesem Kontext steht auch die bereits in den 1930er Jahren einsetzende, jedoch erst in den fünfziger Jahren zum Durchbruch gelangende internationale Ständeforschung.[31] Allerdings darf dabei gerade im Hinblick auf die Neuorientierung in der Bundesrepublik nicht übersehen werden, daß die Ständeforschung ein Bündel sehr verschiedener und teilweise divergierender Neuansätze darstellte. Waren etwa

---

25 Vierhaus, Absolutismus, S. 63.

26 Hinrichs, Zum Stand und zu den Aufgaben der gegenwärtigen Absolutismusforschung, S. 8 f.

27 Ebd., S. 8.

28 Das umstrittene Kontinuitätsproblem des „deutschen Sonderwegs" vom preußischen Beamtenstaat zum Nationalsozialismus kann hier nicht erörtert werden. Entscheidend für den vorliegenden Kontext ist die Tatsache, daß die Zeitgenossen selbst den Zusammenbruch als Kontinuitätsbruch empfunden haben. Zur Sonderwegsdiskussion s. D. Blackbourn/G. Eley, Mythen deutscher Geschichtsschreibung, Frankfurt a. M./Wien/ Berlin 1980; H. Grebing, Der „deutsche Sonderweg" in Europa 1806-1945. Eine Kritik, Stuttgart 1986; J. Kocka, Bürgertum und bürgerliche Gesellschaft im 19. Jahrhundert. Europäische Entwicklungen und deutsche Eigenarten, in: ders., (Hrsg.), Bürgertum im 19. Jahrhundert, Bd. 1, München 1988, S. 11-76, insbes. S. 70-76; zur Sonderwegsdiskussion in der Weimarer Republik s. B. Faulenbach, Ideologie des deutschen Weges. Die deutsche Geschichte in der Historiographie zwischen Kaiserreich und Nationalsozialismus, München 1980.

29 So ausdrücklich Skalweit in seinem Literaturbericht: Das Zeitalter des Absolutismus als Forschungsproblem, S. 298: „Der Zusammenbruch totalitärer Regime in Westeuropa, die bewußte Erneuerung des Staatsaufbaus in freiheitlich-demokratischem Geiste, das starke Dominieren angelsächsischer Freiheits- und Verfassungsideale hat zunächst überall in der westlichen Welt zu einer gewissen Abwertung des historischen Absolutismus – seiner individuellen Träger sowohl wie seiner staatsbildenden Kräfte – geführt."

30 Als klassische historisch-soziologische, noch heute anregende Studie sei hier auf B. Moore, Soziale Ursprünge von Diktatur und Demokratie, Frankfurt a. M. 1969 (zuerst engl. 1966), insbes. S. 475-519, hingewiesen.

31 S. hierzu E. Lousse, La Commission internationale pour l'histoire des Assembles d'états 1936-1956, in: Schweizer Beiträge zur Allgemeinen Geschichte 14 (1956), S. 190-210, sowie den Forschungsbericht von H. M. Cam/A. Marongiu/G. Stökl, Recent Works and Representative Views on the Origins and the Development of Representative Assemblies, in: Relazioni del X. Congresso Internationale di Scienze Storiche Roma 1955, Florenz 1957, Vol. I, S. 3-101.

einerseits H. Rosenberg und F. L. Carstens um den Nachweis negativer Kontinuitätslinien bemüht,[32] so suchten Konservative wie O. Brunner[33] oder der als erster sich kritisch mit der „konventionellen Absolutismus-Beurteilung" auseinandersetzende K. v. Raumer[34] diese Auffassung mit dem Hinweis auf die auch unter dem Absolutismus fortlebende alteuropäische Adelswelt und deren politische Korporationen zu entkräften. Mögen diese Ansätze auch nicht immer politisch unbedenklich oder frei von harmonisierenden Verklärungen „Alteuropas" gewesen sein,[35] so wird man gleichwohl festhalten müssen, daß von ihnen, insbesondere im Zusammenhang mit den Arbeiten von D. Gerhard, R. Vierhaus und G. Oestreich,[36] die entscheidenden Impulse für die in den sechziger Jahren rasch sich durchsetzende Korrektur des traditionellen Absolutismusbildes ausgingen. War die ältere „innenpolitische Absolutismusforschung ... beim Werden der Bürokratie stehen (geblieben), bei der Geschichte der Behördenbildung und des Beamtentums, bei den neuen staatlichen Institutionen und ihren anti-ständischen Kämpfen",[37] so konnte durch die stärkere Berücksichtigung des „Nichtabsolutistischen im Absolutismus"[38] gezeigt werden, daß – wie W. Näf bereits früher betont hatte – der Absolutismus „immer und überall, zu größerem oder geringerem Teil, unerfüllter Anspruch geblieben ist."[39] Die umfassende Revision des bisherigen Absolutismusbildes brachte

---

32 S. H. Rosenberg, Bureaucracy, Aristocracy and Autocracy: The Prussian Experience 1660-1815, Cambridge (Harvard University Press) 1958; F. L. Carstens, Princes and Parliaments in Germany, Oxford (Clarendon Press) 1959; ders., Die deutschen Landstände und der Aufstieg der Fürsten, in: H. Rausch (Hrsg.), Die geschichtlichen Grundlagen der modernen Volksvertretung, Bd. 2, Darmstadt 1974, S. 315-340 (zuerst ersch. 1960), s. hierzu die Rez. von P. Herde, Die deutschen Landstände und das englische Parlament, in: Historisches Jahrbuch 80 (1961), S. 286-297; die Parallelen Absolutismus – Faschismus und ständisch-libertäre Freiheit – Parlamentarismus hat zuletzt ausdrücklich Barudio gezogen, vgl. Europa im Zeitalter des Absolutismus und der Aufklärung, s. etwa S. 418, Anm. 31.

33 O. Brunner, Adeliges Landleben und europäischer Geist, Salzburg 1949.

34 K. v. Raumer, Absoluter Staat, korporative Libertät, persönliche Freiheit, S. 160.

35 S. hierzu aus marxistisch-leninistischer Sicht die zum Teil berechtigte, in der Tendenz jedoch einseitig polemische Kritik von Lehmann, Der Wandel des Absolutismusbildes in der BRD, S. 14-19.

36 D. Gerhard, Regionalismus und ständisches Wesen als ein Grundproblem europäischer Geschichte, in: ders., Alte und neue Welt in vergleichender Geschichtsbetrachtung, Göttingen 1962, S. 13-39 (zuerst ersch. 1952); ders. (Hrsg.), Ständische Vertretungen in Europa im 17. und 18. Jahrhundert, Göttingen 1969; R. Vierhaus, Ständewesen und Staatsverwaltung in Deutschland im späteren 18. Jahrhundert, in: ders., Deutschland im 18. Jahrhundert, S. 33-49 (zuerst ersch. 1966); ders. (Hrsg.), Herrschaftsverträge, Wahlkapitulationen, Fundamentalgesetze, Göttingen 1977; G. Oestreich, Ständetum und Staatsbildung in Deutschland, in: ders., Geist und Gestalt des frühmodernen Staates, S. 277-289 (zuerst ersch. 1965).

37 G. Oestreich, Strukturprobleme des europäischen Absolutismus, S. 182.

38 Ebd., S. 183.

39 W. Näf, Die Epochen der neueren Gechichte, Bd.1, zweite Aufl., Aarau 1959, S. 422; s. a. R. Vierhaus, Deutschland im Zeitalter des Absolutismus, Göttingen 1978, S. 147; Hinrichs, Einführung in die Geschichte der Frühen Neuzeit, S. 184 u. 194; I. Mieck, Europäische Geschichte der Frühen Neuzeit, Stuttgart 1970, S. 168 ff.; P. Baumgart, Wie absolut war der preußische Absolutismus?, in: M. Schlenke (Hrsg.), Preußen. Beiträge zu einer politischen Kultur, Reinbek 1981, S. 93 (Preußen. Versuch einer Bilanz, Bd. 2); Kunisch, Abso-

R. Vierhaus in seinem kritischen Resümee von 1966 zum Ausdruck: „Was ‚Absolutismus' sei, ob, wann, in welcher Erstreckung es ein ‚Zeitalter des Absolutismus' gegeben hat, erscheint heute fragwürdiger denn je."[40]

Mit gutem Grund hat die Ständeforschung, die nach anfänglicher Kritik auf Resonanz auch in der marxistisch-leninistischen Geschichtswissenschaft gestoßen ist,[41] es vermieden, in bloßer Umkehrung an die Stelle der überkommenen Leitfrage nach dem Zusammenhang von „Fürstentum und Staatsbildung" jenes ebenso einseitige Motiv von „Ständetum und Staatsbildung" zu setzen. Im Anschluß an die älteren Arbeiten von O. v. Gierke und die späten Aufsätze von O. Hintze hat sie vielmehr die einander ergänzenden institutionellen Leistungen der Fürsten und der Landstände betont,[42] sich dabei aber von der evolutionistischen Frage nach den „Frühformen des modernen Staates" (W. Näf)[43] nicht immer zu lösen vermocht. Dies gilt insbesondere für G. Oestreich, der die von O. Brunner und D. Gerhard vorgeschlagene fruchtbare typologische Kontrastierung zwischen „Alteuropa" und der „Modernen Welt" durch den Rückgriff auf das dem 19. Jahrhundert verpflichtete teleologische Paradigma der „Staatsbildung" konterkarierte und somit mutatis mutandis zur Ausgangsfrage der Absolutismusforschung zurückkehrte. Mit seinem Forschungskonzept des sog. „frühmodernen Staates"[44] berührt G. Oestreich sich trotz unterschiedlicher Motive und Beurteilungen in Einzelfragen in auffallender Weise sowohl mit neueren theoretischen Entwicklungen in der marxistisch-

---

lutismus, S. 182 ff.; ebenso auch I. Wallerstein, Das moderne Weltsystem: Kapitalistische Landwirtschaft und die Entstehung der europäischen Weltwirtschaft im 16. Jahrhundert, Frankfurt a. M. 1986, S. 207 (zuerst engl. 1974).

40 Vierhaus, Absolutismus, S. 52.

41 S. etwa K. Vetter, Die Stände im absolutistischen Preußen. Ein Beitrag zur Absolutismus-Diskussion, in: ZfG 24 (1976), S. 1290-1306; Langer, Fragen der Absolutismus-Forschung, S. 372; zur älteren marxistisch-leninistischen Beurteilung der Stände s. G. Oestreich//I. Auerbach, Die Ständische Verfassung in der westlichen und in der marxistisch-sowjetischen Geschichtsschreibung, in: ders., Strukturprobleme der frühen Neuzeit, Berlin 1980, S. 161-200 (zuerst ersch. 1972).

42 S. D. Gerhard, Probleme ständischer Vertretungen im frühen achtzehnten Jahrhundert und ihre Behandlung in der gegenwärtigen Forschung, in: ders. (Hrsg.), Ständische Vertretungen in Europa im 17. und 18. Jahrhundert, insbes. S. 14-17; Oestreich, Ständetum und Staatsbildung, S. 280 f.; Vierhaus, Stände und Staaten, S. 11 u. 105-117; s. a. die einschlägigen Aufsätze in dem Sammelband von H. H. Hofmann (Hrsg.), Die Entstehung des modernen souveränen Staates, Köln - Berlin 1967; P. Baumgart (Hrsg.), Ständetum und Staatsbildung in Brandenburg-Preußen, Berlin/New York 1983; H. Rausch (Hrsg.), Die geschichtlichen Grundlagen der modernen Volksvertretung, 2 Bde., Darmstadt 1974 u. 1980; die Kontinuität vom politischen Ständetum zum modernen Parlamentarismus hat besonders K. Bosl hervorgehoben, s. ders. (Hrsg.), Der moderne Parlamentarismus und seine Grundlagen in der ständischen Repräsentation, Berlin 1977; den besten Überblick über die internationale Diskussion bietet P. Schiera/E. Rotelli (Hrsg.), Lo stato moderno, 2 Bde., Bologna 1971-1973.

43 W. Näf, Frühformen des modernen Staates im Spätmittelalter, in: Hofmann (Hrsg.), Die Entstehung des modernen souveränen Staates, S. 101-114 (zuerst ersch. 1951).

44 S. G. Oestreich, Ständetum und Staatsbildung, S. 278 f., u. das Vorwort in: ders., Geist und Gestalt des frühmodernen Staates, S. 5 f.

leninistischen Absolutismusforschung als auch in der Staatsdiskussion der westlichen Sozialwissenschaften.

In der sowjetischen Absolutismusdiskussion der sechziger Jahre hatte A. J. Arech auf die gemeinsame Wurzel von Absolutismus und Kapitalismus hingewiesen und dem rigiden, aus dem Basis-Überbau-Schema abgeleiteten Begriff des „Feudalabsolutismus" die Behauptung entgegenstellt, daß „die absolute Monarchie nichts anderes (sei) als der Prototyp des bürgerlichen Staates ..."[45] Im weiteren Verlauf seiner Argumentation kam Awrech schließlich zu der erstaunlichen Hypothese, daß „die Bourgeoisie ... ihren ersten Interessenvertreter im absolutistischen Staat (findet), noch ehe sie selbst das Licht der Welt erblickt hat ..."[46] Eine hiermit weitgehend übereinstimmende, jedoch unabhängig von der sowjetischen Diskussion entstandene Beurteilung findet sich zur gleichen Zeit im westlichen Neomarxismus bei N. Poulantzas[47] und in der späteren, freilich auf die westdeutsche Politikwissenschaft beschränkte und von der Geschichtswissenschaft kaum wahrgenommene sog. „Staatsableitungsdebatte".[48] Vor allem Poulantzas Auffassung von der relativen Autonomie des Politischen und des Staates sowie die in Anlehnung an M. Weber betonte besondere Rolle der Bürokratie bei der Entstehung und für die Funktionsweise des modernen („kapitalistischen") Staates[49] bringt ihn in eine erstaunliche theoretische Nähe zu den verwaltungsgeschichtlichen Arbeiten der älteren, aber auch jüngeren Absolutismusforschung G. Oestreichs. Wie dieser so zieht auch N. Poulantzas aus der essentiellen Bedeutung der Bürokratie für den modernen Staat die problematische theoretische Konsequenz, aus der zunehmenden Zentralisierung und Bürokratisierung des Fürstenstaats auf dessen modernen bzw. „kapitalistischen" Charakter schließen zu können. Für die neomarxistische Diskussion ist bereits im Rahmen der von den Historikern wenig beachteten und überhaupt rasch in Vergessenheit geratenen „Staatsableitungsdebatte" auf die Fragwürdigkeit dieses Verfahrens hingewiesen worden.[50] Der Sache nach gilt diese bisher nur selten formulierte Kritik an einer ahistorischen Bürokratietheorie freilich ebenso für das der-

45 A. J. Awrech, Der Absolutismus und seine Rolle bei der Herausbildung des Kapitalismus, in: Sowjetwissenschaft. Gesellschaftswissenschaftliche Beiträge, 1969, Berlin (DDR), S. 174.

46 Ebd., S. 177; zur Diskussion über Awrechs Thesen s. Küttler, Gesellschaftliche Voraussetzungen und Entwicklungstyp des Absolutismus in Rußland, S. 73 ff., u. Scharf, Strategien marxistischer Absolutismusforschung, S. 484 ff. u. 502 f.

47 Poulantzas, Politische Macht und gesellschaftliche Klassen, S. 155-165.

48 S. H. Gerstenberger, Zur Theorie der historischen Konstitution des bürgerlichen Staates, in: Probleme des Klassenkampfs, 8/9 (1973), S. 207-226; dies., Vom Ursprung bürgerlicher Staaten, in: ebd., H. 47 (1982), S. 119-143.

49 Vgl. Poulantzas, Politische Macht und gesellschaftliche Klassen, insbes. S. 339-348.

50 S. etwa kritisch zu Gerstenbergers, der Sache nach auch Poulantzas und Awrechs Position, daß der formellen Konstitution (Parlamentarismus, Verfassung) des bürgerlichen Staates die materielle Konstitution (administrativer Apparat, Staatsfunktionen) vorausgehe, Kostede, Die neuere marxistische Diskussion über den bürgerlichen Staat, S. 184-189.

zeit verbreitete Konzept des „frühmodernen Staates" im allgemeinen.[51] Auch in der Geschichtswissenschaft der DDR ist in jüngerer Zeit betont worden, daß der Absolutismus mit seiner zentralisierenden Bürokratie „einen Hauptweg staatlicher Strukturentwicklung in Jahrhunderten europäischer Geschichte darstellt ...".[52] Im Widerspruch hierzu steht freilich die noch immer vertretene Behauptung, der Absolutismus sei die „letzte und höchste Form der Adelsdiktatur".[53]

Beide Deutungsmuster, das modernistische ebenso wie das traditionalistische, erschweren die Diskussion über den spezifischen Epochencharakter des „Absolutismus" und der „Frühen Neuzeit", die nicht zuletzt im Zuge der zunehmend als unbefriedigend empfundenen Begriffe von „Mittelalter" und „Neuzeit" entstanden ist.[54] Als besonderes Problem erweist sich dabei die Stilisierung Preußens und vor allem Frankreichs zu Mustern des Absolutismus.[55] Erscheint dies im Hinblick auf

---

51 Kritisch zur makroperspektivischen Bürokratietheorie bei Marx und Weber: S. U. Palme, Parlament und Bürokratie im 16. bis 20. Jahrhundert, in: Bosl (Hrsg.), Der moderne Parlamentarismus und seine Grundlagen in der ständischen Repräsentation, S. 137-176.

52 Langer, Fragen der Absolutismus-Forschung, S. 365; s. a. den Tagungsbericht: Staatsentwicklung in Mittel- und Westeuropa vom 14. bis 17. Jahrhundert, in: ZfG 34 (1986), S. 636-638.

53 G. Schilfert, Deutschland von 1648-1789, Berlin (DDR) 1959, S. 35; Langer, Fragen der Absolutismus-Forschung, S. 368; zuletzt G. Heitz, Die Folgen des Dreißigjährigen Krieges und der Wiederaufbau. Die Entstehung des territorialstaatlichen Absolutismus, in: A. Laube u. a. (Hrsg.), Deutsche Geschichte Bd. 3: Die Epoche des Übergangs vom Feudalismus zum Kapitalismus von den siebziger Jahren des 15. Jahrhunderts bis 1789, S. 339; Marxistisch-leninistische allgemeine Theorie des Staates und des Rechts, Bd. 2, S. 161; stärker das Gleichgewicht der Klassenkräfte betonend dagegen Skazkin, Art. Absolutism, S. 36.

54 Aus der umfangreichen Literatur zur Epochenproblematik sei insbesondere verwiesen auf: E. Walder, Zur Geschichte und Problematik des Epochenbegriffs „Neuzeit" und zum Problem der Periodisierung der europäischen Geschichte, in: Festgabe H. v. Greyerz zum 60. Geb., Bern 1967, S. 21-47; R. Vierhaus, Grundlagen europäischer Zivilisation. Zum Problem der Darstellung europäischer Geschichte, in: K.-E. Jeismann/R. Riemenschneider (Hrsg.), Geschichte Europas für den Unterricht der Europäer, Braunschweig 1980, S. 12-22; J. Kunisch, Über den Epochencharakter der frühen Neuzeit, in: Die Funktion der Geschichte in unserer Zeit. Fs f. K. D. Erdmann, hrsg. v. E. Jäckel/E. Weymar, Stuttgart 1975, S. 150-161; Hinrichs, Einführung in die Geschichte der frühen Neuzeit; R. Koselleck (Hrsg.), Studien zum Beginn der modernen Welt, Stuttgart 1977; R. v. Dülmen, Formierung der europäischen Gesellschaft in der Frühen Neuzeit, in: Geschichte und Gesellschaft 7 (1981), S. 5-41; St. Skalweit, Der Beginn der Neuzeit. Epochengrenze und Epochen begriff, Darmstadt 1982; B. Scribner, Understanding Early Modern Europe, in: The Historical Journal 30 (1987), S. 743-758; E. H. Kossmann, The Singularity of Absolutism, in: Hatton (Hrsg.), Louis XIV and Absolutism, S. 3-17; zur Diskussion des „Alt-Europa"-Begriffs im Zusammenhang des Werks von O. Brunner s. R. Blänkner, Spät-Alteuropa oder Früh-Neuzeit?, in: Geschichte und Gesellschaft 13 (1987), S. 559-564.

55 S. etwa Oestreich, Strukturprobleme des europäischen Absolutismus, S. 184; Vierhaus, Absolutismus, S. 69-72 u. 74-76; Kunisch, Absolutismus, S. 184; Duchhardt, Das Zeitalter des Absolutismus, S. 45 u. 166; in der marxistisch-leninistischen Forschung korrespondiert die Stilisierung Frankreichs zum Musterland des Absolutismus mit der Erhebung der französischen Revolution von 1789 zum klassischen Vorbild demokratischer Umwälzung überhaupt; s. etwa Langer, Fragen der Absolutismus-Forschung, S. 376; P. Hoffmann, Entwicklungsetappen des Absolutismus in Rußland, in: K. O. v. Aretin (Hrsg.), Der Aufgeklärte Absolutismus, Köln 1974, S. 340-368, insbes. S. 340 (zuerst ersch. 1970); Skazkin, Art. Absolutism, Sp. 36; kritisch zum Frankreich-Zentrismus jedoch Vetter, Die Stände im ab-

Frankreich wegen dessen kontinentaleuropäischer Dominanz im „Zeitalter des Absolutismus" als plausibel, so läßt sich dieses Argument für Brandenburg-Preußen trotz seines Aufstiegs zu einer der „großen Mächte im Konzert der europäischen Pentarchie" kaum anführen. Als Begründung für diese Stilisierung Frankreichs und Brandenburg-Preußens zu Mustern des europäischen Absolutismus wird im allgemeinen denn auch weniger deren Stellung im Konzert der europäischen Mächte als vielmehr deren Bedeutung für die Entstehung des „modernen Staates" genannt. Als deren Kriterien gelten die im „Zeitalter des Absolutismus" entstandene Bürokratie und das stehende Heer.[56] Theoretisch erklärungsbedürftig sind dabei zunächst die Umstände, unter denen *ein* Kriterienpaar (Beamtentum und Heer) zur Statuierung *zweier* miteinander konkurrierender Modelle führen. Problematisch ist daneben die Hypostasierung der an den Mustern Preußen und Frankreich abgezogenen Phänomene Beamtentum und Heer zu allgemeinen Kriterien des (früh-)modernen Staates. Dies erhellt in besonderer Weise England, das nach einhelliger Auffassung während des „Zeitalters des Absolutismus" einen „Sonderweg" durchlaufen habe. Begründet wird dies im allgemeinen mit der Feststellung, daß es „in England nicht zur Ausbildung eines stehenden Heeres und auch nicht zur Ausbildung einer vom Königtum abhängigen Beamtenschaft"[57] gekommen sei. Dies ist als Tatsache kaum zu leugnen. Allerdings ist zu fragen, ob die begriffslogische Argumentation zur Begründung des englischen „Sonderwegs" nicht ein historiographisches Konstrukt ist, das die historische Realität in das Prokrustesbett formalistischer Kriterien zwängt. So bleiben etwa in dieser Argumentation die Bedingungen für den sogenannten „Tudor-Despotismus" im Rahmen des politischen Systems des „king-in-parliament" ohne stehendes Heer ebenso unberücksichtigt wie umgekehrt die Bedeutung der englischen Flotte. Problematisch ist vor allem die aus dem unterstellten inneren Zusammenhang von Absolutismus und modernem Staat gezogene Schlußfolgerung, der moderne Staat habe sich in England wegen seines Sonder-

---

solutistischen Preußen, S. 1306; aus „bürgerlicher" Sicht s. K. Krüger, Absolutismus in Dänemark – ein Modell für Begriffsbildung und Typologie, in: Hinrichs (Hrsg.), Absolutismus, S. 65-94 (zuerst ersch. 1979).

56 S. W. Mommsen, Zur Beurteilung des Absolutismus, in: Hubatsch (Hrsg.), Absolutismus, S. 65-93, insbes. S. 70 (zuerst ersch. 1938); W. Hubatsch, Das Zeitalter des Absolutismus, Braunschweig 1962, S. 6; Wagner, Europa im Zeitalter des Absolutismus und der Aufklärung. Die Einheit der Epoche, S. 97 u. 100; Kunisch, Absolutismus, S. 38, 72 f. u. 84; Duchhardt, Das Zeitalter des Absolutismus, S. 36; zur marxistisch-leninistischen Forschung s. Langer, Fragen der Absolutismus-Forschung, S. 368; Marxistisch-leninistische allgemeine Theorie des Staates und des Rechts, Bd. 2, S. 165.

57 Hubatsch, Das Zeitalter des Absolutismus, S. 7; zum englischen „Sonderweg" s. a. E. Wolgast, Absolutismus in England, in: H. Patze (Hrsg.), Aspekte des europäischen Absolutismus, Hildesheim 1979, S. 1-22; Kunisch, Absolutismus, S. 181; Duchhardt, Das Zeitalter des Absolutismus, S. 54; Langer, Fragen der Absolutismus-Forschung, S. 368 f.; Anderson, Die Entstehung des absolutistischen Staates, S. 175; erstaunlicherweise hat die These vom französisch-preußischen Muster und dem englischen Sonderweg der Staatsbildung auch Eingang in die angelsächsische historische Soziologie gefunden, s. etwa G. Poggi, The Development of the Modern State, Stanford (Stanford University Press) 1978, insbes. S. 60-85.

wegs nicht herausbilden können. Diese zu Beginn des 20. Jahrhunderts in Deutschland entstandene und noch immer verbreitete Interpretation ist ein genuiner Bestandteil des historiographischen Konzepts des „Zeitalters des Absolutismus".[58] Die Behauptung einer englischen Sonderentwicklung im „Zeitalter des Absolutismus" ist um so fragwürdiger, als gleichzeitig unter wirtschaftsgeschichtlichen (Entwicklung des Kapitalismus) und politikwissenschaftlichen (Entstehung des Parlamentarismus) Aspekten England umgekehrt zum Muster- und Pionierland erhoben und zugleich Preußen eine Sonderentwicklung zugeschrieben wird.

Die angesprochene generelle Problematik komparativer Geschichtsschreibung hat die Absolutismusforschung indes erstaunlich wenig interessiert. Hatte O. Hintze sein Programm einer am preußischen Paradigma orientierten vergleichenden Verfassungs- und Verwaltungsgeschichte noch ausführlich begründet,[59] so hat die spätere Absolutismusforschung ihre eigenen Voraussetzungen nur selten reflektiert und die Hypothese des englischen Sonderwegs im Zuge der Kanonisierung des Konzepts des „Zeitalters des Absolutismus" gleichsam zum Axiom erhoben. Mißt man die gegenwärtige Absolutismusforschung an den Maßstäben wissenschaftlicher Komparatistik,[60] muß man konstatieren, daß ihr die Voraussetzungen für einen theoretisch begründeten Vergleich jenseits phänomenologischer Spiegelungen von Beamtentum und Heer sowie der hieraus abgeleiteten Statuierung von „Mustern"

58 Für die Perspektive einer grundlegenden Kritik an der These vom englischen Sonderweg s. J. Brewer, The Sinews of Power. War, Money, and the English State 1688-1783, London 1989; H.-Chr. Schröder, Die neuere englische Geschichte im Lichte einiger Modernisierungstheoreme, in: Koselleck (Hrsg.), Studien zum Beginn der modernen Welt, S. 30-65; Mandrou, Staatsräson und Vernunft, der seine Darstellung an der Bipolarität Frankreich – England orientiert, s. insbes. S. 26 ff., 72 ff., 131 ff., 170 ff. u. 315-331; aus politikwissenschaftlicher Sicht: U. Krautheim, Die Souveränitätskonzeption in den englischen Verfassungskonflikten des 17. Jahrhunderts, Frankfurt a. M./Bern/Las Vegas 1977; R. Saage, Herrschaft, Toleranz, Widerstand. Studien zur politischen Theorie der Niederländischen und der Englischen Revolution, Frankfurt a. M. 1981.

59 In seiner Antrittsrede in der Preußischen Akademie der Wissenschaften (1914) führte Hintze hierzu aus: „Das eigentliche Ziel, das mir bei meinen wissenschaftlichen Bemühungen vorschwebte, war von Anfang an eine allgemeine vergleichende Verfassungs- und Verwaltungsgeschichte der neueren Staatenwelt, namentlich der romanischen und germanischen Völker. ... Die preußische Geschichte wurde mir zum Paradigma für die Ausgestaltungen und Abwandlungen des Lebens eines modernen Staates überhaupt; und von diesem quellenmäßig erforschten und durch die Erfahrungen des öffentlichen Lebens genügend beleuchteten Boden aus konnte ich hoffen, in allseitigem Vordringen ein allmählich tiefer und schärfer werdendes Verständnis für die Eigenart anderer staatlicher Bildungen von ähnlichen oder abweichendem Typ zu gewinnen.", in: O. Hintze, Gesammelte Abhandlungen, Bd. I, hrsg. v. G. Oestreich, Göttingen 1962, S. 564 f.; s. hierzu R. Vierhaus, Otto Hintze und das Problem der vergleichenden europäischen Verfassungsgeschichte, in: O. Büsch/M. Erbe (Hrsg.), Otto Hintze und die moderne Geschichtswissenschaft, Berlin 1983, S. 95-110; G. Oestreich, Otto Hintze und die Verwaltungsgeschichte, in: O. Hintze, Gesammelte Abhandlungen, Bd. III, S. 7*-31*.

60 S. H.-J. Puhle, Theorien in der Praxis des vergleichenden Historikers, in: J. Kocka/Th. Nipperdey (Hrsg.), Theorie und Erzählung in der Geschichte, München 1979, S. 119-136; J. Kocka, Probleme einer europäischen Geschichte in komparativer Absicht, in: ders., Aufklärung und Geschichte, Göttingen 1989, S. 21-28.

und „Sonderentwicklungen" weitgehend fehlen.[61] Nicht zuletzt die Unklarheiten über die Prämissen einer vergleichenden historischen Theorie moderner Staatsentwicklung haben dazu geführt, daß die in der Bundesrepublik seit einem Jahrzehnt wieder auflebende geschichtswissenschaftliche Absolutismusforschung, abgesehen von sozialgeschichtlichen Ansätzen,[62] auf neue Fragestellungen etwa nach dem „dynastischen Fürstenstaat"[63] vielfach mit alten Antworten reagiert und teilweise hinter die in den sechziger Jahren formulierte Kritik von R. Vierhaus und G. Oestreich an „dem immer verdächtiger werdenden Begriff des Absolutismus"[64] zurückfällt.[65]

Einen besonderen Aspekt des Absolutismus stellt der sogenannte „aufgeklärte Absolutismus (Despotismus)" dar. Lange ein Reservat deutscher Forschung fand er zunächst zu Beginn des 20. Jahrhunderts[66] nur zögernd Verbreitung in Frankreich und seit den zwanziger Jahren im angelsächsischen Raum.[67] Auf Initiative von M. Lhéritier auf dem Internationalen Historikerkongreß in Oslo 1928 widmete sich ei-

---

61 So kommt etwa Kunisch, Absolutismus, S. 181 zu dem Urteil: „Das englische Beispiel wird sich ohnehin jedem Typisierungsversuch entziehen und als ein Sonderfall zu betrachten sein."; ähnlich Duchhardt, Das Zeitalter des Absolutismus, S. 55 u. 170 f.; s. dagegen Hinrichs, Zum Stand und zu den Aufgaben gegenwärtiger Absolutismusforschung, der allerdings vornehmlich die neuere französische Forschung berücksichtigt, das Beispiel England dagegen weitgehend ausspart, s. S. 17 ff. u. 23 ff.

62 Wichtig hierfür G. Oestreichs Konzept der „Sozialdisziplinierung", s. ders., Strukturprobleme des europäischen Absolutismus, insbes. S. 186 u. 195 ff.; R. Frohn, Die Behandlung sozialgeschichtlicher Probleme aus dem Zeitalter des Absolutismus, in: GWU 3 (1952), S. 385-396; aus der jüngeren Forschung verdient besondere Aufmerksamkeit die elitentheoretische Idee einer „société absolutiste", s. hierzu D. D. Bien, Die „Secrétaires du roi" – Absolutismus, Korporation und Privilegien im französischen Ancien Régime, in: Hinrichs (Hrsg.), Absolutismus, S. 249-272; E. Hinrichs, Zum Stand und zu den Aufgaben gegenwärtiger Absolutismusforschung, S. 15-19; ders., Die Voraussetzungen gesellschaftlicher Stabilität im Absolutismus. Bemerkungen zu Frankreich im 17. und 18. Jahrhundert, in: ders., Ancien Régime und Revolution, Frankfurt a. M. 1989, S. 63-80.

63 J. Kunisch (Hrsg.), Der dynastische Fürstenstaat. Zur Bedeutung von Sukzessionsordnungen für die Entstehung des frühmodernen Staates, Berlin 1982; ders., Absolutismus, S. 157-171.

64 G. Oestreich, Ständetum und Staatsbildung, S. 289.

65 In extremer Weise gilt dies für Barudio, der mit seiner Forderung, die Absolutismusforschung solle zum verfassungsgeschichtlichen Ansatz R. Kosers zurückkehren, sogar ins 19. Jahrhundert zurückfällt; s. G. Barudio, Europa im Zeitalter des Absolutismus und Aufklärung, S. 386. Abgesehen von Oestreich hat in der jüngeren Forschung lediglich Vierhaus auf die Verwendung des Absolutismusbegriffs ausdrücklich verzichtet, s. ders., Staaten und Stände, S. 10 f.; s. a. die kritischen Bemerkungen in: ders., Deutschland im Zeitalter des Absolutismus, S. 9 ff.

66 S. M. Lhéritier, Le despotisme éclairé, de Frederic II à la Revolution française, in: BICHS 9 (1937), S. 190; A. Soboul, Historique de la notion d'absolutisme éclairé, in: L'absolutisme éclairé, hrsg. v. B. Köpeczi u. a., Budapest/Paris 1985, S. 29.

67 S. H. M. Scott, Whatever happened to the enlightened despots?, in: history 68 (1983), S. 245 f.; Ch. Ingrao, The problem of „Enlightened Absolutism" and the German States, in: Politics and Society in the Holy Roman Empire, 1500-1806, Chicago 1986, S. 161 ff. (= The Journal of Modern History, Vol. 58, Supplement, December 1986).

ne eigens gründete Kommission diesem Thema.[68] Seitdem ist der „aufgeklärte Absolutismus" – und später auch der „Absolutismus" im allgemeinen – zu einem Dauerthema der Internationalen Historikerkongresse[69] und der internationalen geschichtswissenschaftlichen Forschung geworden.[70] Der Ausdruck selbst gehört zu den umstrittensten Begriffen in der historischen Forschung überhaupt. Unter den zahlreichen Auseinandersetzungen um die wissenschaftliche Verwendbarkeit dieses Ausdrucks ist die Auffassung am wenigsten stichhaltig, das Verhältnis von „Absolutismus" und „Aufklärung" sei unter Historikern darum ungelöst, „weil der Aufklärungsbegriff nicht hinreichend reflektiert und eine nicht vorhandene Einigkeit über seine Bedeutung suggeriert worden ist …".[71] Mag dies für den Aufklärungsbegriff zutreffen, so gilt es in weit höherem Maße für den Absolutismusbegriff, der, ganz abgesehen von seiner umstrittenen Verwendbarkeit, im Unterschied zum selbstreferentiellen Terminus „Aufklärung" ein Neologismus des 19. Jahrhunderts ist. Eher ist F. Wagner zuzustimmen, der nach vieljähriger Beschäftigung mit dem Thema resümierte: „Die Beantwortung der Frage, was „Absolutismus", was „Aufklärung" … eigentlich bedeute, führt ins *Kampffeld subjektiver* Meinungen."[72] Der Verbreitung des Ausdrucks „aufgeklärter Absolutismus (Despotismus)" hat dies indes keinen Abbruch getan.[73]

Neben der Bestimmung des prekären Verhältnisses zwischen „Aufklärung" und „Absolutismus" stehen gegenwärtig vor allem vier Konzepte und Problemfelder im Mittelpunkt der internationalen Diskussion über den „aufgeklärten Absolutismus". Im Anschluß an die ältere Forschung, in der besonders F. Hartung den Einfluß der Philosophie und Staatslehre der Aufklärung als wichtigstes Kriterium des aufgeklärten Absolutismus herausstellte,[74] ist verschiedentlich auf das veränderte Selbstverständnis der Monarchen hingewiesen worden. Nicht mehr das „göttliche Recht",

---

68 Vgl. M. Lhéritier, Le rôle historique du despotisme éclairé, particulièrement au XVIIIe siécle, in: BICHS 1 (1928), S. 601-612; Proceedings of the Sixth International Congress of Historical Sciences in Oslo, 1928, in: BICHS 2 (1929), S. 72.

69 S. Erdmann, Die Ökumene der Historiker, S. 179 f., 206, 321 f., 384 u. 393 ff.

70 S. die Sammelbände von St. Andrews (Hrsg.), Enlightened Despotism, London 1967; R. Wines (Hrsg.), Enlightened Despotism. Reform or Reaction?, Boston 1967; v. Aretin (Hrsg.), Aufgeklärter Absolutismus; Köpeczi u. a. (Hrsg.), L'absolutisme éclairé.

71 B. Stollberg-Rilinger, Der Staat als Maschine. Zur politischen Metaphorik des absoluten Fürstenstaats, Berlin 1986, S. 17.

72 F. Wagner (Hrsg.), Europa im Zeitalter des Absolutismus und der Aufklärung, Stuttgart 1968, S. 3.

73 Treffend die Bemerkung von Scott in seinem vorzüglichen Literaturbericht, Whatever happened to the enlightened despots?, S. 245: „Few historical concepts have had their obituaries written more often than Enlightened Despotism, yet so obstinately refused to die." Zur weiteren Diskussion s. a. V. Sellin, Friedrich der Große und der aufgeklärte Absolutismus. Ein Beitrag zur Klärung eines umstrittenen Begriffs, in: U. Engelhardt u.a. (Hrsg.), Soziale Bewegung und politische Verfassung. Beiträge zur Geschichte der modernen Welt, Stuttgart 1976, S. 83-112.

74 Vgl. F. Hartung, Der aufgeklärte Absolutismus, in: Hubatsch (Hrsg.), Absolutismus, insbes. S.130 ff.; ebenso bereits früher ders., Die Epochen der absoluten Monarchie, in: Hubatsch (Hrsg.), ebd., S.60.

sondern ein säkularisiertes Herrscherbild sei die legitimatorische Grundlage der aufgeklärten Fürsten. Abgeleitet aus der naturrechtlichen Vertragsidee und dem metaphorischen Vergleich des Staates mit einer Maschine habe sich Friedrich der Große so als „erster Diener des Staates" sehen können.[75] Reformen im Justizwesen und Aufhebung der Leibeigenschaft erscheinen so vorrangig als Emanation der Aufgeklärtheit der Fürsten,[76] der „aufgeklärte Absolutismus" wird umstandslos zum Vorläufer des „Rechtsstaates" stilisiert.[77]

Wissenschaftliche Kontroversen bestehen besonders im Hinblick auf das Verhältnis von Theorie und Praxis des aufgeklärten Absolutismus. Mißt Hartung ihm nur geringe Bedeutung bei, da der aufgeklärte Absolutismus ein geistesgeschichtliches Phänomen sei und „nicht den Mut (finde), die vollen Konsequenzen seiner Theorien zu ziehen und die ganze bestehende Gesellschaft über den Haufen zu werfen",[78] so versucht V. Sellin zu zeigen, daß der aufgeklärte Absolutismus Friedrichs des Großen „nicht nur ein Gedankengebäude, sondern in großem Umfang Wirklichkeit war ...".[79] Auf Diskrepanzen zwischen Theorie und Praxis des aufgeklärten Absolutismus hat aus marxistisch-leninistischer Sicht auch I. Mittenzwei hingewiesen und dabei deutlich machen können, daß Friedrich der Große die französische Aufklärung nur selektiv aufgenommen und für seine politischen Zwecke eingesetzt hat. Zudem seien seiner Politik durch die Verflechtung von Militärsystem und Agrarverfassung enge Grenzen gesetzt gewesen. Diese Verflechtungen aufzuheben habe er jedoch auch niemals beabsichtigt, da die „Konservierungspolitik" die innenpolitische Grundlage für seine außenpolitische Machtpolitik gewesen sei. Aufgeklärte Reformen habe es nur in „einigen Bereichen des staatlichen Überbaus", etwa im Justizwesen gegeben, die jedoch die gutsherrliche Patrimonialgerichtsbarkeit nicht tangierten.[80] Nicht ein Vorläufer des „Rechtsstaats",[81] sondern Anpassung des „absolutistischen Machtapparates" an die „Bedingungen des sich ... zuspitzenden Widerspruchs zwischen der sich entwickelnden Bourgeoisie und dem Feudalabsolutismus ..."[82] sei der Kern des aufgeklärten Absolutismus.

---

75 S. hierzu E. Walder, Aufgeklärter Absolutismus und Staat. Zum Staatsbegriff der aufgeklärten Despoten, in: v. Aretin (Hrsg.), Aufgeklärter Absolutismus, S. 123-146 (zuerst ersch. 1975); Stollberg-Rilinger, Der Staat als Maschine, S. 62 ff.; v. Aretin, Der Aufgeklärte Absolutismus als europäisches Problem, in: ders., (Hrsg.), Aufgeklärter Absolutismus, S. 14 ff.

76 S. a. J. G. Gagliardo, Enlightened Despotism, London (Routledge & Kegan Paul) 1968, S. VIII, sowie die einseitig geistesgeschichtliche Arbeit von L. Krieger, An Essay on Enlightened Despotism, Chicago/London (University of Chicago Press) 1975.

77 S. H. Conrad, Rechtsstaatliche Bestrebungen im Absolutismus Preußens und Österreichs am Ende des 18. Jahrhunderts, in: Hubatsch (Hrsg.), Absolutismus, S. 309-360 (zuerst ersch.1961).

78 Hartung, Der aufgeklärte Absolutismus, S. 125; s. a. v. Aretin, Einleitung. Der Aufgeklärte Absolutismus als europäisches Problem, S. 19 ff.

79 Sellin, Friedrich der Große und der aufgeklärte Absolutismus, S. 110.

80 I. Mittenzwei, Theorie und Praxis des aufgeklärten Absolutismus in Brandenburg-Preußen, in: JfG 6 (1972), S. 103; s. a. S. 91 u. 109 ff.

81 Ebd., S. 63.

82 Ebd., S. 58; s. a. S. 84.

Wie Mittenzwei so ist auch M. Kossok der Auffassung, daß der aufgeklärte Absolutismus keinen „Vorgriff auf die bürgerliche Gesellschaft",[83] sondern „eine zeitlich und regional eingrenzbare Variante des Grundtyps Absolutismus als Spätform des feudalen Staates darstellt ...".[84] Eingebunden in den epochalen Übergang vom Feudalismus zum Kapitalismus, trete er unter dem Druck der ökonomisch fortgeschritteneren Länder (England, Holland, Frankreich) vor allem in den weniger entwickelten kontinentaleuropäischen Ländern auf. Sein Ziel sei die „Systemstabilisierung" gewesen.[85] Ähnlich beurteilt D. Kosàry den aufgeklärten Absolutismus.[86]

Die Interpretation des aufgeklärten Absolutismus als forcierte Modernisierung ist auch in der nicht-marxistischen Forschung in Frankreich[87] und – meist in anderer Form – in der Bundesrepublik verbreitet,[88] wo die Intensivierung der Erforschung des 18. Jahrhunderts[89] und des Alten Reichs[90] der Untersuchung des aufgeklärten Absolutismus zusätzliche Impulse verliehen hat. Die nach dem Zweiten Weltkrieg erfolgte Abkehr von Preußen als dem lange gültigen Musterland des aufgeklärten Absolutismus hat den Blick für die mittleren und kleineren Territorien geöffnet, in denen seit der zweiten Hälfte des 18. Jahrhunderts die neu aufsteigende

83 M. Kossok, Der aufgeklärte Absolutismus. Überlegungen zum historischen Ort und zur Typologie, in: ZfG 33 (1985), S. 623; s .a. S. 632.

84 Ebd., S. 627.

85 Ebd., S. 623; s. a. P. Hoffmann, Entwicklungsetappen und Besonderheiten des Absolutismus in Rußland, S. 357: „Eine Phase des Aufgeklärten Absolutismus war ... nur im Endstadium des Absolutismus, und zwar in sozialökonomisch rückständigen Ländern möglich. Ohne die weit fortgeschrittene Entwicklung der Aufklärung in den sozialökonomisch führenden Ländern ist der Aufgeklärte Absolutismus undenkbar. Damit war der Aufgeklärte Absolutismus aber zugleich Kennzeichen dafür, daß das Zeitalter des Absolutismus seinem Ende entgegen ging."; s. a. S. 344.

86 D. Kosàry, Unité et diversité des Lumières, in: Köpeczi u. a. (Hrsg.), L'absolutisme éclairé, S. 13: „ ... l'absolutisme éclairé ... exprima bien les aspirations des Etats des zones marginales européennes moins développés qui cherchaient à rattraper le niveau des Etats de l'épicentre relativement plus développé."

87 M. Denis u. N. Blayau führen im Abschnitt „Despotisme éclairé et sous-développement" ihres Buches Le XVIIIe Siècle, Paris (Armand Colin) 1970, S. 197 aus: „Le terrain de la monarchie absolue avait été l'Europe occidentale, tournée vers l'Atlantique et le reste du monde. Celui du despotisme éclairé se situe dans les pays moins développés, ou même arriérés, des péninsules meditérranéennes ou des profondeurs continentales de l'Europe centrale et orientales, c'est-à-dire dans *l'Europe terrienne*, celle des grands domaines où subsiste encore la puissance de l'aristocratie foncière. Loin d'etre une simple coincidence, c'est une indication de la fonction historique remplie par le despotisme éclairé."

88 S. v. Aretin, Einleitung. Der Aufgeklärte Absolutismus als europäisches Problem, S . 25 u. 43; G. Niedhart, Aufgeklärter Absolutismus oder Rationalisierung der Herrschaft, in: ZHF 6 (1979), S. 199-211, spricht von „sozialkonservativer Entwicklungsdiktatur" (S. 208); Deppermann, Der preußische Absolutismus und der Adel, bezeichnet den preußischen Absolutismus generell als „Entwicklungsdiktatur" (S. 553).

89 S. stellvertretend F. Kopitzsch (Hrsg.), Aufklärung, Absolutismus und Bürgertum in Deutschland, München 1976; R. Vierhaus, Deutschland im 18. Jahrhundert. Politische Verfassung – Soziales Gefüge – Geistige Bewegungen. Ausgewählte Aufsätze, Göttingen 1987.

90 S. stellvertretend K. O. Frh. v. Aretin, Das Reich. Friedensgarantie und europäisches Gleichgewicht, Stuttgart 1986; Politics and Society in the Holy Roman Empire, 1500-1806. The Journal of Modern History, Vol. 58, Supplement, Chicago 1986; H. Weber (Hrsg.), Politische Ordnungen und soziale Kräfte im alten Reich, Wiesbaden 1980.

Schicht der Gebildeten, besonders des aufgeklärten Beamtentums maßgeblichen Anteil an den Reformplänen und deren partieller Durchführung hatte.[91] Die jüngste Forschung ist zudem verstärkt der Frage nach den Übergängen vom späten 18. zum frühen 19. Jahrhundert nachgegangen. Die Neubewertung des Rheinbundes[92] hat dabei, entgegen der vor allem in der marxistischen Forschung vertretenen Auffassung vom Jahr 1789 als Epochenzäsur,[93] das komplexe Verhältnis von Kontinuität und Wandel des sogenannten aufgeklärten Absolutismus verdeutlicht.

2. Erkenntnisinteresse, Fragestellung, Quellen

Vor dem Hintergrund der skizzierten Kontroversen und problematischen Übereinstimmungen insbesondere bei der Interpretation des Absolutismus als „frühmodernem" Staat drängt sich die Frage nach den Perspektiven der Absolutismusforschung auf. Dabei wäre etwa die Möglichkeit zu prüfen, ob der in allen europäischen Ländern seit dem späten 15. Jahrhundert zu beobachtende Prozess der politischen Zentralisation trotz unterschiedlicher Ausprägungen etwa in Frankreich oder England sich mit Hilfe einer historischen Theorie beschreiben ließe, die zum einen die Konstruktion von Mustern und Sonderwegen ausdrücklich vermiede und zum anderen gegenüber modernistischen Deutungen die historische Eigenheit dieser sozio-politischen Systeme vor der im späten 18. Jahrhundert einsetzenden Entstehung der auf allgemeiner Freiheit und Gleichheit vor dem Gesetz beruhenden staatlich organisierten Gesellschaften (des „modernen" Staates) betonte. Selbstverständlich bedarf die Formulierung eines solchen Interpretationskonzepts intensiver Vorarbeiten, zu denen vor allem die Auseinandersetzung mit bereits bestehenden Erklärungsmodellen wie etwa den Paradigmen der Absolutismusforschung gehört.

---

91 S. R. Vierhaus, Politisches Bewußtsein in Deutschland vor 1789, in: ders., Deutschland im 18. Jahrhundert, S. 183-201 (zuerst ersch. 1967); H. E. Bödeker, Prozesse und Strukturen politischer Bewußtseinsbildung der deutschen Aufklärung, in: H. E. Bödeker/U. Herrmann (Hrsg.), Aufklärung als Politisierung – Politisierung der Aufklärung, Hamburg 1987, S. 10-31; E. Weis, Der Durchbruch des Bürgertums 1776-1848, o. O. 1978, S. 22-42.

92 S. H. Berding, Napoleonische Herrschafts- und Gesellschaftspolitik im Königreich Westfalen 1807-1813, Göttingen 1973; E. Fehrenbach, Traditionale Gesellschaft und revolutionäres Recht. Die Einführung des Code Napoléon in den Rheinbundstaaten, Göttingen 1974; E. Weis (Hrsg.), Reformen im rheinbündischen Deutschland, München 1984.

93 S. Mittenzwei, Theorie und Praxis des aufgeklärten Absolutismus in Brandenburg-Preußen, S. 54 ff.; I. Mittenzwei/E.Herzfeld, Brandenburg-Preußen 1648-1789. Das Zeitalter des Absolutismus in Text und Bild, Köln 1987, S. 7; Die Epoche des Übergangs vom Feudalismus zum Kapitalismus von den siebziger Jahren des 15. Jahrhunderts bis 1789, hrsg. v. A. Laube u. a., S. 7 f. u. 515 f.; Kossok, Der Aufgeklärte Absolutismus, S. 623; Soboul, Sur la fonction historique de l'absolutisme éclairé, S. 532.

In Fortführung der Ständeforschung der sechziger Jahre sind hierzu in jüngster Zeit wichtige weiterführende Studien vorgelegt worden.[94] Im Unterschied und in Ergänzung zu diesen die Realität und Wirksamkeit des Absolutismus selbst untersuchenden Arbeiten liegt das Erkenntnisinteresse der vorliegenden Arbeit in der historiographischen und theoriegeschichtlichen Rekonstruktion der Entstehung der Absolutismusforschung seit dem zweiten Drittel des 19. Jahrhunderts. Zwar ist bereits verschiedentlich auf die Zeitgebundenheit der der Absolutismusforschung zugrunde liegenden Leitbegriffe hingewiesen worden,[95] doch sind bisher weder der Theoriebildungsprozeß noch seine Protagonisten eingehend untersucht worden. Überdies führen die sporadischen disziplingeschichtlichen Hinweise über die Ursprünge der Absolutismusforschung weitgehend in die Irre. So leitet etwa G. Oestreich seinen programmatischen Aufsatz über „Strukturprobleme des europäischen Absolutismus“ mit der Bemerkung ein, daß die europäische Geschichtsforschung sich „seit über 150 Jahren ... mit der Frage des Absolutismus (beschäftigt)“.[96] Rechnet man von dem Publikationsdatum dieses zunächst 1961 als Antrittsvorlesung gehaltenen Aufsatzes zurück, so steht man im Jahre 1811 bzw. 1819 und fragt erstaunt, welcher europäische Historiker zwischen Aufklärung und Historismus[97] gemeint sein könne.

Ist diese Aussage offenbar also nicht wörtlich zu nehmen, so ist die nachfolgende, auch von anderer Seite vertretene Behauptung, L. Ranke habe die Absolutismusforschung „glänzend begründet“[98] ungleich gewichtiger. Ohne den Ergebnissen dieser Arbeit vorzugreifen, muß jedoch bereits an dieser Stelle betont werden, daß Ranke mit den frühen – hegelianischen und nationalliberalen – Diskursen über den historischen Absolutismus in keinerlei Verbindung steht. Zwar zeichnet auch Ranke ein positives Bild der absoluten Monarchien des 17. und 18. Jahrhunderts, doch ist sein theoretischer Bezugsrahmen das System der „großen Mächte“ und nicht wie in den genannten Diskursen die Frage nach den Faktoren der inneren „Staatsbildung“. Rankes Bild der absoluten Monarchie gewann für die Absolutismusforschung erst im Zuge der Ranke-Renaissance und der wissenschaft-

---

94 S. etwa Chr. Fürbringer, Necessitas und Libertas: Staatsbildung und Landstände im 17. Jahrhundert in Brandenburg-Preußen, Frankfurt a. M./Bern/New York 1985; W. Neugebauer, Absolutistischer Staat und Schulwirklichkeit in Brandenburg-Preußen, Berlin/New York 1985.

95 S. Vierhaus, Absolutismus, S. 63 f.; im Anschluß hieran: Kunisch, Absolutismus, S. 181 f., Hinrichs, Zum Stand und zu den Aufgaben gegenwärtiger Absolutismusforschung, S. 8 f.; s. a. Oestreich, Strukturprobleme des europäischen Absolutismus, S. 181.

96 Oestreich, Strukturprobleme des europäischen Absolutismus, S. 179.

97 S. hierzu H. W. Blanke/J. Rüsen (Hrsg.), Von der Aufklärung zum Historismus. Zum Strukturwandel des historischen Denkens, Paderborn 1984; H. E. Bödeker/G. G. Iggers/J. Knudsen/P. Reill (Hrsg.), Aufklärung und Geschichte. Studien zur deutschen Geschichtswissenschaft im 18. Jahrhundert, Göttingen 1986.

98 Oestreich, Strukturprobleme des europäischen Absolutismus, S. 181; s. a. v. Raumer, Absoluter Staat, korporative Libertät, persönliche Freiheit, S. 160; Hubatsch, Vorwort, in: ders. (Hrsg.), Absolutismus, S. VII; Lehmann, Zum Wandel des Absolutismusbegriffs in der Historiographie der BRD, S. 5.

lichen Wiederentdeckung des europäischen Staatensystems vor dem Hintergrund der Wilhelminischen Weltpolitik an Bedeutung.[99] Vornehmlich aus diesem Grund konnte Ranke in dieser Arbeit, die sich auf die Untersuchungszeit von etwa 1830 bis 1870 beschränkt, unberücksichtigt bleiben.

Im Vergleich zwischen Ranke und den frühen Absolutismusdiskursen wird zudem deutlich, daß die historische Aufarbeitung der „absoluten Monarchie" nicht selbstverständlich „Absolutismus"-Forschung ist. Dies gilt in noch stärkerem Maße für die Ansicht, neben Ranke habe insbesondere A. de Tocqueville mit seinem Werk „L'Ancien Régime et la Révolution" (1856) zur Begründung der Absolutismusforschung beigetragen. Abgesehen davon, daß Tocquevilles These von der Kontinuität der französischen Bürokratie seit dem Ancien Régime bereits – freilich ohne empirischen Beleg – während der dreißiger Jahre in Deutschland vor allem im Hegelianismus verbreitet war, unterscheidet sich Tocquevilles Fragestellung in spezifischer Weise von der gleichzeitig in Deutschland entstehenden Absolutismusforschung. Während es dieser um den positiven Zusammenhang zwischen Absolutismus und modernem (National-)Staat ging, war Tocquevilles Gegenstand die Pathogenese der Revolution. Diese von einander abweichenden Ausgangsfragen haben zu je spezifischen und bis heute nachwirkenden historiographischen Traditionen geführt – zugespitzt formuliert in Frankreich zur Vorrevolutionsforschung, in Deutschland zur Erforschung des „frühmodernen Staates".

Neben der Frage nach den Protagonisten der Absolutismusforschung ist auch jene nach den Entstehungsmilieus dieser Forschung weitgehend unklar. Mit Recht hat G. Oestreich darauf hingewiesen, daß der Ausdruck „Absolutismus" zunächst ein – freilich nicht nur von den Liberalen gebrauchter – politischer Kampfbegriff gewesen sei, bevor er „den positiv zu wertenden Sinn der kontinentalen Staatsbildung ... erhalten"[100] habe. Die Hintergründe für diesen in Deutschland stattfindenden Deutungswandel des „Absolutismus" vom politischen Schlagwort zum positiven historischen Begriff sind bislang jedoch nicht untersucht worden. Dazu möchte diese Arbeit einen Beitrag leisten. Dabei geht es ihr nicht um die Präsentation einer vollständigen Sammlung von Äußerungen zum politischen und historischen „Absolutismus". Ziel der Untersuchung ist vielmehr, den Deutungswandel dieses Begriffs mit Hilfe typischer Argumentationsmuster der zeitgenössischen Diskurse aufzuzeigen. Neben Monographien stützt sich dabei die Arbeit im wesentlichen auf die zeitgenössischen Zeitschriften und die für das 19. Jahrhundert charakteristischen Staatslexika.

---

99 S. M. Immich, Geschichte des europäischen Staatensystems von 1660-1789, München/Berlin 1905; im Vorwort dieses Buches schreiben G. v. Below und F. Meinecke ausdrücklich von der „Aufgabe, die Geschichte des europäischen Staatensystems im Zeitalter des Absolutismus darzustellen". (S. VI). Allgemein zur Ranke-Renaissance s. H.-H. Krill, Die Rankerenaissance. Max Lenz und Erich Marcks, Berlin 1962; E. Fehrenbach, Rankerenaissance und Imperialismus in der wilhelminischen Zeit, in: B. Faulenbach (Hrsg.), Geschichtswissenschaft in Deutschland, München 1974, S. 54-65.

100 Oestreich, Strukturprobleme des europäischen Absolutismus, S. 179.

II. Zur Wortgeschichte des „Absolutismus"

1. Bisherige Forschung

Die Wort- und Begriffsgeschichte im allgemeinen, besonders aber die Absolutismusforschung selbst, ist der Entstehung und Geschichte des Terminus „Absolutismus" bislang kaum nachgegangen.[101] Weder die „Zeitschrift für deutsche Wortforschung"[102] und das „Archiv für Begriffsgeschichte"[103] noch das „Historische Schlagwörterbuch" von O. Ladendorff[104] und erstaunlicherweise auch das von O. Brunner, W. Conze und R. Koselleck herausgegebene Lexikon „Geschichtliche Grundbegriffe"[105] enthalten einschlägige Artikel zum „Absolutismus"[106]. Neben den

101 Die vorliegende Wortstudie beschränkt sich auf das Aufkommen des „Absolutismus" in der deutschen Sprache. Im französischen ist der Ausdruck „absolutism" zwar für das späte 18. Jahrhundert nachgewiesen, doch hat er dort keine Verbreitung gefunden. Noch im letzten Drittel des 19. Jahrhunderts wird er als Neologismus notiert; vgl. Néologiste français, no. 34 (1796), S. 2; Vierhaus, Absolutismus, S. 63; B. Mönch, Der politische Wortschatz der französischen Restauration in Parlament und Presse, Diss. Phil. Bonn 1960, S. 102; Dictionnaire de la langue française, par E. Littré, Paris (Librairie Hachette) 1876, Art. Absolutisme. Im Englischen ist der Ausdruck „absolutism", abgesehen von seiner theologischen Verwendung seit Mitte des 18. Jahrhunderts, ebenfalls seit den 1820er Jahren bekannt, offenbar jedoch so ungebräuchlich, daß ihn die großen Lexika zwischen 1830 und 1875 nicht führen. Unter Hinweis auf den französischen (sic!) Ursprung des Ausdrucks enthält als erstes englisches Lexikon das „New English Dictionary on historical Principals" das Stichwort „absolutism". Spätestens seit dem Ende der zwanziger Jahre des 20. Jahrhunderts hat „absolutism" sich als politischer und historischer Begriff in den angelsächsischen Lexika etabliert, vgl. The Edingburgh Encyclopedia, conducted by D. Brewster, Edingburgh 1830; Chamber's Encyclopedia of Universal Knowledge for the People, London 1860; The Encyclopaedia Britannica, 9th ed., Edingburgh 1875, sowie die Hinweise in: A New English Dictionary on Historical Principals, ed. by J. A. H. Murray, Oxford (Clarendon Press), Vol. 1 (1888), Art. Absolutism; im Spanischen ist absolutismo seit den 1820er Jahren belegt. Im Unterschied zum Englischen und Französischen ist zu Beginn des 20. Jahrhundert auch seine historische Verwendung offenbar verbreitet, vgl. Diccionario de la Lengua Castellana, por la Real Academia Espanola, duodécima Edición, Madrid 1884, Art. absolutismo; Enciclopedia Universal Ilustrada, Madrid (Espasa-Calpe) 1908, Art. absolutismo; Diccionario Histórico de la Lengua Espanola, Madrid 1933, S. 70; Breve Diccionario Etimologico de la Lengua Castellana, Madrid 1961, S. 22.

102 Zeitschrift für deutsche Wortforschung, hrsg. v. F. Kluge, 15 Bde., Straßburg 1901-1914, fortgef. v. W. Benz, Berlin 1960 ff., ab 1964-1971 u. d. T. „Zeitschrift für deutsche Sprache".

103 Archiv für Begriffsgeschichte, begr. v. E. Rothhacker, hrsg. in Verbindung mit H.-G. Gadamer und J. Ritter von K. Gründer, Bonn 1954 ff.

104 O. Ladendorf, Historisches Schlagwörterbuch, Straßburg u. Berlin 1906; Repr., mit einer Einleitung v. H. G. Schumann, Hildesheim 1968.

105 Geschichtliche Grundbegriffe. Historisches Lexikon zur politisch-sozialen Sprache in Deutschland, hrsg. v. O. Brunner, W. Conze u. R. Koselleck, 8 Bde., Stuttgart 1972 ff.

106 Für den angelsächsischen Sprachraum gilt dies für das „Journal of the History of Ideas", New York 1940 ff., und das „Dictionary of the History of Ideas", ed. Ph. P. Wiener, New York 1973; zur politisch-sozialen Begriffssprache in Frankreich s. jetzt das von R. Reichardt u. E. Schmitt hrsg. „Handbuch politisch-sozialer Grundbegriffe in Frankreich 1680-

vereinzelten Hinweisen bei S. Skalweit[107] und G. Barudio[108] sind besonders für die von R. Vierhaus erbrachten Nachweise für den Gebrauch dieses Schlagwortes seit den 1830er Jahren zu nennen.[109] Ohne die Ergebnisse der folgenden wortgeschichtlichen Studien vorwegzunehmen, kann aufgrund dieser Nachweise jedoch bereits hier festgestellt werden, daß – entgegen verbreiteter Auffassung[110] – „Absolutismus“ keineswegs ein ausschließlich liberaler Kampfbegriff war. Auch in den altständischen und demokratischen politischen Strömungen war dieses Schlagwort frühzeitig verbreitet.[111]

Die Theorie- und Wortgeschichte des „Absolutismus“ wird im allgemeinen zurückgeführt auf den französischen Juristen Jean Bodin (1530-1596) und dessen Definition der Souveränität als „puissance absolue et perpetuelle d'une république“ bzw. als „summa in cives ac subditos legibusque soluta potestas“.[112] Wenngleich auf die grundlegende Bedeutung Bodins für die (früh-)neuzeitliche politische Theorie und die Entwicklung des Staatsrechts besonders in jüngerer Zeit verschiedentlich hingewiesen worden ist,[113] verdient doch die Tatsache nachdrückliche Betonung, daß Bodins epochale Bedeutung „lediglich“ in der Schöpfung eben eines originellen Souveränitätsbegriffs liegt; für die weit verbreitete Neigung hingegen, Bodin zugleich die Urheberschaft des Begriffs „Absolutismus“ anzutragen,[114] gibt es keinerlei Nachweis. Tatsächlich ist denn Bodin bzw. die Bodin-Rezeption für die Wortgeschichte des „Absolutismus“ nahezu bedeutungslos. Eine einschlägige Studie, die diesem Zusammenhang anhand einer synchronen Untersuchung der Wortgeschich-

---

1820“, München 1985 ff., für das ebenfalls kein eigenständiger Artikel „absolutisme“ geplant ist.

107 S. Skalweit, Das Herrscherbild des 17. Jahrhunderts (1957), in: Hubatsch (Hrsg.), Absolutismus, S. 148f.

108 G. Barudio, Europa im Zeitalter des Absolutismus und der Aufklärung 1648-1789, Frankfurt a. M. 1981, S. 397, Anm. 5.

109 S. Vierhaus, Absolutismus, S. 63 f.

110 Vgl. Oestreich, Strukturprobleme des europäischen Absolutismus, S. 179; Baumgart, Wie absolut war der preußische Absolutismus?, S. 89.

111 Vgl. Vierhaus, Absolutismus, S. 63 f., u. W. Wülfing, Schlagworte des Jungen Deutschland, in: ZdSpr 24 (1968), S. 166 u. 169.

112 J. Bodin, Les six livres de la République, Paris 1576, S. 122; lateinische Ausgabe De republica libri sex, Paris 1586, S. 78.

113 S. J. H. Franklin, Jean Bodin and the Rise of Absolutist Theory, Cambridge 1973; H. Denzer (Hrsg.), Jean Bodin. Verhandlungen der internationalen Bodin Tagung in München, München 1973; H. Quaritsch, Staat und Souveränität, Frankfurt 1970; R. Meister, Studie zur Souveränität, Berlin (Ost) 1970; steigendes Interesse an Bodin beweist auch die von P. C. Mayer-Tasch besorgte neue deutsche Ausgabe, Jean Bodin. Sechs Bücher über den Staat, 2 Bde., München 1981-1987.

114 Stellvertretend für die neuere Literatur s. Mayer-Tasch, Jean Bodin. Sechs Bücher über den Staat, Bd. 1, S. 590 f., Anm. 90; K. G. Faber, Zum Verhältnis von Absolutismus und Wissenschaft, Wiesbaden 1983, S. 7; Weis, Art. Absolutismus, Sp. 37; aus der älteren Literatur s. R. Koser, Staat und Gesellschaft zur Höhezeit des Absolutismus, in: Fr. v. Bezold, E. Gothein, R. Koser (Hrsg.), Staat und Gesellschaft der neueren Zeit, Berlin-Leipzig 1908, S. 231 f.; W. Goetz u.a. (Hrsg.), Das Zeitalter des Absolutismus 1660-1789, Berlin 1931, S. 4; M. Göhring, Weg und Sieg der modernen Staatsidee in Frankreich, Tübingen 1946, S. 99.

te und der Bodin-Rezeption zwischen dem 17. und 19. Jahrhundert nachzugehen hätte, liegt bislang nicht vor. Daher müssen hier einige grundsätzliche Bemerkungen zur bisher kaum erforschten Wirkungsgeschichte Bodins in Deutschland und zur Vorgeschichte des Ausdrucks „Absolutismus" hinreichen.

Erheblichen Einfluß übte Bodins Souveränitätslehre auf die entstehende Reichspublizistik des frühen 17. Jahrhunderts aus. Neben der Diskussion um die neuartige Theorie der Souveränität ist für sie kennzeichnend, daß sie – vor dem Hintergrund der eskalierenden Spannungen zwischen Kaiser und Reichständen und zwischen den Konfessionen – die Frage nach dem entweder monarchischen oder aristokratischen Charakter der Reichsverfassung in den Mittelpunkt ihrer Diskussion stellte.[115] Aus der Konfrontation der bestehenden Reichsverfassung mit Bodins puristischer Staatsformenlehre erwuchs die – freilich erst allmähliche sich durchsetzende – Einsicht, daß dessen Souveränitätsdoktrin auf die Interpretation der Reichsverfassung nicht anwendbar war. Es setzte sich die Auffassung von der „geteilten Souveränität" bzw. der respublica mixta durch, wie sie zu Beginn des 17. Jahrhunderts bereits von H. Arnisaeus[116] und in ähnlicher Weise, nun aber unter Berücksichtigung der nach dem Westfälischen Frieden gestiegenen Bedeutung der Landeshoheit, in der späten Reichspublizistik etwa von J. St. Pütter formuliert wurde.[117]

Mit der Einsicht in die Unanwendbarkeit der Bodinschen politischen Kategorien für das Verständnis der Reichsverfassung ging die wachsende Abneigung gegen das stark vom aufblühenden politischen Aristotelismus beeinflußte ius publicum universale einher.[118] Diese „Emigration der Politik aus der Staatsrechtslehre"[119] hatte für das besondere in Halle seit Chr. Thomasius entstehende ius publicum Romano-Germanicum u. a. zwei bedeutsame Folgen: zum einen die dezidierte Ablehnung, Begriffe des römischen Rechts auf die Reichshistorie anzu-

---

115 S. hierzu F. H. Schubert, Die deutschen Reichstage in der Staatslehre der frühen Neuzeit, Göttingen 1966, S. 355 ff. u. 422-578; R. Hoke, Bodins Einfluß auf die Anfänge der Dogmatik des deutschen Reichsstaatsrechts, in: Denzer (Hrsg.). Jean Bodin, S. 315-332; G. Henkel Untersuchungen zur Rezeption des Souveränitätsbegriffs durch die deutsche Staatstheorie in der ersten Hälfte des 17. Jahrhunderts, Diss. Phil. Marburg 1967; Quaritsch, Staat und Souveränität, S. 400 ff. u. 471 ff.; Chr. Link, Herrschaftsordnung und bürgerliche Freiheit, Wien/Köln/Graz 1979, S. 66 ff.; D. Willoweit, Rechtsgrundlagen der Territorialgewalt, Köln/Wien 1975, S. 138-172; M. Stolleis, Geschichte des öffentlichen Rechts in Deutschland, Bd. 1 (1600-1800), München 1988, S. 174-186; knapper informativer Überblick auch im Nachwort von H. Denzer, in: Samuel Pufendorf, Die Verfassung des deutschen Reiches, Stuttgart 1976.

116 S. H. Dreitzel, Protestantischer Aristotelismus und absoluter Staat, Wiesbaden 1970, S. 293 ff. u. 411 f.

117 Vgl. J. St. Pütter, Beyträge zum Teutschen Staats- und Fürstenrechte, Bd. I, Göttingen 1777, wo er das Reich als „zusammengesetzten Staat" (S. 30 f.) bezeichnet, der eine „doppelte Verfassung" (S. 189) besitzt; s. a. die Belege zahlreicher weiterer Autoren bei Willoweit, Rechtsgrundlagen der Territorialgewalt, S. 354-361.

118 S. N. Hammerstein, Jus und Historie, Göttingen 1972, S. 91 ff., u. Dreitzel, Protestantischer Aristotelismus.

119 Link, Herrschaftsordnung und bürgerliche Freiheit, S. 63.

wenden,[120] und zum anderen die Entstehung der Kameralwissenschaften im Dienste des fürstlichen Landesausbaus.[121]

Das Fehlen einer politischen Zentralgewalt und eines Souveränitätsträgers, oder positiv gewendet: die Eigenart der politischen Verfassungsstruktur des Reiches sowie der aufgeklärte „Empirismus" in seinen beiden Ausprägungen – Entstehung des ius publicum Romano-Germanicum und der Kameralwissenschaften – haben entscheidend dazu beigetragen, daß es im Reich „eine theoretisch wirksame staatsabsolutistische Theorie … bis zum Ende des 18. Jahrhunderts nie gegeben (hat)".[122]

Sank die Bedeutung Bodins für die Reichspublizistik mit dem Abflauen der Reichsverfassungsdiskussion infolge der verfassungsrechtlichen Etablierung der Landeshoheiten durch die Bestimmungen des Westfälischen Friedens, so war seine Souveränitätslehre in dem natur- und vernunftrechtlichen Diskurs zwischen der Mitte des 17. und des 19. Jahrhunderts irrelevant. Gegenüber den zu philosophischen und politischen Feindbildern stilisierten B. de Spinoza und Th. Hobbes geriet Bodin nahezu in Vergessenheit. Im Zentrum der Diskussion um die Grenzen der Souveränität stand nicht Bodin, sondern Hobbes, der gleichsam zum „Prügelknaben" (A. Dock) zweier Jahrhunderte wurde.[123] Es ist daher nicht überraschend, wenn zur Zeit des Aufkommens des politischen Schlagworts „Absolutismus" seit Mitte der zwanziger Jahre des 19. Jahrhunderts (s. u.) „Hobbesianismus" und „poli-

---

120 S. hierzu Hammerstein, Jus und Historie, passim.

121 Freilich dürfen beide Entwicklungen nun nicht als apolitische Wendung des ius publicum aufgefaßt werden. Vielmehr handelt es sich um eine Zurückweisung speziell der aristotelischen Politik bei gleichzeitigem Bedeutungswandel des Begriffs „Politik", wie er sich in der formierenden „Polizeiwissenschaft" niederschlägt. Daher kann Dreitzel, Protestantischer Aristotelismus, nicht zugestimmt werden, wenn er diese „Wende" im ius publicum „nicht als eine weitere Säkularisation der ‚Politik' …, sondern als Rückfall in die undifferenzierte Harmonisierung von Vernunft und Glauben" (S. 422) beurteilt; umgekehrt gilt ähnliches für R. Hoke, der von einer „Emanzipation der deutschen Staatswissenschaft von der Zivilistik im 17. Jahrhundert", in: Der Staat, Bd. 15 (1976), S. 211 ff. spricht, dabei aber den Übergang von dem politischen Aristotelismus zu den entstehenden Polizei- und Kameralwissenschaften nicht berücksichtigt; problematische Beurteilung Seckendorffs bei Henkel, Untersuchungen zur Rezeption des Souveränitätsbegriffs, S. 140. Bemerkenswert für den genannten Übergang ist die von M. Stolleis, Arcana imperii und Ratio status, Göttingen 1980, S. 34 aufgeworfene Frage nach den Ursachen des abrupten Endes der Ratio-Status-Literatur an den deutschen Universitäten um 1700. Die Vermutung liegt nahe, daß die nun entstehenden Polizei- und Kameralwissenschaften als „Staatsklugheitslehre" die praktische Funktion der bis dahin weitgehend akademischen und noch immer suspekten Ratio-Status-Literatur erfüllt; s. a. den aufschlußreichen Art. „Staats-Raison" in: Zedlers Universal-Lexikon, Bd. 39 (1744), Sp. 672 ff.; zum Gesamtzusammenhang s. a. J. Brückner, Staatswissenschaften, Kameralismus und Naturrecht, München 1977.

122 Link, Herrschaftsordnung und bürgerliche Freiheit, S. 89, der zu diesem Urteil aufgrund der Einschränkung der „absoluten" Gewalt durch das Naturrecht kommt. Zur diametral entgegensetzten Auffassung bei inhaltlich ähnlicher Argumentation wie Link gelangt D. Klippel in seiner Studie: Politische Freiheit und Freiheitsrechte im deutschen Naturrecht des 18. Jahrhunderts, Paderborn 1976. Klippels Auffassung, die ältere Naturrechtslehre sei die „politische Theorie des Absolutismus" (S. 96 ff. u. 202) sagt freilich weniger über die v. a. in der älteren Literatur umstrittene Interpretation des Naturrechts aus, als daß sie – gerade im Vergleich zu Link – die Problematik des Begriffs „Absolutismus" verdeutlicht.

123 S. hierzu allgemein die genannten Arbeiten von Klippel und Link.

tischer Absolutismus" gleichgesetzt wurden.[124] Hingegen weisen die spärlichen Hinweise auf Bodin diesen als Vertreter eines politischen Mittelwegs „zwischen absoluter Herrschaft und demokratischer Zügellosigkeit"[125] aus. Die allgemein geringe Bedeutung Bodins läßt sich exemplarisch an seiner Darstellung im Staats-Lexikon von Rotteck-Welcker verdeutlichen. In der ersten Auflage (1834 ff.) gänzlich unerwähnt, heißt es über ihn in der zweiten Auflage (1845 ff.), daß er „viele helle Sätze und große historische Gelehrsamkeit hat, aber zeitliche und örtliche Bedingungen nicht beachtet ..."[126] in der dritten Auflage (1856 ff.) schließlich wird er in grundlegender Neubewertung und nun auch unter eigenem Stichwort als „der Vater der modernen Staatswissenschaft" bezeichnet.[127] Bemerkenswerterweise finden die hier zunächst anhand liberaler Quellen getroffenen Feststellungen über die Beurteilung Bodins sowie über das Verhältnis von „Hobbesianismus" und „Absolutismus" ihre politisch antipodische Parallele im restaurativen Berliner politischen Wochenblatt.[128] Eine stärkere politische Hinwendung zu Bodins Souveränitätslehre ist erst seit den 1850er Jahren zu beobachten.[129] So kann festgehalten werden, daß die Verbreitung des politischen Schlagworts und die Kennzeichnung einer politischen Theorie als „Absolutismus" unabhängig von der literarischen Präsenz Bodins, in einigen Fällen sogar in Abgrenzung gegen ihn erfolgt ist.

Als politisches Schlagwort ist der Terminus „Absolutismus" für das 17. und 18. Jahrhundert nicht nachweisbar. Über diese bloße Feststellung hinaus dürfte es freilich schwierig sein, Gründe hierfür zu benennen. Durchaus plausibel als Erklärung für das Aufkommen dieses pejorativ gemeinten Schlagworts erscheint es, angesichts der allgemeinen Ausweitung landesherrlicher Gesetzgebung und zunehmender „Staatlichkeit" vom „Entstehen eines Gefährdungsbewußtseins gegenüber

---

124 Allgemeines Handwörterbuch der philosophischen Wissenschaften, nebst ihrer Literartur und Geschichte, hrsg. von W. T. Krug, Leipzig 1827, Bd. 2, S. 386.

125 Ebd., Bd. 1, Leipzig 1827, S. 320 f.; vgl. auch Allgemeine Encyclopädie der Wissensschaften und Künste, hrsg. v. J. S. Ersch und J. G. Gruber, 11. Th., Leipzig 1823, S. 148; A. H. L. Heeren, Über die Entstehung, die Ausbildung und den practischen Einfluß der politischen Theorie und die Erhaltung des monarchischen Prinzips in dem neueren Europa (1821), S. 375 ff.; F. Murhard, Die unbeschränkte Fürstenschaft, Kassel 1832, S. 109 ff.; negative Beurteilung, wegen des zu großen Einflusses der aristotelischen Politik, bei F. v. Raumer, Geschichtliche Darstellung der Begriffe von Recht, Staat und Polititk, Leipzig 1826, S. 32.

126 StL Rotteck-Welcker, zweite Aufl. (1845 ff.), Bd. 8, S. 565.

127 StL Rotteck-Welcker, dritte Aufl. (1856 ff.), Bd. 1, S. 775.

128 Vgl. Nr. 31, Jg. 1838, S. 178, wo ausgeführt wird: „Der bedeutendste Einfluß auf die politischen Theorien durch ganz Europa ist wohl dem Niederländer Hugo Grotius, und den Engländern Hobbes und Locke zuzuschreiben; neben ihnen ist unter den Deutschen Samuel Pufendorf zu nennen. Hobbes stellte seine allgemeinen, in gewissem Sinn theoretischen, aber nichts weniger als biblischen Theorien als Verfechter einer bestimmten politischen Partei, der Anhänger des den monarchischen Absolutismus erstrebenden Hauses der Stuarts auf; daher der Name Hobbesianer, neben dem der Macchiavellisten, Bezeichnung der Anhänger des äußersten Absolutismus geworden ist."

129 S. hierzu vergleichend die Art. „Bodin" im StL Rotteck-Welcker, dritte Aufl., dem „Deutschen Staats-Wörterbuch", hrsg. v. J. C. Bluntschli und K. Brater, Leipzig 1857-1862, und dem Staats- und Gesellschafts-Lexikon, hrsg. v. H. Wagener, Berlin 1859-1867.

Herrschaft und staatlicher Tätigkeit“[130] zu sprechen. Denn im Rahmen der allgemeinen Reformdiskussion seit der Mitte des 18. Jahrhunderts geriet auch die als Bestandteil des älteren Naturrechts lange unbestrittene Formel „princeps legibus solutus“ in die Kritik der beginnenden Menschenrechtsdiskussion sowie der entstehenden Rechtsstaatstheorie.[131] Darüber hinaus sind im Zuge der Politisierung der Aufklärung Veränderungen im politischen Sprachverhalten zu beobachten, unter denen die „ismus“-Wortschöpfungen von besonderem Interesse sind. Eine bis dahin nicht gekannte Ideologisierung und Politisierung charakterisiert diese „ismus“-Neologismen, die sich vorzüglich zur Verwendung politischer Schlagwörter eignen.[132] Für den Neologismus „Absolutismus“ hat diese Feststellung freilich nur bedingte Gültigkeit. Denn wenn auch bereits seit Mitte des 18. Jahrhunderts im Englischen „absolutism“ – jedoch im theologischen Kontext –, und im Französischen seit dem späten 18. Jahrhundert „absolutisme“ gelegentlich Verwendung fanden, so avancierte diese Wortschöpfung doch erst in Deutschland seit Ausgang der 1820er Jahre zu einem vergleichsweise späten, dafür aber umso heftiger umstrittenen politischen Schlagwort.[133]

2. Absolute Monarchie

Die Wortschöpfung „Absolutismus“ geht auf das lateinische Adjektiv „(ab)solutus“ bzw. in seiner politischen Verwendung auf die von dem römischen Juristen Ulpian (ca. 170-228 u. Z.) geprägte und seit der Scholastik wieder rezipierte Formel „princeps legibus solutus“ zurück.[134] Während diese Formel in den westeuropäischen Ländern unter dem Eindruck politisch-religiöser Bürgerkriege, der Rezeption der Souveränitätslehre J. Bodins, insbesondere aber angeregt durch die politische Pamphletistik in die entstehenden Hochsprachen übersetzt wurde und die Ausdrücke „puissance absolue“ oder „absolute power“ bzw. „absolute monarchy“ seit der

130 Klippel, Politische Freiheit und Freiheitsrechte im deutschen Naturrecht des 18. Jahrhunderts, S. 200; allgemein s. a. E. Angermann, Das Auseinandertreten von „Staat“ und „Gesellschaft“ im Denken des 18. Jahrhunderts, in: Zeitschrift für Politik, N. F. 10 (1963), S. 89-101.

131 S. hierzu Klippel, ebd., S. 92-112; Link, Herrschaftsordnung und bürgerliche Freiheit, S. 99-112; J. Schlumbohm, Freiheit. Die Anfänge der bürgerlichen Emanzipationsbewegung in Deutschland im Spiegel ihres Leitworts, Düsseldorf 1975, S. 88 ff. u. 106 ff.; K. Gerteis, Bürgerliche Absolutismuskritik im Südwesten des Alten Reiches vor der Französischen Revolution, Trier 1983, S. 170 ff. u. 179 ff.; E. W. Böckenförde, Der Rechtsbegriff in seiner geschichtlichen Entwicklung, in: AfBG, Bd. 12 (1968), S. 145-165.

132 Vgl. R. Koselleck, Einleitung, in: Geschichtliche Grundbegriffe, Bd. 1, insbes. S. XVII ff.

133 S. u. Kap. III.

134 S. hierzu A. Esmein, La maxime princeps legibus solutus est dans l'ancien droit public français, in: Essays in Legal History, ed. by Paul Vinogradoff, London (Oxford University Press) 1913, S. 201-214, u. D. Wyduckel, Princeps Legibus Solutus, Berlin 1979.

zweiten Hälfte des 16. Jahrhunderts rasch Verbreitung fanden,[135] verblieb in Deutschland und im deutschsprachigen Raum die Diskussion um die „forma imperii" noch lange Zeit im Bereich lateinischer, wissenschaftlich-gelehrter Disputationsschriften.[136] Erst seit der zweiten Hälfte des 17. Jahrhunderts scheint das Adjektiv „(ab)solutus" germanisiert worden sein. So gibt etwa G. W. Leibniz bei seinen Überlegungen zur Reichsreform (1670) zu bedenken, daß die Einrichtung eines „consilium perpetuum" entweder die Entstehung einer Oligarchie zur Folge habe, oder sofern „einer in diesem consilio Meister wäre", dieser „mit Hilfe der Waffen die andere zwingen (könne)" und somit „ein perpetuus dictator oder ein absoluter Monarch werden würde".[137] In seiner „Disquisitio politica vom absoluten Fürstenrecht" (1713) unternimmt der österreichische Kameralist W. v. Schröder den Versuch, ähnlich wie bereits vor ihm R. Filmer in England, J. B. Bossuet in Frankreich oder J. Wandal in Dänemark, fürstliche Herrschaft alttestamentarisch zu begründen. Für die naturrechtliche Diskussion im allgemeinen, besonders aber für die Wortgeschichte ist von Interesse, daß G. S. Treuer in seiner heftigen Kritik anläßlich der mit seinen ausführlichen Anmerkung versehenen Neuauflage (1719) der Schröderschen Abhandlung wohl dessen Auffassung über das absolute Fürstenrecht angreift,[138] seinerseits jedoch ebenfalls absolute Monarchien rechtfertigt. So setzt er einmal das absolute Fürstenrecht gleich mit einer „arbitrairischen und despotischen Regierung" (S. 130ff.), zum anderen beschreibt er positiv absolute Monarchien in Europa – wie in Frankreich, Schweden und Dänemark –, die nicht des-

135 S. hierzu R. Ritter, Der Wandel der Souveränitätsidee in der politischen Literatur Frankreichs von 1587-1630, Diss. Phil. Freiburg i. Br. 1968; E. Hinrichs, Fürstenlehre und politisches Handeln im Frankreich Heinrichs IV., Göttingen 1969; J. Daly, The Idea of Absolute Monarchy in 17th Century England, in: Historical Journal 21 (1978), S. 227-250; U. Krautheim, Die Souveränitätskonzeption in den englischen Verfassungskonflikten des 17. Jahrhunderts, Frankfurt a. M./Bern/Las Vegas 1977; R. Saage, Herrschaft. Toleranz. Widerstand. Studien zur politischen Theorie der Niederländischen und Englischen Revolution, Frankfurt a. M. 1981; zum gleichsam verfassungsmäßigen Absolutismus in Dänemark s. K. Krüger, Absolutismus in Dänemark – ein Modell für Begriffsbildung und Typologie, in: Hinrichs (Hrsg.), Absolutismus, S. 65-94 (zuerst ersch. 1979), sowie P. Ries, Robert Molesworths Analyse des dänischen Absolutismus, in: D. Lohmeier (Hrsg.), Arte et marte. Studien zur Adelskultur des Barockzeitalters in Schweden, Dänemark und Schleswig-Holstein, Neumünster 1978, S. 43-66; zu Spanien, wo diese Theorie auf Ablehnung stößt, s. L. Sanchez-Agesta, Der Staat bei Bodin und in der spanischen Rechtsschule, in: Der Staat, Bd. 16 (1977), S. 359-371; allgemein s. a. die quellennah geschriebene Arbeit von Barudio, Europa im Zeitalter des Absolutismus und der Aufklärung.

136 S. Schubert, Die deutsche Reichstage in der Staatslehre der frühen Neuzeit, S. 314 ff.; K. Mommsen, Auf dem Wege zur Staatssouveränität. Staatliche Grundbegriffe in Basler juristischen Doktordisputationen des 17. und 18. Jahrhunderts, Bern 1970; Willoweit, Rechtsgrundlagen der Territorialgewalt, S. 121-172.

137 G. W. Leibniz, Bedencken welcher Gestalt Securitas publica interna et externa (und status Praesens) im Reich (jetzigen Umständen nach) auf festen Fuß zu stellen (1670), in: Politische Schriften I, hrsg. v. H. H. Holz, Frankfurt a. M./Wien 1966, S. 102.

138 W. v. Schröder, Disquisitio politica vom absoluten Fürstenrecht. Mit Nöhtigen Anmerckungen versehen, welche derselben gefährliche Irrthümer deutlich entdecken und solches praetendirte Recht gründlich untersuchen, hrsg. v. G. S. Treuer, Leipzig u. Wolffenbüttel 1719, Vorrede (ohne Pag.).

potisch seien (S. 149-171). Seine allgemeine Unterscheidung von „absoluten“ und „limitierten Monarchien“ (S. 140 u. 220) verliert so die Konturen. Dieser Kritik an Schröder, die sich zugleich auch durchgängig gegen die „Hobbesianer“ richtet, schließt sich J. S. Brunnquell an.[139] Die Wendungen „absolute Regierung“ oder „absoluter Monarch“ sind auch ihm geläufig.[140]

Diese hier nun exemplarisch vorgeführte Darstellung der Verwendung des Adjektivs „absolut“ im politischen oder verfassungsrechtlichen Sinn[141] beschränkt sich zunächst auf die zweite Hälfte des 17. und das erste Drittel des 18. Jahrhunderts. Danach dominiert das unter den mit der Reichshistorie beschäftigten Publizisten seit Chr. Thomasius zu erkennende Bestreben, die Eigenart des „Teutschen Staatsrechts“ nicht mit der späthumanistischen, aristotelischen Begrifflichkeit, sondern in der deutschen Sprache und mit eigenen Begriffen zu erfassen. In diesem Sinn schrieb der Hallenser Historiker und Publicist J. P. v. Ludewig anläßlich einer Neuauflage von V. L. v. Seckendorffs „Teutscher Fürstenstaat“: „Inzwischen ist gleichwohl auch dieses nicht zu vergessen, daß die äußerlichen Schemata und Titulaturen von denen Römern entlehnet, folglich von solchen Schematibus einer absoluten Herrschaft sich in der Tat kein Schluß auf unseren eingeschränkten Staat machen läßt.“[142] In den Ausführungen über Majestätsrecht der einschlägigen Abhandlung und Lehrbücher im zweiten Drittel des 18. Jahrhundert wird die Bezeichnung „unumschränkte“ bzw. „uneingeschränkte Herrschaft(Gewalt)“ bevorzugt.[143] Den Übergang dieses sich wandelnden Sprachverhaltens demonstriert Zedlers „Universal-Lexikon“. Es verwendet sowohl die Bezeichnung „absolut“ als auch, häufiger, „unumschränkt“.[144] Erst seit dem letzten Drittel des 18. Jahrhunderts findet das Adjektiv „absolut“ offenbar wieder zunehmende Verbreitung. Einen ersten Hinweis hierauf gibt das „Grammatisch-kritische Wörterbuch der Hochdeutschen Mundart“ von J. Chr. Adelung. In der ersten Auflage 1774 noch nicht notiert, ist „absolut“ in der zweiten Auflage 1793 zunächst in seiner philosophischen und dann auch politi-

---

139 J. S. Brunnquell, Eröffnete Gedanken von dem allgemeinen Staats-Recht und dessen höchst-nützlichen Excolirung, Jena 1721, in: ders., Opuscula Bd. I, Halle u. Magdeburg 1774, S. 131-164.

140 Ebd., S. 158 f., § 24.

141 Weitere Nachweise s. Deutsches Fremdwörterbuch, hrsg. v. H. Schulz, Straßburg 1913, S. 3.

142 Zit. N. Hammerstein, Jus und Historie, S. 118; s. a. J. J. Moser, Teutsches Staatsrecht, Stuttgart Bd. I, 1766, S. 544 ff.

143 S. Chr. Wolff, Grundsätze des Natur- und Völkerrechts, Halle 1754, § 983-911; J. H. G. Justis, Abhandlung von der Anordnung und dem Gleichgewichte der Hauptzweige der obersten Gewalt, in: ders., Gesammelte Politische und Finanzschriften, Bd. 2, Kopenhagen u. Leipzig 1761, S. 13-21; J. J. Moser, Teutsches Staatsrecht, Bd. I, S. 520 u. 547; J. thor Straten, Systematische Abhandlung von den Regierungsformen überhaupt, und der uneingeschränkten Monarchie insbesondere, Flensburg 1760, passim; G. Achenwall, Die Staatsklugheit nach ihren ersten Grundsätzen, Göttingen 1761, S. 33.

144 Vgl. die Stichworte „absolute“, Bd. 1 (1732), „Monarchie“, Bd. 21 (1739); „Majestät (die unumschränkte)“, Bd. 19 (1739), Sp. 550 ff.; „Majestät“, Bd. 19 (1739), Sp. 545; „Regiments-Form“, Bd. 30 (1741), bes. Sp. 1838 ff.; „Staats-Recht (allgemeines)“, Bd. 19 (1739), Sp. 677.

scher Bedeutung aufgeführt: „Ein absoluter Herr, ein unumschränkter." Auch in staatsrechtlichen Abhandlungen wird nun häufiger die Bezeichnung „absolute Monarchie" verwendet, ohne jedoch die deutsche Übersetzung „unumschränkte Monarchie" aus dem Sprachgebrauch zu verdrängen. Beide Wendungen sind seit dem ausgehenden 18. Jahrhundert gleichermaßen verbreitet. So schrieb J. St. Pütter, die Verfassung Englands, Polens und des Reiches mit jenen Frankreichs, Spaniens und Dänemarks vergleichend: „Ihre Regierung bleibt monarchisch, nur nicht absolutmonarchisch, sondern eingeschränkt-monarchisch ..."[145] Auch H. G. Scheidmantel kennt in seiner Staatsrechtslehre die „absolute Monarchie" als Regierungsform.[146] Demgegenüber wird in der deutschen Ausgabe des Frh. v. Bielfelds „Lehrbegriff der Staatskunst" an dem Ausdruck „unumschränkte" Herrschaft bzw. Monarchie festgehalten.[147] Gleiches gilt auch für die enzyklopädische Übersicht von J. T. Plant.[148]

3. Despotismus

Die häufigere Verwendung des Ausdrucks „absolute Monarchie" führte freilich die Kritiker dieser Regierungsform nicht dazu, diese als „absolutistisch" bzw. als „Absolutismus" zu bezeichnen. Statt dessen war das politische Schlagwort „Despotismus" gebräuchlich.[149] Als politischer Kampfbegriff zuerst in Kreisen der ständischen Opposition in Frankreich in der zweiten Hälfte des 17. Jahrhunderts aufgekommen, fand der Ausdruck rasch gemeineuropäische Verbreitung seit Montesquieus „De l'esprit des lois" (1748). Hatte die Philosophie seit Aristoteles unter Despotie die vorpolitischen Herrschaftsbeziehungen des oikos, und in Anlehnung hieran, asiatische Königtümer verstanden, so erhielten die „Despotie" bzw. der „Despotismus" nun durch Montesquieu, bei Ablehnung der überkommenen Regierungsformenlehre (Monarchie, Aristokratie, Demokratie) den Status eines Verfassungstyps; zugleich bezeichnete „Despotie" aber auch den Verfallszustand der beiden übrigen Verfassungstypen Monarchie und Republik. Diese begriffliche Indifferenz, welche die Frage nach der Legitimität einer despotischen Regierung ebenso berührt wie die andere, wann eine monarchische Regierung zu einer despotischen entarte, eröffnete den politisch so folgreichen Kampf um Begriffe im Zeit-

145 Pütter, Beyträge zum Teutschen Staats- und Fürstenrechte, Bd. I, S. 55.
146 H. G. Scheidemantel, Das allgemeine Staatsrecht überhaupt und nach der Regierungsform, Jena 1775, S. 322.
147 J. F. Frh. V. Bielfeld, Lehrbegriff der Staatskunst, Breslau u. Leipzig 1773-1778, Bd. I, S. 46, Bd. II, S. 28, Bd. III, S. 558 u. 718.
148 J. T. Plant, Publizistische Übersicht aller Regierungsarten sämtlicher Staaten und Völkerschaften auf der Welt, Berlin 1788, S. III u. VII.
149 Zum folgenden s. R. Koebner, Despot and Despotism: Vicissitudes of a Political Term, in: Journal of the Warburg and Courtauld Institutes, Vol. XIV (1951), S. 275-302; M. Richter, Art. Despotism, in: Dictionary of the History of Ideas, hrsg. v. Ph. P. Wiener, New York 1973, S. 1-18.

alter der europäischen Revolution. Hielten die Encyclopädisten, in Anlehnung an Montesquieu, an der Unterscheidung von Despotismus und absoluter Monarchie fest,[150] so lehnte Voltaire „Despotismus“ als politischen Begriff ab,[151] und die Physiokraten formulierten ihre geschichtsphilosophischen begründetes Reformkonzept eines „despotisme légal“.[152]

Auch im Reich avancierte der neugeprägte, schon zu Beginn des 18. Jahrhunderts anzutreffende Ausdruck insbesondere durch die Rezeption Montesquieus, Rousseaus und Boulangers rasch zum politischen Schlagwort. Noch bis zur Französischen Revolution häufig gleichbedeutend mit „Tyrannis“ oder „Tyrannei“,[153] bildet „Despotismus“ das begriffliche Korrelat zu dem ebenso verbreiteten Schlagwort „Freiheit“.[154] Gab es bei der Verwendung dieser Begriffe einerseits einen grundsätzlichen Dissenz zwischen den auf Bewahrung ihrer „ständischen Freiheiten“ bedachten und denen auf die Durchsetzung politischer Freiheit und deren Unterscheidung von bürgerlicher Freiheit drängende Kräften,[155] so auch andererseits zwischen den verschiedenen sich formierenden Gruppen der politischen Reform untereinander.

Umstritten war vor allem die begriffliche Unterscheidung von „Freistaat“ (Republik), Monarchie und Despotismus.[156] Vehement wandte sich A. L. Schlözer gegen die populäre Gleichsetzung von Monarchie und Despotismus: „Welcher Schwindel treibt die Leute, Monarchie und Despotismus für unzertrennliche Begriffe zu halten? Die Bürger monarchischer Staten ohne Unterschied FürstenSklaven zu selten? Die aristokratischen Staten von Venedig, Algier, Genua, Tripoli,

150 Vgl. die Art. „despotisme“ und „monarchie“ in der Encyclopédie ou Dictionnaire raisonnée des Sciences, des Arts et des Métiers, par une société de Gens de Lettres, Paris-Neufchatel-Amsterdam 1751-1780.

151 Voltaire, A. B. C., in: Voltaire. Schriften, hrsg. v. G. Mensching, Bd. 2: Republikanische Ideen, Frankfurt a. M. 1979, S. 182 ff.

152 Ausführlich hierzu s. Hensmann, Staat und Absolutismus bei den Physiokraten, S. 162 ff. u. 175 ff., u. Reclam, Über die Herkunft des Ausdrucks „Aufgeklärter Absolutismus“ (despotisme éclairé), S. 28 ff.; s. a. u. S. Kap. II. 5.

153 S. hierzu H. Mandt, Tyrannislehre und Widerstandsrecht. Studien zur deutschen politischen Theorie des 19. Jahrhundert, Darmstadt u. Neuwied 1974, S. 94 ff.; W. Stammler, Politische Schlagworte in der Zeit der Aufklärung, in: Lebenskräfte in der abendländischen Geistesgeschichte. Dank- und Erinnerungsgabe an Walter Goetz, Marburg 1948, S. 222 ff.

154 So schriebt A. L. Schlözer, Stats-Anzeigen, Bd. 4 (1783) S. 3: „Wir leben in sonderbaren Zeiten, wo dieses Thema (sc. Despotie, R. B.) beinahe Bedürfnis der europäischen Menschheit wird.“ Ebenso Chr. Meiners, Über die Ursache des Despotismus, in: Göttingisches Historisches Magazin, hrsg. v. Chr. Meiners u. L. Th. Spittler, Bd. 2, Hannover 1788, S. 193: „In keinem Zeitalter ist so viel über Despotismus geredet, und über Despotismus geschrieben und geklagt worden, als in dem unsrigen...“. F. Schiller schreibt 1788, „daß der Freyheitssinn mit dem Despotismus im Kampfe liege...“, zit. N. Stammler, Politische Schlagworte im Zeitalter der Aufklärung, S. 221; weitere Hinweise ebd. sowie bei Schlumbohm, Freiheit, insbes. S. 57 ff., u. U. Becher, Politische Gesellschaft, Göttingen 1978, S. 115 ff.

155 S. Klippel, Politische Rechte und Freiheitsrechte, passim; Schlumbohm, Freiheit, passim.

156 S. Stammler, Politische Schlagworte in der Zeit der Aufklärung, S. 228 ff; W. Wenck, Deutschland vor hundert Jahren, Leipzig 1887, Bd. I, S. 9 ff.

Freiburg, Amsterdam etc., vorzüglich FreiStaten zu nennen? Als ausgemacht anzunehmen, daß Freiheit, freilich das höchste Gut der Menschheit, weit unsicherer bei Einem ErbHerrscher, als bei Deux-Cent erblichen oder alljährlich veränderten RatsHerrn, aufgehoben sei?"[157] Entgegen dieser Gleichsetzung von Monarchie und Despotismus weist Schlözer eindringlich auf die „oligarchieschen Despotie" in „Freistaaten" wie der Schweiz hin. Grundsätzlich sein Despotismus in allen Regierungsformen möglich.[158] Besondere Aufmerksamkeit in dieser Kontroverse fand die Frage, welcher politische Charakter Preußen zukomme. Ziehen Gebildete wie J. J. Winckelmann und G. E. Lessing Preußen trotz seines „roi philosophe" des Despotismus,[159] so war die Reformbürokratie bemüht „zu beweisen, dass die Preußische Regierung nicht despotisch ist".[160]

Ihren Höhepunkt erreichte diese „sprachliche Kriegführung" (J. Schlumbohm) des wechselseitigen Despotismus-Vorwurfs während der Französischen Revolution. Verteidigte Robespierre die Jakobiner-Diktatur als „Despotie der Freiheit",[161] so versagte nun die Mehrzahl der deutschen Gebildeten, ersetzt über den „Pöbeldespotismus", der Revolution ihre weitere Sympathie. Hatte man sich bis dahin gegen „Monarchen-Despotismus", „Minister- und Maitressendespotismus" oder „Aristokraten-Despotismus" gewandt, so schien der jetzige „Fischweiber-Despotismus" zu

157 Stats-Anzeigen, Bd. 4 (1783), S. 3; s. a. Scheidemantel, Das allgemeine Staatsrecht, S. 322 ff.

158 Ebd., S. 3; vgl. a. ders., Allgemeines Stats-Recht und Statsverfassungslehre, Göttingen 1793, S. 114; ebenso J. H. G. Justi, Die Natur und das Wesen der Staaten, Berlin/Stettin/Leipzig 1760, S. 108: „Überhaupt kann man die Despoterey gar nicht als eine besondere Regierungsform ansehen. Sie ist weiter nichts als der Mißbrauch der Monarchie, die gerade wider die Endzwecke eines Staates und mithin tyrannisch regiert wird."; Deutsche Encyclopädie oder Allgemeines Real-Wörterbuch aller Künste und Wissenschaften, Bd. 7, Frankfurt a. M. 1783, S. 122: „Despotismus heißt eine jede Gewalt, wobei derjenige, welcher sie besitzt, sich an keiner Regeln bindet, sondern statt aller Gründe blos nach seinem Wohlgefallen handelt. Es gibt Despoten in allen nur möglichen Arten von menschlichen Gesellschaft …".

159 Winckelmann am 27.11.1762 an Leonard Usteri: „Mein Vaterland – aber welches der größte Despotismus drücket, welcher irgend gedacht ist. Ich gedenke mit Schaudern an dieses Land, wenigstens habe ich die Sklaverei mehr als andere gefühlet …"; ebenso in einem weiteren Brief an Usteri vom 17.1.1763: „… Es schaudert mich die Haut vom Haupte bis zu den Zehen, wenn ich an den preußischen Despotismus und an den Schinder der Völker denke …", beides zit. n. Friedrich der Große im Spiegel seiner Zeit, hrsg. von G. B. Volz, Bd. 3, Berlin o. J., S. 34; Lessing am 25.8.1769 an F. Nicolai: „… lassen Sie einen in Berlin auftreten, der für die Rechte der Untertanen, der gegen Aussaugung und Despotismus seine Stimme erheben wollte, wie es itzt sogar in Frankreich und Dänemark geschieht, und Sie werden bald die Erfahrung haben, welches Land bis auf den heutigen Tag das sklavischste Land von Europa ist." Zit. n. Friedrich der Große im Spiegel seiner Zeit, ebd., S. 20.

160 E. F. v. Hertzberg, Abhandlung über das dritte Jahr der Regierung Königs Friedrich Wilhelms III. und zu beweisen, daß die Preußische Regierung nicht despotisch ist, Berlin 1789; s. a. Wenck, Deutschland vor hundert Jahren, Bd. I, S. 41 u. Reclam, Über die Herkunft des Ausdrucks „Aufgeklärter Absolutismus" (despotisme éclairé), S. 89 ff.; s. hierzu auch J. Van Horn Melton, Form Enlightenment to Revolution: Hertzberg, Schlözer, and the Problem of Despotism in the Late Aufklärung, in: Central European History 12 (1979), S. 103-123.

161 Rede Robespierres v. 7.2.1794, in: P. Hartig, Die Französische Revolution, Stuttgart 1972, vierte Aufl., S. 56.

beweisen, daß der „Volksdespotismus der allerschlimmste, der allerabscheuliste Despotismus sey".[162] Die sich anschließende napoleonische Herrschaft bewirkte in Europa nicht nur tiefgreifende politische Veränderungen; ebenso trug sie, als Antwort auf die politische Unterdrückung, auch zur weiteren Radikalisierung der politischen Begriffssprache bei. So unterschied F. Gentz 1806 die durch die „Existenz privilegierter Stände und großer Familienbesitzungen" sowie der „öffentlichen Meinung" beschränkten europäischen Monarchie von dem Herrschaftssystem Napoleons, der wohl als „Erretter von den Qualen der Anarchie" anzusehen sei, andererseits aber einen „absoluten Despotismus" errichtet habe.[163]

Einen nachhaltigen Einfluß auf die Despotismus-Kontoverse hinterließ I. Kants Schrift „Zum ewigen Frieden" (1795). Freilich war seine Unterscheidung von „Republikanismus" und „Despotismus" insofern aporetisch, als er einerseits die Existenz einer auf den Kriterien Freiheit, Abhängigkeit aller von einer gemeinsamen Gesetzgebung und staatsbürgerliche Gleichheit gegründeten Verfassung per definitionem als republikanisch erklärte, anderseits Republikanismus lediglich durch das Prinzip der Gewaltenteilung vom Despotismus abhob.[164] Als unschlüssig erwies sich diese Argumentation insbesondere bei der Bestimmung des prekären Verhältnisses zwischen Aufklärung und Despotismus. Mußte so Preußen wohl als despotisch gelten,[165] besaß es doch zugleich in Friedrich II. einen Regenten, dessen Aufgeklärtheit Kant Anlaß gab, das „Zeitalter der „Aufklärung" auch das „Zeitalter Friedrichs" zu nennen.[166] F. Schlegel hat die kantischen Aporien in einer scharfsinnigen Replik aufgedeckt und zugleich einen „provisorischen", gleichsam „aufge-

---

162 G. Sjöborg, Über Volksdespotismus, Leipzig 1793, S. 51; ähnlich Schlözer, Stats-Anzeigen, Bd. 14 (1790), S. 498: „Monarchischer Despotismus ist ein Übel; aber ochlokratischer ist es auch, oder womöglich ein noch größeres Übel."; ebenso kritisiert auch E. F. v. Hertzberg, Abhandlung über äußere, innere und religiöse Staatsrevolutionen, Berlin 1791, S. 16, die „Willkühr des demokratischen Despotismus, der oft drückender, als der monarchische ist …"; allgem. zu den Wirkungen der französischen Revolution auf die Gebildeten in Deutschland s. K. v. Raumer u. M. Botzenhart, Deutschland um 1800: Krise und Neugestaltung. Von 1789 bis 1815, Wiesbaden 1959-1980, S. 24 ff.

163 F. Gentz, Fragmente aus der neuesten Geschichte des politischen Gleichgewichts in Europa, in: ders., Ausgewählte Schriften, hrsg. v. W. Wenck, Stuttgart/Leipzig 1838, Bd. 4, S. 76 ff.; der Ausdruck „absoluter Despotismus" bereits bei Friedrich d. Großen, Antimachiavell (1740), in: Œuvres, Bd. VIII, Berlin 1846, S. 75, wo er die Regierungsweise Richelieus und Mazarins als „despotisme absolut" bezeichnet; ebenso bei N. Th. Gönner, Der Staatsdienst aus dem Geschichtspunkt des Rechts und der Nationalökonomie betrachtet, Landshut 1808, S. 77, u. A. Müller, Von der Notwendigkeit einer theologischen Grundlage der Gesamten Staatswissenschaften, Leipzig 1819, wieder abgedr. in: Adam Müller. Schriften zur Staatsphilosophie, hrsg. v. R. Kohler, München 1923, S. 179.

164 Vgl. I. Kant, Zum ewigen Frieden, in: Immanuel Kant. Politische Schriften, hrsg. v. O. H. von der Gablentz, Köln u. Opladen 1965, S. 113 f.

165 Vgl. I. Kant, Über den Gemeinspruch: Das mag in der Theorie richtig sein, taugt aber nicht für die Praxis (1793), in: Immanuel Kant. Politische Schriften, S. 80, wo „eine politische Regierung, die auf dem Prinzip des Wohlwollens gegen das Volk als eines Vaters gegen seine Kinder errichtet wäre, d. i. eine väterliche Regierung (imperium paternale) …" von ihm selbst als „größte denkbare Despotismus" bezeichnet wird; vgl. a. ebd. S. 92.

166 I. Kant, Beantwortung der Frage: Was ist Aufklärung? (1784), in: Immanuel Kant. Politische Schriften, S. 6.

klärten" Despotismus, der „den Republikanismus allmählich zur Reife bringt",[167] unterschieden vom „absoluten Despotismus ..., welcher das republikanische Bildungsprinzip ... und dessen Tendenz selbst zu vernichten und zu zerstören strebt, und also absolut unerlaubt ist ...".[168] Mag dieser Differenzierung von Despotismen auch die Absicht der Klärung der politischen Begriffe zugrunde gelegen haben, so hat sie tatsächlich die Inflationierung dieses politischen Schlagwortes gefördert. Gleiches gilt für die Schriften des vielgelesenen A. L. Schlözer, wenn er einmal die populäre Gleichsetzung von Monarchie und Despotismus kritisiert (s. o.), ein andermal selbst vom „monarchischen Despotismus" spricht, der in der ersten Hälfte des 18. Jahrhunderts „in Europa frecher, wie je (war)",[169] und schließlich die preußische Regierungsform als „weisen Despotismus" bezeichnet.[170]

Während „Despotismus" als politisches Schlagwort auch weiterhin große Verbreitung fand, trat in der Folgezeit sein Gebrauch in der staatswissenschaftlichen Literatur zurück. W. T. Krug, Nachfolger I. Kants in Königsberg, verläßt die Republikanismus-Despotismus-Kontroverse und teilt seinerseits die Hauptarten bezüglich „der äußeren Staatsform" in „Monarchie" und „Polyarchie" ein, denen bezüglich „der innern Staatsform" die „Aristokratie" und die „Synkratie" gegenüber stehen. Durch die Verbindung beider kommt Krug so zu „vier Grundformen der Staatsverfassung".[171] Als „Despot" begreift Krug einen „die natürlichen Gränzen seiner Gewalt (überschreitenden)" Herrscher.[172] Eine Differenzierung des kantischen Gegensatzes zwischen Republikanismus und Despotismus nimmt der Göttinger Historiker A. H. L. Heeren vor. Er führt drei Verfassungen auf: die despotische, die autokratische, die sich von der vorhergehenden durch den „Besitz der Menschenrechte" abhebt, und die republikanische, die die persönliche Freiheit (Menschenrechte) ebenso wie die politische Freiheit sichert.[173] Schließlich erfährt der Despotismus-Begriff in verschiedenen Varianten den Status eines universalhistorischen Evolutionsstadiums.[174]

167 F. Schlegel, Versuch über den Republikanismus (1796), in: Immanuel Kant. Politische Schriften, S. 236 f.

168 Ebd., S. 247.

169 A. L. Schlözer, Allgemeines Stats-Recht, S. 90

170 Ders., Staats-Anzeigen, Bd. 8 (1785), S. 292; ebenso auch L. T. v. Spittler, Vorlesungen über Politik (1796), in: ders., Sämmtliche Werke, Bd. XV, S. 128, hrsg. v. K. Wächter, Stuttgart u. Tübingen 1837.

171 W. T. Krug, Über Staatsverfassung und Staatsverwaltung (1806), in: ders., Gesammelte Schriften; Bd. 3, Braunschweig 1834, S. 21.

172 Ebd., S. 20.

173 A. H. L. Heeren, Über den Charakter der Despotischen Verfassung, und der Staatsverfassungen überhaupt (1805), in: ders., Ideen über die Politik, den Verkehr und den Handel der vornehmsten Völker der alten Welt, 1. Teil, 2. verm. u. verb. Auf., Göttingen 1805, S. 982 f.

174 So etwa bei K. Th. Welcker, Die letzten Gründe von Recht, Staat und Strafe, Gießen 1813, S. 13 ff. u. 145 ff.

Semantisch lassen sich also, neben seiner gelegentlichen historischen Verwendung,[175] mindestens fünf weitere Despotismus-Begriffe unterscheiden:

- Gleichsetzung von (absoluter) Monarchie und Despotismus;
- Despotismus als mögliche Verfallserscheinung in allen Regierungsformen;
- Despotismus als eine der drei regulären Regierungsformen;
- (absoluter) Despotismus als höchste Steigerungsform, insbesondere in Folge der Revolution;
- „weiser" Despotismus. Die naheliegende Verknüpfung von „Aufklärung" und „Despotismus" ist – zumindest im positiven Verständnis – in der deutschen Aufklärung nicht vorgenommen worden. Vereinzelt ist die jedoch in polemisch-antiaufklärerischer Absicht nachweisbar. Hierauf wird später gesondert einzugehen sein.

4. Absolutismus

Verfolgt man die Verbreitung des Neologismus „Absolutismus" als politisches Schlagwort auf der für die politische Bildung der ersten Hälfte des 19. Jahrhunderts so wichtigen Ebene der (Konversations-) Lexika,[176] dann können die Erscheinungsdaten einiger ausgewählter Lexika als Eckdaten erste Hinweise geben. So enthalten weder das von J. H. Campe herausgegebene „Wörterbuch zur Erklärung und Verdeutschung der unserer Sprache aufgedrungenen fremden Ausdrücke" (1801; 2. Aufl. 1813), die „Allgemeine Encyclopädie der Wissenschaften und Künste" von J. S. Ersch und J. G. Gruber (1818 ff.), das „Encyclopädische Wörterbuch oder alphabetische Erklärung aller Wörter aus fremden Sprachen, die im Deutschen angenommen sind ..." (1822), noch die von Brockhaus 1822 besorgte „Allgemeine deutsche Real-Encyclopädie" das Stichwort „Absolutismus". Erstmals aufgeführt in Brockhaus' „Conversations-Lexikon der neuesten Zeit und Literatur" (1832), findet es nun auch Berücksichtigung im „Conversations-Lexikon der Gegenwart" (1838), in Meyer's „Conversations-Lexikon" (1840) und in dem 1844 veröffentlichten „Volk-Conversations-Lexikon". Die rasche Verbreitung des Neologismus „Absolutismus" im Vormärz dokumentiert R. Blums „Volkstümliches Handbuch der Staatswissenschaften und Politik" (1848-1851), wo unter dem Lemma „Absolutismus" zunächst auf das Stichwort „Alleinherrschaft" verwiesen und dort dann ausgeführt wird: „Alleinherrschaft ..., nach dem Wortlaut die Herrschaft eines Einzigen, nach der Auffassung des *meist gebräuchlichen Fremdwortes* (Hervh. R. B.): *Absolutismus*, diese Herrschaft eines Einzigen, wenn sie unumschränkt, durch nichts in ih-

175 Vgl. F. Chr. J. Fischer, Über die Geschichte des Despotismus in Deutschland, Halle 1780; Meiners, Über die Ursachen des Despotismus.

176 S. hierzu U. Haltern, Politische Bildung und bürgerlicher Liberalismus. Zur Rolle des Konversationslexikons in Deutschland, in: HZ 223 (1976), S. 61-97.

ren Gelüsten begrenzt ist." Trotz unterschiedlicher Bewertung des Verhältnisses von Absolutismus und Despotismus verbindet die genannten Lexika die Maxime der Rechtsstaatlichkeit: Absolutismus wird durchgängig als Gegensatz zum Konstitutionalismus definiert.

Begriffsgeschichtlich weiterführend ist die Untersuchung des Eindringens des „Absolutismus" in die Staatwissenschaften und das Staatsrecht. So erhält J. L. Klübers „Öffentliches Recht des deutschen Bundes und der Bundesstaaten" in der ersten Auflage von 1817 noch keinerlei einschlägige Hinweise, während es in der zweiten Auflage (1822) neben der in der Tradition der Reichspublizistik stehenden Einteilung der Staatsformen in „einfache" und „zusammengesetzte" auch die nach dem Wiener Kongreß Verbreitung findende Möglichkeit enthält, die Staatsformen einzuteilen „in repräsentative (ständisch-verfassungsmäßige, d. h. mit Volksvertretern versehene) und absolute oder nicht repräsentative".[177] In der wesentlich erweiterten dritten Auflage (1831) schließlich verwendet Klüber den Begriff „Absolutismus" und grenzt ihn ab gegen das sog. Monarchische Prinzip: „Gebührt diese (sc. legitime, Anm. R. B.) Ausübung einer mit der persönlichen Majestät bekleideten physischen Person, so bildet diese gesetzmäsige [sic!], physische Einheit des regierenden Subjectes den Grundbegriff der Staatsform, und wird davon monarchisches Princip, oder vielmehr Princip des Monarchismus benannt; ein Grundbegriff, wovon Absolutismus oder Unbeschränktheit, natürliche … oder positive, ein wesentliches Ingredienz keineswegs ist."[178] Die vierte Auflage (1840) übernimmt diesen Passus mit einigen Zusätzen.

Der Leipziger Staatswissenschaftler K. H. L. Pölitz bewegt sich in den Ausführungen zur Staats- und Regierungsformenlehre seines erstmals 1823 veröffentlichten Werkes „Die Staatswissenschaften im Lichte unserer Zeit" noch im Rahmen der kantischen Unterscheidung von Republikanismus und Depotismus. Jedoch, so Pölitz, „weicht … die geschichtliche Bedeutung und Geltung der republikanischen Regierungsform von der wörtlichen Bezeichnung ab und man versteht, in geschichtlicher Hinsicht, unter Republik diejenigen Staaten, deren Regent nicht, wie in der Monarchie, eine physische Person, sondern eine moralische (mystische) Person, welcher die Souveränität nicht als persönliche Würde, sondern als übertragenes Staatsamt zukommt".[179] So gibt es für Pölitz zwei Regierungsformen, die „monarchische (unbeschränkt und beschränkte)" und die „republikanische (Demokratie und Aristokratie)",[180] während der Despotismus eine „Ausartung der monarchischen Regierungsform"[181] ist. Nachdrücklich unterscheidet Pölitz den Autokraten

177 J. L. Klüber, Öffentliches Recht des Teutschen Bundes und der Bundesstaaten, zweite Aufl., Frankfurt a. M. 1822, S. 125, § 97.

178 Ders., Öffentliches Recht des Teutschen Bundes und der Bundesstaaten, dritte Aufl., Frankfurt a. M. 1831, S. 101, § 98.

179 K. H. L. Pölitz, Die Staatswissenschaften im Lichte unserer Zeit, zweite Aufl., Leipzig 1827 f., Bd. I, S. 445.

180 Vgl. ebd. ,S. 446-471

181 Ebd., S. 456.

vom Despoten: „Es würde aber die folgenreichste Begriffsverwirrung sein, wenn man den Autokraten (den Regenten einer unbeschränkten Monarchie) an sich schon mit dem Despoten verwechseln wollte. Denn unter der Regierung des Autokrators besteht der volle Genuß aller Menschenrechte; und nur die öffentlichen (bürgerlichen) Rechte werden in der unbeschränkten Monarchie dadurch beschränkt, daß der Autokrator in sich die gesetzgebende und vollziehende Gewalt ungetheilt vereinigt."[182] Die Bezeichnung „Absolutismus" findet sich in diesem Werk von Pölitz nicht.

J. Chr. v. Aretin unterscheidet in seinem „Staatsrecht der konstitutionellen Monarchie" (1824 ff.) „absolute" und „konstitutionelle" Regierung.[183] Den Terminus „Absolutismus" führt er nicht auf. Demgegenüber hält er an dem Ausdruck Despotismus fest, den er freilich begrifflich unpräzise gebraucht. Bezeichnet für ihn zunächst noch „das Wort despotisch einen Mißbrauch der Gewalt, der in allen Regierungsformen Statt haben kann, nicht aber eine eigene Regierungsform ...",[184] so tendiert er später, im zweiten Band, offenbar zur Gleichsetzung von „Despotismus" und „unumschränkter Monarchie". Grundsätzlich kommt v. Aretin zu der Unterscheidung von „Despotismus" oder „unumschränkter" bzw. „absoluter Monarchie" und konstitutioneller Monarchie.[185] Wortgeschichtlich bemerkenswert ist die Tatsache, daß K. v. Rotteck, nach dem Tod v. Aretins dessen „Staatsrecht" fortführend, erstmals in einer staatsrechtlichen Abhandlung die Regierung von Despoten als „Absolutismus" bezeichnet.[186] Insbesondere in seinen Ausführungen zum Regalien- und Steuerwesen findet der neue Ausdruck Verwendung: „Dem *Patrimonial-* oder *Grundherrlichkeits*system ist der Begriff von *Steuern* fremd. Vorbehaltene (oder nachträglich statuierte) nutzbringende Rechte des Obereigentums einerseits, und kontraktmäßig übernommen (oder durch Gewalt aufgelegte) Lasten der Grundholde andererseits bilden die Einnahmsquellen des Herrn. Daher sind sie dem Absolutismus noch angenehmer als Steuern, weil *diese* vernunftgemäß nur auf einer Gesellschaftspflicht, d. h. auf dem Entschluß oder der Bewilligung einer *Gesamtheit* ruhen können. Die Steuerbewilligung bezieht sich auf *Gegenleistung*, also auf Regierungs*pflichten*, d. h. auf Volksrechte; sie mag selbst an *Bedingungen* geknüpft werden. Beides ist der Willkürherrschaft unwillkürlich."[187] Hieran argumentativ anknüpfend, schreibt Rotteck an späterer Stelle: „In der konstitutionellen *Monarchie* wird also niemals ein Staatsbanquerott Statt finden. Nur der Absolutismus befreit sich von seinen Gläubigern durch die bloße Erklärung, nicht bezahlen zu wollen."[188]

---

182 Ebd., S. 445; vgl. a. S. 81.
183 J. Chr. v. Aretin, Das Staatsrecht der konstitutionellen Monarchie, Altenburg 1824-1827, Bd. I, S. VII, 114 u. 137 f.
184 Ebd., S. 3, Anm. 4.
185 Ebd., Bd. II, S. 9; S. 12, Anm. 3; S. 65 u. 360.
186 Ebd., S. 367, Anm. 5.
187 Ebd., S. 321, Anm. 1.
188 Ebd., S. 367, Anm. 5.

Auch in dem von ihm selbst verfaßten „Lehrbuch des Vernunftrechts und der Staatswissenschaften" (1829-1835) gebraucht Rotteck den Neologismus „Absolutismus"; bezeichnenderweise jedoch noch nicht in den Abschnitten „Constitutionslehre" – wo er sich mit diversen Staatsverfassungslehren kritisch auseinandersetzt – und „Allgemeine Regierungslehre", sondern in der „Organisationslehre". „Was die Konstitution", so Rotteck, „*nicht* bestimmt hat und doch zur *Form* des Staatslebens gehört, das und nicht mehr ist Sache der Organisation. Daher ist in der *absoluten Monarchie* (mit Ausnahme des Absolutismus und des bestimmenden Monarchen selbst) *alles* zum formalen Staatsleben Gehörige *bloß Organisation* ...".[189] Ein weiteres Mal verwendet Rotteck „Absolutismus" in dem Abschnitt über die „Hauptsysteme der Verwaltungsformen", wo er ausführt: „Die *letzte* Teilungsart (sc. das „Real-System", im Unterschied zum „Provinzial-System", R. B.) ist allerdings wissenschaftlicher und auch practisch vielfach vorteilhafter; doch bietet sich auch, wo nicht eine kräftige *Nationalrepräsentation* der Regierung gegenüber steht, dem Streben nach Absolutismus eine große Erleichterung dar, und schwächt oder zernichtet das politische Gesamtrecht und Gesamtleben unter den Bewohnern derselben Provinz."[190]

Unter Berücksichtigung der Tatsache, daß auch die verbreiteten Monographien von F. v. Ancillon[191] und F. v. Raumer[192] den Terminus „Absolutismus" nicht enthalten, darf man festhalten, daß der Neologismus „Absolutismus" erst im letzten Drittel der zwanziger Jahre des 19. Jahrhunderts in der staatswissenschaftlichen Literatur Aufnahme gefunden hat.

Untersucht man die politische Publizistik im Hinblick auf den Terminus „Absolutismus" im Zeitraum zwischen der Diskussion um die Einrichtung von Landständen nach dem Wiener Kongreß und ihrer erstmaligen Verwendung im Staatsrecht im Jahre 1827, so gilt zunächst die hier nur summarisch zu treffende Feststellung, daß trotz wachsender Kritik am Despotismus-Begriff[193] dieser auch weiterhin

---

189 K. v. Rotteck, Lehrbuch des Vernunftrechts und der Staatswissenschaft, Stuttgart 1829-1835, Bd. II, S. 283.

190 Ebd., S. 287.

191 F. Ancillon, Über den Geist der Staatsverfassungen und dessen Einfluß auf die Gesetzgebung, Berlin 1825.

192 F. v. Raumer, Über die geschichtliche Entwicklung der Begriff von Recht, Staat und Politik, Leipzig 1826.

193 So etwa H. W. E. v. Keyserlingk, Über Repräsentation und Repräsentativverfassungen, Göttingen 1815, S. 133: „Es wäre gut, man verständigte sich endlich über den Begriff, der in unseren Zeiten so sehr mißbrauchten Worte, Despot, Despotie, und vieles würde in einem anderem Lichte erscheinen, als es jetzt gesehen wird."; A. Müller, Der Despotismus im Vergleich mit den humanen Staatsformen, in: Deutsche Staatsanzeigen, hrsg. v. A. Müller, Bd. 1 (1816), S. 378: „Alle bisherigen Definitionen des Despotismus reichen nicht aus ..."; A. H. L. Heeren, Über die Entstehung, die Ausbildung und practischen Einfluß der politischen Theorien in dem neueren Europa, der „die ewige Verwirrung der Ideen" über die Staatsverfassungen „bey allen großen politischen Schriftstellern von Aristoteles bis Montesquieu" beklagt, in: Kleine historische Schriften, Bd. I, Wien 1817, S. 329, Anm.; Besonders die Verwendung des verworrenen Despotismus-Begriffs lastet er Montesquieu an, der „mit den ersten Grundbegriffen der Politik nicht im Reinen war." (ebd., S. 339).

während des genannten Zeitraums eines der am häufigsten gebrauchten politischen Schlagwörter blieb. Den politisch Gemäßigten und Liberalen galt er durchweg als Gegenbegriff zu Konstitutionalismus bzw. zur konstitutionellen Monarchie.[194] Demgegenüber war der Terminus „Absolutismus" zunächst noch offenbar unbekannt. Statt dessen trifft man gelegentlich das Substantiv „Absolutheit" an: „Die Unabhängigkeit eines Staates von anderen Staaten hat sich uns zum Teil durch dieses Wort (sc. souveräne Gewalt, R. B.) in eine Absolutheit der Regierungsgewalt nach innen gewandelt ...".[195] Kritik an der „allumfassende(n) Tyrannei und Absolutheit des revolutionären Gesetzes" wird an anderer Stelle 1823 geübt,[196] ebenso wird das politisch Absolute kritisiert: „Das Absolute will in der Politik nichts Beschränkendes dulden, und darf es nicht, weil es sonst nicht mehr absolut seyn könnte."[197]

Aufschlußreich für die Entstehung und Verbreitung des Neologismus „Absolutismus" ist insbesondere ein Vergleich mit anderen gängigen zeitgenössischen politischen Schlagwörtern, die in Folge der Entstehung neuer ideologischer Fronten nach der Niederlage Napoleons und der Neuordnung Europas auf dem Wiener Kongreß rasch Verbreitung fanden und eine gemeineuropäische politische Begriffssprache hervorbrachten.[198] In den frühen Versuchen der Liberalen, den Begriff „Liberalismus" näher zu bestimmen und abzugrenzen, wird er im allgemeinen als Gegensatz zum Despotismus verstanden.[199] In seinem Buch „Geschichtliche Darstellung des Liberalismus alter und neuer Zeit" (1823) präsentiert W. T. Krug nahe-

194 So etwa s. Brendel, Die Geschichte, das Wesen und der Werth der National-Repräsentation, Bamberg u. Leipzig 1817, Bd. I, S. 146: „In einer Zeit, wo jedermann des Despotismus aber auch der Anarchie müde ist, wo eine liberale Verfassung als entschiedenen Frucht des Jahrhunderts anzusehen ist, müssen Despoten entweder untergehen, oder ihr System verlassen."; ebenso in dem von einem anonymen Autor geschriebenen Aufsatz „Über die Unzulässigkeit der willkürlichen Dienstentsetzung der Beamten", in: ApA, Bd. 5 (1822), S. 186: „Entfernung der Willkür und willkürlichen Eingriffe in wohl erworbene Rechte ist der Hauptcharakter und der wesentlichste Vorzug eines konstitutionellen, oder die Herrschaft des Gesetzes durch eine Verfassung sichernden Staats. So gewiß das Hinauswerfen eines Staatsbeamten nach bloßer Willkühr und Laune aus seiner Amtsfunktion in jedem Staate als ein Werk des Despotismus anzusehen wäre, so gewiß ist es, daß ein konstitutioneller Staat, unter welchem man sich den Gegensatz eines despotischen Staats zu denken berechtigt ist, nichts vor dem letzteren voraus haben würde, wäre auch in ihm die Staatsbeamten rücksichtlich des Fortbesitzes ihres Amtes gleicher Willkür Preisgegeben."; weiter Belege s. ApA, Bd. 2 (1821), S. 182, 407; ebd., Bd. 7 (1822), S. 245; ebd., Bd. 9 (1823), S. 307; NapA, Bd. 15 (1825), S. 251 u. ö.; s. a. H. G. Tzschirner, Das Reactionssystem, Leipzig 1824, S. 173 f.

195 Kieler Blätter, Bd. 4 (1817), S. 442.

196 Das dermalige politische System der europäischen Kabinette, in: ApA Bd. 11 (1823), S. 238.

197 Blätter aus Spanien, in: ApA, Bd. 9 (1823), S. 77.

198 S. hierzu R. Vierhaus, Art. „Liberalismus"; Th. Würtenberger, Art. „Legitimität, Legalität"; H. Boldt, Art. „Monarchie", insbes. Kap. V. 5 u. ders., Art. Das monarchische Prinzip, in: Brunner/Conze/Koselleck (Hrsg.), Geschichtliche Grundbegriffe.

199 Vgl. J. Chr. v. Aretin, Was heißt liberal?, in: Neue Allemannia, Bd. 1 (1816), S. 168 u. 171; der Gegensatz liberal – despotisch bereits 1806 bei Krug, Über Staatsverfassung und Staatsverwaltung, S. 31, Anm. 1.

zu die gesamte Palette der zeitgenössischen politischen Schlagwörter. „Wir leben in einer Zeit der Extreme ...", konstatiert Krug: „... überall herrscht Ultraismus."[200] Dieser Ultraismus trete in zwei Erscheinungsformen auf, dem „Ultraliberalismus" und einer gewissen Art von „Antiliberalismus". Wenn der Liberalismus revolutionär wird, „heißt (er) mit Recht *Ultraliberalismus, Jakobinismus, Sankülottismus, Radikalismus, Karbonarismus* ..."[201] Umgekehrt kann extremer Antiliberalismus „... mit Recht ein *Ultraroyalismus, Illiberalismus, Servilismus, Obskurantismus* oder *Imperfektibilismus* genannt werden".[202] Ist Krug hier „Absolutismus" offenbar unbekannt,[203] so gilt dies ebenso für den „sprachschöpferischen Kopf" (K. G. Faber) L. Harscher v. Almendingen.[204]

Eine weitere Fundgrube zeitgenössischer Schlagwörter ist F. Schlegels Aufsatzfolge „Signatur des Zeitalters", wo er sich – Diktion nach zunächst Krug ähnlich – die Aufgabe stellt, „dieses besondere Wesen unserer Zeit, welches man jetzt mit dem Worte „Ultra" bezeichnet, ... einer gründlichen Erörterung ..."[205] zu unterziehen. Als „das eigentliche innere Wesen jenes Ultrageistes", wie er besonders in Frankreich anzutreffen sei, erkennt Schlegel das „Absolute" als „das *böse Prinzip* des Zeitalters ...".[206] Begrifflich unscharf, weil den „Ultrageist" einmal mit dem „Geist des Absoluten" gleichsetzend, andermal die „Ultras" als Gegenpartei der Liberalen charakterisierend, kommt er zu dem Schluß: „das Absolute ist der eigentliche Feind des Menschengeschlechts, wie überhaupt in allen Zeiten, so auch insbesondere in der jetzigen; und hier trifft das revolutionäre Streben und die ihm entgegengesetzte Ultragesinnung in diesem einen gemeinsamen Zerstörungsprincip, obwohl wider Willen in verstärkter Zentralwirkung zusammen."[207] Nicht zufällig setzt sich gerade F. Schlegel mit dem „Geist des Absoluten" auseinander, ist ihm doch die Beschäftigung mit dem „Absoluten" in der idealistischen deutschen Philosophie, insbesondere bei Fichte, Schelling und Hegel vertraut. Schlegels Kritik an dem „Hauptstreben der neuen, jetzigen Zeit, dem Streben nach absoluter Freiheit und nach absoluter Einheit",[208] das sich besonders in Deutschland verbreitet habe, wird von A. Müller geteilt. In der Auseinandersetzung mit den Philosophen des absoluten Iden-

---

200 W. T. Krug, Geschichtliche Darstellung des Liberalismus alter und neuer Zeit (1823), in: ders., Gesammelte Schriften, Bd. 4, Braunschweig 1834, S. 31, Anm. 1.

201 Ebd., S. 376.

202 Ebd., S. 377.

203 Gleiches gilt für seine im folgenden Jahr erschienene: Dikäopolitik oder neue Restaurazion der Staatswissenschaft mittels Rechtsgesetzes, Leipzig 1824.

204 Vgl. K. G. Faber, „Konservatorischer Liberalismus" – „umstürzender Liberalismus" – „konservatorischer Obscurantismus". Aus dem Briefwechsel zwischen Marschall und Almendingen (1823), in: Nassauische Annalen. Jb. D. Vereins f. Nassauische Altertumskunde u. Geschichtsforschung, Bd. 78 (1976), S. 177-207.

205 F. Schlegel, Signatur des Zeitalters, in: Concordia, hrsg. v. F. Schlegel, H. 1-6, Wien 1820-1823, Repr. Darmstadt 1967, S. 15.

206 Ebd., S. 55.

207 Ebd., S. 51.

208 Schlegel, ebd., S. 26.

titätssystems polemisiert er gegen die „allgemeine Schwärmerei für die Chimären des absoluten Staates, des absoluten Gesetzes und der absoluten Vernunft ...“.[209]

Wortgeschichtlich beachtenswert sind in mehrfacher Hinsicht auch die politischen Schriften des protestantischen Theologen H. G. Tzschirner. Das „Reaktionssystem“ der Heiligen Allianz kritisiert, schriebt er: „Großes Unglück haben die Revolutionärs über die Welt gebracht; nicht geringeres Unheil drohen die Restauratoren, die Absolutisten, die Obskuranten ihr zu breiten, welche die Idee der bürgerlichen Freiheit und alles, was aus ihr hervorgegangen ist, austilgen und durch das System einer absoluten ... Gewalt ... unterdrücken möchten.“[210] Für die politische Begriffssprache aufschlußreich ist die Etikettierung der Anhänger der absoluten Gewalt als „Absolutisten“, während gleichzeitig das „System der absoluten Gewalt“ als „Despotismus“[211] bezeichnet wird – und nicht etwa als „Absolutismus“!

Aus den hier herangezogenen Schriften, insbesondere der Jahre 1822 bis 1824, darf man begründet schließen, daß vor 1824 der Terminus „Absolutismus“ im politischen Sinn unbekannt war. Andernfalls dürfte er mit seiner modischen und flüssigen „-ismus“-Bildung sowohl der schwerfälligen deutschen Substantivbildung „Absolutheit“ als auch den substantivierten Adjektiv „das Absolute“ („das Absolute in der Politik“) und der Bezeichnung „Despotismus“ als Resultat der Politik der „Absolutistien“ vorgezogen worden sein.

Aufschlußreich ist der Hinweis, daß Tzschirner mit „Absolutisten“ die „Restauratoren“ meint. Was Restauration sein, erklärt Tzschirner an anderer Stelle: „... inwiefern die Reaktion gegen das schon Gewordene sich kehret, und was verdrängt worden war, in seinen alten Besitz wieder einzusetzen sucht, ist sie von ihren Freunden gern als eine Restauration genannt worden.“[212] Die von nahe liegende Vermutung, daß Tzschirner sich hier auf den Kreis um K. L. v. Haller, den Stichwortgeber der Restauration[213] bezieht, findet ihre Bestätigung in einer zwei Jahre früher erschienen Schrift Tzschirners. Dort heißt es: „Das ist euer Plan, ihr entweder finstere Fanatiker oder listige Betrüger der Welt, ... den ihr bald eine *Restauration* nennet, bald als Staatsweisheit verkündiget, bald unter dem schönen Namen Concordia der Welt empfehlet.“[214] Neben v. Haller meint Tzschirner also den um die Zeitschrift „Concordia“ versammelten Kreis, aus dem neben ihrem Herausgeber F. Schlegel v. a. A. Müller zu nennen ist.

So ist bereits die frühe deutsche Verwendung des politischen Parteinamens „Absolutisten“ ein weiterer Beleg für die häufige von Zeitgenossen kritisierte „ba-

---

209 A. Müller, Von der Notwendigkeit einer theologischen Grundlage der Gesamten Staatswissenschaften und der Staatswirtschaft insbesondere, S. 179.

210 Tzschirner, Das Reactionssystem, S. 139.

211 Ebd., S. 173.

212 Ebd., S. 12.

213 S. K. L. v. Haller, Restauration der Staats-Wissenschaft oder Theorie des natürlich-geselligen Zustands; der Chimäre des künstlich-bürgerlichen entgegengesetzt, 4 Bde., Winterthur 1816- 820.

214 H. G. Tzschirner, Protestantismus und Katholicismus aus dem Standpuncte der Politik betrachtet, Leipzig 1822, S. 51.

bylonische Sprachverwirrung" und Ideologisierung politischer Begriffe. Stigmatisieren einerseits katholische motivierte Repräsentanten der politischen Reaktion und Restauration konstitutionelle und liberale Bestrebung als Ausdruck des „Ultrageistes" und als „Geist des Absoluten", als „Streben nach absoluter Freiheit", so wird andererseits umgekehrt ihr eigenes theokratisches Prinzip als auf dem „System der absoluten Gewalt" gegründet bezeichnet und sie selbst werden als „Absolutisten" tituliert.

Wenn in der Geschichtswissenschaft die Zeit zwischen dem Wiener Kongreß und der Juli-Revolution in Frankreich im allgemeinen als „Restauration" beschrieben worden ist, so darf dies doch nicht darüber hinwegtäuschen, daß es zu einer Restauration im eigentlichen Sinne nur in wenigen Fällen gekommen ist (Kurhessen, Neapel, Spanien).[215] Namentlich die Intervention der Heiligen Allianz in Spanien hat die europäische Öffentlichkeit stark bewegt.

Dieses ist auch Tzschirners Bezugsrahmen, wenn er von „Restauration" und nun auch von „Absolutisten" spricht.[216] Ähnlich erwähnt auch J. Chr. v. Aretin begeistert der Kampf der „antiabsoluten Spanier".[217] Auch andere Quellen bestätigen die Auffassung, daß „der Name Absolutisten ... zuerst in Spanien der Parteiname der Verfechter der unbeschränkten Fürstengewalt (wurde)".[218] Im gleichen Zusammenhang entsteht auch der Terminus „Absolutismus" im politischen Sinn. Ein erster deutscher Beleg findet sich in der Übersetzung einer englischen (!) Quelle des Jahres 1824, wo von der „Wiederherstellung des Absolutismus" in Spanien gesprochen wird.[219] Zwei Jahre später führt ein deutscher Autor aus: „... der vollständige Sieg der liberalen Partei, womit diese Krise sich endete, bewies endlich den fremden Mächten, daß man revolutionäre Prinzip in Spanien zu mächtig sei, als daß man es durch die bisherige indirekte Hülfe, welche man der antirevolutionären Partei hatte angedeihen lassen, zu unter drücken hoffe könne; er bewies, daß das Prinzip des Absolutismus und der Legitimität in Spanien ohne Rettung verloren sei, wenn man nicht 100,000 Bayonette und einige hundert Millionen Franken zu seiner Aufrechterhaltung nach Spanien schicke."[220] Die politische Entwicklung auf der iberischen Halbinsel blieb auch nach der französischen Intervention von großem

215 S. hierzu die Bemerkungen von R. Koselleck, in: L. Bergeron/F. Furet/R. Koselleck, Das Zeitalter der Europäischen Revolution 1780-1848, Frankfurt a. M. 1969, S. 199 ff.

216 Vgl. Tzschirner, Protestantismus und Katholicismus, S. 143.

217 V. Aretin, Staatsrecht der konstitutionellen Monarchie, Bd. I, S. X.

218 Vgl. Art. „Absolutismus", in: Allgemeine deutsche Real-Encyclopädie für die gebildeten Stände, Leipzig 1843; H. Chr. v. Gagern, Der Einsiedler, oder Fragmente über Sittenlehre, Staatsrecht und Politik, Stuttgart u. Tübingen 1822-1827, T. II, Kap. XXXVII, S. 87: „Wenn das Übergewicht des Absoluten so groß war, wozu bedurfte es des Überzugs der französischen Armee?"; weitere Belege s. NapA, Bd. 20 (1826), S. 331 u. 352; s. a. Enciclopedia Universal Ilustrada, Espasa-Calpe (Madrid) 1908, S. 376, Art. Absolutistas, (Ndr. 1973).

219 Verhandlungen des Großbritannischen Parlaments im Jahre 1824, in: ApA, Bd. 12 (1824), S. 107 f.

220 Rezension: Histoire de la révolution d'Espagne de 1820 à 1823 par un Espagnol témoin oculaire, Paris 1824, in: NapA, Bd. 19 (1826), S. 197.

Interesse für das europäische Publikum, zumal nach der Herstellung einer Verfassung in Portugal. In einem „Politische Betrachtung über die neue portugiesische Constitution" betitelten Aufsatz werden Überlegungen über mögliche Auswirkungen auf Spanien angestellt: „Die Furcht, das konstitutionelle System in dem nahen Portugal könne die Fortsetzung des Absolutismus in Spanien erschweren oder fortan unmöglich machen, – diese Furcht ist es, welche Gründe gegen die Rechte Don Pedro's aufsucht, und England als Revolutionär anklagt. Wie will aber der Absolutismus den Willen eines legitimen Kaisers bestreiten?"[221]

Neben dem Bezug auf Spanien wird der Terminus allmählich verallgemeinert. So äußert ein französischer Autor 1826 die Hoffnung, „... daß wir in eine neue politische Phase eintreten, in deren Verlauf es möglich sein wird, auf den zweifachen Trümmern des Absolutismus und der Revolution ein staatsrechtliches Gebäude aufzuführen, das der Ehre und dem Ruhme eines erleuchteten Jahrhunderts würdig und zugleich im Stande sei, die Zivilisation gegen jeden Angriff von seiten der Barbarei und der Verfinsterung zu schützen".[222] Historische Verwendung findet der Terminus „Absolutismus" bei dem saint-simonistischen französischen Autor P. M. Lauert, dessen Aufsatz „Considérations sur le système theologique et féodal et sur sa desorganisation" von F. Buchholz ins Deutsche übersetzt wurde. Laurent spricht in diesem Aufsatz von dem Widerstand der Scholastik und der Reformatoren „gegen den Absolutismus des Papstes";[223] an anderer Stelle betont er die Bedeutung des „Absolutismus" Ludwigs XIV., der „den Weg zur Umwälzung" und zum Zusammenbruch des theologischen und feudalen Systems gebahnt habe.[224]

Diese Belege mögen hinreichen, um zu verdeutlichen, wie allmählich seit 1824 der Neologismus „Absolutismus" in die Begriffssprache der politischen Publizistik eindrang. Für seinen Gebrauch in der deutschen Sprache ist bezeichnend, daß er wie die meisten übrigen politischen Schlagwörter importiert wurde. Es entspricht dies der politischen Situation Deutschlands, wo im Unterschied zu den romanischen Ländern die politisch-ideologische Blockspaltung weit weniger scharf ausgeprägt war. Die Befürchtung einer deutschen Revolution, wie sie den reaktionären Karlsbader Beschlüssen (1819) zugrunde lag, war unrealistisch und wurde selbst von gemäßigt-liberalen Zeitgenossen als „törichte Chimäre" zurückgewiesen.[225] Zugleich ergibt sich hier das Problem der Übertragbarkeit politischer Begriffe und Parteinamen aus externen politischen Zusammenhängen, die den internen deut-

221 In: NapA, Bd. 20 (1826), S. 356 f.; ebd., S. 353: „Einseitigkeit und Leidenschaft verleiten die Anhänger des Absolutismus zu den lächerlichsten Entwürfen. Was wäre das Schicksal Europa's, wenn die Wünsche dieser Parthey in Erfüllung gingen? Ein allgemeiner Krieg würde alles in Brand und Verheerung setzen."

222 Europa im Jahr 1826. Aus den Lettres de Saint-James, cinquième partie, in: NapA, Bd. 20 (1826), S. 328.

223 P. M. Laurent, Betrachtungen über das theologische und feudale System und über dessen allmähliche Auflösung, in: R. Schäfer (Hrsg.), Saint-Simonistische Texte, Bd. II, Aalen 1975, S. 50, Ndr. aus: Neue Monatsschrift für Deutschland, Bd. 23, Berlin 1827, S. 382 ff.

224 Ebd., S. 57.

225 H. G. Tzschirner, Die Gefahr einer Deutschen Revolution, Leipzig 1823, S. 99.

schen nicht entsprachen. Zwischen realer politischer Lage und politischem Verbalradikalismus tut sich in Deutschland in den 1820er Jahren ein Mißverhältnis auf, in dessen Folge die politische Auseinandersetzung und die Etiketten des politischen Gegners mit Parteinamen wie Liberale, Servile, Roylisten, Ultras oder Absolutisten streckenweise gleichsam den Charakter einer Phantomdiskussion annimmt.[226]

Neben dem politischen Strang der Wort- und Begriffsgeschichte des „Absolutismus" sind von nicht minderer Bedeutung die theologischen und philosophischen Ursprünge. Auf beide kann hier jedoch nur kurz eingegangen werden.[227] In der theologischen Diskussion ist die Bezeichnung „Absolutismus" spätestens seit dem letzten Drittel des 18. Jahrhunderts bekannt. Die „Deutsche Encyclopädie" (1778 ff.) führt dazu aus: „*Absolutisten*, heißen in der reformierten Kirche ersichtlich diejenigen, welchen einen absoluten und unbedingten Ratschlag Gottes, in Absicht auf die Seeligkeit der Menschen, annehmen."[228] Ob die Lehre der „Absolutisten" als „Absolutismus" bezeichnet wurde, dürfte schwierig zu belegen sein.[229] Ausschließen läßt sich dies jedoch nicht, zumal im Englischen der Ausdruck „absolutism" zur Kennzeichnung der Calvinisten und der Prädestinationslehre vereinzelt seit 1753 nachweisbar ist.[230]

Wenn der protestantische Theologe H. G. Tzschirner, wie oben ausgeführt, von „Absolutisten" spricht, so hat dies einen eindeutigen politischen Bezug. Ob er diese Bezeichnung ausschließlich aus der zeitgenössischen politischen Diskussion kennt, darf freilich – seine Kenntnis der theologischen Bedeutung des Ausdrucks unterstellt – bezweifelt werden. Zudem findet sich die Bezeichnung „Absolutisten" auch bereits in dem von J. H. Jung verfaßten „Lehrbuch der Staats-Policey-

226 So wird etwa in der die wichtigsten Zeitereignisse rubrizierenden „Europäische(n) Chronik", in: ApA, Bd. 8 (1822), S. 90, im Hinblick auf Deutschland ausgeführt: „Ereignisse und bekannt gewordene Thaten sind aus diesem Lande nicht zu melden. Alles ist stille und ruhig. Auch fragt Niemand, was in Deutschland geschieht; die Augen der Neugierigen sind nur auf das Ausland gerichtet."; und noch einige Jahre später heißt es in dem Aufsatz „Beyträge zur Einleitung in die Geschichte unserer Zeit, in: NapA, Bd. 20 (1826); S. 1, im gleichen Sinn: „Die unvermeidliche Unterhaltung ist die Zeitgeschichte, – ein allgemeines Volksspiel, das nicht immer gegen Langeweile schützt. Wohin man sich wendet, hört man von Spanien, Griechenland und Amerika, viel von England und Frankreich, – wenig von Deutschland." L. Ranke nennt diese Zeit die „halkyonischen Tage"; allgemein s. K. G. Faber, Politisches Denken in der Restaurationszeit, in: H. Berding-H. P. Ullmann (Hrsg.), Deutschland zwischen Revolution und Restauration, Königstein u. Düsseldorf 1981, S. 261.

227 S. hierzu R. Kuhlen, Art. „Absolut, das Absolute", in: Historisches Wörterbuch der Philosophie, hrsg. v. J. Ritter, Basel u. Stuttgart 1971 ff., Bd. I, Sp. 12-31.

228 Deutsche Encyclopädie, Bd. I, S. 111; dort auch weitere Belege.

229 Bezeichnenderweise ist der Ausdruck nicht aufgeführt in den umfangreichen Wortstudien von W. Feldmann, Modewörter des 18. Jahrhunderts, in: ZdWf, Bd. 6 (1904/05), S. 101-119 u. 299-353; ders., Fremdwörter und Verdeutschung des 18. Jahrhunderts, in: ZdWf, Bd. 8 (1906/07), S. 49-99; ders., Die Große Revolution in unserer Sprache, in: ZdWf, Bd. 13 (1911/12), S. 245-283, sowie Stammler, Politische Schlagworte in der Zeit der Aufklärung.

230 Vgl. A New English Dictionary on Historical Principles, hrsg. v. J. A. H. Murray, Oxford 1888 ff., Art. "Absolutism".

Wissenschaft". Er bezeichnet als „Absolutisten" den „Naturalist" bzw. die Vertreter des „Naturalismus" und des „Atheismus".[231] Wen Jung hiermit meint, ist in seinen Ausführungen über die Freimaurerlogen zu erfahren, von denen er schreibt, daß sie in neuerer Zeit „Schulen des Naturalismus, des Deismus, Verschwörungen gegen die heiligste Grundfeste unserer Staatsverfassung, die wahre reine christliche Religion, und wahre Geheimnisse der Bosheit enthielten."[232] Dieser Zusammenhang wird weiter verdeutlicht, wenn man die einschlägigen Passus in den „Historische(n) Kirchen und Ketzer-Lexikon" von J. M. Mehlig und dem „Freydenker-Lexikon" von J. A. Trinius nachliest. Mehling führt unter dem Stichwort „Freydenker, Freygeister, starke Geister" aus: „Es gibt zweierlei Freigeister, ungläubige und schwärmerische. Jene sind Leute, die sich die Freiheit anmaßen, von Dingen, so auf die Glaubens und Sittenlehre zielen, nach eigenem Gefallen, ohne Zwang und Einschränkung eines regelmäßigen Nachdenkens, zu setzen und zu lehren, und die mithin alle Glaubens- und Lebensregeln mutwillig verachtet. Sie werden eingeteilt in Atheisten, Deisten und indifferente Naturalisten."[233] Ebenso definiert auch J. A. Trinius die Freidenker: „Ich begreife aber unter dem Namen Freidenker, oder Freigeister, Atheisten, Naturalisten, Deisten, grobe Indifferentisten, Skeptiker und dergleichen Leute."[234] Es ist nun auffällig, daß sich u. a. bei Tzschirner diese Begriffssprache wiederfindet. Freilich weist er als Vertreter des theologischen Rationalismus im aufgeklärten Liberalismus[235] den Vorwurf zurück, daß die moderaten Liberalen (die „Freunde der bürgerlichen Freiheit") „Naturalisten und Atheisten sein".[236] Die von Jung verwandte Bezeichnung „Absolutisten" zur Kennzeichnung der Vertreter des „Naturalismus und Atheismus" wird nun von Tzschirner offenbar vor dem zeitgenössischen Hintergrund ins Politische und zugleich gegen die Verfechter der absoluten Monarchie verwendet.

Es bleibt die Frage, warum Jung die Freimaurer als „Absolutisten" bezeichnet. Diese zunächst befremdlich erscheinende Konnotation erschließt sich, wenn man die weitreichende Bedeutung Spinozas bzw. Spinozismus für die deutsche Aufklä-

---

231 J. H. Jung, Lehrbuch der Staats-Polizey-Wissenschaften, Leipzig 1788, S. 115 f., § 285 u. 287. Die Bezeichnung „Absolutisten" befindet sich im Inhaltsverzeichnis: „(Toleranz) der Absolutisten 287", Bl. Qq 4, verso.

232 Ebd., S. 244, § 588.

233 J. M. Mehlig, Historisches Korchen- und Ketzer-Lexicon, Chemnitz 1758, Bd. I, S. 678.

234 J. A. Trinius, Freydenker-Lexicon, oder Einleitung in die Geschichte der neuern Freygeister ihrer Schriften, und deren Widerlegung, Leipzig u. Bernburg 1759, Vorrede.

235 S. hierzu H. Rosenberg, Theologischer Rationalismus und vormärzlicher Vulgärliberalismus (1930), in: ders., Politische Denkströmungen im deutschen Vormärz, Göttingen 1972, S. 18-50.

236 Tzschirner, Das Reactionssystem, S. 150 u. 152; vgl. a. ders., Protestantismus und Katholicismus, S. 72 f.; zu den genannten Termini vgl. a. den Artikel „Der Kirchenstaat seit seiner Wiederherstellung", in: NapA, Bd. 16 (1825), S. 293, wo auf einen päpstlichen Aufruf an die Bischöfe 1824 hingewiesen wird, der sich gegen die – so der Autor des Artikels – „angebliche philosophische Sekte, die sich zum Tolerantismus, reinen Deismus, Naturalismus oder zur Indifferenz bekennt" wendet; ebenso v. Raumer, Über die geschichtliche Entwicklung der Begriffe von Recht, Staat und Politik, S. 89, der den „Atheismus" der französischen Enzyklopädisten, insbesondere bei Helvetius und La Mettrie heftig kritisiert.

rung berücksichtigt.[237] Mit seiner Bestimmung Gottes als unpersönliches, mit der Natur (natura naturans) gleichzusetzendes Absolutes, aus dem die menschliche Existenz zu deduzieren sei,[238] wird Spinoza zur Zielscheibe antirationalistischer Kritik am „Atheismus" und „Naturalismus", als deren Verfechter die Freimaurer und – bei Jung – die „Absolutisten" gelten. Im Zusammenhang des Pantheismusstreits in der deutschen Spätaufklärung erfährt die Auseinandersetzung mit Spinoza wachsendes Interesse. Für die Formierung des deutschen Idealismus und seines „absoluten Identitätssystems" ist sie von überragender Bedeutung.[239] Aus der Kritik an der Identitätsphilosophie ging schließlich der polemische Begriff des „Absolutismus" hervor. So wird etwa Hegels „objektive Logik" von einem Kritiker i. J. 1824 als „scholastischer Absolutismus"[240] bezeichnet.

Der Wortgeschichte des „Absolutismus" liegen also drei Entwicklungsstränge zugrunde – ein theologischer, ein philosophischer und ein politischer. Während die theologische Verwendung sich vornehmlich auf die calvinistische Prädestinationslehre bezieht, geht die philosophische Linie zurück bis auf Spinoza und dessen Rezeption insbesondere im deutschen Idealismus. In der Kritik am Spinozismus entsteht zunächst die Bezeichnung „Absolutisten" und später dann auch der pejorative Terminus „Absolutismus", besonders gegen die „absolute Indentitätsphilosophie" Hegels und Schellings gewendet. Die politische Linie geht zurück auf die seit der Scholastik rezipierte Parömie „princeps legibus solutus". Aus dem Lateinischen in die neueren Sprachen übersetzt, wird der in der zweiten Hälfte des 17. und zu Beginn des 18. Jahrhundert in der deutschen Sprache verwandte Ausdruck „absolute Monarchie" in der Folgezeit vermieden. Statt dessen wird allgemein das Adjektiv „absolut" durch die deutsche Übersetzung „unumschränkt" bzw. „unbeschränkt" ersetzt. Erst im letzten Drittel des 18. Jahrhunderts kommt die Bezeichnung „absolute Monarchie" wieder in Gebrauch. Die Kritik an der absoluten Monarchie führt zunächst jedoch zu dem aus dem Französischen übernommenen Terminus „Despotismus". Erst im Zusammenhang mit den politischen Kämpfen in den romanischen Ländern, insbesondere in Spanien zu Beginn der zwanziger Jahre, entsteht auch der politische Terminus „Absolutisten" bzw. „Absolutismus" zur Kennzeichnung der Restauration der absoluten Monarchie.

---

237 S. R. Wild, Freidenker in Deutschland, in: ZHF, Bd. 6 (1979), S. 253-285; H.-D. Hong, Spinoza und die deutsche Philosophie. Eine Untersuchung zur metaphysischen Wirkungsgeschichte des Spinozismus in Deutschland, 1988.

238 B. de Spinoza, Die Ethik nach der geometrischen Methode dargestellt (1677), Stuttgart 1977, insbes. Kap. I, Lehrsatz 29.

239 S. hierzu Kuhlen, Art. „Absolut, Das Absolute" Sp. 15-24; zum Gesamtzusammenhang s. a. Ch. Taylor, Hegel, Frankfurt a. M. 1975, S. 13-81.

240 F. Bouterwerk, Die Religion der Vernunft. Ideen zur Beschleunigung der Fortschritte einer haltbaren Religionsphilosophie (1824), zit. N. Kuhlen, Art. „Absolut, das Absolute", Sp. 26; diese philosophisch-politische Herleitung von Spinoza findet sich explizit auch später im restaurativen Berliner politischen Wochenblatt, wo in dem Art. „Spinoza's Grundsätze des Natur- und Staatsrechts" (Nr. 10, Jg. 1836, S. 59 f.) dieser als Begründer des Absolutismus dargestellt wird.

Alle drei Entwicklungslinien, insbesondere die philosophische und politische, fließen im zweiten Drittel der 1820er Jahre zusammen. Seit 1824 verbreitet sich der Neologismus „Absolutismus". Als politisch-philosophischer Doppelbegriff wird „Absolutismus" auch in W. T. Krugs „Allgemeine(m) Handbuch der philosophischen Wissenschaften" (1827) aufgeführt: „*Absolutismus* nennen Einige (meist in spöttelndem Tone) das absolute Identitätssystem. Eigentlich aber bedeutet jeder Ausdruck dasjenige politische System, welches den Regenten als einen absoluten (d. h. durch kein Verfassungsgesetz, also durch keine Versammlung von Ständen oder Volksvertretern beschränkten) Herrscher betrachtet wissen will ...".[241]

Der Nachweis in einem Lexikon, zumal einem so verbreiteten wie dem letztgenannten, erlaubt die Feststellung, daß der Ausdruck „Absolutismus" seit dem letzten Drittel der 1820er Jahre etabliert ist. Zur dauerhaften Verbreitung des Neologismus „Absolutismus" ist es jedoch weder in den romanischen Ländern noch in England, sondern nur in Deutschland gekommen, wo zu den genannten wortgeschichtlichen Entwicklungslinien die begriffliche Aufwertung des „Absolutismus" im Hegelianismus hinzutrat. Hegel selbst hatte den Ausdruck bereits in seinen „Vorlesungen über die Philosophie der Geschichte"[242] im historisch-politischen Sinn verwandt. Die geschichtsphilosophische Aufwertung des „Absolutismus", die für die Entstehung der Absolutismusforscher grundlegend wurde, war jedoch erst das Werk der Schüler Hegels. Der Übergang vom philosophischen zum historischen Absolutismusbegriff wird besonders bei F. W. Carové deutlich, der das Fortschreiten der Menschheit und der Humanität mit der Dynamik erklärt, die „aus dem Kampfe entgegengesetzter Absolutismen" resultiert. Jedes der allmählich sich entwickelnden „konstitutiven Elemente des menschlichen Lebens" habe sich „als *absolutes* zu setzen versucht, ... hierdurch das integrierende Moment hervorgerufen und dasselbe ebenfalls zum *Absolutismus* hingetrieben." Als historisches Paradigma für den Kampf der Absolutismen dient Carové die französische Revolution. Sie sei „die erste wahrhafte welthistorische und allgemeine (Revolution, R. B.), weil auch in ihr wieder zuerst ein *durchgreifender* einseitiger Absolutismus allem bis dahin versuchten eben so einseitigen Absolutismus feindlich entgegengetreten ist".[243]

5. Aufgeklärter Absolutismus/Despotismus

Auch Herkunft und Verbreitung der Ausdrücke „aufgeklärter Despotismus" und „aufgeklärter Absolutismus" sind noch immer weitgehend unerforscht. Als wortge-

241 Allgemeines Handwörterbuch der philosophischen Wissenschaften, nebst ihrer Literatur und Geschichte, hrsg. v. W. T. Krug, Bd. I, Leipzig 1827, Lemma „Absolutismus".

242 G. W. F. Hegel, Vorlesung über die Philosophie der Geschichte, in: ders., Werke in zwanzig Bänden, hrsg. v. E. Moldenhauer/K. M. Michel, Frankfurt a. M. 1970-1982, Bd. 12, S. 519.

243 F. W. Carové, Rückblick auf die Ursachen der französischen Revolution und Andeutung ihrer welthistorischen Bestimmung, Hanau 1834, S. 143 ff.

schichtliche Einzelstudie ist lediglich die im Zusammenhang mit der auf dem internationalen Historikerkongreß in Oslo (1928) begonnenen Diskussion um den sog. „Aufgeklärten Despotismus“ entstandene, von F. Hartung betreute Dissertation von H. Reclam zu nennen.[244] Auch neuere Arbeiten sind über die Resultate dieser Untersuchung nicht hinausgelangt, die, obwohl mittlerweile über vierzig Jahre alt, noch immer als repräsentativ für den aktuellen Kenntnisstand gelten kann.[245] Ihr vorzuhalten, daß sie heutigen Anforderungen einer modernen Begriffsgeschichte nicht standzuhalten vermag, wäre unbillig. Ihr entscheidender Mangel jedoch liegt darin, ihren eigenen Anspruch der „Herkunft des Ausdrucks ‚Aufgeklärter Absolutismus‘ (despotisme éclairé)“ wortgeschichtlich nachzugehen, nur unzureichend eingelöst zu haben. Auf die prinzipielle Schwierigkeit einer derartigen Wortgeschichte weist bereits der Titel hin, in dem „Aufgeklärter Absolutismus“ und „despotisme éclairé“ identifiziert werden. Im Verlauf der Studie führt dies mitunter zu regelrechten Verfälschungen, wenn das französische Substantiv „despotisme“ im Deutschen nicht mit „Despotismus“, sondern mit „Absolutismus“ übersetzt wird.[246] Zwar ist diese Gleichsetzung auch derzeit weithin üblich, doch ändert dies nichts daran, daß sie wortgeschichtlich unzulässig ist.[247] Begriffsgeschichtlich ließe sich die Gleichsetzung als terminus technicus rechtfertigen, wenn sich seine Praktikabilität als wissenschaftliches Konzept in der Forschung demonstrieren ließe. Dies ist jedoch nach wie vor umstritten.

Dem gegenwärtigen Kenntnisstand nach ist der Ausdruck „aufgeklärter“ bzw. „legaler Despotismus“ zuerst in der französischen Aufklärung der zweiten Hälfte des 18. Jahrhunderts in Umlauf gekommen, nach der Jahrhundertwende jedoch

244 H. Reclam, Über die Herkunft des Ausdrucks „Aufgeklärter Absolutismus“ (despotisme éclairé), Diss. Phil. Berlin 1943. Hartung als Sekretär der Kommision für die Geschichte des aufgeklärten Despotismus wurde auf dem 8. Internationalen Kongreß für Geschichtswissenschaft 1938 in Zürich beauftragt, „die Herkunft der Bezeichnung ‚aufgeklärter Despotismus‘ festzustellen“, vgl. BICHS 11 (1939), S. 216 u. 219.

245 S. v. Aretin, Einleitung. Der Aufgeklärte Absolutismus als europäisches Problem, S. 11; E: Weis, Enlightenment and Absolutism in the Holy Roman Empire Thoughts on Enlightened Absolutim in Germany, in: Politics and Society in the Holy Roman Empire, 1500-1806, S. 181; G. Birtsch, Der Idealtyp des aufgeklärten Herrschers. Friedrich der Große, Karl Friedrich von Baden und Joseph II. im Vergleich, in: Aufklärung, 2. Jg. (1987), S. 10; enttäuschend zuletzt die Einzelstudie von Soboul, Historique de la notion de l'absolutisme éclairé, die sogar hinter Reclam zurückfällt.

246 Reclam, Über die Herkunft des Ausdrucks „aufgeklärter Absolutismus“ (despotisme éclairé), S. 30, s. a. S. 10, 11, 13, 30, 42, 59, 66; schließlich wird Mme. de Staëls Ausspruch: „Les rois les plus éclairés, s'ils sont absolus, ne souraient, quand ils le voudraient, encourager dans leur nation la force et la dignité du caractère.“ übersetzt als: „Auch die aufgeklärtesten Absolutisten (!) könnten, selbst wenn sie wollten, in ihrem Volk Charakterstärke und Würde nicht fördern.“ (S. 73)

247 Ebenso verfährt auch Kunisch, Absolutismus, S. 31, u. Mittenzwei, Über das Problem des aufgeklärten Absolutismus, in: ZfG (1970), S. 1162; wortgeschichtlich unreflektiert auch – pars pro toto – F. Hensmann, Staat und Absolutismus bei den Physiokraten, Frankfurt 1976 u. U. Muhlack, Physiokratie und Absolutismus in Frankreich und Deutschland, in: ZhF 9 (1982), S. 15-46. In beiden Arbeiten wird nicht berücksichtigt, daß die Physiokraten durchgängig von „despotisme“, niemals aber von „absolutisme“ sprachen.

wieder aus dem allgemeinen Sprachgebrauch verschwunden, bevor dann W. Roscher die neologistische Variante „aufgeklärter Absolutismus" in seiner Abhandlung über die „Naturlehre der drei Staatsformen" (1847) im Umlauf setzte.[248] Die folgenden Hinweise sollen diesen Befund zumindest für den deutschen Sprachraum ergänzen. Eine überfällige wortgeschichtliche Einzelstudie, die sich vor allem der politischen Publizistik in Spanien, Frankreich und England während der Jahre 1820 bis 1840 zuzuwenden hätte, können sie freilich nicht ersetzen.

Die politische Auswertung der absoluten Monarchie im Rahmen des naturrechtlich begründeten autoritären physiokratischen Reformprogramms zog auch die partielle Differenzierung und Neubewertung des „Despotismus" nach sich. Im Anschluß an F. Quesnay, der den herkömmlichen „despotisme illegitim" von dem als politisches Reforminstrument verstandenen „despotisme legitim"[249] unterschied, forderte P. P. Mercier de la Rivière in seinem Werk „Ordre naturel et essentiel des Sociétés Politiques" (1767) die Errichtung eines „despotime légal sous l'Empire de l'évidence".[250] Wenngleich in der deutschen Physiokratierezeption[251] nicht ausdrücklich genannt, darf doch aufgrund von Lektüre und persönlichen Bekanntschaften die Kenntnis des Terminus „despotisme légal" als gegeben angesehen werden. Explizit setzt sich während der Revolution A. W. Rehberg, einer ihrer schärfsten Kritiker, mit ihm auseinander. Über die Theoretiker der volonté générale schreibt er 1793: „Sie sagen, es dürften und können überhaupt keine anderen Gesetzte gegeben als solche, welche die Vernunft vorschreibt. Jedes Menschen Vernunft kann sie also prüfen: ... denn unter einem aufgeklärten Volke kann es kein Regent wagen, andere Gesetze zu geben als solche, welche die Vernunft gebietet ... Dieses nennen sie", so Rehberg unter ausdrücklichem Hinweis auf Mercier de la Rivière, „le Despotisme légal sous l'Empire de l'Evidence."[252] Dieses „philosophische Freiheits-

248 Vgl. Reclam, Über die Herkunft des Ausdrucks „Aufgeklärter Absolutismus" (despotisme éclairé), S. 116; im Anschluß daran Hartung, Der aufgeklärte Absolutismus, S. 122; Sellin, Friedrich der Große und der aufgeklärte Absolutismus, S. 86 f.; Mittenzwei, Über das Problem des aufgeklärte Absolutismus, S. 1162 f.; pronociert Soboul, Historique de la notion de l'absolutisme éclairé, S. 28: „Avec l'échec des monarques éclairés et la Revolution française, la notion du despotisme éclairé disparait ... Nous la retrouvons vers le milieu du XIXe siècle, mais sur un autre plan: celui de l'historiographie. Elle relève dès lors non plus des philosophes ou des monarques, mais des historiens qui l'ont dégagée et utilisée comme concept opératoire. L'expression despotisme éclairé vient des historiens allemands du milieu du XIXe siècle. Plus précisément, elle apparait en 1847, dans un article de W. Roscher, „Umrisse zur Naturlehre der drei Staatsformen ...".

249 S. hierzu ausführlich Hensmann, Staat und Absolutismus im Denken der Physiokraten, S. 110 ff.

250 Vgl. Reclam, Über die Herkunft des Ausdrucks „Aufgeklärter Absolutismus" (despotisme éclairé), S. 32 ff; Hensmann, Staat und Absolutismus im Denken der Physiokraten, S. 175 ff.

251 S. K. Gerteis, Physiokratismus und aufgeklärte Reformpolitik, in: Aufklärung, 2. Jg. (1987), S. 75-94; D. Klippel, Der Einfluß der Physiokraten auf die Entwicklung der liberalen politischen Theorie in Deutschland, in: Der Staat 23 (1984), S. 205-226; U. Muhlack, Physiokratie und Absolutismus in Frankreich und Deutschland, in: ZHF 9 (1982), S. 15-46.

252 A. W. Rehberg, Untersuchungen über die Französische Revolution, Hannover u. Osnabrück 1793, Bd. 1, S. 10 f.

system", so polemisiert Rehberg, sei nicht „besser als der drückendste Despotismus …".[253]

Auch wenn die Bedeutung der Physiokratie zum Ende des 18. Jahrhunderts – im übrigen nicht erst als Folge der Revolution – sank, sind, entgegen der Behauptung von Soboul, besonders die Schriften von Mercier de la Rivière auch weiterhin in Deutschland rezipiert worden.[254] Eine Mercier gewogene Deutung des „despotisme légal" findet sich zu Beginn der 1820er Jahre in dem Artikel eines ungenannten Autors über die Physiokraten. Zu Mercier heißt es dort: „Man warf zwar diesem Werk (sc. Merciers L'ordre naturel) eine Tendenz zur absoluten Gewalt vor, und in der Tat predigte La Rivière ganz unumwunden einen sogenannten *gesetzlichen Despotismus* und verwarf alle Formen der Repräsentativ-Verfassung. Allein die Folge hat wohl gezeigt, daß dies nur eine durch die Zeitumstände hervorgebrachte Zufälligkeit war, weil man, um die Lehren der Physiokratie ins wirkliche Leben einzuführen, vor allen Dingen den Widerstand beseitigen mußte, welchen die privilegierten Stände und die Corporationen ihnen vermöge ihrer bisherigen Stellung entgegensetzen konnten und wirklich überall entgegensetzten."[255]

Zwanzig Jahre später wies J. G. Droysen in seinen „Vorlesungen über die Freiheitskriege" erneut auf Mercier de la Rivière hin und verknüpfte dessen „despotisme légal" mit dem „philosophischen Absolutismus" Friedrichs des Großen.[256] Kritisch beurteilte schließlich der badische Liberale K. Mathy die physiokratische politische Theorie. Im Artikel „Nationalökonomie" der zweiten Auflage des „Staatslexikons" von Rotteck-Welcker schrieb er unter ausdrücklichem Hinweis auf Mercier de la Rivière und Abbé Baudeau: „Im Orakelton verlangten sie Glauben an die *Evidenz* … Sie meinten, die *Evidenz* müsse siegen, sobald sie einmal bekannt und aufgefaßt werden, und zwar werden sie den *Fürsten* eher einleuchten als den *Völkern*. Daher ihr despotisme éclairé, ihr Auftreten an den Höfen und für die Großen."[257] Dieser Nachweis verdient besondere Aufmerksamkeit, wird hier doch die physiokratische Theorie posthum als „despotisme éclairé" bezeichnet, ein Ausdruck, den die Physiokraten selbst nicht verwandten.[258] Er scheint vielmehr auf Diderot zurückzugehen, der die Zarin Katharina II. „un despot juste, ferme et éclairé"

253 Ebd., S. 27.

254 Vgl. Soboul, Historique de la notion de l'absolutisme éclairé, S. 28; zur Physiokratierezeption in Deutschland zu Beginn des 19. Jahrhunderts s. J. F. Eiselen, Art. Öconomisten, in: Ersch-Gruber, 3. Sekt., 2. T., 1832, S. 16-28; allgem. a. Klippel, Der Einfluß der Physiokraten auf die Entwicklung der liberalen politischen Theorie in Deutschland, S. 224 ff.

255 In: Hermes, oder kritisches Jahrbuch der Literatur, Heft X (1821), S. 14.

256 Vgl. Reclam, Über die Herkunft des Ausdrucks „Aufgeklärter Absolutismus" (despotisme éclairé), S. 102, sowie ausführlicher unten Kap. V. 1. c.

257 K. Mathy, Art. Nationalökonomie, in: StL Rotteck-Welcker, Suppl.-Bd. 3 (1847), S. 689.

258 Für die in der Forschung verbreitete gegenteilige Behauptung enthält die Arbeit von Reclam keine Belege, s. insbes. ebd., S. 28-49; s. a. die zutreffende Bemerkung von Birtsch, Der Idealtyp des aufgeklärten Herrschers, S. 10, Anm. 3.

genannt hatte. In Anlehnung an Diderot ist der Ausdruck dann von Raynal und später von Mme de Staël gebraucht worden.[259]

Die Unterscheidung verschiedener Formen des Despotismus hatte auch in Deutschland zur partiellen Aufwertung des Begriffs geführt. Als positiver Begriff ist der Ausdruck „legaler" oder „aufgeklärter Despotismus" jedoch nicht nachweisbar. Dies liegt möglicherweise ebenso in der Reserve gegenüber dem physiokratischen Reformkonzept wie in dem semantischen Unbehagen gegenüber dieser als contradictio in adiecto empfundenen Konfluenz begründet.[260] In Deutschland blieb diese Wortschöpfung den Kritikern der Aufklärung vorbehalten. In zwei anonym veröffentlichten Bänden attackierte der katholische Geistliche M. Widmann[261] den Staatsbegriff, den „viele unserer Aufklärer", insbesondere L. A. Hartberger und J. v. Sonnenfels den Regenten beizubringen versuchten. Diese „aufgeklärten Despoten" räumten, so Widmann, den Fürsten eine unumschränkte Gewalt ein. „Soll man ... solche *Aufklärer* nicht billig *Despoten* nennen?"[262] Einige Jahre später erneuerte Widmann seine Kritik und bezog insbesondere den Illuminatenorden in die Polemik mit ein.[263] Auf die selbstgestellte Frage, wer denn die „Herrn Aufklärer" seien, nennt er ausdrücklich „Indifferentisten, Naturalisten und Freydenker ...".[264] Die gleichen Personengruppen wurden bemerkenswerterweise zur gleichen Zeit von H. Jung(-Stilling) als „Absolutisten" bezeichnet. Katholische und protestantische Aufklärungskritik stimmen hier bis in die Diktion nahezu überein. „Aufgeklärte Despoten" und „Absolutisten" meint dieselben Adressaten.

Im Unterschied zum „despotisme légal" ist „despotisme éclairé" bzw. „aufgeklärter Despotismus" also ein von Beginn an, wenn auch in Frankreich und Deutschland mit differierenden Nuancen geprägter pejorativer Begriff. Beide sind, wie gezeigt werden konnte, auch im frühen 19. Jahrhundert nachweisbar. Allerdings sind sie in der politischen Publizistik unbedeutend. Ihr Nachweis ist lediglich von wortgeschichtlichem Interesse. Dies ändert sich sprunghaft ausgangs der 1830er Jahre, als besonders die Ausdrücke „despotisme éclairé", „aufgeklärter Despotismus" bzw. – nach der Etablierung von „Absolutismus" als politisches Schlagwort – „aufgeklärter Absolutismus" in verschiedenen Zusammenhängen genannt wurden.

---

259 Vgl. Reclam, Über die Herkunft des Ausdrucks „Aufgeklärter Absolutismus" (despotisme éclairé), S. 64 ff. u. 73.

260 Ebenso U. Ricken, Opposition et polarités d'un champ notionnel: Les philosophes et l'absolutisme éclairé, in: AHRF 51 (1979), S. 557, sowie Birtsch, Der Idealtyp des aufgeklärten Herrschers, S. 12. Beide sprechen allerdings wortgeschichtlich ungenau von „aufgeklärtem Absolutismus".

261 S. zu ihm J. G. Meusel, Lexikon der vom Jahre 1750-1800 verstorbenen teutschen Schriftsteller, Bd. XV, Leipzig 1816, S. 96 f.

262 (M. Widmann), Wer sind die Aufklärer? Beantwortet nach dem Alphabet, o. O., 1786, Bd. 1, S. 104-108.

263 (Ders.), Freimütige Anmerkungen zu der Frage: Wer sind die Aufklärer, Bd. 1, Augsburg 1789, S. 198.

264 Ebd., S. XIII.

Im Mittelpunkt stand dabei zunächst, wie die signifikante Anzahl von Nachweisen unterschiedlichster politischer Herkunft belegt, das Regierungssystem Spaniens unter dem Ministerium Zea Bermudez (1832-1834), das nach Auffassung des liberalen Leipziger Staatswissenschaftlers F. Bülaus „alle Theorien des Liberalismus, aber keine Spur von Freisinn hatte ...".[265] Den „mittleren Zustand" dieses Ministeriums zwischen „Karlismus und extremen Liberalismus" charakterisiert Bülau als „aufgeklärten Verwaltungsabsolutismus" bzw. als „aufgeklärten Despotismus".[266] Eine ähnliche Verwendung des Ausdrucks findet sich in den „Historisch-politisch(en) Blätter(n) für das katholische Deutschland"[267] ebenso wie in diversen Artikeln des „Staatslexikons" von Rotteck-Welcker. Bei der Untersuchung verschiedener Formen unumschränkter und beschränkter Monarchien kommt Rotteck zu dem Schluß, daß „... der sogenannte *‚aufgeklärte'* oder *‚liberale'* Absolutismus, als dessen Typus man gern die Verwaltung des vielgepriesenen *Zea Bermudez*, weiland Minister K. *Ferdinand's* VII. in Spanien aufstellt, so verwerflich, ja wegen der Heuchelei, die ihn ganz eigens charakterisiert, noch verwerflicher ist als jeder andere".[268] Der gleiche begriffliche Zusammenhang findet sich bei F. Murhard[269] sowie insbesondere in dem einschlägigen Artikel „Spanien": „Im nahen Zusammenhang mit den Schwankungen des Bürgerkrieges", schriebt der nicht namentlich genannte Verfasser, „hatte inzwischen die politische Entwicklung und Gestaltung Spaniens ihre wechselnden Phasen. Mit gänzlichem Verkennen der Nationalität und der Stellung der Parteien hatte es zunächst die haltlose Politik der Regentin mit einem Minimum liberaler Konzession und einem System des sogenannten aufgeklärten Despotismus versucht, dessen hauptsächlichster Vertreter ... *Zea Bermudez* war."[270]

---

265 F. Bülau, Allgemeine Geschichte der Jahre 1830-1838, Leipzig 1838, S. 90.

266 Ebd., S. 13 u. 89 f.

267 Der Kampf der Monarchie und Revolution in Spanien unter Don Karlos und Maria Christina, in: Historisch-politische Blätter für das katholische Deutschland, Bd. 3 (1839), S. 305: „Der Minister (sc. Zea Bermudez, R. B.), der verkündet: Spanien sollte vor gefährlichen Neuerungen bewahrt bleiben, fiel unbeklagt, und an die Stelle seines aufgeklärten Absolutismus trat ... der liberale Doktrinarismus Martinez de la Rosas ...".

268 K. v. Rotteck, Art. Monarchie, in: StL Rotteck-Welcker, Bd. 10 (1840), S. 662; im Vergleich hierzu verwendet Rotteck in seiner ein Jahr zuvor erschienenen Monographie über „Spanien und Portugal", Karlsruhe u. Leipzig 1839, den Ausdruck „aufgeklärter Absolutismus" noch nicht. Zu Zea Bermudez s. ebd., 410-413, 468-471 u. 486.

269 F. Murhard, Art. Reaction, in: StL Rotteck-Welcker, Bd. 13 (1842), S. 464: „Der jüngste Kampf zwischen den Christinos und den Carlisten schien blos zu dem Ergebnisse führen zu können, es zu einer Entscheidung zu bringen, ob die Häupter und Hofschranzen der einen oder anderen dieser beiden streitenden Parteien herrschen sollten. (...) Triumphierte dagegen die Sache Christinens, dann war nichts Anderes zu erwarten als das System eines sogenannten Despotisme éclairé, das die Absolutisten auch diesseits der Pyrenäen den Völkern als die beste Verfassung empfehlen, wiewohl es gar keine auf bestimmten und festen Grundsätzen ruhende Staatsordnung ist, weil es lediglich von dem Despoten abhängt, ob er aufgeklärt sein und bleiben will oder nicht."

270 Art. Spanien, in: StL Rotteck-Welcker, Bd. 14 (1843), S. 648 f.; die Sigle „S" für den Verfassernamen war nicht zu dekodieren. Auch die einschlägigen Abschnitte über die Mitarbeiter des „Staats-Lexikons" bei Zehntner, Das Staats-Lexikon von Rotteck-Welcker, S. 27-50, enthalten keine Hinweise.

Dieser Beleg, deren Anzahl sich vermehren ließe,[271] verdeutlichen hinreichend den begriffsgeschichtlichen Zusammenhang zwischen dem spanischen Bürgerkrieg und der Verbreitung des politischen Schlagworts „aufgeklärter Despotismus" bzw. „aufgeklärter Absolutismus". Auffällig ist allerdings, daß ein Teil der Nachweise nicht etwa aus der spanischen („despotismo illustrado"), sondern aus der französischen Sprache übernommen worden sind. Dies legt die durch einschlägige Untersuchungen der französischen Publizistik allerdings noch zu fundierende Vermutung nahe, daß der zuvor nur vereinzelt (z.B. von Mme. de Staël) gebrauchte Ausdruck „despotisme éclairé" lediglich auf die politischen Verhältnisse in Spanien übertragen wurde.

Für die Annahme, daß die spanische Politik vor allem in der französischen Öffentlichkeit starken Widerhall fand, spricht die enge Verquickung der spanischen und französischen Politik der 1820er und 1830er Jahre. War die Restauration des Absolutismus in Spanien zunächst erst durch die in Abstimmung der Heiligen Allianz erfolgte Militärintervention (1823) ermöglicht und aufrecht erhalten worden, so geriet das Régime Ferdinands VII. seit dem Antritt der liberalen Juli-Monarchie (1830) in wachsende Bedrängnis. Ohne die Unterstützung Frankreichs war der Absolutismus in Spanien nicht zu halten. Wenn der politische Wechsel in Frankreich dennoch nicht zum Sturz oder der Abdankung Ferdinands führte, so nicht zuletzt wegen der zögerlichen Außenpolitik der auf Anerkennung durch die Mächte der Heiligen Allianz bedachten französischen Juste-Milieu-Regierung, die sich zu einer offenen Unterstützung der liberalen Kräfte in Spanien nicht entschließen mochte. In Übereinstimmung nunmehr mit der englischen Regierung unterstützte sie statt dessen nach Ferdinands Tod (1833) die auf eine mittlere Linie zwischen Absolutismus und Liberalismus zielende Politik der Regentin Christina und deren Regierung unter dem früheren spanischen Botschafter in England, Zea Bermudez. Ebenso wie in Spanien selbst stieß die Politik jedoch auf Kritik in der europäischen liberalen Öffentlichkeit, deren Zentrum nicht zuletzt wegen der zahlreichen Emigranten – neben Polen und Deutschen vor allem Spanier – Paris war. Es ist also keineswegs ein Zufall, wenn die spanische Politik hier und zudem in französischer Sprache debattiert wurde, um dann zum Gegenstand der politischen Publizistik auch in anderen Ländern zu werden.

Die aus diesem Kontext hervorgehende Verbreitung des Ausdrucks „despotisme éclairé" bzw. „aufgeklärter Despotismus/Absolutismus" ist jedoch nicht nur von wort- und begriffsgeschichtlichem Interesse. Zugleich deutet er auf die im zeitgenössischen Bewußtsein präsente, heute jedoch im allgemeinen wenig berücksichtigte europäische Bedeutung der inneren Kämpfe Spaniens hin.[272] Infolge der Intervention der „großen Mächte" fand hier gleichsam ein europäischer Bürger-

271 S. etwa den Doppelnachweis in dem Art. „Einiges über die periodische Presse im Großherzogtum Hessen", in: RhZ, Nr. 19 v. 19.1.1843, Beiblatt.

272 S. hierzu H. Gollwitzer, Der erste Karlistenkrieg und das Problem der internationalen Parteigängerschaft, in: HZ 176 (1953), S. 479-520.

und Stellvertreterkrieg zwischen Konstitutionalismus und Antikonstitutionalismus bzw. Absolutismus statt, der in der zeitgenössischen Publizistik auch als Kampf zwischen „West" und „Ost" beschrieben wurde.[273] Erst die europäische Dimension der spanischen Verfassungskämpfe schuf die Voraussetzung für die gemeineuropäische Verbreitung dreier besonders im spanischen Kontext verwendeter Schlagwörter, die später als Leitbegriffe in die historische Forschung Eingang gefunden haben: Liberalismus,[274] Absolutismus,[275] Aufgeklärter Despotismus/Absolutismus.

Neben dem Bezug auf Spanien fand der Ausdruck „aufgeklärter Despotismus" bzw. „aufgeklärter Absolutismus" zunehmend auch in verschiedenen anderen Zusammenhängen Verwendung. So unterschied der Gießener Professor der Staats- und Kameralwissenschaften F. Schmitthenner in seinem Aufsatz über „Die politischen Parteien der Zeit" (1838) Servilismus bzw. Absolutismus und Liberalismus. Letzterer könne aber nicht durch eine besondere Vorliebe für eine bestimmte Staatsform charakterisiert werden, da ein „sogenannter aufgeklärter Despotismus (*despotims éclairé*)" sich mit demselben ebenso vertrage wie die Republik.[276] Zwei Jahre Später charakterisiert ein ungenannter Verfasser in einer Studie über „Das deutsche Zeitungswesen" die Mannheimer Zeitung als „eine gemischte Ehe zwischen den unvereinbarsten Ansichten, zwischen historischer Schule, erleuchtetem und unerleuchtetem Absolutismus …".[277] Im selben Jahr kritisierte G. F. Kolb die Regierungsweise Josephs II. und Friedrichs des Großen, die „doch nur die Zeit eines *erleuchteten Despotismus*, nicht die wahre Freiheit" gewesen sei.[278] Eine ähnliche Beurteilung Josephs II. findet sich einige Jahre später in der Rheinischen Zeitung.[279]

---

273 S. etwa: Allgemeine publizistische Übersicht der neuesten Zeitereignisse und sozialen Zuständen, in: Der Freihafen, Jg. 3 (1840), H. 2, S. 240-279, insbes. S. 242 u. 250.

274 Vgl. R. Vierhaus, Art. „Liberalismus", in: Geschichtliche Grundbegriffe, Bd. 3, S. 751; s. a. J. F. Badia, Die spanische Verfassung von 1812 und Europa, in: Der Staat 2 (1963), S. 153-180, insbes. S. 156.

275 Der Nachweis, den Badia, Die spanische Verfassung von 1812, für die Verwendung des Ausdrucks bereits 1820 anführt, beruht jedoch auf einer falschen Übersetzung. Auf S. 154 weist er als Zitat von de Pradt, De la révolution actuelle de l'Espagne et de ses suites, Paris 1820, S. 153, aus: „Das absolutistische Europa wird sich jedoch nicht dem Einfluß entziehen können, den diese Revolution mit ihrer Verfassung von 1812 noch auf es ausüben soll." Im französischen Original heißt es dagegen, a. a. O.: L'Europe non constituée ne peut pas davantage se soustraire à l'effet que l'Europe constituée ne peut manquer de produire sur elle." (Hervh. R. B.); in der im gleichen Jahr erschienenen deutschen Über setzung dieser Schrift unter dem Titel, „Die neueste Revolution in Spanien und ihre Folgen", Leipzig 1820, heißt es entsprechend (S. 140): „Das *verfassungslose* Europa kann sich dem Einflusse nicht entziehen, den es unvermeidlich von dem konstitutionellen erfahren wird." (Hervh. R. B.).

276 F. Schmitthenner, Die politischen Parteien der Zeit und das Verhalten des wahren Staatsmannes zu denselben, in: Neue Jahrbücher der Geschichte, der Staats- und Kameralwissenschaften, hrsg. v. F. Bülau, Leipzig 1838, Bd. 2, S. 226. Schmitthenner hat diese Ausführungen wiederholt in: Zwölf Bücher vom Staate, oder systematische Enzyklopädie der Staatswissenschaften, Gießen 1839, Bd. 1, S. 172.

277 Das Deutsche Zeitungswesen, in: Deutsche Vierteljahrsschrift, Jg. 1840, H. 1, S. 51.

278 StL Rotteck-Welcker, Bd. 10 (1840), S. 497.

279 „… er (sc. Joseph II., R. B.) faßte den Staat als eine Maschine, deren Mechanismus nur ihm bekannt sei und nur von ihm gelenkt werden könne. Er bedachte nicht, daß es außer den

Diesem kritischen Urteil hielt der Junghegelianer Edgar Bauer ein aus dem hegelianischen Diskurs hervorgangenes geschichtsphilosophisches Konzept des „aufgeklärten Despotismus" als Zwischenstufe der gesellschaftlichen Entwicklung vom „Königtum von Gottes Gnaden" und dem „wirklichen Staat" entgegen. Prototyp des „aufgeklärten Despotismus" war in diesem Konzept Friedrich der Große.[280] Auch die Regierungssysteme anderer Länder wurden ähnlich charakterisiert. So etwa bei dem bereits erwähnten F. Bülau der „Aufgeklärte Verwaltungsabsolutismus ... à la Pombal" in Portugal,[281] oder, bei einem namentlich nicht genannten Autor, die österreichischen Anhänger jenes Systems, „welches man gewöhnlich (!) ‚aufgeklärten Despotismus' zu nennen pflegt ...".[282]

Wie die angeführten Quellen belegen, geht der Ausdruck „aufgeklärter Absolutismus" entgegen allgemeiner Annahme also nicht auf Roscher zurück. Die Vielzahl und die Vielfältigkeit der Belege zeigen vielmehr, daß bereits in den frühen vierziger Jahren der Ausdruck als politisches Schlagwort sowie als geschichtsphilosophischer und historischer Terminus verbreitet war. Roscher hat diesen Verwendungen lediglich eine weitere Variante hinzugefügt. In seinen „Umrissen zur Naturlehre der drei Staatsformen" (1847) unterscheidet Roscher typologisch drei Entwicklungsstufen des Absolutismus. Auf den von der Reformation bis zum Westfälischen Frieden vorherrschenden „konfessionellen Absolutismus" sei der der „höfische Absolutismus" und schließlich der „aufgeklärte Absolutismus" Friedrichs des Großen und anderer Monarchen und Minister wie Pombal in Portugal gefolgt.[283] Roscher hat diese Typologie verschiedentlich später veröffentlicht,[284] wissenschaftlich rezipiert worden ist sie jedoch erst seit den 1880er Jahren u. a. von A. Dove, R. Koser und O. Hintze.[285] In den dazwischen liegenden Jahren seit der Erstveröffentlichung ist die für die verschiedenen im Verlauf dieser Arbeit noch vorzustellenden Absolutismusdiskurse bedeutungslos.

Privilegien auch Rechte des Volks, daß es außer seiner eigenen Klugheit auch einen Volksgeist gebe. Es war nicht mehr die Zeit, daß der Despotismus, wäre es auch der Despotismus der Aufklärung, einem kräftigen Volksgeist seine Wohltaten aufzwingen konnte." Art. Joseph II. und die belgische Revolution, in: Rheinische Zeitung, Nr. 72 v. 13.3.1842, Beiblatt.

280 E. Bauer, Das Juste-Milieu, in: RhZ, Nr. 228 v. 16.8.1842, Beiblatt.

281 Vgl. Bülau, Allgemeine Geschichte der Jahre 1830-1838, S. 111.

282 Oesterreich im Jahre 1840, in: Der Freihafen, 4. Jg. (1841), H. 1, S. 321.

283 Vgl. W. Roscher, Umriss zur Naturlehre der drei Staatsformen, in: Allgemeine Zeitschrift für Geschichte, hrsg. v. A. Schmidt, Bd. 7 (1847), S. 451.

284 S. W. Roscher, Geschichte der Nationalökonomik in Deutschland, München 1874, S. 380 f.; ders., Umriss zu einer Naturlehre der absoluten Monarchie, in: Zeitschrift für die gesamte Staatswissenschaft 45 (1889), S. 1-110; ders., Politik. Geschichtliche Naturlehre der Monarchie, Aristokratie und Demokratie, Leipzig 1892, S. 214-251.

285 S. hierzu F. Hartung, Epochen der absoluten Monarchie on der neueren Geschichte, in: Hubatsch (Hrsg.), Absolutismus, S. 56 ff. (zuerst 1923).

III. „Absolutismus" als politisches Schlagwort zwischen Restauration und Vormärz

Mit dem zweiten Drittel des 19. Jahrhunderts trat Deutschland in eine Phase beschleunigten sozialen und politischen Wandels.[286] Eingebettet in den säkularen, in Westeuropa bereits fortgeschritteneren sozialökonomischen Transformationsprozeß von der agrarisch-grund/gutsherrlichen zur agrar- und industriekapitalistischen Sozialverfassung, dominierte in Deutschland während der 1830er Jahre noch die seit dem späten 18. Jahrhundert virulente und durch die Metternichsche Reaktionspolitik blockierte Verfassungsfrage die politische Öffentlichkeit. Beeinflußt durch die französische Juli-Revolution 1830, erhielt die Verfassungsbewegung einen weiteren Schub, der nach dem Übertritt der süddeutschen Staaten zum Konstitutionalismus nun auch zur Einrichtung von Verfassungen in einer Reihe nord- und mitteldeutscher Staaten führte. Von erheblicher Bedeutung waren die Auswirkungen der Juli-Revolution auch auf die anti-konstitutionellen Kräfte in Deutschland, die sich jetzt ebenfalls deutlicher publizistisch artikulierten. So kam es mit Beginn der 1830er Jahre in Deutschland gleichsam zu einem erneuten „Strukturwandel der Öffentlichkeit" (J. Habermas), der die für den deutschen Vormärz charakteristischen Züge einer historischen Übergangsphase aufweist. Zum einen verstärkte sich allgemein das Bewußtsein über die Bedeutung der öffentlichen Meinung. „Erst in den neueren Zeiten", so bemerkt Anselm v. Feuerbach 1832, „hat sich die öffentliche Meinung als Macht, als Großmacht, ja als die größte der Großmächte so recht fühlbar kund gegeben. Wehe da, wo sie verkannt wird! Das Jahr 1830 hat in Donnern gesprochen."[287] Daß die Bedeutung der öffentlichen Meinung nun auch von den politisch restaurativen Strömungen – wie etwa dem Berliner politischen Wochenblatt – erkannt wurde, verdient besondere Beachtung, ist dies doch ein Hinweis auf die zunächst noch widerstrebende, gleichsam negative Integration dieser Strömungen in das entstehende System politischer „bürgerlicher Öffentlichkeit".[288] Wenn zum anderen die Verdichtung der politischen Kommunikation zunächst noch weitgehend auf die „Gebildeten" beschränkt blieb, so ist dies ein Indiz für die noch andauernde, seit der zweiten Hälfte des 18. Jahrhunderts zu beobachtende relative „soziokulturelle Homogenität"[289] der als Schreibende und Lesende am Prozeß der öffentlichen Meinung Beteiligten.

---

286 Zum Gesamtzusammenhang s. K. G. Faber, Deutsche Geschichte im 19. Jahrhundert: Restauration und Revolution. Von 1815 bis 1851, Wiesbaden 1979; Th. Nipperdey, Deutsche Geschichte 1800-1866. Bürgerwelt und starker Staat, München 1983; R. Rürup, Deutsche Geschichte im 19. Jahrhundert: 1815-1871, Göttingen 1984.

287 A. v. Feuerbach, Kleine Schriften vermischten Inhalts, Nürnberg 1833, S. 93 f.

288 S. hierzu F. Schneider, Pressefreiheit und politische Öffentlichkeit. Studien zur politischen Geschichte Deutschlands bis 1848, Neuwied-Berlin 1966, S. 218, sowie allgem. J. Habermas, Strukturwandel der Öffentlichkeit, Neuwied-Berlin 1962.

289 K. G. Faber, Politisches Denken in der Restaurationszeit, S. 260.

Die Gleichzeitigkeit von nachrevolutionärer Politisierung (1789 und 1830) und die Verwurzelung der Gebildeten in der Vorstellungswelt des erst allmählich sich auflösenden Ancien Régime war nicht nur ein Problem des deutschen Liberalismus.[290] Sie war allgemein charakteristisch für den Strukturwandel politischer Öffentlichkeit in den 1830er Jahren. Erst im weiteren Verlauf des Vormärzes wurde die Dominanz der „Gebildeten“ durch die Einbeziehung mittelständischer Schichten, insbesondere aber der infolge des Aufkommens der „sozialen Frage“ in die Politik eindringenden „Massen“ und durch das Entstehen von Parteien als neuer politischer Organisationsform allmählich überwunden.[291]

Von grundlegender Bedeutung für die Entstehung politischer Strömungen und Parteien waren die seit Beginn der 1830er Jahre gegründeten Zeitungen und Zeitschriften. Sind sie zunächst Ausweis einer allgemeinen Verdichtung politischer Kommunikation, so darüber hinaus auch wichtigstes Instrument im Kampf um die ideologisch-kulturelle Hegemonie in der öffentlichen Meinung. Auf den Zusammenhang von Parteibildung und Zeitschriftenwesen ist bereits verschiedentlich hingewiesen worden,[292] doch hat dies bislang nicht dazu geführt, das Parteien spektrum anhand von Einzel- oder auch vergleichenden Zeitungsanalysen zu durchleuchten. In den beiden folgenden Abschnitten soll hierzu ein erster Versuch mithilfe eines begriffsgeschichtlichen Ansatzes unternommen werden.

---

290 S. hierzu K. G. Faber, Strukturprobleme des deutschen Liberalismus im 19. Jahrhundert, in: Der Staat 14 (1975), S. 209 f., u. L. Gall, Liberalismus und „bürgerliche Gesellschaft“. Zu Charakter und Entwicklung der liberalen Bewegung in Deutschland, in: ders. (Hrsg.), Liberalismus, Meisenheim, zweite Auflage 1980, S. 167 ff. (zuerst 1975).

291 Zum Sozialtypus des „Gebildeten“ und dessen Bedeutung vom späten 18. Jahrhundert bis zur Mitte des 19. Jahrhunderts s. R. Vierhaus, Politisches Bewußtsein in Deutschland vor 1789, in: ders., Deutschland im 18. Jahrhundert, Göttingen 1987, S. 180 ff. (zuerst 1967); ders., Art. „Bildung"“ in: Geschichtliche Grundbegriffe, Bd. 1, insbes. S. 525 f. u. 531-551; H. H. Gerth, Bürgerliche Intelligenz um 1800. Zur Soziologie des deutschen Frühliberalismus. Mit einem Vorwort und einer ergänzenden Bibliographie hrsg. v. U. Herrmann, Göttingen 1976 (zuerst 1935); Kocka, J. (Hrsg.), Bildungsbürgertum im 19. Jahrhundert, Teil IV: Politischer Einfluß und gesellschaftliche Formation, Stuttgart 1989. Zur relativ geringen Bedeutung der „Massen“ für die Öffentlichkeit in den 1830er Jahren s. W. Wülfing, Schlagworte des Jungen Deutschland, Zdspr, Bd. 21 (1965), S. 47 ff.

292 Vgl. Faber, Deutsche Geschichte im 19. Jahrhundert, S. 168-181; Nipperdey, Deutsche Geschichte 1800-1866, S. 378; Rürup, Deutschland im 19. Jahrhundert, S. 155; W. Hardtwig, Vormärz. Der monarchische Staat und das Bürgertum, München 1985, S. 140; M. Botzenhart, Reform, Restauration, Krise. Deutschland 1789-1847, Frankfurt a. M. 1985, S. 129-133; zum Aufschwung der Flugschriftenliteratur und der Verdichtung politischer Kommunikation seit 1830 s. a. V. Eichstädt, Die deutsche Publizistik von 1830, Berlin 1933.

1. Absolutismus als politisches Schlagwort: Berliner Politisches Wochenblatt – Staats-Lexikon von Rotteck-Welcker – Rheinische Zeitung

Im Unterschied zum Modewort erweist sich der Charakter eines Begriffs als politisches Schlagwort nicht allein durch die Häufigkeit seiner Verwendung, sondern darüber hinaus und vor allem durch seine Ideologisierbarkeit.[293] Trotz der Vieldeutigkeit entziehen sich politische Schlagwörter gleichwohl nicht einer Definition. Allerdings werden ihre begrifflichen Konturen erst im Kontext des umliegenden Wortfelds deutlich. So wird, wie nachfolgend zu verdeutlichen sein wird, „Absolutismus" meist negativ als Vernichtung des „Rechts" oder der „Freiheit" definiert. Durch die Einbeziehung des umliegenden Wortfelds stehen sich somit verschiedene Interpretationen nicht nur des singulären Schlagworts, sondern vielmehr eines Begriffs-Sets wie „Absolutismus", „Recht", „Freiheit" u. a. gegenüber. Erst dieses Set von Begriffen eröffnet die Möglichkeit eines politischen Diskurses und erst dessen Rekonstruktion ermöglicht eine Analyse der politischen Strömungen. Ziel der folgenden Untersuchung ist es nicht, durch weitere Belege für den Gebrauch des Terminus „Absolutismus" die Wortgeschichte anzureichern, sondern anhand der qualitativen Verwendung dieses Schlagworts in politischen Publikationsorganen Hinweise auf das in der Forschung noch immer unscharfe und strittige Bild des Spektrums der politischen Strömungen zwischen Restauration und Vormärz zu überprüfen. Da es hierzu sowohl in der Schlagwortgeschichte als auch in der Zeitschriftenforschung weitgehend an Vorarbeiten fehlt, beschränkt sich der nachfolgende Versuch auf die idealtypische Untersuchung herausragender Organe aus unterschiedlichen politischen Lagern. Als Auswahlkriterien dienten dabei zunächst die unter den Bedingungen der politischen Zersplitterung Deutschlands, des sich erst herausbildenden (literarischen) Marktes und der metternichschen Zensurpolitik keineswegs selbstverständliche Überregionalität und sowie die kontinuierliche mehrjährige Erscheinungsweise.

Bedarf die unter diesen Gesichtspunkten getroffene Wahl des zwischen 1834 und 1843 in erster Auflage erschienenen „Staats-Lexikons" von K. v. Rotteck und K. Welcker kaum weiterer Begründung, ist doch dessen Bedeutung als „das große Brevier des vormärzlichen Liberalismus"[294] seit langem bekannt,[295] so läßt sich Entsprechendes von dem zweiten der für die 1830er Jahre ausgewählten Organ, dem

293 S. hierzu ausführlich die Einleitung von Wülfing, Schlagworte des Jungen Deutschland, S. 42-54.

294 R. Koser, Zur Charakteristik des Vereinigten Landtags von 1847, in: FS zu Gustav Schmollers 70. Geburtstag, Leipzig 1908, S. 288.

295 S. hierzu H. Zehntner, Das Staatslexikon von Rotteck und Welcker. Eine Studie zum deutschen Frühliberalismus, Jena 1929; H. Haferland, Mensch und Gesellschaft im Staatslexikon von Rotteck-Welcker. Ein Beitrag zur Gesellschaftstheorie des Frühliberalismus, Diss. phil., Berlin 1957; H. Puchta, Die Entstehung politischer Ideologien im 19. Jahrhundert. Dargestellt am Beispiel des Staatslexikons von Rotteck-Welcker und des Staats- und Gesellschaftslexikons von Hermann Wagener, Diss. phil., Erlangen-Nürnberg 1972.

Berliner politischen Wochenblatt nur mit Einschränkung sagen.[296] Begründet 1831 als Reaktion auf die französische Juli-Revolution von 1830 und deren Übergreifen auf deutsche und andere europäische Regionen, verfolgte das Blatt in Anlehnung an die antirevolutionären Theorien von J. de Maistre, L. G. A. de Bonald und K. L. v. Haller das Ziel, „... der Revolution in jeder ihrer Gestalten entgegenzutreten ...".[297] Der im zeitgenössischen Bewußtsein verbreiteten Auffassung, der Protestantismus sei das Programm des Fortschritts oder der Revolution, der Katholizismus hingegen Repräsentant des Rückschritts und der politischen Reaktion und Restauration,[298] versuchte das Berliner politische Wochenblatt entgegenzuwirken. Angesichts der neuen Welle revolutionärer Erhebungen hielten es die beiden Katholiken J. M. v. Radowitz und K. E. Jarcke sowie die protestantischen Brüder Leopold und Ernst Ludwig v. Gerlach als die zunächst wichtigsten Redakteure für notwendig, religiöse Differenzen zugunsten des gemeinsamen Kampfes gegen die Revolution zurückzustellen.[299] Gleichwohl dominierte in dieser Zeitung der Katholizismus, worauf nicht zuletzt die Tatsache hindeutet, daß nach dem Ausscheiden der katholischen Mitarbeiter infolge des Kölner Kirchenstreits 1837 die katholische Leserschaft in Süddeutschland verloren ging. Innerhalb weniger Jahre sank das Berliner Politische Wochenblatt zur Bedeutungslosigkeit herab und mußte schließlich „aus Mangel an Absatz"[300] sein Erscheinen 1841 einstellen. Bis zur zweiten Hälfte der dreißiger Jahre kam dieser Zeitung jedoch eine erhebliche Bedeutung zu, die in der neueren Forschung nur unzureichend berücksichtigt worden ist.[301]

---

296 Grundlegend hierzu W. Scheel, Das Berliner politische Wochenblatt und die politische und soziale Revolution in Frankreich und England, Göttingen 1964; s. a. K. Koszyk, Deutsche Presse im 19. Jahrhundert, Berlin 1966, S. 64 u. 131; L. Salomon, Geschichte des deutschen Zeitungswesens, Bd. 3, Oldenburg 1906, S. 475 ff.; F. Meinecke, Weltbürgertum und Nationalstaat, hrsg. v. H. Herzfeld, Berlin 1962, S. 192-235.

297 BpW, Nr. 1 (1831), Prospectus: Stiftung, Zweck und Tendenz des Berliner politischen Wochenblatts, Verfasser: J. M. v. Radowitz, in: C. E. Jarcke, Vermischte Schriften, Bd. 1, München 1839, S. 1-30, hier: S. 1; auf S. 30, Anm., der Hinweis, daß Jarcke nicht der Verfasser dieses Prospectus ist. Zur Autorschaft von Radowitz s. Scheel, Das Berliner politische Wochenblatt, S. 176, Anm. 85.

298 S. etwa zu den verbreiteten Schriften Tzschirners o. S. 66 ff.; zum Verhältnis zwischen Katholizismus und Restauration bzw. Konservatismus s. A. v. Martin, Der preußische Altkonservatismus und der politische Katholizismus in ihren gegenseitigen Beziehungen, in: Deutsche Vierteljahresschrift für Literaturwissenschaft und Geistesgeschichte, Bd. 7 (1929), S. 489-514.

299 S. hierzu: (v. Radowitz), Prospectus: Stiftung, Zweck und Ziel des Berliner politischen Wochenblatts, S. 3; zur Idee der evangelischen Katholizität, die die Gründung des BpW von protestantischer Seite erheblich begünstigt hat, s. v. Martin, Der preußische Altkonservatismus und der politische Katholizismus in ihren gegenseitigen Beziehungen, S. 497 u. 508; ders., Weltanschauliche Motive im altkonservativen Denken, in: FS F. Meinecke, München/Berlin 1922, S. 346 f., 360 f. u. 378 f., sowie H. J. Schoeps, Das andere Preußen, zweite bearb. und erw. Aufl., Honnef 1957, S. 18-21.

300 Meinecke, Weltbürgertum und Nationalstaat, S. 206, Anm. 34.

301 S. Scheel, Das Berliner politische Wochenblatt, S. 30-41, u. C. Varrentrapp, Rankes Historisch-politische Zeitschrift und das Berliner Politische Wochenblatt, in: HZ 99 (1907), S. 109.

Schwieriger als die Auswahl des „Staats-Lexikons" und des Berliner politischen Wochenblatts war das Auffinden eines geeigneten Organs des zu Beginn des Vormärzes um 1840 sich neu formierenden Radikalismus.[302] Maßgeblichen Anteil hieran trugen die von A. Ruge und Th. Echtermeyer herausgegebenen „Hallischen Jahrbücher für deutsche Wissenschaft und Kunst" (1838-1843), die jedoch trotz ihres erheblichen Politisierungseffekts wesentlich ein Organ des Junghegelianismus blieben.[303] Überregionale Verbreitung fand auch die seit 1842 von dem Frühsozialisten Karl Grün redigierte „Mannheimer Abendzeitung", die in den folgenden Jahren bis zur Revolution 1848 rasch zu der wohl bedeutendsten Zeitung der radikalen Demokratie aufstieg. Maßgeblich begünstigt wurde dies allerdings durch den Umstand, daß die „Mannheimer Abendzeitung" nach dem Verbot der Rheinischen Zeitung (1843) einen Großteil von dessen Mitarbeitern und Abonnennten übernahm und somit nicht zu Unrecht als „Nachfolgeblatt der ‚Rheinischen Zeitung'" bezeichnet worden ist.[304] Vor diesem Hintergrund ist die Entscheidung, als drittes Organ in die Untersuchung die Rheinische Zeitung für Politik, Handel und Gewerbe trotz ihres lediglich fünfzehnmonatigen Bestehens einzubeziehen um so eher gerechtfertigt, als die Geltung dieser Zeitung als „eine einmalige Erscheinung in der deutschen Pressegeschichte"[305] in der Zeitungsforschung allgemein anerkannt ist. Erschienen vom Januar 1842 bis März 1843, erlangte sie, seit Oktober unter der Redaktion von K. Marx, außergewöhnlich schnell Verbreitung. Durch eine bis dahin von keiner anderen Tageszeitung so dezidiert formulierte Tendenz wurde sie zum „Muster für die gesamte zeitgenössische deutsche Presse".[306] In einzigartiger

302 S. hierzu P. Wende, Radikalismus im Vormärz, Wiesbaden 1975, S. 20-31, insbes. S. 28 ff.

303 S. hierzu H. Rosenberg, Arnold Ruge und die „Hallischen Jahrbücher", in: ders., Politische Denkströmungen im deutschen Vormärz, Göttingen 1972, S. 97-114 (zuerst ersch. 1930), u. F. Schlawe, Die junghegelianische Publizistik: in WaG 20 (1960), S. 30-50, insbes. S. 31 ff.

304 Vgl. N. Deuchert, Vom Hambacher Fest zur badischen Revolution. Politische Presse und Anfänge deutscher Demokratie 1832-1848/49, Stuttgart 1983, S. 163; s. a. M. Tullner, Die Entwicklung der „Mannheimer Abendzeitung" zum führenden Organ der süddeutschen kleinbürgerlichen Demokratie 1844-1847/48, Diss. Magdeburg 1974, insbes. S. 46-48.

305 W. Klutentreter, Die Rheinische Zeitung von 1842/43, Bd. 1, Dortmund 1966, S. 13; s. a. G. Mayer, Die Anfänge des politischen Radikalismus im vormärzlichen Preußen, in: ders., Radikalismus, Sozialismus und bürgerliche Demokratie, hrsg. v. H.-U. Wehler, Frankfurt a. M. 1969, insbes. S. 35-52 (zuerst ersch. 1913); F. Schlawe, Die junghegelianische Publizistik, in: WaG 20 (1960), S. 34; H. Asmus, Die Rheinische Zeitung und die Genesis des rheinisch-preußischen Bourgeoisliberalismus, in: H. Bleiber (Hrsg.), Bourgeoisie und bürgerliche Umwälzung in Deutschland 1789-1871, Berlin (DDR) 1977, S. 135-167.

306 Koszyk, Deutsche Presse im 19. Jahrhundert, Bd. II, S. 98; s. a. Salomon, Geschichte des deutschen Zeitungswesens, Bd. 3, S. 362; auf die große Bedeutung der Rheinischen Zeitung hat bereits einige Jahre nach deren Verbot L. Stein, selbst Mitarbeiter der RhZ, in seinem Artikel „Der Sozialismus in Deutschland", in: Die Gegenwart, Bd. 7, Leipzig 1852, hingewiesen. Stein schreibt dort u. a. (S. 537): „Die rheinische Publizistik entstand kurz nach 1840 und erreichte ihren Kulminationspunkt in der Rheinischen Zeitung. Die Rheinische Zeitung war ein bedeutendes Blatt eben dadurch, daß sie zum ersten Male neben der Verbreitung der parlamentarischen Verfassung zugleich sich dem Volke zuwandte. Anfangs freilich in unbestimmter Weise; dann aber, als die Ideen des Sozialismus und Kommunismus allgemeiner und das Proletariat ein gangbarer Begriff wurde, in bestimmter Richtung

Weise versammelte sie große Teile des liberalen und demokratischen Spektrums unter ihrem Dach: von den junghegelianischen „Freien“ um B. Bauer, den Radikaldemokraten J. Fröbel, A. Ruge und K. Hagen, den späteren Sozialisten und Kommunisten M. Heß, F. Engels, K. Marx bis hin zu L. (v.) Stein. Wenn ein publizistisches Zusammenwirken dieser bedeutenden Politiker und Theoretiker während eines nur kurzen Zeitraums möglich war, so hat die Rheinische Zeitung daran einen doppelten Anteil. Zum einen organisierte sie diese Zusammenarbeit, zum anderen forcierte sie den Differenzierungs- und Spaltungsprozeß des Liberalismus. Nicht zuletzt hierin liegt ihre historische Bedeutung. Zugleich untergrub sie damit aber auch die gemeinsame Basis ihrer Mitarbeiter. Zweifellos hätte dies zum politischen Konflikt oder gar zur Spaltung unter den Redakteuren und den Korrespondenten geführt. Dem kam, auf eigene Weise, das preußische Innenministerium durch den Verbotserlaß zum April 1843 zuvor.[307]

Gegen den vorliegenden Vergleich zwischen einem Wochenblatt, einer Tageszeitung und einem Lexikon könnte der methodologische Einwand unzulässiger Gegenüberstellung verschiedener Quellengattungen erhoben werden. Er bliebe jedoch lediglich äußerlich, denn er berücksichtigte weder die Tatsache, daß eine politische Öffentlichkeit erst im Entstehen begriffen war noch die Unmöglichkeit einer methodischen Unterscheidung verschiedener Pressegattungen unter den Bedingungen Metternichscher Zensurpolitik. Die Titulierung „Zeitung“, „Enzyklopädie“ o. ä. war das Ergebnis des verlegerischen Versuchs eines opportunen Umgangs mit den Zensurverordnungen.[308] Stellte dies für die Rheinische Zeitung kein wesentliches Problem dar, da deren Erscheinen als Tageszeitung in die Phase einer vorübergehenden Lockerung der preußischen Zensur fiel,[309] so war für das „Staats-Lexikon“ die etikettive Tarnung gleichsam eine Existenzbedingung. Entgegen der ursprüngli-

auf die sozialen Zustände der niedern Klassen. Mit nicht geringem Bedenken sah man dieser Bewegung von Berlin aus zu. Man fühlte die Gefahr jedoch mehr, als man sie damals zu erkennen im Stande war, suchte sie wesentlich in den liberalen Elementen jener Zeitung oder vielmehr jener Zustände, und dachte mit ihrer Bekämpfung den ganzen Angriff auf das „märkische“ System zu bewältigen. (…) Man griff täppisch zu und verbot die Rheinische Zeitung. Man nahm der parlamentarischen Opposition damit ein Organ (…); man stieß aber die noch unentschiedenen Anhänger der proletaren Agitation in die weite publizistische Welt rücksichtslos hinaus, und zwang sie auf diese Weise, jetzt erst mit rechtem Nachdrucke sich dem Proletariate zuzuwenden. Unter allen Maßregeln der preußischen Regierung hat keine mehr das Aufkommen der reinen und rohen kommunistischen Bewegungen und Ideen in Deutschland gefördert als die Aufhebung der ‚Rheinischen Zeitung‘.“ Zur Autorschaft Steins dieses anonym erschienenen Artikels s. H. A. P. Krause, Die Gegenwart. Eine enzyklopädische Darstellung der neuesten Zeitgeschichte für alle Stände, Leipzig, F. A. Brockhaus. 1848-1856. Eine Untersuchung über den deutschen Liberalismus, Diss. phil. Berlin 1936, S. 24 ff. u. 114.

307 S. dazu die detaillierten Ausführungen bei Mayer, Die Anfänge des preußischen Radikalismus im vormärzlichen Preußen, S. 35-52.

308 Zur Unmöglichkeit der quellenmäßigen Abgrenzung von Pressegattungen unter den vormärzlichen Zensurbedingungen s. a. K. Koszyk, Deutsche Presse im 19. Jahrhundert, Bd. II, S. 296, sowie H. Bohrmann/P. Schneider, Zeitschriftenforschung. Ein wissenschaftsgeschichtlicher Versuch, Berlin 1975, S. 19 f.

309 S. Klutentreter, Die Rheinische Zeitung, Bd. 1, S. 120-140.

chen Zielsetzung seines Initiators F. List erschien es den Herausgebern Rotteck und Welcker nach dem Verbot der „Neuen allgemeinen politischen Annalen" und des „Freisinnigen" als geeignetes Organ zur Verbreitung des liberalen politischen „Glaubensbekenntnisses",[310] so daß das Staats-Lexikon „recht eigentlich ... die Stellung einer Zeitschrift einnahm".[311] Umgekehrtes läßt sich vom Berliner politischen Wochenblatt sagen, das F. Meinecke als „eine Art Enzyklopädie der Politik in Form einer Wochenschrift"[312] bezeichnete. Titel und Erscheinungsweise ver decken somit leicht die entscheidende Gemeinsamkeit der drei genannten Organe: die Zugehörigkeit zur Gattung der „Tendenzpresse".[313] Diese Bezeichnung deutet zunächst auf die Spezifik dieser Pressegattung im Unterschied etwa zur belletristischen oder wissenschaftlichen Literatur hin; gleichzeitig enthält sie den Hinweis, daß die Organe dieser Gattung nicht als homogen anzusehen sind. Insbesondere gilt dies für die Zeit zwischen Restauration und Vormärz, in der noch keine programmatisch festgelegten, organisierten Parteien bestanden und den politischen Zeitschriften die Funktion von Sammlungspunkten politischer Strömungen zukam. So setzte sich aufgrund der Zusammenarbeit der Mitarbeiter die politische Richtung einer Zeitung gleichsam nur tendenziell durch.

Um Hinweise auf das Spektrum der politischen Strömungen zu erhalten, orientiert sich der Vergleich der spezifischen Verwendung des Schlagworts „Absolutismus" in den drei genannten Organen an zwei Rasterfragen: *Was* ist „Absolutismus"? *Wer* sind seine Repräsentanten? Die historischen Deutungen des Absolutismus im Berliner politischen Wochenblatt und im „Staats-Lexikon", die das Bild des

---

310 StL, Bd. I, S. XXIII f.

311 Zehntner, Das Staatslexikon von Rotteck und Welcker, S. 10, s. a. S. 93 f.; erst in der 1856-1866 erschienenen dritten Auflage wurde das Staatslexikon, wie Zehntner, S. 50, urteilt, „aus einer Art Parteifibel des Liberalismus, geschrieben von seinen Führern, zu einem wohl immer noch liberalen, aber nicht mehr doktrinär-tendenziösen Nachschlagewerk für das politisch und juristisch interessierte Bürgertum."; s. a. Puchta, Die Entstehung politischer Ideologien im 19. Jahrhundert. Methodisch bedenklich und sachlich nicht sehr weittragend, beschränkt sich Puchta leider auf den Vergleich des Wagnerschen Lexikons mit der ersten Auflage des „Staats-Lexikons", das auch Puchta zufolge, S. 8, „durchaus den Eindruck einer in ganzen Bänden erscheinenden Zeitschrift (macht), deren Aufsätze Titel tragen, die rein pro forma erst mit A, dann mit B usw. beginnen. So enthält gerade der erste Band ohne Rücksicht auf Stichwörter die verschiedensten Themen sozusagen unter falscher Flagge". Methodisch begründeter und politisch interessanter wäre ein bislang freilich nicht vorgenommener Vergleich zwischen dem genannten Lexikon von H. Wagener, der dritten Auflage des „Staats-Lexikons" und dem „Deutschen Staatswörterbuch" von Bluntschli und Brater. Zu letzterem s. M. Faßbender-Ilge, Liberalismus – Wissenschaft – Realpolitik. Untersuchung des „Deutschen Staatswörterbuch" von Johann Caspar Bluntschli und Karl Brater als Beitrag zur Liberalismusgeschichte zwischen 48er Revolution und Reichsgründung, Frankfurt a. M. 1981.

312 Meinecke, Weltbürgertum und Nationalstaat, S. 205; zum Vergleich des „Berliner politischen Wochenblatts" mit dem „Staats-Lexikon" s. a. Puchta, Die Entstehung politischer Ideologien im 19. Jahrhundert, S. 8 u. S. 30.

313 S. hierzu H. D. Fischer, Handbuch der politischen Presse in Deutschland 1480-1980, Düsseldorf 1981, S. 5-20; allgem. zur Gattung der „politischen Zeitschrift" s. W. Haacke, Die politische Zeitschrift, Bd. I, Stuttgart 1968, S. 1-209.

restaurativen und aufgeklärt-liberalen Absolutismusdiskurses der 1830er Jahre vervollständigen, werden am Schluß dieses Kapitels gesondert behandelt.

1.1. Das Berliner politische Wochenblatt

Frühzeitig setzten sich die auf den politischen und sozialen Wandel sensibel reagierenden Mitarbeiter des restaurativen Berliner politischen Wochenblatts (BpW) mit dem Phänomen auseinander, das ebenso allgemein wie vieldeutig als „Absolutismus" bezeichnet wurde. „Das Losungswort unserer Zeit", heißt es in der ersten einschlägigen Artikelserie, „ist: Haß dem Absolutismus! und dennoch kann man mit Bestimmtheit behaupten, daß niemals die europäische Menschheit mit rascheren Schritten dem Absolutismus entgegen geeilt sei, als heutzutage die Nationen des Okzidents auf der abschüssigen Unheilsbahn der Empörungen und revolutionären Theorien auf dieses Ziel los schreiten".[314] Als besonderes, aber keineswegs „zufälliges Unglück" wird die „Unklarheit über den Begriff des Absolutismus" beklagt, „der dennoch wie ein Gespenst, das Jeder gesehen haben will und Jeder anders beschreibt, von Allen gefürchtet, wird ...".[315]

Grundlage des BpW für die Beurteilung des Absolutismus ist die ihm zugeschriebene Vernichtung des Rechts, das „mit der Moral, oder bei den Christen mit dem Christentum zusammenfällt".[316] Dieses Recht habe im mittelalterlich-germanischen Staat Gültigkeit besessen, seit dem 16. Jahrhundert aber sei die antik-absolute Staatsidee wiederaufgelebt und habe die Privatfreiheit und göttliches Recht verdrängt durch die Vereinigung von Recht und Gewalt in *einer* Staatsidee. Anstelle der Existenz verschiedener hierarchisch-patriarchalisch organisierter Rechtssphären („status in statu") seien „*Rechtsgleichheit* der Menschen" und „die *Uniformität des Rechts* im ganzen Lande ... des Absolutismus eigentliches Ziel und Streben ...".[317] Auf diese Weise entstehe „das System der *Zentralisation.* Ein Zentrum ist jetzt da, wo sonst unzählige Zentra waren ...".[318] Die „Zentralisation", wird an anderer Stelle formuliert, „ist nichts Anderes als der ins Leben getretene Absolutismus ...", denn „(die) absolutistische Zentral-Regierung konzentriert alle Gewalt in sich, sie bildet das einzige Rechtszentrum, und der Kreis dieses Zentrums schließt Alles in sich, was von Rechtsgegenständen an Personen und Sachen überhaupt im Lande vorhanden ist".[319] Negation des (christlichen) Rechts und Zentralisation sind also

---

314 Der Absolutismus, BpW, Nr. 27 (1832), S. 172; Verf.: Jarcke, s. ders., Vermischte Schriften, Bd. 1, S. 132 ff.

315 Ebd., S. 173.

316 Was ist Recht?, BpW, Nr. 10 (1833), S. 60; Verf.: W. v. Gerlach, vgl. Scheel, Das Berliner politische Wochenblatt, S. 180, Anm. 184.

317 (Jarcke), Revolution und Absolutismus, BpW, Nr. 14 (1833), S. 84; Verf.: Jarcke, s. ders., Vermischte Schriften, Bd. 1, S. 166 ff.

318 Über Zentralisation und Dezentralisation, BpW, Nr. 41 (1833), S. 258.

319 Was ist das sicherste Schutzmittel gegen den Absolutismus?, BpW, Nr. 12 (1834), S. 73.

die wesentlichen Kriterien des Absolutismus. Insofern seien auch „Absolutismus und Revolution (…), aus einem höheren Standpunkte betrachtet *identisch* … “.[320]

Entwicklungsgeschichtlich unterscheidet das BpW einen älteren, vom 16. Jahrhundert an zu datierenden Absolutismus von einem jüngeren seit der Französischen Revolution. Erst Napoleon habe „System und Vollendung in die Konstruktion des absoluten Staates (gebracht).“ Die Revolution habe den Absolutismus keineswegs beendet, vielmehr sei sie *„ein Kampf um die absolute Gewalt*“. Es sei „die völlig konsequente und nahe liegende Folgerung“ der naturrechtlichen Vertragstheorie, „daß der Volkswille überhaupt, und nicht bloß im Entstehen des Staats, das höchste Gesetz … sei“. Somit „trachtet die Revolution lediglich danach, die absolute Staatsgewalt in andere Hände zu bringen …“.[321] An die Stelle des fürstlichen oder ministeriellen Absolutismus habe die Revolution das liberal-absolutistische Repräsentativsystem gestellt.[322] Das BpW gebraucht somit „das Wort Absolutismus keineswegs in dem dürftigen Sinne …, den die Liberalen ihm unterlegen: durch eine Volks-Repräsentation nicht beschränkte Regierung; der Absolutismus ist vielmehr überall, wo die Regierung nicht dem Grundsatze der Heiligkeit des Rechts für Alle, sondern dem Begriffe des ‚allgemeinen Wohls' und der Allmacht des sogenannten ‚Staates' huldigt, möge im übrigen die Form unter der dies geschieht, sein welche sie wolle.“[323]

Wenngleich, wie an anderer Stelle pauschal bemerkt wird, „eigentlich das verborgene Ideal des modernen Liberalismus“ die Etablierung einer „Universal-Staatsmaschine“ nach napoleonischen Muster sei,[324] differenziert das BpW sehr scharfsinnig die verschiedenen Repräsentanten und Ausformungen der „liberal-absolutistischen“ Staatsidee. Vor dem Hintergrund der verschiedenen, besonders in Frankreich zu beobachtenden Phasen der Revolution – jakobinischer Terror, Napoleon und Juste-Milieu-Revolution 1830 –, unterscheidet das BpW drei Formen des „absoluten Staates“: die Erklärung des Volkes zum alleinigen Souverän und die Errichtung einer Republik; die Übertragung der absoluten Gewalt auf Volksvertreter mit der Folge der Entstehung einer Beamtenhierarchie, an deren Spitze als erster Beamter ein Fürst steht; schließlich die ungeteilte Vereinigung der Gewalt in der Hand eines Einzigen oder einer Faktion, wofür als Beispiel „mehrere vielgepriesene Regierungen des vorigen Jahrhunderts“ ebenso wie die „Herrschaft des Wohlfahrts-Ausschusses und das Soldatenreich Napoleons“ gelten. Diese drei Hauptformen werden als „Republikanismus“, „Konstitutionalismus“ und „Imperialismus“[325] bzw. letzterer als „absolute Beamtenherrschaft“, in der ausgebildetsten

320 (Jarcke), Revolution und Absolutismus, BpW, Nr. 7 (1833), S. 39.
321 Ebd., S. 40.
322 (Jarcke), Revolution und Absolutismus, BpW, Nr. 12 (1833), S .72.
323 Was erleichterte die Siege der Revolution?, BpW, Nr. 28 (1834), S. 162.
324 Die Militär-Organisationen und die Kriegführung vor und nach der Revolution, BpW, Nr. 10 (1836), S. 57.
325 Die politischen Parteien, BpW, Nr. 35 (1832), S. 222; Verf.: Radowitz, vgl. Scheel, Das Berliner politische Wochenblatt, S. 186, Anm. 354.

Form des „Napoleonismus“[326], oder auch als „liberal-despotische“ Nuance des Liberalismus[327] bezeichnet. Alle drei genannten Systeme sind nach Meinung des BpW „sämmtlich nur verschiedene Formen des Absolutismus, denen ein und derselbe nur verschieden ausgedrückte Mangel an Achtung vor der Heiligkeit des Rechts zum Grunde liegt“.[328]

Die im Laufe der dreißiger Jahre erfolgende innere Differenzierung der Liberalen veranlaßte auch das BpW zur Modifizierung seiner Beurteilung. Sei es ein besonderes Charakteristikum für den Verlauf der ersten Französischen Revolution gewesen, „daß die konsequentere Partei jederzeit die minder konsequente überwältigte“, so habe sich dieses Verhältnis in neuerer Zeit umgekehrt: „Überall hat die inkonsequente Revolution die konsequente besiegt ...“.[329] In nahezu allen Ländern Europas sei in den letzten Jahren eine politische Partei entstanden, „die sich sowohl den Vertretern des alten christlichen und rechtlichen Europa, als ihren konsequenten Feinden gegenüberstellt“. Wohl könne man grundsätzlich noch immer die Anhänger der christlich-rechtlichen von denen der revolutionären Staatslehre trennen. Letztere unterschieden sich nun aber durch die „Prinzipien“ und „Interessen“. Das Dogma der Vertreter einer prinzipiellen Revolution sei die Volkssouveränität, ihr Ziel, „die bestehenden politischen und sozialen Verhältnisse über den Haufen zu werfen“ zugunsten der Errichtung einer demokratischen Republik.[330] Ihnen gegenüber stehen nach Meinung des BpW „die Anhänger der zweiten Revolutionspartei“, die das Prinzip der Volkssouveränität ablehnen und es ersetzen durch eine „Souveränität des ‚Staats‘, einer Maschine, welche Glückseligkeit und Genuß in größter Masse zu produzieren bestimmt sei“. Auch seien sie Gegner der Republik, an deren Stelle sie „jede Form vor(ziehen), in welcher der Staatsabsolutismus, die Befugnis über jedwedes Privatrecht ohne Widerstand, durch sogenannte legale Mittel zu disponiren, organisirt ist“. Dieser Aufgabe entspräche „die Repräsentativ-Monarchie“ ebenso wie „der buonapartistische Despotismus ..., da in ihnen das Recht nicht aus Gottes Gebot, und auch nicht aus dem eigentlichen Volkswillen, sondern aus dem Zeitgemäßen, Nützlichen abgeleitet, und der Verwaltung eine uneingeschränkte Macht zur Verwirklichung desselben gewährt wird“.[331] Die entscheidende Differenz der beiden Revolutionsparteien sieht das BpW in deren unterschiedlichen Interessenlagen. Die Mittelklassen – Beamte, Kaufleute, Handwerker, Künstler, Advokaten – haben ihre Ziele, v. a. die Abschaffung der Privilegien, durch die erste Revolution erreichen können. Der von den Repräsentanten der

326 Das Berliner politische Wochenblatt am Schlusse des ersten Jahres seines Bestehens, BpW, Nr. 39 (1832), S. 247; Verf.: Jarcke, s. ders., Vermischte Schriften, Bd. 1, S. 14 ff.
327 Der deutsche Liberalismus, BpW, Nr. 16 (1833), S. 96.
328 (Jarcke), Das Berliner politische Wochenblatt am Schlusse des ersten Jahres seines Bestehens, BpW, Nr. 39 (1832), S. 247.
329 Sonst und jetzt, BpW, Nr. 3 (1837), S. 15; Verf.: Radowitz, vgl. Scheel, Das Berliner politische Wochenblatt, S. 189, Anm. 424.
330 Ebd., S. 15.
331 Ebd.

Volkssouveränität und der demokratischen Republik, also von den auf die Erhebung der „Proletarier zu einer organisirten Macht" orientierenden radikalen Revolutionären geforderte zweite, soziale Teil der Revolution würde sich hingegen ganz gegen die Mittelklassen richten und stoße bei diesen auf „offenbaren Widerstand". So sei, folgert das BpW, „in das Lager der Revolution eine völlige Spaltung gekommen, und während bei dem Kampfe gegen die Reste der alten politischen Ordnung, gemeinschaftliche Bestrebungen noch möglich sind, so trennen sich augenblicklich die Parteien, sobald soziale Fragen angeregt werden."[332]

Für die Einordnung des BpW in das politische Spektrum der 1830er Jahre ist von besonderer Bedeutung, daß es durchgängig den konstitutionellen Liberalismus als seinen Hauptfeind bestimmt. „Wir hassen diese Richtung der Revolution" (sc. den modernen Konstitutionalismus, R. B.), ist in der Bilanz nach einjährigem Bestehen der Zeitung zu lesen, „weil wir sie für den Untergang aller wahren Freiheit, die Verleugnung jedwedes Rechtes, für den höchsten Gipfel eines konsequenten und alles umfassenden Despotismus halten."[333] Im gleichen Sinn wird bei anderer Gelegenheit dem konstitutionellen Liberalismus, der eine repräsentative Regierungsform anstrebe, vorgehalten, er denke keinen Augenblick daran, „daß der brutalste, rechtloseste und verderblichste Despotismus *der* der Majoritäten sei".[334] Noch im Jahr 1840 werden die Anhänger des Reformsystems und des Konstitutionalismus als „weit gefährlicher" denn die „Radikalen" bezeichnet.[335] Dieser Feindschaft gegen den konstitutionellen Liberalismus liegen mehrere Motive zugrunde. Zum einen war dieser nach der Juli-Revolution in Frankreich, das dem BpW häufig als Folie seiner politischen Lagebeurteilung diente, tatsächlich politisch dominierend.[336] Dies traf für Deutschland jedoch keineswegs zu. Als Erklärung für die besondere Aversion gegen den konstitutionellen Liberalismus tritt neben das Motiv des realen politischen Machtfaktors ein weiteres, prinzipielles. Trotz aller grundsätzlichen Kritik ist ein latenter Respekt des BpW spürbar gegenüber dem „Imperialismus", besonders in seiner napoleonischen Form, und dem radikalen Republikanismus, die beide ihre politischen Ziele offen und unzweifelhaft erklärten.[337] Im Hinblick auf

---

332 Ebd., S. 15 f.

333 Das Berliner politische Wochenblatt am Schlusse des ersten Jahres seines Bestehens, S. 247.

334 Der deutsche Liberalismus, BpW, Nr. 16 (1833), S. 96.

335 Das revolutionäre Prinzip, BpW, Nr. 27 (1840), S. 145 u. 146.

336 Vgl. Die politischen Parteien, BpW, Nr. 35 (1832), S. 222.

337 So bspw. in: Frankreich bei der Eröffnung der Session von 1833, BpW, Nr. 2 (1833), S. 10: „Napoleon war eine Macht, der Liberalismus ... (sc. „die unpraktische Mitte zwischen Republik und Monarchie", R. B.) ist eine Schwäche und Nullität."; in dem Art. Das Verhältnis der Revolution zur Literatur und Geistesbildung in Deutschland, BpW, Nr. 3 (1834), S. 14 f., wird das offene Eingeständnis des polnischen Radikalen M. Mochnatzki zum politischen Absolutismus einleitend kommentiert: „Freimütige Geständnisse der revolutionären Partei sind jederzeit von dem entschiedensten Werthe, und verdienen die möglichst weiteste Verbreitung. Sie sind nicht nur unschädlich, sondern überaus heilsam, weil sie die Schlummerträgheit der Gesinnungslosigkeit verscheuchen helfen, während die Lehre der Revolution nur dann wahrhaft verderblich wird, wenn sie sich in den Mantel der Milde und Mäßigung

den letzteren kommt die sozialkritische Sympathie und – wenn auch restaurative – Solidarität mit den Pauperisierten und Proletariern hinzu, die als Opfer der den konstitutionellen Liberalismus tragenden Mittelklassen, der „Geld-Aristokratie" angesehen werden.[338] Demgegenüber ist das Verhältnis des BpW zum konstitutionellen Liberalismus neben grundsätzlicher Ablehnung zusätzlich von Verachtung geprägt. Sie beruht im wesentlichen auf der Kritik an der „Absurdität und Unmöglichkeit", eine „unpraktische Mitte zwischen Republik und Königtum" einnehmen zu wollen.[339] Die „Schwäche und praktische Unhaltbarkeit des Konstitutionalismus" liege darin, „daß es eine lächerliche Chimäre ist, drei Gewalten sich gegenseitig in der Schwebe halten zu lassen".[340] „Eine s. g. konstitutionelle Monarchie, die ... immer nur ein verkappter Absolutismus, oder eine verschleierte Demokratie sein kann", so wird geurteilt, „ist ihrer Wahrheit nach *ein Ding was nicht* ist."[341]

Bestimmt das BpW unter den drei Hauptströmungen des modernen Absolutismus also den konstitutionellen Liberalismus als wichtigsten Kontrahenten, so ist gleichwohl seine Auseinandersetzung mit den zweit- und drittrangigen Gegnern nicht minder aufschlußreich. Dies gilt besonders dann, wenn die Kritik auf politische und wissenschaftliche Strömungen oder einzelne ihrer Repräsentanten zielt, deren Auffassungen im Verlauf der 1830er Jahre an Bedeutung gewannen und Voraussetzungen für spätere Kompromisse schufen. Diese Kritik betrifft zunächst die „Historische Schule", der das BpW als Verdienst wohl anrechnet, die Dominanz des rationalistischen Naturrechts (Kant, Fichte, Hegel) in der Rechtswissenschaft gebrochen und überwunden zu haben. Das an die Stelle des Rationalismus gesetzte „historische Recht" müsse aber, so die Kritik, zu einem „sinn- und haltlosen Indifferentismus führen ..., dem Alles gleich recht und gleich weise erscheint, wenn es sich nur (was aber freilich bei jeder, auch der abscheulichsten Thatsache der Fall ist) ‚historisch gebildet hat' ...". Auf diese Weise könne „der rechtloseste Absolutismus" ebenso wie „die revolutionäre Tendenz" gerechtfertigt werden.[342] Auf v. Savigny anspielend wird betont, daß bei der auf der Basis der Methode der „historischen Schule" durchgeführten Gesetzgebung „Wahrheit und Irrtum ..., unbestreitbares Recht des Regenten und ungerechter Absolutismus, nahe an einander gren-

---

hüllt, wenn sie auf halbem Wege stehen zu bleiben verspricht, wenn sie selbst vor den Extremen warnt, und klüglich ihre letzten Zwecke zu verhüllen weiß."

338 Zur frühen Sensibilität des BpW gegenüber der „sozialen Frage" s. Die Proletarier, BpW, Nr. 46 (1835), S. 271 f.; Der moderne Feudalismus, BpW, Nr. 23 (1837), S. 134 f.; Die Geldwirtschaft und die Proletarier, BpW, Nr. 38 (1837), S. 222 f.; Zur Lehre vom Pauperismus, BpW, Nr. 2 (1839), S. 6 ff.; s. a. Scheel, Das Berliner Politische Wochenblatt, S. 144-167.

339 Frankreich bei Eröffnung der Session von 1833, BpW, Nr. 2 (1833), S. 9.

340 Der Bonapartismus, BpW, Nr. 44 (1832), S. 278; Verf.: Jarcke, s. ders., Vermischte Schriften, Bd. 2, S. 388 ff.

341 Endziel des konstitutionellen Liberalismus, BpW, Nr. 2 (1836), S. 13.

342 Naturrecht und Geschichte, BpW, Nr. 43 (1834), S. 258 f., Verf.: Jarcke, s. ders., Vermischte Schriften, Bd. 2, S. 1; ebenso in: Die Naturlehre des Staates, BpW, Nr. 50 (1834), S. 299, Verf.: Jarcke, s. ders., Vermischte Schriften, Bd. 2, S. 20 ff.

zen."[343] Diese Kritik mündet in den Vorwurf, daß „die historische Ansicht vom Recht ... nicht selten zu dem groben Mißverständnisse und Irrthum eines gewissen Quietismus Veranlassung gegeben (hat), gleichsam als sei, eben weil alles was geschieht notwendig ist, auch jedwede menschliche Tätigkeit gleichgültig".[344] Gleichwohl wird die historische Methode in der Rechtswissenschaft nicht grundsätzlich abgelehnt, entscheidend sei jedoch die Überwindung des Indifferentismus.

Ähnliche Kritik erfährt auch F. J. Stahl, dessen „Philosophie des Rechts" zudem wegen ihrer politisch vermittelnden Absicht angegriffen wird: „Sie will *vermitteln*, nicht in jener ächten, großartigen, tüchtigen Weise die sich *über* die Parteien stellt, und von der ewigen Grundlage des Rechts und der Geschichte aus, Unrecht, Einseitigkeit und Leidenschaft allenthalben bekämpft, wo sie solchen begegnet, – sondern in der kläglichen Art des modernen Juste milieu, das *zwischen* den streitenden Heeren seine Stellung nimmt, und das Unvereinbare verschmelzen und verwaschen möchte."[345] Zwar erstrebe Stahl eine Alternative jenseits von Absolutismus und Volkssouveränität, jedoch sei der von ihm „aufgestellte ‚Staat' ... seinem Wesen nach der absoluteste ..., der gedacht werden kann",[346] ja, „die unmittelbarste Folge solcher Prinzipien muß unvermeidlich notwendig, der scheußlichste Staatsabsolutismus sein".[347]

1.2. Das Staats-Lexikon von Rotteck-Welcker

Wie im Berliner politischen Wochenblatt, so wird auch im „Staats-Lexikon" von Rotteck-Welcker der „Absolutismus" von der höheren Warte des Rechts beurteilt. Wird in jenem jedoch unter Berufung auf das Christentum als dem vermeintlich höchsten Begriff des Rechts die Rechtsgleichheit der Menschen, weil zum Absolutismus führend, entschieden negiert, so ist umgekehrt für den Autorenkreis des „Staats-Lexikons" die Verwirklichung der Menschenrechte und die vernunftrechtlich begründete Herstellung der Rechtsgleichheit das politische Ziel des Liberalismus. Der Kampf zwischen diesen beiden Rechtsauffassungen – im StL durchgängig als „Vernunftrecht" und als die bestehende Ungleichheit legitimierendes „historisches Recht" bezeichnet – macht für die Autoren des StL den politischen Charakter der gegenwärtigen Epoche aus.[348] Der „Neuzeit", die mit dem letzten Drittel des 18. Jahrhunderts beginne, falle die Aufgabe zu, eine „echte Staatswissenschaft zu

---

343 Aphorismen über Naturrecht, positives Recht und Gesetzgebung, BpW, Nr. 18 (1837), S. 104, Verf.: Jarcke, s. ders., Vermischte Schriften, Bd. 2, S. 65 ff.

344 Über die wissenschaftliche Regeneration des staatswissenschaftlichen Studiums, BpW, Nr. 22 (1836), S. 132 f., Verf.: Jarcke, s. ders., Vermischte Schriften, Bd. 1, S. 94 ff.

345 Alter Irrtum in neuem Gewande, BpW, Nr. 30 (1837), S. 175; zur Kritik an Stahl s. a. (Jarcke), Naturrecht und Geschichte, BpW, 43 (1834), S. 258 f.

346 Ebd.,S. 177.

347 Ebd., S. 181.

348 Vgl. Vorwort, Bd. 1, S. XV ff.; Art. Naturrecht, Bd. 11, S. 162 f; Art. Rotteck, Bd. 14, S. 127 u. 158 ff.

erbauen" bzw. „für die *Verfassung* und für die *Verwaltung* der Staaten diejenigen Grundsätze aufzustellen und geltend zu machen, welche der *Vernunftidee* vom Staate, d. i. vom *Rechtsstaat* wahrhaft entsprechend sind".[349] Als die neue Staatswissenschaft erachtet Rotteck das „konstitutionelle System", welchem er das „absolutistische System" gegenüberstellt.[350]

In diesem Sinne eröffnet auch F. Murhard[351] den Artikel „Absolutismus": „*Absolutismus*, das Wort in politischer Bedeutung genommen, ist Unbeschränktheit der Herrschergewalt im Staate und Ungebundenheit derselben von allen konstitutionellen Einrichtungen, in so fern also der Gegensatz von *Konstitutionalismus*."[352] Als die wesentlichen Charakteristika des konstitutionellen Systems, und somit zugleich als die entscheidenden Mittel gegen den Absolutismus, nennt Rotteck in dem Artikel „Constitution …" u. a. das Recht des Volkes auf Repräsentation, Pressefreiheit, Einheit der Staatsgewalt und Gewaltenteilung.[353] Seine Auffassung von der „Einheit der Staatsgewalt" grenzt Rotteck insbesondere ab gegenüber „der praktischen Absicht, günstige Folgerungen für den Absolutismus aus solcher Lehre zu ziehen …". Die Einheit der Staatsgewalt sei nur als „Einheit des Begriffs" zu verstehen. Wesentlich für das „konstitutionelle Princip" sei die subjektive Teilung der Staatsgewalt in unterschiedliche Träger, nämlich die beiden Rechtspersönlichkeiten Regierung und Volksrepräsentation.[354]

Hinsichtlich der zweiten von Rotteck gestellten Aufgabe an eine neu zu begründende Staatswissenschaft – rechtsstaatliche Grundsätze für die Verwaltung zu formulieren – unterscheidet Murhard in seinen Ausführungen über „Staatsverwaltung" zwei Staatsverwaltungssysteme, die „wie Antipoden sich gegenüberstehen. Das eine hat zum leitenden Princip die politische Maxime, daß alles Öffentliche im Staate, *so viel und so weit als möglich*, von Oben herab durch die mit der Staatsgewalt bekleidete regierende Autorität … geschehen solle. Das andere verlangt dagegen umgekehrt, *daß so wenig als möglich* durch die Staatsregierung, vielmehr *so viel als möglich* durch die Staatsbürger geschehe."[355] Während letzteres den Vorteil habe, den Dualismus zwischen Regierung und Regierten aufzuheben und – wie in England – die Selbstverwaltung zu fördern,[356] habe ersteres „*Vielregiererei*" zur Folge und werde zum „Grab aller Volksfreiheit". Es lasse sich nur durchführen „mittels eines *Zentralisationssystems* in der öffentlichen Verwaltung, welches dann wiederum zu seiner Verwirklichung eines zahlreichen, hierarchisch organisierten, vom Staatsregenten abhängigen *Beam-*

349 Vorwort, Bd. 1, S. IX.
350 Art. Constitution, Bd. 3, S. 768.
351 Zu Murhard s. W. Weidemann, Friedrich Murhard (1778-1853) und der Altliberalismus, in: Zeitschrift des Vereins für hessische Geschichte und Landeskunde, NF, Bd. 45 (1926), S. 229-276, sowie zuletzt N. Fuchs, Die politische Theorie Friedrich Murhards 1778-1853, Diss. phil. Erlangen-Nürnberg 1973.
352 Art. Absolutismus, Bd. 1, S. 143.
353 Art. Constitution, S. 768 ff.
354 Ebd., S. 775.
355 Art. Staatsverwaltung, Bd. 15, S. 83.
356 Ebd., S. 91.

tencorps bedarf".[357] Dieses System führe, wie vornehmlich Preußen zeige, zum „Absolutismus"[358] bzw., wie selbst unter Friedrich dem Großen, „zu einem in der Person des Fürsten konzentrierten absoluten Bevormundungsregiment ...".[359] Gegenüber dem möglichen Einwand, daß die Dezentralisation in der Verwaltung das Einheitsprinzip im Staat gefährde, weist Murhard auf die notwendige Unterscheidung einer „*gouvernementalen* ... von einer *administrativen* Zentralisation" hin: „Die erstere kann sehr wohl ohne die letztere, welche bloß bei einer volksbevormundenden Vielregiererei aus Einem Mittelpunkte notwendig ist, bestehen ..."[360] Nicht generell also, wie im Berliner politischen Wochenblatt, sondern nur als Negation rechtsstaatlich-konstitutioneller Einheit der Staatsgewalt wird die Zentralisation der Staatsgewalt abgelehnt. Wie auch Welcker an anderer Stelle betont, führt erst „die Übertreibung und Einseitigkeit der Zentralisation, etwa einer Napoleonischen, ... im Staatsleben zum Absolutismus und Despotismus ...".[361] Die wesentlichen Kriterien des „Absolutismus" sind also für die liberalen Autoren des „Staats-Lexikons" die Abwesenheit oder Negation konstitutioneller Freiheiten sowie die übertriebene Zentralisation.

Versuche, den Absolutismus auch begrifflich-historisch zu erfassen, bleiben im StL vereinzelt. Wenngleich die einschlägigen Ausführungen sich durchaus zu einem konturierten Bild der Entwicklung des Absolutismus zusammenfügen ließen, bliebe dies eine ex post-Konstruktion. Das liegt im wesentlichen in der Unterschiedlichkeit der Autoren begründet, die einesteils, wie insbesondere Rotteck und Murhard, vernunftrechtlich, andererseits, wie Welcker und Kolb, mehr historisch argumentieren. Vornehmlich Murhards Absolutismus-Artikel bleibt bemerkenswert unhistorisch. Noch ganz der durch I. Kant beeinflußten Diskussion der Staats- und Regierungsformen verhaftet, gilt Murhards vorrangiges Interesse dem Nachweis, daß „Absolutismus" in allen Regierungsformen möglich sei, sowie dem Versuch, „Absolutismus" und „Despotismus" zu unterscheiden.[362] Demgegenüber kommt Welcker zu einem historischen Verständnis des Absolutismus als Übergangsphase vom Mittelalter zu Neuzeit. „Wie mangelhaft", so Welcker, „die feudalistischen, wie die theokratischen Grundsätze und Zustände des Mittelalters auch sein mochten, so roh und verderblich, *so allgemein* unterdrückend, die Freiheit und die edleren Kräfte lähmend, als der erst in der folgenden Periode entstehende Absolutismus, der höchstens ebenfalls nur als Übergangsmittel Entschuldigung oder Billigung finden könnte, waren sie nimmer."[363] Mit dem letzten Drittel des 18. Jahrhunderts be-

357 Ebd., S. 83; vgl. a. Art. Absolutismus, S. 154 f.
358 Ebd., S. 90.
359 Ebd., S. 103; s. a. Art. Menschheit, Bd. 10, S. 497, wo die Regierungen Friedrichs d. Gr. und Kaiser Josephs II. bezeichnet werden als „nur die Zeit eines *erleuchteten Despotismus*, nicht wahrer Freiheit".
360 Ebd., S. 98.
361 Art. Centralisation, Bd. 3, S. 388.
362 Vgl. Art. Absolutismus, S. 143 u. 148-153; s. ausführlicher auch Murhards Schrift: Die unbeschränkte Fürstenschaft, Kassel 1831.
363 Art. Mittelalter, Bd. 10, S. 628; s. a.S. 633.

ginnt, so Welcker an anderer Stelle, „für die Völker der neuern Zeit der großartigste Kampf, welchen die Weltgeschichte je sah. Es ist der … gemeinschaftliche Kampf der heutigen gesitteten Völker für ihre Rechte der Mündigkeit, für ihre geistige und politische Emancipation und Freiheit; es ist ihr Kampf für die Anerkennung ihrer Autonomie, oder ihrer äußeren und inneren Selbständigkeit, der Kampf gegen alle geistige und bürgerliche Unterdrückung und Bevormundung, gegen Despotismus und Absolutismus; es ist in der höchsten Auffassung der Kampf für den wahren und freien Staat, für die wahre Nationalität und Staatsidee, für staatsbürgerliche Freiheit und einen freien Staatenverein."[364] Ähnlich hatte sich bereits früher Rotteck geäußert. Wenngleich „im Geleite der … Aufklärung" im allgemeinen große Fortschritte in der Regierungskunst, der Nationalökonomie und Finanzkunst, im Heerwesen, der Polizei u. a. erreicht worden seien, blieben jedoch, so Rotteck, „die Verfassungen … schlecht geregelt, wie sie waren, oder neigten vielmehr zusehends zur völligen *Despotie*, d.h. zum *Absolutismus* sich hin …".[365]

In der französischen Revolution sieht Rotteck die große Wende der „europäischen Dinge". Ihr Charakter bestehe „in dem, zum offenen Ausbruch gekommenen, *Kampf des vernünftigen Rechtes gegen die ihm widerstreitenden Partien oder Bestimmungen des historischen und positiven*".[366] Zwar sei dieser überhaupt das gegenwärtige Zeitalter kennzeichnende Kampf des Vernunftrechts gegen das historische Recht noch nicht endgültig entschieden, doch habe die französische „Charte constitutionelle" (1814) durch die Sicherung der positiven Ergebnisse der Revolution – nämlich „das *Prinzip der gesetzlichen Freiheit und des vernünftigen Rechtes*" einen entscheidenden Schritt zu seiner Anerkennung getan. „Das *konstitutionelle* System, d. h. jenes der *Volksrepräsentation* und der dadurch beschränkten Fürstenmacht, hatte sich grundgesetzlich aufgestellt neben jenem des *Absolutismus* …"[367] Wenn aber trotz der „Prinzipien des Konstitutionalismus und Repräsentativismus"[368] bislang keine durchgreifenden praktischen Verbesserungen eingetreten seien, so liege dies, wie verschiedentlich kritisiert wird, an der Fortdauer des Beamtenregiments, das gleichsam als Bindeglied zwischen altem und neuem Absolutismus fungiere. „In Verfassung und Verwaltung", so Welcker, werde „täglich der *französische Ludwig XIV.* und *Napoleon*, ihr „l'état, c'est moi", ihr Absolutismus, ihre Zentralisation, ihre Polizei, ihre Willkür über die und durch die Beamten nachgeahmt …"[369] Insbesondere diene die napoleonische despotische Zentralisation als Muster des „neudeutschen Systems",[370] denn, wie Murhard bei anderer Gelegenheit bemerkt, „da das Erbmonarchentum jederzeit zu seiner Erhaltung einer Aristokratie bedarf, die Geburtsaristokratie aber auf-

---

364 Art. Rotteck, Bd. 14, S. 121.
365 Vorwort, Bd. 1, S. XII f.
366 Ebd., S. XI.
367 Ebd., S. XVI f.
368 Art. Staatsverwaltung, S. 88.
369 Art. Öffentlichkeit, Bd. 12, S. 270.
370 Art. Staatsdienst, Bd. 14, S. 747; vgl. a. Art. Staatsverwaltung, S. 89.

gehört hatte, eine hinlängliche Stütze der Erbthrone vorzustellen, so war es natürlich, daß die Fürsten stets mehr eine Stütze in der Beamtenaristokratie suchen."[371]

Als ersten Hauptzweck des „Staats-Lexikons" hatte Rotteck die Aufstellung und publizistische Verbreitung eines politischen „Glaubensbekenntnisses", die „konstitutionelle Monarchie" bezeichnet.[372] Stellte die „konstitutionelle Monarchie" als ein Kompromiß der verschiedenen Strömungen des Liberalismus zunächst nicht mehr dar als einen allgemeinen Handlungsrahmen, der wegen der unterschiedlichen politischen Bedingungen in den Mitgliedsstaaten des Deutschen Bundes auch unterschiedliche verfassungspolitische Formen des Konstitutionalismus zuließ, so ermöglichte dies umgekehrt auch eine ebenso unpräzise Bestimmung des politischen Gegners und dessen Etikettierung als Parteigänger des „Absolutismus". Murhard unterscheidet prinzipiell zwei Formen des Absolutismus: die polyarchische, die besonders als „repräsentative Demokratie" während der französischen Revolution zur Zeit des Nationalkonvents aufgetreten sei, und die monarchische.[373] Ihr gilt im „Staats-Lexikon" durchgehend die Hauptkritik. Rotteck, dessen Beurteilungen durchweg die Gegenüberstellung von Vernunftrecht und historischem Recht als Maßstab zu Grunde liegt, erachtet als Repräsentanten des Absolutismus die „*durch's historische Recht Begünstigten*, welche nämlich beim Aufkommen des vernünftigen Rechts für ihre Privilegien oder ihre Anmaßungen zu fürchten haben ..."[374] Wen Rotteck außer den derzeitigen „Inhabern der Gewalt"[375] konkret meint, bleibt ungenau. Nur durch vereinzelte Hinweise wird ersichtlich, daß Rotteck auf die um C. F. v. Savigny und K. Eichhorn sich gruppierende Historische Rechtsschule, insbesondere aber auf den Kreis um v. Haller und das Berliner politische Wochenblatt zielt, wenn er von „der ganz exzentrischen *Reaktions-Faktion*" spricht, „die ... uns völlig ins *mittelalterliche Adel-* und *Pfaffenthum* zurückführen und zur Niederschlagung aller Freiheitsideen zuvörderst den *unbändigsten Absolutismus der Krone* benutzen möchte ...".[376]

Erheblich präziser bestimmt Welcker die Hauptgegner des Konstitutionalismus und Repräsentanten des Absolutismus. Gilt seine Kritik allgemein dem „politische(n) Absolutismus, der, gleichviel, ob in der Gestalt unbeschränkter jakobinischer Republik, oder schrankenloser Fürstengewalt, alle selbständige Freiheit zerstört ...",[377] so doch insbesondere den Vertretern der politischen Restauration. Vehement tadelt er, wie „... unbedenklich Hr. v. *Haller* und seine Schule, z. B. das *Berliner Wochenblatt*, den kastenmäßigen Aristokratismus, den despotischen Absolutismus und Obskurantismus, die Vernichtung von Volk und Staat und öffentlichem

371 Art. Staatsverwaltung, S. 89.
372 Vorwort, S. XXIII f.
373 Art. Absolutismus, S. 143 u. 146.
374 Art. Naturrecht, S. 162.
375 Vorwort, S. XI u. XVI f.
376 Art. Bewegungspartei, Bd. 2, S. 562; s. a. Art. Absolutismus, S. 158 f.; Art. Constitution, S. 794; Art. Historisches Recht, Bd. 8, S. 21 f.
377 Allgemeine encyclopädische Übersicht der Staatswissenschaft und ihrer Theile, Bd. 1, S. 7.

Gemeinwesen, als echt germanisch und als echt christlich darstellen ...".[378] Bei anderer Gelegenheit polemisiert Welcker gegen die „... despotischen, ultraroyalistischen oder aristokratischen (Widersprüche und Irrtümer) von *Filmer*, *Wandal* und *Maasius*, von *Maistre* und *Haller*, *Friedrich Schlegel*, *Adam Müller* und *Bonald*, welche unmittelbar aus christlichen Vorschriften den äußersten Absolutismus und Servilismus ableiten und zum Theil die von den europäischen Fürsten der *heiligen Allianz* feierlich anerkannte ... politische Gültigkeit christlicher Grundsätze in diesem Sinne zu deuten wagen."[379]
Werden diese „Lobredner des Absolutismus"[380] von den im „Staats-Lexikon" versammelten liberalen Autoren als Hauptfeind des Konstitutionalismus ausgemacht, so gilt daneben entschiedene Kritik auch dem Scheinkonstitutionalismus, der „weit heilloser als der *nackte Absolutismus*"[381] sei. Wiederholt polemisiert Murhard gegen die „halb-liberalen Justemilieumänner",[382] besonders gegen K. H. L. Pölitz, F. Ancillon und S. Jordan: „Das Justemilieusystem der Staatsgelehrten aus der Pölitz-Ancillon'schen Schule für die politische Reformation, von denen man, in der parlamentarischen Sprache Frankreichs zu reden, sagen würde, daß sie, wo nicht zur äußersten Rechten, doch zum rechten Centrum gehörten, leidet zugleich an zwei ihm anklebenden Gebrechen": der „Langsamkeit" und der „Halbheit".[383] Anders als die Vertreter einer wirklichen Reform, nämlich die liberalen Autoren des „Staats-Lexikons", glaubten die Anhänger des Justemilieusystems „... an die Möglichkeit ..., ihrem Wesen und ihrer Natur nach unverträgliche Sachen mit einander zu vereinbaren und für die Dauer in Einklang zu bringen, wie z. B. staatsbürgerliche Freiheit mit aristokratischem Absolutismus und Feudalsystem, staatsbürgerliche Gleichheit und Bevorrechtigungen einzelner Klassen und Kasten u. dergl. m.".[384]

Die im „Staats-Lexikon" vorgetragene Absolutismuskritik zielt also vorrangig auf die Nichtgewährung verfassungsmäßig zu garantierender Rechte wie Repräsentation und Mitsprache der Repräsentanten des Volkes in Regierungsangelegenheiten, Gewaltenteilung und Pressefreiheit. Positiver Gegenbegriff des Absolutismus ist „Konstitutionalismus". Hauptadressat der Absolutismuskritik ist die um das Berliner politische Wochenblatt gruppierte ideologische Strömung, sodann die Historische Rechtsschule. Daneben wird auch der Juste-milieu-Liberalismus der Kritik unterzogen.

---

378 Ebd.
379 Art. Christenthum, Bd. 3, S. 461.
380 Art. Deutsches Landes-Staatsrecht, Bd. 4, S. 364.
381 Art. Constitution, S. 788.
382 Art. Reaction, Bd. 13, S. 441.
383 Art. Reformen, Bd. 13, S. 610.
384 Ebd., S. 617.

1.3. Die Rheinische Zeitung

Die Untersuchung der Rheinischen Zeitung unter den Fragestellungen nach dem Begriff und den Repräsentanten des Absolutismus erscheint zunächst enttäuschend und unergiebig, enthält dieses Blatt doch, anders als das Berliner politische Wochenblatt und das „Staats-Lexikon", keine einschlägigen politischen Grundsatzartikel und insgesamt nur spärliche Ausführungen zum Thema. Auf die möglichen Gründe hierfür wird am Ende dieses Abschnitts einzugehen sein.
Generell wird in der RhZ der Absolutismus dem „konstitutionellen System"[385] oder, noch allgemeiner, der Freiheit gegenübergestellt.[386] Eine weitere inhaltliche Präzisierung des politischen Absolutismus wird nicht vorgenommen, doch finden sich Hinweise auf seine Repräsentanten, die auch begriffliche Rückschlüsse erlauben. Bemerkenswert ist zunächst, daß der Kampf gegen den Absolutismus hier weniger vernunftrechtlich, wie etwa bei Murhard und Rotteck, als vielmehr unter Berufung auf die Geschichte geführt wird. So kommt F. W. Carové zu dem Urteil: „... es hat zuletzt die Forschung auch der Geschichte des *deutschen* Rechts sich zugewendet, und es wird hierdurch den *absolutistischen* Juristen immer schwerer, ihre undeutschen Theorien als *germanische* geltend zu machen."[387] Ähnlich äußert sich der Heidelberger Historiker K. Hagen. Es sei „... erfreulich zu bemerken, wie das echt germanische Bewußtsein in Deutschland immer mehr überhand nimmt. In der Jurisprudenz hat Zöpfl mit Entschiedenheit den nationalen Weg eingeschlagen, und es sollte uns sehr wundern, wenn diese Wissenschaft noch länger das germanische Element perhorreszieren könnte." Das deutsche Volk werde sich immer mehr seiner Nationalität bewußt und es stehe ihm eine erfreuliche Zukunft bevor, die allerdings sehr verschieden sei von den Vorstellungen derjenigen „Publizisten, die uns den Absolutismus gerne als ‚national' verkaufen möchten."[388] Diese Kritiken richten sich zum einen gegen das von Hagen als „Absolutismus" bezeichnete „Patriarchalsystem",[389] wie es vor allem von der Gruppierung um v. Haller und das Berliner politische Wochenblatt verfochten wurde, auf dessen Bedeutung an anderer Stelle hingewie-

385 Übereinstimmung der „Presse" und der „Preußischen Staatszeitung" in Verfassungsfragen, RhZ, Nr. 296 v. 23.1.1842, Beiblatt; Darmstadt, 21. Juli. Die badische Opposition, RhZ, Nr. 206 v. 25.7.1842; Die zweite Kammer und das Staatsministerium im Großherzogtum Hessen, RhZ, Nr. 65 v. 6.3.1842, Beiblatt; Der Schacher mit den Rittergütern, RhZ, Nr. 349 v. 15.12.1842.

386 Spanien, RhZ, Nr. 39 v. 8.2.1842, Beiblatt.

387 Über das sogenannte germanische und das sogenannte christliche Staatsprinzip, RhZ, Nr. 181 v. 30.6.1842, Beiblatt.

388 K. Hagen, Über die neuesten Angriffe auf das Repräsentativ-System in Deutschland, RhZ, Nr. 198 v. 17.7.1842, Beiblatt; im gleichen Sinn s. a. Übereinstimmung der „Presse" und der „Preußischen Staatszeitung" in Verfassungsfragen, wo ausgeführt wird: „Wer aber die deutsche Geschichte kennt, wird wissen, daß in der Vorzeit der Absolutismus keinen Grund und Boden findet."

389 Ebd.

sen wird.[390] Zu dieser in Preußen besonders in Kreisen des ostelbischen Junkertums anzutreffenden politischen Richtung wird auch A. v. Thadden-Trieglaff gezählt, dessen restaurative Ideen ihm den Ruf eines „Ritter(s) des Absolutismus und trostlosen Kämpfer(s) der Feudalzeit"[391] einbrachten.
Zum anderen zielt diese Kritik auf die vom restaurativen Berliner politischen Wochenblatt zu unterscheidende Historische Rechtsschule um v. Savigny. Sie wird gelegentlich sogar als politisch noch gefährlicher als der herkömmliche Absolutismus beurteilt. So zitiert K. Nauwerck zustimmend aus einem einschlägigen Aufsatz über die Historische Schule: „Die Willkühr des Absolutismus ist lange nicht so gefährlich als die der deutschen Gelehrten, welche sich von ihren Lieblingsstudien beherrschen lassen und bald das Altertum, bald das Mittelalter wiederherstellen möchten, auf die Bedürfnisse der Gegenwart aber selten Rücksicht nehmen, weil sie anmaßend genug sind, zu meinen, daß ihr Kopf der Brennpunkt derselben sei."[392]

Neben diesen Repräsentanten der politischen Restauration und Reaktion gilt die Absolutismuskritik in der Rheinischen Zeitung in besonderem Maße der Bürokratie. Dabei werden historisch zwei aufeinander folgende Phasen des Beamtenstaates angedeutet. Zunächst ist die Kritik auf den älteren „Beamten-Mechanismus" gerichtet, wie er etwa in Preußen vor den Stein-Hardenbergischen Reformen bestanden habe[393] und derzeit noch die politischen Zustände in Nordelbien durch die Zusammenarbeit von „Absolutisten und Aristokraten" bestimme.[394] Daneben wird Kritik an der „Apotheose der Beamtenaristokratie" und der Idee des Beamtenstandes als Repräsentant des allgemeinen Interesses geübt.[395] Diese Kritik wird exemplarisch deutlich in der Auseinandersetzung mit der Publikation des Direktors des statistischen Büros in Berlin, J. G. Hoffmann, über „das Verhältnis der Staatsgewalt zu den Vorstellungen ihrer Untertanen" (Berlin 1842). Wird zunächst dessen Bemühen anerkannt, das Verhältnis zwischen Staatsgewalt und Untertanen zu harmonisieren, so wird zugleich auf das Mißlingen dieses Versuchs hingewiesen, das in Hoffmanns falschem Rechtsbegriff der bürgerlichen Gesellschaft und der Idee des Staates begründet liege.[396] Hoffmann habe „das abstrakte Ideal eines absolut tu-

390 S. Rez. Karl Riedel (Hrsg.), Bibliothek für moderne Politik und Staatswissenschaft, Darmstadt 1842, RhZ, Nr. 158 v. 7.6.1842, Beiblatt, u. Nr. 160 v. 9.6.1842, Beiblatt.
391 Der Schacher mit den Rittergütern.
392 Noch zur Ehescheidungsfrage, RhZ, Nr. 85 v. 26.3.1843, Beiblatt. Das Zitat stammt aus dem von C. M. Wolff verfaßten Aufsatz: Die Lehre der historischen Schule von der Gesetzgebung, in: ders. (Hrsg.), Was Gott *nicht* zusammengefügt hat, das *darf* der Mensch scheiden! oder Stimmen über das Ehescheidungs-Recht und den Einfluß der historischen Schule auf die preußische Eherechts-Reform, Berlin 1843, S. 152.
393 Königsberg, 23. Mai. Ausscheiden v. Rochows aus dem Ministerium, RhZ, Nr. 149 v. 29.5.1842.
394 Politische Zustände und Bestrebungen in Nordalbingien, RhZ, Nr. 214 v. 2.8.1842, Beiblatt.
395 Vgl. Hagen, Über die neuesten Angriffe auf das Repräsentativsystem.
396 Das Verhältnis der Staatsgewalt zu den Vorstellungen ihrer Unterthanen, RhZ, Nr. 200 v. 19.7.1842, Beiblatt.

gendhaften und friedfertigen *Beamtenstaates*, der über alle Kämpfe erhaben ist, im Kopfe". Diese Vorstellung negiere aber, daß auch innerhalb der Bürokratie sich ein „Korporationsgeist aus(bilde), welcher in edler Richtung eben so wohltätig wirken als ein unedler, zur mit *vollem Rechte verhaßten Büreaukratie* verführen kann". Schließlich kommt der Rezensent zu dem Urteil: „In der niedern Sphäre der Beamtenwelt macht sich dann Rohheit, in der höheren Eitelkeit und Absolutismus, der dem Herrscher gegenüber in Servilismus umschlägt, geltend."[397]

Dieser Kritik kommt darum besondere Bedeutung zu, weil Hoffmann als „der lebendige Ausdruck und wahre Repräsentant der Juste-Milieu-Partei in Preußen"[398] bezeichnet wird. Diesem Juste-Milieu als einer Spielart des Liberalismus galt in wachsendem Maße die Kritik in der RhZ. Die Kritik an Hoffmann ist somit zugleich eine Kritik des Liberalismus, insbesondere des, wie an anderer Stelle hervorgehoben wird, „Beamten-Liberalismus", auf den man politisch „wenig oder gar nichts zu geben (habe)".[399]

So zielt die in der RhZ geäußerte Absolutismuskritik zum einen auf die Vertreter der politischen Restauration und der Historischen Rechtsschule, zum anderen auf den Beamtenliberalismus. In beiden Fällen stimmt die Kritik weitgehend mit den aus dem „Staats-Lexikon" von Rotteck-Welcker bekannten Argumenten überein. Ansatzweise ist hier jedoch eine Kritik am Liberalismus, insbesondere am Beamtenliberalismus erkennbar, die bei anderen Gelegenheiten massiv vorgetragen wird und schließlich zur Spaltung der bis dahin gemeinsamen Opposition führte.[400]

Die relativ knappen Ausführungen zum Absolutismus in der RhZ sind kaum in mangelnder politischer Sensitivität oder der Kurzlebigkeit dieser Zeitung zu suchen. Entscheidend dürften vielmehr andere Gründe sein. Zum einen war die liberale Absolutismuskritik zu Beginn der 1840er Jahre argumentativ offenbar beendet. Prinzipiell war ihr auch von den um die RhZ versammelten Autoren nichts mehr hinzuzufügen.[401] Zum anderen rief der sich beschleunigende sozialökonomische Wandel neue Themen hervor, und schließlich vollzog sich seit dem Ausgang der 1830er Jahre ein tiefgreifender Neu- und Umgruppierungsprozeß der politischen Strömungen. Diese historische Umbruchsituation findet besonders ausgeprägt in der RhZ ihren Niederschlag. Gestützt wird diese Argumentation durch Moses Heß, der in einem Beitrag für die RhZ schrieb: „Der *Pauperismus*, die Verarmung des Volkes, hat erst in jüngster Zeit die Aufmerksamkeit auf sich zu ziehen gewußt, und er hat den Bestrebungen der Zeit eine ganz neue und eigenthümliche Richtung gegeben. ... Seitdem ist es nicht mehr die Feudalaristokratie, auch nicht der Abso-

---

397 Ebd., Forts., RhZ, Nr. 202 v. 21.7.1842, Beiblatt.
398 Ebd., Forts., RhZ, Nr. 207 v. 26.7.1842, Beiblatt.
399 Die Stellung der Bürokratie zur Presse, RhZ, Nr. 19 v. 19.1.1843, Beiblatt.
400 S. hierzu I. Bauer/A. Liepert, Zum Differenzierungsprozeß im Liberalismus des deutschen Vormärz. Das Verhältnis zwischen Junghegelianern und dem „Staatslexikon", in: ZfG 30 (1982), S. 413-425.
401 S. a. Wende, Radikalismus im Vormärz, S. 52.

lutismus allein, was dem Zeitgeiste widerspricht: die ganze Organisation oder vielmehr Desorganisation unseres sozialen Lebens erheischt eine Reform.“[402]

Der allmähliche Bedeutungsschwund des politischen Absolutismus korrespondiert mit der gleichzeitig zunehmenden Historisierung des Begriffs. Auch dieses dokumentiert beispielhaft die RhZ, findet in ihr sich doch einer der ersten einschlägigen historischen Aufsätze zum Absolutismus, verfaßt von K. Hagen.[403] Auf ihn wird später ausführlich zurückzukommen sein.

2. Absolutismus, Konstitutionalismus und das Spektrum der politischen Strömungen zwischen Restauration und Vormärz

2.1. Methodologische Probleme bei der Untersuchung der politischen Strömungen

Die vorangegangenen Ausführungen zum Schlagwort „Absolutismus“ orientierten sich an der Hypothese, mithilfe einer qualitativen Begriffsanalyse Hinweise auf die Differenzierungen im Spektrum der politischen Strömungen zwischen Restauration und Vormärz zu erhalten. Auf letzteres soll nun gesondert eingegangen werden, fehlt es hierzu doch bislang weitgehend an einschlägigen Untersuchungen. Wenn H. Brandt vor zwanzig Jahren monierte, daß „es so sehr an Vermessungen der liberalen Ideen-Topographie des Vormärz fehlt“,[404] so gilt dies ebenso für den Konservatismus[405] wie für die politischen Strömungen insgesamt.[406] Der bisher wirkungsvollste Beitrag zu einer Gliederung der politischen Strömungen und des vormärzlichen Parteienspektrums stammt von E. R. Huber, der in seiner „Deutsche(n) Verfassungsgeschichte“ zu einem fünfgliedrigen Parteiensystem kommt, bestehend aus dem Konservatismus, Katholizismus, Liberalismus, Radikalismus und Sozialismus.[407] Die breite Anerkennung, die dieses Schema noch in den neuesten Darstel-

402 Die politischen Parteien in Deutschland, RhZ, Nr. 254 v. 11.9.1842, Beiblatt.

403 K. Hagen, Epochen des Absolutismus im neueren Europa, RhZ, Nr. 333 v. 29.11., 335 v. 1.12., 338 v. 4.12., 340 v. 6.12. u. 342 v. 8.12.1842, Beilage.

404 H. Brandt, Landständische Repräsentation im deutschen Vormärz, Neuwied-Berlin 1968, S. 163.

405 Erst in den letzten Jahren wächst allmählich wieder das Interesse an der historischen Konservatismusforschung. S. hierzu u. a. H. G. Schumann (Hrsg.), Konservatismus, Köln 1974; D. Stegmann/H.-J. Wendt/P.-Chr. Witt (Hrsg.), Deutscher Konservatismus im 19. und 20. Jahrhundert. FS für Fritz Fischer zum 75. Geburtstag, Bonn 1983; K. Mannheim, Konservatismus. Ein Beitrag zur Soziologie des Wissens, hrsg. v. D. Kettler/V. Meja/N. Stehr, Frankfurt a. M. 1984.

406 G. A. Ritter, Die deutschen Parteien 1830-1914, Göttingen 1985, behandelt die 1830er Jahre lediglich peripher (S. 10 f.). Systematisierende Hinweise auf die politischen Strömungen finden sich hier nicht. Aus der älteren Literatur s. die systematische Verortung der verfassungspolitischen Strömungen bei V. Eichstädt, Die deutsche Publizistik von 1830, S. 13-32.

407 E. R. Huber, Deutsche Verfassungsgeschichte, Bd. II, Stuttgart 1960, S. 324 ff.

lungen zur Geschichte des 19. Jahrhunderts gefunden hat,[408] kann freilich seine Fragwürdigkeit nicht verdecken. Die methodische Begründung dieses Schemas ist bedenklich, liegt ihm als Maßstab doch offenbar das Fünfparteiensystem des Deutschen Kaiserreichs zu Grunde.[409] Von hier aber auf den Vormärz und die 1830er Jahre zurückzuschließen ist sachlich verfehlt, weil es die Um- und Neugruppierungen ausgangs der 1830er Jahre ebenso wie die der fünfziger und sechziger Jahren verkennt. Dieses Vorgehen vermittelt eine täuschende Vorstellung von der Statik der deutschen Parteigeschichte und führt zur Konstruktion von Kontinuitätslinien, die so eindeutig keineswegs bestanden.

Die Ausführungen Hubers über den Liberalismus und Radikalismus sind von H. Brandt[410] und P. Wende[411] korrigiert und präzisiert worden. Generelle Kritik an Hubers Parteienschema hat H. Boldt geübt und zugleich einen eigenen Vorschlag zur Gliederung der politischen Strömungen im Vormärz zur Diskussion gestellt.[412] Für eine gründliche Diskussion über die politischen Strömungen und das vormärzliche Parteienspektrum stellen diese Arbeiten, insbesondere von Brandt und Boldt, den Ausgangspunkt dar. Um so enttäuschender ist daher deren mangelnde Berücksichtigung in den genannten neuesten Darstellungen zum Vormärz.

Die Gegenüberstellung der verschiedenen Ansätze in den Arbeiten von Huber, Brandt und Boldt weist aber auch auf eine zentrale Schwierigkeit bei der Rekonstruktion der politischen Strömungen hin: es gibt bislang keinen gemeinsamen Maßstab, mit Hilfe dessen eine systematische Verortung der politischen Strömungen und Gruppen möglich wäre. Verfährt Huber retrospektiv projizierend, so versucht Brandt, „das politische Denken in seinen vielfältigen literarischen Formen als durch die politisch-sozialen Verhältnisse bestimmt zu interpretieren“[413] und Boldt untersucht eine Reihe wichtiger Autoren nach dem Kriterium der verfassungsrechtlichen Konfliktregulierungskompetenz. So wichtig diese Ansätze unter politiktheoretischen Aspekten sind, so wenig aussagekräftig sind sie jedoch im Hinblick auf den realen Einfluß und die Verbreitung der einzelnen Strömungen. Demgegenüber käme es darauf an, die Bedeutung der einzelnen politischen Strömungen anhand ihrer Position im zeitgenössischen Diskurs zu rekonstruieren. Wichtige methodische Postulate hierfür sind die Überwindung retrospektiver Projektionen, die Vorsicht gegenüber allzu schnellen Etikettierungen wie „Liberalismus“ und „Konservatis-

---

408 Vgl. Faber, Deutsche Geschichte im 19. Jahrhundert, S. 168 f.; Nipperdey, Deutsche Geschichte 1800-1866, S. 377; Rürup, Deutsche Geschichte im 19. Jahrhundert, S. 155; Hardtwig, Vormärz, S. 139; Botzenhart, Reform, Restauration, Krise, S. 126 ff.

409 Zu diesem seit den sechziger Jahren sich herausbildenden Fünfparteiensystem s. Ritter, Die deutschen Parteien 1830-1914, S. 6 u. 14 ff.

410 Brandt, Landständische Repräsentation, S. 163 f.

411 P. Wende, Radikalismus im deutschen Vormärz, Wiesbaden 1975, S. 21 ff.

412 H. Boldt, Deutsche Staatslehre im Vormärz, Düsseldorf 1974, S. 283-299, zu Huber s. S. 291; kritische Beurteilung Hubers auch bei V. Hartmann, Repräsentation in der politischen Theorie und Staatslehre in Deutschland, Berlin 1979, S. 23 f.

413 Brandt, Landständische Repräsentation, S. 2.

mus"[414] sowie die Relativierung der Bedeutung ausländischer Vorbilder für die Parteibildung und Genese politischer Theorien in Deutschland. Die Inanspruchnahme ausländischer Modelle diente in den seltensten Fällen als Grundlage für die Entwicklung des eigenen politischen Denkens, sondern erfüllte umgekehrt eher die Funktion „eines Arsenals von Argumenten für die eigenen Ansichten."[415] Zurückzuweisen ist auch der Versuch, mithilfe einer Kombination von ausländischen Vorbildern und deren Rezipienten eine Typologie des deutschen Liberalismus herzustellen. Die derartig begründete Unterscheidung eines gemäßigten, an England orientierten „norddeutschen" Liberalismus und eines radikalen, an Frankreich orientierten „süd(west)deutschen" Liberalismus[416] ist nicht nur für eine kritische Rezeptionsforschung inakzeptabel; sie übersieht vor allem auch die internen Differenzierungen und Varianten des Spektrums der politischen Strömungen. Weder vornehmlich anhand ausländischer Vorbilder noch gar anhand von politischen Himmelsrichtungen lassen sich die politischen Strömungen erforschen. „Primär im deutschen Vormärz ist immer und zunächst die eigene politische Situation; der Einfluß des Auslandes ist von nachgeordneter Bedeutung."[417]

Die Rekonstruktion des vormärzlichen Parteienspektrums sollte daher auf der Untersuchung der zeitgenössischen Quellen gründen. Zu ihnen zählen Monographien einzelner Autoren, auf deren Untersuchung im wesentlichen die Arbeiten von Boldt und Wende beruhen, ebenso wie die Flugschriftenliteratur, die Brandt zusätzlich berücksichtigt hat. Darüber hinaus sind die Zeitungen und Zeitschriften von zentraler Bedeutung, denn sie geben am ehesten Hinweise auf die politischen

414 Das Problem als solches sieht bereits A. Neumeister, Romantische Elemente im Denken der liberalen Führer des Vormärzes, Diss. phil. Leipzig 1931, S. 7 f., ohne daraus jedoch Konsequenzen zu ziehen: „... so erhebt sich von vornherein die Schwierigkeit, die Gestalten einer parteimäßig noch nicht ausgebildeten Zeit in bestimmte politische Lager und Schemata einzufügen. Man muß bereits wissen, was Begriffe wie ‚konservativ' und ‚liberal' bedeuten, um so rückblickend vom Standpunkt der fertigen Partei aus, die Gedankenwelt eines einzelnen oder einer Gruppe zu diesen Begriffen in Beziehung setzen zu können. Den Maßstab dafür gewinnt man nur durch die Betrachtung der relativ abgeschlossenen Parteigeschichte, in der ganz bestimmte Grundhaltungen in der Beurteilung politischer Fragen immer wieder in den Vordergrund treten. Das fertige System ist zumeist die nachträgliche theoretische Formulierung des von vornherein gefühlsmäßig Gewollten." Diese bedenkliche Methode bestimmt bis heute weitgehend die vormärzliche Parteienforschung; unpraktisch auch, trotz Differenzierung, Nipperdey, Deutsche Geschichte 1800-1866, S. 286 ff. und 313 ff.

415 E. Angermann, Der deutsche Frühkonstitutionalismus und das amerikanische Vorbild, in: HZ 219 (1974), S. 4; s. a. Th. Wilhelm, Die englische Verfassung und der vormärzliche Liberalismus, Stuttgart 1928, S. 175-193.

416 Vgl. H. v. Treitschke, Deutsche Geschichte im 19. Jahrhundert, Bd. 2 (1887), S. 108 ff.; das 4. Buch dieses Werks Treitschkes trägt den Titel: „Das Eindringen des französischen Liberalismus 1830-1848."; F. Schnabel, Deutsche Geschichte im neunzehnten Jahrhundert, Bd. 2, zweite Aufl. Freiburg 1949, S. 176-195; H. Holborn, Deutsche Geschichte in der Neuzeit, Bd. 2, München-Wien 1970, S. 262 f.; zu dieser Typologie neigt auch Rürup, Deutsche Geschichte im 19. Jahrhundert, S. 157; zur Kritik an dieser Auffassung s. F. G. Eyck, English and French Influences on German Liberalism before 1848, in: JHI XVIII (1957), S. 313-340.

417 Hartmann, Repräsentation in der politischen Theorie und Staatslehre in Deutschland, S. 34.

Gruppierungen. Deren Erforschung und die Aufhellung der durch sie entstehenden Kommunikationsnetze bilden eine wichtige Voraussetzung für die systematische Erfassung des Spektrums der politischen Strömungen zwischen Restauration und Vormärz.

Wenngleich die folgenden Ausführungen in diese Richtung zielen, können sie nicht mehr als ein Einstieg sein. Zur Fundierung des nachfolgenden Typisierungsvorschlages bedürfte es nicht nur der Berücksichtigung weiterer Zeitschriften,[418] die bislang freilich insgesamt zu wenig untersucht worden und noch nicht hinreichend bibliographisch erfaßt sind, sondern auch einer theoretischen Validierung des Konzepts der „politischen Strömungen".[419] Einschränkend ist zudem darauf hinzuweisen, daß das heuristische Konzept der vergleichenden Zeitungsanalyse einerseits wohl wichtige Hinweise auf politische Gruppierungen gibt, andererseits diese Gruppen selbst aber in ihrer Zusammensetzung nicht als stabil und politisch homogen angesehen werden können. Die Geschichte der politischen Strömungen zwischen Restauration und Vormärz ist vielmehr ein Prozess, in dem die politischen Ansichten der an ihm beteiligten Akteure einem Wandel unterliegen und infolgedessen den politischen Gruppierungen oft der Charakter eines zeitlich und inhaltlich begrenzten Bündnisses Einzelner anhaftet. Soll die Methode der vergleichenden Zeitungsanalyse also nicht zur statischen Soziologie der politischen Gruppen führen, müssen die unterschiedlichen Interessen und Motive ihrer Mitglieder von Beginn an berücksichtigt werden.

Die im Rahmen dieser Arbeit nur als Ansatz vorzustellende Methode der vergleichenden Zeitungsanalyse versteht sich somit als Komplement zu den Arbeiten von Brandt, Boldt und Wende. Im Unterschied aber zu diesen stärker theorie- und verfassungsgeschichtlich orientierten Arbeiten liegt dem hier vorzustellenden Systematisierungsversuch als entscheidendes Kriterium die Rekonstruktion der zeitgenössischen Freund-Feind-Gegner-Konstellation zugrunde.

Bei diesem Versuch, das Spektrum der politischen Strömungen von ihren Extremen (Freund-Feind) her zu rekonstruieren und dadurch zugleich Hinweise auf die politische Mitte (Gegner) zu erhalten, hat sich die Auswahl der im vorangegangenen Abschnitt untersuchten Organe als besonders geeignet erwiesen. Bilden doch, wie die nachfolgende Untersuchung zeigen wird, das Berliner politische Wo-

---

418 Zu nennen wären etwa Zeitschriften des südwestdeutschen Radikalismus wie „Rheinbaiern", „Tribüne" oder „Westbote", u. die gemäßigte „Hannoversche Zeitung". Zu dieser von G. H. Pertz seit 1832 herausgegebenen Zeitung, an der anfänglich auch Dahlmann mitarbeitete, s. A. Springer, Friedrich Christoph Dahlmann, Bd. I, Leipzig 1870, S. 361 ff; O. Kuntzemüller, Das Hannoversche Zeitungswesen vor dem Jahr 1848, in: PJ 94 (1898), S. 433 ff.; C. Varrentrapp, Rankes Historisch-politische Zeitschrift und das Berliner Politische Wochenblatt, in: HZ 99 (1907), S. 74 f. mit weiteren Literaturverweisen.

419 S. hierzu die grundlegende Untersuchung von F. Valjavec, Die Entstehung der politischen Strömungen in Deutschland 1770-1815. Unveränd. Nachdr. der Erstausgabe von 1951. Mit einem Nachwort von J. Garber, Kronberg/Ts. 1978; zum theoretischen Konzept der „politischen Stömungen" s. jetzt Th. Stammen/Fr. Eberle, Einleitung, in: dies. (Hrsg.), Deutschland und die französische Revolution 1789-1806, Darmstadt 1988, S. 1-25.

chenblatt und das „Staats-Lexikon" von Rotteck-Welcker die Extrempositionen des Spektrums der politischen Strömungen zwischen Restauration und Vormärz.

2.2. Das Spektrum der politischen Strömungen in den 1830er Jahren

Die 1830er Jahre weisen zunächst ein siebengliedriges Spektrum von Parteiungen auf, an dessen äußerem linken Rand der republikanische Radikalismus steht. Seine bedeutendste Manifestation war das Hambacher Fest 1832, als seine wichtigsten Vertreter können Ph. J. Siebenpfeiffer und J. G. A. Wirth gelten. Durch die Metternich'sche Repressionspolitik in den Untergrund und in die Emigration gezwungen, war dieser Republikanismus im weiteren Verlauf der dreißiger Jahre im Deutschen Bund jedoch politisch bedeutungslos.[420] Nachhaltige Folge der Unter drückung dieses Republikanismus war die Verschiebung des politischen Koordinatensystems. Zwar blieben Konstitutionalismus und Antikonstitutionalismus die Orientierungsachsen, doch umgrenzten sie nicht mehr die gegensätzlichen Lager der Volkssouveränität und der Monarchie,[421] sondern standen vielmehr ausnahmslos im „Einflußfeld des monarchischen Prinzips" (H. Brandt).[422] Als Antipode stand der Restauration nicht mehr die Revolution, sondern das Lager der radikalen Reform gegenüber.

Das Spektrum der politischen Strömungen der dreißiger Jahre besteht somit im wesentlichen aus sechs Gruppierungen. Die äußeren Extreme bilden der antikonstitutionelle Kreis um das Berliner politische Wochenblatt (die „Restaurateure") auf der rechten, und die radikal-reformerische Unterströmung des aufgeklärten Liberalismus, insbesondere repräsentiert durch Rotteck und Murhard auf der linken Seite. Beide Gruppierungen stilisieren sich wechselseitig zum Hauptfeind. Sieht die eine Gruppe ihr höchstes politisches Ziel in der Herstellung des „konstitutionellen Systems", so hält die andere Gruppe eben dies „für den höchsten Gipfel eines kon-

---

420 S. hierzu Wende, Radikalismus im Vormärz, S. 23 ff.; W. Schieder, Der Rheinpfälzische Liberalismus von 1832 als politische Protestbewegung, in: Vom Staat des Ancien régime zum modernen Parteienstaat. FS Th. Schieder zum 70. Geb., München 1978, S. 169-195; ders., Die Anfänge der deutschen Arbeiterbewegung, passim; C. Foerster, Der Preß- und Vaterlandsverein von 1832/33. Sozialstruktur und Organisationsformen der bürgerlichen Bewegung in der Zeit des Hambacher Festes, Trier 1982; Deuchert, Vom Hambacher Fest zur badischen Revolution, S. 51-66; H. G. Haasis, Morgenröte der Republik. Die linksrheinischen deutschen Demokraten 1789-1849, Frankfurt a. M.-Berlin-Wien 1984, S. 168-190; R. Görisch/Th. M. Mayer (Hrsg.), Untersuchungsberichte zur republikanischen Bewegung in Hessen 1831-1834, Frankfurt a. M. 1982; aus der älteren Literatur s. die materialreiche Darstellung von R. Mucke, Die politischen Bewegungen in Deutschland von 1830 bis 1835, Leipzig 1875, Bd. 1, S. 70-111, 133-136 u. 172 f.

421 S. Schnabel, Deutsche Geschichte im 19. Jahrhundert, der den zweiten Band unter den Titel „Monarchie und Volkssouveränität" stellt.

422 Neben den Arbeiten von Brandt und Boldt s. a. die älteren Arbeiten von O. Hintze, Das monarchische Prinzip und die konstitutionelle Verfassung (1911), in GA I, S. 359-389, u. H. O. Meisner, Die Lehre vom monarchischen Prinzip im Zeitalter der Restauration und des Deutschen Bundes, Breslau 1913.

sequenten und alles umfassenden Despotismus". Was für die eine Seite Recht und Wahrheit ist, gilt der anderen als Unrecht und Unwahrheit. Diese Dogmatik gipfelt in dem gegenseitigen Vorwurf des „Absolutismus".

Dem radikalen Reformismus schließt sich zur politischen Mitte die zweite Unterströmung des aufgeklärten Liberalismus, das sog. „deutsche Juste-milieu" an, dessen bedeutendste Vertreter die Leipziger Professoren K. H. L. Pölitz und W. T. Krug sind. Sein wichtigstes Organ sind die von Pölitz seit 1828 herausgegebenen „Jahrbücher der Geschichte und Staatskunst". Auf diese Gruppierung, deren zeitgenössischer Einfluß in merkwürdig umgekehrtem Verhältnis zur Berücksichtigung in der gegenwärtigen Forschung steht, nachdrücklich hingewiesen zu haben, ist das Verdienst der Studien von V. Eichstädt[423] und vor allem von H. Brandt.[424] Die Vernachlässigung, ja Nichtberücksichtigung dieses im Rahmen des Gesamtspektrums der verschiedenen liberalen Strömungen bis zur Mitte der dreißiger Jahre politisch dominierenden Juste-milieu-Liberalismus noch in den bereits genannten neuesten einschlägigen Gesamtdarstellungen weist nicht nur auf Lücken in der Forschung hin,[425] sondern führt vor allem zu entscheidenden Verzerrungen bei der Vermessung der politischen Strömungen.

Wesentliches Kennzeichen dieses Juste-milieu-Liberalismus ist seine Frontstellung gegen den „politischen Absolutismus" in seiner doppelten, nämlich „konservativen" und „destruktiven" Gestalt.[426] Diese Kennzeichnung zielt auf den Kreis um K. L. v. Haller einerseits[427] und den „falschen Liberalismus" der deutschen Republikaner andererseits.[428] Zwischen den „absolut Konservativen" und den „absolut

423 Eichstädt, Die politische Publizistik von 1830, S. 21 ff.

424 Brandt, Landständische Repräsentation im deutschen Vormärz, S. 2 u. 14-226; ders. (Hrsg.), Frühliberalismus 1814-1840, Darmstadt 1979, S. 25 ff. u. 171-188; s. a. Boldt, Deutsche Staatslehre im Vormärz, S. 186 ff. Problematisch dort aber der Versuch, eine Kontinuitätslinie von Pölitz zu Waitz herzustellen. Biographien über Pölitz und Krug sind ein dringendes Desiderat der Liberalismusforschung. Bis dahin ist für Pölitz zu verweisen auf ADB, Bd. 26 (1888), S. 389-392; zu Krug s. ebd. Bd. 17 (1883), S. 220 ff., u. Ersch-Gruber, Allgemeine Encyclopädie, Sect. II, Th. 40 (1887), S. 104 f. sowie A. Fiedler, Die staatswissenschaftlichen Anschauungen und die politisch-publizistische Tätigkeit des Nachkantianers Wilhelm Traugott Krug, Dresden 1933. Aus der älteren Literatur ist zudem zu nennen H. Rosenberg: Theologischer Rationalismus und vormärzlicher Vulgärliberalismus, in: ders., Politische Denkströmungen im deutschen Vormärz, Göttingen 1972, S. 18-50 (zuerst ersch. 1930). Allerdings werden hier Pölitz und dessen „Jahrbücher" nicht erwähnt.

425 Keine der großen Darstellungen enthält einen Hinweis auf diese Strömung, vgl. Huber, Deutsche Verfassungsgeschichte, Bd. 2, S. 371-401; Faber, Deutsche Geschichte im 19. Jahrhundert, S. 164-181; Nipperdey, Deutsche Geschichte 1800-1866, S. 286-300 u. 377-396; Rürup, Deutschland im 19. Jahrhundert, S. 155 ff.; Hardtwig, Vormärz, S. 138-153; Botzenhart, Reform, Restauration, Krise, S. 126-139.

426 W. T. Krug, Der Kampf zwischen Konservativen und Destruktiven und das europäische Ober-Studien-Direktorium (1835), in: GS, Bd. 6, S. 202.

427 Vgl. ebd., S. 219; s. a. Krugs 1817 geschriebene Polemik: Die Staatswissenschaft im Restaurationsprozesse der Herren von Haller, Adam Müller und Konsorten, in: GS, Bd. 3, S. 320 ff.

428 Ebd., S. 202; vgl. a. W. T. Krug, Der falsche Liberalismus unserer Zeit (1832), in: GS, Bd. 5, S. 331 ff., insbes. S. 350.

Destruktiven“ befinden sich die „Reformativen“, unter denen Krug wiederum – in Anlehnung an die englischen Verhältnisse – „*gemäßigte* und *radikale* Reformers“ unterscheidet.[429] Vertreten Krug und Pölitz nach eigenem Selbstverständnis das Lager der gemäßigten Reform, nämlich „die rechte Mitte“,[430] so wird das „Staats-Lexikon“ von Rotteck-Welcker der radikalen Reform zugeordnet. Der im Vorwort des „Staats-Lexikons“ geäußerten Behauptung einer „Spaltung in zwei Systeme oder Richtungen“, die „Konstitutionellgesinnten“ und die „Absolutisten“, hält Krug entgegen, es sei unzutreffend, daß der politische Streit „*jetzt heftiger tobt als zuvor.* Hier fällt das Staatslexikon wirklich in den Fehler der schwärmerischen Unglücks-Propheten. Es hyperbolisiert, es sieht und malt die Dinge zu schwarz.“[431] Der „Prophet von der Spaltung Europa's in zwei große einander entgegengesetzte Parteien, *Konstitutionalisten* und *Absolutisten*“, habe nicht „an die Millionen der *Gleichgültigen*, der *Indifferentisten* oder *Neutralen* … gedacht“. Vor allem aber: „Hat er (der Prophet, R. B.) endlich, was den letzten Gegensatz zwischen Männern der *Revolution* und der *Reaktion* betrifft, vergessen, daß ein berühmter Lehrer der Staatswissenschaft, den er gewiß kennt, der geheime Rat *Pölitz*, außer den beiden politischen Systemen, denen jene Männer huldigen, noch ein drittes annimmt, das System der *Reformen*? Wie nun, wenn gerade die Freunde dieses Systems, die Männer des naturgemäßen Fortschritts zum Bessern, die weder revolutionieren noch reagieren wollen, nach und nach die Oberhand gewönnen?“[432]

Diese deutliche, gleichwohl der Form nach moderate Kritik an Rotteck als dem Verfasser des prophetischen Vorworts zum „Staats-Lexikon“, erwiderte der Adressatenkreis teilweise mit bissiger Polemik. Vor allem F. Murhard wandte sich wiederholt gegen das pölitzsche „Justemilieusystem“. Diese bereits früher angeführte Polemik an den konstitutionellen Bundesgenossen mag zunächst erstaunlich anmuten. Sie wird aber verständlich vor dem Hintergrund der Tatsache, daß nach der Unterdrückung und Emigration der republikanischen Kräfte der radikale Reformismus in die linke Außenseiterrolle gedrängt und eine künstliche Extremposition einzunehmen gezwungen war, die ihm im Vergleich mit den westeuropäischen Ländern keineswegs zukam. Die so entstandene Unmöglichkeit einer *praktischen* Abgrenzung gegenüber dem weiterreichenden republikanischen Radikalismus kompensierte der radikale Reformismus teilweise mit einer um so heftigeren Kritik seiner Bündnispartner. Dies verlieh der Rotteck-Murhardschen Strömung einen dogmatischen Zug, der sie politisch zu isolieren drohte.

Auf der rechten Seite des politischen Spektrums findet eine mehrfache Abgrenzung zur politischen Restauration statt. Sie betrifft im wesentlichen das Verhältnis zwischen dem Berliner politischen Wochenblatt, der Historischen (Rechts-)Schule

429 Ebd., S. 204.
430 Ebd., S. 205.
431 W. T. Krug, Über Oppositions-Parteien in und außer Deutschland und ihr Verhältnis zu den Regierungen. Nebst einem Nachwort über eine merkwürdige politische Prophezeiung (1835), GS, Bd. 5, S. 187.
432 Ebd., S. 188 ff.;

und F. J. Stahl.[433] Die Vertreter der Historischen Rechtsschule, besonders v. Savigny, wurden von den Restaurateuren des Berliner politischen Wochenblatts vor allem wegen ihres relativistischen Rechtsbegriffs kritisiert, der zu politischem „Indifferentismus", „Quietismus" und sogar zur Legitimierung des „Absolutismus" oder der „revolutionären Tendenz" führen müsse. Woran es der Historischen Schule bislang fehle, sei: „... daß die Pietät, mit der ... in jener Schule jedes geschichtliche *Factum* behandelt werden soll, sich in eine *Pietät vor dem Rechte* verwandle."[434] Die solchermaßen Attackierten, namentlich v. Savigny und L. Ranke, hielten sich mit öffentlicher Polemik auffällig zurück, jedoch ist ihre Kritik an den Ultrareaktionären durch private Äußerungen hinreichend belegt. Als wichtigstes öffentliches Dokument für die Abgrenzung vom restaurativen Berliner politischen Wochenblatt ist die von der preußischen Regierung unterstützte und von Ranke herausgegebene Historisch-politische Zeitschrift (1832-1836) anzusehen. Wenngleich beide Gruppierungen in der Ablehnung der politischen Verfassungsbewegung übereinstimmten, so gibt doch die jeweilige Motivation hierfür wichtige Hinweise auf die letztlich nicht zu übersehenden politischen Differenzen beider. Im Unterschied zu den Restaurateuren läßt sich die politische Haltung der Vertreter der Historischen Schule nicht als prinzipiell antikonstitutionell charakterisieren. Nicht die Ablehnung einer Verfassung an sich, sondern die organische Fortentwicklung des Rechts war das Ziel der Repräsentanten der Historischen Schule.[435] Konnte dies einmal, wie bei Savigny in dessen Programmschrift von 1814,[436] Ablehnung von Kodifikationen bedeuten, so andermal, wie später unter veränderten Umständen bei Ranke, auch Anerkennung des Konstitutionalismus. „Das konstitutionelle Wesen", schrieb Ranke im Revolutionsjahr 1848, „muß nur ohne Vorliebe und ohne Haß angesehen werden als eine Form, in welcher die jetzigen Menschen nun einmal leben wollen – man muß die Verfassung so einrichten, daß man dabei bestehen kann."[437] Diese Skepsis gegenüber dem Konstitutionalismus ist die politische Grundlage von Rankes Historisch-politische(r) Zeitschrift.[438] In ihr trafen sich Ver-

---

433 In einer ausführlichen Darstellung des politischen Strömungen wäre zudem der Münchener Eos-Kreis zu berücksichtigen. Bemerkenswert an dieser katholischen Gruppierung ist die, wenn auch nur vereinzelte Annäherung einiger ihrer Angehöriger an den Konstitutionalismus, die wiederum eine partielle Fortsetzung findet in den seit 1838 erscheinenden Historisch-politische(n) Blätter(n) für das katholische Deutschland; s. hierzu A. v. Martin, Altkonservatismus und Katholizismus, S. 502 ff.

434 Naturrecht und Geschichte, S. 260.

435 S. hierzu E. W. Böckenförde, Die Historische Rechtsschule und das Problem der Geschichtlichkeit des Rechts, in: ders., Staat, Gesellschaft, Freiheit, Frankfurt a. M. 1976, S. 9-41, insbes. S. 16 f. (zuerst ersch. 1965); Mannheim, Konservatismus, S. 223.

436 C. F. v. Savigny, Vom Beruf unserer Zeit für Gesetzgebung und Rechtswissenschaft, in: Thibaut und Savigny. Ihre programmatischen Schriften, hrsg. v. H. Hattenhauer, München 1973, S. 95-192.

437 Zit. n. Varrentrapp. Rankes Historisch-politische Zeitschrift und das Berliner Politische Wochenblatt, S. 112.

438 Zu der für den Konservatismus der Historischen Schule typischen Denkform der Skepsis s. die erhellenden Ausführungen bei Mannheim, Konservatismus, S. 204-214, sowie E. Rothacker, Savigny, Grimm, Ranke. Ein Beitrag zur Frage nach dem Zusammenhang der His-

treter der Historischen Schule mit konservativen Repräsentanten des aufgeklärten preußischen Beamtentums, u. a. J. G. Hoffmann,[439] die eine ähnliche Position gegenüber den Verfassungsbestrebungen einnahmen und statt dessen auf dem Wege einer „inneradministrativen Konstitutionalisierung" der Verwaltung dem preußischen Staatsrat gleichsam die Funktion eines „Parlamentsersatzes" beimaßen.[440] Entgegen der Restauration, deren Vertreter im Berliner politischen Wochenblatt gerade den „Administrations-Despotismus" des aufgeklärten Beamtentums massiv kritisiert hatten,[441] läßt sich der Standort des politischen Bündnisses zwischen den Vertretern der Historischen Schule und Teilen der aufgeklärten Bürokratie als „Beamtenkonservatismus" bezeichnen.[442]

In der Öffentlichkeit weniger zurückhaltend grenzte sich F. J. Stahl von den Restaurateuren ab, die dessen „Rechtsphilosophie" als zum „scheußlichsten Absolutismus" führend attackierten. In der „Literärgeschichtliche(n) Einleitung" zu dem 2. Band seiner „Rechtsphilosophie" (1833) setzt sich Stahl mit den „contrerevolutionären Schriftsteller(n)" de Maistre, Burke, Adam Müller und Haller auseinander, unter denen er letzterem, dem „Rationalist unter den contrerevolutionären Schriftstellern", besondere Aufmerksamkeit zuwendet. Hallers „Restauration der Staatswissenschaft" habe „in Deutschland vielleicht am meisten Aufsehen erregt", gleichwohl sei sie „die werthloseste von allen Schriften dieser Gesinnung ..."[443] Insbesondere weist Stahl die Privatrechts- und Patrimonialstaatstheorie Hallers zurück.[444] Diese „Theorie der Haller'schen Schule", bemerkt Stahl wenige Jahre später aufschlußreich, „hat jetzt ihr Organ im *Berliner Wochenblatt* ...".[445] In dem die 1830er

---

torischen Schule, in: HZ 128 (1923), wo diese Skepsis am Problem wissenschaftlicher Begriffsbildung deutlich wird (S. 417, 433 ff. u. 437 f.).

439 Vgl. Varrentrapp, Rankes Historisch-politische Zeitschrift und das Berliner Politische Wochenblatt, S. 83-91. Bemerkenswert in diesem Zusammenhang ist die Beurteilung J. G. Hoffmanns als der „wahre Repräsentant der Juste-Milieu-Partei in Preußen" in der Rheinischen Zeitung, s. o. S. 76 f.

440 Vgl. B. Vogel, Beamtenkonservatismus. Sozial- und verfassungsgeschichtliche Voraussetzungen der Parteien in Preußen im frühen 19. Jahrhundert, in: D. Stegmann u. a. (Hrsg.), Deutscher Konservatismus im 19. und 20. Jahrhundert, S. 12; s. a. H. Obenaus, Anfänge des Parlamentarismus in Preußen bis 1848, Düsselodorf 1984, S. 202 ff.; zum Gesamtzusammenhang der preußischen Verwaltungs- und Verfassungsreform im frühen 19. Jahrhundert s. R. Koselleck, Preußen zwischen Reform und Revolution, Stuttgart 1967, Kap. II, insbes. S. 259-288.

441 S. a. Varrentrapp, Rankes Historisch-politische Zeitschrift und das Berliner politische Wochenblatt, S. 83-91.

442 S. hierzu die o. g. wegweisende Studie zum Beamtenkonservatismus von B. Vogel, in der die Spaltung des aufgeklärten preußischen Beamtentums in eine liberale und eine konservative Fraktion herausgearbeitet wird. Zu der prekären Zusammenarbeit zwischen der konservativen Beamtenfraktion und der altständischen Opposition s. S. 24 f., zur Historischen Schule und v. Savigny, dessen Programmschrift von 1814 Vogel treffend als „Manifest des Beamtenkonservatismus" bezeichnet, S. 27 ff.

443 F. J. Stahl, Die Philosophie des Rechts nach geschichtlicher Ansicht, Bd. II, 1. Abt., Heidelberg 1833, S. 7.

444 Ebd., S. 9.

445 Ebd., Bd. II, 2. Abt., Heidelberg 1837, S. 151; s. a. S. 179.

Jahre beherrschenden Konflikt zwischen Konstitutionalismus und Antikonstitutionalismus bezieht Stahl dezidiert Stellung auf der Seite des ersteren,[446] ohne freilich damit dem Liberalismus zugeordnet werden zu können. Setzt er sich von diesem durch die Kritik an der „englisch-französischen Theorie von der Theilung der Staatsgewalt“[447] ab, so gegenüber den „Absolutisten“, indem er auch den König dem Gesetz unterwirft.[448] Entgegen der Auffassung von Huber und selbst Schoeps hat Stahl auch in den dreißiger Jahren nicht zum restaurativen Kreis der Hallerianer gehört, sondern bereits vor der Juli-Revolution 1830 auf der Grundlage „moderner Staatlichkeit“ und des Konstitutionalismus argumentiert. Stahl nimmt mit seinem konservativen Konstitutionalismus im Rahmen des politischen Spektrums der 1830er Jahre die Position eines bedeutenden Außenseiters ein, dessen Originalität in der gegenwärtigen Forschung durch die Zentrierung auf dessen Publikationen in den vierziger Jahren und die Entstehung der sog. hochkonservativen Partei Gerlach-Stahl in Preußen seit 1848 häufig übersehen und verzerrt wird.[449]

Zu diesen genannten Strömungen tritt als eine weitere, ebenfalls der politischen Mitte zugehörig, der „organologische Liberalismus“,[450] als dessen Repräsentant hier

---

446 Ebd., S. 101 ff.

447 Ebd., S. 76.

448 Ebd., S. 89.

449 Huber, Deutsche Verfassungsgeschichte, Bd. 2, S. 335 ff., weist zwar zu Recht auf den Konstitutionalismus Stahls hin, die ausschließliche Berücksichtigung der Stahl'schen Schrift „Das monarchische Prinzip“ (1845) verleitet ihn jedoch zu dem irrigen Urteil, daß „Der Konstitutionalismus ... sich damit von der altständisch-patrimonialen Staatstheorie Hallers endgültig ab (kehrte). Er erkannte das Prinzip der modernen Staatlichkeit an, wenngleich er die Macht zwischen Regierung und Volksvertretung anders als der liberale Konstitutionalismus zu verteilen wünschte.“ (S. 336). Abgesehen von der Differenzierung zwischen konservativem und liberalem Konstitutionalismus ist diese Aussage bzgl. Stahl, und nur auf ihn bezieht sich Huber, unzutreffend. Da Stahl auch in früheren Jahren kein Anhänger der Haller'schen Patrimonialstaatstheorie war, kann auch von einer Abkehr Stahls hiervon keine Rede sein. Auch Schoeps behauptet, Stahl sei erst zu Beginn der vierziger Jahre von den Hallerianern abgerückt, vgl. Schoeps, Das andere Preußen, S. 79. Ebenso berücksichtigt auch Boldt, Deutsche Staatslehre im Vormärz, S. 196 ff., lediglich Stahls Publikationen aus den vierziger Jahren. Gleiches gilt für Brandt, Landständische Repräsentation im deutschen Vormärz, S. 106 ff., dessen Auffassung, daß „Von Hegel abgesehen, ... wohl kein politischer Denker Deutschlands im 19. Jahrhundert so gründlich durchforscht worden (ist) wie gerade Stahl“ (S. 106, Anm. 231), für die 1830er Jahre keineswegs zutrifft. Zur Entwicklung und Bedeutung Stahls bis 1840 noch immer grundlegend G. Masur, Friedrich Julius Stahl, Berlin 1930; zu Stahls frühzeitigem Konstitutionalismus s. S. 158-172; s. a. v. Martin, Weltanschauliche Motive im altkonservativen Denken, S. 361-378.

450 Die Titulierung „organischer Liberalismus“ bei E.-W. Böckenförde, Die deutsche verfassungsgeschichtliche Forschung im 19. Jahrhundert, Berlin 1961, S. 74 ff., u. Brandt, Landständische Repräsentation im deutschen Vormärz, S. 199 ff., erscheint mir unglücklich, da dieser Liberalismus als politische Theorie nicht an sich organisch ist. Lediglich die *Idee* der organischen Entwicklung ist ein Kriterium dieser liberalen Strömung. Insofern also dieser Organismusgedanke als methodologisches Problem zu behandeln ist, bezeichne ich die diesem theoretischen Ansatz verpflichtete Gruppierung als „organologischen Liberalismus“. Im übrigen wäre natürlich auch dieser Begriff noch zu präzisieren, denn der bloß statistische Nachweis für die positive Verwendung der Ausdrücke „Organismus“ oder „organisch“ ist für die Zuordnung eines Autors zum organologischen Liberalismus nicht hinreichend. Problematisch sind daher die einschlägigen Ausführungen bei Neumeister, Ro-

F. C. Dahlmann genannt sei. In der Forschung häufig als gegen den radikaleren, frankophilen „süddeutschen" abzugrenzender gemäßigter, England-orientierter „norddeutscher" Liberalismus bezeichnet, ist Dahlmanns politische Bedeutung bis zur Mitte der 1830er Jahre, im Verhältnis zu den beiden vernunftrechtlichen Strömungen des Liberalismus um Pölitz einerseits und Rotteck andererseits, jedoch geringer einzuschätzen.[451] Dahlmanns Aufstieg von einer norddeutschen Provinz größe zur gleichsam nationalen Leitfigur des Liberalismus vollzog sich erst seit der Veröffentlichung seiner „Politik" (1835), vor allem aber durch den Protest der Göttinger Sieben gegen die Aufhebung des Hannoverschen Staatsgrundgesetzes 1837.

2.3. Wandel des Strömungsspektrums gegen Ende der 1830er Jahre

Gerade der Hannoversche Verfassungskonflikt indiziert – gemeinsam mit einigen weiteren Ereignissen sowie sozial- und wissenschaftsgeschichtlichen Veränderun-

---

mantische Elemente im Denken der liberalen Führer des Vormärzes, S. 69-91, in denen der Versuch unternommen wird, Romantik und Liberalismus mithilfe der Organismusidee zu versöhnen. Bzgl. F. Murhard s. die zutreffende Kritik an Neumeister bei Fuchs, Die politische Theorie Friedrich Murhards, S. 420 f.; kritisch gegen Neumeister auch Böckenförde, ebd., S. 93, Anm. 95.

451 Auch wenn die bereits oben kritisierte problematische Unterscheidung von radikal-süddeutschem und gemäßigt-norddeutschem Liberalismus nicht immer explizit geäußert wird, so kann die beinahe die gesamte Forschung unisono durchziehende typisierende Gegenüberstellung von Rotteck und Dahlmann leicht zu dieser Konsequenz führen. Dies hat in der Regel, mit Ausnahme von H. Brandt, die völlige Vernachlässigung des Juste-Milieu-Liberalismus (Pölitz/Krug) zur Folge, so etwa – pars pro toto – bei Nipperdey, Deutsche Geschichte 1800-1866, S. 298 f., u. Wende, Radikalismus im Vormärz, S. 50. Eines der wichtigsten Argumente gegen *diese* Typisierung liegt darin, daß sie durch zeitgenössische Quellen nicht zu belegen ist. Für den internen Konflikt des Liberalismus zwischen der rotteck-murhardschen und Pölitz-Krug'schen Linie dagegen ließen sich, über die bereits genannten Quellen hinaus, noch weitere Belege anführen. Auch Boldt, Deutsche Staatslehre im Vormärz, S. 186 f., dessen Erwähnung von Pölitz schon an sich positiv zu vermerken ist, verkennt die Substanz des Pölitz'schen Liberalismus, wenn er, gegen H. Brandt argumentierend, zu der Auffassung gelangt, „daß eine strikte Scheidung zwischen ‚organischem' und ‚vernunftrechtlichem Konstitutionalismus' nicht möglich ist ..." Die grundlegenden wissenschaftlichen Differenzen zwischen beiden Strömungen – u. a. in ihrem Verhältnis zu Kant – werden so übersehen. Über die mögliche *praktische* Zusammenarbeit beider auf politischen Kompromiß steuernden Strömungen liegt bislang keine Untersuchung vor. Die Unterschätzung des Pölitz'schen Liberalismus hat bei Boldt weitreichende Folgen. Wird diese Strömung in Boldts gen. Arbeit, wenn auch zusammen mit S. Jordan, Dahlmann und Welcker als *eine* Partei bildend begriffen, noch explizit erwähnt, so fällt sie aus Boldts jüngstem Systematisierungsversuch des vormärzlichen Parteienspektrums völlig heraus, vgl. H. Boldt, Dahlmanns Staatslehre im Vormärz, in: Freiheit verpflichtet. Gedanken zum 200. Geburtstag von Friedrich Christoph Dahlmann, hrsg. v. W. Bürklin/W. Kaltefleiter, Kiel 1985, S. 68 ff.; in beiden Arbeiten Boldts zeigen sich zugleich die Defizite zu grobmaschig angelegter Untersuchungsraster. Ist es in Boldts erstgenannter Arbeit v. a. die verfassungsrechtliche Letztentscheidungskompetenz als alleiniges Kriterium, so in der späteren Arbeit v. a. die – nicht nur bei Boldt anzutreffende – undifferenzierte Charakterisierung der 1830er und 1840er Jahre als „Vormärz", die die politischen und wichtigen wissenschaftlichen Veränderungen zwischen den ausgehenden 1830er und frühen 1840er Jahren zu wenig berücksichtigt.

gen – eine grundlegende Umgruppierung der politischen Kräfte seit dem letzten Drittel der 1830er Jahre.[452] Neben der Aufhebung des Staatsgrundgesetzes im Königreich Hannover und der Entlassung der Göttinger Sieben[453] war es der im gleichen Jahr stattfindende Kölner Kirchenstreit,[454] der maßgeblich zur Auflösung der die 1830er Jahre bestimmenden Konfliktlage von Konstitutionalismus und Antikonstitutionalismus beitrug. Indem die Verlierer beider Ereignisse gleichsam stellvertretend für die Niederlage *beider* Kontrahenten stehen, wird der Raum für das entstehende vormärzliche Parteienspektrum geöffnet.

Die Dispension der Hannoverschen Verfassung beendete nicht nur die nach der Juli-Revolution 1830 im Königreich Hannover dominierende Politik eines moderaten Konstitutionalismus, wie er sich in der von G. H. Pertz seit 1832 herausgegebenen „Hannoverschen Zeitung“ artikulierte; sie war darüber hinaus eine Niederlage des bisherigen Konstitutionalismus insgesamt, dessen entscheidende Schwäche dieser Verfassungskampf exemplarisch verdeutlichte: die konstitutionellen Verfassungen enthielten hinsichtlich der juristischen Letztentscheidungskompetenz keine eindeutigen Festlegungen. „Es ist gerade das Problem dieses Systems gewesen, daß es auf die entscheidende Frage der Konfliktsregulierung keine verbindliche Antwort zu geben wußte.“[455]

Unmittelbare Folge des Kölner Kirchenstreits, dessen Kern die verfassungsrechtlich ungeklärte Bestimmung des Verhältnisses von Kirche und Staat ausmachte, war das Auseinanderbrechen der Phalanx der überkonfessionellen und antikonstitutionellen Restauration. Die Redaktion ihres bis dahin wichtigsten Organs, des Berliner politischen Wochenblatts, spaltete sich infolge des Konflikts in seine konfessionellen Elemente. Nunmehr Organ der protestantischen Linie, verlor das Blatt nach dem Verlust seiner katholischen Leser in Süddeutschland rapide an Einfluß. Die katholische Linie schuf sich mit den seit 1838 von G. Phillips und Guido Görres in München herausgegebenen „Historisch-politische(n) Blätter(n) für das katholische Deutschland“ ein eigenes Organ.[456]

Historisch bedeutsamer als diese Niederlagen waren für die Um- und Neugruppierung der politischen Strömungen die Folgen beider Ereignisse. Der konstitutio-

---

452 Für den Gesamtzusammenhang s. Nipperdey, Deutsche Geschichte 1800-1866, S. 366-402, u. Rürup, Deutsche Geschichte im 19. Jahrhundert, S. 147-170.

453 S. H. Kück, Die Göttinger Sieben, Berlin 1934 (Ndr. Aachen u. Göttingen 1987); Nipperdey, Deutsche Geschichte 1800-1866, S. 376 f.; Huber, Deutsche Verfassungsgeschichte, Bd. 2, S. 90-114.

454 S. hierzu Huber, Deutsche Verfassungsgeschichte, Bd. 2, S. 226-255, u. Schnabel, Deutsche Geschichte im neunzehnten Jahrhundert, Bd. IV, S. 106-164.

455 Boldt, Deutsche Staatslehre im Vormärz, S. 6; s. a. Böckenförde, Die deutsche verfassungsgeschichtliche Forschung im 19. Jahrhundert, S. 94 ff.; H. Quaritsch, Staat und Souveränität, Frankfurt a. M. 1970, S. 498, u. Nipperdey, Deutsche Geschichte 1800-1866, S. 295 f.

456 S. F. Rhein, Zehn Jahre „Historisch-politische Blätter“ 1838-1848, Diss. phil. 1916, u. v. Martin, Der preußische Altkonservatismus und der politische Katholizismus in ihren gegenseitigen Beziehungen, S. 500 ff.; G. Schoeler, Die Anfänge der konservativen Publizistik in Deutschland, S. 102 ff.

nelle Liberalismus reagierte auf die Entlassung der Göttinger Sieben zunächst mit einer breiten nationalen Solidaritätsbewegung.[457] Erst allmählich führte diese moralische Kompensation der durch verfassungsrechtliche und verfassungstheoretische Defizite (mit)verursachten Niederlage auch zur kritischen Reflexion über die Grundlagen des bisherigen Konstitutionalismus, die dann aber rasch die bis dahin vielfach als selbstverständlich unterstellte Einheit von Konstitutionalismus und Liberalismus als Selbsttäuschung enthüllte. Die Rheinische Zeitung war das wichtigste Ferment in diesem Spaltungsprozess, den A. Ruge in seiner „Selbstkritik des Liberalismus“ (1842) auch begrifflich erfaßte.[458]
Ähnliche Entwicklungen sind auch auf der Seite der antikonstitutionellen Restauration zu beobachten. Im Unterschied zum Liberalismus, der sich in verschiedene konstitutionelle Strömungen fächerte, ist im Lager der Restauration jedoch die allgemeine Auflösung entscheidend. Der Kölner Kirchenstreit hat diesen Prozess nachhaltig beschleunigt, indem er auch unter den katholischen Antikonstitutionellen die Einsicht in die Notwendigkeit konstitutioneller Beschränkungen der Staatsmacht förderte. Hierzu hat auch der katholische Massenprotest, die öffentliche, vor allem durch J. v. Görres' Kampfschrift „Athanasius“ ausgelöste Debatte um die gleichsam moderne libertas ecclesiae und der in Frankreich und Belgien entstandene und nun besonders im Rheinland sich ausbreitende liberale Katholizismus beigetragen.[459]

Der Hannoversche Verfassungskonflikt und der Kölner Kirchenstreit 1837 markieren somit gemeinsam den ereignisgeschichtlichen Beginn eines politischen Umgruppierungsprozesses, der eingeleitet wurde durch Niederlagen des liberalen Konstitutionalismus und der antikonstitutionellen Restauration. Die Erfolge absolutistischer Politik andererseits erwiesen sich als Pyrrhussiege, denn der „Absolutismus“ selbst brachte die wachsende Erkenntnis für eine notwendige konstitutio-

457 Vgl. Huber, Deutsche Verfassungsgeschichte, Bd. 2, S. 105 f.

458 Eine ähnliche Argumentation wie diejenige Ruges findet sich auch in der RhZ, Nr. 1, v. 1.1.1843, Berlin 28. Dez.: „Der Liberalismus war eine sehr komplizierte Erscheinung; er war keineswegs eine *Phase* des Demokratismus, dieser war vielmehr nur ein Bestandteil desselben, vielleicht der am wenigsten zum Bewußtsein desselben gekommene und mehr als ‚dunkler Drang‘ wirksam. Der Liberalismus war nichts als das Gegentheil, der *contre-coup* einer systematischen Reaktion, und wie er durch diese erst entstanden und hervorgegangen ist, so hat er diese seine Entstehung nie ganz verläugnen können *bis zu seinem Tode*. ... Der Liberalismus ist ... gar nicht zu verstehen und zu erklären, ohne die Negation, ohne den *Druck*, der ihn hervorrief, ihn in seinem Wesen bedingte. Dieser machte aus der liberalen Partei ein Conglomerat der verschiedensten Überzeugungen und Richtungen, die ... nur in der gemeinsamen Opposition gegen die schlechte, unverständige, bedeutend unsittliche Reaktion der Restauration sich vereinigt fanden. Diese Partei mußte natürlich jede Antwort auf die Frage: was nach dem Siege geschehen solle, ablehnen, sie mußte und konnte dies lediglich ‚der Zukunft anheimstellen‘. ... – Jetzt nun kann man den Liberalismus gar nicht fragen, was er wolle, denn der Liberalismus existiert nicht mehr.“; zur Entwicklung des Liberalismus in Preußen nach 1840 s. a. H. Obenaus, Anfänge des Parlamentarismus in Preußen bis 1848, Düsseldorf 1984, S. 617-626.

459 S. hierzu Obenaus, Anfänge des Parlamentarismus in Preußen, S. 630 ff.; Vgl. Huber, Deutsche Verfassungsgeschichte, Bd. 2, S. 254 u. 364.

nelle Machteinschränkung hervor. Freilich ging dieser Konstitutionalismus teilweise zu Lasten des Liberalismus, der sich nun konstitutioneller Konkurrenz sowohl von links als auch von rechts ausgesetzt sah.

Neben diesen beiden politischen Ereignissen löste auch der sozialstrukturelle Wandel weitreichende Veränderungen der politischen Strömungen aus. Die Auflösung der tradierten, seit der zweiten Hälfte des 18. Jahrhunderts in einer allgemeinen Krise befindlichen ländlichen Sozialverfassung äußerte sich dabei u. a. in zwei für den vorliegenden Zusammenhang wesentlichen Vorgängen. Zum einen rief die Freisetzung der leibeigenen Bauern und die damit einhergehende Entstehung kapitalistischer Eigentumsverhältnisse auf dem Land Widerstände unter der bäuerlichen Bevölkerung hervor, die sich insbesondere in der massiven Zunahme von Eigentumsdelikten äußerten.[460] Zum anderen machte der vor dem gleichen Hintergrund sich ausbreitende Pauperismus deutlich, daß bei der Lösung der „sozialen Frage" die Instrumente herkömmlicher Armenfürsorge nicht mehr ausreichten.[461] Die Auflösung der bestehenden Sozialverfassung und die gleichzeitig zunehmende gesellschaftliche Komplexität erforderten neuartige Integrationsmechanismen, die durch die Herausbildung von Staatsfunktionen übernommen wurde. Unter ihnen sind im Formierungsprozess der sich nun staatlich organisierenden Gesellschaft insbesondere das Monopol der Rechtssetzung gegenüber den als Rechtssubjekten gleichen Staatsbürgern sowie die erforderlichen Eingriffe zur sozialen Existenzsicherung von vorrangiger Bedeutung.[462] Beide Aspekte enthalten eine inhärente Tendenz zum Konstitutionalismus, die u. a. in der öffentlichen Diskussion über das Privatrecht und gesetzliche Kodifikation sowie über staatliche Sozialpolitik auch ihren zeitgenössischen Niederschlag findet.[463]

Diesem Trend zum Konstitutionalismus vermochten auch die antikonstitutionellen und restaurativen Kräfte auf Dauer sich nicht zu entziehen. Ausgangs der

460 S. hierzu Chr. Dipper, Die Bauernbefreiung in Deutschland, Stuttgart 1980; D. Blasius, Bürgerliche Gesellschaft und Kriminalität, Göttingen 1976; R. Wirtz, „Widersetzlichkeiten, Excesse, Tumulte und Skandale". Soziale Bewegung und gewalthafter sozialer Protest in Baden 1815-1848, Frankfurt a. M.-Berlin-Wien 1981.

461 S. hierzu W. Conze, Vom „Pöbel" zum „Proletariat": Sozialgeschichtliche Voraussetzungen für den Sozialismus in Deutschland, in: VSWG 41 (1954), S. 333-364, u. E. Pankoke, Sociale Bewegung – sociale Frage – sociale Politik. Grundfragen der deutschen Socialwissenschaft im 19. Jahrhundert, Stuttgart 1970, S. 49-99; allgemein zur Bedeutung der Sozialpolitik in der Konstitutionsphase kapitalistischer Gesellschaften s. G. Lenhardt/C. Offe, Staatstheorie und Sozialpolitik, in: Chr. v. Ferber/F. X. Kaufmann (Hrsg.), Soziologie und Sozialpolitik, KZfSS, Sonderh. 19, Opladen 1977, S. 98-127.

462 S. hierzu M. Weber, Wirtschaft und Gesellschaft, fünfte, rev. Aufl., Tübingen 1976, S. 821 ff.; Blasius, Bürgerliche Gesellschaft und Kriminalität, S. 97; zu den Formen des sozialintegrativen „Monopols legitimer Gewaltsamkeit" (M. Weber) zwischen „Sozialdisziplinierung" als „sanfter Gewalt" und offener polizeilicher Gewalt s. A. Lüdtke, „Gemeinwohl", Polizei und „Festungspraxis", Göttingen 1982, u. Chr. Sachße/F. Tennstedt (Hrsg.), Soziale Sicherheit und soziale Disziplinierung, Frankfurt a. M. 1985, insbes. S. 12 u. 22-31.

463 S. Wieacker, Privatrechtsgeschichte der Neuzeit, S. 403-416; C. Jantke/D. Hilger (Hrsg.), Die Eigentumslosen. Der deutsche Pauperismus und die Emanzipationkrise in Darstellungen und Deutungen der zeitgenössischen Literatur, Freiburg i. Br. 1965.

1830er Jahre war offensichtlich, daß das Programm der Restauration von den politischen Ereignissen und dem sozialen Wandel überholt worden war. Der konfessionellen Spaltung folgte alsbald der politisch-ideologische Zusammenbruch durch die vorsichtige Hinwendung zum Konstitutionalismus. Vollzog sich diese auf katholischer Seite vor allem durch die infolge des Kölner Kirchenstreits verstärkte Forderung nach einer gleichsam modernen libertas ecclesiae und den Übertritt von der restaurativen Kapitalismuskritik zur staatlichen Sozialpolitik,[464] so auf Seiten des nunmehr ausschließlich protestantischen Berliner politischen Wochenblatts teilweise auch grundsätzlich, ohne dabei jedoch die Kritik am Liberalismus zu entschärfen. Mußten die Mitarbeiter des BpW zunächst die eigene politische Isolierung und Hoffnungslosigkeit eingestehen,[465] so folgerten zumindest einige daraus, daß es ihnen „ … nicht an *moralischen* Mitteln fehlen (wird) zu einem Konstitutionalismus, durch den dem Volke, d. h. jedem im Volke, eben so wie dem Fürsten, sein Recht und seine Freiheit in vollem Maße zu Teil wird. (…) Der Zweck einer konstitutionellen Verfassung kann vernünftigerweise nur der sein, das *Wirken* des Staats, d. h. alles das, was als Staat der menschlichen Wirksamkeit angehört, zu verbessern und zu vervollkommnen … Die Verbesserung des *Wirkens* aber kann hauptsächlich nur geschehen durch eine dem *Wesen* angemessene Organisation der Behörden, durch welche der Staat im Namen des Fürsten regiert und verwaltet wird, und durch Feststellung geläuterten (!) Normen ihrer Wirksamkeit. Mithin kann es bei Einführung konstitutioneller Verfassung vernünftigerweise auch nur von dergleichen Organisationen und Normen handeln, nicht aber zugleich von einer Umschaffung des Wesens eines Staats, nicht von einer Verwandlung seiner Elemente in ihr Gegenteil.“[466] Entscheidend für diese verschiedentlich dokumentierte Annäherung an den Kons-

464 S. H. Goetting, Die sozialpolitische Idee in den konservativen Kreisen der vormärzlichen Zeit, Berlin 1922; zur Entwicklung des BpW, insbes. des Katholiken v. Radowitz s. S. 27 ff.; allgem. s. a. A. Langner (Hrsg.), Katholizismus, konservative Kapitalismuskritik und Frühsozialismus bis 1850, München-Paderborn-Wien 1975.

465 Dies wird erstmals explizit deutlich in dem Art. Das konstitutionelle Leben, Jg. 1838, S. 272, wo der wachsende Einfluß der konstitutionellen Ideen beklagt wird: „Ach *Irrtum*, und nichts als *Irrtum*! Man hat den Staat nicht für das fürstliche Rechtsgebiet erkannt, und wähnt nun Staat und Volk wären Eins und dasselbe, hält nun die Staatsrechte für Volksrechte, das Staatsgut für Volksgut, die Staatswirtschaft für eine Volkswirtschaft, das Fürstentum für ein Volkstum, und wird in dieser Meinung durch die konstitutionellen Verfassungen immer mehr bestärkt. … In solchem Irrtum nun ist das lebende Geschlecht erzogen, und dieses hat ihn lieb gewonnen; es hält die daraus hervorgehenden, seinen Neigungen entsprechenden falschen Vorstellungen fest, als einen Teil seiner höheren Bildung, als sein Heiligtum. Denn eben diese Vorstellungen, welchen leider! auch ein Teil der Fürsten selbst verfallen ist, gelten ja für das Ergebnis aller bisherigen wissenschaftlichen Forschung, für Wahrheit und Weisheit, und darum für den Geist unserer Zeit, der unüberwindlich und unwiderstehlich sei. Unter solchen Umständen, wahrlich, hilft kein Mensch, wenn nicht ein Gott hilft, der in dem Schwachen mächtig ist!“; ähnlich auch in dem Art. Der politische Philanthropismus unserer Zeit, Jg. 1840, S. 160: „In Hinsicht unserer politischen Überzeugungen … treten uns nicht Einzelne, sondern … ganze Völker und Nationen mit empörtem Rechtsgefühl gegenüber …“.

466 Das revolutionäre Prinzip, BpW, Jg. 1840, S. 146.

titutionalismus[467] ist seine begriffliche Trennung von der liberalen Verfassungsbewegung, deren massive Kritik nach wie vor aufrechterhalten wird. Stattdessen wird versucht, den Konstitutionalismus mit dem Patrimonialstaatsgedanken, oder allgemeiner und unschärfer, mit dem „monarchischen Prinzip" zu verbinden.[468]

Schließlich sind es biographische und wissenschaftshistorische Entwicklungen, die zu einem gründlichen Gestaltwandel vor allem des Liberalismus führten. Von entscheidender Bedeutung für die Geschichte des deutschen Liberalismus ist dabei der Niedergang des aufgeklärten Liberalismus ausgangs der dreißiger Jahre, der als Strömung des Spätkantianismus nicht mehr wissenschaftlich schulbildend gewirkt hat.[469] Biographisch wird das Ende des aufgeklärten Liberalismus durch den Tod der wichtigsten Vertreter seiner beiden politischen Richtungen – Pölitz, Krug und Rotteck – markiert.[470]

Wissenschaftlich und politisch treten nun insbesondere zwei Strömungen hervor, die zwar untereinander konkurrieren, aber in der Ablehnung des Kantianismus und des aufgeklärten Liberalismus übereinstimmen. Als erste Strömung ist der Junghegelianismus zu nennen, dessen wichtigstes, von A. Ruge und Th. Echtermeyer herausgegebenes Organ, die „Hallischen Jahrbücher", maßgeblich zur Politisierung der (Hegelschen) Philosophie beiträgt.[471] Politisch mündet der Junghegelianismus, der sich zu Beginn der 1840er Jahre auch in der Rheinischen Zeitung artikulierte, in eine zersetzende und letztlich den bisherigen Liberalismus sprengende Kritik und bildet somit einen wesentlichen Kern des nun neu entstehenden politischen Radikalismus.[472]

Zeitgleich zum Hegelianismus vollzieht sich der Aufstieg der „Germanisten", der sich in der von 1839 bis 1861 von A. L. Reyscher und W. E. Wilda, später von

---

467 Vgl. Der politische Philanthropismus unserer Zeit, S. 168; Überlegungen, ob, wenn nicht das Ziel, so doch vielleicht die Mittel des Konstitutionalismus unterstützenswert seien, bereits in: Das konstitutionelle Leben, S. 272.

468 Vgl. Das revolutionäre Prinzip, S. 145.

469 Daneben ist der ebenfalls in der Tradition Kants stehende ostpreußische Liberalismus zu nennen. In den vierziger Jahren nochmals zu politischer Bedeutung gelangt – vor allem durch Th. v. Schön und J. Jacoby – hat jedoch auch diese Strömung den allgemeinen Niedergang des kantianisch beeinflußten vernunftrechtlichen Frühliberalismus nicht verhindern können. S. hierzu Mayer, Die Anfänge des politischen Radikalismus im vormärzlichen Preußen, S. 29 u. 74 ff., u. E. Silberner, Johann Jacoby. Politiker und Mensch, Bonn-Bad Godesberg 1976, insbes. S. 66-116.

470 Pölitz starb 1838, Rotteck 1840, Krug 1842. Zum fruchtbaren Ansatz des in der Vormärzforschung bisher nur selten thematisierten Zusammenhangs von politischem Diskurs und biographischer Generationszugehörigkeit s. I. Cervelli, Deutsche Liberale im Vormärz. Profil einer politische Elite (1833-1847), in: W. Schieder (Hrsg.), Liberalismus in der Gesellschaft des deutschen Vormärz, Göttingen 1983, S. 312-340.

471 S. hierzu Mayer, Die Anfänge des Radikalismus im vormärzlichen Preußen, insbes. S. 16-24, sowie H. Rosenberg, Arnold Ruge und die „Hallischen Jahrbücher", in: ders., Politische Denkströmungen im deutschen Vormärz, S. 97-114. Zu den zahlreichen Zeitschriften des Hegelianismus s. F. Schlawe, Die junghegelsche Publizistik, in: Die Welt als Geschichte 20 (1960), S. 30-50.

472 Vgl. Wende, Politischer Radikalismus im Vormärz, S. 29, u. Mayer, Die Anfänge des politischen Radikalismus im vormärzlichen Preußen, passim.

G. Beseler mitherausgegebenen „Zeitschrift für deutsches Recht und deutsche Rechtswissenschaft" artikuliert.[473] Die wissenschaftliche und politische Originalität dieses organologischen Liberalismus läßt sich zunächst negativ durch seine Ablehnung des bisher dominierenden Vernunftliberalismus und seine kritische Haltung gegenüber der Historischen Rechtsschule bestimmen. Anstelle des vernunftrechtlich fundierten dualistischen Verfassungskonzepts setzt er die zumeist aristotelisch begründete ethische Theorie der Staatssouveränität;[474] die Bezugnahme auf das römische Recht in der Historischen Rechtsschule, deren wissenschaftliche Auffassung und politisches Postulat eines organisch-evolutionären geschichtlichen Fortschreitens die Vertreter dieses organologischen Liberalismus grundsätzlich teilen, wird ersetzt durch den Rückgriff auf die germanischen und deutschen Rechtsquellen. Damit einher geht die historiographische Aufwertung des Mittelalters.[475] Politisch unterscheidet sich dieser organologische Liberalismus von der Historischen Schule durch seine eindeutig positive Haltung zu gesetzlichen Kodifikationen und zum Konstitutionalismus.[476]

Im Unterschied zum Hegelianismus, der als politische Strömung nach dem Verbot der Rheinischen Zeitung und der Hallischen bzw. Deutschen Jahrbücher rasch in unterschiedliche politische Richtungen zerfiel, nahm der Germanismus mit seinem Ziel der Herstellung eines monarchischen, nationalen Verfassungsstaates in den vierziger Jahren die politische Mitte ein und löste hierin das frühere Justemilieu-System Pölitz-Krugscher Prägung ab.[477]

---

473 S. hierzu Böckenförde, Die deutsche verfassungsgeschichtliche Forschung im 19. Jahrhundert, S. 181, Anm. 17.

474 S. ebd., S. 93 ff., u. Quaritsch, Staat und Souveränität, S. 487-497.

475 Zur deutschen Verfassungsgeschichtsschreibung des Mittelalters, die nun gleichsam zur historiographischen Paradedisziplin der Germanisten erhoben wird, s. grundlegend Böckenförde, ebd., passim, sowie A. Deisenroth, Deutsches Mittelalter und deutsche Geschichtswissenschaft im 19. Jahrhundert, Rheinfelden 1983, S. 63 ff. u. 112 ff.

476 Vgl. Böckenförde, ebd., S. 92 f. u. 99 f., sowie Dilcher-Kern, Die juristische Germanistik des 19. Jahrhunderts, S. 39 ff.

477 Den Hintergründen dieses Paradigmenwechsels kann hier nicht weiter nachgegangen werden. Erst dessen Erkenntnis ermöglicht jedoch eine sinnvolle Typisierung des deutschen Liberalismus. Nicht in der Parallele, sondern in den temporär aufeinander folgenden Phasen liegt eine sinnvolle Typisierung begründet, die im wesentlichen in der Ablösung des kantianischen Vernunftliberalismus durch den organologischen Liberalismus der Germanisten besteht. Erst auf dieser Grundlage erhält auch die typologische Gegenüberstellung Rotteck – Dahlmann eine gewisse Berechtigung. – Eine umfassende Untersuchung über die „Germanisten" liegt bislang nicht vor. Sie hätte u. a. auch der Bedeutung des politischen Aristotelismus für die Germanisten nachzugehen. Grundlegend bis dahin: O. Gierke, Die Historische Rechtsschule und die Germanisten, Berlin 1903; Böckenförde, Die deutsche verfassungsgeschichtliche Forschung im 19. Jahrhundert, S. 74-99; G. Dilcher/B.-R. Kern, Die juristische Germanistik des 19. Jahrhunderts und die Fachtradition der Deutschen Rechtsgeschichte, in: ZRG (GA), 101 (1984), S. 1-46; A. R. Weiss, Friedrich Adolf Trendelenburg und das Naturrecht im 19. Jahrhundert, Kallmütz/Opf. 1960; F. Wieacker, Privatrechtsgeschichte der Neuzeit, zweite neub. Aufl., Göttingen 1967, S. 406-412.

2.4. Durchbruch des Konstitutionalismus

Die späten 1830er und frühen 1840er Jahre markieren somit grundlegende ideologische Verwerfungen auf Seiten des konstitutionellen Liberalismus ebenso wie auf Seiten der antikonstitutionellen Restauration. Hauptaspekt in dieser unübersichtlichen Phase der Um- und Neugruppierungsprozesse der politischen Strömungen[478] ist jedoch der allgemeine Durchbruch des Konstitutionalismus. Dies gilt für die überwiegende Zahl der Mitgliedsstaaten des Deutschen Bundes ohnehin, aber nun auch für Preußen. Seit Beginn der 1840er Jahre erfolgt hier nach dem Thronwechsel zunächst die *praktische* Annäherung von früheren Vertretern der Restauration – wie E. L. v. Gerlach – und des Beamtenkonservatismus – wie v. Savigny[479] –, sodann auch insbesondere unter dem Einfluß des 1840 an die Berliner Universität berufenen F. J. Stahl der Übertritt zum konservativen Konstitutionalismus, der schließlich 1848 in die Gründung der konservativen Partei mündet.[480] Als politische Strömung war der antikonstitutionelle Absolutismus in den 1840er Jahren irrelevant. Gleichwohl darf nicht übersehen werden, daß die Regierungen der beiden mächtigsten Mitgliedsstaaten des Deutschen Bundes, Österreich und Preußen, wenngleich politisch isoliert, doch bis zur Revolution an ihrer antikonstitutionalistischen Politik festhielten.[481]

---

478 Wie sehr bereits einige Jahre später auch im zeitgenössischen Bewußtsein diese Jahre als Übergangsphase empfunden wurden, verdeutlicht der Art. Der Socialismus in Deutschland, in: Die Gegenwart, Bd. 7, Leipzig 1852, S. 526 f.: „Nicht allein, daß die wirklich verbriefte Verfassung seit ihrer Vernichtung in Hannover und seit der resultatlosen Niederlage ihrer Vorkämpfer die große Unsicherheit auch der ‚anerkannten Rechte des Volks' gezeigt: – jetzt war auch der weitern Entwicklung die Spitze abgebrochen. Die Partei, bisher die allein mächtige in Deutschland, hatte ihre Machtlosigkeit erfahren, ihre bisherige Geschichte war definitiv erschöpft. Das Bewußtsein fing an, allgemein zu werden, daß die bisherigen Elemente nicht einmal für die Vertheidigung des Bestehenden, viel weniger für die Erkämpfung weitern Fortschritts ausreichten. Und so ward – und das war das *Charakteristische dieser Jahre*, die wir als *die wichtigsten Wendepunkte* in der *innern Geschichte Deutschlands* bezeichnen – mit der hannoverschen Verfassung und den preußischen Hoffnungen der alte Standpunkt der ‚liberalen Politik' zu Grabe getragen. Jetzt kam eine eigenthümliche Zeit. Der *alte Mittelpunkt der politischen Ansichten löste sich auf*; das Volk hatte den Glauben daran verloren. *Ein Neues ward gesucht*; man wußte es weder zu finden noch zu bezeichnen. Verwirrung der Ansichten, wildes Kämpfen und Ringen nach einem Unbekannten, Verletzungen des bis dahin Hochgeachteten, Drängen und Suchen in allen Richtungen erfüllten das geistige Leben der Nation. Es war die Epoche der ‚Negation'; ihr Fahnenträger waren die ‚Hallischen Jahrbücher'." (Hervh. R. B.).

479 S. hierzu aufschlußreich Varrentrapp, Rankes Historisch-politische Zeitschrift und das Berliner Politische Wochenblatt, S. 109, u. Wieacker, Privatrechtsgeschichte der Neuzeit, S. 383 f., insbes. Anm. 21.

480 S. R. Schult, Partei wider Willen. Kalküle und Potentiale konservativer Parteigründer in Preußen zwischen Erstem Vereinigtem Landtag und Nationalversammlung (1847/48), in: Stegmann u. a. (Hrsg.), Deutscher Konservatismus im 19. und 20. Jahrhundert, S. 33-68; Obenaus, Anfänge des Parlamentarismus in Preußen bis 1848, S. 723 f.

481 S. hierzu Nipperdey, Deutsche Geschichte 1800-1866, S. 338; Obenaus, Anfänge des Parlamentarismus in Preußen bis 1848, S. 717 ff.

Der Übergang von der Restauration zum Konservatismus – gleichbedeutend mit der Wendung zur Politikfähigkeit schlechthin[482] – sowie die Diversifizierung und Spaltung des Liberalismus schlägt sich auch begrifflich in der Etikettierung der verschiedenen politischen Parteiungen nieder. Sensibel wurden diese Veränderungen vor allem in dem Kreis der radikalen Junghegelianer und der Rheinischen Zeitung wahrgenommen. So unterzog E. Bauer in einer brillanten Artikelserie zunächst das Juste-milieu-System Rottecks (!) einer schneidenden Kritik, um dann über die politischen Gegner der anderen Seite zu urteilen: „Es gibt in unserer Zeit nicht einmal mehr vollkommene Absolutisten. ... Jetzt ... *wollen* die Absolutisten wenigstens denken und beweisen."[483]

Es entspricht auch der realen Verbreitung und eines allmählich entstehenden konservativen Selbstbewußtseins,[484] wenn der Junghegelianer K. Nauwerck nun grundsätzlich drei Parteien unterscheidet: Konservatismus, Radikalismus und, zwischen beiden stehend, die „vulgäre Reformpartei".[485] In seiner vielbeachteten Schrift über „Die vier Parteien" unterscheidet F. Rohmer Absolutismus, Konservatismus, Liberalismus und Radikalismus.[486] Die auf die Bildung einer neuen politischen Mitte orientierenden Kräfte, zu denen auch Rohmer zählt, definierten ihre eigene Position bezeichnenderweise nun weniger als liberal, sondern zielten auf einen „liberal-konservativen" Kompromiß, ein Terminus, der seit den 1840er Jahren zunehmend in Umlauf kommt.[487] Dieser liberal-konservative Konstitutionalismus

482 Es hat im politischen Denken in Deutschland eine langjährige, hier nicht weiter zu verfolgende Tradition, den Unterschied zwischen Konservatismus und rechtem Extremismus – in welcher Form auch immer – zu verwischen. Abgesehen von den schädlichen Folgen für die politische Kultur, rechten Extremismus für „gesellschaftsfähig" zu erklären, hat dies auch erhebliche Auswirkungen auf die wissenschaftliche Forschung. So ist die bislang unbefriedigende Erforschung der politischen Strömungen *auch* ein Ergebnis der häufig undifferenzierten Verwendung des Konservatismus-Begriffs.

483 E. Bauer, Das Juste-Milieu, RhZ, Nr. 228 v. 16.8.1842, Beiblatt; zu Bauers Kritik s. a. Mayer, Die Anfänge des politischen Radikalismus im vormärzlichen Preußen, S. 73 f. u. 79.

484 S. hierzu Vierhaus, Art. Konservativ, Konservatismus, in: Geschichtliche Grundbegriffe, Bd. 3, S. 531-565; s. a. W. Siemann, Die Frankfurter Nationalversammlung 1848/49 zwischen demokratischem Liberalismus und konservativer Reform, Bern-Frankfurt a. M. 1976, S. 270 ff.

485 K. Nauwerck, Konservatismus und Radikalismus, in: Deutsche Jahrbücher, Jg. 1842, S. 787; für den Nachvollzug der zeitgenössischen Versuche, den Begriff „Konservatismus" zu präzisieren, ist die RhZ geradezu eine Fundgrube. Interessant sind insbesondere diverse Art. über das Staatsgrundgesetz von 1833 und allgemein die Politik im Königreich Hannover, deren Charakterisierung als „liberal" oder „konservativ" umstritten ist; s. RhZ, Nr. 77 v. 18.3.1842, Aus dem Hannoverschen. Der Begriff „Partei"; Nr. 342 v. 8.12.1842, Aus Hannover. Die politischen Parteien; Nr. 312 v. 8.11.1842, Beiblatt, Vom Rhein; s. a. Abt, Art. Partei, in: StL Rotteck-Welcker, zweite Aufl., Bd. 10, S. 479 ff.

486 F. Rohmer, Lehre von den Politischen Parteien, Erster Theil: Die vier Parteien, durch Theodor Rohmer, Zürich-Frauenfeldt 1844, S. 299-308.

487 In seiner Kritik an Rohmer urteilt Abt in dem Art. Partei, in: StL Rotteck-Welcker, ebd., S. 486: „Seine (sc. Rohmers, R. B.) Schrift ist die geistreichste Apologie jenes gewissen Etwas, das sich in der Politik ‚liberal-konservativ' nennt."; vergl. a. Rohmer, Die vier Parteien, S. 299; Art. Schweiz. Zürich 18. Mai, in: RhZ, Nr. 145 v. 25.5.1842; Art. Oesterreich und dessen Zukunft, in: RhZ, Nr. 43 v. 12.2.1843, sowie die bereits genannten Art. in der RhZ

wurde politisch im wesentlichen getragen von den „Germanisten", die ihren ideologisch-kulturellen Führungsanspruch auf den Germanistenversammlungen 1846 und 1847 anmeldeten und deren Dominanz sich schließlich in der Frankfurter Nationalversammlung 1848 zeigte.[488]

Die Neu- und Umgruppierung des politischen Parteienspektrums zwischen den späten 1830er und frühen 1840er Jahren wird begleitet von einer Veränderung der zentralen Gegenstände in der öffentlichen Diskussion. Die 1830er Jahre hatten im Zeichen des Kampfes zwischen liberalem Konstitutionalismus und restaurativem Antikonstitutionalismus gestanden. Zentrales politisches Schlagwort dieses Konflikts war „Absolutismus", dessen häufige Verwendung *beiden* Lagern zur Etikettierung des politischen Kontrahenten diente. Dagegen werden in den 1840er Jahren die wichtigen Streitfragen auf der Grundlage des Konstitutionalismus ausgetragen. Nicht *ob*, sondern in *welcher* verfassungsrechtlichen Form er durchzuführen sei, wird nunmehr die politische Leitfrage, die die verschiedenen Strömungen unterschiedlich beantworten. Strebt die Linke einen republikanischen Konstitutionalismus an,[489] so der preußische Konservatismus einen Konstitutionalismus auf der Grund-

---

über die Politik im Königreich Hannover; zu Strukturwandel der politischen Öffentlichkeit in den vierziger Jahren s. a. Obenaus, Anfänge des Parlamentarismus in Preußen bis 1848, S. 585 u. 594-617.

488 Es ist bezeichnend und Ausdruck der veränderten politischen Lage der 1840er Jahre, wenn Welcker in seiner Vorrede zur zweiten Auflage des StL (1845) ausdrücklich das politische Bündnis zwischen vernünftigen Liberalen und Konservativen als Ziel anpeilt (S. XXVI ff.). Diese Strategie setzte das Scheitern der Restaurateure um v. Haller und das BpW (ebd., S. XXX), ebenso aber auch des vernunftrechtlich-radikalen Reformismus Rottecks voraus. Erst diese neue Linie verschaffte dem StL die weite Verbreitung unter den Mitgliedern der Frankfurter Nationalversammlung. Den Erfolg des „Liberalkonservatismus" dokumentiert H. v. Sybel in seiner Schrift „Über den Stand der neueren deutschen Geschichtsschreibung", Marburg 1856, insbes. S. 13, und schließlich J. C. Bluntschli, der Dahlmann in seinem Art. Dahlmann, in: Bluntschli-Brater, DStWb, Bd. 2, S. 650, „eine feste liberalkonservative Gesinnung" attestiert; zur politischen Charakterisierung Dahlmanns s. a. die zahlreich dokumentierten Urteile bei R. Vierhaus, Friedrich Christoph Dahlmann oder die konstitutionelle Idee, in: Freiheit verpflichtet, S. 52. – Eine Diskussion über den anregenden, wenngleich nicht unproblematischen Vorschlag Siemanns, die Programmatik dieser liberal-konservativen Gruppierung als „Konservatismus" zu bezeichnen (Siemann, Die Frankfurter Nationalversammlung 1848/49, S. 286), muß hier unterbleiben; s. dazu die Bemerkungen von D. Langewiesche, Die deutsche Revolution von 1848/49 und die vorrevolutionäre Gesellschaft: Forschungsstand und Forschungsperspektiven, in: Archiv für Sozialgeschichte, Bd. XXI (1981), S. 466; Vogel, Beamtenkonservatismus, S. 2; Dilcher/Kern, Die juristische Germanistik des 19. Jahrhunderts und die Fachtradition der Deutschen Rechtsgeschichte, S. 24 ff.; zum politischen Einfluß der Germanisten im Vorfeld der 48er Revolution s. a. v. Gierke, Die historische Rechtsschule und die Germanisten, S. 19 ff.; B.-R. Kern, Georg Beseler. Leben und Werk, Berlin 1982, S. 79-90.

489 Vgl. den Art. „Über die Broschüre an die zweite Kammer der sächsischen Ständeversammlung", in: RhZ, Nr. 73 v. 14.3.1843, Beiblatt, wo im Zusammenhang mit dem Verbot der von A. Ruge herausgegebenen Deutschen Jahrbücher über deren Kritik am Konstitutionalismus ausgeführt wird: „Wenn die Jahrbücher den Constitutionalismus für eine Halbheit halten, so haben sie wahrhaftig nicht Unrecht, denn die Gestalt, in der er in Deutschland auftritt, spricht eben nicht zu seinen Gunsten." Dieses sei jedoch nicht als generelle Ablehnung des Konstitutionalismus, sondern nur in seiner monarchischen Form zu verstehen.

lage des von F. J. Stahl formulierten „monarchischen Prinzips",[490] R. v. Mohl einen parlamentarisch-monarchischen,[491] F. Bülau einen in der politischen Substanz an Pölitz anknüpfenden genuin „teutschen",[492] und die „Germanisten" einen auf der Grundlage eines organologischen Staatsbegriffs konzipierten Konstitutionalismus. Die Vieldeutigkeit des „Konstitutionalismus" ist nicht nur ein Hinweis auf seinen Charakter als neues politisches Schlagwort, das nun an die Stelle des bisherigen Diskurses über die Bestimmung des „Absolutismus" tritt.[493] Es macht zugleich auch deutlich, daß dieser Durchbruch des Konstitutionalismus in seinen Formen zu variantenreich war, als daß sinnvoll von einem Typus des „deutschen Konstitutionalismus" als Alternative zum Absolutismus und Parlamentarismus gesprochen werden könnte.[494]

Für die weitere Verwendung des politischen Schlagworts „Absolutismus" hatte dieser allgemeine Durchbruch zum Konstitutionalismus eine doppelte Konsequenz. Zum einen führte die Niederlage der Restaurateure, denen es im Kampf um die Hegemonie in der öffentlichen Meinung nicht gelungen war, wichtige zeitgenössische Schlagwörter dauerhaft mit der eigenen Begrifflichkeit zu besetzen,[495] zur

---

Dagegen beruhe „...die Idee der Volkssouveränität ... ganz im *Wesen des Constitutionalismus.*"; s. allgem. a. Wende, Radikalismus im Vormärz, S. 48 ff.

490 F. J. Stahl, Das monarchische Prinzip, Heidelberg 1845, insbes. S. IV f., 12 ff., 27 u. 32; zur politischen Bedeutung des „monarchischen Prinzips" im Gesamtwerk Stahls s. D. Grosser, Grundlagen und Struktur der Staatslehre Friedrich Julius Stahls, Köln-Opladen 1963, S. 111 ff. u. 124 ff., sowie Brandt, Landständische Repräsentation im deutschen Vormärz, S. 106 ff., u. Boldt, Deutsche Staatslehre im Vormärz, S. 196 ff.

491 R. v. Mohl, Über die verschiedene Auffassung des repräsentativen Systems in England, Frankreich und Deutschland, in: Zeitschrift für die gesammte Staatswissenschaft, Bd. 3 (1846), S. 451-495, insbes. S. 478 ff.; s. hierzu a. E. Angermann, Robert von Mohl, Neuwied 1962, S. 402; Brandt, Landständische Repräsentation im deutschen Vormärz, S. 244 f.; Boldt, Deutsche Staatslehre im Vormärz, S. 246 ff.

492 F. Bülau, Der constitutionelle Staat in England, Frankreich und Deutschland; in: NJbbfGP, Jg. 1843, Bd. 1, S. 1-45; s. hierzu a. Brandt, Landständische Repräsentation im deutschen Vormärz, S. 212 ff., u. Boldt, Deutsche Staatslehre im Vormärz, S. 169 ff.

493 F. Bülau schreibt 1843 in dem Art. Constitution und Constitutionelle: „Zu den Ausdrücken der staatsrechtlich-politischen Sprache, welche in sehr verschiedener Bedeutung angewendet werden und wo diese Vieldeutigkeit vielfach von den Parteien gemisbraucht wird, gehören auch die Ausdrücke *Constitution, constitutionell, constitutionelles Leben.* Es wird sich zeigen, daß mit einem gewissen falschen Gebrauche dieser Worte auch falsche Begriffe über Vorschritt, Reform, Conservatismus und Reaction mehrfach zusammenhängen.", in: NJbbGP, Jg. 1843, Bd. 2, S. 519; bezeichnend auch Bismarcks Bemerkung 1849: Das Wort ‚constitutionell' ist eines der Stichwörter, die in neuester Zeit das Vorrecht haben, an die Stelle jeden Grundes sich einzustellen ... Aber über die Bedeutung dieses Wortes werden Sie selten zwei Menschen einig finden, jeder beschuldigt seinen Gegner des falschen Constitutionalismus, und eine authentische Interpretation fehlt.", zit. n. G. Grünthal, Parlamentarismus in Preußen 1848/49-1857/58, Düsseldorf 1982, S. 15, Anm. 17.

494 Zu dieser in jüngerer Zeit durch Huber, Deutsche Verfassungsgeschichte, Bd. 3, S. 4 ff. ausgelösten Diskussion s. die kritischen Beiträge von E.-W. Böckenförde, Der deutsche Typ der konstitutionellen Monarchie im 19. Jahrhundert (1967), in: ders., Staat, Gesellschaft, Freiheit, S. 112-145; Grünthal, Parlamentarismus in Preußen 1848/49-1857/58, S. 14 ff.; H. Boldt, Rezension: Ernst Rudolf Huber: Deutsche Verfassungsgeschichte seit 1789, 7 Bde., Stuttgart 1957-1984, in: Geschichte und Gesellschaft 11 (1985), S. 263.

495 S. a. Schoeler, Die Anfänge der konservativen Publizistik in Deutschland, S. 203.

Etablierung des „Absolutismus“ als Gegenbegriff zu „Konstitutionalismus“. Die nachhaltige Wirkung dieser Niederlage verdeutlicht nichts besser als die Tatsache, daß die antikonstitutionelle Absolutismuskritik heute nahezu in Vergessenheit geraten ist und statt dessen der Ausdruck „Absolutismus“ pauschal zum liberalen Kampfbegriff erklärt wird.[496] Auf der Grundlage des Konstitutionalismus ist er nach der Revolution als politisches Schlagwort in den 1850er und 1860er Jahren vorübergehend wieder aufgelebt. Die Kritik galt dabei insbesondere der monarchistischen Auslegung des Konstitutionalismus durch F. J. Stahl. Sie hat indes die zunehmende und bereits im Vormärz einsetzende Historisierung des „Absolutismus“ nicht aufgehalten. Hierauf und auf die Hintergründe für die historische Aufwertung des „Absolutismus“ soll im Folgenden eingegangen werden.

496 So z. B. Oestreich, Strukturprobleme des europäischen Absolutismus; S. 178: „Der Begriff ‚Absolutismus‘ … ist ein relativ spätes Kunstwort, das im zweiten Drittel des 19. Jahrhunderts in liberalen Kreisen auftauchte …“; ebenso P. Baumgart: „…mit dem aus der liberalen Staatslehre des 19. Jahrhunderts stammenden Kunst- und Kampfbegriff ‚Absolutismus‘ …“, in: Wie absolut war der preußische Absolutismus?, in: Preußen. Versuch einer Bilanz, Bd. 2: Preußen: Beiträge zu einer politischen Kultur, hrsg. v. M. Schlenke, Hamburg 1981, S. 89.

IV. Die historisch-politischen Wissenschaften zwischen Vormärz und Reichsgründung

1. Die Verbindung von „Wissenschaft und Leben“

Schon an früherer Stelle wurde auf den ausgangs der 1830er Jahre einsetzenden Politisierungsschub hingewiesen, der, ausgelöst durch politische Ereignisse (Kölner Kirchenstreit, Göttinger Sieben) und beschleunigten sozialökonomischen Wandel (Pauperisierung, Industrialisierung), zu tiefgreifenden Veränderungen der politischen Strömungen führte. In engem Zusammenhang hiermit steht ein sich zeitgleich vollziehender Umschwung in den Geisteswissenschaften. Das Zusammentreffen dieser politischen, sozialökonomischen und wissenschaftlichen Veränderungen markiert einen epochalen Umbruch in der deutschen Geschichte des 19. Jahrhunderts, der mit den nun, zu Beginn des Vormärzes, aufgeworfenen Fragen wie „Nationalstaat“ oder „Historismus“ – um nur zwei der für den vorliegenden Kontext zentralen Problemkreise zu nennen – bis weit ins 20. Jahrhundert nachgewirkt hat. Auslöser für den geisteswissenschaftlichen Umschwung war die rasch zum geflügelten Topos avancierte Frage nach der „rechten Verbindung von Wissenschaft und Leben“.[497] Zwar hat dieses Problem auch die nachfolgenden Generationen bewegt, doch hat die zwischen Vormärz und Reichsgründung dominierende Generation des Bildungsbürgertums hierauf Antworten zu geben versucht, die sich von späteren, schon unter dem Eindruck der Lebensphilosophie und der Historismuskritik Nietzsches stehenden, in spezifischer Weise unterscheiden.[498]

Die vormärzliche Forderung nach der Durchdringung von Wissenschaft und Leben enthielt eine mehrfache Frontstellung. Einerseits war sie gegen den aufgeklärten Liberalismus und dessen vermeintlich seichte Aufklärungshistorie sowie gegen die restaurative Geschichtsschreibung gerichtet, andererseits gegen die vermeintlich bloß gelehrte Wissenschaft namentlich Hegels und der Historischen Schule Savignys und Rankes. Insbesondere im Zuge der Kritik an deren politischem Quietismus formierte sich in den „Hallischen Jahrbüchern“ der politische Hegelianismus und in der „Zeitschrift für deutsche Rechtswissenschaft“ der Germanismus. Wenngleich beide Strömungen wie auch deren genannte geistige Väter in wissenschaftlicher und politischer Konkurrenz zueinander standen, wird man die Differenzen zwischen ihnen nicht überschätzen dürfen. Was beide Strömungen

497 So der Titel eines einschlägigen Aufsatzes von K. Hagen, in: Braga. Vaterländische Blätter, Bd. 1 (1838), S. 367-380; s. a. G. Hübinger, Georg Gottfried Gervinus. Historisches Urteil und politische Kritik, Göttingen 1984, S. 103-110; J. Rückert, August Ludwig Reyschers Leben und Rechtstheorie. 1802-1880, Berlin 1974, S. 25 (dort auch zu A. Ruge) u. 223 ff.; M. H. Faßbender-Ilge, Liberalismus – Wissenschaft – Realpolitik. Untersuchung des „Deutschen Staatswörterbuchs“ von Johann Caspar Bluntschli und Karl Brater als Beitrag zur Liberalismusgeschichte zwischen 48er Revolution und Reichsgründung, Frankfurt a. M. 1981, S. 131-137.

498 S. H. Schnädelbach, Philosophie in Deutschland 1831-1933, Frankfurt a. M. 1983, S. 79-87 u. 174-183, Iggers, Geschichtswissenschaft in Deutschland, S. 163-170.

neben literarischen und wissenschaftlichen Verbindungen und Übereinstimmungen,[499] von denen noch mehrfach zu sprechen sein wird, vor allem verbindet, ist das gemeinsame, wenngleich nicht kongruente historistische Verständnis der Geschichte.[500] Dieser weit über die Grenzen der Fachhistorie hinausgreifende, alle Geisteswissenschaften durchziehende Historismus erhob die Geschichte zur leitenden Orientierungswissenschaft im 19. Jahrhundert.[501] Geschichte als „Mittel zur Bildung“[502] sollte die Brücke zwischen Wissenschaft und Leben schlagen.

Diese neue Perspektive jenseits von Restauration, aufgeklärtem Liberalismus und politischem Quietismus durchzieht die programmatisch zu nennende Skizze des Heidelberger Historikers L. Häusser über „Die historische Literatur und das deutsche Publikum“, auf die hier stellvertretend aus der Fülle weiterer zeitgenössischer Publikationen zum Thema hingewiesen sei. Häusser hält der deutschen Historiographie vor, mit dem „Bedürfnis der Nation“ nicht Schritt zu halten. Die Nation und die Gelehrten seien uneins geworden.[503] Die „Liberalen und die Absolutisten“ hätten ihre Bücher der Nation aufgedrungen oder aufgeschmeichelt, „während der gelehrte Mann vom Fach sich gar nicht kümmerte um das, was außer seinem Zimmer vorging …“. Das Leben müsse in anderer Gestalt vorgeführt werden als durch die „Salbadereien des Freiburger Professors[504] oder die Wendungen und Drehungen der ‚Historisch-politischen Blätter‘“,[505] die zukünftige Historiographie müsse „die Nation … emanzipieren von der bisherigen Despotie ausschließlicher Spekulation und Kontemplation, die uns dem Kreise des Lebens entrückt …“.[506] Den „Historiker(n) der Stube“ und den „Historiker(n) des Salons“ stellte Häusser

499 Zu diesen bisher wenig erforschten Verbindungslinien zwischen Hegelianismus und Germanismus s. die Hinweise bei Rückert, A. L. Reyschers Leben und Rechtstheorie, S. 24 ff. u. 345-351, sowie Kern, Georg Beseler, S. 297 u. 354. Unter den Hegelianern sind F. W. Carové und A. Ruge wegen ihres früheren burschenschaftlichen Engagements hervorzuheben, s. hierzu A. Schürmann, Friedrich Wilhelm Carové. Sein Werk als Beitrag zur Kritik an Staat und Kirche im frühliberalen Hegelianismus, Diss. phil. Bochum 1971, S. 18-25, u. W. Neher, Arnold Ruge als Politiker und politischer Schriftsteller, Heidelberg 1933, S. 7-22. Unzutreffend allerdings die überzogene Auffassung Kerns, Ruges „Hallische Jahrbücher“ seien „erheblich germanistisch ausgerichtet gewesen“ (Kern, ebd., S. 358). Sinnfällig wird die Verbindung zwischen Hegelianismus und Germanismus in der Person von Hegels Sohn Karl, der einer der bedeutendsten germanistischen Städtehistoriker war.

500 S. hierzu Schnädelbach, Philosophie in Deutschland 1831-1933, S. 51-58, u. E. Troeltsch, Probleme des Historismus, Tübingen 1922, S. 243-307.

501 Vgl. G. Hübinger, Geschichte als leitende Orientierungswissenschaft im 19. Jahrhundert, in: Berichte zur Wissenschaftsgeschichte 11 (1988), S. 149-158, Schnädelbach, Philosophie in Deutschland, S. 49 f.

502 J. G. Droysen, Historik. Textausgabe von P. Leyh, Stuttgart 1977, S. 406, zit. n. Hübinger, ebd., S. 151.

503 L. Häusser, Die historische Literatur und das deutsche Publikum, in: ders., Gesammelte Schriften, Bd. 1, Berlin 1869, S. 4 (zuerst ersch. 1841).

504 Gemeint ist Rottecks „Weltgeschichte“, vgl. ebd., S. 8.

505 Gemeint sind die von Görres und Phillips herausgegebenen „Historisch-politische(n) Blätter für das katholische Deutschland“.

506 Häusser, Die historische Literatur und das deutsche Publikum, S. 9 f.

die „Historiker des Lebens" entgegen, an denen es den Deutschen jedoch, im Unterschied zu den Franzosen, noch ermangele.[507]

In der späteren Historiographie sind diese „Historiker des Lebens", zu deren bedeutendsten Repräsentanten Häusser selbst zählte, im allgemeinen als „politische Historiker" bezeichnet oder unter dem Sammelbegriff der „kleindeutschen Schule" gefaßt worden.[508] Diese Gleichsetzung ist indes fragwürdig, erweckt sie doch den Eindruck, als sei das Auftreten der „politischen Historiker" und deren Hinwendung zum preußischen Machtstaat das Resultat der nach der Niederlage in der Revolution erfolgten realpolitischen Wende des deutschen Liberalismus. Bei näherer Betrachtung ist diese in ihrer Verallgemeinerung verengte Sicht jedoch kaum haltbar.

So ist die Hinwendung großer Teile des Bürgertums zu Preußen schon in den frühen vierziger Jahren eine Tatsache. Hierin drückt sich weniger ein kollektiver Umdenkungsprozess als die Ablösung des noch den Kategorien des Alten Reiches verhafteten, verfassungspatriotisch gesinnten aufgeklärten Liberalismus durch den aufkommenden nationalen Liberalismus aus, der von Beginn an seine Hoffnungen auf die Herstellung eines deutschen Nationalstaats an Preußen knüpfte. Neben ideologischen Motiven wie der Rolle Preußens im antinapoleonischen Befreiungskampf hatte dies ganz praktische Gründe. Von Preußen als dem größten und wirtschaftlich potentesten Staat innerhalb des Deutschen Bundes ging erkennbar die größte Dynamik für die nationale Integration aus. Zentrale Bedeutung kam hierbei dem Deutschen Zollverein zu.[509] Allerdings bedeutete die an Preußen geknüpfte Erwartung durchaus nicht schon die Unterstützung der preußischen Regierungspolitik, und noch weniger lief sie gradlinig auf den Bismarckschen Weg der Reichseinigung zu. Ebenso war nicht für alle Historiker der „kleindeutschen Schule" die

---

507 Ebd., S. 7; vgl. a. Häussers Rez. von Th. Rohmers Schrift „Deutschlands Beruf in Gegenwart und Zukunft", in: Augsburger Allgemeine Zeitung, Nr. 364 u. 365 v. 29. u. 30. Dez. 1841. Hierzu sowie zu Leben und Werk Häussers im allgemeinen s. A. Kaltenbach, Ludwig Häusser. Historien et patriote (1818-1867), Paris (Presse Universitaire de Françe) 1965, insbes. S. 156 f.; eine ähnliche Stoßrichtung enthält auch ein drei Jahre früher anonym veröffentlichter Aufsatz über „vaterländische Geschichtsschreibung", in dem der Verfasser zunächst feststellt, daß „die legitimistische Geschichtsschreibung" ihren Einfluß auf das Volk verloren habe. „Nichts", so fährt der Verfasser fort, „hat dem Liberalismus größere Dienste geleistet als diese unpraktische Vornehmigkeit seiner Gegner. Schade nur, daß dadurch vorzugsweise die antipatriotische Richtung des Liberalismus gewinnen mußte; denn indem Ultramontanismus, Feudalismus und Absolutismus die historischen Erinnerungen für sich in Anspruch nahmen, gab man von der liberalen Seite aus alle Erinnerungen Preis, und vergaß, daß die Freiheit in Deutschland älter ist als die Knechtschaft, und daß überhaupt die Gegenwart und Zukunft von der Vergangenheit noch überaus viel zu lernen haben.", Auf welchem Standpunkt steht die vaterländische Geschichtsschreibung?, in: DtVjschr. 1838, H. 1., S. 274.

508 S. v. Below, Deutsche Geschichtsschreibung, S. 44; pronociert Schleier, Die kleindeutsche Schule (Droysen, Sybel, Treitschke), in: Studien über die deutsche Geschichtswissenschaft, Bd. 1, S. 271-310; differenzierter Iggers, Deutsche Geschichtswissenschaft, S. 122 f., u. Srbik, Geist und Geschichte vom deutschen Humanismus bis zur Gegenwart, Bd. 2, S. 345-353 u. 361-367.

509 S. H.-W. Hahn, Geschichte des Deutschen Zollvereins, Göttingen 1984, insbes. S. 129-139, u. Nipperdey, Deutsche Geschichte 1800-1866, S. 358 ff.

Anerkennung Preußens als deutsche Vormacht schon automatisch gleichbedeutend mit dem Ausschluß Österreichs aus dem Reich. Freilich blieben die unterschiedlichen Haltungen gegenüber Preußen lange Zeit ein untergeordnetes und wohl auch verdecktes Problem, das erst in den sechziger Jahren akut wurde. Die preußische Option der „kleindeutschen Historiker" war ein prinzipielles, den politischen Tagesereignissen übergeordnetes Argument, das sich gegenüber den vielfältigen politischen Irritationen während der gesamten Epoche zwischen Vormärz und Reichsgründung als weitgehend konstant erwies. Nur in Ausnahmefällen führte die Kritik an Bismarcks unitaristischer Politik auch zur generellen Abkehr von Preußen. So bei Gervinus, der wie viele seiner Kollegen bereits im Vormärz überzeugt gewesen war, „daß Preußen berufen sei, die Hegemonie in Deutschland zu übernehmen".[510]

Ebenso problematisch wie die verkürzte Gleichsetzung der „politischen Historiker" mit der „kleindeutschen Schule" ist die verallgemeinernde These eines kausalen Zusammenhangs zwischen der Wendung zur „Realpolitik" und dem Aufstieg „Deutscher Wissenschaft".[511] Letzterer vollzog sich nicht nur bereits früher,[512] sondern auch während der Reichseinigungszeit teilweise unabhängig von der realpolitischen Wende des nationalen Liberalismus.[513] Dies verdeutlicht in besonderer Weise die bayerische Kulturpolitik unter Maximilian II., der München u. a. durch die Gründung der Historischen Kommission bei der Bayerischen Akademie der Wissenschaften (1858) zum Zentrum der deutschen Geschichtswissenschaft aufzubauen suchte. Gerade das Beispiel München zeigt aber auch, wie das allgemein wachsende Interesse an der Geschichte vorübergehend mit der neuen Historie der

510 G. G. Gervinus, Politik auf geschichtlicher Grundlage. Vorlesungsnachschrift L. Benz 1846/47, zit. n. Hübinger, G. G. Gervinus, S. 132; s. a. Kaltenbach, Ludwig Häusser, S. 157-161. Ein interessantes Dokument für den skizzierten Gesamtzusammenhang ist die 1887/88 geschriebene rückschauende Beurteilung von F. Engels: „Der Zollverein war ein großer Erfolg. Daß er einen Sieg über den österreichischen Einfluß bedeutete, war noch das wenigste. Die Hauptsache war, daß er das ganze Bürgertum der Mittel- und Kleinstaaten auf Seite Preußens stellte. ... Und je mehr der Zollverein sich ausbreitete und die Kleinstaaten in diesen innern Markt aufnahmen, desto mehr gewöhnten sich die angehenden Bourgeois dieser Staaten, nach Preußen zu blicken als ihrer ökonomischen und dereinst auch politischen Vormacht. Und wie die Bourgeois sangen, so pfiffen die Professoren. Was in Berlin die Hegelianer philosophisch konstruierten, daß Preußen an die Spitze Deutschlands zu treten berufen sei, das demonstrierten in Heidelberg die Schüler Schlossers historisch, namentlich Häusser und Gervinus." In einer Anmerkung berichtet Engels an gleicher Stelle auch von einem Gespräch mit Gervinus: „Gervinus sagte mir schon im Sommer 1843 in Ostende: Preußen muß an die Spitze Deutschlands treten; dazu aber ist dreierlei nötig: Preußen muß eine Verfassung geben, es muß Preßfreiheit geben und es muß eine auswärtige Politik annehmen, die Farbe hat.", in: MEW 21, S. 421 f.

511 So aber P. Schiera, Deutsche Wissenschaft und Realpolitik. 1848-1914, in: Wissenschaftskolleg zu Berlin, Jahrbuch 1982/1983, S. 293 f.; allgemein zum Zusammenhang von Wissenschaft und Politik zwischen Revolution und Reichsgründung s. Faßbender-Ilge, Liberalismus – Wissenschaft – Realpolitik, S. 12 f. u. 318-325.

512 S. Schnädelbach, Philosophie in Deutschland 1831-1933, S. 35 ff., u. F. R. Pfetsch, Zur Entwicklung der Wissenschaftspolitik in Deutschland (1750-1914), Berlin 1974, S. 314.

513 Ergiebiger sind Schieras Ausführungen über das Verhältnis von Wissenschaft und Politik für den nachfolgenden Zeitraum bis zur Jahrhundertwende, s. Schiera, ebd., S. 299-304.

„kleindeutschen Schule", die durch ihre wichtigsten Repräsentanten in der Historischen Kommission vertreten war, zusammenfloß.[514] Zudem wird man aus der Prägung des Ausdrucks „Realpolitik" durch A. L. v. Rochau im Jahr 1853 noch nicht auf die gleichzeitige realpolitische Wendung des Liberalismus schließen dürfen. Diese vollzog sich erst im unmittelbaren Zusammenhang mit der Bismarckschen Politik der Reichseinigung.[515]

Gegenüber den überspannten Schlußfolgerungen aus der realpolitischen Wende erscheint es angemessener, die „politischen Historiker" gemeinsam mit den kaum weniger einflußreichen „politischen Juristen" der jüngeren Historischen Rechtsschule[516] als Kern des für den „klassischen Liberalismus" eigentümlichen Typus des „politischen Professors" zu bestimmen, für den die aktive Teilnahme an der Revolution 1848, sei es im Frankfurter Paulskirchenparlament oder in den Landtagen, einen ersten Höhepunkt bei der geforderten Durchdringung von Wissenschaft und Leben darstellte.[517] Trotz der während der nachfolgenden Reaktionszeit eintretenden „Versumpfung des öffentlichen Lebens"[518] und der verbreiteten „politische(n) Apathie"[519] haben die „politischen Professoren" an der Maxime der Verbindung von Wissenschaft und Leben festgehalten. Wohl haben sie sich nach den ernüchternden praktischen Erfahrungen in Frankfurt und Gotha wieder stärker der wissenschaftlichen Arbeit zugewendet. Ein genereller Rückzug aus der politischen Arena war dies jedoch nicht. Vielmehr änderten die „politischen Professoren" bei der Verfolgung ihres Ziels, der Schaffung eines deutschen Nationalstaats, lediglich ihre „Kampfformen". Die Rückkehr zur Wissenschaft bedeutete ihnen die Fortset-

---

514 S. hierzu F. Schnabel, Die Idee und die Erscheinung, in: Die Historische Kommission bei der Bayerischen Akademie der Wissenschaften 1858-1958, München 1958, S. 7-69; E. Weis, Bayerns Beitrag zur Wissenschaftsentwicklung im 19. und 20. Jahrhundert, in: M. Spindler (Hrsg.), Handbuch der bayerischen Geschichte, Bd. 4/2, München 1975, S. 1036-1088; F. Simhart, Bürgerliche Gesellschaft und Revolution. Eine ideologiekritische Untersuchung des politischen und sozialen Bewußtseins in der Mitte des 19. Jahrhunderts. Dargestellt am Beispiel einer Gruppe des Münchener Bildungsbürgertums, München 1978, S. 52-63; Th. Schieder. Die deutsche Geschichtswissenschaft im Spiegel der Historischen Zeitschrift, S. 3; die Bedeutung Münchens als wissenschaftliches Zentrum schlägt sich auch als Publikationsort nieder. Neben der HZ erscheint hier ebenfalls seit 1859 die von Bluntschli u. a. hrsg. „Kritische Vierteljahrsschrift für Gesetzgebung und Rechtswissenschaft" sowie ab 1864 die 24 Bände umfassende Reihe „Geschichte der Wissenschaften in Deutschland". Alle genannten Publikationen erschienen im Oldenbourg-Verlag.

515 S. hierzu K. G. Faber, Realpolitik als Ideologie. Die Bedeutung des Jahres 1866 für das politische Denken in Deutschland, in: HZ 203 (1966), S. 1-45; zur Bedeutung des Jahres 1866 für die deutsche Staatsrechtslehre s. eindringlich P. v. Oertzen, Die soziale Funktion des staatsrechtlichen Positivismus, Frankfurt a. M. 1974, S. 158-162.

516 S. hierzu G. Dilcher u. B.-R. Kern, Die juristische Germanistik des 19. Jahrhunderts und die Fachtradition der Deutschen Rechtsgeschichte, in: ZRG (GA) 101 (1984), S. 1-46.

517 Zur politischen Bedeutung der Historiker zwischen 1830 und 1871 s. Iggers, Deutsche Geschichtswissenschaft, S. 121; zur Juristendominanz in der Frankfurter Nationalversammlung s. Siemann, Die Frankfurter Nationalversammlung 1848/49 zwischen demokratischem Liberalismus und konservativer Reform, insbes. S. 24 ff. u. 255-270.

518 Gierke, Die historische Rechtsschule und die Germanisten, S. 31.

519 Sheehan, Der deutsche Liberalismus, S. 93.

zung der Politik mit anderen Mitteln.[520] Man kann hierin einerseits eine Kompensation für die Niederlage in der Revolution sehen. Andererseits ist die Ersetzung des „phantastischen Idealismus der Philosophie" durch den „realen Idealismus der Historie"[521] jedoch nicht erst als Reaktion auf die gescheiterte Revolution erfolgt. Deutliche Anzeichen für diesen Übergang hat es schon im Vormärz gegeben, gerade auch im Hegelianismus. Hiervon wird im folgenden Kapitel ausführlich zu sprechen sein. Wenn die fünfziger Jahre die Zeit großer wissenschaftlicher Monographien war, so darf nicht übersehen werden, daß die programmatischen Grundlagen hierfür bereits im Vormärz gelegt worden waren. Diese Abfolge entspricht im übrigen Häussers in dessen genannter programmatischer Skizze geäußerter Forderung, daß der Phase der Kritik und Forschung jene der historischen Darstellung folgen müsse.[522]

Aufs Ganze gesehen war das Revolutionsjahr 1848 für die Entwicklung der historisch-politischen Wissenschaften in Deutschland in weit geringerem Maße zäsurbildend als dies lange Zeit angenommen worden ist.[523] Jedoch hat es die bereits im Vormärz erkennbaren politischen und wissenschaftlichen Tendenzen deutlich forciert. In Fortführung der Germanistenversammlungen von 1846/47 hat die Frankfurter Nationalversammlung entscheidend zur Verdichtung der nationalen Kommunikation und insbesondere zur Konstituierung des „klassischen Liberalismus" beigetragen, dem die sog. „kleindeutschen Historiker" ausnahmslos angehörten. Wenngleich dieses ursprünglich von der „großdeutschen" und ultramontanen Geschichtsschreibung als negativem Kampfbegriff verwendete Epitheton dazu verleitet, die wissenschaftlichen und politischen Differenzen zwischen diesen Historikern zu verwischen, so kommt ihm jedoch insofern eine gewisse Berechtigung zu, als es durch das Gruppenbewußtsein der so bezeichneten Historiker bestätigt wird. Der deutlichste Beleg hierfür ist die Gründung der Historischen Zeitschrift (1856).[524]

---

520 S. a. Langewiesche, Liberalismus in Deutschland, S. 84, u. Nipperdey, Deutsche Geschichte 1800-1866, S. 720.

521 M. Duncker, Brief an Droysen v. 1853, in: Droysen, Briefwechsel, hrsg. v. R. Hübner, Berlin u. Leipzig 1929, Bd. 2, S. 200 f.

522 Vgl. Häusser, Die historische Literatur und das deutsche Publikum, S. 5 ff., s. a. Kaltenbach, Ludwig Häusser, S. 157; diesen Zusammenhang übersieht Schieder, wenn er das „Scheitern der deutschen Revolution" zur Voraussetzung für den Aufstieg der „Geschichte zur nationalen Bildungs- und Erziehungsmacht" erklärt, vgl. Schieder, Die deutsche Geschichtswissenschaft im Spiegel der Historischen Zeitschrift, S. 2 f.

523 S. hierzu dezidiert M. Neumüller, Liberalismus und Revolution, Düsseldorf 1974, S. 33 ff., 92, 122 ff. u. 216; s. a. G. List, Historische Theorie und nationale Geschichtsschreibung zwischen Frühliberalismus und Reichsgründung, in: B. Faulenbach (Hrsg.), Geschichtswissenschaft in Deutschland, München 1974, S. 35-53; über Kontinuität und Wandel des Bildungsbürgertums zwischen Vormärz und Reichseinigung s. die aufschlußreiche Studie von Simhart, Bürgerliche Gesellschaft und Revolution, passim.

524 S. Schieder, Die deutsche Geschichtswissenschaft im Spiegel der Historischen Zeitschrift, S. 2-12; zum „Koalitionscharakter" der „kleindeutschen Schule" aufschlußreich v. Sybel in seiner Marburger Rede „Über den Stand der neueren deutschen Geschichtsschreibung" (1856): „Fast Alle, die auf wahre Bedeutung Anspruch machen können, gehören jenem li-

Von diesen „kleindeutschen Historikern" gingen in der Ära der Reichseinigung die stärksten intellektuellen Impulse für die Herstellung eines nationalen Geschichtsbewußtseins aus. Verglichen mit ihrem Engagement als Abgeordnete 1848 war ihren wissenschaftlichen Arbeiten nachhaltiger Erfolg beschieden. Entsprach der Bismarcksche Weg der Reichseinigung auch nicht unbedingt ihren Vorstellungen, so kann doch gesagt werden, daß ohne die großen Darstellungen von L. Häusser, H. v. Sybel, Droysen, J. C. Bluntschli u. a. die Reichseinigung unter preußischer Führung kaum möglich gewesen wäre.

2. „Staat" und „Staatswissenschaften" als Kernstück der historisch-politischen Wissenschaften

In seiner bereits erwähnten Marburger Rede (1856) wies v. Sybel auf das Neue in der jüngeren Geschichtsschreibung hin, das „in der veränderten Stellung des Autors zum Staate" liege.[525] Dies scheint zunächst ganz im Sinne von Häussers Diktum über die „Historiker des Lebens" gemeint zu sein. Während jedoch Häusser vor allem den nationalgeschichtlichen Aspekt betont, hebt Sybel stärker auf den „Staat" ab. „Nation" bedeutet für Sybel vor allem „Staatsnation".[526] Sicherlich wäre es verfehlt, hieraus auf einen prinzipiellen Dissens zu schließen, zumal die begrifflichen Grenzen zwischen „Staat" und „Nation" gerade im Zeitalter der nationalstaatlichen Einigung nur selten scharf gezogen wurden.[527] Dennoch steckt hinter dieser auf den ersten Blick kaum merklichen terminologischen Differenz mehr als bloßer Zufall. Wenn Sybel die veränderte Stellung der Historiker zum „Staat" herausstellt, so ist hiermit keineswegs nur die vor allem unter den Ranke-Schülern zu beobachtende Politisierung der Geschichtswissenschaft gemeint. Politisches

---

beral-konservativen Kreise an, jener Verschmelzung, wenn man den parlamentarischen Ausdruck verstatten will, der beiden Zentren, der gemäßigten Whigs und der liberalen Tories … Dieser Standpunkt ist rein und scharf in allen Schriften Mommsens, Dunckers, Waitzs und Giesebrechts, Droysens und Häussers bezeichnet.", in: Sybel, Kleine historische Schriften, Bd. I, S. 356; ebenso zur gleichen Zeit auch Droysen in einem Brief an W. Ahrendt v. 29.7.1856: „Wir (die jüngeren Historiker, d. Verf.) geben unserer Nation die Empfindung, daß wir *seit 1840* (Hervh. d. Verf.) viel, sehr viel gelernt haben. Ranke erscheint als der Meister jener Kunst, die der Restaurationszeit angehört; in uns – Sybel, Häusser (!), Waitz, am meisten, sagt man, in mir – sei der nationale Gedanke lebendig.", in: J. G. Droysen, Briefwechsel, Bd. 11, S. 425; von einer „coalition d'historiens" spricht zutreffend auch Kaltenbach, Ludwig Häusser, S. 133. Zur ultramontanen Kritik an der „kleindeutschen Schule" s. die gegen Häusser, Droysen und Sybel gerichtete Artikelserie „Kleindeutsche Geschichtsbaumeister", in: Historisch-politische Blätter für das katholische Deutschland, Bd. 48 (1861), S. 30-51, 214-244; Bd. 49 (1862), S. 43-80, 689-710, 785-810, 865-885, 962-986, Bd. 50 (1862), S. 44-67.

525 Sybel, Über den Stand der neueren deutschen Geschichtsforschung, S. 357.

526 S. hierzu Seier, Die Staatsidee Heinrich von Sybels in den Wandlungen der Reichsgründungszeit 1862/71, S. 59-75; Haferkorn, Soziale Vorstellungen Heinrich von Sybels, S. 51 f; Dotterweich, Heinrich von Sybel, S. 103-107.

527 S. hierzu die zahlreichen Dokumente zur Nationalitätentheorie bei Faber (Hrsg.), Die nationalpolitische Publizistik Deutschlands von 1866 bis 1871, Bd. 2, S. 401-418.

Professorentum im allgemeinen und politisch engagierte Historiker hatte es auch zuvor gegeben. Unter ihnen war gerade der von Häusser als „Historiker des Salons" bezeichnete Rotteck wohl einer der bedeutendsten in der Epoche zwischen Restauration und Vormärz.[528] Was die „politischen" Historiker und Juristen zwischen Vormärz und Reichsgründung von früheren und späteren Generationen des politischen Professorentums unterscheidet, ist nicht politisches Engagement schlechthin, sondern die nationalstaatliche Zielsetzung und die auffällige Bereitschaft, hierfür durch aktive Mitarbeit im Parlament einzutreten.

Theoriegeschichtlich zeichnet sich diese Generation der politischen Professoren durch einen von der Mehrzahl unter ihnen vertretenen spezifischen Begriff des „Politischen" und des „Staates" aus, der an der griechischen Polis und deren Verständnis insbesondere bei Aristoteles orientiert ist. Die Wiederentdeckung der aristotelischen „Politik" in Deutschland ausgangs des 18. und zu Beginn des 19. Jahrhunderts führte zu der für den Neo-Aristotelismus charakteristischen Literaturgattung der „Politik",[529] die ihren ersten bedeutenden Niederschlag in Dahlmanns gleichnamigem Buch (1835) und ihren Abschluß in dem gleichlautenden Alterswerk W. Roschers (1892) fand. Die meisten der „politischen Historiker" hielten während dieses Zeitraums Vorlesungen über „Politik" ab, die allerdings nur teilweise im Druck erschienen sind.[530]

---

528 Zum politischen Professorentum im 19. Jahrhundert s. W. Real, Geschichtliche Voraussetzungen und erste Phasen des politischen Professorentums, in: Darstellungen und Quellen zur Geschichte der deutschen Einheitsbewegung im neunzehnten Jahrhundert, hrsg. v. Chr. Probst, Bd. 9, Heidelberg 1974, S. 7-95; K. Schwabe (Hrsg.), Deutsche Hochschullehrer als Elite 1815-1945, Boppard a. Rh. 1988; H. Ehmke, Karl v. Rotteck, der „politische Professor", Karlsruhe 1964; zu Ranke s. O. Diether, Leopold von Ranke als Politiker, Leipzig 1911, u. R. Vierhaus, Ranke und die soziale Welt, Münster 1975, S. 24-44; s. allgem. auch H. Mommsen, Zum Verhältnis von politischer Wissenschaft und Geschichtswissenschaft in Deutschland, in: H. Schneider (Hrsg.), Aufgabe und Selbstverständnis der politischen Wissenschaften, Darmstadt 1967, S. 283-329 (zuerst ersch. 1962).

529 Die Untersuchung dieser Literaturgattung ist ein Desiderat geschichts- und politikwissenschaftlicher Forschung; s. jedoch den freilich zu vielfältigem Widerspruch herausfordernden Aufsatz von M. Riedel, Aristoteles-Tradition und Französische Revolution, in: ders., Metaphysik und Metapolitik, Frankfurt a. M. 1975, S. 129-168 (zuerst ersch. 1963).

530 Zu Droysen s. R. Hübner, Johann Gustav Droysens Vorlesungen über Politik, in: ZfP 10 (1917), S. 325-376, u. Birtsch, Die Nation als sittliche Idee, S. 54; zu Dahlmann s. M. Riedel, Politik und Geschichte. F. C. Dahlmann und der Ausgang der Aristoteles-Tradition, in: ders., Metaphysik und Metapolitik, Frankfurt a. M. 1975, S. 307-329 (zuerst ersch. 1969); zu Sybel s. H. Seier, Die Staatsidee Heinrich v. Sybels in den Wandlungen der Reichsgründungszeit 1862/71, Lübeck u. Hamburg 1961, S. 27; ders.; Sybels Vorlesung über Politik und die Kontinuität des „staatsbildenden Liberalismus, in: HZ 187 (1959), S. 90-112 u. Dotterweich, Heinrich von Sybel. Geschichtswissenschaft in politischer Absicht (1817-1861) Göttingen 1978, S. 108; zu Treitschke s. W. Bußmann, Treitschke. Sein Welt- und Geschichtsbild, Göttingen 1952, S. 139, 222 f., 253, 200 f., u. O. Westphal, Der Staatsbegriff Heinrich v. Treitschkes, in: Deutscher Staat und deutsche Parteien. FS F. Meinecke zum 60. Geb., hrsg. v. P. Wentzke, München u. Berlin 1922, S. 155-200; s. a. allgemein, mit besonderer Berücksichtigung von v. Treitschke: M. Riedel, Der Staatsbegriff der deutschen Geschichtsschreibung des 19. Jahrhunderts in seinem Verhältnis zur klassisch-politischen Philosophie, in: Der Staat 2 (1963), S. 41-63, sowie aus der älteren Literatur insbesondere

Nicht zu Unrecht ist verschiedentlich auf die Nähe dieses Politik- und Staatsverständnisses zu Hegel hingewiesen worden, der an der Wiederentdeckung der aristotelischen politischen Philosophie maßgeblichen Anteil hatte.[531] Hieran zu erinnern ist vor allem wegen des modischen Anti-Hegelianismus der 1850er Jahre gerechtfertigt, der den ebenso modischen Hegelianismus des Vormärz nun durch um so heftigere Attacken zu kaschieren suchte.[532] Allerdings wird man von einer mehr als oberflächlichen Aneignung Hegels im allgemeinen kaum sprechen können. Was als Anlehnung an ihn erscheint, ist vielmehr häufig nichts anderes als die Gemeinsamkeit Hegels und der „politischen Historiker" in der idealisierten griechischen Klassik sowie der Aristotelesrezeption als Fluchtpunkt.[533] Daß der Aristotelismus auch durch andere Kanäle transportiert wurde, wird am Beispiel des Berliner Aristotelikers und Hegel-Gegners F. A. Trendelenburg und dessen Einfluß insbesondere auf die Germanisten deutlich.[534] Bereits hieran zeigt sich die unterschiedliche Les- und Verwendbarkeit der aristotelischen „Politik". Der Neo-Aristotelismus war keine hermetisch abgegrenzte politische Strömung. Was ihn über politische Unterschiede seiner Repräsentanten hinweg charakterisiert, ist seine eigentümliche Fixierung auf den „Staat".

Diese wissenschaftshistorische Verortung wird von jener Auffassung übersehen, derzufolge die deutsche Geschichte seit der Reformation sich durch eine im Ver-

---

O. Lorenz, Die Geschichtswissenschaft in Hauptrichtungen und Aufgaben, Berlin 1886, S. 97-107 (v. a. zu Dahlmann).

531 S. hierzu K.-H. Ilting, Hegels Auseinandersetzung mit der aristotelischen Politik, in: G. W. F. Hegel, Frühe politische Systeme. Hrsg. u. komment. v. G. Göhler, Frankfurt a. M./Wien/Berlin 1974, S. 759-785 (zuerst ersch. 1963). Ilting weist, explizit gegen Riedel gerichtet, auf „Hegels neue, höchst unzeitgemäße Hinwendung zu Aristoteles" (S. 771) hin; K. Rothe, Selbstsein und bürgerliche Gesellschaft. Hegels Theorie der konkreten Freiheit, Bonn 1976, S. 21 ff., 49-60, 94, 157, 162 f., sowie J. Ritter, „Politik" und „Ethik" in der praktischen Philosophie des Aristoteles, in: ders., Metaphysik und Politik. Studien zu Aristoteles und Hegel, Frankfurt a. M. 1977, S. 108 (zuerst ersch. 1967).

532 Dies gilt vor allem für R. Hayms Streitschrift „Hegel und seine Zeit" (1857), in der Haym die Hegelsche Philosophie als „wissenschaftliche Behausung der preußischen Reaktion" zu denunzieren versuchte; zum Gesamtzusammenhang s. H. Rosenberg, Zur Geschichte der Hegelauffassung, in: ders., Politische Denkströmungen im deutschen Vormärz, S. 69-96, zu Haym S. 86 ff.; zur Wirkung von Hayms Hegel-Kritik s. a. J. Ritter, Hegel und die französische Revolution, in: ders., Metaphysik und Politik, S. 183 ff. (zuerst ersch. 1956). W. Maihofer, Hegels Prinzip des modernen Staates, in: M. Riedel (Hrsg.), Materialien zu Hegels Rechtsphilosophie, Bd. 2, Frankfurt a. M. 1975, S. 361 f. (zuerst ersch. 1969), u. J. I. Löwenstein, Hegels Staatsidee und die Liberalen der Bismarckzeit, in: TAJB 3 (1974), S. 167 f.; s. a. unten Kap. V. 2. a.

533 S. W. Hock, Liberales Denken im Zeitalter der Paulskirche. Droysen und die Frankfurter Mitte, Münster 1957, S. 9-16; Iggers, Deutsche Geschichtswissenschaft, S. 126; zur Bedeutung des Aristotelismus s. a. E. Hölzle, Dahlmann und der Staat, in: VSWG 17 (1924), S. 351-358, insbes. S. 355 ff., u. kritisch O. Lorenz, Die Geschichtswissenschaft in Hauptrichtungen und Aufgaben, S. 74 f., 97-109, 204-213.

534 Zu Trendelenburg s. A. R. Weiss, Friedrich Adolf Trendelenburg und das Naturrecht im 19. Jahrhundert, Kallmünz 1960; zum Einfluß Trendelenburgs auf die Germanisten s. Böckenförde, Die deutsche verfassungsgeschichtliche Forschung im 19. Jahrhundert, S. 93, u. Kern, Georg Beseler, S. 16, 41, 74, 193 u. insbes. 537.

gleich zu anderen Ländern vermeintlich starke Staatstradition und einen besonderen, genuin deutschen Staatsgedanken unterscheide.[535] Gegen diese Auffassung ist einzuwenden, daß in ihr obrigkeitliche und staatliche Tradition undifferenziert gleichgesetzt werden und politisches Denken in problematischer Weise für die Sphäre des „Staates" reserviert wird, womit in der Regel nichts anderes als eine starke Regierungsgewalt gemeint ist. Ebenso wenig läßt sich die zumindest im 19. Jahrhundert festzustellende und bis weit ins 20. Jahrhundert reichende Faszination des Staates mit dem Hinweis auf die sich ausdehnende Staatstätigkeit oder die Tradition des „Sozialstaats" belegen. Was zu erklären ist, wird in dieser Argumentation bereits tautologisch vorausgesetzt. Im übrigen findet die Zunahme „staatlichen" Handels zur gleichen Zeit auch in anderen Ländern (Frankreich, England, später auch Italien) statt, ohne dort zu einem ähnlich ausgeprägten ideologischen Etatismus zu führen. Eine ausführliche Erörterung dieses komplexen Problems liegt nicht im Aufgabenbereich dieser Arbeit. Den innovativen Konzepten des „Staats" und der „Staatswissenschaften" im 19. Jahrhundert ist hier lediglich in ihrer, freilich sehr hoch zu veranschlagenden Bedeutung als Rahmenbedingung für die historische Aufwertung des Absolutismus nachzugehen.

Wurde der vor allem seit dem 16. Jahrhundert aufkommende Ausdruck „Staat" zunächst als Synonym für die privatrechtliche Sphäre der fürstlichen Regierung und des Hofes („Hofstaat") oder im aufgeklärten Naturrecht gleichbedeutend mit „bürgerlicher Gesellschaft" verwandt,[536] so unterlag er seit dem späten 18. Jahrhundert einem allmählichen Bedeutungswandel. Hintergrund hierfür war zunächst die Auflösung der alteuropäischen Gesellschaft und ihrer politisch-sozialen Begriffswelt. Dieser in Ansätzen bereits bei Kant und Schlözer, in umfassender Weise jedoch erst von Hegel reflektierte Vorgang ist mit der verbreiteten Formel von der sogenannten Trennung zwischen „Staat" und „Gesellschaft"[537] jedoch nicht hinreichend zu erfassen. Tatsächlich handelt es sich nicht um die Trennung von zuvor identischen Sphären, sondern um einen reziproken Prozeß zunehmender sozialer Differenzierung, Komplexität und Integration. Die privatrechtlich über autonome Ge-

535 S. P. Joachimsen, Zur Psychologie des deutschen Staatsgedankens, in: ders., Gesammelte Aufsätze zu Renaissance, Humanismus und Reformation, ausgew. u. eingel. v. N. Hammerstein, Aalen 1970, S. 549-620 (zuerst ersch. 1922); O. Westphal, Bemerkungen über die Entwicklung einer allgemeinen Staatslehre in Deutschland, in: Vom staatlichen Werden und Wesen. FS E. Marcks zum 60. Geb., dargeb. v. L. Bergsträsser u. a., Stuttgart u. Berlin 1921, S. 25-42; zur nach der Niederlage im Ersten Weltkrieg ausgebrochenen Diskussion über den „deutschen Staatsgedanken" s. den Literaturbericht von O. Hintze, Der deutsche Staatsgedanke, in: ZfP 13 (1924), S. 114-131; aus der umfänglichen Literatur nach 1945 über den deutschen Machtstaat sei hier lediglich verwiesen auf W. Hennis, Zum Problem der deutschen Staatsanschauung, in: H. H. Hofmann (Hrsg.), Die Entstehung des modernen souveränen Staates, S. 73-93.

536 S. hierzu P.-L. Weinacht, Staat, S. 79-100, 176-188, u. M. Riedel, Art. Gesellschaft, bürgerliche, in: Geschichtliche Grundbegriffe, Bd. 2, S. 719-800.

537 S. hierzu die Aufsatzsammlung von E.-W. Böckenförde (Hrsg.), Staat und Gesellschaft, Darmstadt 1976; zur neuerdings wieder aufgelebten Debatte s. J. Keane (Hrsg.), Civil Society and the State, London/New York (Verso) 1988.

walten organisierte Gesellschaft des Ancien Régime transformierte sich während einer „Epoche sozialer Revolution“ (Marx) in eine auf formaler Freiheit und Gleichheit beruhende öffentlich-rechtlich organisierte Gesellschaft.

Wenn sich in Deutschland die theoretische Reflexion dieses Vorgangs in Form des Begriffswandels des „Staates“ und der „Staatswissenschaften“ (u. a.) vollzog,[538] so liegt dies durchaus nicht gleichsam in der Logik der Sache begründet. So wurde dieser gemeineuropäische, wenngleich nicht zeitgleich stattfindende Transformationsprozeß von der alteuropäischen zur modernen Gesellschaft in anderen Ländern etwa unter der Form der „Politischen Ökonomie“ (England) oder der „Gesellschaftswissenschaft“ (Frankreich) reflektiert. Die besondere deutsche Form der Staatssemantik ist vielmehr das Resultat der vor allem durch die Französische Revolution ausgelösten Politisierung des seit J. J. Winkelmann aufgebauten neuhumanistischen Ideals der griechischen Klassik. In diesen Kontext fällt der innovative Rückgriff auf politische Denker wie Platon und insbesondere Aristoteles, dessen Begriff der „Polis“ im Deutschen allgemein mit „Staat“ wiedergegeben wurde. Auf die problematische Entsubstanzialisierung des „Politischen“ durch die Verquickung beider Begriffe kann hier nicht weiter eingegangen werden.[539] Hervorzuheben ist jedoch, daß vor allem der Totalitätsgedanke der aristotelischen politischen Philosophie auf das Interesse der deutschen Gebildeten stieß, bot er ihnen doch einen intellektuellen Ausweg sowohl aus der sich auflösenden alten Gesellschaft als auch aus der Zerrissenheit der Revolution. Aus diesem Milieu gingen die „organologischen“ Staats- und Verfassungstheorien hervor, unter denen die des Hegelianismus und des Germanismus die wirkungsvollsten waren.

Im Zentrum dieser Theorien stand der Begriff der „Staatssouveränität“,[540] mit dessen Hilfe einerseits die Patrimonialstaatstheorie Hallers und des Berliner politischen Wochenblatts zurückgewiesen wurde, und andererseits eine Lösungsformel für die in den aufgeklärt-liberalen Verfassungswerken nicht verbindlich geregelte Frage nach der souveränen Letztentscheidungskompetenz im Konfliktfall zwischen dem Monarchen und den Landständen gefunden zu sein schien. Daß dies realiter keineswegs der Fall war, sondern die neo-aristotelische Doktrin der Staatssouveränität ein harmonistisches Wunschbild war, zeigen zwei verfassungspolitische Ereignisse, die am Beginn und am Ende der Epoche zwischen Vormärz und Reichsgründung standen – die Amtsenthebung der Göttinger Sieben und der preußische

538 S. hierzu allgem. R. Koselleck, Begriffsgeschichte u. Sozialgeschichte, in: ders., Vergangene Zukunft, S. 107-129 (zuerst ersch. 1972); R. M. Berdahl, Anthropologie und Geschichte: Einige theoretische Perspektiven und ein Beispiel aus der preußisch-deutschen Geschichte, in: Berdahl u. a., Klassen und Kultur. Sozialanthropologische Perspektiven in der Geschichtsschreibung, Frankfurt 1982, S. 263-287.

539 S. hierzu die kritischen Bemerkungen bei Ritter, ‚Politik‘ und ‚Ethik‘ in der praktischen Philosophie des Aristoteles, S. 114 f.

540 S. hierzu Quaritsch, Staat und Souveränität, S. 487-505; Boldt, Deutsche Staatslehre im Vormärz, S. 74-84; v. Oertzen, Die soziale Funktion des staatsrechtlichen Positivismus, S. 114-129.

Verfassungskonflikt über die Bewilligung des Heeresbudgets (1862/63).[541] Eine verbindliche Regelung des Problems der Letztentscheidungskompetenz hat erst der staatsrechtliche Positivismus vorgenommen. Indem er jedoch den Begriff der „Staatssouveränität" seines neoaristotelisch-ethischen Bezugs entkleidete und dezisionistisch verengte, verhalf er der zuvor erst latent vorhandenen Tendenz zur „Entleerung des Denkens von Staat und Politik"[542] zum Durchbruch, die schließlich in die Krise der Weimarer Staatslehre führte.[543]

Keiner der „politischen Historiker" hat das philosophische Reflexionsniveau Hegels erreicht. Vor allem stieß Hegels systematische Verortung der Sphäre der „Gesellschaft" auf Unverständnis und Ablehnung. Allerdings muß zugleich betont werden, daß auch von Hegels Philosophie kein direkter Weg zur „Gesellschaftswissenschaft" führte. Wer wie L. v. Stein oder K. Marx diesen Weg suchte, mußte Hegel gleichsam vom Kopf auf die Füße stellen.[544] Hegels Philosophie war im umfassenden Sinn „Staatswissenschaft". Dieser in Deutschland zwischen der Mitte des 18. und dem frühen 20. Jahrhundert verbreitete Terminus scheint einerseits wegen der Vielzahl der mit ihm verknüpften wissenschaftlichen Konzepte kaum als systematischer Begriff geeignet zu sein.[545] Dem steht andererseits die verbreitete Auffassung gegenüber, daß die Staatswissenschaften in der alteuropäischen Tradition der aristotelischen praktischen Philosophie stünden. Durch die Philosophie Kants und die Spezialisierung der Wissenschaften sei diese Tradition zum Abschluß gekommen,[546] und die Staatswissenschaften seien in die Disziplin der Nationalökonomie emigriert.[547] Was diese teilweise einander widersprechenden Auffassungen

541 Die Mehrzahl der Göttinger Sieben (Dahlmann, die Brüder Grimm, Gervinus, Albrecht) waren ausdrückliche Verfechter der Staatssouveränitätsdoktrin. Als geradezu tragisch kann man die Tatsache werten, daß ausgerechnet im Jahr seiner Amtsenthebung E. Albrecht erstmals nach Hegel die Theorie der Staatssouveränität in einer Kontroverse mit R. Maurenbrecher wissenschaftlich zu begründen versucht hatte, vgl. E. Albrecht, Rezension: R. Maurenbrecher, Grundsätze des heutigen deutschen Staatsrechts, Bonn 1837, in: Göttingische gelehrte Anzeigen, St. 150/151 u. 152 v. 21. u. 23. Sept. 1837, S. 1489-1504 u. 1508-1515, insbes. S. 1510 ff.; zum preußischen Verfassungskonflikt s. Nipperdey, Deutsche Geschichte 1800-1866, S. 749-768.

542 Hennis, Zum Problem der deutschen Staatsanschauung, S. 91.

543 S. hierzu K. Sontheimer, Antidemokratisches Denken in der Weimarer Republik, dritte Aufl., München 1978, S. 63-93; Mommsen, Zum Verhältnis von politischer Wissenschaft und Geschichtswissenschaft in Deutschland, S. 291 ff.

544 Vgl. Marx, Das Kapital, Bd. I, Nachwort zur zweite Aufl. (1873), in: MEW, Bd. 23, S. 27.

545 Vgl. V. Hentschel, Die Staatswissenschaften an den deutschen Universitäten im 18. und frühen 19. Jahrhundert, in: Berichte zur Wissenschaftsgeschichte 1 (1978), S. 182 u. 189.

546 Vgl. H. Maier, Die Lehre der Politik an den älteren deutschen Universitäten, in: ders., Politische Wissenschaft in Deutschland. Erw. Neuausgabe, München u. Zürich 1985, S. 31-67 (zuerst ersch. 1962); W. Hennis, Politik und praktische Philosophie, Neuwied, Berlin 1963, insbes. S. 24-55; Riedel, Der Staatsbegriff der deutschen Geschichtsschreibung des 19. Jahrhunderts in seinem Verhältnis zur klassisch-politischen Philosophie, passim., sowie ders., Politik und Geschichte. F. C. Dahlmann und der Ausgang der Aristoteles-Tradition, insbes. S. 324 ff.

547 Vgl. Hentschel, Die Staatswissenschaften an den Universitäten, S. 190, u. R. v. Bruch, Zur Historisierung der Staatswissenschaften. Von der Kameralistik zur historischen Schule der Nationalökonomie, in: Berichte zur Wissenschaftsgeschichte 8 (1985), S. 131-146.

verbindet, ist der Umstand, daß sie den Blick für die tatsächlich miteinander konkurrierenden Konzepte der „Staatswissenschaften" an wichtigen Punkten verstellen. Dies gilt insbesondere für die verschiedenen Varianten der neoaristotelisch-organologischen „Staatswissenschaften". Gegen die maßgeblich von G. Achenwall begründeten und bis zu Pölitz und Rotteck reichenden „aufgeklärten Staatswissenschaften"[548] gerichtet, traten diese aus der Politisierung des Neuhumanismus hervorgegangenen neuen „Staatswissenschaften" seit den 1830er Jahren hervor und blieben bis zum Durchbruch des staatsrechtlichen Positivismus nach der Reichsgründung vorherrschend. Erst ausgangs des 19. Jahrhunderts fand die nationalökonomische Verengung der Staatswissenschaften statt.[549]

Im Zusammenhang mit der historischen Aufwertung des Absolutismus verdienen drei Aspekte der neo-aristotelischen Staatswissenschaften besonders hervorgehoben zu werden. Im Unterschied zu den kontraktualistisch begründeten Staats- und Verfassungstheorien der „aufgeklärten Staatswissenschaften" lag ihnen ein „organischer" Staats- und Verfassungsbegriff zugrunde. Wie der Staat nun als „uranfänglich"[550] gedacht wurde, so wurde auch der Verfassungsbegriff entjuridifizert. Beinahe als Vorwegnahme des „totalen" Verfassungsbegriffs von C. Schmitt erscheint die Zurückweisung der Unterscheidung von konstitutionellen und nichtkonstitutionellen Staaten bei E. Gans, dem wohl bedeutendsten hegelianischen Rechtsphilosophen.[551] Insofern der Staat, so Gans, nur eine Idee sei, sei er wie alles Gedankenmäßige und Organische notwendig in Teile gegliedert. „Deshalb ist die Unterscheidung der konstitutionellen und nichtkonstitutionellen Staaten nun auch keine über ein großes Wesen. Staaten haben eine geschriebene Verfassung oder nicht; allein, von dem unkonstitutionellen Staat gilt doch nicht, daß er aller Glieder entbehren

548 Dieses Konzept der „aufgeklärten Staatswissenschaften" ist bisher nicht im Zusammenhang untersucht worden; s. aber J. Brückner, Staatswissenschaften. Kameralismus und Naturrecht. Ein Beitrag zur Geschichte der Politischen Wissenschaft in Deutschland im späten 17. und 18. Jahrhundert, München 1977, S. 229-290, u. H. E. Bödeker, Das staatswissenschaftliche Fächersystem im 18. Jahrhundert, in: R. Vierhaus (Hrsg.), Wissenschaften im Zeitalter der Aufklärung, Göttingen 1985, S. 143-162.

549 Weniger noch als die „aufgeklärten Staatswissenschaften" sind die organologisch-neoaristotelischen Staatswissenschaften bisher Gegenstand einer Untersuchung gewesen. Neben den bereits genannten neo-aristotelischen „politischen Professoren" ist vor allem J. C. Bluntschli als einer der herausragenden Vertreter zu nennen. Ein wesentliches Charakteristikum dieser neuen Staatswissenschaften ist ihre sog. historisch-philosophische Methode. Was darunter zu verstehen ist, kann hier nicht weiter ausgeführt werden. Es ist lediglich darauf hinzuweisen, daß dieses neue staatswissenschaftliche Konzept sich ausdrücklich auf Aristoteles (und Bodin) stützt und gegen das aufgeklärte Naturrecht (u. a. Kant) gerichtet ist. Wichtige Hinweise auf dieses Konzept bei Bluntschli, Lehre vom modernen Staat, Bd. 1: Allgemeine Staatslehre, sechste Aufl. durchges. v. E. Loening, Stuttgart 1886, insbes. S. 1-13 u. Welcker, Systematische Encyklopädie der Staatswissenschaften, oder allgemeine Begründung, Übersicht und Einteilung derselben, in: StL Rotteck-Welcker, dritte Aufl., Bd. 1, Leipzig 1856, S. XXIX-LXIV, insbes. S. XXX f. u. XL.

550 F. C. Dahlmann, Die Politik, auf den Grund und das Maß der gegebenen Zustände zurückgeführt. Neuaufl. der ersten Ausg. 1835, hrsg. u. eingel. v. M. Riedel, Frankfurt a. M. 1968, S. 37.

551 Zu Ganz s. u. Kap. V.1.

sollte; insofern hat jeder Staat eine Verfassung, und ohne sie wäre der Staat eben kein Staat.[552] Auf der Grundlage einer neuen Begriffsbestimmung wird das Verhältnis von Staat und Verfassung gegenüber der Verfassungstheorie der „aufgeklärten Staatswissenschaften“ geradezu umgekehrt. An die Stelle der „Verfassung“ als wissenschaftlich-politischem Leitbegriff tritt der „Staat“.

Ein neuer wissenschaftlicher Gegner erwuchs der neo-aristotelischen Staatswissenschaft in den aufkommenden Geschichtswissenschaften.[553] Allerdings sind wenigstens zwei Phasen in dieser Kontroverse zu unterscheiden. Innerhalb des deutschen Diskurses der 1820er und 1830er Jahre blieben die Gesellschaftswissenschaften noch ganz der Auseinandersetzung zwischen den aufgeklärten und den neo-aristotelischen Staatswissenschaften untergeordnet. Der gesellschaftswissenschaftliche Antipode der in diesem Zeitraum vor allem aus dem Hegelianismus hervorgehenden Entwürfe zu einer neuen Staatswissenschaft war die zur gleichen Zeit in Frankreich sich formierende Soziologie Saint-Simons. Hegelsche Staatswissenschaft und Saint-Simonsche Gesellschaftswissenschaft sind die beiden avanciertesten Versuche des frühen 19. Jahrhunderts, das Problem von Ordnung und Freiheit jenseits des konstitutionellen Verfassungsparadigmas auf der Grundlage der Anerkennung der modernen Gesellschaft und der Ergebnisse der französischen Revolution theoretisch zu reflektieren.[554] Geschichtstheoretischen Niederschlag fand diese Kontroverse zwischen Hegelscher Staatswissenschaft und Saint-Simonistischer Gesellschaftswissenschaft in den konkurrierenden, für die Historisierung des „Absolutismus“ zentralen Konzepten der „Staatsbildung“ und des „Dritten Standes“.

Gegenüber dieser ersten Phase nahmen die neo-aristotelischen Staatswissenschaften im Zuge der Ausbreitung des Pauperismus und dem Aufkommen des „Vierten Standes“ in Deutschland seit den späten 1830er Jahren einen zunehmend sozialkonservativen Zug an. Dies gilt insbesondere für H. v. Treitschke, der zunächst in seiner anti-soziologischen Arbeit „Die Gesellschaftswissenschaften“ (1859) vornehmlich gegen R. v. Mohl und später gegen G. Schmoller und den Kathedersozialismus zu Felde zog.[555] Für die entstehende Absolutismusforschung ist

---

552 E. Gans, Deutsches Staatsrecht. Einleitung. Vorlesungsnachschrift v. G. Waitz (SS 1834), in: Gans, Philosophische Schriften, hrsg. u. eingel. v. H. Schröder, Glashütten/Ts. 1971, S. 161; vgl. a. Gans. Vorlesung über Naturrecht, ebd., S. 125, sowie die in etwas anderer Version überlieferte Fassung in: Gans, Naturrecht und Universalrechtsgeschichte. Hrsg. v. M. Riedel, Stuttgart 1981, S. 95 f.

553 S. hierzu E. Pankoke, Sociale Bewegung – Sociale Frage – Sociale Politik. Grundfragen der deutschen „Socialwissenschaften“ im 19. Jahrhundert, Stuttgart 1970, S. 157-166, u. E. Angermann, Robert von Mohl, Neuwied 1962, S. 330-387.

554 Zum zeitlichen Parallelismus beider Theorieentwürfe s. W. Spühler, Der Saint-Simonismus – Lehre und Leben von Saint-Amand Bazard, Zürich 1926, S. 153; Th. Petermann, Claude-Henri de Saint-Simon: Die Gesellschaft als Werkstatt, Berlin 1979, S. 212 (mit weiteren Hinweisen, insbes. auf H. Freyer); zu Hegel s. a. Ritter, Hegel und die französische Revolution, insbes. S. 192 u. 196 f., u. Rothe, Selbstsein und bürgerliche Freiheit, insbes. S. 9-21.

555 Vgl. Westphal, Der Staatsbegriff Heinrich v. Treitschkes, S. 162, u. G. Iggers, Heinrich von Treitschke, in: H.-U. Wehler (Hrsg.), Deutsche Historiker, Bd. II, Göttingen 1971, S. 67 f. u. 72 f.

diese zweite Phase der neo-aristotelischen Staatswissenschaften u. a. darum von Interesse, weil der in diesem Konzept enthaltene Begriff der „Staatssouveränität" nun definitiv einseitig monarchisch ausgelegt wurde. Der Sache nach war dies keineswegs zwingend. Ausschlaggebend für diese Verengung war nicht zuletzt die Preußen angetragene Führungsrolle bei der Herstellung des deutschen Nationalstaats. Daß die ideologische Fixierung auf Preußen als dem dynastischen Staat par excellence ein ausdrückliches Bekenntnis zur Monarchie beinhaltete, war dabei unumstritten.[556] Es ist darum durchaus kein Zufall, daß die neo-aristotelischen „politischen Professoren" durchweg der kleindeutschen Schule angehörten, während die „Gesellschaftswissenschaftler" Mohl, Stein und Riehl dem vermeintlich „deutschen Beruf" Preußens skeptisch bis ablehnend gegenüberstanden.[557] Politisch bedeutete die monarchische Verengung der Staatssouveränität den Übergang des monarchischen Prinzips von einer Kompromißformel im aufgeklärten Liberalismus gleichsam zum *status confessionis* im von v. Sybel treffend bezeichneten „staatsbildenden Liberalismus".[558] Historiographisch führte sie zur Erhebung des monarchischen Prinzips zum erkenntnisleitenden Dogma, das die deutsche Diskussion über „Staatsbildung" für mehr als ein Jahrhundert geprägt hat. Erst die Ständeforschung hat den axiomatisch unterstellten Zusammenhang von Fürstentum und Staatsbildung in Frage gestellt.

---

556 S. etwa das nach der Revolution von 1848 geschriebene Werk des Rechtshegelianers H. F. W. Hinrichs, Die Könige. Entwicklungsgeschichte der Könige von den ältesten Anfängen bis auf die Gegenwart, Leipzig 1851, insbesondere die ausdrücklich gegen den „Republikanismus" gerichtete promonarchische Einleitung, in der Hinrichs u. a. schreibt: „Das vorliegende Buch ist *im Interesse des Königtums* gegen die geschrieben, welche dasselbe für ein zufälliges Beiwesen zum Staate halten und von der Einführung der Republik das Heil der Welt erwarten, obschon sie wissen sollten, daß die modernen Republiken, die, wie in England und Frankreich, durch Revolution entstanden, die Despotie zur Folge hatten. ... Das Königtum ist nicht eine zufällige Zutat zum Staate, sondern dessen Verkörperung ..." (S. VII f.). Wissenschaftlich hat die Verknüpfung von Staatssouveränität, monarchischem Prinzip und Preußenorientierung zur These eines besonderen Typus des „deutschen Konstitutionalismus" geführt, die vor allem um die Jahrhundertwende in die Diskussion geriet, s. etwa F. v. Martitz, Die Monarchie als Staatsform, Berlin 1903; E. Kaufmann, Studien zur Staatslehre des monarchischen Prinzips, Leipzig 1906; O. Hintze, Das monarchische Prinzip und die konstitutionelle Verfassung, in: ders., GA, Bd. I, Göttingen 1962, S. 359-389 (zuerst ersch. 1911); H. O. Meisner, Die Lehre vom monarchischen Prinzip im Zeitalter der Restauration und des Deutschen Bundes, Breslau 1913; zur neueren, vor allem von Huber ausgelösten Debatte s. Böckenförde, Der deutsche Typ der konstitutionellen Monarchie; s. auch o. Kap. III.2.4.

557 Zu L. v. Stein s. W. Schmidt, Lorenz von Stein, Eckernförde 1956, S. 65 ff.; zu Mohl s. Angermann, Robert von Mohl, S. 87 ff.; für den Gesamtzusammenhang, insbes. auch zu Riehl s. Simhart, Bürgerliche Gesellschaft und Revolution, S. 148-189.

558 V. Sybel, Das neue Deutschland und Frankreich, in: ders., Vorträge und Aufsätze, Berlin 1874, S. 297 (zuerst ersch. 1866); s. hierzu a. den bereits erwähnten Aufsatz von Seier, Sybels Vorlesungen über Politik und die Kontinuität des „staatsbildenden" Liberalismus.

3. „Staats-" und „Nationalstaatsbildung" als historiographisches Programm

Die historische Aufwertung des Absolutismus war, wie in den vorangehenden Ausführungen bereits angedeutet wurde, nicht etwa das Ergebnis vertiefter empirischer Forschung, sondern stand vielmehr in engstem Zusammenhang mit dem beschriebenen Begriffs- und Bedeutungswandel des „Staates" im frühen 19. Jahrhundert. Der Paradigmawechsel zum „Staat" als Leitkategorie zog auch eine völlig neue, programmatisch vornehmlich gegen die aufgeklärten „Staatswissenschaften" und die Aufklärungshistorie gerichtete Behandlung des geschichtlichen Werdens des Staates nach sich. In dem Konzept der „Staats-Bildung" fand sie auch einen neuen terminologischen Ausdruck.

Die Verknüpfung dieser beiden Ausdrücke war dem aufgeklärten Liberalismus ebenso wie der neuhumanistischen Bildungsbewegung noch fremd gewesen. Der im letzten Drittel des 18. Jahrhunderts sich verbreitende Begriff der „Bildung" war hier für das philanthropisch-pädagogische Ziel der „Erziehung des Menschengeschlechts" und der „Menschenbildung" reserviert.[559] Wenngleich im Zuge der Politisierung der Aufklärung, vor allem aber ausgelöst durch die Französische Revolution und als Reaktion auf die napoleonische Repression, die Bereitschaft unter den Gebildeten wuchs, den „Staat" als zentrale Instanz der „Volksbildung" zu begreifen,[560] blieb der Bildungsbegriff dennoch am Individuum orientiert. Die aufkommende germanistische Nationalbewegung transzendierte den individualistischen Bildungsbegriff. „Nationale Bildung" und „freier Bildungsstaat" wurden zu Orientierungsbegriffen der Burschenschaften.[561] Der Begriff „Staatsbildung" ist jedoch auch in diesem Diskurs, sofern überhaupt nachweisbar, unbedeutend.

Die Neuschöpfung dieses Terminus hatte zwei Bedingungen. Neben der Historisierung des Bildungsbegriffs im neutralen Sinn von „Entstehung" oder – lateinisch –

559 S. hierzu R. Vierhaus, Art. Bildung, in: Geschichtliche Grundbegriffe, Bd. 1 (1972), S. 508-551; H. E. Bödeker, Art. Menschheit, Humanität, Humanismus, in: ebd., Bd. 3 (1982), S. 1063-1128, insbes. S. 1080 f., 1090 f. u. 1098 ff.; J. Garber, Von der Menschheitsgeschichte zur Kulturgeschichte, in: Kultur zwischen Bürgertum und Volk, hrsg. v. J. Held, Berlin 1983, S. 76-97.

560 H. Titze, Die Politisierung der Erziehung, Frankfurt a. M. 1973, S. 70-103; u. Krautkrämer, Staat und Erziehung. Begründung öffentlicher Erziehung bei Humboldt, Kant, Fichte, Hegel und Schleiermacher, München 1979, insbes. S. 47-61, 124-130, 177 ff., 214-222 u. 298-306; s. a. Art. Bildung, in: Allgemeines Handwörterbuch der philosophischen Wissenschaften, hrsg. v. Krug, Bd. 1 (1827), S. 358-360, u. Rotteck, Art. Bildung, in: StL Rotteck-Welcker, Bd. 2 (1835), S. 567-587.

561 Vgl. W. Hardtwig, Studentische Mentalität – Politische Jugendbewegung – Nationalismus. Die Anfänge der deutschen Burschenschaften, in: HZ 242 (1986), S. 581-628, insbes. S. 619 f.; s. a. Vierhaus, Art. Bildung, S. 526 f., u. H. König, Zur Geschichte der bürgerlichen Nationalerziehung in Deutschland zwischen 1807 und 1815, Teil 1, Berlin (DDR) 1972, insbes. zu Arndt S. 179 ff., zu Fichte S. 216 ff., u. zu Jachmannns „Archiv deutscher Nationalbildung" S. 247 ff.

„formatio",[562] setzte sie eine Neuinterpretation des „Staates" jenseits der Reduzierung auf „Regierung" oder der Gleichsetzung mit „bürgerlicher Gesellschaft" im aufgeklärten Naturrecht voraus. Dieses war das Werk Hegels. Indem er seinen neuen Staatsbegriff mit dem Doppelbegriff der historistischen und pädagogisch-teleologischen „Bildung" verband, schuf er ein genuines Konzept von „Staatsbildung", dessen Originalität sich durch das semantische Spannungsverhältnis zwischen der „Bildung des Menschen *zum* Staat" und der „Bildung (Entstehung) *des* Staates" auszeichnet. Mit diesem Konzept unterschied sich Hegel nicht nur von den Erziehungs- und Bildungsprogrammen des aufgeklärten Liberalismus und der jungen germanistischen Nationalbewegung, sondern zugleich unternahm er den entscheidenden Schritt vom neuhumanistischen Ideal des „ästhetischen Staates" zum „politischen Staat".[563] Es ist dies nicht der Ort, um die Entwicklungsetappen des Konzepts der „Staatsbildung" im Gesamtwerk Hegels detailliert zu untersuchen und darzustellen.[564] Hier ist vor allem die allmähliche zeitgenössische Verbreitung dieses Konzepts und ihr Zusammenhang mit der historischen Aufwertung des Absolutismus von Interesse.

---

562 Vgl. Art. „bilden" u. „Bildung", in: Deutsches Wörterbuch, hrsg. v. J. u. W. Grimm, Bd. 2, Leipzig 1860, Sp. 14 u. 22; Hinweise zur Historisierung des Bildungsbegriff auch bei Vierhaus, Art. Bildung, S. 515 f.

563 Dieser zentrale Vorgang ebenso wie die hieraus hervorgehende Wiederentdeckung des Aristoteles für die politische Philosophie ist Iggers in seinem Werk über die „Deutsche Geschichtswissenschaft" weithin entgangen. Es ist durchaus unzutreffend, wenn Iggers nach dem allgemeinen Hinweis auf die „Idealisierung der alten Griechen" zu der verwunderten Feststellung kommt: „Seltsamerweise ist die hohe Einschätzung der Politik bei den Griechen nicht in die Bewunderung des deutschen Idealismus für das antike ideal miteinbezogen. Die Freiheit war diesen Denkern viel eher ein innerliches, geistiges Anliegen als ein politisches Ziel, was sie vor allem für die Aufklärung war." (S. 55). Was Iggers hier am deutschen Idealismus vermißt – die Politisierung des Neuhumanismus – hat sich jedoch tatsächlich in den erwähnten „Nationalbildungsprogrammen" und jenem der „Staatsbildung" bei Hegel vollzogen. Beide Strömungen des politischen Neuhumanismus überschneiden sich mit dem aufgeklärten Liberalismus in der Forderung nach „öffentlicher Erziehung". Neben den angeführten Arbeiten von Vierhaus (Art. Bildung) u. Bödeker – (Art. Menschheit) s. a. Schaumkell, Geschichte der deutschen Kulturgeschichtsschreibung, S. 186-195; über den Zusammenhang zwischen der Auseinandersetzung mit der Französischen Revolution, antinapoleonischer Bewegung und der Politisierung des Neuhumanismus s. a. König, Zur Geschichte der bürgerlichen Nationalerziehung in Deutschland zwischen 1807 und 1815, Teil 1, S. 251 ff., 258 ff. u. 266-271.

564 Heranzuziehen wären hierzu vor allem folgende Schriften Hegels: Die Verfassung Deutschlands, in: Hegel, Werke in zwanzig Bänden, zuzügl. Registerband, hrsg. v. E. Moldenhauer u. K. M. Michel, Frankfurt a. M. 1970-1982, Bd. 1, S. 461-581, insbes. 548-558; Phänomenologie des Geistes, in: Werke, Bd. 3, S. 359-430; Beurteilung der Verhandlungen in der Versammlung der Landstände des Königreichs Württemberg im Jahr 1815 und 1816, in: Werke, Bd. 4, insbes. S. 482 f. u. 501; Grundlinien der Philosophie des Rechts, in: Werke, Bd. 7, S. 341-360; Enzyklopädie der philosophischen Wissenschaften, Bd. 3, in: Werke, Bd. 10, S. 347-365; Philosophie der Weltgeschichte, in: Werke, Bd. 12, S. 508-520; s. a. die allgemeinen Hinweise im Registerband unter dem Stichwort „Bildung" (S. 86 f.), die jedoch ebenso wenig wie der Index „Staatsbildung" gesondert aufführen; zur Historisierung des Bildungsbegriffs bei Hegel s. Rosenzweig, Hegel und der Staat, München u. Berlin 1920, Bd. I, S. 213 221, Bd. II, S. 80 u. 179 f.

Für die maßgeblich in Göttingen als Disziplin der Staatswissenschaften konzipierte „Staatenkunde“ war das geschichtliche Werden des Staates noch nicht ein eigentliches Thema gewesen. Dies verhinderte vor allem ihr naturrechtlich-apriorischer Begriff des Staates als einer auf der ahistorisch-normativen Idee des Vertrags gegründeten Rechtsfigur. Über die „Staatsbeschreibung“ kam daher die „Staatenkunde“ in ihrer zweifachen Ausrichtung als „Statistik“ bzw. „Staatszustandswissenschaft“ (Achenwall, Schlözer) und als „Geschichte des europäischen Staatensystems“ (Heeren) nicht hinaus.[565] Hieran knüpften Pölitz und Rotteck mit ihren letzten großen, die von Achenwall begründete Tradition der aufgeklärten „Staatswissenschaften“ beschließenden Lehrbüchern an.

Bereits an früherer Stelle wurde darauf hingewiesen, wie dieses Konzept der „Staatswissenschaften“ in die Kritik der organologischen Staatstheorien geriet. Der gleiche Vorgang zeigte sich nun auch in der historischen Behandlung des Staates. Nicht die einzige, wohl aber die nachhaltigste Kritik ging vom Hegelianismus aus. Gegenüber der bloß beschreibenden aufgeklärten Staaten- und Verfassungsgeschichte Heerens und Pölitz' wurde hier die Prozeßhaftigkeit der Geschichte und deren Bezogenheit auf den Staat herausgestellt. Da sich, so A. Ruge, „Geschichte und Staat wie Entwicklung und Bestimmtheit, wie Verlauf und Ansatz des Geistes verhalten, so versteht es sich von selbst, daß sowohl der Staat aus der Geschichte als die weitere Geschichte aus dem Staate hervorgeht.“ Das „Prius von allem“ sei zwar Gott. „Das Prius der *entwickelten* Geschichte“ aber sei „die Geschichte *in ihrem* Begriffe oder in der einfachen Bestimmtheit – der *Staat* ...“. [566] Neben E. Gans, durch dessen seit Ende der 1820er Jahre abgehaltene Vorlesungen das Konzept der „Staatsbildung“ auch Eingang in die spätere germanistische Verfassungsgeschichtsschreibung fand, [567] hatte der Herausgeber der Hallischen Jahrbücher, A. Ruge, an

565 S. hierzu A. Seifert. Staatenkunde – eine neue Disziplin und ihr wissenschaftstheoretischer Ort, in: M. Rassem/J. Stagl (Hrsg.), Statistik und Staatsbeschreibung in der Neuzeit. vornehmlich im 16.-18. Jahrhundert, Paderborn 1980, S. 217-244; M. Behnen, Statistik, Politik und Staatenkunde von Spittler bis Heeren, in: H. Boockmann u. H. Wellenreuther (Hrsg.), Geschichtswissenschaft in Göttingen, Göttingen 1987, S. 76-101; zu Heeren s. a. H. W. Blanke, Verfassungen, die nicht rechtlich, aber wirklich sind. A. H. L. Heeren und das Ende der Aufklärungshistorie, in: Berichte zur Wissenschaftsgeschichte 6 (1983), S. 143-164.

566 Ruge, Zur Kritik des gegenwärtigen Staats- und Völkerrechts, in: Die Hegelsche Linke, hrsg. u. eingel. v. H. u. I. Pepperle, Leipzig 1985, S. 154 (zuerst ersch. 1840); ebenso bereits zuvor Gans in seiner Naturrechts-Vorlesung (1828): „Aus dem Begriff des Staates geht die Geschichte hervor.“, in: Philosophische Schriften, hrsg. u. eingel. v. H. Schröder, Glashütten 1971, S. 158.

567 Als wissenschaftliche Überraschung ist die erst jüngst bekannt gewordene Tatsache zu werten, daß der Ranke-Schüler und später führende germanistische Verfassungshistoriker G. Waitz auch Schüler von Gans war, vgl. die bereits erwähnte Mitschrift der von Gans im Sommersemester 1834 abgehaltenen Vorlesung über „Deutsches Staatsrecht. Einleitung“ von Waitz, in: Gans, Philosophische Schriften, S. 155-181. Die Biographie über Waitz, verfaßt von dessen Sohn, enthält hierüber keinerlei Hinweise (E. Waitz, Georg Waitz. Ein Lebens- und Charakterbild, Berlin 1913). Es dürfte nicht übertrieben sein, dies in den Kontext des teilweise vorsätzlichen Verschweigens des in den 1830er Jahren vor allem in Berlin durch Gans zur vorherrschenden wissenschaftlichen Strömung beförderten Hegelianismus zu stellen. Waitz' Vorlesungsmitschrift ist zugleich ein weiterer Hinweis auf die bereits

der Formulierung und Verbreitung des neuen historiographischen Programms der „Staatsbildung" besonderen Anteil.

Bezeichnenderweise hier finden sich zwei zentrale programmatische Kritiken, deren erste von M. Duncker verfaßt und gegen F. Bülaus „Geschichte des europäischen Staatensystem" (Leipzig 1839) gerichtet war.[568] Dunckers ganz im Sinne von Hegels Unterscheidung zwischen der „reflektierenden" und „philosophischen" Behandlungsart der Geschichte geschriebene Polemik[569] gegen Bülau gipfelt in dem Fazit: „Für den kritischen Gesichtspunkt wird sich wenigstens das mit Gewißheit entnehmen lassen, daß der Verf. auch nicht durch empirische Kenntnis oder durch Talent der Auffassung und Darstellung einzelner Punkte zu entschädigen vermag für den Mangel des allgemeinen Prinzips, vielmehr dort in noch höherem Grade als hier aller Willkür und Konfusion des ungebildeten Raisonnements verfallen erscheint."[570] Dieses vernichtende Urteil verdient Interesse insbesondere wegen Dunckers skizzierter Alternative zu Bülaus Darstellung der neueren Geschichte. Der erste erkenntnisleitende Aspekt, so Duncker, müsse die Reformation sein. Von ihr spreche Bülau jedoch nur beiläufig, wie er denn überhaupt „weit entfernt (ist), in derselben den Keim und die Quelle der folgenden Geschichte anzuerkennen." Den für Duncker „sehr wesentlich zur äußeren Politik und zu den Bewegungen des Staatensystems" gehörenden Konflikt zwischen Protestantismus und Katholizismus habe Bülau völlig übergangen. Bülau sei, wie Duncker an dessen Darstellung des Konflikts zwischen der habsburgischen und der französischen Macht zu belegen versucht, unfähig, „Veränderungen innerhalb des Staatensystems zu begreifen …".[571] Dies verdeutlicht nach Meinung Dunckers auch der zweite Aspekt, der Aufstieg Frankreichs unter Ludwig XIV. Er beruhe „wesentlich auf der Ausbildung des inneren Prinzips, und (bleibe) darum natürlich unserem Verf., der sich nur mit dem äußeren Staatensystem zu tun machen will, verborgen." Sukzessive seien in Frankreich alle königlichen Schranken gefallen, so daß nach Richelieu und Mazarin der König mit dem Staat sich habe identifizieren können „und so den Absolutismus zur Erscheinung brachte". Die Befreiung Europas vom Prinzipat Frankreichs sei nun wiederum vom Protestantismus ausgegangen. Zunächst von Holland und England, dann vor allem aber „von dem neuen protestantischen Staate Deutschlands, von Preußen …". Solange in Deutschland „das Prinzip der mittelaltrigen Vereinzelung" vorherrschend und gleichzeitig Frankreich zentralisiert gewesen sei, habe

---

oben erwähnten Berührungspunkte zwischen Hegelianismus und Historischer Rechtsschule bzw. Germanismus, s. o. Kap. IV.1.; zur Verbreitung des Konzepts s. a. H. F. W. Hinrichs, Politische Vorlesungen, Bd.1, S. 76, 86, 186 u. ö.

568 M. Duncker, Die Geschichtsschreibung der Reflexion und der philosophische Standpunkt, nachgewiesen an: Bülaus „Geschichte des europäischen Staatensystems", 2 Teile, Leipzig 1839, in: Hall. Jb., Jg. 1841, S. 73-75, 77-79, 81-83, 85-91 u. 93-100.

569 Vgl. den Abschnitt über „Die Behandlungsarten der Geschichte" in Hegels „Philosophie der Weltgeschichte", in: Hegel, Werke in zwanzig Bänden, Bd. 12, S. 11-29.

570 Duncker, Die Geschichtsschreibung der Reflexion und der philosophische Standpunkt, S. 100.

571 Ebd., S. 98.

man unterlegen sein müssen. Sobald aber das protestantische Preußen, vor allem Friedrich der Große, „das Prinzip des Absolutismus“ übernommen habe, sei Frankreichs Übermacht beendet worden. Die weitere Entwicklung sei von nun an durch Frankreich und Preußen bestimmt worden.[572]

Auf diese Rezension Dunckers, die sich im wesentlichen auf Kritik beschränkte und lediglich einige zentrale Aspekte des neuen historiographischen Programms skizzierte, folgte wenig später ein zweiter, von Ruge selbst geschriebener Aufsatz, der die gleiche Stoßrichtung verfolgte. Ausgangspunkt war ebenfalls eine Rezension. Diesmal handelte es sich um die von G. A. H. Stenzel verfaßte „Geschichte des preußischen Staates“, die in der von A. H. L. Heeren und F. A. Ukert herausgegebenen Reihe „Geschichte der europäischen Staaten“[573] erschien.[574] Stenzels Werk zerfällt nach Auffassung Ruges „teils in unterhaltende … Anekdoten, teils in Rubriken als ‚Finanzen‘, ‚Religion‘ und ‚Kirche‘ …“ usw., vermittle jedoch nicht die historische Erkenntnis eines „kontinuierlichen Prozess(es) …“. Insbesondere richtet sich Ruges Kritik gegen Stenzels Verständnis von „Geschichte“ und „Staat“: „Der historische Staat und das historische Individuum, wodurch anders ist es dies als dadurch, daß es im Mittelpunkt einer Bewegung steht? So Frankreich in der Revolution, so Ludwig XIV. Aber die beiden ersten Könige von Preußen *machen* keine Geschichte, *haben* keine und *verdienen* daher auch keine – wenigstens nicht für sich … Erst unter Friedrich II. wird Preußen ein welthistorischer Mittelpunkt; und darum wird durch ihn der Gedanke einer *preußischen* Geschichte in gewissem Sinne gerechtfertigt.“ Nun erst gehöre der preußische Staat der Menschheit und der Geschichte an. Gerade die universelle Bedeutung Friedrichs II. beweise zudem, „daß die Geschichte erst durch das Zusammentreten der Staaten sich ins Werk richtet …“.

Die „allgemeinen Welt- und Staatsverhältnisse“, „die Bildung und der jedesmalige Zeitgeist“ lassen sich nach Ruges Auffassung nicht verdeutlichen, „wenn der Geschichtsschreiber sich auf Einen Staat und in diesem wieder auf die Äußerlichkeiten beschränkt, die gewöhnlich unter Staat begriffen werden“. Eine Geschichtsschreibung nach *isolierten Staaten* sei daher unmöglich. Aus diesem Grund trage die Heeren-Uckertsche Unternehmung insgesamt bereits im Ansatz „den Stempel eines wissenschaftlichen Mißgriffs …“. Bei Stenzels „Geschichte des preußischen Staates“ handele es sich, so Ruge, nicht um „Staats-, sondern um Zeit- Geschichte“. Es sei kein Zufall, daß in Stenzels Werk viel von „Verwaltung“, nicht aber von „Entwicklung“ die Rede sei. Denn tatsächlich seien die „Provinzen des Königreichs

572 Vgl. ebd., S. 99 f.

573 Es ist dies eine der traditionsreichsten wissenschaftlichen, bei Perthes verlegten Unternehmungen des 19. und frühen 20. Jahrhunderts. Zunächst (1829 ff.) von Heeren u. Ukert herausgegeben und fortgeführt von Giesebrecht, erlebte es später unter der Herausgeberschaft von K. Lamprecht eine völlige Neubearbeitung und erschien unter dem Titel „Allgemeine Staatengeschichte“, Hamburg 1913 ff.

574 A. Ruge, Der protestantische Absolutismus und seine Entwicklung, in: Hallische Jahrbücher, Nr. 124 (1841), S. 481 ff.

Preußen" (!) nur durch die souveränen Könige verwaltet worden, einen Staat habe es unter den ersten beiden Königen noch gar nicht gegeben. Erst durch Friedrich den Großen sei „der Begriff des Staates … als eines Selbstzwecks, einer Entelechie … gefaßt (worden)".[575]

Neben der Kritik an der spätaufgeklärten Staaten- und Verfassungshistorie stimmen Duncker und Ruge auch in den Ansichten einer zukünftigen Darstellung der Staatsgeschichte der Neuzeit überein, als deren wichtigste Elemente ihnen Protestantismus und Absolutismus gelten. Ansatzweise findet sich dies bereits bei Hegel,[576] nun aber wird es explizit zum historiographischen Programm erhoben. Durch diese Kritiken wird zugleich deutlich, daß die Verwendung des Ausdrucks „Absolutismus" allein noch nicht für die Konstituierung des historischen Absolutismus als eigenständiges Forschungsobjekt hinreicht. Wohl findet sich ja der Ausdruck verschiedentlich bei Bülau und allgemein in der aufgeklärten Verfassungshistorie. Von einem historischen Konzept des Absolutismus kann hier jedoch noch kaum gesprochen werden. Gerade im Vorwurf der Konzeptionslosigkeit stimmen daher Dunckers und Ruges Kritik an Stenzel und Bülau programmatisch überein. In der Kritik werden zugleich die Möglichkeiten einer zukünftigen historischen Staatswissenschaft deutlich. Dies gilt besonders für Ruges Aufsatz, der sich nicht wie jener von Duncker auf skizzenhafte Umrisse beschränkt, sondern den genetischen Zusammenhang von Protestantismus, Absolutismus und modernem Staat zu entfalten versucht. Ruges Aufsatz kommt damit zentrale Bedeutung in der frühen Absolutismusforschung zu, wie er überhaupt die erste einschlägige Abhandlung zur Geschichte des preußischen Absolutismus ist.

Es mag verwunderlich sein, wenn zuletzt neben Stenzel und Heeren nicht Pölitz, sonders besonders Bülau erwähnt wurde. Dies ist natürlich zunächst der Tatsache zuzuschreiben, daß Dunckers Rezension eben dem Bülauschen Werk galt. Indes ist dies kein Zufall, denn Bülau war als Lehrstuhlinhaber, Zeitschriftenherausgeber und Editor wissenschaftlicher Reihen der unmittelbare Nachfolger von Pölitz, dem er auch politisch nahe stand. Wie Ruge mit seiner Kritik an Stenzel sich zugleich explizit gegen Heeren wendet, so enthält Dunckers Polemik gegen Bülau implizit eine Kritik an Pölitz, die an anderer Stelle in den Hallischen Jahrbüchern von einem ungenannten Autor expressis verbis geäußert wird.[577] In der hier kritisierten „Geschichte des europäischen Staatensystems" knüpft Bülau ausdrücklich an Heeren und Pölitz an[578] und bringt mit diesem Werk zugleich die Staatengeschichtsschreibung der Aufklärungshistorie zum Abschluß.[579]

575 Vgl. ebd., S. 481 f.; s. a. die Kritik an der von Heeren und Ukert hrsg. Reihe „Geschichte der europäischen Staaten" bei L. Häusser, Die historische Literatur und das deutsche Publikum, S. 10-17.

576 S. dazu das folgende Kapitel.

577 S. (Anon.), Die Universität Leipzig, in: Hall. Jahrb., Jg. 1839, Sp. 1218 ff.

578 Vgl. Bülau, Geschichte des europäischen Staatensystems, Bd. 1, S. 14 f.

579 Zur gleichen Zeit entwarf Ranke in Anlehnung an diese ältere Staatenkunde sein neues Konzept der „großen Mächte", das allerdings erst im Zuge der Rankerenaissance zur Wir-

Etwa zeitgleich zum hegelianischen Konzept der „Staatsbildung" formierte sich das historiographische Programm der „Nationalbildung". Der Terminus selbst war bereits in der neuhumanistischen Bildungsbewegung verbreitet gewesen; allerdings wurde er hier im objektiven Sinn einer Erziehung („Bildung") *zur* Nation verwandt.[580] Zur Historisierung und damit – wie bei dem Konzept der „Staatsbildung" – zur Doppelverwendbarkeit des Begriffs ist es jedoch erst im Zusammenhang mit dem politischen und wissenschaftlichen Aufstieg des Germanismus in den 1830er Jahren gekommen.[581] Neben Häussers Forderung nach einer nationalen Geschichtsschreibung, auf die bereits hingewiesen wurde, ist als herausragende Darstellung G. G. Gervinus' „Geschichte der poetischen Nationalliteratur der Deutschen" (1836-1842) zu nennen. Dabei ist es kein Zufall, daß Gervinus gerade die Literaturgeschichte zum Darstellungsmedium der Nationalbildung machte. Da, wie K. Biedermann später schrieb, in Deutschland der „nationale Bildungsprozeß" nach der Reformation und dem Westfälischen Frieden vor allem ein „Zersetzungsprozeß" gewesen sei,[582] diente Gervinus die Literaturgeschichte als Kompensation für die mangelnde politische Nationalgeschichte.[583]

Wie die hegelianische „Staatsbildung" so konstituierte sich auch das Programm der „Nationalbildung" in Abgrenzung vom Reichs- und Verfassungspatriotismus der aufgeklärten Staatenhistorie.[584] Zu einer eigenständigen Historiographie der

---

kung kam. Die erste Gesamtdarstellung des europäischen Staatensystems nach jener von Bülau stammt von M. Immich, Geschichte des europäischen Staatensystems von 1660 bis 1789, München u. Berlin 1905. In den dazwischen liegenden mehr als sechzig Jahren war, wie Immich feststellt, „die Geschichte des Staatensystems überhaupt aus der historischen Literatur verschwunden ..." (ebd., S. 6). Dieser Befund dürfte nicht zuletzt dem Umstand zuzuschreiben sein, daß gerade in dieser Zeit der Aufstieg Rußlands und der Vereinigten Staaten von Amerika das Europabild der Gebildeten stark verändert hat; s. hierzu H. Gollwitzer, Europabild und Europagedanke, zweite Aufl., München 1963, S. 234 ff. u. 241 f.; hier auch einige knappe, aber erhellende Bemerkungen zu Heeren, Pölitz und Bülau. Wie aus der obigen Polemik Dunckers gegen Bülau ersichtlich, ist jedoch Gollwitzers Vermutung, daß Bülau „geschichtsphilosophisch offenbar von Hegel her(kommt)", unzutreffend.

580 So etwa in dem 1812 erschienen „Archiv Deutscher Nationalbildung" von R. B. Jachmann; s. hierzu sowie allgemein zu den neuhumanistischen Nationalbildungsplänen H. König, Zur Geschichte der bürgerlichen Nationalerziehung in Deutschland zwischen 1807 und 1815, Teil 1, insbes. S. 247-280.

581 J. J. Müller (Hrsg.), Germanistik und deutsche Nation 1806-1848. Zur Konstitution bürgerlichen Bewußtseins, Stuttgart 1974; Böckenförde, Die deutsche verfassungsgeschichtliche Forschung im 19. Jahrhundert, passim.

582 K. Biedermann, Die Entwicklung des Staatswesens in Deutschland, England und Frankreich. Ein Beitrag zur vergleichenden Staats- und Verfassungsgeschichte, in: Historisches Taschenbuch, hrsg. v. Fr. v. Raumer, 3. Folge, 10. Jg. (1859), S. 429.

583 S. hierzu G. Hübinger, Literaturgeschichte als gesellschaftsgeschichtliche Disziplin. Ihre Begründung durch Georg Gottfried Gervinus, in: Geschichte und Gesellschaft 9 (1983), S. 5-25, insbes. S. 9-16; zum „Nationalbildungs"-Programm s. a. ders., Georg Gottfried Gervinus, Göttingen 1984, S. 138-144; K.-H. Götze, Die Entstehung der deutschen Literaturwissenschaft als Literaturgeschichte, in: J. J. Müller (Hrsg.), Germanistik und deutsche Nation, S. 167-226, insbes. S. 212 ff.

584 S. insbes. die Kritik von Gervinus an Heeren; G. G. Gervinus, Historische Briefe. Veranlaßt durch Heeren und das Archiv von Schlosser und Bercht (1832), wieder in: Kleine ge-

„Nationalbildung" neben dem Konzept der „Staatsbildung" ist es langfristig jedoch nicht gekommen. Vielmehr ist bereits um 1840 eine Annäherung beider Konzepte zum Begriff der „Nationalstaatsbildung" festzustellen. Realer Hintergrund hierfür ist der aktuelle Prozeß der politischen und kulturellen Verdichtung, den beide Begriffe in jeweils eigenen Nuancen reflektieren. Richtete das Staatsbildungs-Konzept den Blick vorrangig auf die institutionelle Modernisierung, so das der Nationalbildung auf die kulturelle Integration. Die Annäherung beider Begriffe zum historiographischen Programm der „Nationalstaatsbildung" vollzieht sich auch in diesem Fall in Abgrenzung von der späten Aufklärungshistorie Heeren-Pölitz-Bülauscher Manier. Dies verdeutlicht die Kritik von J. G. Droysen an Bülaus „Geschichte Deutschlands von 1806-1830" (1842), in welcher er diesem mangelnde Erkenntnis der Bedeutung des Protestantismus, Preußens und insbesondere Friedrichs des Großen, die mangelnde Komposition des Werkes, vor allem aber fehlende nationale Gesinnung vorhält.[585] Droysens Kritik stimmt in bemerkenswerter Weise mit jener von Duncker und Ruge überein, die er um die national-staatliche Dimension erweitert. Auf die Nähe Droysens zum Hegelianismus wird später noch zurückzukommen sein. Hier waren lediglich die Momente anzudeuten, die zunächst zu einer Annäherung und schließlich Mitte des 19. Jahrhunderts zu einer Verquickung des „Staats- und Nationalbildungs"-Begriffs zum historisch-politischen Konzept der „nationalen Staatsbildung" führten.[586] Mit der Etablierung von „Staat" und „Nation" bzw. „Nationalstaatsbildung" als historisch-politische Leitbegriffe änderten sich auch die Voraussetzungen für die Beurteilung des „Absolutismus".

---

sammelte historische Schriften Bd. 7, Karlsruhe 1838, S. 1-134, s. hierzu a. Hübinger, Georg Gottfried Gervinus, S. 72-81.

585 Vgl. J. G. Droysen, Schreiben an den Herausgeber, die „Geschichte Deutschlands von 1806-1830 von Prof. Friedrich Bülau. Hamburg 1842." betreffend, in: Zeitschrift für Geschichtswissenschaft, hrsg. v. A. Schmidt, Bd. 1, Berlin 1844, S. 479-517.

586 S. J. C. Bluntschli, die nationale Staatenbildung und der moderne deutsche Staat, Berlin 1870; R. v. Gneist, Die nationale Rechtsidee von den Ständen und das preußische Dreiklassenwahlsystem, Berlin 1894, S. 262, sowie die zahlreichen Belege in: K. G. Faber (Hrsg.), die nationalpolitische Publizistik Deutschlands von 1866 bis 1871. Eine kritische Bibliographie, Bd. 2, Düsseldorf 1963, S. 416 ff.

V. „Absolutismus" als historischer Begriff zwischen Vormärz und Reichsgründung

1. Absolutismusdeutungen im Hegelianismus

Im Mittelpunkt des folgenden Abschnitts stehen jene Autoren des Hegelianismus, die, wenngleich in unterschiedlicher Weise, wesentlich zur Historisierung der Hegelschen Geschichtsphilosophie beigetragen haben. Unter ihnen sind vor allem E. Gans, F. W. Carové, A. Ruge, H. F. W. Hinrichs und J. G. Droysen[587] zu nennen. Wenn diese Autoren pauschal dem „Hegelianismus" zugeordnet werden, so doch keineswegs im Sinne bloßen Epigonentums. Auf Differenzen im Verhältnis zu Hegel weist bereits die übliche Unterscheidung von „Links-" und „Rechtshegelianern" hin.[588] Freilich ist diese Unterscheidung nicht unproblematisch. „Links" und „rechts" werden im politischen Sprachgebrauch im allgemeinen mit Veränderung und Fortschritt bzw. mit Beharren und Konservatismus assoziiert. Letzteres trifft indes gerade für die „Rechtshegelianer" nicht zu.[589] Gegenüber der „faulen Beschaulichkeit" Hegels,[590] dessen politisches Ziel die Stabilisierung des in der Französischen Revolution und der preußischen Reformzeit Erreichten war, verbindet *alle* genannten Autoren die Forderung nach weiterführenden Reformen. Nicht im Prinzip, sondern in den Inhalten der Reform unterscheiden sie sich in politischer Hinsicht untereinander.

Mit dieser Einschränkung werden hier A. Ruge (1802-1880), der für einige Jahre „der anerkannte Führer der politisch-philosophischen Publizistik in Deutschland"[591]

---

587 Berücksichtigt werden in diesem Kapitel im wesentlichen nur Schriften aus dem Zeitraum von ca. 1830 bis 1848.

588 S. K. Löwith (Hrsg.), Die Hegelsche Linke, Stuttgart-Bad Cannstadt 1962; H. u. I. Pepperle (Hrsg.), Die Hegelsche Linke. Dokumente zu Philosophie und Politik im deutschen Vormärz, Leipzig 1985; H. Lübbe (Hrsg.), Die Hegelsche Rechte, Stuttgart-Bad Cannstadt 1962.

589 Die pauschale Behauptung von K. Löwith, daß die Althegelianer „für die geschichtliche *Bewegung* des 19. Jahrhunderts … ohne Bedeutung" seien, hält einer differenzierten Prüfung nicht stand. Gegenüber dieser im Anschluß an Löwith auch von Scheuner vertretenen Auffassung hat Lübbe in einer grundlegenden Neubewertung Bedeutung und Wirkung der politischen Theorie der Hegelschen Rechten aufgezeigt. Vgl. Löwith, Von Hegel zu Nietzsche. Der revolutionäre Bruch im Denken des neunzehnten Jahrhunderts, vierte Aufl., Stuttgart 1958, S. 66; Scheuner, Hegel und die deutsche Staatslehre des 19. und 20. Jahrhunderts, S. 140; Lübbe, Politische Philosophie in Deutschland, S. 27-82; s. a. H. Rosenberg, Zur Geschichte der Hegelauffassung, in: ders., Politische Denkströmungen im deutschen Vormärz, S. 69-96, insbes. 74-80 (zuerst ersch. 1927).

590 Vgl. A. Ruge, Zur Kritik des gegenwärtigen Staats- und Völkerrechts, in: Die Hegelsche Linke, hrsg. u. eingel. v. H. u. I. Pepperle, S. 153 (zuerst ersch. 1840).

591 Rosenberg, Arnold Ruge und die „Hallischen Jahrbücher", S. 100; allgem. zu Ruge s. W. Neher, Arnold Ruge als Politiker und politischer Schriftsteller, Heidelberg 1933. Zur zeitgenössischen Bedeutung Ruges als politischer Journalist s. die Äußerungen von K. Rosenkranz und R. Haym, ebd., S. 36 u. 49; H. Strauß, Zur sozial- und ideengeschichtlichen Einordnung Arnold Ruges, in: Schweizer Beiträge zur Allgemeinen Geschichte 12 (1954) S. 162-173; Wende, Radikalismus im Vormärz, insbes. S. 66-76.

war, und dessen Gegenspieler an der Universität Halle, H. F. W. Hinrichs (1794-1861),[592] als Repräsentanten des „Links-" und „Rechtshegelianismus" berücksichtigt. Schwieriger zu verorten, wenngleich er eher dem Rechtshegelianismus zugeordnet wird, ist der in der Burschenschaftsbewegung führend hervorgetretene Katholik F. W. Carové (1789-1852).[593] Die Fülle seiner Schriften weist ihn als einen der produktivsten und vielseitigsten Literaten während des Zeitalters zwischen Restauration und Vormärz sowie als vorzüglichen Kenner der zeitgenössischen politischen Kultur Frankreichs aus. In origineller Weise verbindet er in seinem Denken christliche, Hegelsche, saint-simonistische und deutschrechtlich-nationale Elemente. Eine besondere Stellung unter den genannten Autoren nimmt E. Gans (1797-1839) ein, dessen zeitgenössische Bedeutung in beinahe umgekehrtem Verhältnis zur derzeitigen Kenntnis über ihn steht.[594] Erfolgreicher zeitgenössischer Kontrahent der Historischen Schule von Savigny und Ranke,[595] hat er entscheidend zur Popularisierung und Liberalisierung der Hegelschen Philosophie beigetragen. Für die Geschichte der Berliner Universität in den späten 1820er und 1830er Jahren ist Gans eine Schlüsselfigur. Seine glänzende Rhetorik verlieh seinen vor einem für damalige Verhältnisse geradezu phänomenalen, bis zu 1500 Zuhörer umfassenden Auditorium abgehaltenen Vorlesungen den Charakter eines politischen und gesell-

---

592 S. H. Rosenberg, Geistige und politische Strömungen an der Universität Halle in der ersten Hälfte des 19. Jahrhunderts, in: ders., Politische Denkströmungen im deutschen Vormärz, S. 51-68 (zuerst ersch. 1929); Lübbe, Politische Philosophie in Deutschland, S. 63-67.

593 Zu Carové s. W. v. Faber, Friedrich Wilhelm Carové 1789-1852. Ein Beitrag zum deutschen Liberalismus im Vormärz, Diss. phil. München (masch.) 1954; A. Schürmann, Friedrich Wilhelm Carové. Sein Werk als Beitrag zur Kritik an Staat und Kirche im frühliberalen Hegelianismus, Diss. phil. Bochum 1971; Lübbe, Politische Philosophie in Deutschland, S. 55 ff.

594 Eine Untersuchung des wissenschaftlichen Gesamtwerks von Gans steht noch aus. Bis dahin grundlegend H. G. Reissner, Eduard Gans. Ein Leben im Vormärz, Tübingen 1965, sowie die wichtigen Einleitungen von H. Schröder, in: E. Gans, Philosophische Schriften, hrsg. u. eingel. von H. Schröder, Glashütten i. T. 1971, S. XIII-LXXXI, u. M. Riedel, in: E. Gans, Naturrecht und Universalrechtsgeschichte, hrsg. v. M. Riedel, Stuttgart 1981, S. 11-30; ders. (Hrsg.), Materialien zu Hegels Rechtsphilosophie, Bd. 1, S. 21 ff.; Lübbe, Politische Philosophie in Deutschland, S. 51 ff.; zur Nachwirkung von Gans bis in die 1850er Jahre s. (R. v. Gottschall), Die deutsche Philosophie seit Hegels Tode, in: Die Gegenwart, 6 (1851), S. 296 f. (zur Autorschaft Gottschalls s. Krause, Die Gegenwart, S. 108); H. Döring, Art. Gans, in: Allgemeine Encyclopädie der Wissenschaften und Künste, hrsg. v. Ersch-Gruber, T. 53 (1851), S. 368-370; aus der älteren Literatur s. Stintzing-Landsberg, Geschichte der deutschen Rechtswissenschaft, Bd. III. 2. Text, S. 354-369, sowie M. Lenz, Geschichte der königlichen Friedrich-Wilhelms-Universität zu Berlin, Halle 1910, S. 216-224 u. 308 f.

595 Zur Kontroverse zwischen Gans und Savigny s. Stintzing-Landsberg, Geschichte der Deutschen Rechtswissenschaft, Bd. III. 2. Text, S. 354 ff.; in weiten Teilen unbrauchbar wegen einseitiger Vorurteile zu Gunsten Savignys dagegen Lenz, Geschichte der königlichen Friedrich-Wilhelms-Universität, Bd. II. 1, S. 390 ff.; außerordentlich kenntnisreich dagegen und ausgewogen L. Geiger, Berlin 1688–1840. Geschichte des geistigen Lebens der preußischen Hauptstadt, Bd. 2, S. 431, 552, 593 f, 611 f. u. ö.; s. a. Riedel, Einleitung, in: Naturrecht und Universalrechtsgeschichte, S. 14 ff.

schaftlichen Ereignisses.[596] Gans war es auch, der in seinen seit 1830/31 gehaltenen Vorlesungen „Über das Zeitalter Ludwigs XIV., vorzüglich in staatsrechtlicher Beziehung" erstmals ein geschlossenes positives historisches Konzept des Absolutismus entwarf, das bereits wesentliche Elemente späterer typischer Argumentation enthielt.[597]

In der geschichtswissenschaftlichen Absolutismusforschung ist Gans' grundlegender Beitrag freilich ebenso wie der anderer Autoren aus dem Umfeld Hegels völlig in Vergessenheit geraten. Unter diesen Beiträgen sind besonders die zeitgleich (1842/43) in Halle und Kiel gehaltenen Vorlesungen von Hinrichs und Droysen hervorzuheben.[598] Mit jenen von Gans zählen sie zu den großen historisch-politischen Vorlesungen der 1830er und 1840er Jahre, deren gemeinsames Anliegen es war, „das Werden unserer Gegenwart zu erforschen".[599]
Unter den genannten Autoren ist die Distanz zu Hegel bei Droysen wohl am größten und darum mag seine Verortung im Hegelianismus zunächst befremdlich erscheinen.[600] Neben seiner Geschichtstheorie stand bisher Droysens Bedeutung als

596 S. a. Stintzing-Landsberg, Geschichte der Deutschen Rechtswissenschaft, Bd. III. 2, Noten, S. 166, Anm. 4; Lenz, Geschichte der königlichen Friedrich-Wilhelms-Universität, Bd. II. 1, S. 496; Reissner, Eduard Gans, S. 132; Lübbe, Politische Philosophie in Deutschland, S. 53.

597 Veröffentlicht unter dem Titel: Vorlesungen über die Geschichte der letzten funfzig Jahre, in: Historisches Taschenbuch, Bd. 4 (1833), S. 283-326 u. Bd. 5 (1834), S. 409-453. Den irreführenden Titel erklärt Reissner, Eduard Gans, S. 142 ff., als Versuch, die Zensur zu umgehen. Einleuchtender dagegen die Auffassung des Gans-Biographen H. Döring, demzufolge dieser Aufsatz lediglich den ersten Teil der nicht weiter im Druck veröffentlichten Gesamtvorlesung ausmacht; vgl. ders., Gans, Eduard, in: Ersch-Gruber, T. 53 (1851), S. 369. Eine kürzere, zugleich ergänzende Version seiner Absolutismusdeutung hat Gans in der Einleitung seiner durch die Mitschrift von G. Waitz überlieferten Vorlesung über „Deutsches Staatsrecht" vorgetragen; s. Gans, Philosophische Schriften, S. 155-181.

598 H. F. W. Hinrichs, Politische Vorlesungen. Unser Zeitalter und wie es geworden, nach seinen politischen, kirchlichen und wissenschaftlichen Zuständen, mit besonderm Bezuge auf Deutschland und namentlich Preußen, 2 Bde., Halle 1843; J. G. Droysen, Vorlesungen über die Freiheitskriege, 2 Bde., Kiel 1846. Die Abhaltung der Hinrichsschen Vorlesungen wurden freilich umgehend durch den preußischen Kultusminister untersagt. Auch Droysen erregte mit seinen Vorlesungen den Unmut der preußischen Regierung, die jedoch gegen die in Kiel abgehaltene Veranstaltung nicht einschreiten konnte.

599 Droysen, Vorlesungen über die Freiheitskriege, Bd. 1, S. 17; s. a. den Untertitel von Hinrichs „Vorlesungen" sowie die einleitenden Bemerkungen in Gans' „Vorlesungen über die Geschichte der letzten funfzig Jahre", S. 285 ff. Ein systematischer Vergleich dieser Vorlesungen, der in verschiedener Hinsicht lohnenswert wäre, muß hier unterbleiben. Hingewiesen sei lediglich auf einige Ähnlichkeiten des behandelten Gegenstandes. Alle drei Vorlesungen bieten, weit über die eigentlichen Ankündigungen hinausgehend, einen umfassenden Abriß der europäischen Geschichte der Neuzeit einschließlich der Zeitgeschichte. Droysens vornehmlich behandelter Zeitraum, das „Zeitalter der Freiheitskriege", fällt mit jenen „letzten funfzig Jahren" zusammen, über die Gans gelesen hat. Von Gans' Vorlesungen sind leider nur die ersten vier Folgen veröffentlicht worden, die das französische Ancien Régime zum Gegenstand haben.

600 Aus der umfänglichen Literatur zu Droysen sei hier lediglich hingewiesen auf G. Birtsch, Die Nation als sittliche Idee. Der Nationalstaatsbegriff in Geschichtsschreibung und politischer Gedankenwelt Johann Gustav Droysens, Köln 1964, zu Hegel insbes. S. 11 u. 73 ff., sowie auf die weitere Hinweise enthaltende biographische Skizze von J. Rüsen, Johann

preußisch-kleindeutscher Politiker in der Paulskirche und späterer Historiker im Vordergrund des Interesses. Weitgehend unberücksichtigt blieb dagegen der Kontext des historisch-politischen Denkens Droysens in den Jahren seiner Kieler Zeit von 1840 bis 1848. Hock hat in seiner wichtigen Studie Droysen als „die bedeutendste geistige Persönlichkeit"[601] des Paulskirchenliberalismus bezeichnet. So erhellend diese Zuordnung Droysens zum sog. klassischen Liberalismus für den Zeitraum nach 1848 sein mag,[602] so irreführend ist sie für die erste Hälfte der 1840er Jahre, denn diese Strömung des deutschen Liberalismus, dessen Kern die Casino-Partei der Frankfurter Nationalversammlung bildet, konstituierte sich erst im Gefolge der beiden Germanistenversammlungen von 1846 und 1847, als deren Fortsetzung das Paulskirchenparlament 1848 mit gewissem Recht angesehen worden ist. Gemessen an diesem projizierten Maßstab erscheint Droysen in den Jahren vor der Revolution als Einzelgänger, der sich zunehmend von Hegel abwendet – ohne dessen Einflüsse gänzlich abzustreifen –,[603] und als Vordenker, der erst in der Paulskirche ein neues adäquates politisches Betätigungsfeld findet. Ergänzt wird diese Sichtweise durch den historiographischen Vergleich Droysens mit der Ranke-Schule. Dieses Bild von Droysen als Einzelgänger und Vordenker ist indes in hohem Maße fragwürdig. Ranke für die 1830er und 1840er Jahre als Maßstab zu setzen, läßt dessen zeitgenössische Bedeutung keineswegs zu. Es ist dies, wie Neumüller zutreffend bemerkt hat, „eine ungeheure Überschätzung des Einflusses von Ranke",[604] die seit ihrer Begründung durch die Ranke-Renaissance der Jahrhundertwende lange Zeit das Bild der deutschen Historiographie des 19. Jahrhunderts bestimmt hat.[605]

Erstaunlich ist daneben vor allem die Tatsache, daß über den zahlreichen Untersuchungen des philosophischen Verhältnisses Droysens zu Hegel offenbar nur wenig Interesse bestand, Droysens Entwicklung mit der anderer Autoren im Umfeld

---

Gustav Droysen, in: Deutsche Historiker, hrsg. v. H.-U. Wehler, Bd. II, Göttingen 1971, S. 7-23.

601 W. Hock, Liberales Denken im Zeitalter der Paulskirche. Droysen und die Frankfurter Mitte, Münster 1957, S. 2.

602 S. a. H. Rother, Geschichte und Politik in der Gedankenwelt Johann Gustav Droysens, Berlin 1935, S. 96 ff.

603 In diesem Sinn spricht Hock über Droysen als dem „ergiebigsten und interessantesten Fall von Hegel-Einfluß und Hegel-Wirkung", vgl. Hock, Liberales Denken im Zeitalter der Paulskirche, S. 12; s. a. Iggers, Deutsche Geschichtswissenschaft, S. 126.

604 M. Neumüller, Liberalismus und Revolution, Düsseldorf 1973, S. 20.

605 S. v. Below, Die deutsche Geschichtsschreibung von den Befreiungskriegen bis zu unseren Tagen, S. 25-38 u. 53-63; für v. Srbik ist Ranke „der Klassiker unserer Wissenschaft", vgl. Geist und Geschichte vom deutschen Humanismus bis zur Gegenwart, Bd. I, S. 291; gleicher Tenor bei Sieburg, Deutschland und Frankreich in der Geschichtsschreibung des 19. Jahrhunderts, Bd. I, Wiesbaden 1954, S. 98-103; durchgängig die Überbewertung Rankes auch bei Iggers, Deutsche Geschichtswissenschaft, s. insbes. das Ranke-Kapitel, S. 86-119. Zur neueren Diskussion über Ranke s. W. J. Mommsen (Hrsg.), Leopold von Ranke und die moderne Geschichtswissenschaft, Stuttgart 1988; zur Ranke-Renaissance s. zuletzt E. Fehrenbach, Rankerenaissance und Imperialismus in der wilhelminischen Zeit, in: B. Faulenbach (Hrsg.), Geschichtswissenschaft in Deutschland, S. 54-65.

Hegels zu vergleichen.[606] Hierbei ließen sich bemerkenswerte Übereinstimmungen aufzeigen, die nicht nur das Bild Droysens in der Forschung erheblich modifizieren würden. Erst in diesem Kontext wird auch die Bedeutung der Droysenschen „Vorlesungen" erkennbar. Als Dokument für das von der griechischen Antike zur Neuzeit sich verlagernde Interesse und die Politisierung Droysens nehmen sie einen gewichtigen Ort in dessen Gesamtwerk ein.[607] Es tut dem politischen und historiographischen Wert dieser „geistvollen"[608] Vorlesungen keinen Abbruch, wenn man feststellt, daß besonders die Vorlesungen von Hinrichs – eine fundierte Beurteilung der Gansschen Vorlesungen ist wegen ihrer unvollständigen Überlieferung derzeit nicht möglich – sie an Tiefe überragen.[609] Sie als „grandioses Gesamtwerk"[610] zu bezeichnen ist eine maßlose Überschätzung, die aus mangelnder Berücksichtigung des späthegelianischen Diskurses oder, wie bei Hintze und Meinecke, aus der einseitigen Kontrastierung zur Ranke-Schule resultiert.[611] Liest man hingegen Droysens „Vorlesungen" im Kontext ihres hegelianischen Entstehungsmilieus, so schmilzt ihre Originalität auf wenige Punkte zusammen.[612] Indes soll hier nicht Hinrichs, dessen „Politische Vorlesungen" zurecht als „das klassische Dokument des freien politischen Sinns im Hegelianismus des Vormärz"[613] bezeichnet worden sind, gegen Droysen ausgespielt werden. Für beide Vorlesungen gilt Th. Schieders über Droysens „Vorlesungen" getroffenes Urteil, daß sie „kein Werk gelehrten Aktenstudiums, sondern ein Dokument politisch-nationaler Erziehung" des nationalstaatlichen Liberalismus seien.[614]

606 Lediglich Schlawe, Junghegelianische Publizistik, stellt Droysen in den Kontext des politischen Hegelianismus (S. 32 u. 42). Einen inhaltlichen Vergleich führt allerdings auch Schlawe in seinem pressegeschichtlichen Aufsatz nicht durch.

607 Vgl. Birtsch, Die Nation als sittliche Idee, S. 237-241; F. Gilbert, Johann Gustav Droysen und die preußisch-deutsche Frage, München u. Berlin 1931, S. 50 f.; H. Rother, Geschichte und Politik in der Gedankenwelt Johann Gustav Droysens, Berlin 1935, S. 49 ff.; Rüsen, Johann Gustav Droysen, S. 9.

608 Vgl. Birtsch, Die Nation als sittliche Idee, S. 237.

609 Zur großen zeitgenössischen Wirkung der Hinrichsschen Vorlesungen s. die zahlreichen Hinweise bei B. Bauer, Vollständige Geschichte der Partheikämpfe in Deutschland während der Jahre 1842-1846, Charlottenburg 1847, Bd. III, S. 117-120.

610 Sieburg, Deutschland und Frankreich in der Geschichtsschreibung des 19. Jahrhunderts, Bd. I, S. 280.

611 S. Hintze, Johann Gustav Droysen, in: Hintze, GA, Bd. II, S. 466 ff.; F. Meinecke, Johann Gustav Droysen. Sein Briefwechsel und seine Geschichtsschreibung, in: HZ 141 (1929), S. 267.

612 Dies ist insbesondere einzuwenden gegen die im übrigen vorzügliche Arbeit von Neumüller, Liberalismus und Revolution, die ebenfalls den Diskurs des Hegelschen Umfelds unberücksichtigt läßt und darum durchgängig Droysen überbewertet. Die verschiedentlich Droysen als erstem Historiker angetragenen Erkenntnisse und Ansichten finden sich nahezu alle bereits früher bei anderen Autoren, vor allem des Hegelschen Umfelds; s. Neumüller, S. 72, 78, 92, 94.

613 Lübbe, Politische Philosophie in Deutschland, S. 63; unergiebig R. Mizia, Hegelianischer Freiheitsbegriff und Geschichtsschreibung im Vormärz: H. F. W. Hinrichs' ‚Politische Vorlesungen', in: G. Dilcher u. a. (Hrsg.), Grundrechte im 19. Jahrhundert, Frankfurt a. M./Bern 1982, S. 45-64.

614 Vgl. Th. Schieder, Art. Johann Gustav Droysen, in: NDB, Bd. 4 (1959), S. 136.

Bei allen Unterschieden, die diese Autoren von Hegel, aber auch untereinander trennen, verbinden sie doch mehrere Gemeinsamkeiten, die es erlauben, sie dem Hegelianismus zuzuordnen. Alle haben, wie Birtsch zu Droysen feststellt, „wesentliche Impulse durch Hegels Staatslehre erfahren“;[615] alle zeichnet das Bestreben aus, Hegels geschichtsphilosophische Spekulation durch die „Historisierung des absoluten Geistes“[616] zu ergänzen. Dies führt sie zu einem weitgehend einheitlichen Konzept des Absolutismus als gleichsam „frühmodernem Staat“.

1.1. Absolutismus und moderner Staat

Ausgangspunkt für die Entstehung des modernen Staates ist für den genannten Autorenkreis die Überwindung der feudalen Zersplitterung des Mittelalters, dem die Staatlichkeit weitgehend abgestritten wird.[617] Als „Aufgabe der Neuzeit“ erachtet es Hinrichs, „die Einheit des Staates ... gegen die Zersplitterung des Feudalreichs zu wahren ...“. Vom privatrechtlich organisierten Feudalstaat unterscheide sich der moderne Staat durch die „Einheit und Allgemeingültigkeit der Landesgesetze“, d. h. des öffentlichen Rechts. Diese Staatsbildung sei das Werk des Absolutismus.[618] Carové sieht in der Herausbildung der „Idee des Staates“ das entscheidende Kriterium für den Übergang zur Neuzeit. Hierdurch seien „die isolierenden Schranken der vielen Gewalten durchbrochen worden ...“.[619] Für Ruge ist im Prinzipienkampf des „Großen Kurfürsten“ gegen den Katholizismus, das polnische Vasallentum und den Partikularismus der Stände nur „das Durchgreifen einer eisernen Faust“ erfolgversprechend gewesen,[620] und Hinrichs begreift als „welthistorische Tat“ der absoluten Könige die Beseitigung der alten Stände, die ihre Sonderrechte zu Staatsrechten erheben und „Staaten im Staat“ sein wollten.[621]

Trotz unterschiedlicher Datierung der Aufstiegsphase der absoluten Monarchie und des modernen Staates – Carové sieht Anfänge bereits im 14. Jahrhundert, Droysen im 15. Jahrhundert und Hinrichs im 16. Jahrhundert, während Gans und

---

615 Birtsch, Die Nation als sittliche Idee, S.101.

616 U. Köster, Literarischer Radikalismus. Zeitbewußtsein und Geschichtsphilosophie in der Entwicklung vom Jungen Deutschland zur Hegelschen Linken, Frankfurt a. M. 1972, S. 84 ff.

617 Carové, Rückblick auf die Ursachen der französischen Revolution und Andeutung ihrer welthistorischen Bestimmung, Hanau 1834, S. 11: „Von dem, was man in neueren Zeit Staat nennt, waren im Mittelalter nur dürftige Spuren vorhanden.“; vgl. a. Gans, Erwiderung auf Schubarth (1839), in: M. Riedel (Hrsg.), Materialien zu Hegels Rechtsphilosophie, Bd. 1, S. 273; Droysen, Vorlesungen über das Zeitalter der Freiheitskriege, Bd. I, S. 18 ff., sowie die Ausführungen des Junghegelianers K. F. Köppen in dessen Schrift „Zur Feier der Thronbesteigung Friedrichs II.“ (1840), in: Die Hegelsche Linke, hrsg. v. H. u. I. Pepperle, S. 131.

618 Hinrichs, Die Könige, S. 228 f.

619 Ebd., S.16.

620 Vgl. Ruge, Der protestantische Absolutismus und seine Entwicklung, in: Hallische Jahrbücher, Nr. 124 (1841), S. 493.

621 Vgl. Hinrichs, Die Könige, S. 247 ff. u. 261; ders., Politische Vorlesungen, Bd. I, S. 74 ff.

Ruge dem 17. Jahrhundert größere Bedeutung beimessen – sehen alle Autoren die Etablierung des Protestantismus, die damit verbundene zunehmende Differenzierung zwischen den romanischen und germanischen Völkern sowie die Entstehung des europäischen Staatensystems als entscheidenden Durchbruch des Absolutismus an.[622] Unter diesen Aspekten rückt das 17. Jahrhundert mit der Herausbildung Frankreichs als kontinentaleuropäischer Hegemonialmacht und dem Aufstieg des protestantischen Brandenburg-Preußen in den Mittelpunkt.

1.1.1. Das Beispiel Frankreich

Frankreich nimmt im Denken aller genannten Autoren einen wichtigen Ort ein. Bereits Hegel hatte auf die Bedeutung Frankreichs für die monarchische „Staatsbildung" hingewiesen und dabei besonders die Epoche Ludwigs XIV. hervorgehoben. In ihr habe sich der Weltgeist im französischen Volk offenbart, dessen „geistige Überlegenheit" den politischen Hegemonialansprüchen Ludwigs XIV. eine „höhere Berechtigung" als anderen Monarchen und Völkern verliehen habe.[623] In Anlehnung hieran gilt auch den Autoren aus dem Umfeld Hegels Frankreich als „Muster" des Absolutismus. Für Droysen erhob sich aus dem Mittelalter Frankreich als „der erste moderne Staat", der „ein allseits bewundertes und nachgeahmtes Muster" abgab,[624] und Hinrichs sieht in Ludwig XIV. den „absoluten Monarchen par excellence".[625] Seinen Ausspruch „l'état c'est moi" habe Ludwig freilich mißverstanden und darum seine Bedeutung und Aufgabe als König verkannt. Wohl treffe dieses Diktum den eigentlichen Sinn der absoluten Monarchie, Ludwig aber habe diesen verkehrt und hätte sagen müssen „moi c'est l'état". Die französischen Könige, so Hinrichs, haben zwar die Stände im Namen des Staates bezwungen, diesen jedoch ihren persönlichen Interessen untergeordnet. Daher habe der französische Absolutismus zur Despotie und letztlich zur Revolution geführt.[626] Eine ähnliche Beurteilung des Zusammenhangs zwischen absoluter Monarchie und modernem Staat findet sich auch bei dem Junghegelianer F. Köppen, der darüber hinaus auf die allgemeine Bedeutung Frankreichs als „Musterland" für die europäische Geschichte der Neuzeit hinweist.[627]

---

622 S. a. das Kapitel „Wirkung der Reformation auf die Staatsbildung" bei Hegel, Vorlesungen über die Philosophie der Geschichte, S. 508-520.

623 Vgl. Hegel, Vorlesungen über die Philosophie der Geschichte, S. 508 f. u. 513; zur Auffassung, daß die Vollstreckung des Weltgeistes in jeder Epoche einem bestimmten Volk zukomme, s. ders., Grundlinien der Philosophie des Rechts, S. 506 (§ 347).

624 Droysen, Vorlesungen über die Freiheitskriege, Bd. I, S. 7.

625 Hinrichs, Politische Vorlesungen, Bd. I, S. 169 ff.

626 Ders., Die Könige, S. 268 ff.

627 Köppen, Zur Feier der Thronbesteigung Friedrichs II., S. 128: „Die gute, alte Zeit im engeren Sinne hub bekanntlich an, als die chaotischen Massen des mittelalterlichen Staatslebens sich zum ersten Male zusammenfaßten in der absoluten Monarchie. Am schärfsten und konsequentesten hat sich diese, gleich jeder anderen Staatsform, in Frankreich entwickelt. Ludwigs XIV. Zeitalter ist ihr erster vollständiger, klassischer Ausdruck."; die Bezeichnung „Musterland" S. 135.

Diesen Gedanken hat vor allem Carové systematisch entwickelt, für den Frankreich überhaupt als Modell von „welthistorischer Bedeutung“ für den Verlauf der europäischen Geschichte seit dem Ausgang des Mittelalters gilt.[628] Von hier seien die Kreuzzüge, die Emanzipation des „Dritten Standes“, die Scholastik, der Episkopalismus, vor allem aber die „Steigerung der königlichen Macht“ ausgegangen.[629] Dieser historiographische Frankreich-Zentrismus, der sich besonders in Carovés Affinität zur Geschichtsschreibung des „Dritten Standes“ im frühen Saint-Simonismus und bei Guizot zeigt, ist jedoch im Hegelianismus eine Ausnahmeerscheinung, den selbst der frankophile Gans nicht teilt. Dessen umfangreiche Analyse des französischen Absolutismus ragt durch ihre brillante Dialektik unter allen frühen Absolutismusdeutungen hervor. Darum soll auf sie hier etwas ausführlicher eingegangen werden.

Seit dem 17. Jahrhundert entsteht für Gans aus der Auflösung des Mittelalters „der Staat des ‚Ancien régime‘“. „Hauptsitz des Absolutismus“ sei Frankreich, wo die beharrenden romanisch-katholischen mit den innovativen germanisch-protestantischen Elementen sich verbunden hätten. Seit den Zeiten Ludwigs XIV. sei daher die geschichtliche Bewegung von Frankreich ausgegangen. Dessen Monarchie beruhe „auf der erst wiedergewonnenen Idee des Staates, der von den Partikularitäten, die ihn bisher gebildet hatten, befreit, sich endlich in einer seit dem Altertum nicht gekannten Einheit aufstellen sollte. Dieser Gedanke mit wenigen Worten ausgesprochen ist: der Staat bin ich.“ In diesem Satz habe sich die absolute Monarchie zum ersten Male als einen Gedanken begriffen, der Staat sei „aus seiner langen Wanderschaft durch das Mittelalter zum Bewußtsein seiner selbst gekommen …“.[630]

Die Grundlage für die „absolute Herrschaft des Königtums“ sieht Gans in der Entstehung des stehenden Heeres. „Wie es das Verdienst des Staates Ludwigs XIV. ist, statt der Besonderheiten des Mittelalters die Einheit und Allgemeinheit festgehalten zu haben, eben so ist das stehende Heer die Zusammenfassung der einzelnen Partikularitäten zu einem Begriffe, der nun seine verschiedenen Teile … erhält. Durch die Uniform wird diese Allgemeinheit zu einem bestimmten sichtbaren Zeichen …“.[631] Die gegen den zuvor selbständigen Adel durchgesetzte „militärische Hierarchie“ sei auch auf die „Zivilregierung“ übergegangen. Die alten ständischen Freiheiten seien allmählich ausgelöscht worden und hätten der „Zentralisation“ Platz gemacht. Als Ersatz für den Verlust der alten Freiheiten habe Ludwig XIV. dem Volk die Verwaltung geboten. Als „eigentümliches Verdienst“ Ludwigs hebt Gans dessen „feine(n) Takt“ hervor, „mit dem er alle Seiten des großen Staates zu

628 Vgl. Carové, Genesis der Juli-Revolution oder die Staatsidee in Frankreich in ihrer notwendigen Entwicklung von Ludwig XIV. bis auf Ludwig Philipp, mit einem Rückblick auf Deutschland, Siegen u. Wiesbaden 1841, S. 16.

629 Vgl. ebd., S. VI u. XXXIX.

630 Gans, Vorlesungen über die Geschichte der letzten fünfzig Jahre, S. 304 f.; vgl. a. ders., Deutsches Staatsrecht. Einleitung, S. 175 f.

631 Ebd., S. 308; vgl. a. ders., Deutsches Staatsrecht. Einleitung, S. 176.

sich hinzuziehen und zu ergreifen wußte, die Festigkeit, mit der er ihm, durch eine von oben herab kommende Regierung ein neues Leben einflößte, und die Kunst, daß er eben durch diesen Absolutismus das Nationalgefühl der Franzosen nicht verletzte, sondern erhob."[632] In der Polizei und den Finanzen erblickt Gans die beiden wichtigsten Regierungsmittel der absoluten Monarchie. Durch die Polizei habe sich die „königliche Gewalt" bis auf die „untersten Kreise" erstrecken können. „Der Despotismus, welcher sich bisher nur oben gehalten hatte, trieb nun in die entlegensten Seiten hinein und tötete die Selbständigkeit und Eigenwilligkeit in allen Gefäßen des Staatsorganismus." Auch die Finanzen seien, so Gans, in diesem Zeitalter neu gestaltet worden. Die mittelalterlichen Subsidien seien durch Steuern ersetzt worden. Die als „wesentliche Äußerung des Staates" begriffene „Besteuerung" habe erst aufkommen können, als „sich der Staat überhaupt als Ganzes setzte und somit aus dem Vereinzelten und Zufälligen zu einem Notwendigen hervorhob".[633]

Anschließend untersucht Gans die Auswirkungen der absolutistischen Politik auf die Stände. Die nicht mehr wie im Mittelalter im „alleinigen Besitz der Wissenschaft" befindliche Geistlichkeit sei ebenso wie der seines feudalen Charakters weitgehend entledigte Adel in das höfische System integriert worden. Auch die Parlamente seien von Ludwig XIV. beherrscht worden, jedoch habe die sie tragende Schicht der noblesse de robe niemals ihren Anspruch auf politische Einflußnahme aufgegeben. Ihren praktischen Machtverlust habe sie theoretisch durch die Lehre kompensiert, „daß mittlere Körperschaften zum Wesen der Monarchie gehörten". Diese Lehre sei ein „Lieblingsgegenstand der Parlamente wie der Staatsrechtslehrer" geworden. Der „Dritte Stand" schließlich sei zur Zeit Ludwigs XIV. noch recht unbedeutend gewesen. Seine Vertreter hätten sich der Geistlichkeit und dem Adel angeschlossen und in Gewerbe, Kunst und Wissenschaft erst noch Geltung gewinnen müssen.[634]

Nach der Darstellung der politischen Instrumente und der sozialen Grundlagen des Absolutismus geht Gans den Ursachen des Verfalls der absoluten Monarchie nach. In geradezu mustergültiger dialektischer Manier führt er ihn auf die gleichen Prinzipien und Mittel zurück, die ihr zuvor zum Aufstieg verholfen hatten.[635] Wohl habe die Monarchie Ludwigs XIV. gegenüber den anderen Staaten Europas die Gestalt eines „gedankenvollen Absolutismus"[636] angenommen. Jedoch sei das auf der „Ichheit des Königs" beruhende Prinzip des Staates nicht über das monarchische Individuum hinausgegangen, „das im Vollbewußtsein seiner Kräfte diesen Satz für sich ausgefunden, aber nicht genug auf die Persönlichkeit beschränkt hatte,

632 Ebd., S. 311 f.

633 Ebd., S. 313 f.; zur Bedeutung der Polizei und der Finanzen s. a. ders., Deutsches Staatsrecht. Einleitung, S. 176.

634 S. ebd., S. 322 f.; vgl. a. ders., Deutsches Staatsrecht. Einleitung, S. 177.

635 S. Gans, Vorlesungen über die Geschichte der letzten funfzig Jahre, insbes. S. 326, 471, 425 ff. u. 437.

636 Ebd., S. 324.

von der er abhängig war".[637] Das stehende Heer habe durch die Einflüsse des Hofes und die Käuflichkeit der Offiziersstellen allmählich seinen „kriegerischen Charakter" verloren. Auch die Auflösung der partikularen Gewalten sei letztlich zu Lasten der absoluten Monarchie gegangen. Da die Entwürfe für eine Zentralisation im 17. Jahrhundert noch nicht „durchgreifend" realisiert werden konnten, sei es, etwa bei den Steuern, nur zu „einer faktischen Auslöschung des hervortretenden Rechts" gekommen, „das sich aber sogleich in ein langüberlebendes Privilegium verwandelte". Auch Polizei und Finanzkunst seien wie die Armee und die Zivilregierung „in ihr Andres und Entgegengesetztes" übergegangen und hätten „jenen ersten und absoluten Bankerott" vorbereitet, der während der Regentschaft stattfand. „Es war für die Alleinherrschaft nicht hinreichend", so folgert Gans, „die verschiedenen Seiten des Staates zu ergreifen; sondern sie selber hätten dazu kommen müssen, seine Teile und Momente zu werden. Dies aber ist es, worin der heutige Staat von dem des siebzehnten und achtzehnten Jahrhunderts sich unterscheidet."[638]

Spiegelbildlich zum ersten Teil seiner Argumentation verfolgt Gans nachfolgend die Entwicklung der Stände. Während Geistlichkeit und Adel zu einem Bestandteil des Hofes geworden seien, habe sich nach dem Tod Ludwigs XIV. gezeigt, „wie wenig die Parlamente vernichtet, sondern wie sie höchstens eingelullt waren …". Jede Gelegenheit sei von den Parlamenten wahrgenommen worden, um frühere Rechte wieder herzustellen. Die eigentlich dynamische Kraft sei nun der dritte Stand geworden. Von der Regierung Ludwigs XIV. wenig berücksichtigt, aber doch hervorgebracht, habe „diese Masse … gebildeter Kräfte … im Stillen während des achtzehnten Jahrhunderts Alles (zermalmt), was noch im siebzehnten Autorität, zuerkannte Rechte … besessen hatte. … Der dritte Stand sprach aus, daß er die Nation sei, und Geistlichkeit, Adel und Parlamente schwanden wie gebannte Geister, die zwar noch erscheinen, aber nicht mehr leben können."[639]

Die Auffassung von dem hybriden Charakter des französischen Absolutismus findet sich auch bei den anderen Autoren. Carové zufolge kommt vor allen anderen Staaten der Geschichte Frankreichs darum „welthistorische Bedeutung" zu, „weil nur hier bei weit fortgeschrittener *individualisierender Bildung die königliche Gewalt* sich zur absoluten Souveränität aufgeschwungen und durch Untertretung aller *historischen*, sowohl kirchlichen als bürgerlichen Berechtigungen, zum Erweis, zur Forderung und endlich zur Eroberung der *unveräußerlichen und unverjährbaren Rechte* hingetrieben hat...". Aus diesem Grunde sei auch die Regierungszeit Ludwigs XIV. „ein

637 Ebd., S. 420; schärfer formuliert in: ders., Deutsches Staatsrecht. Einleitung, S. 178: „Endlich setzte der Staat eine Persönlichkeit voraus, die nicht immer da ist, denn diese ist für den Absolutismus wichtig, und dieser wirkt durch diese nur günstig und dann freilich mächtig fördend. Aber wo sie fehlt, fällt der Absolutismus ein."

638 Ebd., S. 423 ff.; zu Armee, Polizei und Finanzen vgl. a. ders., Deutsches Staatsrecht. Einleitung, S. 178.

639 Ebd., S. 434 ff.

wahrhaft *welthistorischer* Moment".[640] Diese geschichtsphilosophische Beurteilung des französischen Absolutismus wird bei den andernen Autoren durch politische Kritik ergänzt. Die beiden Herausgeber der Hallischen Jahrbücher, A. Ruge und Th. Echtermeyer, kritisieren in einem gemeinsam verfaßten Artikel, daß der absoluten Monarchie das „*Selbstbewußtsein des Ganzen*" fehle, das Staatsbewußtsein finde sich lediglich beim Staatsoberhaupt und der Regierung, nicht aber bei den Bürgern. Ausdruck dieses Geistes sei das Diktum Ludwigs XIV.: „L'état c'est moi".[641] Für Droysen hat dieses „Königswort" zwar gegenüber der „provinziellen Zersplitterung" Bedeutung, „nationale Einheit" habe es jedoch nicht herzustellen vermocht.[642]

1.1.2. Das Beispiel Preußen

Wesentlich günstiger wird dagegen der preußische Absolutismus beurteilt, als dessen Begründer Friedrich Wilhelm, der „Große Kurfürst", angesehen wird. Durch ihn sei Preußen zur Schutzmacht des Protestantismus aufgestiegen. Als „welthistorisch" habe der Große Kurfürst nach Auffassung von Hinrichs jedoch nicht darum zu gelten, weil er Preußen zu einem europäischen Staat gemacht habe, sondern „weil er seinen neuen Staat vollständig auf den Trümmern des Ständestaates auszubauen wußte".[643] Der Große Kurfürst sei „der Heros der Souveränitätsidee gegen die Standesprivilegien".[644] Aus dem Kampf zwischen Kurfürst und Ständen sei „eine ganz neue Verfassung und Organisation" hervorgegangen, der Souveränitätsidee entsprechend sei aus den verschiedenen Provinzen eine „Einheit und Gesamtheit" geworden, an Stelle des „ständischen Korporationswesens" sei „Administration, Zentralisation und Ministerregierung" getreten.[645] Preußen, so folgert Hinrichs, „wurde der erste moderne Staat."[646]

Mit der Geschichte des preußischen Absolutismus hat sich besonders Ruge beschäftigt, dessen Ausführungen zur Geschichte des preußischen Staates im 17. und 18. Jahrhundert gleichsam als Gegenstück zu Gans' Darstellung des französischen Absolutismus gelesen werden können. Im Regierungsantritt des „Großen Kurfürsten" sieht Ruge den „Wendepunkt" der preußischen Geschichte: „Dies ist der Ursprung des Absolutismus, er ist hier der pulsierende Punkt, um den die neue Bildung des modernen zentralen Staates sich ansetzt, dessen eigentliche Seele aber der

640 Carové, Genesis der Juli-Revolution, S. 16 f.; das gleiche Argumentationsmuster liegt auch der Beurteilung des Verhältnisses von Absolutismus und Revolution zugrunde: „Dem *egoistischen Absolutismus der Gewalthaber* trat polarisch die Forderung *unbeschränkter Volksherrschaft* gegenüber ...", ebd., S. XI.

641 A. Ruge/Th. Echtermeyer, Karl Streckfuß und das Preußentum, in: Die Hegelsche Linke, hrsg. v. H. u. I. Pepperle, S. 124.

642 Vgl. Droysen, Vorlesungen über die Freiheitskriege, Bd. I, S. 193.

643 Hinrichs, Die Könige, S. 253; s. a. ders., Politische Vorlesungen, Bd. I, S. 173.

644 Ders., Politische Vorlesungen, Bd. I, S. 135.

645 Ebd., Bd. I, S. 136.

646 Ders., Die Könige, S. 251.

protestantische Geist ist."[647] Den „Begriff der Souveränität" gegen innere und äußere Gegner zu verwirklichen sei die „historische Sendung" des Großen Kurfürsten gewesen. Vor allem aber „die Ausbildung der *absoluten Monarchie* und speziell in Preußen der *protestantischen* (sei) nun die Aufgabe der Geschichte (geworden)." Zwischen beiden besteht für Ruge ein innerer Zusammenhang. „Das Protestantische (liege) darin, daß der Egoismus des Fürsten eines Teils sich selbst zur Seele des Allgemeinen in Staat und Geistesfreiheit läutert, und eben so den gemeinen Egoismus der partikularen Existenzen des Adels und der Korporationen aufhebt, um den religiös-sittlichen Subjektivismus zum Zweck zu erheben. Im protestantischen Staat dieser und der nächsten Zeit hat daher der souveräne Wille des Fürsten den Geist der neuen Zeit, das Allgemeine, das öffentliche Wohl und die protestantische Freiheit (als geistige, innerliche) zu seinem Inhalt. Die Absolutheit kann und muß auch in diesem Sinne verstanden werden, denn von diesem Sinne geht sie aus".[648]

Gegenüber den nur beiläufig erwähnten Nachfolgern des Großen Kurfürsten – Friedrich I. und dem später vor allem von G. Schmoller aufgewerteten „Soldatenkönig" Friedrich Wilhelm I.[649] – gilt als dessen eigentlicher Erbe und Fortsetzer Friedrich der Große, der, wie Ruge schreibt, die „wirkliche Weltmacht des protestantischen Prinzips"[650] etabliert hat. Für Hinrichs ist „der siebenjährige Krieg, der welthistorische unter den drei schlesischen Kriegen, ... eigentlich nur eine Fortsetzung des dreißigjährigen Krieges". In diesem sei die protestantische Kirche, in jenem der protestantische Staat durchgekämpft worden.[651] Habe der Große Kurfürst, so Hinrichs weiter, das Recht der Einheit des Staates gegen das Recht der Stände

647 Ebenso auch Droysen, Deutsche Briefe, in: Politische Schriften, hrsg. v. F. Gilbert, München u. Berlin 1933, S. 27: „Mit dem Protestantismus zugleich begann die neue Idee des Staates sich zu erheben ...". Zu diesem auch im weiteren Umfeld Hegels zentralen und später vor allem von E. Troeltsch und M. Weber erörterten Topos s. die Beiträge von W. Pannenberg, Reformation und Neuzeit, sowie H. Fischer, Die Ambivalenz der Moderne. Zu Troeltschs Verhältnis von Reformation und Nation, in: H. Renz/F. W. Graf (Hrsg.), Protestantismus und Neuzeit, Gütersloh 1984, S. 21-34 u. 54-77.

648 Ruge, Der protestantische Absolutismus und seine Entwicklung, S. 493 f.

649 Unter Friedrich I. und Friedrich Wilhelm I. sei, so Ruge, ebd., die „Einheit der Hausmacht" erhalten, aber das Prinzip des protestantischen Absolutismus nicht weiter entwickelt worden. Friedrich I. habe vielmehr Ludwig XIV. imitiert, so daß es mitunter schwer falle, „diesen protestantischen Absolutismus von dem französischen zu unterscheiden"; positiver dagegen das Urteil von Hinrichs, Politische Vorlesungen, Bd. I, S. 177, der die Erhebung Friedrichs zum König in Preußen hervorhebt.

650 Ebd., S. 494; ebenso schon Hegel, Vorlesungen über die Philosophie der Geschichte, S. 519: „Weiter aber und später hat die protestantische Kirche ihre politische Garantie darin vollendet, daß einer der ihr angehörenden Staaten sich zu einer selbständigen europäischen Macht erhoben. Diese Macht mußte mit dem Protestantismus neu entstehen: es ist *Preußen*, das, am Ende des siebzehnten Jahrhunderts auftretend, in Friedrich dem Großen sein, wenn nicht begründendes, doch fest- und sicherstellendes Individuum und im Siebenjährigen Kriege den Kampf dieser Fest- und Sicherstellung gefunden hat. ... Er (sc. Friedrich II.) trat als Held des Protestantismus auf."; zur Beurteilung Friedrichs im Gesamtwerk Hegels s. a. K. E. Born, Der Wandel des Friedrich-Bildes in Deutschland während des 19. Jahrhunderts, Diss. phil. Köln 1953, S. 63-68.

651 Vgl. Hinrichs, Politische Vorlesungen, Bd. I, S. 176.

zur Geltung gebracht, so habe Friedrich der Große sich selbst dem Recht untergeordnet.

Das „Bewußtsein über die Allgemeinheit des Rechts und des Staates"[652] unterscheidet nach Auffassung aller genannten Autoren Friedrich den Großen von Ludwig XIV.[653] Während Ludwig nur eine Empfindung des Königtums besessen habe, sei Friedrich, über seine Königspflichten nachdenkend, der „Philosoph auf dem Thron" gewesen. Ludwig habe mit den lettres de cachet regiert, Friedrich dagegen das preußische Landrecht zusammenstellen lassen. Wohl seien beide absolute Könige, jedoch sei Friedrich „in allen Stücken das Gegenteil des französischen Alleinherrschers" gewesen.[654] Gegenüber der „faule(n) Wurzel des französischen Absolutismus", deren geistiger Ausdruck Ludwigs „l'état c'est moi" sei, so Ruge-Echtermeyer, habe Friedrich II., indem er den „Staat als Selbstzweck" faßte, ein höheres Prinzip entgegengestellt. Sein Ausspruch, der König sei der erste Diener des Staates, sei „welthistorisch".[655] Friedrich der Große, so Ruge und Hinrichs übereinstimmend, sei „der wirkliche und wahre absolute König".[656] Carové unterscheidet in einer allgemeinen Charakteristik des Übergangs vom Mittelalter zur Neuzeit zwei Phasen, die „Ausbildung eines absoluten Monarchismus" und die sich anschließende „verfassungsmäßig gesicherte Herrschaft des Vernunftrechts".[657] Der Absolutismus Ludwig XIV. repräsentiere die erste Phase und sei „der Schlußpunkt einer folgerichtigen Entwicklung der Prinzipien des Mittelalters",[658] Friedrich der Große dagegen stehe für die zweite Phase. Er habe „die *Idee des Staates*, als des wahrhaften, unsterblichen *Souveräns*" anerkannt[659] und damit eine neue Epoche in der Menschheitsgeschichte eröffnet.[660]

Diese Hochschätzung Friedrichs, die in der Panegyrik Köppens zur Säkularfeier der Thronbesteigung Friedrichs gipfelt,[661] ist kein Spezifikum des Hegelianismus.

---

652 Ebd., S. 177.

653 Vgl. Hegel, Vorlesungen über die Philosophie der Geschichte, S. 523: „Friedrich II. kann als der Regent genannt werden, mit welchem die neue Epoche in die Wirklichkeit tritt, worin das wirkliche *Staatsinteresse* seine Allgemeinheit und seine höchste Berechtigung erhält. Friedrich II. muß besonders deshalb hervorgehoben werden, daß er den allgemeinen Zweck des Staats denkend gefaßt hat und der erste unter den Regenten war, der das Allgemeine im Staate festhielt ...".

654 Hinrichs, Die Könige, S. 273 ff.

655 Ruge/Echtermeyer, Karl Streckfuß und das Preußentum, S. 124; ebenso auch Ruge, Der protestantische Absolutismus und seine Entwicklung, S. 482.

656 Ruge, Der protestantische Absolutismus und seine Entwicklung, S. 494; vgl. Hinrichs, Die Könige, S. 288.

657 Carové, Rückblick auf die Ursachen der französischen Revolution, S. 12.

658 Ders., Genesis der Juli-Revolution, S. XL.

659 Ebd., S. XIV.

660 Ebenso auch Droysen, Vorlesungen über die Freiheitskriege, Bd. I, S. 57; Ruge, Der protestantische Absolutismus und seine Entwicklung, S. 494; Köppen, Zur Feier der Thronbesteigung Friedrichs II., S. 140.

661 Neben seinem bereits mehrfach erwähnten Aufsatz „Zur Feier der Thronbesteigung Friedrichs II." ist Köppen mit der seinem Freund Karl Marx gewidmeten Schrift „Friedrich der Große und seine Widersacher", Berlin 1840, hervorgetreten. Im Unterschied zu dem

Sie ist, wenngleich weniger pathetisch, auch in der Geschichtsschreibung des aufgeklärten Liberalismus Rottecks, Pölitz' und vor allem Schlossers zu finden. Allerdings unterscheiden sich die Motive für das positive Friedrich-Bild. Während hier Friedrich als Vorkämpfer für die Ideale der Aufklärung – Toleranz, Recht, Bildung – gilt,[662] tritt im Hegelianismus ein für diesen Kreis spezifischer Gedanke hinzu – Friedrichs neue Staatsauffassung. Dieser Unterschied ist im Kern die historiographische Verlängerung der Kant und Hegel trennenden Differenz von „Moralität" und „Sittlichkeit". Hatte im Zentrum von Kants Rechtslehre der an den individuellen Verstand appellierende kategorische Imperativ gestanden, so war Hauptgegenstand der Hegelschen Rechtsphilosophie der Staat als „die Wirklichkeit der sittlichen Idee". Der hieraus resultierende Unterschied in der bei beiden positiven Beurteilung Friedrichs des Großen findet sich in der von Kant beeinflußten Geschichtsschreibung des aufgeklärten Liberalismus[663] und der von Hegel beeinflußten historistischen Geschichtsschreibung wieder.[664]

Nicht nur die Rechts- und Staatsauffassung, sondern die unterschiedliche Aufnahme und Wirkung der Aufklärung überhaupt trenne Friedrich den Großen von Ludwig XIV. Dieser Gedanke findet sich in verschiedenen Variationen bei allen Autoren im Umfeld Hegels. Während in Frankreich die Fürstensouveränität sich zum Absolutismus und dem „ungeheuren Anspruch ... l'état c'est moi" gesteigert

---

zuerst in den Hallischen Jahrbüchern erschienenen Aufsatz enthält seine Monographie jedoch keine einschlägigen Hinweise zur begrifflichen Historisierung des Absolutismus.

662 S. hierzu K. Kowalewski, Friedrich der Große in der Beurteilung der deutschen Geschichtsschreibung von 1815 bis 1870, Diss. phil. (masch.) Hamburg 1951, S. 40-46; K. E. Born, Der Wandel des Friedrich-Bildes in Deutschland während des 19. Jahrhunderts, S. 10-28; s. a. W. Bussmann, Friedrich der Große im Wandel des europäischen Urteils, in: Deutschland und Europa. FS H. Rothfels, hrsg. v. W. Conze, Düsseldorf 1951, S. 375-408.

663 Die aufgeklärt-liberale Geschichtsschreibung, insbesondere Schlossers, ist häufig pejorativ als „moralisierend" charakterisiert worden. Sofern damit auf die „belehrende" Absicht dieser Geschichtsschreibung gezielt wird, ist diese Kritik durchaus verfehlt, denn (politische) Erkenntnis und Belehrung durch das Studium der Geschichte liegt auch der nachkantischen historistischen Geschichtsschreibung als Motiv zugrunde. Sinnvoll wird die Bezeichnung „moralisierende Geschichtsschreibung" eigentlich erst vor dem Hintergrund der kantischen „Moralität" und der nachfolgenden geschichtsphilosophischen Kritik an derselben. Zu Schlossers „Moralismus" s. v. Srbik, Geist und Geschichte vom deutschen Humanismus bis zur Gegenwart, Bd. I, S. 160 f.; Schilfert, Friedrich Christoph Schlosser, S. 137, 141, 143 f., 147; Kowalewski, Friedrich der Große in der Beurteilung der deutschen Geschichtsschreibung von 1815 bis 1870, S. 40 f.; erhellend noch immer das Schlosser-Kapitel bei Lorenz, Die Geschichtswissenschaft in Hauptrichtungen und Aufgaben, insbes. S. 60 ff.

664 Den Arbeiten von Kowalewski und Born ist dieser zentrale Unterschied entgangen. Kowalewski berücksichtigt in seiner auch sonst erhebliche Lücken aufweisenden Arbeit den für den Friedrich-Kult in Preußen elementaren Hegelschen Diskurs überhaupt nicht. In abgeschwächter Form gilt dies auch für Born, der immerhin auf die nachhaltige Wirkung Hegels hinweist (S. 63 ff.). Die knappe Bemerkung zu Köppen, der „erstmalig" den „Schritt ... zur polemischen Verherrlichung Friedrichs als Kritik der eigenen Gegenwart" getan habe (S. 21), wird der Bedeutung von Köppens Panegyrik als Höhepunkt der (jung-)hegelianischen Friedrich-Verehrung, die auch Born übersieht, nicht gerecht. Statt dessen stellt Born ihn fälschlicherweise in die aufgeklärt-liberale Tradition. Auch Bussmann hat den Hegelschen Diskurs übersehen.

habe, sei in Deutschland die Souveränität zur Einführung jener Ideen genutzt worden, die in Frankreich in Opposition zur Fürstensouveränität gerieten. Vor allem Friedrich der Große, und nach dessen Vorbild auch „Joseph der Menschenfreundliche“ sowie andere deutsche Fürsten, habe „das Gesetz, die Selbständigkeit der Gerichte, Gewissens-, Kultus und Preßfreiheit, und vor allem die Wissenschaft inthronisiert“. Diese zunächst individuellen Unterschiede zwischen den beiden Monarchen werden besonders bei Droysen und Hinrichs zum typologischen Gegensatz zwischen französisch-romanischer und deutscher Aufklärung verallgemeinert. In Frankreich sei die Aufklärung „zu der Einsicht des Nichtigen in Allem“ fortgegangen mit der Folge der Revolution. Dagegen sei es das Verdienst Friedrichs des Großen, „daß die Aufklärung uns nicht in die Greuel der Revolution gebracht hat ...“.[665]

Die Auffassung des Königs als erstem Repräsentanten des Staates hat nach Ruge die alte absolute Monarchie erschüttert und eine andere Stellung des Fürsten zum Volk begründet. Den Geist der mit Friedrich dem Großen beginnenden neuen Zeit, vor allem die Revolution in Frankreich, hätten jedoch dessen Nachfolger nicht begriffen. Unter ihnen habe der Staat Friedrichs eine bloß „hohle Gestalt des Absolutismus“[666] angenommen. Erst in der preußischen Reformzeit nach 1806 und durch den antinapoleonischen Befreiungskampf sei der Anschluß an die neuen Ideen wieder hergestellt worden. Diese politische Parallelisierung von Französischer Revolution und preußischer Reformphase wird bei Droysen erweitert durch das den amerikanischen Unabhängigkeitskampf einbeziehende Konzept der „Freiheitskriege“. Dieses in ähnlicher Form auch von anderen Liberalen vertretene Konzept[667] ist nicht als bloße quantitative Ergänzung zu verstehen. Wichtiger als die Berücksichtigung Amerikas ist für den vorliegenden Zusammenhang die in diesem Konzept implizierte Relativierung der Bedeutung der Französischen Revolution,[668] die allen hier behandelten Autoren aus dem Hegelschen Umfeld trotz aller Kritik am Jakobiner-Terror als entscheidender Durchbruch der Menschheitsgeschichte

665 Hinrichs, Politische Vorlesungen, Bd. I, S. 179; s. a. Droysen, Vorlesungen über die Freiheitskriege, Bd. I, S. 149 ff. u. 173.

666 Vgl. Ruge, Der protestantische Absolutismus und seine Entwicklung, S. 495.

667 Vgl. etwa die Ausführungen von Welcker, Art. Rotteck, in: StL, Bd. 14, S. 123, u. Art. Deutsche Staatsgeschichte, in: Ebd., Bd. 4, S. 332 f.; allgemein zur Rezeption des amerikanischen Verfassungsdenkens im deutschen Liberalismus s. Angermann, Der deutsche Frühkonstitutionalismus und das amerikanische Vorbild, sowie Neumüller, Liberalismus und Revolution, S. 31 u. 72-76.

668 „Man pflegt die gewaltige Revolution, welche aus dem achtzehnten in das neunzehnte Jahrhundert hinüberführt, als eine französische, als den Ruhm oder die Schuld des französischen Volkes zu betrachten. Aus dem bisher Besprochenen ergeben sich andere, umfassendere Gesichtspunkte.“ (Droysen, Zeitalter der Freiheitskriege, Bd. 1, S. 308) Droysen meint hiermit das fünfzig Jahre umfassende Zeitalter der Freiheitskriege, das den „ungeheuerste(n) Wechsel aller staatlichen und sozialen Verhältnisse“ hervorgerufen habe (ebd., S. 4).

gilt.[669] Durch diesen politisch nicht unerheblichen Unterschied, der bereits auf das sich negativ wandelnde Frankreichbild des aufkommenden nationalstaatlichen Liberalismus hindeutet,[670] gewinnt gleichwohl die gemeinsame Auffassung vom normativen Gegensatz zwischen französischem und preußischem Absolutismus zusätzlich an Schärfe. Für alle Autoren des hegelianischen Milieus verkörpert Preußen im Unterschied zu Frankreich den Staat der Reformen.[671]

1.1.3. Spanien und England als „Sonderfälle"

Gegenüber Frankreich und Preußen als Muster des Absolutismus tritt die Behandlung der übrigen europäischen Monarchien bei dem vorliegenden Autorenkreis deutlich zurück. Die gesamteuropäische Bedeutung des Absolutismus hat neben Droysen besonders Gans herausgestellt. In dessen Deutung des Absolutismus, der „durch den allgemeinen und nicht mehr abzuweisenden Drang des siebzehnten Jahrhunderts einen europäischen Charakter" angenommen habe, verdienen besonders die Ausführungen zu England und Spanien Interesse. Hier habe schon früher Philipp II. die Vorbereitungen seiner Vorgänger „zur faktischen Begründung einer Einheit genutzt, die nicht sowohl auf ausgesprochenen Prinzipien als auf dem dunklen Hintergrunde der katholischen Inquisition beruhte ...".[672] Die von Gans hervorgehobene Besonderheit des spanischen Absolutismus, der bereits vor dem

---

669 Bezeichnend die Auffassung des politisch gemäßigten Hinrichs: „Es ist absurd, in der Revolution nichts weiter als Tumult, Verkehrtheit und Verrücktheit, Grausamkeit und Scheußlichkeiten aller Art zu sehen. Solche Deklamationen gehen leicht vom Munde, werden aber die welthistorische Volkstat der Franzosen aus der Weltgeschichte nicht wegräsonnieren. Viel Unglück, Elend und Greuel sind in der Revolution über die Menschen gekommen, aber das ist das Unwesentliche. Das Wesentliche ist der geistige Fortschritt: auch über die Guillotine ist der Geist hinweggestiegen." (Politische Vorlesungen, Bd. I, S. 210 f.); s. a. Gans, Vorlesungen über die Geschichte der letzten funfzig Jahre, S. 289 ff.; zu Carové s. Schürmann, Friedrich Wilhelm Carové, S. 39 ff. u. 56 f.

670 S. hierzu Sieburg, Deutschland und Frankreich in der Geschichtsschreibung des 19. Jahrhunderts, Bd. I, S. 261 ff.

671 Für die Junghegelianer hat dies treffend Köppen, Zur Feier der Thronbesteigung Friedrichs II., S. 140, zusammengefaßt: „In Frankreich, wo der Kampf auf Leben und Tod wütete, wäre es unmöglich gewesen, die alte Zeit durch die neue ... zu verjüngen, beide durcheinander zu temperieren und miteinander einstweilen zu versöhnen. Dort konnte der bestehende Staat die Aufklärung nicht dulden und die Aufklärung nicht den bestehenden Staat; Rousseau und die Bourbonen, Voltaire und die Pfaffen waren schlechthin unvereinbar. Anders in Preußen. Preußen ist protestantisch und hat nach der neuen Einteilung (sc. der Weltgeschichte, R. B.) kein vollständiges Mittelalter gehabt. Hier war die gute alte Zeit nie in ihrer ganzen Strenge und Konsequenz durchgebildet, hier nur einmal das Zeitalter Ludwigs XIV. nachahmungsweise aufgeführt worden. Hier war die Wirklichkeit mithin noch nicht so bis in das Innerste zerfressen wie in Frankreich; hier ein Weiterleben und Fortschreiten innerhalb der alten Formen möglich."; s. a. Mayer, Die Junghegelianer und der preußische Staat, S. 418 f.

672 Gans, Vorlesungen über die Geschichte der letzten funfzig Jahre, S. 411; nuanciert in: Deutsches Staatsrecht. Einleitung, S.176: „... in Spanien verschwinden die Cortes, und seit *Ferdinand* steigt in Spanien der Absolutismus und erhält durch die Bourbonen seine feste Begründung."

eigentlichen „Zeitalter des Absolutismus" auftritt, ist für die gesamte nachfolgende Absolutismusforschung wegen ihres Frankreich-Preußen-Zentrismus ein Problem geblieben. Forschungsgeschichtlich bemerkenswert ist Gans' Charakterisierung des spanischen Absolutismus zudem im Vergleich zu den Ausführungen von R. Koser, die frappante Ähnlichkeiten mit den Formulierungen von Gans aufweisen.[673]

Eine Sonderrolle unter den europäischen Ländern in der Epoche des Absolutismus – Gans wirft einen kurzen Blick auf Portugal, Italien, Deutschland, Dänemark, Schweden, Rußland und Preußen –, kommt für Gans England zu, das sich als einziges Land „dem überall sich verbreitenden Geiste des siebzehnten Jahrhunderts" widersetzt habe.[674] Über die auch in der neueren englischen Geschichtswissenschaft umstrittene „Tudor-Constitution" urteilt Gans, daß sie eigentlich nicht zweifelhaft gewesen sei. Dennoch hätten die Tudors in dem seit drei Jahrhunderten an eine beschränkte Monarchie gewöhnten Land „eigenmächtig und willkürlich geherrscht" und so „den Absolutismus behauptet". Zwar finde sich unter Heinrich VIII. nirgends ein Versuch, die bestehende Verfassung zu ändern. Die Größe seines Absolutismus bestehe jedoch gerade darin, daß er eine solche Verfassungsänderung gar nicht benötigte: „Die geduldige Ruhe, mit der die Englische Reformation, die den König mit der höchsten kirchlichen Macht bekleidete, vom Parlament aufgenommen wurde, die richterlichen Aussprüche, die er nach Willkür und Belieben sowohl gegen Weiber als Günstlinge erhielt, die Kraft, mit der er benevolences an die Stelle von Steuern durchsetzte, beweisen hinreichend, daß schon damals nicht unbekannt war, wie viel bequemer es sei, unter Verfassungsformen als ohne dieselben zu despotieren." Den Versuch, den Absolutismus mit Hilfe einer Verfassungsänderung endgültig zu etablieren, hätten erst die Stuarts unternommen, seien hiermit aber gescheitert.[675] Der zu tief wurzelnden englischen Besonderheiten habe „der sich zusammennehmende Staat nicht Meister werden" können. „England ... behielt seine Freiheiten statt der Freiheit, sein Mittelalter in öffentlichen und Privatsachen statt der einfacheren und weiter fortschreitenden Einrichtungen des siebzehnten und achtzehnten Jahrhunderts, und die Beschwerden, die es heute belästigen,

---

673 Koser unterschied in Abgrenzung von Roscher drei Stufen des Absolutismus: den „praktischen" Absolutismus des 16. Jahrhunderts, den „grundsätzlichen" Absolutismus des 17. Jahrhunderts und den „aufgeklärten Despotismus" des 18. Jahrhunderts, in: Koser, Die Epochen der absoluten Monarchie in der neueren Geschichte, in: Hubatsch (Hrsg.), Absolutismus, S. 2 f. (zuerst ersch. 1889). Gans hat eine Stufenfolge des Absolutismus nicht explizit formuliert. Aus der Gesamtheit seiner einschlägigen Äußerungen läßt sich eine solche gleichwohl rekonstruieren. Sie ließe sich, mit Gans' eigenen Formulierungen, untergliedern in den „faktischen" (Spanien), den „prinzipiellen" (Frankreich) und „vormundschaftlichen" (Preußen) Absolutismus. Dies entspricht exakt der Koserschen Stufenfolge. Die naheliegende Frage, ob Koser der Aufsatz von Gans bekannt war, muß hier offenbleiben. Hinweise hierauf geben Kosers einschlägige Arbeiten zum Absolutismus nicht.

674 Vgl. Gans, Vorlesungen über die Geschichte der letzten funfzig Jahre, S. 414.

675 Gans, Rezension: Hallams Constitutional History of England, in: Vermischte Schriften, Bd. 2, Berlin 1834, S. 7-10, 24 u. 27.

sind großenteils dem Umstande zuzuschreiben, daß es vor zweihundert Jahren den Absolutismus von sich wies."[676]

Mit der Erhebung Frankreichs und Preußens zu „Musterländern" des Absolutismus und der Zuweisung eines „Sonderwegs" für Spanien und insbesondere für England entwarf der Hegelianismus ein Argumentationsmuster, das sich teilweise in der national-liberalen Absolutismusdeutung fortsetzte, das vor allem aber jenem Klischee entspricht, das unter dem Titel „Zeitalter des Absolutismus" seit dem frühen 20. Jahrhundert über Jahrzehnte das Geschichtsbild der Fachhistorie ebenso wie des historisch gebildeten Publikums bestimmt hat. Zu dieser Vorstellung zählt auch die Annahme eines genetischen Zusammenhangs zwischen „Absolutismus" und „modernem Staat". Neben allgemein-geschichtsphilosophischen Erwägungen wird dies vor allem mit der Überwindung der feudalrechtlichen Zersplitterung durch die monarchische Zentralisation und die vermeintliche Kontinuität des „Staates" von Ludwig XIV. („l'état c'est moi") über Friedrich den Großen („Der König ist der erste Diener des Staates") bis zur Gegenwart, insbesondere zu der den „Staat" als solchen reflektierenden Rechtsphilosophie begründet. Wichtige Aspekte dieser Interpretation werden später in der national-liberalen Absolutismusdeutung wiederkehren. Dort soll auch die Problematik dieser Argumentation in größerem Zusammenhang grundsätzlich diskutiert werden.

1.2. Das politische Erbe Friedrichs des Großen und der Reformzeit

Die positive Ideologisierung Preußens eröffnete dem Hegelianismus die Möglichkeit, sich bei der Forderung nach weiterführenden politischen Reformen als legitimen Erben und Fortsetzer des Torso gebliebenen Werks Friedrichs der Großen und der preußischen Reformer zu präsentieren. Das „Verharren beim Absolutismus" widerspricht nach Meinung von Ruge und Echtermeyer der durch die Reformation, die Philosophie und die Freiheitskriege gegen Napoleon geschaffenen aufgeklärt-liberalen Tradition Preußens. Während durch die Lutherische Reformation die Vormundschaft des Papstes beendet und die Welt in die Mündigkeit entlassen worden sei, verweigere nun der Staat diesen Schritt und erkläre statt dessen die Vormundschaft zum Prinzip. Diese Politik sei antiprotestantisch. Preußen sei „als Staat … noch katholisch, die absolute Monarchie ist politisch ganz dasselbe, was religiös der Katholizismus ist, sie fällt in Laien und Eingeweihte, in den weisen Monarchen und die in die gläubigen Untertanen …". Der „Absolutismus" behalte „das Absolute, welches im Staate sich darstellt", wie zuvor der Papst und die Kirche für sich. Dies aber könne der als politisches Prinzip verstandene Protestantismus nicht hinnehmen. „Darum", so Ruge und Echtermeyer, „können wir den ab-

676 Ebd., S. 414. Gans' Ausführungen zum Tudor-Absolutismus berühren sich hier mit denen Hegels, der die englischen Könige als „spitzfindige Theologen, für das Prinzip des Absolutismus streitend" bezeichnet hatte. Auf diese Äußerung Hegels nimmt im übrigen auch Hinrichs Bezug, vgl. Die Könige, S. 279.

soluten Staat nicht vertragen, denn wir können es nicht aushalten, daß uns der Staat das Absolute, das er in sich begreift, vorenthält ... Man könnte also sagen, der absolute Staat hätte nur den Fehler, daß er nicht absolut sei. Denn wie sollte der Staat absolut sein, der nur in einem Teile, nämlich in der Regierung lebendig ist.“[677]

Dieser Gedankengang, der in Ruges Forderung gipfelt, die „absolute Monarchie“ müsse in den „absoluten Staat“ überführt werden,[678] findet sich – weniger sophistisch – auch bei den anderen Autoren. „Staat“ bedeutet ihnen, hierin zunächst Hegel folgend, nicht mehr wie dem aufgeklärten Naturrecht der zum Schutz des Einzelnen vertraglich begründete „Notstaat“. An Stelle von Hegels Utopie des *Beamtenstaats*, deren vornehmlich preußische Realisierung seit Ausgang der 1830er Jahre zunehmend kritischer beurteilt wurde und Hegel frühzeitig den Ruf des „Philosophen der Restauration“[679] einbrachte, setzen sie jedoch ihre Utopie des unter preußischer Führung zu schaffenden deutschen *Nationalstaats*. Mit dieser Forderung, daß die Deutschen sich nunmehr als „politische Nation“[680] zu konstituieren, oder – wie Ruge formuliert – den „absoluten Staat deutscher Nation“[681] zu errichten hätten, gehen sie entscheidend über Hegel hinaus,[682] ohne freilich hiermit schon

677 Ruge/Echtermeyer, Karl Streckfuß und das Preußentum, S. 120 f.

678 Vgl. A. Ruge, Europa im Jahre 1840, in: Hallische Jahrbücher, Jg. 1840, S. 715.

679 Droysen an Arendt (31.7.1831), in: Droysen. Bw, Bd. 1, S. 38, zit. n. Gilbert, Johann Gustav Droysen und die preußisch-deutsche Frage, S. 25; ähnlich auch Ruge, der Hegels Philosophie als „Hofphilosophie und Scholastik“ kritisiert, vgl. Ruge, Politik und Philosophie, in: Hallische Jahrbücher, Jg. 1840, Sp. 2331. In dem Artikel „Die Universität Berlin“, in: Hallische Jahrbücher, Jg. 1841, S. 22, wird kritisiert, daß „die Hegelsche Philosophie ... zur königlich preußischen Staatsphilosophie (ward).“; zur Kritik am Beamtenstand s. a. oben Kap. III.2.3.

680 „Welcher deutsche Mann freut sich nicht darüber, daß nun überall von der Nation die Rede ist. Wir waren Ein Reich, Ein großes Kaiserreich, wir haben Staaten gebildet, aber als politische Nation sind wir bisher noch nicht in der Weltgeschichte aufgetreten. Im Befreiungskampfe standen wir als Nation gegen den Feind, jetzt organisieren wir uns nach innen zur Nation.“ (Hinrichs, Politische Vorlesungen, Bd. 2, S. 165) Ebenso auch Droysen im Schlußwort seiner Vorlesungen: „Denn freilich eine andere Reife ist es, kraft eigensten Entschlusses zu wollen, zu fordern und, so Gott will, zu erringen, was, einmal erkannt, nicht Ruhe läßt, bis es erreicht ist. Das aber ist: vor Allem nationale Selbständigkeit und Einheit, grundgesetzliche Rechtssicherheit; sodann ein wahrhaftes Staatsbürgertum, gegründet auf der Basis kommunaler Ordnung, gegipfelt in dem ständischen Anteil an Gesetzgebung, Besteurung, Verwaltung; endlich gerechte Autonomie in allen Lebenskreisen, deren Zweck nicht der Staat ist.“ (Droysen, Vorlesungen über die Freiheitskriege, Bd. 2, S. 727 f.)

681 Ruge, Europa im Jahre 1840, S. 722.

682 S. hierzu die Hegel-Kritik von Ruge, Zur Kritik des gegewärtigen Staats- und Völkerrechts, S. 152 f., 159 f., 168 ff.; zu Droysen s. die treffende Beurteilung bei Gilbert, Joh. Gust. Droysen und die preußisch-deutsche Frage, S. 24. Zurecht weist Gilbert auf die gleichzeitige politische Wendung zur Zukunft bei Droysen und der Hegelschen Linken hin (ebd.). Aus dem hier hergestellten Zusammenhang wird indes deutlich, daß dieser Vorgang das gesamte Umfeld Hegels, also auch die Hegelsche Rechte betrifft. Die geschichtsphilosophische Einbeziehung der Zukunft geht vor allem auf A. v. Cieszkowski zurück (Prolegomena zur Historiosophie, Berlin 1838). In seiner Rezension dieses Werkes kritisiert J. Frauenstädt mehrfach „die Nichtbeachtung der *Zukunft*“ als „Mangel von Hegels Philosophie der Geschichte ...“, vgl. Hall. Jb., Jg. 1839, Sp. 476 ff. Diese entscheidende Differenz zwischen Hegel und den hier besprochenen Autoren ist ein weiteres Argument gegen die ohnehin

„Nation" zum neuen Leitbegriff zu erheben. Wohl zeigen sich bei Carové und Droysen Ansätze zur Verwendung des Nationenbegriffs als historiographisches Darstellungsprinzip,[683] zentral bleibt jedoch für alle Autoren der Begriff des Staates.[684]

1.3. Absolutismus und aufgeklärter Despotismus als „historisch notwendige Durchgangsstufen"

Die hier vorgestellte Sichtweise der preußischen Staatsbildung hat O. Hintze im Hinblick auf Droysen als Versuch gewertet, sich „das historische Fundament für ein politisches Programm"[685] zu verschaffen. Dieses auch auf die anderen Autoren zutreffende Urteil darf nun freilich nicht im Sinne eines bloß instrumentellen Umgangs mit der Geschichte mißverstanden werden. Es war vielmehr die historistische Idee der Geschichte als eines Kontinuums, das Vergangenheit, Gegenwart und Zukunft in einen, im Unterschied jedoch zur evolutionistischen Auffassung der histo-

---

fragwürdige Behauptung der vermeintlich von Hegel begründeten Tradition des nationalen Machtstaatsgedankens, die nach Meinung von F. Meinecke und zuletzt H. Kiesewetter in die Diktatur Hitlers eingemündet sei; vgl. H. Heller, Hegel und der nationale Machtstaatsgedanke in Deutschland, Leipzig u. Berlin 1921; Meinecke, Die deutsche Katastrophe, fünfte Aufl., Wiesbaden 1955, S. 28 (zuerst ersch. 1946); H. Kiesewetter, Theorie und Praxis deutscher Machtstaatspolitik. Hegel und der Hegelianismus, in: TAJB IX (1980), S. 273-308; zurückhaltender und ausgewogener dagegen J. I. Loewenstein, Hegels Staatsidee und die Liberalen der Bismarckzeit, in: TAJB III (1974), S. 153-172, u. U. Scheuner, Hegel und die deutsche Staatsidee des 19. und 20. Jahrhunderts, in: Studium Berolinense, hrsg. v. H. Leussink u. a., Berlin 1960, S. 129-151.

683 Auch hier stellt Carové die Verschiedenheit der französischen und der deutschen Entwicklung heraus. In Frankreich sei die nationale Einheit durch den Sieg des Königtums über die „egoistische Aristokratie" bereits erkämpft worden, bevor das französische Volk in der Revolution sich als politische Nation konstitutiert habe. Die „politische Wiedergeburt" der Deutschen zur Nation sei dagegen Ergebnis der im Kampf gegen Napoleon errichteten Landwehr. Für die „Befreiung der Fürsten und des Vaterlandes vom fremden Joch", so Carové, „aber auch für die zeitgemäße Herstellung der uralten inneren Freiheit, griff das deutsche Volk zu den Waffen, und erfocht sich im freien, gemeinsamen Kampfe gegen den äußeren Feind die Nationalität, welche das französische Volk durch innere Kämpfe schon erworben hatte.", Carové, Genesis der Juli-Revolution, S. XXXII ff.; zu Carovés deutschrechtlicher Absolutismuskritik s. a. seine Bemerkungen in der Rheinischen Zeitung, s. o. Kap. III.1.1.3.; zu Droysen s. Birtsch, Die Nation als sittliche Idee, insbes. S. 231 ff.

684 Bezeichnenderweise beginnen die dem frühen, nicht unbedingt parteimäßig zu verstehenden „National-Liberalismus" zugehörigen Hinrichs und Droysen ihre Vorlesungen mit einem Einleitungskapitel über den „Staat", und nicht etwa über die „Nation". Bemerkenswerte Ähnlichkeiten zwischen beiden zeigt die Auseinandersetzung mit Hegel und die daraus von beiden entwickelte Auffassung der den Staat ergänzenden „Lebenskreise" bzw. „sittlichen Sphären". Hinrichs meint hiermit v. a. den seiner Auffassung nach von Hegel vernachlässigten Aspekt der Kirche. Vgl. Hinrichs, Politische Vorlesungen, Bd. II, S. 400 ff.; zu Droysen s. Birtsch, Die Nation als sittliche Idee, S. 72-83 u. 110; zum Spannungsverhältnis zwischen Staat und Kirche im Werk Carovés s. Schürmann, Friedrich Wilhelm Carové. Sein Werk als Beitrag zur Kritik an Staat und Kirche im frühliberalen Hegelianismus, passim. Für Gans und Ruge gilt die staatliche Orientierung ohnehin.

685 O. Hintze, Johann Gustav Droysen, S. 466 f.

rischen Rechtsschule[686] dialektisch vermittelten Zusammenhang stellte. Auf der gleichermaßen gegen Restauration und Revolution gerichteten Grundlage der dialektischen Vermittlung zwischen Tradition und Emanzipation wurde auch jene spezifische Historisierung des Absolutismus möglich, die dessen Legitimität für die Vergangenheit mit der politischen Forderung nach seiner Überwindung durch den Verfassungsstaat geschichtsphilosophisch harmonisierte. „Wir streiten der absoluten Monarchie ihre historische Berechtigung nicht ab", so Ruge und Echtermeyer, „aber eben um der Historie willen, die ihre Zeit erfüllt hat, fordern wir sie auf zu begreifen, daß sie, um des Lebens willen, ihrer eigenen höheren Lebensform sich nicht weiter zu widersetzen trachte."[687] In doppelter Frontstellung gegen den linearen Fortschrittsbegriff des aufgeklärten Liberalismus und die restaurative Verfallsideologie stellt der Absolutismus in der dialektisch-historistischen Geschichtsphilosophie des Hegelianismus die zwischen Mittelalter und modernem Staat angesiedelte Übergangsphase dar, die, wie aus diesem Geschichtsverständnis folgt, zudem als „notwendig" erachtet wird.[688] Geradezu klassisch hat dieses dialektisch-historistische Verständnis des Absolutismus Hinrichs formuliert: „Es ist einseitig, im fürstlichen Absolutismus nur Unsittlichkeit, Gewalttat und Willkür zu sehen, nicht min-

686 S. hierzu Troeltsch, Probleme des Historismus, S. 241-271, 280 ff. u. 294-307, sowie Schnädelbach, Geschichtsphilosophie nach Hegel, Freiburg u. München 1974, insbes. S. 19-30; zur historischen Rechtsschule s. Böckenförde, Die Historische Rechtsschule und die Geschichtlichkeit des Rechts, S. 13.

687 Ruge/Echtermeyer, Karl Streckfuß und das Preußentum, S.124; im gleichen Sinn auch Droysen: „... die Unumschränktheit der Krone hatte ... ihr großes historisches Recht; sie und sie allein vertrat den Staat und das Volk, den feudalen, ständischen, corporativen Selbstsüchteleien gegenüber. Wie lange sind nun diese gebrochen; soll man sie künstlich erneuern? ... In dem Maße also, als der Wille freier Menschen Bedeutung hat und gewinnt ..., in dem Maße wandelt sich die Unumschränktheit der Krone. Der wahre Geist historischer Entwicklung fordert von der Krone, daß sie diesen Wandel begreife und zuvorkommend würdige, ihm rechte Form schaffe und gebahnte Wege biete, damit er sich nicht – denn der Strom will seinen Lauf – ungestüm und zerstörend selbst sein Bette wühle." Droysen, Preußen und Deutschland, in: ders., Politische Schriften, hrsg. v. F. Gilbert, München und Berlin 1933, S. 112 f. (geschr. 1847).

688 Gans bezeichnete die Monarchie Ludwigs XIV. als „Durchgangsherrschaft" und die Regierungsweise des Großen Kurfürsten als „geistigen und intelligenten Übergangsabsolutismus", vgl. Gans, Vorlesungen über die letzten funfzig Jahre, S. 413 u. 437; s. a. ders., Deutsches Staatsrecht. Einleitung, S. 178. Ebenso auch Ruge/Echtermeyer, für die „die absolut monarchische Verfassung nur ein ... Durchgangspunkt (ist), der neuen Formen weichen muß, sobald das Bewußtsein der Völker dahin gekommen ist, den Staat nicht mehr als einen bloß äußerlichen Verband mit bloß weltlichen Zwecken anzusehen." (Karl Streckfuß und das Preußentum, S. 124). Generell kann der Begriff der „Notwendigkeit" in zweifacher Weise ausgelegt werden. Rein historistisch im Sinne der Geschichte als eines infiniten Prozesses ist jede geschichtliche Phase eine Übergangsepoche. In diesem Sinn ist Rankes Diktum, daß jede Epoche „unmittelbar zu Gott" sei, nicht so weit entfernt von Ruges geschichtsphilosophischem Absolutismus, demzufolge „der Mensch ... überall in Gott (ist)", vgl. Ruge, Zur Kritik des gegenwärtigen Staats- und Völkerrechts, S. 154. Im allgemeinen jedoch wird die „historische Notwendigkeit" des Absolutismus teleologisch gedacht. In diesem normativen Sinn wird sie bis heute in der marxistisch-leninistischen, aber auch in der „bürgerlichen" Geschichtswissenschaft verwandt; s. zuletzt E. Weis, Art. Absolutismus, S. 40; dagegen Barudio, Europa im Zeitalter des Absolutismus und der Aufklärung, S. 16.

der einseitig ist es aber auch, von einer Staatsform, die unter gewissen Umständen als eine notwendige Stufe der Monarchie ihre vollkommene Berechtigung hatte, behaupten zu wollen, sie müsse für alle Zeiten Dauer und Geltung haben."[689]

Aus dem gleichen Entwicklungsgedanken ging auch eine neue Auffassung des „aufgeklärten Despotismus" bzw. „aufgeklärten Absolutismus" – beide Termini werden seit den 1840er Jahren synonym gebraucht – hervor. Als polemischer Ausdruck bereits im späten 18. Jahrhundert bekannt, wurde er nun, zeitgleich zu seiner im Kontext der spanischen Politik der 1830er Jahre aufkommenden Verbreitung,[690] im Hegelschen Milieu geschichtsphilosophisch aufgewertet. Die historische *Idee* des aufgeklärten Absolutismus findet sich bereits frühzeitig bei Gans. Im Zusammenhang mit der Ende der 1820er Jahre einsetzenden Diskussion über die preußische Justizreform warf er die Frage nach dem Charakter des preußischen Staates auf, der mit herkömmlichen Kategorien nicht angemessen erfaßt werden könne. Weder sei Preußen ein absoluter Staat nach dem Muster des von Ludwig XIV. repräsentierten Absolutismus oder – wie Österreich – ein „väterlicher Staat", noch sei es ein konstitutioneller Staat. Preußen sei eine Mischung aus diesen Formen, sein Charakter sei der eines „vormundschaftlichen Staates".[691] Hierunter versteht Gans einen Staat, in „welchem die Alleinherrschaft nicht sowohl ihrer selbst wegen, als vielmehr für die ausgeübt wird, die ihrer bedürfen oder bedürfen sollen, in welchem das allgemeine Wohl, die Freiheit der Untertanen, ihre gesetzlichen und wohlgeordneten Rechte, den Inhalt und Grund der Oberaufsicht ausmachen." Im vormundschaftlichen Staat liege „zu gleicher Zeit die Einigung zwischen der Gewalt, die gehandhabt wird, und der Freiheit, die dennoch nicht verworfen werden kann, es liegt einerseits darin eine Hinneigung zu dem Absolutismus, der im Grunde nicht existiert, und eine Erlaubnis für die Einwanderung freier Gedanken, die man nicht verhindern kann." Friedrich der Große sei, indem er sich selbst als „Diener des Staates" bezeichnet habe, der Begründer der „vormundschaftlichen Regierungsweise", die noch immer andauere. Wie die Vormundschaft, so könne aber auch ein vormundschaftlicher Staat nur von vorübergehender Dauer sein. In seiner Natur selbst liege „die Emanzipation zu einer höheren und freieren Stellung". Wohl könne er sie eine Zeit lang verleugnen und aufschieben, nicht aber sich von ihrem endlichen Resultat befreien. Den Zeitpunkt für das Ende der vormundschaftlichen Regierungsweise hält Gans für unmittelbar bevorstehend.[692]

In seiner einige Jahre später vorgetragenen Polemik gegen den Breslauer Professor K. E. Schubarth, der die zur konstitutionellen Monarchie neigende Hegelsche Philosophie für unvereinbar mit dem „obersten Lebens- und Entwicklungsprinzip

689 Hinrichs, Die Könige, S. 260.
690 S. o. Kap. II.5.
691 Gans, Über die Untersuchungsmaxime des preußischen Zivilprozesses (Eine Rezension) – Kritik des Untersuchungsprinzips des Preußischen Zivilprozesses von G. F. Gaertner, Berlin 1832, in: Gans, Philosophische Schriften, S. 305 ff. (zuerst ersch. 1832).
692 Vgl. ebd., S. 309 ff.

des Preußischen Staats" erklärte hatte,[693] griff Gans den Gedanken der vormundschaftlichen Regierungsweise erneut auf. Der preußische Staat des achtzehnten Jahrhunderts sei, so Gans, seinem „Wesen nach ein *vormundschaftlicher*, das heißt ein solcher, der stets in der Voraussicht des einstigen realen Eintretens jener Zustände ist, die seine heutige Regierung beständig vorbereitet." Darum sei Schubarths Behauptung, der preußische Staat sei ein unkonstitutioneller, „nicht allein eine Sünde gegen seine wohlkonstituierte Verwaltung und Rechtspflege …, sondern auch Unkenntnis der Aussprüche seines großen Königs" (sc. Friedrich d. Gr.).[694]

Dieser Gedanke der von Friedrich dem Großen begründeten vormundschaftlichen Regierung findet sich auch bei Ruge[695] und in abgewandelter Form bei Köppen, der die historische Bedeutung Friedrichs als „Januskopf" und „Doppelnatur" betont. Friedrich sei „der Heros der Aufklärung". Mit ihm, der sie als erster Monarch anerkannt habe, sei die Aufklärung herrschend geworden. Friedrich „hat ihren ganzen *Inhalt*, aber noch in den *Formen* des Ancien régime."[696] Die Idee der „vormundschaftlichen Regierung" bzw. der „Doppelnatur" Friedrichs d. Gr. nahm Edgar Bauer auf dem Höhepunkt der junghegelianischen Publizistik auf und spitzte sie begrifflich zum „aufgeklärten Despotismus" zu. Nach Bauer vollzieht sich die Entwicklung der „Gesellschaft" zum „Staat" in drei welthistorischen Stufen. Zwischen der ersten – dem „Königtum von Gottes Gnaden" – und der dritten, auf der sie „ein wirkliches Volk, ein wirklicher Staat" geworden ist, liegt als zweite Stufe „der sogenannte aufgeklärte Despotismus. Hier ist die Regierung schon organischer, weil es hier das öffentliche Wohl, die allgemeine Meinung ist, in deren Rücksicht man regiert. Aber auch hier ist das vernünftige Recht noch nicht ganz zu dem Volke zurückgekehrt, auch hier bildet sich noch nicht der Begriff des Vertrages, weil man zwar zugibt, daß man für, nicht aber, daß man durch das Volk handelt. Vielmehr ist es hier immer noch eine fremde Macht, auf die man die Berechtigung zur Herrschaft theoretisch zurückführt."[697]

Wortgeschichtlich reiht sich Bauers Gebrauch des Ausdrucks „aufgeklärter Despotismus" in die seit Ausgang der 1830er Jahre sprunghafte Verbreitung dieses Terminus ein. Das eigentlich Bemerkenswerte an Bauers geschichtsphilosophischer Neuinterpretation des „aufgeklärten Despotismus" liegt jedoch in ihrer Verknüpfung mit den Überlegungen von Gans und anderer Hegelianer zum „vormundschaftlichen Staat". Beide Ausdrücke sind begriffliche Reflexionen des prekären verfassungspolitischen Zustands Preußens nach der Einrichtung der provinzialständischen Verfassung (1823). Waren hiermit einerseits die Konstituti-

693 Vgl. K. E. Schubarth, Über die Unvereinbarkeit der Hegelschen Staatslehre mit dem obersten Lebens- und Entwicklungsprinzip des Preußischen Staats, in: Riedel (Hrsg.), Materialien zur Hegelschen Rechtsphilosophie, Bd. 1, S. 249-266 (zuerst ersch. 1839).

694 Gans, Erwiderung auf Schubarth, in: Riedel (Hrsg.), Materialien zur Hegelschen Rechtsphilosophie, Bd. 1, S. 274 f. (zuerst ersch. 1839).

695 Vgl. Ruge/Echtermeyer, Karl Streckfuß und das Preußentum, S. 124.

696 Köppen, Zur Feier der Thronbesteigung Friedrich II., S. 139.

697 E. Bauer, Das Juste-Milieu, in: RhZ, Nr. 228 v. 16. 8. 1842, Beiblatt.

ons- und Nationalrepräsentationspläne Hardenbergs endgültig gescheitert, so blieb andererseits das Staatsschuldengesetz von 1820 als kalkulierter Bestandteil einer konstitutionellen Verfassung ein „gefährliche(s) Relikt einer liberalen Konzeption“, an das sich bis zur Revolution 1848 immer wieder politische Hoffnungen knüpften.[698] Von dem Kompromiß zwischen altständischer Opposition und der konservativen Fraktion des Beamtentums, auf dem die provinzialständische Verfassung beruhte,[699] profitierte auf mittlere Sicht vor allem die Bürokratie, die im Unterschied zu den Provinzialständen als einzige gesellschaftliche Gruppe gleichsam „gesamtstaatlich“ zu handeln imstande war. Hegels noch vor der Einrichtung der provinzialständischen Verfassung formulierte Auffassung des Beamtenstandes als dem „allgemeinen Stand“[700] erhielt nun eine, freilich entgegen Hegels eigener ursprünglicher Intention konservativ gewendete Bestätigung in der Wirklichkeit.[701]

Die Hegelsche Wertschätzung des Beamtentums an sich als Instrument des modernen Staates und dessen tatsächlich dominierende politische Rolle hat Gans im Jahr 1832 präzise beschrieben. Den Provinzialständen gegenüber, so Gans, die aller Öffentlichkeit ermangelten und das Volk nicht repräsentierten, müsse „vielmehr die Verwaltung als die einsichtigere, allgemeinere, die Interessen des Volkes kennende betrachtet werden, und sie darf sich auch von diesem Standpunkte aus gegen die Provinzialstände benehmen. Der preußische Beamtenstand ist eine weit volksmäßiger organisierte Einrichtung als das, was man bei uns die ständischen Verhältnisse nennt ...“.[702] Daß der Bürokratie das historische Verdienst zukomme, entscheidend zur Überwindung des Ständewesens beigetragen zu haben, war auch bei den übrigen Hegelianern unbestritten. Zunehmend skeptischer wurde jedoch die noch in der Polemik von Gans gegen Schubarth (1838) formulierte Behauptung beurteilt, die vormundschaftliche Beamtenregierung bereite beständig ihr Ende durch die Konstitutionalisierung Preußens vor. Insbesondere in der die Öffentlichkeit bewegenden Kontroverse über die von dem Geh. Oberregierungsrat A. F. K. Streckfuß verfaßte Schrift „Über die Garantien der preußischen Zustände“ (1838)[703]

698 Vgl. Obenaus, Anfänge des Parlamentarismus in Preußen bis 1848, S. 123.

699 S. Koselleck, Preußen zwischen Reform und Revolution, S. 337 ff.; Vogel, Beamtenkonservatismus, S. 19 u. 24; Obenaus, Anfänge des Parlamentarismus in Preußen bis 1848, S. 202-209.

700 S. Hegel, Grundlinien der Philosophie des Rechts, Werke, Bd. 7, § 289, 294-297, S. 458 f. u. 461-465; Hegels „Rechtsphilosophie“ wurde im Oktober 1820 publiziert; Vorlesungen über die „Rechtsphilosophie“ hielt Hegel erstmals im Wintersemester 1821/22 ab.

701 Zu den Folgen der legitimistischen Wende infolge der Karlsbader Beschlüsse für Hegels politischen Standort und seine Theorie des modernen Staates s. K.-H. Ilting, Die Struktur der Hegelschen Rechtsphilosophie, in: Riedel (Hrsg.), Materialien zur Hegelschen Rechtsphilosophie, Bd. 2, S. 52-78, insbes. S. 69 f.

702 Gans, Über die Untersuchungsmaxime des preußischen Zivilprozesses, S. 308.

703 Neben der bereits angeführten Streckfuß-Kritik von Ruge/Echtermeyer s. a. K. Biedermann, Das preußische Staatsprinzip kritisch beleuchtet, in: Hallische Jahrbücher, Jg. 1839, Sp. 2177-2480, u. Droysen, Deutsche Briefe (1844), in: ders., Politische Schriften, S. 29; zu Streckfuß s. K. Streckfuß, Adolph Friedrich Karl Streckfuß (1779-1844), in: Zeitschrift des Vereins für die Geschichte Berlins, Jg. 56 (1939), H. 2, S. 45-61.

wurde deutlich, daß die innerhalb der Verwaltung vorherrschende Fraktion der konservativen Beamten keineswegs auf die Einrichtung einer preußischen „Nationalrepräsentation" orientierte. Ihr Ziel war offenbar vielmehr, ihre vermeintlich transitorisch-„vormundschaftliche" Regierung mit Hilfe der Stabilisierung der durch die provinzialständische Verfassung geschaffenen „preußischen Zustände" zu perpetuieren. Hatte Hardenbergs Politik der zunächst „inneradministrativen Konstitutionalisierung", zu der es von liberaler Seite kaum Alternativen gab,[704] unfreiwillig lediglich die Voraussetzungen für einen gleichsam bürokratischen Absolutismus geschaffen,[705] so war dieser in der Praxis der provinzialständischen Verfassung zur Realität geworden. Je deutlicher sich dies als der eigentliche Charakter des provinzialständischen System erwies,[706] desto stärker geriet die Bürokratie in die Kritik verschiedener zuvor mit ihr verbundener politischer und gesellschaftlicher Gruppen. Neben den für das Beamtentum im allgemeinen positiv ideologisch voreingenommenen Hegelianern gilt dies vor allem für einen Teil der altständischen Kräfte, der seine restaurativen Ziele gegen die mit ihm politisch verbündete konservative Beamtenschaft nicht durchzusetzen vermochte.[707] Publizistischen Niederschlag fand dieser Vorgang in der von Ruges „Hallischen Jahrbüchern" organisierten Politisierung des Hegelianismus und dem zeitgleichen Niedergang des Berliner politischen Wochenblatts.

Die allseits erhobene Forderung nach Beendigung des „bevormundenden Absolutismus"[708] bekräftigte die verbreitete Meinung, daß die Beamtenregierung lediglich

704 Zu den Verfassungsplänen des Rheinpreußen J. F. Benzenberg, die auf die inneradministrative Verfassungsdiskussion jedoch nur geringen Einfluß hatten und teilweise sogar kontraproduktiv wirkten, s. K. G. Faber, Die Rheinlande zwischen Restauration und Revolution, Wiesbaden 1966, S. 93, 156 ff. u. 301 f.

705 Vgl. B. Vogel, Reformpolitik in Preußen 1807-1820, in: Preußen im Rückblick, hrsg. v. H.-J. Puhle u. H.-U. Wehler, Göttingen 1980, S. 222; s. a. Koselleck, Preußen zwischen Reform und Revolution, S. 259-283.

706 Hatte Gans noch die vermeintlich progressive Rolle der Bürokratie herausgestellt, so wies wenige Jahre später der Rechtshegelianer Hinrichs auf die konservative Politik des Beamtentums und den Systemcharakter der provinzialständischen Verfassung hin: „Kein Stand kann die Interessen der anderen, noch alle mit dem Staate vermitteln; denn dieser wird nicht vertreten, sondern absolut regiert. Damit hängt eine ausgebreitete, weitverzweigte Beamtenwelt zusammen, welche sich dem Volke blos gegenüber verhält. Der Fürst und die Beamten stehen auf der einen Seite und das Volk auf der anderen. Die Bürokratie, anstatt die Brücke und verbindende Mitte zu sein, ist gerade das Trennende, und der Grund, warum es oft einem Fürsten bei dem besten Willen nicht möglich ist, populär zu sein, liegt in der Beamtenmacht, welche alle volkstümliche (!) Schritte des Fürsten durch administrative Maßregeln hintertreibt. So sehen wir, ist die absolute Monarchie durch die Bürokratie über die alten Ständestaaten Meister geworden und hängt mit ihr genau zusammen. Absolute Monarchie, Bürokratie und provinzialständische Verfassung bilden ein unteilbares und untrennbares Ganzes, ein dreiblättriges Kleeblatt.", in: Politische Vorlesungen, Bd. 2, S. 37 f.

707 Vgl. Obenaus, Anfänge des Parlamentarismus in Preußen bis 1848, S. 516 ff., 521, u. Vogel, Beamtenkonservatismus, S. 22; zur Differenzierung zwischen altständischer Opposition und konservativer Beamtenschaft s. ebd., S. 23 ff.

708 J. M. v. Radowitz, Vergangenheit und Gegenwart (1846), in: ders., Gesammelte Schriften, hrsg. v. W. Cornides, Regensburg, o. J., Bd. 2, S. 294.

eine Übergangsphase darstelle.[709] Als geschichtsphilosophisches Konzept des „aufgeklärten Despotismus" wurde diese Auffassung jedoch erstmals im Hegelianismus formuliert. Die Frage, warum E. Bauer das im Hegelianismus verbreitete Konzept des „vormundschaftlichen Staates" mit dem Ausdruck „aufgeklärter Despotismus" belegte, muß hier offen bleiben. Unwahrscheinlich ist freilich die Annahme, daß es sich hierbei um eine originäre Begriffsschöpfung Bauers handelt. Die spezifisch junghegelianische Diskussionsweise als „kollektive Theorieproduktion"[710] läßt eher darauf schließen, daß dieser Begriff im Diskurs der Berliner Junghegelianer geläufig war. Ebenso unklar ist die wortgeschichtliche Herkunft der junghegelianischen Verwendung des Ausdrucks „aufgekläreter Despotismus". Möglicherweise haben ihn die Junghegelianer aus dem spanischen Kontext, der seit Mitte der dreißiger Jahre vermutlich durch Vermittlung der französischen Publizistik zur Verbreitung dieses Terminus geführt hatte, isoliert und auf die preußischen Verhältnisse übertragen. Bei großzügiger Betrachtung sprechen hierfür gewisse Ähnlichkeiten in der Politik beider Länder. Wie in Spanien namentlich unter der Regierung Zea Bermudez, so wurde auch in Preußen liberale Verfassungspolitik ersetzt oder überlagert durch die Politik bürokratischer Modernisierung. Unter diesem Aspekt liegen der von Bülau beschriebene spanische und portugiesische „aufgeklärte Verwaltungsabsolutismus"[711] und der preußische „aufgeklärte Despotismus" bzw. „Beamtenabsolutismus" nicht sehr weit von einander entfernt. Im Unterschied jedoch zur negativen Beurteilung des spanischen „aufgeklärten Despotismus" wurde dieser Ausdruck im preußischen Kontext durch seine Einbettung in die Geschichtsphilosophie des Hegelianismus aufgewertet. Preußen wurde hier zum positiven Muster des „aufgeklärten Despotismus" bzw. des „vormundschaftlichen Staates" stilisiert, das besonders der französischen Bürokratie als Alternative entgegengestellt wurde. In diesem Sinne kam Gans zu der Feststellung: „Es gibt keine bessere Beamtenverwaltung als die preußische."[712]

Vergleicht man die obigen Ausführungen über die Entstehung des geschichtsphilosophischen Konzepts des „aufgeklärten Despotismus" im Kontext der preußischen Politik der 1820er und 1830er Jahre mit den bisherigen Ergebnissen wortgeschichtlicher Untersuchungen, so fällt auf, daß hier jegliche Hinweise auf die von Reclam, Hartung und Soboul unterstellte Traditionslinie zu Diderots „despotisme éclairé" und zum physiokratischen Reformprogramm des „despotisme légal" fehlen. Tatsächlich ist es höchst unwahrscheinlich, daß der Physiokratismus im geschichtsphilosophischen und politischen Diskurs des Hegelianismus von besonde-

709 S. a. die Hinweise bei Koselleck, Preußen zwischen Reform und Revolution, S. 259 u. 379 (u. a. Gans).

710 W. Eßbach, Gegenzüge. Der Materialismus des Selbst und seine Ausgrenzung aus dem Marxismus – eine Studie über die Kontroverse zwischen Max Stirner und Karl Marx, Frankfurt a. M. 1982, S. 37.

711 S. o. Kap. II.5.

712 Gans, Vorlesungen über Naturrecht (1828/29), in: ders., Naturrecht und Universalrechtsgeschichte, S. 132.

rer Bedeutung gewesen ist. Die zahlreichen bereits früher angeführten wortgeschichtlichen Nachweise lassen vielmehr darauf schließen, daß Ende der 1830er die Ausdrücke „despotisme éclairé", „aufgeklärter Despotismus" bzw. „Absolutismus" sich aus ihrem ursprünglichen Entstehungskontext gelöst hatten und so als frei disponible Termini Verwendung finden konnten. Auf diese Weise dürften auch die Junghegelianer den Ausdruck „aufgeklärter Despotismus" aufgegriffen haben, um ihn dann mit einem eigenständigen geschichtsphilosophichen, das historisch-politische Milieu Preußens reflektierende Konzept zu füllen.

Einer gewissen Einschränkung bedarf diese allgemeine Feststellung jedoch im Hinblick auf Droysen, der den Physiokratismus in Zusammenhang mit der Politik Friedrichs des Großen brachte und ein eigenes historisches Konzept des „aufgeklärten Despotismus" entwarf. Habe Richelieu, so Droysen, „die Herrschaft der allgemeinen Vernunft" nur als Vorwand zur Gründung der absoluten Monarchie gedient, so sei sie ein Jahrhundert später ihr wesentlicher Inhalt geworden. „Die unumschränkte Monarchie, *le despotisme légal sous l'Empire de l'évidence*, wie es Merciér de la Rivière ausdrückt, hat nun in dem, was sie gewährt ... ihre Rechtfertigung; ... sie erfaßt sich und macht sich geltend als den Inbegriff der allgemeinen Vernunft. Die Philosophie beginnt das Zepter zu führen; sie weiß, was das allgemeine Wohl ist; rücksichtslos, mit Allgewalt führt sie es hindurch, durchbricht alle Schranken, zerstört alle Hemmungen; in immer neuen, in ungehemmten Siegen durchzieht sie Europa. Es ist Preußen, der jüngste Staat Europas, der den Reigen eröffnet; es ist der königliche Philosoph, der zuerst diese neue Form der Monarchie hindurchführt ...".[713]

Sachlich ist dieser behauptete Zusammenhang zwischen Friedrich dem Großen und den Physiokraten kaum haltbar. Dies zeigt insbesondere die Wirtschaftspolitik Friedrichs, die im Unterschied etwa zu den physiokratischen Experimenten des Markgrafen Karl Friedrich von Baden ausgesprochen reformfeindlich war. Abgesehen von der Aufhebung der Leibeigenschaft, die im übrigen auch nur auf den Domänen durchgeführt werden konnte, widersprach das physiokratische Reformprogramm völlig der sozialökonomischen Konservierungspolitik Friedrichs.[714] Diese Gegensätze läßt Droysen jedoch unberücksichtigt. Indem er seine eigene Wertschätzung des „Staates" auf das physiokratische System, das ja, wie Droysen zurecht betont, keineswegs lediglich eine Wirtschaftstheorie war, projiziert und den „staatlichen" Aspekt isoliert, verknüpft er mit Hilfe des „philosophischen Absolutismus"[715] und der behaupteten gemeinsamen Staatsidee der Aufklärung als begriffliche Klammer zwei Varianten aufgeklärter Politik, die realiter nicht miteinander in Einklang zu bringen sind.

713 Droysen, Vorlesungen über die Freiheitskriege, Bd. I, S. 57.
714 S. hierzu O. Büsch, Militärsystem und Sozialleben im alten Preußen 1713-1805, Berlin 1962, u. Mittenzwei, Theorie und Praxis des aufgeklärten Absolutismus in Brandenburg-Preußen, insbes. S. 64 f. u. 79-91.
715 Droysen, Vorlesungen über die Freiheitskriege, S. 144.

Diese Staatsidee der Aufklärung – im allgemeinen von Droysen als „Despotismus der Staatsidee“ oder, seltener, „despotism (!) éclairé“ genannt[716] – nimmt in Droysens Vorstellung von der Genese des modernen Staates einen besonderen Ort ein. In seiner vornehmlich gegen Rankes „Theorie der großen Mächte“ (Droysen) gerichteten chronologisch-typologischen Unterscheidung von „Macht“ und „Staat“ nimmt der aufgeklärte Despotismus den Status des zwischen beiden historisch vermittelnden notwendigen Übergangsstadiums ein,[717] das von Friedrich dem Großen eröffnet wird. Mit seiner neuen Staatsidee habe er das bis dahin vorherrschende System der großen Mächte aufgebrochen und diesem Preußen als Staat gegenüber gestellt.[718] Prototyp des „Despotismus der Staatsidee“ ist für Droysen Napoleon, der das Ancien Régime und die Aufklärung vollendet habe.[719] Napoleons „im Namen des Staates“ errichteter Absolutismus sei der vollkommenste, „den die Welt … gesehen …“.[720] Neben Napoleon nennt Droysen als weitere Repräsentanten des „Despotismus der Staatsidee“ Pombal, Struensee, Joseph II. und Hardenberg.[721] Für Droysen führt der aufgeklärte Despotismus durch seine neue Staatsidee wohl über die durch dynastische Interessen geprägte Frühform des modernen Staates hinaus, ohne jedoch schon zum modernen Prinzip der Staatsbürgerschaft und der Nation vorzudringen.[722] In dieser Übergangsperiode befindet sich nach Auffassung Droysens namentlich Preußen, das gegenwärtig (i. e. 1845), schwanke, „ob es Staat oder Macht, … staatsbürgerlich oder dynastisch“ sein wolle.[723]

Stand Droysen mit seiner Auffassung vom transitorischen Charakter des aufgeklärten Despotismus noch ganz im geschichtsphilosophischen Umfeld des Hegelschen Diskurses, so setzte er mit der Verortung des aufgeklärten Despotismus zwischen „Macht“ und „Staat“ einen neuen Akzent, der jedoch in der Absolutismusforschung ohne erkennbare Nachwirkungen geblieben ist. Auf Resonanz ist indes die wortgeschichtliche Verquickung von „despotisme légal“ und „despotisme éclairé“ gestoßen, die sich zur gleichen Zeit auch bei K. Mathy und W. Roscher findet.[724] Gegenüber dieser in den 1840er Jahren einsetzenden Verquickung der aus unterschiedlichen Kontexten hervorgegangenen Termini bleibt fest-

---

716 Ders., Preußen und Deutschland, S. 104. Dieser Nachweis ist besonders gegenüber Reclam hervorzuheben, die in ihrer wortgeschichtlichen Studie die zahlreichen einschlägigen Hinweise auf das Konzept des „aufgeklärten Despotismus“ in Droysens „Politische(n) Schriften“ nicht berücksichtigt hat. Vgl. Reclam, Über die Herkunft des Ausdrucks „Aufgeklärter Absolutismus“ (despotisme éclairé), S. 102 ff.

717 Vgl. ebd., S. 114.

718 Vgl. ders., Die politische Stellung Preußens, in: Politische Schriften, S. 45 (zuerst ersch. 1845).

719 Vgl. ders., Vorlesungen über die Freiheitskriege, Bd. II, S. 268 u. 341.

720 Ebd., S. 127.

721 Ders., Die Preußische Verfassung, in: Politische Schriften, S. 89; zu Droysens Beurteilung von Hardenberg s. a. ders., Die politische Stellung Preußens, S. 40.

722 Vgl. ders., Vorlesungen über die Freiheitskriege, Bd. I, S. 190 f., u. ders., Die politische Stellung Preußens, S. 62.

723 Ders., Die politische Stellung Preußens, S. 40.

724 S. hierzu oben Kap. II.5.

zuhalten, daß das physiokratische Reformkonzept des „despotisme légal" weder mit der Reformpolitik Friedrichs des Großen noch mit dem im Kontext der spanischen Politik der 1830er oder dem im Umfeld Hegels von Gans bis E. Bauer formulierten Konzept des „aufgeklärten Despotismus" kongruent ist. In der unzulässigen Identifizierung dieser Begriffe, die wesentlich auf Droysen, Mathy und Roscher zurückgeht, liegt eine entscheidende Ursache für die anhaltenden Kontroversen über die wissenschaftliche Verwendbarkeit des Ausdrucks „aufgeklärter Despotismus" begründet.

2. Absolutismusdeutungen des „klassischen Liberalismus"

2.1. Borussianismus

Unter den verschiedenen Strömungen, die bereits im Vormärz und besonders seit 1848 auf Preußen als Führungsmacht im Prozess der Herstellung der Reichseinigung setzten, war der Borussianismus nicht die zahlenmäßig stärkste, wohl aber entschiedendste kleindeutsche Gruppierung. Dieser – im Unterschied zu den anderen kleindeutschen Strömungen – Borussianismus *sans phrase* bedurfte für die Hinwendung zur Politik Bismarcks keines „Sündenfalls". In seiner politischen und historiographischen Fixierung auf Preußen konnte der Borussianismus, unter dessen Repräsentanten bemerkenswert viele früher dem Hegelianismus nahe gestanden hatten (Droysen, Duncker, R. Haym) oder ihm auch nach der Revolution noch verpflichtet waren (C. Rößler), an den hegelianischen Diskurs anknüpfen. War hier jedoch die Preußenorientierung noch eingebettet in ein umfassendes geschichtsphilosophisches Konzept, so trat sie nun im Zuge der allgemeinen Abwendung von der rechtsphilosophischen Spekulation aus deren Schatten und verselbständigte sich. Dies löste auch einen subtilen, aber nachhaltigen Schwenk in der Behandlung des Absolutismus aus.

An die Stelle erster Ansätze zu einer vergleichenden Erforschung des europäischen Absolutismus als Stufe im Prozess der modernen Staatsbildung trat die Untersuchung Preußens als normatives Vorbild des modernen Staates. Die Ergebnisse der ursprünglich geschichtsphilosophisch begründeten Absolutismusforschung hat die neue Preußenhistorie dabei stillschweigend übernommen. Dies ist, besonders im Fall Droysens, dessen Arbeiten in einer biographischen Kontinuität standen, zunächst nicht weiter überraschend. Wichtiger ist die Tatsache, daß in der Historiographie dieser spezifische Zusammenhang von Kontinuität und Wandel in der Absolutismus- und Preußenhistorie weitgehend in Vergessenheit geraten ist. Dies war zum einen darum möglich, weil sich ein hohes Maß an Geschlossenheit in der Absolutismusdeutung mit der politischen Heterogenität der Autoren im Umfeld Hegels verbunden hatte. Die Verbreitung der Annahme vom inneren Zusammenhang zwischen Absolutismus und modernem Staat wurde hierdurch begünstigt, konnte so doch die Spur auf den in den 1850er Jahren in Verruf geratenden Hegel überdeckt werden. Hinzu kam das Ende des späthegelianischen Diskurses infolge des Verfalls des politischen Hegelianismus in den frühen 1840er Jahren sowie des frühzeitigen Todes von Gans (1839) und Carové (1852), der politischen Emigration Ruges und Hinrichs' Fall in die wissenschaftliche und politische Bedeutungslosigkeit. Von den Autoren des späthegelianischen Diskurses der 1830er und 1840er Jahre kommt nach 1848 bezeichnenderweise nur noch den Historikern Duncker und Droysen öffentliche Bedeutung zu. Mag dieses zunächst nur Zufall sein, so ist es für den Umschwung des geistig-politischen Klimas von der geschichtsphilosophischen Spekulation zur empirischen Historie doch wiederum bezeichnend. Für die Historiographie insbesondere der Absolutismusforschung hatte dies freilich zur Folge, daß beide von ihrem Ursprungsmilieu isoliert und der „kleindeutschen Schule" zugeordnet wurden.

Dies wirft erneut die Frage nach dem Ort und der Beurteilung des historiographischen Werks von Droysen auf. Dabei mag das Problem, ob Droysen tatsächlich „der eigentliche Gründer und Schöpfer der preußisch-kleindeutschen Schule"[725] gewesen sei, hier zunächst auf sich beruhen. Für den Borussianismus im hier verstandenen engeren Sinn ist diese Charakterisierung Droysens zweifellos zutreffend. Im Unterschied zu national-liberalen (u. a. Häusser) oder germanistischen (u. a. Waitz) Werken läßt sich von Droysens „Geschichte der preußischen Politik"[726] mit Recht sagen, daß sie „der historiographische Auftakt ... zum Werke Bismarcks (wurde)".[727]

Für die Absolutismusforschung hingegen ist dieses Werk Droysens weniger innovativ. Droysens „Geschichte der preußischen Politik" enthält keinen Gedanken, der nicht zuvor schon von ihm selbst oder anderen Autoren aus dem Umfeld Hegels über die historische Bedeutung des Absolutismus formuliert worden wäre: Allgemeiner Durchbruch der Idee des Staates im 17. Jahrhundert und ihre zunächst glänzendste Gestaltung in der Monarchie Ludwigs XIV.; Erhebung Brandenburg-Preußens zum ersten protestantischen Staat durch den gegen die ständische Libertät gerichteten staatsbildenden Absolutismus des Großen Kurfürsten; normative Gegenüberstellung des preußischen und des französischen Absolutismus; Datierung einer neuen weltgeschichtlichen Epoche mit dem Thronwechsel auf Friedrich den Großen und dessen „aufgeklärtem Despotismus" – all diese Argumente sind

725 V. Srbik, Geist und Geschichte vom deutschen Humanismus bis zur Gegenwart, Bd. 2, S. 367; ebenso a. Iggers, Deutsche Geschichtswissenschaft, S. 137, u. List, Historische Theorie und nationale Geschichte zwischen Frühliberalismus und Reichsgründung, S. 44; ausführlich zu Droysen Hardtwig, Von Preußens Aufgabe in Deutschland zu Deutschlands Aufgabe in der Welt, in: HZ 231 (1980), S. 265-324; im Unterschied zum hier vertretenen Begriff des Borussianismus verwendet Hardtwig ihn jedoch für die gesamte kleindeutsche Geschichtsschreibung.

726 Droysen, Geschichte der preußischen Politik, 5 Teile in 14 Bdn., Leipzig 1855-1886.

727 Meinecke, Johann Gustav Droysen, S. 255.

lediglich Reprisen des früheren Hegelschen Diskurses, die hier nicht nochmals ausführlich ausgebreitet werden müssen.[728]

Aber auch für die Popularisierung des positiven historischen Absolutismusbildes in den 1850er und 1860er Jahren kommt Droysen weit geringere Bedeutung zu, als nach verbreiteter Auffassung bisher angenommen wurde.[729] Dies ist nicht zuletzt dem Umstand zuzuschreiben, daß die für die Absolutismusforschung einschlägigen Bände von Droysens Werk im Vergleich zu den Werken der national-liberalen Historiographie[730] erst zu einem Zeitpunkt veröffentlicht wurden, als die historische Aufwertung des Absolutismus längst im Gange war.[731] Droysens positive Historisierung des Absolutismus bot also auch in dieser Hinsicht nichts Neues.

Eine wichtige Akzentverlagerung gegenüber früheren negativen liberalen Beurteilungen zeigt sich jedoch in Droysens Aufwertung Friedrich Wilhelms I.[732] Erst durch sein Werk habe sich Preußen endgültig als unabhängige „norddeutsche Militärmacht" etablieren können.[733] Innenpolitisch sei erst durch ihn die alte ständische Libertät der Städte und des Adels gebrochen und die monarchisch-staatliche Souveränität gesichert worden.[734] Auf Friedrich Wilhelm I. geht nach Droysens Auffassung die Bauernschutzpolitik, die Schaffung des Staatsbürgertums als Folge des Kantonreglements (1733) und das Landschulwesen zurück.[735] Als „eine der denkwürdigsten Schöpfungen des Königs" erachtet Droysen die Einrichtung des „General-Oberste Finanz-, Kriegs- und Domänendirektoriums" (1723), das den politischen und organisatorischen Gegensatz von Militär- und Zivilstaat überwunden habe. In dieser Behörde, so Droysen, sei erstmals „eine Staatsverwaltung monar-

---

728 Vgl. Droysen, Geschichte der preußischen Politik, insbes. Bd. 3.2, S. 505 ff., 626, Bd. 5.1, S. 3-8, Bd. 5.3, S. 6-12.

729 Vgl. Kunisch, Absolutismus, S. 181, u. insbes. Hardtwig, Von Preußens Aufgabe in Deutschland zu Deutschlands Aufgabe in der Welt, S. 284.

730 S. hierzu u. Kap. V.2.3.

731 Die hierfür aus der „Geschichte der preußischen Politik" in Betracht kommenden drei Bände über den „Staat des Großen Kurfürsten" (Bd. 3.1, 3.2, 3.3) erschienen 1861, 1863 u. 1865; die Bände über Friedrich Wilhelm I. (Bd. 4.2/3) 1869, jene über Friedrich d. Gr. schließlich zwischen 1874 und 1876.

732 Zu den Hegelianern s. o. Kap. V.1.; ausgewogener, aber bereits mit einem antifranzösischen, deutsch-nationalen Akzent das Urteil von W. Lüders in dem Art. „Preußen (Staatsrecht)", in: StL Rotteck-Welcker, erste Aufl., Bd. 13 (1842), S. 53 ff.: „Friedrich Wilhelm I. ... schuf die vollkommenste Despotie. ... Der Staat wurde unter ihm eine große Kaserne, in der man nur das Kommandowort und Klirren der Waffen hörte. ... Deutschland war tief gesunken, und Friedrich Wilhelm überragte seine Zeit, seine Zeitgenossen, die großen und kleinen Despoten, die ebenso willkürlich köpften, hängten, wie er. Überall an den Höfen die leichtfertigste Liederlichkeit, die nichtswürdige Mätressenwirtschaft, Friedrich Wilhelm ein Muster ehelicher Treue, was in einer liederlichen Zeit als Tugend an einem Regenten hervorgehoben werden darf. Adel, Mätressen und zu hohen Ämtern beförderte ausländische Abenteurer vergeudeten den Schweiß der armen Untertanen, französische Sitten und Unsitten, französische Moden und französische Sprache machten Deutschland zu einer Provinz Frankreichs. Diesem Unwesen setzte Friedrich Wilhelm einen Damm entgegen."

733 Vgl. Droysen, Geschichte der preußischen Politik, Bd. 4.2 (1869) S. 146.

734 Vgl. ebd., S. 197 ff.

735 Vgl. Bd. 4.3 (1869), S. 416 ff.

chisch und in modernem Geist gedacht und durchgeführt worden".[736] Neben dem Großen Kurfürsten und Friedrich dem Großen wird so auch Friedrich Wilhelm I. zu einer epochalen Figur erhoben. Allenthalben in Europa habe „die alte Libertät mit ihren ständischen Formen und Privilegien neue Befugnisse zu gewinnen (versucht)", die Monarchie schien gegenüber dem alten Unwesen der Libertät im Rückzug zu sein. Der Zustand „fauler Gährung", zusätzlich hervorgerufen durch den allgemeinen geistlichen und geistigen Verfall, habe angedauert, „bis mit dem Jahr 1740 der entscheidende Umschwung" eingetreten sei. „Um so beachtenswerter" sei, so resümmiert Droysen, die Tatsache, „daß das Schicksal sich Preußen ausersehen, politisch der erste Träger dieser Bewegung zu werden, Friedrich Wilhelm ausersehen, dazu die Kräfte zu sammeln und die Stätte zu bereiten ...".[737]

Es bedarf hier nicht des ausführlichen Nachweises für die modernistische Verzeichnung von Droysens Bild des preußischen Staats unter Friedrich Wilhelm I.[738] Wichtiger für den vorliegenden Kontext ist die Feststellung, daß Droysens Aufwertung Friedrich Wilhelms I. auf die Absolutismusforschung, im Unterschied zur Preußenhistorie,[739] keine unmittelbare Auswirkung gehabt hat. Zwar enthält Droysens Preußen-Werk Aspekte, die später in der verwaltungsgeschichtlichen Forschung vor allem von G. Schmoller aufgegriffen wurden, doch ist Droysens Anliegen nicht ein Abriß des inneren Staatsbildungsprozesses Preußens. Dementsprechend knapp sind die einschlägigen Abschnitte in dem umfangreichen Opus gehalten. Droysens wohl auch durch D. F. Bassermanns verlegerische Initiative[740]

---

736 Ebd., S. 352.

737 Ebd., S. 168 f.

738 Aus der jüngeren wissenschaftlichen Preußenliteratur s. vor allem Büsch, Militärsystem und Sozialleben im alten Preußen 1713-1807; Neugebauer, Absolutistischer Staat und Schulwirklichkeit in Brandenburg-Preußen, sowie Baumgart (Hrsg.), Ständetum und Staatsbildung in Brandenburg-Preußen.

739 Zum Wandel des Urteils über Friedrich Wilhelm I. s. den historiographischen Überblick von S. Skalweit, Friedrich Wilhelm I. und die preußische Historie, in: O. Büsch u. W. Neugebauer (Hrsg.), Moderne Preußische Geschichte 1648-1947. Eine Anthologie, Bd. 1, Berlin/New York 1981, S. 105-130 (zuerst ersch. 1957).

740 Zum steigenden Bedürfnis nach einer Geschichte des preußischen Staates als Alternative zu den Werken von Stenzel und Ranke s. den aufschlußreichen Brief von D. F. Bassermann an Droysen v. 3.5.1850: „... Was ich als Bedürfnis der Nation aus allen meinen Wahrnehmungen herausfühle, ist ein solches, welches nicht mit dem Augenblick verschwinden kann und auch im besten Falle noch auf lange bestehen bleiben wird. Alle Staatsschriften, die seit zwei Jahren gewechselt worden, haben es nicht befriedigen gekonnt. Wir brauchen nämlich, um es mit einem Worte zu sagen, jetzt in Deutschland eine Geschichte des preußischen Staates. Seit die Nationalversammlung diesen Staat an die Spitze Deutschlands zu stellen beschlossen, hat seine Geschichte eine ganz andere Bedeutung für Deutschland als sonst, ja fällt auf diese Geschichte selbst ein ganz anderes Licht ...; eine wirkliche Geschichte vom Entstehen dieser merkwürdigen Schöpfung an, eine Schilderung, die durch ihre Einzelheiten fesselt und gewinnt, eine Geschichte, die alle auch nicht preußischen Deutschen im Geiste zu Preußen macht – ein solches Buch brauchen wir, brauchen Bürger und Staatsmänner; wir brauchen alle den Nachweis, daß, während Österreichs Bestreben seit Jahrhunderten dahin ging, sich aus dem Reiche zurückzuziehen, die ebenso naturgemäße Bestimmung Preußens dahin geht, über das Reich sich auszudehnen, zum Reiche selbst zu werden.", in: Droysen, Bw, Bd. 2, S. 643.

gestärkte Absicht war vielmehr, eine „histoire de la diplomatie Prussienne" zu schreiben und in ihr die „nationale Mission Preußens" aufzuweisen.[741] Hiermit rückt Droysen erkennbar von dem früheren Absolutismusdiskurs des Hegelianismus ab und tritt zugleich in Konkurrenz zu Rankes „Neun Bücher(n) Preußischer Geschichte" (1847/48), deren „großes liberales Gegenstück"[742] Droysens Arbeit darstellt. In keinem anderen Werk der „kleindeutschen Schule" wird der wissenschaftliche Objektwechsel von der staatsorientierten Absolutismusforschung zur nationalstaatlich motivierten Preußenhistorie deutlicher demonstriert als in diesem „Anti-Ranke" Droysens.

Gleichwohl enthält dieses Werk politische Elemente, die in der späteren Absolutismusforschung als zentrale Theoreme wiederkehren. Neben der Kritik am staatsabgewandten libertären Ständetum[743] betrifft dies insbesondere die hieraus entwickelte historische Aufwertung der Verwaltung und des Beamtentums.[744] Droysen führt hiermit zunächst nur Überlegungen weiter, die zum Kernbestand der hegelianischen Absolutismusdeutung gehört hatten. Neben der prinzipiellen Kritik am aufgeklärt-liberalen Verfassungsbegriff (Gans) und der historisch-dialektischen Beurteilung der Bürokratie des „aufgeklärten Despotismus" trug bei Droysen die stärkere Hinwendung zum Machtsstaatsgedanken infolge der (gescheiterten) Revolution[745] entscheidend dazu bei, daß er einer „Kanonisierung der Verfassungsidee"[746] durchaus fern stand.

741 Vgl. den Brief an General G. v. Below v. 25.8.1852, in dem Droysen u. a. schreibt: „So ganz und völlig hänge ich an Preußen, daß ich, was ich mit meinen geringen Kräften irgend kann, für diesen Staat schaffen und wirken möchte ... Schon lange beschäftigt mich der Gedanke einer histoire de la diplomatie Prussienne. Nichts scheint mir beklagenswerter, als der Mangel an Einsicht und Kontinuität der Einsicht in die durch die Natur und Geschichte dieses Staates bedingten auswärtigen Verhältnisse. Faßt man die Aufgabe hoch genug, so ist die Geschichte der auswärtigen Beziehungen Preußens die einzige, aber auch beste Instruktion für den praktischen Gebrauch.", in: Droysen, Bw, Bd. 2, S. 126 f.

742 G. Küntzel, in: Leopold von Ranke, Zwölf Bücher Preußischer Geschichte, 1. Bd., Einleitung des Herausgebers (Küntzel), München 1930, S. XCIII; trotz mancher feiner Einsichten insgesamt zu sehr psychologisierend und die Gegensätze zwischen Ranke und Droysen harmonisierend O. Diether, Leopold von Ranke und Johann Gustav Droysen. Eine Parallele, in: PJ 142 (1910), S. 1-20; s. a. das einschlägige Kapitel zu Droysens „Geschichte der preußischen Politik" bei Birtsch, Die Nation als sittliche Idee, S. 242-248.

743 Vgl. Geschichte der preußischen Politik, insbes. Bd. 4.3, S. 411 ff., Bd. 5.3, S. 9 f.; s. a. Küntzel in seiner „Einleitung des Herausgebers" (wie vor. Anm.), S. CX u. CXXVII.

744 Vgl. ebd., insbes. Bd. 4.2, S. 25 f., u. Bd. 5.3, S. 24; s. a. Hock, Liberales Denken im Zeitalter der Paulskirche, S. 63 ff. u. 68.

745 Der hieraus unter Berufung auf Gilbert (Johann Gustav Droysen und die deutsche Frage, S. 115) von Hock (Liberales Denken im Zeitalter der Paulskirche, S. 129 ff.) gefolgerte Schluß, daß die politische Abrechnung mit der Revolution im Dezember 1848 den Beginn „eine(r) neue(n) Epoche im politischen Denken Droysens" bedeute, erscheint jedoch als zu einseitig. Nicht strikte Zäsur, sondern, wie auch aus dem vorliegenden Kontext ersichtlich ist, aspektive Erweiterungen und Verschiebungen kennzeichnen Droysens Arbeiten und politisches Denken vor und nach 1848. Die Hinwendung zum Machtstaatsgedanken bei gleichzeitiger Fortführung früherer Anschauungen des nationalen Liberalismus betont nachdrücklich auch Neumüller, Liberalismus und Revolution, S. 216; s. a. die Kritik an der

Diese besonders für die Hegelianer typische normative Verschiebung des Verhältnisses von Verfassung und Verwaltung, die beide dem Begriff des (konstitutionellen) Staates untergeordnet werden, zeigt sich auch bei dem unter den jüngeren Rechtshegelianern herausragenden Constantin Rößler (1820-1896), dessen „System der Staatslehre“[747] die „unmittelbarste Brücke von Hegel zu Bismarck“[748] schlug. Von dem älteren, ihm politisch nahestehenden Droysen unterscheidet er sich nicht nur durch sein Bekenntnis zu Hegel in einer Zeit, als dieser, ungeachtet der nachhaltigen Wirkung seiner Philosophie, wie ein „toter Hund“[749] behandelt wurde, sondern ebenso durch seine Vermittlung zwischen der Philosophie Hegels und der Geschichtsschreibung Rankes.[750] Aus dem nicht sehr umfangreichen wissenschaftlichen Werk Rößlers, der zu den bedeutendsten Gelehrtenpolitikern im Zeitalter Bismarcks zählte, sind hier vor allem die einschlägigen Abschnitte seines „Systems der Staatslehre“ heranzuziehen, in denen er seine Absolutismusdeutung in direkter

---

Isolierung des Machtstaatsgedankes bei Gilbert und Hock von Birtsch, Die Nation als sittliche Idee, S. 57-72.

746 Srbik, Geist und Geschichte vom deutschen Humanismus bis zur Gegenwart, Bd. 2, S. 377; s. a. Gilbert, Johann Gustav Droysen und die preußisch-deutsche Frage, S. 71 f.; gegen Hocks Auffassung (Liberales Denken im Zeitalter der Paulskirche, S. 162), Droysens „Stellungnahme zum konstitutionellen Problem (habe) mehrfache Wendungen durchgemacht“, ist der Kritik von Birtsch (Die Nation als sittliche Idee, S. 89) zuzustimmen, daß „von einer ernsthaften Gegnerschaft Droysens gegen den Konstitutionalismus … überhaupt nicht gesprochen werden (kann)“. Allerdings setzt dies die Berücksichtigung voraus, daß Droysen ein Vertreter des sich vom institutionellen Verfassungsbegriff des aufgeklärten Liberalismus abgrenzenden „organologischen“ Verständnisses der Verfassung war.

747 C. Rößler, System der Staatslehre, Leipzig 1857 (einzig ersch. Teil: A. Allgemeine Staatslehre).

748 Heller, Hegel und der nationale Machtstaatsgedanke in Deutschland, S. 188; zu Rößler s. a. Löwenstein, Hegels Staatsidee und die Liberalen der Bismarckzeit, S. 160 f.; Lübbe, Politische Philosophie in Deutschland, S. 80 ff.; Kiesewetter, Theorie und Praxis deutscher Machtstaatspolitik, S. 274 u. 304, sowie den Nachruf von H. Delbrück, Constantin Rößler, in: PJ 90 (1897), S. 189-212.

749 K. Marx, Das Kapital, Bd. I, Nachwort zur zweiten Auflage (1873), Berlin (DDR) 1974, S. 27 (MEW, Bd. 23). Rößler selbst schreibt in dem Vorwort seines R. v. Mohl gewidmeten „Systems der Staatslehre“, S. XIII: „Das Verhältnis der Gegenwart zu Hegel bietet eine höchst merkwürdige Erscheinung dar. Eine stärkere und vielseitigere Regsamkeit des Geisteslebens hat in keiner Epoche der Geschichte stattgefunden. Aber nie ist die intellektuelle Arbeit einer Epoche von dem Geist Eines Mannes so gewaltig beherrscht worden, wie das vielgestaltige Streben der Gegenwart von Hegel; und nie hat eine geistige Massenbewegung ihre Abhängigkeit so unter äußerlicher Abkehr und Vergessenheit ihres Meisters verborgen, wie die Gegenwart ihr Verhältnis zu Hegel. Nachdem die unbedingte Anerkennung in dem engern Kreis, welchen man unpassend Schule nennt, ihre Zeit gehabt, wandelt Jederman heut scheinbar selbstgefundene Bahnen.“

750 S. hierzu die knappen Bemerkungen bei Delbrück, Constantin Rößler, S. 207 f.; in der historiographischen Literatur über die Rankerenaissance, zu der Rößler maßgeblich beigetragen hat, ist dieser im allgemeinen unberücksichtigt geblieben; s. aber H. v. Caemmerer, Rankes „Große Mächte“ und die Geschichtsschreibung des 18. Jahrhunderts, in: Studien und Versuche zur neueren Geschichte. FS Max Lenz zum 60. Geburtstag, Berlin 1910, S. 266. Rößler war für einige Jahre Herausgeber der zwischen 1864 und 1883 unter Mitwirkung von Droysen, Duncker und Ranke erschienenen „Zeitschrift für preußische Geschichte und Landeskunde“.

Auseinandersetzung mit dem aufgeklärt-liberalen und restaurativen Absolutismusbild darlegt.

Im Mittelpunkt steht dabei die Auffassung, daß die Herstellung der „Staatseinheit“ gegen die „Anarchie des Mittelalters“[751] das Werk der Bürokratie und der Zentralisation gewesen sei.[752] Gegen „Liberalismus und Reaktion“ gewendet, hebt Rößler besonders die organische Entstehung der Bürokratie hervor. „Wenn irgendwo, war hier der Begriff der organischen Entwicklung anzuwenden, nach Rückwärts und nach Vorwärts. Die Bürokratie ist organisch entstanden und darf nicht unorganisch beseitigt werden. Das System der großen einheitlichen Administration hat zuerst den modernen Staat verwirklicht, und sie ist als das notwendige Werkzeug aus der Idee des modernen Staates hervorgegangen. Sie ist auf die organischste Weise von der Welt entstanden, aus dem Bedürfnis der durch die Zerrissenheit naturwüchsiger Zustände schwachen Gesellschaft nach großen Leistungen des Staats auf dem Gebiet der Rechtspflege, der kriegerischen Machtentfaltung, der Anlagen materieller Wohlfahrt. Allerdings hat die Administration das selbständige Leben der Gesellschaft in sich verschlungen. Aber sie hat auch die Fähigkeit erzogen, große Kräfte einheitlich zu leiten. … Die Bürokratie ist zugleich die Schule und Erziehung der Nation zu politischer Macht und Freiheit gewesen.“[753]

Von der Bürokratie als subjektivem Träger moderner Staatlichkeit unterscheidet Rößler den objektiven Prozeß der „Zentralisation“. Dieser „noch viel wertvollere Begriff“ sei durch den „unverständigen Eifer“ von Liberalismus und Reaktion „in einen für unsere politische Bildung gefährlichen Mißkredit gebracht“ worden. Dem hält Rößler entgegen, daß „auf der Zentralisation, auf der durchschlagenden Macht des Ganzen … alles Große der sittlichen Welt (beruhe)“. Keinesfalls sei die Zentralisation der Freiheit entgegensetzt. Vielmehr sei nur der Mensch „frei und groß, der im Ganzen und in dem das Ganze lebt“. Besonders gefährlich sei die Polemik gegen die Zentralisation in Deutschland. „Die Zerteilung des öffentlichen Wesens, also die Dezentralisation desselben, ist Deutschlands Fluch. Die Zentralisation des öffentlichen Wesens ist Deutschlands Erlösung. Statt dessen haben wir in der Dezentralisation des Staats das Zuvielregieren, die Störung der Privattätigkeit durch die falschen Staatsbildungen.“[754]

Rößlers Unterscheidung zwischen bürokratischer Administration und dem gemeineuropäischen Prozeß der Zentralisation erweist sich vor allem bei dem Vergleich von kontinentaler und englischer Staatsbildung als fruchtbar. Jene habe sich durch das Zusammengehen von bürokratischer Administration und Zentralisation in Form des Absolutismus vollzogen, dessen Prophet „seltsamer Weise“ der Engländer Hobbes gewesen sei. „Der Absolutismus“, so Rößler, „ist allerdings eine Art, und hat dies historisch bewiesen, aus der kraftlosen Anarchie heraus zu einem

751 Rößler, System der Staatslehre, S. 302.
752 Vgl. ebd., S. 336.
753 Ebd., S. 343 f.
754 Vgl. ebd., S. 347 f.

großen System ineinandergreifender Zwecke zu gelangen. Aber die bessere Art ist, wenn die einzelnen Willen aus der Willkür heraus in eine organische Notwendigkeit des Zusammenwirkens für große Zwecke sich hineinleben."[755] Diesen Weg seien die Engländer gegangen. Sie seien zur größten unter den modernen Nationen zwar „ohne das System der kontinentalen Administration, aber nicht ohne die Zentralisation (geworden)". Auf die realhistorische Entwicklung in England geht Rößler nicht ein. Er weist lediglich allgemein auf „glückliche Umstände" hin, die England die politische ohne die administrative Zentralisation ermöglicht hätten. Zugleich aber bezweifelt auch Rößler nicht, daß die administrative Zentralisation „eine Notwendigkeit des modernen Staates" sei, die England nachzuholen habe.[756]

Die positive Beurteilung der englischen Variante der neuzeitlichen Staatsbildung durch den Späthegelianer Rößler kontrastiert in auffälliger Weise mit der früheren Sicht des Hegelianismus. Im Unterschied vor allem zu Gans' negativer „Sonderwegs"-These betont Rößler die Komplementarität englischer und kontinentaler Entwicklung für den Begriff des modernen Staates.[757] Mit der Aufwertung Englands stand Rößler freilich nicht allein. Sie reiht sich in das seit Dahlmanns „Politik"[758], insbesondere aber seit Mitte der vierziger Jahre erwachende Englandinteresse des sich formierenden klassischen Liberalismus (Mohl) und auch des konservativen Konstitutionalismus (Stahl) ein,[759] dessen Parlamentarismus und Selfgovernment einen zentralen Gegenstand politischer und politiktheoretischer Reflexion in Deutschland zwischen den 1850er und 1870er Jahren darstellt.[760] In dieser Diskussion zeichnet sich Rößler als ein außergewöhnlich guter Kenner Englands aus.[761] Hinsichtlich der Bedeutung Englands für eine historische Theorie des modernen Staates berühren sich seine Auffassungen zum Teil mit jenen Stahls und des seinerzeit „anerkannt beste(n) Kenner(s) der englischen Verfassung in Deutschland",[762] R. Gneist, der England zum Paradigma für die vergleichende Untersuchung neuzeitlicher Staatsbildung erhob.[763]

---

755 Ebd., S. 303.
756 Vgl. ebd., S. 344.
757 S. ebd., S. 345 u. 401.
758 Dies gilt vor allem für die zweite Auflage aus dem Jahr 1847. Die erste, 1835 erschienene Auflage ist, abgesehen von Gervinus' positiver Rezension, wirkungsgeschichtlich unbedeutend; zu Dahlmanns Englandbild s. McClelland, The German Historians and England, S. 79 ff.; zu Gervinus „Politik"-Rezension s. Hübinger, Georg Gottfried Gervinus, S. 32 f. u 37 f.; R. v. Thadden, Georg Gottfried Gervinus und Friedrich Christoph Dahlmann. Geschichte und Politik, in: Boockmann/Wellenreuther (Hrsg.), Geschichtswissenschaft in Göttingen, S. 186-203, insbes. S. 194 ff.
759 S. hierzu Brandt, Landständische Repräsentation im deutschen Vormärz, S. 244 f.; McClelland, The German Historians and England, S. 74-84.
760 S. hierzu R. J. Lamer, Der englische Parlamentarismus in der deutschen politischen Theorie im Zeitalter Bismarcks, Lübeck/Hamburg 1963, sowie McClelland, The German Historians and England, S. 129-158.
761 Vgl. Lamer, ebd., S. 20, 67, 72 f., 80, 111 f.
762 Ebd., S. 7.
763 Zu Stahl u. Gneist s. u. Kap. V.2.3.3.

Im Unterschied zu England hat sich, so Rößler, auf dem Kontinent die Verwaltung mit der Gründung des absoluten Staates herausgebildet. Jedoch sei dieser Staat „noch … nicht die rein sittliche Macht, die er seinem Begriff nach sein soll". Als „allgemeine Macht" hemme der absolute Staat „das Überwuchern der Sonderinteressen", freilich „um den Preis des dynastischen Egoismus und der dynastischen Willkür". In seiner Gründungsphase sei der moderne kontinentale Staat ein reiner Zweckstaat gewesen, der seinen Ausdruck im Diktum „l'état c'est moi" Ludwigs XIV. und am klarsten in dem Wort „Ich bin der erste Diener des Staates" von Friedrich dem Großen gefunden habe.[764] Ganz ähnlich wie für Droysen charakterisiert letzterer auch für Rößler bereits den „Staat des aufgeklärten Despotismus" des 18. Jahrhunderts, der im „Zweckmäßigkeitsstaat der materiellen Utilität" der französischen Revolution und vor allem Napoleons zur Vollendung gekommen sei.[765] Erst die Bewegung des 18. und 19. Jahrhunderts seit der Französischen Revolution bilde „den Staat als die rein sittliche Macht" heraus.[766]

Wie schon die Autoren im Umfeld Hegels vor ihm hebt jedoch auch Rößler den preußischen aufgeklärten Despotismus vom französischen Absolutismus ab. Die Ideen der Aufklärung seien in Frankreich kaum von praktischer Bedeutung gewesen. Die Aufklärung habe hier dem Staat keine „neue Seele einzuhauchen" vermocht. Keine der längst erstorbenen feudalen Einrichtungen wie Adel und Kirche sei durch die Aufklärung reformiert worden. Der französische „Staat der materiellen Utilität" habe „den Menschen um alle moralische Kraft und um alle moralischen Bande des Zusammenhalts (gebracht)". Hierin liege die tiefere Ursache der Revolution begründet.[767] Dagegen sei „der Staat der Aufklärung in Preußen viel reiner verwirklicht worden", zumal die Reformation entscheidende „Vorarbeit in den Geistern und in dem Kirchentum" geleistet habe. Zwar sei auch Preußen 1806 ohne moralischen Halt zusammengebrochen, jedoch sei hier die moralische Kraft „nur verschüttet, nicht zerstört" gewesen. Darum habe Preußen sich wieder aufzurichten vermocht. Wohl sei das Reformwerk des Frh. v. Stein unvollendet geblieben und nach der napoleonischen Ära sei der „Staat der materiellen Utilität" im wesentlichen wieder restauriert worden, doch im Unterschied zur Wiederherstellung des Ancien Régime und dessen „Staatsabsolutismus" in den übrigen Staaten des Festlandes „gepaart … mit einem großen Eifer für die Pflege der Wissenschaften … und strenger Zucht der Beamten."[768]

Die in den Monographien Droysens und Rößlers dargelegten leitenden Anschauungen über die Entstehung des modernen Staates und die historische Bedeutung des Absolutismus finden sich in publikumswirksamer Form in den Preußischen Jahrbüchern wieder. Diese auf Initiative von M. Duncker, dem gothaischen

764 Vgl. Rößler, System der Staatslehre, S. 402.
765 Vgl. ebd., S. 316.
766 Vgl. ebd., S. 402.
767 Vgl. ebd., S. 317.
768 Ebd., S. 321.

„Litterarisch-politischen Verein" und einem liberalen Kreis um Th. Mommsen in Breslau seit 1858 von G. Haym herausgegebene Zeitschrift kann zwar nicht geradezu als Parteiorgan des Borussianismus angesehen werden,[769] doch standen sie unter den zeitgenössischen liberalen Zeitschriften diesem am nächsten. Früher als andere liberale Zeitschriften wie etwa die von J. Schmidt und G. Freytag herausgegebenen „Grenzboten"[770] schwenkten die seit 1866 unter der Redaktion von H. v. Treitschke stehenden Preußischen Jahrbücher auf die Bismarcksche Politik der preußisch-kleindeutschen Einigung ein. „Keine deutsche Zeitschrift liberaler Provenienz hat das Ergebnis des Krieges von 1866 so vorbehaltlos als Sieg der nationalen Sache und als entschiedenen Schritt auf dem Wege zum preußisch-deutschen Einheitsstaat gefeiert wie die Preußischen Jahrbücher."[771]

Typische Argumentationsmuster des kleindeutsch-borussianischen Geschichtsbilds und seiner Absolutismusdeutung finden sich zunächst in den ausführlichen Rezensionen zu Droysens „Geschichte der preußischen Politik", in denen wiederholt die Bedeutung des Großen Kurfürsten für den modernen Staatsbegriff und die Staatsbildung in Brandenburg-Preußen betont wird, die sich, gestützt nur auf eigenes Recht, gegen den habsburgischen Kaiser und den „Formelkram des Reichszusammenhangs" habe vollziehen können.[772]

Unter den drei Droysens Darstellung der Geschichte des Großen Kurfürsten gewidmeten Besprechungen verdient jene von Droysens politischem und philosophischem Weggefährten M. Duncker besonderes Interesse. Politisch eine der herausragenden Persönlichkeiten des klassischen Liberalismus, war sein wissenschaftliches Werk gleichwohl für die preußisch-kleindeutsche Geschichtsschreibung von geringerer Bedeutung, zumal er, anders als Droysen, weiter vornehmlich der klassischen Altertumskunde nachging. Neben Droysens Darstellung der preußischen Geschichte ist Dunckers ausführliche, dem besprochenen Werk kritiklos folgende Rezension eine weitere Demonstration für den Übergang und die Verquickung der aus der Hegelschen Staatsphilosophie hervorgegangenen Aufwertung des Absolutismus und der borussianischen Historiographie. Für die frühere, geschichtsphilo-

---

769 S. O. Westphal, Welt- und Staatsauffassung des deutschen Liberalismus. Eine Untersuchung über die Preußischen Jahrbücher und den konstitutionellen Liberalismus in Deutschland von 1858 bis 1863, München 1919, insbes. S. 44 u. 95.

770 S. hierzu A. Jekosch, Die politische Haltung der „Grenzboten" zum Abschluß der bürgerlichen Umwälzung in Deutschland (1858/59-1866). Ein Beitrag zur Untersuchung liberaler Politik, Diss. phil. (Ms.) Dresden 1983. Nach Auffassung von Jekosch nehmen die Grenzboten eine Mittelstellung zwischen den altliberalen Preußischen Jahrbüchern und der Nationalzeitung ein (S. 31). Zur unterschiedlichen Haltung dieser drei liberalen Organe im österreichisch-französischen Konflikt über Italien, im preußischen Heeres- und Verfassungskonflikt und über die schleswig-holsteinische Frage s. S. 44 ff., 65 ff., 102, 147 ff.; zur Annäherung an Bismarck im Zuge des Kriegs gegen Dänemark s. S. 163-169; s. a. die zusammenfassenden Schlußthesen der Arbeit S. 212-223.

771 Faber, Nationalpolitische Publizistik Deutschlands von 1866 bis 1871, Bd. I, S. 165.

772 Vgl. E. Cauer, Die Entstehung des preußischen Königtums, in: PJ 9 (1862), S. 485-500, u. B. Erdmannsdörfer, Die Anfänge des Großen Kurfürsten, ebd., S. 605-633, das Zitat S. 622.

sophisch motivierte Hochschätzung des brandenburg-preußischen Protestantismus, insbesondere unter dem Großen Kurfürsten, war nach Auffassung Dunckers nun auch der empirische Beweis erbracht. Die Forschung hatte sich „zum ersten Male in Droysens Geschichte der preußischen Politik zu einer umfassenden Untersuchung … dieser denkwürdigen Regierung erhoben".[773] Abgesehen von der nun in den Vordergrund gerückten Betonung der nationalen Bedeutung des Großen Kurfürsten und Brandenburg-Preußens überhaupt, blieb die historische Argumentation unverändert. Gegen den äußeren Partikularismus und den inneren Widerstand der Stände habe der Große Kurfürst die Gründung des preußischen Staates durchgesetzt. Unstreitig hätten die Stände bei ihrem Widerstand „auf hergebrachtem und verbrieftem Recht" gestanden. Es sei gleichwohl nicht abzustreiten, „daß der Kurfürst gegen das formale Recht der Stände auf dem höheren nationalen Rechte fußte, die entfremdeten Provinzen der deutschen Nation zurückzubringen und zu erhalten, daß das Recht der Staatsnotwendigkeit auf seiner Seite war, daß er im höchsten staatlichen und nationalen Rechte handelte …".[774] Im Unterschied aber zum Absolutismus Ludwigs XIV., Friedrichs von Dänemark und Karls II. von Schweden habe der Große Kurfürst niemals die gänzliche Beseitigung der Stände beabsichtigt. Lediglich „Unterordnung unter den Staatszweck, d. h. unter das Gemeinwohl, und Mitwirkung für den Gemeinschutz" habe er verlangt.[775] Wie schon früher in seiner Bülau-Kritik (1841) weist Duncker auch bei dieser Gelegenheit auf die besondere Bedeutung „der Einheit der Verwaltung" hin, der nach Überwindung der ständischen Opposition „keine absolut hemmenden Schranken" mehr entgegengestanden hätten.[776]

Die Bürokratie als sozialer und politischer Träger des preußischen Rechts- und Verwaltungssystems seit Friedrich Wilhelm I. ist auch Gegenstand eines umfangreichen Aufsatzes von Fr. Hinrichs, dem Sohn des bereits mehrfach erwähnten Rechtshegelianers. Gegenüber dem „wohlmeinenden Absolutismus" Friedrich Wilhelms I.[777] stellt Hinrichs die Modernität des unter Friedrich dem Großen geschaffenen Rechtssystems heraus. Mit dem Allgemeinen Landrecht, das den Abschluß einer politischen Epoche des preußischen Staates bilde und zugleich „der erste Schritt auf einer neuen, eine große Zukunft eröffnenden Bahn" gewesen sei, habe Friedrich den „Rechtsstaat" begründet und damit Preußen „an die Spitze des Fortschritts in Europa" gestellt.[778] Allerdings habe die Herstellung des Rechtsstaats sich unter der Form der Beamtenherrschaft vollzogen. „Das ganze Rechtsleben des Volkes wurde … *in die Hände einer geschlossenen Beamtenklasse* überliefert: die bekannte Maxime ‚Alles für, nichts durch das Volk' ist nirgends konsequenter, nirgends auf

773 Duncker, Der Staat des Großen Kurfürsten, in: PJ 17 (1866), S. 475.
774 Ebd., S. 489 f.
775 Vgl. ebd., S. 477 u. 501.
776 Vgl. ebd., S. 498.
777 Vgl. Hinrichs, Alte und neue Rechtszustände in Preußen, in: PJ 5 (1860), S. 377 sowie 388 f., 421, 426.
778 Vgl. ebd., S. 381 f.

einem weniger geeigneten Boden, nirgends in so ineinander greifenden Organisationen durchgeführt worden als in der Sphäre des Rechtes." Indessen sei dieses System, wie Hinrichs anhand der Justiz- und Staatsverfassung zu belegen versucht, für die Gegenwart völlig unhaltbar geworden.[779]

Der Sache nach enthält auch dieser Aufsatz keine im Vergleich zu dem früheren hegelianischen Diskurs neuen Aspekte. Auch kann er im strengen Sinn nicht als für die Absolutismusforschung einschlägig bezeichnet werden. Jedoch steckt er, ebenso wie beispielsweise die Aufsätze des späteren Kathedersozialisten A. Wagner zur Entstehung der nationalen Einheitsstaaten in Europa,[780] gewissermaßen den Rahmen ab, innerhalb dessen der historische Absolutismus als Thema behandelt wird. Diese Feststellung kann, wie auch Droysens „Geschichte der preußischen Politik" gezeigt hat, überhaupt für einen Großteil der borussianisch-kleindeutschen Geschichtsschreibung gelten. Zwar blieb, mit gewisser Einschränkung der „Gesellschaftswissenschaftler" R. v. Mohl und W. H. Riehl, der „Staat" als ethischer Begriff ein Eckpfeiler der politischen Theorie des klassischen deutschen Liberalismus. Die hieraus von den Autoren im Umfeld Hegels, insbesondere von Gans abgeleitete historiographische Programmatik der Untersuchung von „Staatsbildungen" und deren Zusammenhang mit dem historischen Absolutismus wurde jedoch vor allem in der borussianischen Geschichtsschreibung durch die Frage überformt, welche politische Bedeutung der *preußische Staat* für die deutsche *Nation* besitze. Allgemeine, aus dem Studium des historischen Materials hervorgehende theoretische Aussagen über Staatsbildung und Absolutismus treten demgegenüber in den Hintergrund.

Eine der wenigen Quellen, die trotz der Verquickung von „Staat" und „Nation" den Vorgang der „Staatsbildung" explizit thematisiert, ist der in der Eröffnungsnummer der Preußischen Jahrbücher anonym erschienene, von dem Staatsrechtler, Publizisten und nach der Reichsgründung von Bismarck zum Leiter des Pressedezernats im Auswärtigen Amt berufenen L. K. Aegidi[781] verfaßte programmatische Aufsatz über „Die Aufgabe deutscher Staats- und Rechtsgeschichte".[782] Gegen die verbreitete, in ausgeprägter Form von der ultramontanen Geschichtsschreibung F. Walters vertretene Auffassung, die Geschichte seit der Reformation sei eine Ver-

779 Vgl. ebd., S. 445 u. 533-552.

780 Vgl. A. Wagner, Die Entwicklung der europäischen Staatsterritorien und das Nationalitätsprinzip, in: PJ 19 (1867) S. 245-270 u. Bd. 20 (1867), S. 1-42; ders., Die Entwicklung des deutschen Staatsgebiets und das Nationalitätsprinzip, in: PJ 21 (1868), S. 290-313 u. 379-402.

781 Zu Aegidi s. den einschlägigen Art. von H. Gollwitzer, in: NDB 1 (1953), S. 88, sowie zuletzt G. Wehner, Ludwig Karl Aegidi (1825-1901). Ein Lebensbild des ersten Pressesprechers im Deutschen Auswärtigen Amt, in: JbGMOD 37 (1988), S. 91-103.

782 In: PJ 1 (1858), S. 31-45. Die bisherigen, über Wehner zu erschließenden Arbeiten über Aegidi haben diesen für die deutsche Verfassungsgeschichtsschreibung zentralen Aufsatz, der gewissermaßen als Aufruf für die von Aegidi mitherausgegebene, 1864 gegründete „Zeitschrift für deutsches Staatsrecht und deutsche Verfassungsgeschichte" gelten kann, übersehen. Aegidi hat sich wegen der über diesen Aufsatz entstandenen Polemik noch im Jahr der Veröffentlichung zu seiner Autorschaft bekannt, s. Aegidi, Die Aufgabe deutscher Staats- und Rechtsgeschichte. Ein notgedrungener Nachtrag, in: PJ 1 (1858), S. 325-336.

fallsgeschichte, deren eigentliches Ende bereits mit der Auflösung des Reiches 1806 gekommen sei, stellt Aegidi die Reformunfähigkeit und historische Antiquiertheit des Alten Reiches heraus, die nur durch die innere Staatenbildung habe überwunden werden können. „Über diese Staatenbildung", so Aegidi, walte jedoch „bei denen, welche die Rechtsgeschichte bis 1806 führen ..., ein undurchdringliches Dunkel". Entgegen diesem rückwärtsgewandten Standpunkt sei es die Aufgabe gegenwärtiger Staats- und Rechtsgeschichte, „die deutsche Staatsentwicklung in ihrem wahren Wesen als geschichtliche Notwendigkeit zu begreifen", um „der Nation das Verständnis über ihre Sendung für die kommenden Zeiten" zu lehren. Denn diese Staatenbildung sei „das gebotene Mittel zur Loslösung Deutschlands von den Banden der kirchlich-politischen Welteinheit" gewesen. „Wie der monarchische Absolutismus den Beruf hatte, das mittelalterliche Ständewesen zu zertrümmern und auf Grund der Gleichheit vor dem Gesetz das moderne Staatsleben zu begründen, so war es die Mission des Fürstentums in Deutschland, dem Mittelalter, d. h. dem heiligen Reich ein Ende zu machen und Deutschland als Deutschland zu konstitutieren." Ebenso wenig wie der Absolutismus sei jedoch der positiv verstandene Partikularismus[783] Selbstzweck. Wie allerdings „jenen falschen Propheten ..., welche gegen den Absolutismus die Restauration mittelalterlicher Stände empfehlen", nicht zu trauen sei, so dürfe auch nicht „der notwendige Fortschritt über die deutsche Staatentrennung hinaus zur Einheit darin erblickt werden, daß wiederhergestellt werde, was glücklicherweise durch dieselbe aus dem Weg geschafft ist." Vielmehr müßten nun „dem gegen die mittelalterlichen Stände siegreichen Königtum Organe gemeiner bürgerlicher Freiheit" zur Seite gestellt werden, ebenso wie der „gegen das heilige römische Reich seit der Reformation in segensreicher Weise siegreichen Staatenbildung" ein „Organismus deutscher Volkseinheit" hinzuzufügen sei.[784]

Aufs Ganze gesehen bleibt der spezifisch borussianische Beitrag zur historischen Aufwertung des Absolutismus in sachlicher ebenso wie in quantitativer Hinsicht eher bescheiden. Dies gilt vor allem im Vergleich zur national-liberalen Historiographie, die Gegenstand eines späteren Abschnitts sein wird.

2.2. Germanismus

Eine scharfe Gegenposition zu der hegelianischen und borussianischen Aufwertung des Absolutismus findet sich durchgängig bei den Germanisten. Zwar zogen sie, im Unterschied zu den Vertretern der ebenfalls auf das altgermanisch-deutsche Recht sich berufenden politischen Restauration, die Legitimität des modernen Staates

---

783 Diesen vom allgemeinen Sprachgebrauch abweichenden positiven Partikularismusbegriff verwendet Aegidi auch in seiner ebenfalls anonym erschienenen Broschüre „Suum cuique. Eine Denkschrift über Preußen", Leipzig 1859; s. hierzu die kritischen Bemerkungen eines ungen. Rezensenten in: PJ 3 (1859), S. 234 ff.

784 Vgl. ebd., S. 44 f.

nicht in Zweifel. Kritisch beurteilten sie jedoch die Bedingungen, unter denen dieser sich seit dem 16. Jahrhundert herausgebildet hatte. Im Mittelpunkt der germanistischen Kritik stand dabei die Rezeption des römischen Rechts, die die Fortbildung des einheimischen Rechts verhindert habe. Das „Nationalunglück" der Rezeption habe den Verfall der Genossenschaften und Stände als den wichtigsten Instituten des germanisch-deutschen „Volksrechts" wenn nicht verursacht, so doch beschleunigt. An dessen Stelle sei das spätrömisch-justinianische „Juristenrecht" getreten, dessen Anwendung im Prozeß der Umsetzung der Territorialherrschaft in Staatsgewalt zahlreiche „Missbildungen" hervorgebracht habe.

Die hier skizzierte Argumentation des unter den Germanisten herausragenden und in der Frankfurter Paulskirche an exponierter Stelle hervorgetretenen G. Beseler ist repräsentativ für das Geschichtsbild der Germanisten überhaupt.[785] Ihrer politischen Forderung, den deutschen konstitutionellen Nationalstaat auf der Grundlage erneuerter germanisch-deutscher Rechtsinstitute zu errichten, entsprach ihr wissenschaftliches Programm, das sich die Erforschung des germanisch-deutschen Rechts zum Ziel setzte. Es ist darum wenig überraschend festzustellen, daß aus der germanistischen rechtshistorischen Forschung nur wenige Beiträge über den historischen Absolutismus hervorgegangen sind. Bezeichnenderweise enthält das wichtigste publizistische Organ der Germanisten, die „Zeitschrift für deutsches Recht und deutsche Rechtsgeschichte", in den zweiundzwanzig Jahren ihres Erscheinens zwischen 1839 bis 1861 keinen einzigen einschlägigen Aufsatz zum Absolutismus. Gleiches gilt auch für die verfassungsgeschichtlichen Abhandlungen von G. Waitz,[786] insbesondere für seine in drei Auflagen zwischen 1844 und 1882 erschienene „Deutsche Verfassungsgeschichte", die mit dem 12. Jahrhundert endet, sowie für die verfassungsgeschichtliche Literatur zur Stadtgeschichte, die mit der Reformation oder dem Dreißigjährigen Krieg abschließt. Lediglich G. L. v. Maurer[787] und der radikale Germanist K. Hagen[788] haben sich ausführlich zum historischen Absolutismus geäußert. Trotz dieses aufs Ganze gesehen negativen Befunds erscheint es lohnenswert, den Motiven und Hintergründen dieser histo-

785 S. G. Beseler, Volksrecht und Juristenrecht, Leipzig 1843, insbes. S. 42, 95, 157 ff., 198, 232 f., 338 f.; vgl. a. Beselers Baseler Antrittsvorlesung „Über die Stellung des römischen Rechts zu dem nationalen Recht der germanischen Völker" (1836), in: F. Strich (Hrsg.), Deutsche Akademiereden, München 1924, S. 80-88; zum wissenschaftlichen und politischen Werk Beselers s. Stintzing-Landsberg, Geschichte der deutschen Rechtswissenschaft, Abt. III. 2. Text, S. 507-519; Wieacker. Privatrechtsgeschichte der Neuzeit, S. 408-410, sowie insbes. B.-R. Kern, Georg Beseler. Leben und Werk, Berlin 1982. Allgemein zur Beurteilung des Absolutismus bei den Germanisten s. die Bemerkungen bei Böckenförde, Die deutsche verfassungsgeschichtliche Forschung, S. 85 f. u 91.

786 G. Waitz, Abhandlungen zur deutschen Verfassungs- und Rechtsgeschichte, hrsg. v. K. Zeumer, Göttingen 1896 (Ndr. Aalen 1966).

787 Zum wissenschaftlichen und politischen Werk Maurers s. K. Dickopf, Georg Ludwig von Maurer, 1790-1872, Kallmünz 1960.

788 Erst in jüngerer Zeit ist auf ihn wieder aufmerksam gemacht worden, s. Wende, Radikalismus im Vormärz, passim, u. G. Mühlpfordt, Karl Hagen. Vom Historiker der radikalen Reformation zum Radikaldemokraten 1848, in: TAJB, Bd. IX (1980), S. 219-272.

riographischen Lücke in der germanistischen Rechtsgeschichte etwas eingehender nachzugehen. Neben Ähnlichkeiten und Unterschieden im Vergleich zur Absolutismusdeutung anderer wissenschaftlich-politischer Strömungen werden dabei auch Übereinstimmungen und Differenzen innerhalb des Germanismus deutlich.

Maurers Analyse des Absolutismus ist in seine umfangreichen Studien zur Geschichte der germanisch-deutschen Marken-, Hof-, Dorf- und Städteverfassung eingebunden.[789] Die Ursachen für den Verfall dieser Institutionen der „altdeutschen Freiheit" sieht Maurer in dem Aufkommen und der Stabilisierung der Landeshoheit, die „zu einer wahren *Obervormundschaft* geführt" habe,[790] der Reformation, der Rezeption des römischen Rechts, das im Reichskammergericht seinen zentralen Ort besessen habe,[791] sowie der „neuen Philosophie" der Aufklärung.[792] Für den vorliegenden Zusammenhang ist vor allem Maurers „Geschichte der Städteverfassung" von Interesse, zumal hier sich die ausführlichsten Passagen zum Absolutismus als einem „Wendepunkt in der Geschichte" befinden.

Maßgebliche Bedeutung für den Verfall der altdeutschen Verfassung mißt Maurer neben den bereits genannten Gründen der türkischen Eroberung Konstantinopels (1453) bei, die über die allgemeine „Richtung der neuen Zeit"[793] entschieden habe. Unmittelbare Folge der Eroberung sei zunächst der ökonomische Niedergang der Städte wegen der Blockade und Veränderung der Handelswege gewesen. Zugleich habe die Überlegenheit des türkischen Heeres wie in Frankreich, Spanien und England so auch in Deutschland den aufstrebenden Reichsfürsten als Vorbild für die Errichtung des „fürstlichen Absolutismus" gedient.[794] Mit Hilfe ih-

789 G. L. v. Maurer, Einleitung in die Geschichte der Mark-, Hof-, Dorf- und Stadtverfassung und der öffentlichen Gewalt, dritte Aufl., Ndr. d. Ausgabe von 1854 bzw. 1896 mit einem Nachwort v. K. Dickopf, Aalen 1966; ders., Geschichte der Markenverfassung in Deutschland, Erlangen 1856; Geschichte der Fronhöfe, der Bauernhöfe und der Hofverfassung in Deutschland, 4 Bde., Erlangen 1862/63; ders., Geschichte der Dorfverfassung in Deutschland, 2 Bde., Erlangen 1865/66; ders., Geschichte der Städteverfassung in Deutschland, 4 Bde., Erlangen 1869-71.

790 Vgl. Maurer, Geschichte der Markenverfassung in Deutschland, S. 433.

791 Vgl. Maurer, Geschichte der Städteverfassung in Deutschland, Bd. 4, S. 114 f.; zum Reichskammergericht als Hort fremden Rechts und Symbol für den Verfall des deutschen Rechts s. a. Beseler, Volksrecht und Juristenrecht, S. 310, u. F. Thudichum, Das vormalige Reichskammergericht und seine Schicksale, in: ZdR 20 (1861), S. 148-122.

792 Vgl. Maurer, Einleitung in die Geschichte der Mark-, Hof-, Dorf- und Stadtverfassung und der öffentlichen Gewalt, S. 336 ff.; ders., Geschichte der Markenverfassung, S. 428-450; ders., Geschichte der Fronhöfe, Bd. 4, S. 462-532; ders., Geschichte der Dorfverfassung, Bd. II, S. 202-247. Im einzelnen kann hierauf nicht eingegangen werden, s. dazu Dickopf, G. L. v. Maurer, insbes. S. 177 ff., 203 ff., 225-234 u. 248-255.

793 Maurer, Geschichte der Städteverfassung, Bd. 4, S. 115.

794 Über den Zusammenhang zwischen dem türkischen Vordringen und der Entstehung des „frühmodernen" Staates s. aus der jüngeren Literatur H. Sturmberger, Das Problem der Vorbildhaftigkeit des fürstlichen Staatswesens im 16. und 17. Jahrhundert und sein Einfluß auf den europäischen Absolutismus, in: XIIe Congrès International des Sciences Historiques, Wien 1965, Rapport IV, S. 201-209, sowie W. Schulze, Landesdefension und Staatsbildung.

rer stehenden Heere hätten sie nun auch die verbliebene politische Autonomie und Freiheit der Städte vernichtet. Allenthalben habe der allgemeine „Drang der Umstände" eine „Konzentration der Kräfte" erfordert, die der entstehende Absolutismus sich nutzbar gemacht habe. In diesem Milieu, so Maurer, sei auch der den mittelalterlichen Ideen entgegenstehende Grundsatz des modernen, an die Antike anknüpfenden Staatsrechts entstanden, demzufolge alle gesellschaftlichen Sphären einschließlich der Kirche dem Staat unterworfen sein müßten.[795] Auch die die individuelle Freiheit begünstigende Reformation sei der neuen Staatsbildung zugute gekommen, indem sie den Partikularismus der einzelnen Territorien gefördert habe.[796] Opfer dieser Entwicklung seien wiederum die Städte gewesen. Während in früheren Zeiten jede Stadt ihre eigene „autonomisch ausgebildete Verfassung" besessen habe, sei durch das „Generalisieren" des „landesherrlichen Despotismus" seit dem 17. und 18. Jahrhundert eine „charakterlose Gleichheit" hergestellt worden. Diese Politik hätten Joseph II. und das preußische Landrecht verfolgt, jedoch erst mit der Französischen Revolution sei das „Nivellieren und Generalisieren" zur Regel geworden.[797]

Durchgehend kommt Maurer zu der Auffassung, daß mit der Einschränkung der für die altdeutsche Verfassung charakteristischen autonomen Rechtskreise der Landesherr in eine „unmittelbare Verbindung" zu den Untertanen getreten und hierdurch ein allgemeiner Untertanenverband als Bedingung des modernen Staates geschaffen worden sei.[798] Dies ist im wesentlichen eine spiegelbildliche Argumentation zur hegelianischen und borussianischen Aufwertung des Absolutismus. Wie diese so führt auch Maurers Ansicht zu einer erheblichen Überschätzung der Möglichkeiten und Kompetenzen des „frühmodernen" Staates, die zudem in gewissem Widerspruch zu Maurers erhellenden Bemerkungen über die landständische Verfassung steht.[799]

Der Grund für diese negative Überzeichnung des modernen Staates liegt weniger in Maurers schon von Zeitgenossen kritisierten Umgang mit den Quellen, als vielmehr in seinen politischen Fragestellungen begründet.[800] Die Utopie eines auf der Grundlage wiederbelebter, „in den letzten drei Jahrhunderten zu Grabe getragene(r) genossenschaftliche(r) Elemente"[801] zu schaffenden deutschen National-

795 Über die Wirkung der Hinwendung zur Antike schreibt Maurer in seiner Geschichte der Dorfverfassung, Bd. II, S. 244: „Das Studium der Alten führte aber auch zum Sturze der bis dahin herrschenden scholastischen Philosophie und seit dem 17. und 18. Jahrhundert zu *Forschungen über das gegenseitige Verhältnis der Fürsten zu ihren Untertanen* und über die *gesellschaftliche Verfassung* überhaupt, welche der neueren Zeit ihre vorherrschend verneinende und zerstörende Richtung gegeben und auch zur Umgestaltung der Gemeindeverfassung wesentlich beigetragen haben."

796 Vgl. Maurer, Geschichte der Städteverfassung, Bd. IV, S. 128-132.

797 Vgl. ebd., S. 357.

798 Vgl. Maurer, Geschichte der Fronhöfe, Bd. IV, S. 520.

799 Vgl. ebd., Bd. III, S. 547-551, u. Bd. IV, S. 492 u. 518.

800 S. hierzu Dickopf, G. L. v. Maurer, S. 277-285, u. Böckenförde, Die deutsche verfassungsgeschichtliche Forschung, S. 134-147.

801 Maurer, Geschichte der Dorfverfassung, Bd. II, S. 201.

staats führte Maurer zu einem idealisierten Bild germanisch-altdeutscher Institutionen, vor dessen heller Folie der Absolutismus um so düsterer erscheinen mußte. Grundzüge dieser Argumentation finden sich bereits früher bei dem radikalen Germanisten K. Hagen, dessen kritische Beiträge, zumal nach der späteren allgemeinen Aufwertung des Absolutismus, in der Forschung in Vergessenheit geraten sind. Es mag darum angebracht sein, Hagens Argumentation, die das ausführlichste Dokument des Germanismus für die historische Auseinandersetzung mit dem Absolutismus darstellt, hier etwas eingehender wiederzugeben. Der „fürstliche Absolutismus", so schreibt Hagen in einer ersten Betrachtung, „war nur dadurch möglich, daß er die alten Verfassungen, die alten politischen Zustände vernichtete. Diese aber waren unmittelbar aus dem Leben der Nationen erwachsen: sie waren der Ausdruck dieses Lebens: sie waren also … ganz und gar historisch. Die Vernichtung derselben war demnach etwas sehr Unhistorisches, und eben so verdient der Zustand genannt zu werden, welcher sich auf jener Tatsache aufbaute."[802] Der Absolutismus steht für Hagen „mit der französischen Revolution auf einer und derselben Stufe". Die Französische Revolution sei in gewisser Weise „nur die Fortsetzung von dem, was der Absolutismus angefangen hatte". Während der monarchische Absolutismus durch die Auslöschung aller historischen Erinnerung das frühere Volksleben vernichtet habe und nur den König „als den Regler des Staates übrig ließ", sei die Französische Revolution lediglich „etwas weiter in der Verwerfung alles Historischen (gegangen): sie vernichtete auch noch das Königthum, und setzte an die Stelle desselben die unbeschränkte Freiheit."[803]

Wenige Jahre nach diesen grundsätzlichen Bemerkungen ging Hagen dem historischen Phänomen des Absolutismus in einem zuerst in der Rheinischen Zeitung erschienenen Aufsatz ausführlicher nach.[804] Es sei noch nicht lange her, so grenzt Hagen einleitend sein Verständnis des „historischen Rechts" von dem der Restaurateure sowie der Liberalen ab, „daß die Verfechter des Absolutismus *das historische Recht* als seine vorzüglichste Stütze in Anspruch nahmen, ein Recht, was der Liberalismus der unumschränkten Fürstengewalt zugestand, aber als solches bekämpfen zu müssen glaubte. In neuester Zeit jedoch, wo mehr den Spuren jenes angeblichen historischen Rechts nachgegangen wurde, hat man gefunden, daß es damit eine andere Bewandnis habe. Es wird zeitgemäß sein, dieser Frage einmal eine größere Aufmerksamkeit zu schenken und den Absolutismus in seiner welthistorischen Bedeutung zu verfolgen."

Hagen verfolgt anschließend die Entwicklung des Königtums seit dem Mittelalter. Hier habe zunächst das mit den Fürsten durch einen Vertrag verbundene Volk

---

802 K. Hagen, Zur Vermittlung des Streits zwischen dem rationalen und dem historischen Prinzipe in unserem Staatsleben, in: Braga, Bd. 2 (1839), S. 275.

803 Ebd., S. 277.

804 K. Hagen, Epochen des Absolutismus, in: RhZ, 1842, Beilage der Nr. 333, 335, 338, 340, 342. Eine veränderte Version enthält die Aufsatzsammlung von Hagen, Fragen der Zeit, 1843, Bd. I, S. 195-276. Anstelle dieser leichter zugänglichen Fassung wird hier auf das Original zurückgegriffen.

ein Übergewicht besessen, das jedoch durch den Aufstieg eines Teils des Volkes, der Aristokratie, zur Anarchie geführt habe. Eine Änderung dieses Verhältnisses sei in dem Moment eingetreten, als es dem Stadtbürgertum seit dem 12. Jahrhundert gelungen sei, seine politische und materielle Bedeutung zu steigern. Gemeinsam mit dem Königtum habe der Bürgerstand als „der natürliche Gegner der Aristokratie" Ordnung und Sicherheit im Staate hergestellt. Während die Sicherung der Freiheit und des Eigentums das vorrangige Ziel des Bürgertums gewesen sei, habe es zugleich der königlichen Macht zu größerem Ansehen verholfen. Jedoch sei die Hoffnung auf eine dauernde gemeinsame Gestaltung der politischen Zustände nicht in Erfüllung gegangen. Die „einseitig monarchischen Bestrebungen" hätten statt dessen einen langwierigen Kampf des Königtums mit den Volksrechten ausgelöst. Schon Ludwig XI. in Frankreich und Heinrich VIII. in England hätten fast unumschränkt regiert, und in Deutschland sei die Fürstenmacht durch die lutherische Reformation gestärkt worden. Überall sei das politische Bündnis zwischen Bürgertum und Königtum zerbrochen. Letzteres habe seine Politik nun mit Unterstützung des Adels verfolgt. Bedeutend gestärkt worden sei das Königtum durch das Vordringen des römischen Rechts im 16. Jahrhundert, wodurch die Volksrechte immer mehr in den Hintergrund gedrängt worden seien.

Im Fortgang seiner historischen Skizze unterscheidet Hagen zwei Phasen des Absolutismus. Im 16. Jahrhundert sei Spanien „der eigentliche Sitz des Absolutismus", Mittelpunkt dagegen des anti-absolutistischen, noch durchaus in der Tradition der mittelalterlichen Volksopposition stehenden Widerstands seien die Niederlande gewesen. Zu dieser Zeit sei, so Hagen, die Niederlage der Völker gegen die Könige noch keineswegs entschieden gewesen. Ein „gewaltiger Kampf zwischen beiden Parteien" habe sich im 17. Jahrhundert entsponnen, als an die Stelle Spaniens als Vorkämpfer des Absolutismus Frankreich getreten sei, „welches seit dem Aufhören der Bürgerkriege unstreitig die erste Rolle in Europa spielte". Zwei Hindernisse habe der französische Absolutismus überwinden müssen, die aristokratische und die religiöse Opposition. Dieses zu vollbringen, sei das Werk Richelieus gewesen. „Sein Bestreben … war kein anderes, als die Willkür, welche bisher die Könige geübt, in ein bleibendes System zu verwandeln und den Absolutismus als ein Recht hinzustellen, welches dem Königtum schon seiner Natur nach zukomme." Richelieu, so konstatiert Hagen, „ist der eigentliche Gründer des neueren Absolutismus und nicht nur für Frankreich, sondern für ganz Europa." Allmählich habe sich im 17. Jahrhundert in ganz Europa der Absolutismus verbreitet. Freilich habe es nicht an Opposition gefehlt. Wie im 16. Jahrhundert die Niederlande, so sei im 17. Jahrhundert England das Zentrum des anti-absolutistischen Widerstands gewesen. Am Ende des 17. Jahrhunderts sei jedoch in den meisten übrigen Ländern die Opposition überwunden worden und somit die Herrschaft des Absolutismus in Europa entschieden gewesen. Auch diesmal habe der französische Absolutismus unter Ludwig XIV. durch seine beiden wichtigsten Herrschaftsinstrumente, das stehende Heer und den Hofstaat, beispielhaft gewirkt.

Jedoch „von dem Moment an, als der Absolutismus die höchste Stufe erreicht, als er sich ganz Europas bemächtigt hatte, erhob sich gegen ihn eine neue Opposition." Von England ausgehend, habe diese neue Opposition auch auf dem Kontinent, zunächst in Frankreich, dann auch in Deutschland Wurzeln gefaßt. Eines ihrer wichtigsten Mittel sei die Pressefreiheit gewesen. Sie habe zur Verbreitung der Vertragstheorie und der Theorie der Volkssouveränität beigetragen. Jedoch sind diese Theorien nach Hagens Auffassung nicht unbedingt neu. Eigentlich seien sie, wenn auch in anderer Gestalt, die wesentlichen Grundsätze der alten mittelalterlichen Volksopposition, und nur, weil diese durch den Absolutismus in Vergessenheit geraten seien, erschienen jene als neu. Wenngleich Hagen einen inneren Zusammenhang zwischen mittelalterlich-germanischer Freiheit und den modernen Konstitutionen herstellt, übersieht er dennoch nicht deren Unterschiede: „... während früher jeder Stand und jede Korporation ihre eigenen besonderen Privilegien hatte, (sollten) nun alle Genossen des Staats in Rechten und Pflichten sich gleich sein ...". Überall wachse die Ablehnung des absolutistischen Systems und die Einsicht in die Notwendigkeit von Konstitutionen. Für den weiteren Fortgang der Konstitutionalisierung richtet Hagen seinen Blick besonders auf Preußen, „welches in den letzten Jahren am schärfsten und klarsten die Bedürfnisse und die Hoffnungen unserer Zeit erkannt zu haben scheint".

Vergleicht man Maurers und Hagens Absolutismusdeutungen mit vorangegangenen Interpretationen, so fällt zunächst ihre Affinität zur restaurativen Absolutismuskritik des Berliner politischen Wochenblatts auf. Hier wie dort wird der Absolutismus gleichsam als „Zerstörung der libertären Verfassung" (G. Barudio) verstanden; beide Male wird der Vernichtung des deutschen Rechts durch Absolutismus und Revolution[805] die mittelalterlich-germanische Freiheit entgegengestellt. Indem jedoch Maurer und Hagen gleichsam seitenverkehrt argumentierten, suchten sie ihre Gegner mit deren eigenen Waffen, der Berufung auf die „Geschichte", zu schlagen. Diente die Inanspruchnahme des Mittelalters den Restaurateuren zur Proklamation ihrer „rückwärtsgewandten Utopie" (K. G. Faber), so sahen umgekehrt Maurer und Hagen die mittelalterliche Freiheit als Vorläufer eines zukünftigen konstitutionellen deutschen Nationalstaats an. Mit dieser *historischen* Begründung des Konstitutionalismus entzogen sie der restaurativen Konstitutionalismuskritik den Boden, während sie sich mit dem Argument der historischen *Kontinuität* zugleich gegen die vernunftrechtliche Begründung des Konstitutionalismus und die konstitutionelle Verfassungshistorie wandten.[806] Bei allen Dif-

---

805 Zu Maurers Kritik an der Französischen Revolution s. Dickopf, G. L. v. Maurer, S. 308-312.

806 Vgl. a. K. Hagen, Über die neuesten Angriffe auf das Repräsentativ-System in Deutschland und dessen Verhältnis zu den alten landständischen Verfassungen, in: Rheinische Zeitung. Beiblatt zu Nr. 188 v. 7.7., 191 v. 10.7., 193 v. 12.7. u. 198 v. 17.7.1842, Zitate Nr. 193 (eine erweiterte Fassung dieses Aufsatzes in Hagen, Fragen der Zeit, Bd. I, S. 277-314). In diesem Aufsatz äußert Hagen die Auffassung, daß zwischen landständischer Verfassung und Repräsentativsystem kein prinzipieller Unterschied bestünde. Die Verschiedenheit liege „in

ferenzen im einzelnen zeigt Maurers und Hagens Absolutismusdeutung jedoch eine bemerkenswerte grundsätzliche Übereinstimmung mit der restaurativen und aufgeklärt-liberalen Sicht – Absolutismus bedeutete ihnen die Vernichtung des Rechts und der Verfassung.

Hiermit stehen Maurers und Hagens Positionen in direktem Gegensatz zur hegelianischen und borussianischen Aufwertung des Absolutismus. Diese Feststellung verdient vor allem im Hinblick auf Hagen besondere Beachtung, dessen Absolutismuskritik zeitgleich zur historischen Aufwertung des Absolutismus bei Ruge erfolgte. Beide gehörten in der Frankfurter Paulskirche der radikalen Linken (Fraktion „Donnersberg“) an.[807] Auf die weitreichenden Diskrepanzen innerhalb des demokratischen Radikalismus im Vormärz und in der Paulskirche hat bereits Wende hingewiesen.[808] Soweit dies die Herausbildung des vormärzlichen Radikalismus als politische Strömung und den Parteibildungsprozeß betrifft, ist dies hier nicht weiter zu verfolgen. Anzumerken ist lediglich, daß diese trotz gewichtiger Differenzen im Geschichtsbild zustande gekommene Koalition durchaus kein Spezifikum des vormärzlichen Radikalismus war. Parallel zur Annäherung zwischen radikalem Hegelianismus (Ruge) und radikalem Germanismus (Hagen) vollzog sich die Annäherung der gemäßigten Kräfte beider Strömungen (Droysen, Duncker, Waitz, Beseler), die in der liberal-konservativen „Casino“-Fraktion der Paulskirche ihren Ausdruck fand.

Die gegensätzlichen Absolutismusdeutungen bei Hagen und Ruge[809] verweisen jedoch auf den schon früher erwähnten, für das historische Denken in Deutschland im 19. Jahrhundert zentralen Aspekt des „Staates“ und der „Staatsbildung“. Dabei wurde bereits angedeutet, wie durch den neuhumanistischen Rückgriff auf Aristoteles im allgemeinen und nicht zuletzt durch Vermittlung von Gans dieses Konzept auch die Germanisten erreichte. Allerdings unterscheiden sich das germanistische und das hegelianische Verständnis dieses Konzepts in einem wichtigen Punkt: während bei den Hegelianern der Weg von der antiken Polis zu der den modernen Staat begründenden Idee der Freiheit und Gleichheit führt und die „Staatsbildung“ erst mit der Überwindung der „mittelalterlichen Anarchie“ einsetzt, so führt er bei den Germanisten zur „germanischen Freiheit“ des Mittelalters, dessen Staatlichkeit nachzuweisen *das* Zentralproblem der germanistischen Rechts- und Verfassungsgeschichtsschreibung war. Die spätere, vor allem durch v. Below ausgelöste und bis heute andauernde Debatte um den „deutschen Staat des Mittelalters“[810] hat diese

---

etwas Unwesentlichem, in der Art und Weise der Repräsentation“. Diese Verschiedenheit sei jedoch „unbedeutend“.

807 S. Wende, Radikalismus im Vormärz, S. 31 ff., u. Mühlpfordt, Karl Hagen, S. 256 ff.

808 Vgl. Wende, Radikalismus im Vormärz, insbes. S. 16, 133, 141, 178 f., 182, 211.

809 S. hierzu a. Wende, Radikalismus im Vormärz, S. 138 f.

810 G. v. Below, Der deutsche Staat des Mittelalters, Leipzig 1914. In einer scharfsinnigen Kritik hat O. Brunner die in dieser Debatte aufgeworfenen Probleme wegen ihrer zeitgebundenen Fragestellungen und modernistischen Begrifflichkeit als „Scheinprobleme“ enthüllt, s. Brunner, Moderner Verfassungsbegriff und mittelalterliche Verfassungsgeschichte, in: H. Kämpf (Hrsg.), Herrschaft und Staat im Mittelalter, Darmstadt 1956, S. 1-19. Brunners

Tatsache ebenso teilweise überdeckt wie die zeitgenössischen fachinternen Kontroversen etwa zwischen Waitz und P. Roth über die Beurteilung der fränkischen Institutionen.[811] Gleiches gilt für die germanistische Stadtgeschichtsschreibung. Auch hier stand die Frage nach der Staatlichkeit der Städte sowie deren Bedeutung für die neuzeitliche Staatsbildung im Mittelpunkt.[812]

Trotz dieser und anderer Unterschiede – etwa dem Problem der Einheit der germanisch-romanischen Welt – wird man die Differenzen zwischen Hegelianismus und Germanismus nicht überbewerten dürfen. Wie die teilweise miteinander konkurrierenden Arbeiten der Germanisten unter dem Aspekt der „Staatsbildung" einander ergänzen, so stehen auch die germanistische und die hegelianische Variante der „Staatsbildung" nicht in einem gegensätzlichen, sondern komplementären Verhältnis. Wie sehr erst die Verknüpfung beider Varianten zu einem originellen Konzept führte, wird in den gemeinsamen wissenschaftlichen Gegnerschaften deutlich. Neben die aufgeklärte Staaten- und Kulturhistorie trat nach deren Ende in Deutschland ausgangs der 1830er Jahre die aus ihr hervorgegangene, vornehmlich in Frankreich vertretene Theorie des Dritten Standes als Antipode, gegen den sich das Konzept der „Staatsbildung" formierte. Für den Hegelianismus ist dies bereits oben angedeutet worden, für die Germanisten hat hierauf Böckenförde hingewiesen.[813] In Deutschland ist die historisch-politische Theorie des Dritten Standes nach 1840 nur vereinzelt anzutreffen. Wissenschaftlich war sie hier wirkungslos. „Staatsbildung" und „Histoire du Progrès du Tiers Etat" – als spezifisch französische Fortführung der gemeineuropäischen aufgeklärten Kulturgeschichtsschreibung (histoire de la civilisation) – erweisen sich somit als zwei miteinander konkurrieren-

---

Kritik ist jedoch, wie die neuere Diskussion zeigt, weitgehend wirkungslos geblieben, s. zuletzt Boldt, Deutsche Verfassungsgeschichte, Bd. 1, Von den Anfängen bis zum Ende des älteren deutschen Reiches 1806, München 1984, S. 149 ff. u. 193 ff.

811 S. hierzu v. Below, Der deutsche Staat des Mittelalters, S. 42 ff. u. 69, u. Dickopf, G. L. v. Maurer, S. 258; zum Versuch von Waitz und Roth, die Staatlichkeit des Mittelalters mit Hilfe moderner Begrifflichkeit nachzuweisen s. Böckenförde, Die deutsche verfassungsgeschichtliche Forschung, S. 180-187; zum Werk von Roth s. S. Gagnér, Zielsetzung und Werkgestaltung in Paul Roths Wissenschaft, in: FS für H. Krause, hrsg. v. S. Gagnér, H. Schlosser u. W. Wiegand, Köln/Wien 1975, S. 276-450, zum Verhältnis Roth-Waitz S. 340-354 u. 407.

812 Am deutlichsten hat dies W. Arnold im Vorwort seiner Verfassungsgeschichte der deutschen Freistädte, Hamburg u. Gotha 1854, Bd. 1, S. VIII, formuliert: „Endlich war die städtische Verfassung von besonderm Einfluß auf die politische Entwicklung, insofern sie zuerst die Idee des Staats und einer Staatsgewalt zur Geltung gebracht hat: erst die vorausgegangene städtische Entwicklung machte es den Territorien möglich, daß sie sich zu Staaten umbilden konnten."; zum Vergleich von Stadt und Staat im germanischen und klassischen Altertum s. ebd., Bd. 2, S. 124; s. a. den literaturgeschichtlichen Überblick bei v. Below, Der deutsche Staat des Mittelalters, S. 45 ff.; zur späteren Diskussion s. L. Schorn-Schütte, Stadt und Staat. Zum Zusammenhang von Gegenwartsinteresse und Stadtgeschichtsschreibung der Jahrhundertwende, in: Die alte Stadt 10 (1983), S. 228-266.

813 Vgl. Böckenförde, Die deutsche verfassungsgeschichtliche Forschung, S. 177 u. 181 ff.; zur Auseinandersetzung mit der französischen Historiographie s. a. Waitz, Abhandlungen zur deutschen Verfassungs- und Rechtsgeschichte, S. 9, 11, 36, 456, 591-601, sowie K. Hegel, Geschichte der Städteverfassung in Italien, Bd. 2, S. 335-345.

de wissenschaftliche Konzepte im Zeichen und als Ausdruck der Entstehung nationalstaatlicher Ideologien im 19. Jahrhundert.[814]

Vor diesem Hintergrund wird auch der wissenschaftshistorische Ort von Maurers und Hagens Absolutismusverständnis deutlicher, das sich durch wichtige Nuancen von dem der übrigen rechtshistorischen Germanistik unterscheidet. Diese Nuancen auszumachen wird zunächst durch den Umstand erschwert, daß außer den kritischen Urteilen der beiden genannten Autoren nennenswerte historische Bewertungen des Absolutismus aus der Germanistik kaum vorliegen. Indes scheint dies kein Zufall zu sein. Wenn Maurer und Hagen innerhalb der germanistischen Rechtsgeschichte lediglich eine Außenseiterposition einnahmen, so nicht nur wegen ihres besonderen politischen Engagements,[815] vermeintlich unkritischem Umgang mit den Quellen oder schwerfälliger historischer Darstellung.[816] Entscheidend vielmehr war, daß sie trotz partieller Übereinstimmung mit den übrigen Germanisten außerhalb des vorherrschenden Diskurses über „Staatsbildung" standen. Dies wird insbesondere am Vergleich Maurers mit der germanistischen Zentralfigur Beseler deutlich, der als Schüler Maurers dessen Genossenschaftsgedanken übernahm und mit dem Konzept der „Staatsbildung" zu verbinden suchte.[817] Die ausdrückliche Indienstnahme des Dritten Standes als historisch-politische Leitidee[818] stellt Maurer

---

814 Die Konkurrenz zur dritten der drei großen nationalen Ideologien des 19. Jahrhunderts, der Whig-Interpretation der englischen Geschichte als Kontinuität des Parlamentarismus, wird erst im letzten Drittel des 19. Jahrhunderts relevant, s. hierzu sowie zu dem zeitgenössischen deutsch-britischen Verhältnis L. Gall, Bismarck und England, in: Aspekte der deutsch-britischen Beziehungen im Laufe der Jahrhunderte, hrsg. v. P. Kluke u. P. Alter, Stuttgart 1978, S. 46-59; G. Schmidt, Der deutsch-englische Gegensatz im Zeitalter des Imperialismus, in: H. Köhler (Hrsg.) Deutschland und der Westen, Berlin 1984, S. 59-81; McClelland, The German Historians and England, S. 161-224.

815 Zu Maurers Tätigkeit als Mitglied des Regentschaftsrats Otto v. Wittelsbachs in Griechenland (1832-1834), seiner oppositionellen Tätigkeit im vormärzlichen Bayern sowie seiner schillernden Politik als Justizminister im Zusammenhang mit der Lola-Montez-Affäre (1847) s. Dickopf, G. L. v. Maurer, S. 16-33. Hagen wurde nach der Revolution 1848 seiner Professur enthoben und setzte seine wissenschaftliche und politische Tätigkeit zunächst als Schriftsteller fort. Im Jahr 1855 erhielt er einen Ruf als Professor für Geschichte nach Bern, s. Wende, Radikalismus im Vormärz, S. 46, u. Mühlpfordt, Karl Hagen, S. 269-272.

816 Vgl. v. Below, Der deutsche Staat des Mittelalters, S. 50; Dickopf, G. L. v. Maurer, S. 271-280; die zeitgenössische Kritik etwa von Waitz und K. Hegel fällt zu einem Großteil auf diese selbst zurück, nachdem Böckenförde die Zeitgebundenheit ihrer eigenen Fragestellungen und Leitkategorien in seiner grundlegenden Arbeit über „Die deutsche verfassungsgeschichtliche Forschung im 19. Jahrhundert" nachgewiesen hat.

817 Über Beselers Verhältnis zu Maurer s. Kern, Georg Beseler, S. 23 f., u. Dickopf, G. L. v. Maurer, insbes. S. 260 f.; vor diesem Hintergrund erscheint es zweifelhaft, ob Maurer, wie Böckenförde und Dickopf schreiben, dem „organischen" bzw. dem „klassischen Liberalismus" zuzuordnen sei. Gerade in Abgrenzung gegen den kulturgeschichtlich orientierten Liberalismus verstand sich dieser in der Ära der Reichsgründung dominierende Liberalismus nach der treffenden Charakterisierung Sybels als „staatsbildend"; vgl. Dickopf, G. L. v. Maurer, S. 322 u. 352, u. Böckenförde, Die deutsche verfassungsgeschichtliche Forschung, S. 135.

818 Zur Kontinuität des Dritten Standes vom mittelalterlichen zum modernen Bürgertum schreibt Maurer, Geschichte der Städteverfassung in Deutschland, Bd. II, S. 475: „Die Städte waren … die Vorläufer jener Kämpfe, welche noch heute ganz Europa bewegen.";

und Hagen in die Tradition der spätaufgeklärten Kulturhistorie, deren germanistische Variante sie darstellen. Mit der französischen „historiographie de la civilisation" teilen beide die Auffassung von der Staatenlosigkeit des germanischen Mittelalters, die jedoch in germanistischer Wendung als „altdeutsche Freiheit" angesehen wird. Maurers vor allem im „wissenschaftlichen Sozialismus" und im Zuge des Versuchs einer Erneuerung der Kulturgeschichtsschreibung durch K. Lamprecht rezipierte These vom „germanischen Urkommunismus"[819] ist so das positive Seitenstück zu der in der französischen Geschichtsschreibung vertretenen Auffassung von der germanischen „époque anarchique". Unterschiede zwischen der französischen und germanistischen Kulturgeschichtsschreibung zeigen sich auch in der historischen Bewertung des Absolutismus. Daß Hagens und Maurers Beurteilung des Absolutismus als Vernichtung des germanisch-deutschen Rechts schärfer als in der die römische Rechtstradition positiv behauptenden französischen Geschichtsschreibung ausfällt, ist dabei naheliegend. Eben diese wissenschaftliche Außenseiterposition der germanistischen Kulturgeschichtsschreibung war aber die Bedingung für die ausdrückliche Kritik des historischen Absolutismus.

Demgegenüber war die Stellung der vorherrschenden Germanistik komplizierter. Argumentierte sie einerseits auf der Grundlage des historisch-politischen Programms der „Staatsbildung", so verharrte sie andererseits bei der Ablehnung des Absolutismus als Vernichtung der germanischen Freiheit. Diese Ambivalenz zeigt sich etwa in den Arbeiten des „großdeutsch"-liberalen Staatsrechtlers H. Zoepfl,[820] in denen einerseits hervorgehoben wird, daß die allmähliche Entwicklung der „Staatsidee" durch die Fürsten hervorgerufen worden sei, andererseits die „auf eine Art von Patrimonialprinzip" ausgeübte absolute Gewalt der Landesherrn durchaus kritisch beurteilt wird. In germanistischer Manier behandelt Zoepfl denn auch die Epoche des Absolutismus unter dem Titel „Schicksal der landständischen Verfassung".[821] Politische Brisanz erhielt die im Vergleich zum Hegelianismus zunächst nur umgepolte Beurteilung von germanischem Mittelalter und Absolutismus durch die Tatsache, daß – von Ausnahmen wie Zoepfl abgesehen – der „staatsbildende" Germanismus als Teil der „kleindeutschen Schule" die historische Bedeutung Preußens für die nationale Einigung wohl anerkannte, die hegelianische und borus-

---

im gleichen Sinne auch Maurer in einem Brief an Gervinus v. 9. Nov. 1869, vgl. Dickopf, G. L. v. Maurer, S. 113; zu Hagen s. die obigen Ausführungen.

819 Zur Rezeption bei Marx und Engels sowie in der deutschen Sozialdemokratie s. Dickopf, G. L. v. Maurer, S. 323-349, sowie das „Einleitende Vorwort" von H. Cunow zur zweiten Auflage von Maurers „Einleitung zur Geschichte der Mark-, Hof-, Dorf- und Stadtverfassung", S. 339-372; zur Rezeption bei Lamprecht s. Dickopf, G. L. v. Maurer, S. 264 u. 271, sowie L. Schorn-Schütte, Karl Lamprecht. Kulturgeschichtsschreibung zwischen Wissenschaft und Politik, Göttingen 1984, S. 17, 50 f., 193, 196.

820 S. zu Zoepfl den Art. von v. Schulte, in: ADB 45 (1900), S. 432-434.

821 H. Zoepfl, Geschichte der deutschen Rechtsinstitute, zweite verm. u. verb. Auflage, Stuttgart 1847, S. 224-231 (= Deutsche Staats- und Rechtsgeschichte, Bd. 2, 2. Abt.); s. a. ders., Grundsätze des allgemeinen deutschen Staatsrechts, fünfte, durchaus verm. u. verb. Auflage, Heidelberg u. Leipzig, 1863, Bd. 2, S. 178 ff.

sianische positive Beurteilung der politischen Zentralisation und der Vernichtung des Ständewesens aber nicht teilte. Dies wird insbesondere deutlich bei Waitz, der die absoluten Monarchien des 17. und 18. Jahrhunderts in Europa in die Nähe der orientalischen Despotien rückt und statt dessen den staatsbildenden Charakter der Landstände hervorhebt. Entgegen einer, so Waitz, „beschränkte(n) angeblich historische(n) Auffassung" hätten die Landstände keineswegs nur „Rechte der Einzelnen" vertreten, sondern vielmehr die Aufgabe besessen, „die allgemeinen Interessen und Rechte des Landes wahrzunehmen ..." In Umkehrung der hegelianischen, borussianischen und, wie im folgenden Abschnitt zu zeigen sein wird, der nationalliberalen Argumentation betont Waitz, daß gegenüber dem „privatrechtlichen Standpunkt der Fürsten" die Landstände eine „allgemeine und öffentlichrechtliche" Stellung eingenommen und damit den Fürstentümern erst einen „mehr staatlichen Charakter" gegeben hätten.[822] Wenn Waitz' „Deutsche Verfassungsgeschichte" unvollendet blieb und Beselers Plan einer „Geschichte des deutschen Staatsrechts" scheiterte, so nicht vorrangig wegen möglicher Schwierigkeiten bei der Fülle des zu verarbeitenden Materials oder zeitlicher Überlastung. Ausschlaggebend war vielmehr, daß die germanistische Verfassungsgeschichtsschreibung von ihren eigenen Voraussetzungen her die „Epoche des Absolutismus" und insbesondere das „absolutistische" Preußen nicht in ihr verfassungsgeschichtliches Konzept zu integrieren vermochte.[823]

Im Unterschied zum dialektischen Historismus der Hegelianer oder auch Aegidis bot der evolutionistische Historismus der Germanisten kaum die Möglichkeit, die Idee der organischen Rechtsentwicklung mit dem Verständnis des Absolutismus als einer historischen Durchgangsstufe zu verknüpfen. Andeutungsweise findet sich diese Auffassung lediglich bei Welcker und Dahlmann.[824] Eingezwängt zwischen politischer Aufwertung Preußens und gleichzeitiger Kritik des Absolutismus entzog sich der „staatsbildende" Germanismus einer ausdrücklichen historischen Beurteilung und Darstellung des Absolutismus.[825] Bezeichnenderweise war

822 G. Waitz, Das Königtum und die verfassungsmäßige Ordnung, in: ders., Grundzüge der Politik, nebst einzelnen Ausführungen, Kiel 1862, S. 138 u. 146 f. (zuerst in: PJ 2 (1858)).

823 Über Beselers gescheiterten Plan einer „Geschichte des deutschen Staatsrechts" und einer „Deutschen Rechtsgeschichte" s. die aufschlußreichen Ausführungen bei Kern, Georg Beseler, S. 498-500.

824 Welcker: „Wie mangelhaft die feudalistischen, wie die theokratischen Grundsätze und Zustände des Mittelalters auch sein mochten, so roh und verderblich, *so allgemein* unterdrückend, die Freiheit und die edleren Kräfte lähmend, als der erst in der folgenden Periode entstehende Absolutismus, der höchstens ebenfalls nur als Übergangsmittel Entschuldigung oder Billigung finden könnte, waren sie nimmer.", in: Art. Mittelalter, StL Rotteck-Welcker, Bd. 10 (1840), S. 628, s. a. S. 633; positiver dagegen Dahlmann: „... keine Verfassungsform hat als Zwischenzustand öfter den Staat gefördert als die gesteigerte monarchische Gewalt, vorausgesetzt, daß sie, wie im größten Teil von Europa, über Untertanen, nicht über Knechte geführt wird.", in: Die Politik, auf den Grund und das Maß der gegebenen Zustände zurückgeführt, S. 48 (§ 23). Ein eigentlich historisches Konzept des Absolutismus ist im Gesamtwerk Dahlmanns jedoch nicht zu finden.

825 Als politische und wissenschaftliche Strömung wurde der Germanismus hierdurch aufgerieben und stellte das Erscheinen seines langjährigen Kampforgans, der Zeitschrift für

die bis dahin vorgenommene Aufwertung des Absolutismus auch nicht unter dem Aspekt der „Verfassung“, sondern unter dem allgemeinen Gesichtspunkt der „(National-) Staatsbildung“ und der positiveren Beurteilung der Bürokratie und der „Verwaltung“ erfolgt.

Den Anschluß an die positive historische Bewertung des Absolutismus hat die Germanistik erst durch O. v. Gierke gefunden. Nach dessen Auffassung war das deutsche Volk durch das „furchtbare Nationalunglück des dreißigjährigen Krieges“ zu eigener Rechtsentwicklung unfähig und so tief gefallen, „daß Rettung nur noch von der Durchgangsstufe eines schonungslosen Absolutismus zu hoffen war“.[826] Die starre Konfrontation von germanischer Freiheit und Vernichtung derselben durch den Absolutismus, die Gegenüberstellung von „Volksrecht“ und „Juristenrecht“ überwandt der Beseler-Schüler Gierke durch die historisch-dialektische Verbindung des Genossenschafts- mit dem Herrschaftsgedanken. „Die moderne Staatsidee“, so Gierke, „enthält … die Versöhnung der uralten Genossenschaftsidee und der uralten Herrschaftsidee, von denen jede in ihrer Sphäre zur Geltung kommen, deren feindlicher Gegensatz aber in einer höheren Einheit seine Lösung finden soll.“[827] Indem Gierke die Germanistik aus der ablehnenden (Hagen, Maurer) bzw. prekären (Waitz, Beseler) Haltung gegenüber dem historischen Absolutismus herausführte, hob er zugleich den Gegensatz zwischen kulturgeschichtlichem und „staatsbildendem“ Germanismus auf, wie er beispielhaft im Verhältnis von Gierkes genossenschaftstheoretischen Vorläufern v. Maurer und Beseler deutlich wurde.[828] Erst Gierkes Aussöhnung des Germanismus mit dem historischen Absolutismus schuf in Verbindung mit der späteren verwaltungsgeschichtlichen Forschung Schmollers eine wichtige Voraussetzung für die verfassungsgeschichtliche Bearbeitung des Absolutismus und der Neuzeit überhaupt, wie sie zu Beginn des 20. Jahrhunderts O. Hintze und in Anlehnung an ihn F. Hartung vornahm.[829]

---

deutsches Recht und deutsche Rechtswissenschaft, 1861 ein; s. hierzu B.-R. Kern, Die historische Rechtsschule und die Germanisten, in: Dilcher/Kern, Die juristische Germanistik des 19. Jahrhunderts und die Fachtradition der Deutschen Rechtsgeschichte, S. 15 u. 23.

826 O. v. Gierke, Das deutsche Genossenschaftsrecht, Bd. 1, Berlin 1868, S. 640 f.

827 Ebd., S. 833. Zu Gierkes ausführlicher Behandlung der historischen Bedeutung des Absolutismus s. ebd., S. 638-652 u. 801-833. Gierkes wissenschaftliches Œuvre gehört bereits der jenseits des zeitlichen Untersuchungsrahmens der vorliegenden Arbeit wirkenden Generation an. Auf eine Analyse von Gierkes Absolutismusdeutung mußte darum an dieser Stelle verzichtet werden. Zum Werk Gierkes s. Böckenförde, Die deutsche verfassungsgeschichtliche Forschung, S. 147-176; H. Heffter, Die deutsche Selbstverwaltung im 19. Jahrhundert, Stuttgart 1950, S. 525-530, sowie zuletzt O. G. Oexle, Otto von Gierkes „Rechtsgeschichte der deutschen Genossenschaft“. Ein Versuch wissenschaftsgeschichtlicher Rekapitulation, in: N. Hammerstein (Hrsg.), Deutsche Geschichtswissenschaft um 1900, Wiesbaden 1988, S. 193-217.

828 Zur wissenschaftlichen Linie von Maurer zu Beseler, Gierke und schließlich zu H. Preuß s. Dickopf, G. L. v. Maurer, S. 260 ff. u. 322 f., u. Heffter, Die deutsche Selbstverwaltung im 19. Jahrhundert, S. 751-759.

829 Zu Hintze s. Hartung, Zur Entwicklung der Verfassungsgeschichtsschreibung in Deutschland, insbes. S. 448-465; Boldt, Einführung in die Verfassungsgeschichte, S. 131-135; zu

2.3. National-Liberalismus

Eine Mittelstellung zwischen Borussianismus und Germanismus nimmt in mehrfacher Hinsicht eine Gruppe von Autoren – vorrangig L. Häusser, K. Biedermann, H. v. Sybel, R. Gneist, J. C. Bluntschli – ein, die im folgenden als „national-liberal" bezeichnet wird. Hiermit soll nicht die Gründung der Nationalliberalen Partei (1867) vorweggenommen werden, wenngleich es kein Zufall ist, daß, abgesehen von Häusser, der bereits 1867 verstarb, alle genannten Autoren später dieser Partei angehörten.[830] Bei aller grundsätzlichen Übereinstimmung im Ziel der Herstellung des deutschen Nationalstaates und der zugedachten Führungsrolle Preußens im nationalen Einigungsprozeß teilte jedoch die hier im engeren Sinn als „national-liberal" bezeichnete Autorengruppe weder die geschichtsphilosophisch verbrämte borussianische Vorstellung des in der Geschichte angelegten „deutschen Berufs" Brandenburg-Preußens noch verfing sie sich in den oben beschriebenen wissenschaftlich-politischen Aporien des Germanismus. Von diesem unterschied sie sich zudem durch die Ablehnung der behaupteten Kontinuität zwischen altgermanischer Freiheit und deutschem Konstitutionalismus.

Das Interesse der national-liberalen Strömung an der deutschen Nationalstaatsbildung war statt dessen stärker praktisch motiviert. Insbesondere Biedermann begründete bereits zu Beginn der vierziger Jahre die Forderung nach nationalstaatlicher Einigung nicht mit geschichtsphilosophischen, sondern aus materiellen Interessen gegenüber den ökonomisch fortgeschritteneren England und Frankreich sich ergebenden Argumenten.[831] Hierin stimmte Biedermann mit dem wirtschafts-

---

Hartung s. G. Oestreich, Fritz Hartung als Verfassungshistoriker (1883-1967), in: ders., Strukturprobleme der Frühen Neuzeit, S. 34-56.

830 Den Eindruck einer bruchlosen Kontinuität des Nationalliberalismus seit 1840 erweckt jedoch Biedermann im Vorwort seiner Aufsatzsammlung Fünfzig Jahre im Dienste des nationalen Gedankens. Aufsätze und Reden, Breslau 1892, wo er im Vorwort (S. VII) schreibt: „Am 1. Januar 1842, also vor nunmehr 50 Jahren, trat meine ‚Deutsche Monatsschrift' ins Leben. Ich unternahm es darin, das Programm einer neuen politischen Partei, die ich die ‚*nationale*' nannte, zu entwerfen und zu vertreten. Dieselbe sollte sich nach meiner Ansicht von der landläufigen *liberalen* Partei dadurch unterscheiden, daß sie vor allem die Herstellung einer kräftigen Einheit Deutschlands erstrebte, daß sie neben den politischen Freiheitsfragen auch die Fragen des praktischen, wirtschaftlichen Lebens schärfer ins Auge faßte, daß sie nicht bloßen Theorien huldigte, sondern immer mit dem zunächst Notwendigen, daher möglicherweise Erreichbaren sich begnügte. Es waren die Grundsätze des *heutigen* (Hervh. R. B.) *National-Liberalismus*, zu denen ich schon damals mich bekannte."

831 Zu Biedermann s. den freilich bisweilen irreführenden Art. von H. Helbig, in: NDB, Bd. 2 (1955), S. 223 f.; völlig unzutreffend etwa ist Helbigs Behauptung (S. 224), daß Biedermann als „typischer Vertreter des jugendlich-idealistischen Liberalismus der 48er Jahre ... leicht geneigt (war), die Wirkungskraft der rein geistigen Mächte im politischen Leben zu hoch einzuschätzen und sich dadurch den Blick für die Wirklichkeit der Dinge trüben zu lassen". Helbig hat offenbar gerade die frühen Aufsätze Biedermanns, in denen er sich ausdrücklich von diesem idealistischen Liberalismus absetzt, nicht berücksichtigt, s. hierzu u. a. Biedermanns Aufsätze: Die deutsche Philosophie in ihrer Stellung zum öffentlichen Leben und zur modernen Gesellschaft, in: Der Freihafen, 4. Jg. (1841), H. 1, S. 217-251, u. Die Fortschritte des nationalen Prinzips in Deutschland, in: Deutsche Monatsschrift für Literatur

politischen Vordenker der deutschen Einheit, Friedrich List, überein, dessen nationalökonomische Begründung des Nationalstaatsgedankens sich auch bei Lists Freund und erstem Biographen L. Häusser wiederfindet.[832] Diesen Argumenten gegenüber war auch der dem rheinischen Wirtschaftbürgertum entstammende v. Sybel aufgeschlossen,[833] während der gebürtige Schweizer und seit 1848 in Deutschland lehrende Staatswissenschaftler Bluntschli stärker in rechtshistorischen Kategorien dachte. Kaum jemand hat wie er die politische Mittelstellung des nationalen Liberalismus deutlicher repräsentiert und systematisch entwickelt.[834] Bereits ausgangs der dreißiger Jahre hatte Bluntschli den Versuch unternommen, zwischen Hegelscher Staatsphilosophie und der Historischen Rechtsschule eine Synthese herzustellen, die später in das Programm einer „historisch-philosophischen Staatswissenschaft“ mündete. Dieses wissenschaftliche Programm eines Ausgleichs zwischen Hegelianismus und Germanismus[835] verknüpfte Bluntschli mit der bereits im Vormärz, vor allem aber in Folge der Revolution 1848 auf Resonanz stoßenden politischen Forderung nach einem „liberal-konservativen“ Kompromiß.[836] Unterstützung fand Bluntschli hiermit bei seinem späteren Münchener Kollegen v. Sybel, der den wissenschaftlich-politischen „Liberal-Konservatismus“ mit der Gründung der „Historischen Zeitschrift“ (1859) gleichsam institutionalisierte,[837] ebenso wie bei Gneist.[838]

Trotz vielfältiger Übereinstimmung wäre es jedoch verfehlt, die auch persönlich miteinander verbundenen national-liberalen Autoren[839] als eine homogene Gruppe

---

und öffentliches Leben, 1. Bd. (1842), H. 1, wiederabgedr. in: Biedermann, Fünfzig Jahre im Dienste des nationalen Gedankens, S. 2-12; zu Biedermanns politischer Entwicklung im Vormärz s. W. Schulze, Karl Friedrich Biedermann. Eine Studie zum Verhältnis von Wissenschaft, Publizistik und Politik im deutschen Vormärz, in: Aus Theorie und Praxis der Geschichtswissenschaft. FS für H. Herzfeld zum 80. Geburtstag, hrsg. v. D. Kurze, Berlin/New York 1972, S. 299-326; für die Zeit nach 1848 s. J. Müller, Karl Biedermann und die preußische Hegemonie in Deutschland. Vom Liberalismus zum Bonapartismus, Diss. Leipzig 1972.

832 Zum Verhältnis zwischen Häusser und List s. Kaltenbach, Ludwig Häusser, S. 94-97, u. Gall, Ludwig Häusser als Historiker und Politiker des kleindeutschen Liberalismus, S. 86.

833 S. hierzu Dotterweich, Heinrich von Sybel, S. 20-33, u. Haferkorn, Die sozialen Vorstellungen Heinrich von Sybels, S. 16-21.

834 Zu Bluntschli s. J. Vontobel, Die liberal-konservative organische Rechts- und Staatslehre Johann Caspar Bluntschlis, Diss. phil. Zürich 1956; s. a. v. Oertzen, Die soziale Funktion des staatsrechtlichen Positivismus, insbes. S. 118-123.

835 Vgl. Bluntschli, Die neueren Rechtsschulen der deutschen Juristen, S. 61 ff.; s. a. o. S. 93 f.

836 Vgl. o. S. 96 f.

837 S. hierzu Dotterweich, Heinrich von Sybel, S. 132-166 u. 329 f.

838 Eine wissenschaftliche Biographie zu Gneist steht noch aus. Am ausführlichsten noch immer Heffter, Die deutsche Selbstverwaltung im 19. Jahrhundert, S. 372-403.

839 Zum Verhältnis zwischen Bluntschli und Sybel s. Simhart, Bürgerliche Gesellschaft und Revolution, S. 57-63, 69 ff., 75 ff., 86 u. ö.; zur führenden politischen Rolle Häussers und Bluntschlis im badischen Liberalismus während ihrer gemeinsamen Heidelberger Zeit zwischen 1861 und 1867 s. Kaltenbach, Ludwig Häusser, S. 110, insbes. S. 209-217, 226-230, 235, 237 ff., 242 ff.; zu Häussers Beziehungen zu Sybel s. ebd., S. 72, 125-137, 142, 145, 209, 214, 221 ff., 231, 245 ff.; überzogen das Urteil Srbiks, Häusser sei „das süddeutsche Gegenstück zu Sybel“, vgl. Geist und Geschichte vom deutschen Humanismus bis zur Ge-

anzusehen. Politisch neigten Biedermann und Sybel seit Beginn der „Neuen Ära" (1859) dem Borussianismus zu,[840] während Bluntschli und vor allem Häusser eine föderative Reichseinigung favorisierten.[841] Auch ihrer wissenschaftlichen Herkunft nach unterschieden sie sich. Waren der preußische Rheinländer v. Sybel und der Schweizer Bluntschli während ihres Studiums in Berlin durch die Historische Schule Rankes und Savignys geprägt worden, dabei aber – vor allem Bluntschli – von der Hegelschen Philosophie nicht unberührt geblieben, so war der Pfälzer Häusser stärker von Schlosser und dem Jenaer Historiker H. Luden beeinflußt worden,[842] während der Leipziger Philosophieprofessor und Publizist Biedermann dem Spätkantianismus nahe stand. Seit den fünfziger Jahren wandte er sich verstärkt der Historie zu. Als Herausgeber zahlreicher Zeitungen, Zeitschriften und wissenschaftlicher Unternehmungen zählte er, der im Unterschied zu den übrigen hier genannten Autoren, auch als Abgeordneter in der Frankfurter Paulskirche an exponierter Stellung hervortrat, zu den bedeutendsten deutschen Publizisten zwischen 1840 und 1880.[843] Gerade jedoch diese Heterogenität und partielle Überschneidung mit borussianischen und germanistischen Auffassungen, die – im Vergleich zu Droysens Werk über Preußen und zur mediävistischen Germanistik – zeitliche Nähe der Themen, die Dichte des Diskurses über europäische Nationalstaatsbildung sowie die populäre Darstellungsart machte die national-liberale Gruppe zur wohl

---

genwart, Bd. I, S. 379 f.; zu Biedermann und Häusser s. ebd., S. 189 f.; zu Gneist und Sybels parlamentarischer Tätigkeit vor allem während der Zeit des preußischen Verfassungskonflikts s. Huber, Deutsche Verfassungsgeschichte, Bd. 3, S. 281, 292 ff., 313-316, u. Heffter, Die deutsche Selbstverwaltung im 19. Jahrhundert, S. 399 ff.

840 Zu Biedermann s. Müller, Karl Biedermann und die preußische Hegemonie, S. 233-282; von einer „schmähliche(n) Rolle" zu sprechen, die ihn „geradewegs ins Lager des preußischen Bonapartismus führte" (S. 240) wird Biedermann allerdings nicht gerecht. Auch an anderen Stellen ist diese Arbeit nicht frei von problematischer Polemik, so etwa wenn Biedermann als „politischer Agent Bismarcks" (S. 281) bezeichnet wird. Zu Sybels Einschwenken auf die borussianisch-bismarcksche Linie s. Seier, Die Staatsidee Heinrich von Sybels in den Wandlungen der Reichsgründungszeit 1862/71, S. 102 u. 147-152; zur Kontroverse mit Droysen S. 139 f. u. 143; s. hierzu a. Hock, Liberales Denken im Zeitalter der Paulskirche, S. 88 u. 164. f; Dotterweich, Heinrich von Sybel, beschreibt dessen politische Haltung als „verhaltene(n) Borussismus" (S. 213).

841 Zu Bluntschlis widersprüchlicher Haltung zwischen Föderalismus und Unitarismus s. Vontobel, Die liberal-konservative Rechts- und Staatslehre Johann Caspar Bluntschlis, S. 225-231; zu Häusser s. Gall, Ludwig Häusser als Historiker und Politiker des kleindeutschen Liberalismus, S. 88-90, u. Kaltenbach, Ludwig Häusser, S. 225 ff.; überzogen jedoch die behauptete Nähe zu Constantin Frantz, ebd., S. 230-234.

842 S. Kaltenbach, Ludwig Häusser, S. 30-36.

843 S. hierzu M. Brasch, Karl Biedermann als Historiker und Publizist, in: ders., Leipziger Philosophen. Porträts und Studien aus dem wissenschaftlichen Leben der Gegenwart, Leipzig 1894, S. 195-220; W. Emmerich, „... ein vollständiges Bild des gesamten Kulturlebens." F. K. Biedermanns Gesellschaftsgeschichte aus dem Geist des Vormärz, in: K. Biedermann, Deutschland im 18. Jahrhundert, hrsg. u. eingel. v. W. Emmerich, Berlin 1979, S. VII-XLI. (Biedermanns Werk ersch. zunächst in 2 Bdn., 1854 u. 1858), u. Müller, Karl Biedermann und die preußische Hegemonie in Deutschland, S. 3, zu Biedermanns Aktivitäten in der Paulskirche S. 93-135.

wirkungsvollsten Strömung des klassischen Liberalismus.[844] Von ihr gingen auch für die Historisierung des Absolutismus zwischen 1850 und 1870 die stärksten Impulse aus. Allerdings besaß dieser Diskurs nicht die Geschlossenheit des Hegelianismus, dessen Argumente in der national-liberalen Absolutismusinterpretation teilweise wiederkehren. War die hegelianische Historisierung des Absolutismus ganz unter dem Aspekt moderner „Staatsbildung" erfolgt und erst durch die Einbeziehung der „Nation" im Borussianismus modifiziert worden, so oszillierte die national-liberale Deutung des Absolutismus zwischen den beiden begrifflichen Polen des „Nationalstaats".

2.3.1. Französischer und preußisch-deutscher Absolutismus als Muster der Nationalstaatsbildung

Für alle genannten national-liberalen Autoren ist der Absolutismus ein Grundzug der europäischen Geschichte des 17. und 18. Jahrhunderts, der in den einzelnen Ländern jedoch unterschiedliche Ausformungen angenommen hat. Ansätze hierzu seien bereits in Frankreich unter Ludwig XI. und vor allem unter Franz I. (1515-1547) sowie in England unter den Tudors festzustellen.[845] Zu einem systematischen Ausbau des Absolutismus, gestützt auf das Bündnis zwischen weltlichem Despotismus und kirchlicher Inquisition, ist es jedoch, wie vor allem Häusser hervorhebt, erstmals in Spanien unter Karl V. und Philipp II. gekommen, der die westeuropäische Staatenwelt länger als ein halbes Jahrhundert bedroht habe.[846] Von diesen nur peripher behandelten Frühformen wird der seit dem Westfälischen Frieden zum vermeintlich vorherrschenden politischen System in Europa aufsteigende Absolu-

---

844 Aufschlußreich die Beurteilung R. Hayms, der zu Beginn eines in den Preußischen Jahrbüchern (Bd. 5, 1860, S. 96 ff.) erschienenen Literaturberichts vor allem auf die genannten national-liberalen Autoren hinwies: „Die ernste Richtung der dermaligen deutschen Literatur auf Geschichte und Politik kann sich keinem Beobachter entziehen. Gerade die bedeutendsten Erscheinungen gehören entweder unmittelbar diesen beiden Gebieten an, oder sie verraten auch in der Behandlung anderen Inhalts einen den praktischen und sittlichen Interessen der Gegenwart zugewandten, einen an dem unausweichbaren Einfluß desselben genährten Sinn. (...) Rüstig schreitet das von *Biedermann* geleitete Unternehmen einer *„Staatengeschichte der neuesten Zeit"* vorwärts. ... Von den älteren, aber kürzlich in neuen Auflagen erschienenen Geschichtswerken sind die von *Sybel* und *Häusser* bereits zu einem Gemeingut der Nation, ja das letztere ist ... verdientermaßen zu einem Volksbuch geworden" (gemeint ist Häussers „Deutsche Geschichte", R. B.).

845 Vgl. L. Häusser, Geschichte des Zeitalters der Reformation 1517-1648, hrsg. v. W. Oncken, Berlin 1868, S. 53-63 u. 183-187 (Vorlesung vom Wintersemester 1859/60); Biedermann, Die Entwicklung des Staatslebens in Deutschland, England und Frankreich. Ein Beitrag zur vergleichenden Staats- und Verfassungsgeschichte, in: Historisches Taschenbuch, hrsg. v. F. v. Raumer, 3. Folge, 10. Jg. (1859), S. 315-443, insbes. S. 387-397; zu Frankreich s. a. Sybel, Geschichte der Revolutionszeit von 1789 bis 1795, dritte verm. u. verb. Aufl., Bd. 1, Düsseldorf 1865, S. 3 ff.

846 Vgl ebd., S. 317-326, u. Bluntschli, Lehre vom modernen Staat, sechste Aufl., durchges. v. E. Loening, Bd. 1, Stuttgart 1886 (Ndr. Aalen 1965), S. 441-444; zur komplizierten Entstehungsgeschichte dieses seit 1852 erschienenen und hier in der letzten Fassung benutzten Werks s. die Vorrede von Loening, S. V-XII.

tismus des 17. und 18. Jahrhunderts unterschieden. Vor allem Häusser betont den epochalen Charakter des Westfälischen Friedens, der zur Auflösung der mittelalterlichen Ordnung der europäischen Staatenwelt und zum Beginn des „Zeitalter(s) der national-konsolidierten Staaten mit einer neuen Staatskunst nach Innen und nach Außen" geführt habe. Für beide Richtungen sei Frankreich „in dem Geiste, den Richelieu vorbereitet hatte", maßgebend geworden.[847]

Zwar sei auch Richelieus Ziel die „Unumschränktheit der Staatsgewalt" gewesen, im Unterschied zur abschreckenden Form des spanischen Absolutismus habe sie jedoch nie „die Idee einer populären Fürsorge für die Massen … aus den Augen" verloren und noch nichts von dem späteren „Sultanismus" Ludwigs XIV. an sich gehabt. Unter Hinweis auf Tocquevilles Forschungen hebt Häusser, der sich unter den national-liberalen Autoren neben Sybel am eingehendsten mit dem französischen Absolutismus auseinandergesetzt hat, vor allem die Neuartigkeit der Verwaltung hervor, die keineswegs eine Errungenschaft der Revolution von 1789 sei.[848] „Diese Zentralisation der Staatsgewalten in einer Hand, die Beschränkung der mittelalterlichen Körperschaften, Stände und Rechte, diese Vereinfachung der Staatsmaschine, diese Sorge für gleiches Recht und billige Verwaltung, für Schonung und Förderung des materiellen Wohls der Massen", so resümiert Häusser, „das ist der Absolutismus des 17. Jahrhunderts, der hier in einem ersten Vertreter von großartiger Befähigung erscheint …." Zum Wahlspruch dieser Ausprägung des Absolutismus erhebt Häusser das Motto: „Alles für, nichts durch das Volk."[849]
Unter Ludwig XIV. sei die wirtschaftliche und bürokratische Staatseinheit vollendet worden, doch habe dieser, indem er die Vorbedingung dieses Systems – den „Gedanke(n) der populären Fürsorge für den steuerpflichtigen Teil der Nation" – zurückgestellt habe, die Erbschaft Richelieus rasch verspielt. Auch sei es versäumt worden, dem „rein faktischen Zustand" der Staatseinheit und Dominanz der Krone „die dauerhafte Basis eines gesetzlichen Rechtszustandes zu geben", was zu einem anhaltenden Widerspruch zwischen den Rechtsansprüchen der noch fortbestehenden alten Körperschaften und der monarchischen Politik geführt habe. Einen öffentlichen Rechtszustand habe es somit nicht gegeben, die Machtvollkommenheit

847 Vgl. ebd., S. 667; auf die paradigmatische Bedeutung Frankreichs für den Zusammenhang von absoluter Monarchie und Nationalstaatsbildung weist Häusser ausdrücklich auch in seiner „Geschichte der französischen Revolution", S. 9, hin: „… wenn je in einem Staat die absolute Fürstenmacht populär war, wo die nationale Idee mit ihr Hand in Hand ging, so war es damals in Frankreich der Fall."; s. a. Biedermann, Die Entwicklung des Staatslebens in Deutschland, England und Frankreich, S. 373-377.

848 Vgl. ebd., S. 589 f., u. ders., Geschichte der französischen Revolution 1789-1799, hrsg. v. W. Oncken, Berlin 1867. (Vorlesung vom Sommersemester 1860), S. 8; s. a. v. Sybel, Der alte Staat und die Revolution (1879), in: Kleine historische Schriften, Bd. III, Stuttgart 1880, S. 237, sowie Biedermann, Die Entwicklung des Staatslebens in Deutschland, England und Frankreich, S. 320 u. 403 ff.

849 Vgl. ebd., S. 588 u. 590; diesem Typus des Absolutismus ordnet Häusser auch Karl I. von England zu, s. ebd., S. 753; s. a. ders., Geschichte der französischen Revolution, S. 9.

der französischen Krone sei „nichts als eine permanente Usurpation" gewesen.[850] Die „despotische Zentralisation der alten Monarchie" und die in Ludwigs Ausspruch „Der Staat bin ich" sich ausdrückende Unterordnung des Staates unter den Versailler Hof, wo der sich dem Bauernstand völlig entfremdete Adel seine von Pächtern eingetriebenen Einkünfte vergeudet habe, habe das selbständige Leben der Nation erstickt und so der Revolution und ihrem Terrorismus „vorgearbeitet".[851]

Weitgehend identisch mit Häussers Beurteilung ist Sybels Deutung des französischen Absolutismus, auf deren detaillierte Wiedergabe darum hier verzichtet werden kann, zumal ihr bereits Haferkorn in seiner Studie über Sybel nachgegangen ist.[852] Zu ergänzen bleibt zunächst lediglich der Hinweis auf Sybels differenziertere und aufs Ganze gesehen positivere Sicht Ludwigs XIV., dessen starkes Königtum an sich kein Schaden für das Land dargestellt, sondern vielmehr „die Einheit des Landes, die Macht des Staates, die Bedürfnisse des öffentlichen Wohls" vertreten habe. Jedoch habe Ludwig der politische Wille und die moralische Kraft gefehlt, die Stände aus der „egoistischen Untätigkeit" zur „politischen Freiheit" zu führen. Während einerseits alte provinzialständische Rechte und selbständige Gewalten fortbestanden, habe zugleich der Staat durch den bedenklichen Ämterverkauf das Recht aufgegeben, „seine Organe zu lenken und zu beaufsichtigen."[853] In diesen Nuancen drückt sich der bereits an früherer Stelle erwähnte Unterschied zwischen Häussers betont nationaler und Sybels „staatsbildender" Sichtweise aus, die ihn in eine gewisse Nähe zur universalhistorischen Argumentation des Hegelianismus bringt.

Wie Häusser, so betrachtet jedoch auch Sybel die negative Ausprägung des Absolutismus und ihren Wirkungszusammenhang mit der Revolution als ein französisches Charakteristikum. Es sei, so Häusser, ein weit verbreitetes, jedoch durchaus unzutreffendes Vorurteil, daß die Zustände des alten Frankreich sich nicht wesentlich von denen im übrigen Europa unterschieden hätten. Zwar habe die in Frankreich geborene „erste Grundform des zentralistischen Staates" zunächst allenthalben in Europa als Vorbild gedient, doch seien die Nachbilder in den verschiedenen Ländern sehr unterschiedlich ausgestaltet worden. Vor allem aber sei die „Idee der absoluten Staatsmacht" außerhalb Frankreichs „tiefer und richtiger" erfaßt worden als von Richelieu und Ludwig XIV.[854] In den anderen Ländern sei der Absolutismus „mit den Verhältnissen und Aufgaben der Zeit gewachsen", sein Wirken für die gemeinsamen Interessen der Gesellschaft – Häusser nennt die Lockerung der „lästigen Fessel der Feudalität" – habe „seine Diktatur wie eine wohltätige, erwe-

850 Vgl. Geschichte der französischen Revolution, S. 14; ebenso Sybel, Geschichte der Revolutionszeit, S. 5 u. 17.
851 Vgl. ebd., S. 11 u. 16 f.; Sybel, Geschichte der Revolutionszeit, S. 18-26.
852 S. Haferkorn, Die sozialen Vorstellungen Heinrich von Sybels, S. 79-86, insbes. S. 81 ff.; s. a. Dotterweich, Heinrich von Sybel, S. 202 ff.
853 Vgl. Sybel, Geschichte der Revolutionszeit, S. 10-12.
854 Vgl. Häusser, Geschichte der französischen Revolution, S. 7.

ckende, schützende Form erscheinen … lassen, die den Massen lieb geworden war". Niemand habe die absolute Monarchie als solche gehaßt, „denn sie wirkte vielfältig segensreich und befruchtend". Anders habe sich der Absolutismus lediglich in Frankreich präsentiert, wo, verglichen mit den Monarchien Friedrichs d. Großen, Maria Theresias und Katharinas II., unter Ludwig XV. „gerade das Schlechteste und Unbrauchbarste der alten Zeit", „launenhafteste(r) Despotimus und daneben unbegreiffliche Reste der Feudalität" erhalten geblieben seien. Die anderen Monarchien des alten Europa seien erst infolge ungeschickter Politik und Kriegsführung unter den militärischen Schlägen Napoleons, die französische Monarchie hingegen infolge der Verderbtheit ihres Absolutismus zusammengebrochen. Es sei daher durchaus kein Zufall, „sondern eine tiefe geschichtliche Notwendigkeit, daß die Revolution gerade hier und nicht anderswo zum Ausbruch kam".[855]

Mit diesem negativen Typus des Absolutismus wird von den national-liberalen Autoren die Entwicklung in Deutschland kontrastiert, das als Hauptopfer der durch den Westfälischen Frieden herbeigeführten epochalen Wende seinen nationalen Charakter verloren und damit zunächst ungünstigere Bedingungen für die Staats- und Nationalbildung vorgefunden habe.[856] Dennoch sei die folgende Periode der deutschen Geschichte häufig zu Unrecht einseitig negativ beurteilt worden. Unter den zahlreichen bedeutenden Persönlichkeiten, die in der nachfolgenden Zeit hervorgetreten seien, rage besonders Friedrich Wilhelm, der „große Kurfürst", heraus. Sein „fürstlicher Absolutismus" war nach Häussers Auffassung zwar ebenso streng und gewaltsam wie der in anderen Staaten Europas. Wie zur gleichen Zeit „die Könige im Norden" oder Richelieu in Frankreich, so habe auch der Große Kurfürst in die alten Rechte der Provinzen, der ständischen Korporationen und der Privilegien des Adels eingegriffen. Trotz aller Härten sei „aber die unbedingte Gewalt, die er sich schuf, … eine Wohltat für die Gesamtheit" gewesen. Durch die Gründung des Heeres, die Ordnung des Staatshaushalts und anderer Maßnahmen habe Friedrich Wilhelm „die Grundlagen zu einer staatlichen Größe (gelegt), die das erste Exempel dieser Art war …".[857] Mit seinem politischen Werk sei der Große Kurfürst zum „edelsten Fortsetzer" der Ideen Richelieus geworden.[858] Jedoch nicht in der „staatlichen Entfaltung" und dem „trefflichen Regiment im Innern" sieht Häusser die eigentliche Bedeutung Friedrich Wilhelms. Sein „weltgeschichtliche(s) Verdienst" liege vielmehr, wie Häusser im Unterschied zur hegelianisch-staatsbildenden Argumentation betont, in der „Tatsache, daß Deutschland seit lange keinen Fürsten hervorgebracht, der in den großen europäischen Verhältnissen

855 Vgl. ebd., S. 4 ff.; Sybel, Geschichte der Revolutionszeit, Bd. II, S. 8 f.

856 Vgl. ebd., S. 655, 663 f. u. ders., Deutsche Geschichte vom Tode Friedrich des Großen bis zur Gründung des deutschen Bundes, Bd. I, dritte verb. u. verm. Auflage, Berlin 1861, S. 7; Biedermann, Deutschland im 18. Jahrhundert, S. 351 u. 397; ders., Die Entwicklung des Staatslebens in Deutschland, England und Frankreich, S. 373 f.

857 Vgl. ders., Deutsche Geschichte, S. 40 f.

858 Vgl. ders., Geschichte des Zeitalters der Reformation, S. 590.

eine so selbständige Bedeutung behauptete …".[859] Indes blieb der Große Kurfürst doch eine Ausnahmeerscheinung. Vor allem Biedermann versuchte in seinem kulturgeschichtlichen Werk „Deutschland im 18. Jahrhundert" zu zeigen, wie sehr die deutschen Zustände in dem Jahrhundert nach dem dreißigjährigen Krieg durch das politische und kulturelle Vorbild des französischen Absolutismus geprägt waren.[860] Der „Nachäffung fremdländischer Unnatur" habe erst Friedrich der Große ein Ende bereitet, der nach Meinung auch der übrigen Autoren mit seiner Maxime, der Fürst sei nur „der erste Diener des Staates", den „Markstein einer neuen Epoche" gesetzt habe.[861]

Oberflächlich betrachtet scheint die Differenz der national-liberalen zur ebenfalls am französisch-preußischen Vergleich orientierten hegelianischen Absolutismusdeutung lediglich in dem Austausch bzw. der Nuancierung der erkenntnisleitenden Begriffe der „Staats-" und „Nationenbildung" zu bestehen. Hiermit verbunden sind allerdings einige zum Teil erhebliche Differenzen, die sich unter dem Aspekt des national-liberalen Antiromanismus zusammenfassen lassen. An die Stelle der im Hegelianismus vorherrschenden und auch von Ranke vertretenen Vorstellung von der Einheit der germanisch-romanischen Welt trat die Auffassung von der prinzipiellen Verschiedenartigkeit der germanischen und romanischen Völker. Die europäisch-vergleichende Geschichtsbetrachtung wurde zunehmend verdrängt durch die – zumeist moralisierende – Konfrontation deutscher und französischer Nationalgeschichte. Ansätze hierzu sind wohl bereits im Hegelianismus, vor allem in seiner borussianischen Wendung bei Droysen zu erkennen, von einer allgemeinen und prinzipiellen Gegnerschaft des Hegelianismus zu Frankreich kann jedoch keine Rede sein. Eher ließe sich das Gegenteil behaupten.[862] Erst mit dem Durchbruch des Nationalismus als nach innen ebenso wie nach außen gerichteter Integrationsideologie wurde der Antiromanismus zu „eine(r) der tragenden Komponenten des nationalen Geschichtsbild(s)".[863]

Neben der Rheinkrise von 1840 hat hierzu entscheidend die französische Februarrevolution von 1848 und die sich anschließende bonapartistische Diktatur

859 Vgl. ders., Deutsche Geschichte, S. 40-42.

860 S. Biedermann, Deutschland im 18. Jahrhundert, S. 68 f.; s. hierzu a. die Rezension von Häusser in: ders., Gesammelte Schriften, Bd. 2, S. 616-632, sowie ders., Deutsche Geschichte, S. 133, u. Bluntschli, Lehre vom modernen Staat, Bd. I, S. 444-448.

861 Ebd., S. 69 f.

862 Die Einflüsse des Hegelianismus in Frankreich wie umgekehrt die französischen Einflüsse – vor allem des Saint-Simonismus – auf den Hegelianismus sind bislang kaum untersucht worden. Dies gilt vor allem für die ausgezeichneten Frankreichkenner Carové und Gans. Sieburgs Arbeit etwa über „Deutschland und Frankreich in der Geschichtsschreibung des 19. Jahrhunderts" enthält hierzu keinerlei Hinweise.

863 Neumüller, Liberalismus und Revolution, S. 126; ebenso auch Gollwitzer, Zum politischen Germanismus des 19. Jahrhunderts, S. 294, nach dessen pointierten Urteil „noch vor der Jahrhundertmitte der irenische Europäismus hinter eine ausschließlich nationalpolitisch motivierte Betrachtungsweise zurückgetreten" sei.

beigetragen.[864] Die Wiedererrichtung des „altköniglichen Absolutismus"[865] schien die bereits verschiedentlich zuvor formulierte Behauptung vom wechselseitigen Zusammenhang zwischen Absolutismus und Revolution erneut zu bestätigen. Gegenüber der restaurativen Geschichtsauffassung, die diesen Zusammenhang verallgemeinert und Frankreich lediglich als Darstellungsmuster verwandt hatte, erkennt der National-Liberalismus das Wirkungsverhältnis zwischen Absolutismus und Revolution jedoch nur als französisches Spezifikum an, dem das spezifisch preußisch-deutsche Verlaufsmuster vom aufgeklärtem Absolutismus zur Reform entgegengestellt wird. Ähnlich hatte auch der Hegelianismus argumentiert, dabei aber im Anschluß an Hegels geschichtsphilosophische Auffassung, daß die Vernunft in der Weltgeschichte in jeder historischen Epoche in nur einem bestimmten Volk sich offenbare, stärker die jeweilige historische Individualität der beiden Musterstaaten des Absolutismus herausgestellt. Allerdings ist dieser vor allem in Gans' Analyse des französischen Absolutismus angewandte dialektische Historismus im Hegelianismus nicht durchgehalten worden. In Ruges Diktum etwa von der „faulen Wurzel des französischen Absolutismus" degeneriert das die Hegelsche Geschichtsphilosophie durchziehende Spannungsverhältnis zwischen dialektischem Historismus und teleologischem Fortschrittsdenken zum Widerspruch zwischen vergleichender Analyse und moralisierender Kritik.

Dieser bei Ruge erst angedeutete moralisierende Vergleich gerät in der national-liberalen Absolutismusdeutung zur vorherrschenden Methode. Richelieu und der Große Kurfürst, Ludwig XIV. und Friedrich der Große, höfischer Absolutismus und Revolution einerseits, aufgeklärter Absolutismus und Reform andererseits: durchgängig wird der französische Absolutismus zum Negativmaßstab erhoben, an dem gemessen sich die vermeintliche Überlegenheit des preußischen Absolutismus als jeweils nachfolgendem Schüler erweist.[866] Die im dialektischen ebenso wie im evolutionistischen Historismus Rankes vertretene Idee der Geschichte als eines universalhistorischen Kontinuums wird in der national-liberalen Geschichtsauffassung zugunsten der Idee einer fortwährenden Kontinuität miteinander rivalisierender Nationen aufgelöst.[867] An die Stelle des analytischen Vergleichs der Funktionsweisen des französischen und des preußischen Absolutismus tritt der moralische Komparativ als historisch-politisches Argument.

Es entbehrt nicht einer gewissen Perfidie, wenn sich die national-liberalen Historiker zur Stützung ihrer These von der spezifisch französischen negativen Kontinuitätslinie zwischen höfischem Absolutismus und Revolution der Resultate

---

864 S. hierzu H. Gollwitzer, Der Cäsarismus Napoleons III. im Widerhall der öffentlichen Meinung Deutschlands, in: HZ 173 (1952), S. 23-75; zur Präsenz des Bonapartismus in der preußischen Verfassungsdiskussion der frühen fünfziger Jahre s. Grünthal, Parlamentarismus in Preußen 1848/49-1857/58, S. 261-295.

865 Häusser, Rez. Karl Biedermann, Deutschland im 18. Jahrhundert, in: Gesammelte Schriften, Bd. 2, Berlin 1870, S. 627 (zuerst ersch. 1854).

866 S. ausdrücklich Sybel, Geschichte der Revolutionszeit, Bd. II, S. 9.

867 S. hierzu ausführlich auch Neumüller, Liberalismus und Revolution, S. 92 ff. u. 100 ff.

aus Tocquevilles Untersuchung über den durch den bürokratischen Zentralismus vermittelten Zusammenhang zwischen Ancien Régime und Revolution bedienten. Herausgelöst aus dem französischen Kontext, wo Tocquevilles Werk einen einschneidenden Beitrag zur Entmythologisierung der Revolution darstellte, wurde es in Deutschland zugleich „als Kronzeuge der deutschen Kritik an Frankreich“[868] vereinnahmt. In extrem zugespitzter Ausprägung findet sich dieser Antiromanismus bei G. Diezel, einem in den fünfziger Jahren populären liberalen Publizisten, der den Absolutismus für eine Besonderheit des Romanismus überhaupt erklärt. Vor dem aktuellen Hintergrund der eben errichteten bonapartistischen Diktatur Louis Napoléons entwirft er das Bild eines in der Urzeit angelegten Gegensatzes zwischen freiheitlichem Germanismus und Romanismus, der schicksalhaft mit der Entstehung immer neuer Formen des Absolutismus verkettet sei.[869]

Was Böckenförde für die germanistische Verfassungsgeschichtsschreibung konstatierte, trifft somit weitgehend auch für die national-liberale Absolutismusdeutung zu: „Die nationalpolitische Frontstellung erweist sich ... immer wieder als die eigentlich antreibende Kraft.“[870] Neben Sybel[871] gilt dies in besonderem Maße für Häusser,[872] dessen beschworener „gesunder nationaler Gegensatz gegen das Franzosentum“[873] in bedenkliche Nähe antifranzösisch-nationalistischen Ressentiments gerät.[874] In seiner nicht zuletzt seinen rhetorischen Fähigkeiten zuzuschreibenden, die übrigen kleindeutschen Historiker überragenden zeitgenössischen Wirkung,[875] aber auch in dem Schicksal, bald nach seinem Tod in Vergessenheit geraten zu sein, läßt Häusser sich mit Gans vergleichen, als dessen typologischer Antipode er gelten kann, und den er wegen dessen Frankreichsympathien scharf kritisierte.[876] Wie Gans unter den Hegelianern am klarsten den historischen Aspekt der „Staats-

---

868 Heffter, Die deutsche Selbstverwaltung im 19. Jahrhundert, S. 354.

869 Vgl. G. Diezel, Deutschland und die abendländische Zivilisation, Stuttgart 1852, S. 208; s. a. Gollwitzer, Der Cäsarismus Napoleons III. im Widerhall der öffentlichen Meinung Deutschlands, S. 57, u. Neumüller, Liberalismus und Revolution, S. 93; von der Tendenz her ähnlich: A. L. v. Rochau, Art. Absolutismus, in: StL Rotteck-Welcker, dritte Aufl., Leipzig 1856, Bd. 1, insbes. S. 84-87.

870 Böckenförde, Die deutsche verfassungsgeschichtliche Forschung im 19. Jahrhundert, S. 185.

871 S. Dotterweich, Heinrich von Sybel, S. 205-208, u. Neumüller, Liberalismus und Revolution, S. 95.

872 Hierauf hat nachdrücklich auch Gall, Ludwig Häusser als Historiker und Politiker des kleindeutschen Liberalismus, S. 85, hingewiesen.

873 Häusser, Deutsche Geschichte, S. 10.

874 S. a. Sieburg, Deutschland und Frankreich in der Geschichtsschreibung des 19. Jahrhunderts, Bd. 2, S. 213 f. u. 282 ff., wo er Häussers „Deutsche Geschichte“ als „Klassiker“ des „antifranzösischen Patriotismus“ bezeichnet, der von „unverhüllte(m) Subjektivismus antifranzösischer Haßgefühle getragen“ sei; auch Gall, Ludwig Häusser als Historiker und Politiker des kleindeutschen Liberalismus, S. 85, attestiert Häusser „antifranzösische Affekte“; nach Auffassung von Kaltenbach, Ludwig Häusser, S. 134, steht Häusser „entre l'époque cosmopolite de Schlosser et l'ère nationaliste de Treitschke“.

875 S. hierzu den Nachruf auf Häusser von P. Kluckhohn, in: PJ 21 (1868), S. 611-636.

876 S. Kaltenbach, Ludwig Häusser, S. 59 f.

bildung" hervorhob, so vertrat umgekehrt im klassischen Liberalismus Häusser am schärfsten das nationalgeschichtliche Prinzip.

2.3.2. Ansätze einer vergleichenden europäischen Staaten- und Verfassungsgeschichte

Den stärksten Kontrast zum einseitig antifranzösisch-nationalgeschichtlichen Geschichtsbild bilden innerhalb der national-liberalen Autorengruppe nicht zufällig die Arbeiten Bluntschlis, dessen schweizerische Herkunft ihn zwar nicht an einer Parteinahme für die rechtshistorische Germanistik, wohl aber an einem überspannten politischen Antiromanismus hinderte.[877] Als Jurist und Staatswissenschaftler hat Bluntschli keine ausführlichen historischen Studien über den Absolutismus hinterlassen. Von Interesse sind seine einschlägigen Äußerungen jedoch wegen ihres systematischen Orts im Rahmen seiner Überlegungen zum universalhistorischen Prozess der Staatenbildung. Hierbei nimmt Bluntschlis vor allem auf Aristoteles und Bodin zurückgreifende vergleichende historisch-philosophische Methode der Staatswissenschaft eine Mittelstellung zwischen Hegelianismus und rechtshistorischem Germanismus ein. Gegenüber der germanistischen Variante des Staatsbildungsparadigmas (Waitz, Roth, Beseler) betont er den „unzivilisierten" und staatenlosen Charakter des frühen Germanentums, das zur Staatenbildung erst der Erziehung durch die Römer bedurft habe.[878] Stand Bluntschli mit dieser Auffassung dem Hegelianismus und vor allem Sybel nahe, der über diese Frage in eine heftige Kontroverse mit Waitz geraten war,[879] so stellte er andererseits im Unterschied zum Hegelianismus die Staatlichkeit des Mittelalters dennoch nicht generell in Abrede. Mit Hilfe eines allgemeinen Staatsbegriffs,[880] der der späteren rechtspositivistischen „allgemeinen Staatslehre" vorarbeitete, schlug er eine Brücke zwischen den hegelianischen und germanistischen Versionen der „Staatsbildung" und trug so entscheidend zur Kanonisierung des Staatsbildungsparadigmas bei.

Als universalhistorischen Ort der primären Staatsbildung sieht Bluntschli Europa.[881] Seine „staatliche Ordnung (sei) ein in sich verbundenes Ganzes ..., an dessen gemeinsamer Wohlfahrt alle europäischen Nationen Teil haben ...", und demgegenüber „der Gegensatz der einzelnen Nationen ... als ein untergeordneter, und die Staatsidee, welche sich in dem engen Kreise eines Volkes abschließen will, als eine irrig beschränkte" erscheine.[882] Hieraus leitet Bluntschli als Aufgabe der allgemeinen Staatswissenschaft ab, „das *gemeinsame staatliche Bewußtsein* der heutigen zivili-

877 S. Bluntschli, Lehre vom modernen Staat, Bd. 2, S. 159-172; s. hierzu a. Vontobel, Die liberal-konservative organische Rechts- und Staatslehre J. C. Bluntschlis, S. 215 ff.

878 Vgl. Bluntschli, Die nationale Staatenbildung und der moderne deutsche Staat, S. 34 f., u. Lehre vom modernen Staat, Bd. 1, S. 44 f.

879 S. hierzu ausführlich Dotterweich, Heinrich von Sybel, S. 99-107.

880 Vgl. Bluntschli, Lehre vom modernen Staat, Bd. 1, S. 14-25.

881 Vgl. ebd., S. 12.

882 Ders., Über den Unterschied der mittelalterlichen und der modernen Staatsidee, S. 9.

sierten Menschheit und die *Grundbegriffe* und *wesentlich gemeinsamen Einrichtungen* dar(zu)stellen ...".[883]

Dieser nationalstaatliche Europäismus, der geradezu als Gegenentwurf zu Häussers Nationalismus verstanden werden kann, eröffnete ihm, ähnlich wie Gans, den Weg zu einer vergleichenden europäischen Staats- und Rechtsgeschichte, in deren Mittelpunkt die konstitutionelle Monarchie als „das Ziel einer mehr als tausendjährigen Geschichte, die *Vollendung des romano-germanischen Staatslebens*, d. h. der eigentlichen *europäischen Staatskultur*"[884] steht. Allerdings sei die konstitutionelle Monarchie nicht unmittelbar aus der mittelalterlichen ständisch-beschränkten Monarchie hervorgegangen. Da durch die Übermacht der Aristokratie und die für das Mittelalter charakteristische Vermengung von Privat- und Staatsrecht die „Einheit des Staates" verloren gegangen sei,[885] habe zunächst die absolute Monarchie die Macht der Stände brechen müssen: „Die sämtlichen romano-germanischen und die germanischen Völker Europas mußten erst das letztere Staatssystem ... erfahren, bevor es zur Bildung der neuen Staatsform kam."[886]

Die transitorische Funktion des Absolutismus im Zivilisationsprozess stellt denn auch den Kerngedanken in Bluntschlis Absolutismusdeutung dar, den er auch bei anderer Gelegenheit hervorhebt. Während die absolute Staatsgewalt für die zivilisierten europäischen Völker („die männlicheren Völker von höherer Ordnung") nach dem Durchbruch der konstitutionellen Monarchie seit Friedrich dem Großen und der Französischen Revolution „als Regel ... unerträglich" geworden sei, bedürften „manche Völker von niederer Rasse ... der ausschließlichen Herrschergewalt eines überlegenen Fürsten oder edler Geschlechter, um ihr Leben in friedlicher Ruhe zu genießen oder um auf eine höhere Stufe der Zivilisation geführt zu werden". In diesem Sinne sei die Mehrzahl der „asiatischen und afrikanischen Völker sowie der Nordosten Europas der absoluten Staatsgewalt ... untertan, und die doktrinäre Einführung konstitutioneller Beschränkung würde ihre Zustände eher verwirren als verbessern."[887]

Bemerkenswert ist hieran zunächst die Erwähnung des europäischen Nordostens, d. h. Rußlands, das Bluntschli neben England, Frankreich und Deutschland zu den „vier großen Nationen" rechnet, „welche das Schicksal von *Europa* bestimmen ...".[888] Unter ihnen sei Rußland am weitesten zurückgeblieben. Zwar habe es sich mit seinem zahlreichen Beamtenheer, den Einrichtungen der Bürokratie und der starken Armee „des äußeren Apparates des modernen Staates zu bemächtigen gewusst", hinsichtlich des Staatsbegriffs als dem Hauptaspekt des modernen Staates

883 Ders., Lehre vom modernen Staat, Bd. 1, S. 13.
884 Bluntschli, Lehre vom modernen Staat, Bd. 1, S. 450.
885 Vgl. ders., Über den Unterschied der mittelalterlichen und der modernen Staatsidee, S. 16-21; Lehre vom modernen Staat, Bd. 1, S. 449; s. a. ebd., S. 60-68, die typologische Gegenüberstellung von antikem, mittelalterlichem und modernem Staatsbegriff.
886 Ders., Lehre vom modernen Staat, Bd. 1, S. 441.
887 Ders., Art. Absolute Gewalt, in: DStWb, Bd. 1, S. 11.
888 Ebd.

stehe es mit seinem starren Festhalten an dem „altbyzantinischen Staatsbegriff" jedoch noch immer „mitten im Mittelalter drin".[889] Dieses Urteil Bluntschlis reiht sich in das um die Jahrhundertmitte in allen politischen Lagern steigende Interesse an Rußland und dessen Verhältnis zu Europa ein. Aus diesem Chor sei hier lediglich auf A. Buddeus, einen der einflußreichsten Rußland-Publizisten und späteren Rußland-Korrespondenten der Augsburger Allgemeinen Zeitung hingewiesen, der zunächst mit mehreren anonym in der Enzyklopädie „Die Gegenwart" (1848-1856) erschienenen einschlägigen Artikeln hervortrat.[890]

In seiner historischen Skizze des russischen Staatslebens unterscheidet Buddeus generell zwei Phasen des „absoluten Zarentums", in deren erster die Regierungen Alexis' I. Michaelowitsch (1645-1676), der den monarchischen Absolutismus als „rettende Tat" gegen die Korporationen errichtet habe, und Peters des Großen herausragten, der das Zarentum vor der durch Intrigen und Parteigetriebe erneut heraufbeschworenen Gefahr der Selbstauflösung bewahrt habe. Wenngleich er nicht eigentlich dem Despotismus zugeneigt gewesen sei, so habe es unter den gegebenen Umständen dennoch keine Alternative zum despotischen Regime gegeben. Das Ziel Peters des Großen sei jedoch die Herstellung freierer politischer Zustände und vor allem die Etablierung Rußlands als eines europäischen Staates gewesen. Allerdings sei es eine „anachronistische Beweisführung" und darum absurd, so Buddeus, behaupten zu wollen, Peters Endziel sei der konstitutionelle Staat gewesen, denn dieser Begriff sei ein Produkt des späten 18. und des 19. Jahrhunderts. Ebenso wenig beweiskräftig sei die Behauptung einerseits der Verteidiger des russischen Prinzips, denen zufolge durch Peter den Großen der russische Absolutismus sanktioniert worden sei, oder andererseits seiner Gegner, nach deren Auffassung der „heutige Absolutismus eine naturnotwendige Konsequenz des von Peter bis zu den äußersten Spitzen getriebenen Systems sein soll". Den Grund für das Fortbestehen des zaristischen Absolutismus sieht Buddeus vielmehr darin, daß Peters Nachfolger nicht die „intellektuelle Kraft" besessen hätten, um aus dessen System die weiterführenden Konsequenzen zu ziehen. In diesem von Peter selbst so verstandenen Übergangscharakter seines Regierungssystems liege, wie Buddeus formal ganz ähnlich wie später Bluntschli hervorhebt, die „moralische Berechtigung des Absolutismus".[891]

Von diesem Übergangsabsolutismus unterscheidet Buddeus den modernen russischen Autokratismus, der auf Katharina II. zurückgehe. Wären deren ursprüngliche Pläne realisiert worden, hätte sie „wenigstens einen absoluten Monarchismus in

889 Ebd., S. 27.

890 Zu Buddeus' Korrespondententätigkeit und den daraus hervorgegangenen Arbeiten s. H. Neubauer, Die Bauernreform Alexanders II. als Ausgangspunkt adeliger Konstitutionsbestrebungen, in: JbbGOE, N.F. 4 (1956), S. 105-137; zu Buddeus' Autorschaft der in der „Gegenwart" anonym erschienenen Artikel s. Krause, Die Gegenwart, S. 26 f.; zur Rußlandpublizistik um die Jahrhundertmitte s. Groh, Rußland im Blick Europas, S. 245-367, zu Buddeus ebd., S. 278-282; s. a. Gollwitzer, Europabild und Europagedanke, S. 271-322.

891 Vgl. Buddeus, Das russische Staatsleben, in: Die Gegenwart, Bd. 6 (1851), S. 6-8.

europäischem Stil begründen können", da deren Durchführung jedoch an den Persönlichkeiten ebenso wie an den Verhältnissen gescheitert sei, habe sie lediglich „das Prinzip des ... allumfassenden asiatischen Absolutismus ... mit jenen neuen Machtmitteln aus(gestattet), welche die moderne europäische Staatskunst erfunden hatte". Ähnlich wie Joseph II. in Österreich habe Katharinas Enkel Alexander I. zu Beginn seiner Regierungszeit das System eines „liberalen Despotismus" verfolgt, das unter dem Eindruck der Französischen Revolution und Napoleons jedoch wieder zugunsten der Rückkehr zum alten Despotismus verdrängt worden sei. Der aus der Vebindung beider hervorgegangene und nach der Niederschlagung Napoleons errichtete moderne Absolutismus ist nach Buddeus' Auffassung ungleich verwerflicher als der absolute Despotismus Peters des Großen, weil er das alte System unter „täuschenden Formen" festzusetzen versuche.[892] Das dynastisch-absolutistische Rußland gerate somit in immer größeren Gegensatz zu dem national-konstitutionellen Europa.[893]

Buddeus' Skizze war hier nicht nur darum ausführlich wiederzugeben, weil sie für die klassisch-liberale Deutung des russischen Absolutismus vermutlich repräsentativ ist. Mit gewisser Einschränkung seiner „aufgeklärten" Ausprägung unter Katharina II. hat im übrigen der russische Absolutismus weder in der zeitgenössischen Diskussion über den historischen Absolutismus noch in der späteren Absolutismusforschung größere Aufmerksamkeit auf sich gezogen. Dies mag zunächst mit der noch andauernden Aktualität der zaristischen Autokratie zu tun gehabt haben, später vor allem mit dem generellen Problem der Vergleichbarkeit des französischen und preußischen Absolutismus einerseits und des russischen Absolutismus andererseits, der an ganz andersartige politisch-soziale Voraussetzungen geknüpft war.[894] An Buddeus' ebenso wie an Bluntschlis Argumentation werden zu-

---

892 Vgl. ebd., S. 9-12.

893 Vgl. ebd., S. 46, sowie ders., Nikolaus I. Pawlowitsch, Kaiser von Rußland, in: Die Gegenwart, Bd. 2 (1849), S. 287-321, insbes. 316-321; s. a. die eindringlichen Passagen über den Kampf zwischen russischem Absolutismus und europäischer Freiheit, in: ders., Rußlands Heer und Heerwesen, in: Die Gegenwart, Bd. 3 (1849), S. 397 f. u. 442.

894 S. Vierhaus, Art. Absolutismus, S. 78 f.; Kunisch behandelt in seiner Gesamtdarstellung der Epoche des Absolutismus Rußland vornehmlich im Kontext der Entstehung des europäischen Staatensystems, s. Kunisch, Absolutismus, S. 145-149; höchst fragwürdig ist die Beurteilung der Wirkung des russischen aufgeklärten Absolutismus bei Duchhardt (Das Zeitalter des Absolutismus, S. 136) demzufolge „nicht endogene", sondern „primär exogene Faktoren (sc. die Auswirkungen der Französischen Revolution, R. B.) dem Aufgeklärten Absolutismus in Rußland ein Ende bereiteten ...". Es könne „insgesamt gar keinem Zweifel unterliegen, daß mit Katharina der bisherige ‚autokratische Absolutismus' ... endgültig gleichzog mit dem ‚normalen' europäischen Absolutismus der aufgeklärten Tendenz. Katharinas Reformpolitik stellte insofern eine Art Abschluß des Prozesses des Hineinwachsens Rußlands nach Europa dar."; Duchhardt steht hiermit im Widerspruch zu den Ergebnissen der jüngeren Osteuropahistorie, für die hier stellvertretend das dezidierte Urteil Hildermeiers angeführt sei: „Die äußerliche Gemeinsamkeit weitgehend unbeschränkter Herrschaft in einem höchst unqualifizierten Sinn macht aus der Autokratie keinen westeuropäischen Absolutismus." (Bürgertum und Stadt in Rußland, S. 10); s. a. D. Geyer, „Gesellschaft" als staatliche Veranstaltung, in: JbbGOE, N. F. 14 (1966), S. 21-50; abgesehen von der sowjetischen und der internationalen historischen Osteuropaforschung ist der rus-

gleich die Konturen der Verknüpfung einer zivilisatorischen Deutung des Absolutismus als universalhistorischer Durchgangsstufe mit einem sich bereits in den fünfziger Jahren artikulierenden nationalstaatlichen Europäismus erkennbar, die zwar nur selten explizit formuliert wurde, deren latente Wirkung unter dem Eindruck sich abzeichnender „Weltpolitik" jedoch um so nachhaltiger war und um die Jahrhundertwende im Werk M. Webers, E. Troeltschs und O. Hintzes gipfelte.[895]

Im Mittelpunkt bereits der frühen Ansätze zu einer vergleichenden europäischen Staaten- und Verfassungsgeschichte standen jedoch England, Frankreich und Deutschland als die „drei größten und wichtigsten Kulturstaaten des modernen Europa."[896] Auch hier blieb Frankreich das Negativmuster, im Unterschied jedoch zu Häussers und Sybels Fixierung auf den moralisierenden Vergleich zwischen Frankreich und Preußen-Deutschland wurden in der frühen vergleichenden europäischen Staats- und Verfassungsgeschichte stärker die positiven Aspekte der englischen Nationalstaatsbildung hervorgehoben. Die Motive hierfür lagen vornehmlich in der

---

sische Absolutismus lediglich in der Geschichtswissenschaft der DDR auf kontinuierliches Interesse gestoßen, s. etwa P. Hoffmann, Entwicklungsetappen und Besonderheiten des Absolutismus in Rußland, in: Aretin (Hrsg.), Der Aufgeklärte Absolutismus, S. 340-368 (zuerst ersch. 1970), u. Küttler, Gesellschaftliche Voraussetzungen und Entwicklungstyp des Absolutismus in Rußland; s. a. die jüngste Gesamtdarstellung der Epoche von P. Dukes, The Making of Russian Absolutismus 1613-1801, London/New York (Longman) 1984.

895 Dieser Zusammenhang im Werk Hintzes hat bislang nur marginale Beachtung gefunden. Zu Hintzes nationalstaatlichem Europäismus s. Groh, Rußland im Blick Europas, S. 369 f., 400 u. 412, sowie E. Köhler, Bildungsbürgertum und nationale Politik. Eine Studie zum politischen Denken Otto Hintzes, Bad Homburg-Berlin-Zürich 1970, S. 62 f. (hier auch zu Weber und Troeltsch), 200-219 u. 225; zur europäischen Orientierung als Grundelement in Hintzes wissenschaftlichem Werk s. D. Gerhard, Otto Hintze: His Work and his Significance, in: ders., Gesammelte Abhandlungen, Göttingen 1977, S. 268-295, insbes. S. 281-288 u. 294 (zuerst ersch. 1970), sowie R. Vierhaus, Otto Hintze und das Problem einer vergleichenden europäischen Verfassungsgeschichte, in: O. Büsch/M. Erbe (Hrsg.), Otto Hintze und die moderne Geschichtswissenschaft, Berlin 1983, S. 95-110. Zu Troeltschs Europäismus s. dessen einschlägiges Schlußkapitel in: Probleme des Historismus, S. 694-772, insbes. 703-730; zu der in jüngerer Zeit geführten Diskussion über universalhistorische und evolutionistische Aspekte in Webers Konzept des okzidentalen Rationalismus s. zuletzt W. J. Mommsen, Max Webers Begriff der Universalgeschichte, in: J. Kocka (Hrsg.), Max Weber, der Historiker, Göttingen 1986, S. 51-72; bei aller Differenzierung im einzelnen dürfte indes grundlegend für Webers Werk sein europäischer Ausgangspunkt sein, den er in der Vorbemerkung zu seinen religionssoziologischen Studien klar formuliert hat: „Universalhistorische Probleme wird der Sohn der modernen europäischen Kulturwelt unvermeidlicher- und berechtigterweise unter der Fragestellung behandeln: welche Verkettung von Umständen hat dazu geführt, daß gerade auf dem Boden des Okzidents, und nur hier, Kulturerscheinungen auftraten, welche doch – wie wir uns gerne vorstellen – in einer Entwicklungsrichtung von *universeller* Bedeutung und Gültigkeit lagen?", in: M. Weber, Gesammelte Aufsätze zur Religionssoziologie, Bd. 1, Tübingen 1920, S. 1; zum imperialistischen und pazifistischen Europäismus im ausgehenden 19. Jahrhundert s. a. Gollwitzer, Europabild und Europagedanke, S. 328-335.

896 Biedermann, Die Entwicklung des Staatslebens in Deutschland, England und Frankreich, S. 318; vgl. a. ders., Die Repräsentativ-Verfassungen mit Volkswahlen, Leipzig 1864, S. 138, sowie Bluntschli, Lehre vom modernen Staat, Bd. 1, S. 12 f.; ders., Über den Unterschied der mittelalterlichen und der modernen Staatsidee, S. 28-35.

seit den dreißiger Jahren einsetzenden innenpolitischen Suche nach Fortentwicklungsmöglichkeiten der konstitutionellen Verfassungen.[897] Besondere Aufmerksamkeit fand dabei die Einrichtung lokaler Selbstverwaltungsorgane.

Diese bereits im frühen deutschen Konstitutionalismus und Liberalismus verbreitete Idee verband sich im Zuge des Aufstiegs des germanistischen Genossenschaftsgedankens mit der politischen Hinwendung zu England, dessen selfgovernment in Deutschland ebenso wie in Westeuropa zunehmend als Alternative zur napoleonischen Munizipalverfassung angesehen wurde.[898] Neben dem auch in Deutschland einflußreichen Amerika-Werk von Tocqueville, in welchem er auf die Tradition der angelsächsischen Lokalverwaltung hingewiesen hatte,[899] waren es vor allem die Schriften von R. Gneist (1816-1895), die das Englandbild der Generation des klassischen Liberalismus entscheidend geprägt haben. Gneists Werk, das infolge des in wichtigen Teilen verzerrten Verständnisses der Funktionsweise des englischen politischen Systems ebenso wie durch die Wendung zur anti-englischen Weltmachtpolitik schon bald nach seinem Tod verblaßt und bis heute beinahe in Vergessenheit geraten ist,[900] scheint für die Formierung der Absolutismusforschung zunächst unergiebig zu sein, steht in seinem Mittelpunkt doch gerade England als das vermeintliche Muster nicht-absolutistischer, parlamentarischer Staatsbildung. Gneists Arbeiten verdienen indes vor allem darum Interesse, weil sie sich von der Absolutismus-Parlamentarismus-Antithetik und der bereits bei Gans angedeuteten, im 20. Jahrhundert verbreiteten Auffassung vom nicht-staatlichen „englischen Sonderweg" fernhalten. Staatsbildung ist für Gneist vielmehr ein die englische, französische und deutsche Geschichte gleichermaßen durchziehender Prozeß, der sich jedoch in aufeinander folgenden Etappen und zudem in unterschiedlichen politischen Formen vollzogen hat. Dabei weist Gneist in Übereinstimmung mit

---

897 S. hierzu o. Kap. III.3.3.3. u. III.3.2.4.

898 S. hierzu Heffter, Die deutsche Selbstverwaltung im 19. Jahrhundert, insbes. S. 163 ff., 180-186, 192 f., 201 f., u. 212-231; zu Sybel s. a. Dotterweich, Heinrich von Sybel, S. 154-161; zur Diskussion über die Verwaltungsreform in Frankreich s. v. Thadden, Restauration und napoleonisches Erbe, insbes. S. 221-227, 232-241, 250-262 u. 271-274; für die spätere Zeit s. Heffter, ebd., S. 139-145, 324 f. u. 405.

899 A. de Tocqueville, De la Démocratie en Amérique, 2 Bde., Brüssel 1835-1840; zur Rezeption der Werke von Tocqueville in Deutschland s. Th. Eschenburg, Tocquevilles Wirkung in Deutschland, in: A. de Tocqueville, Über die Demokratie in Amerika, hrsg. v. J. P. Mayer, Bd. I, Stuttgart 1959, S. XVII-LXVII, u. Heffter, Die deutsche Selbstverwaltung im 19. Jahrhundert, S. 204 f. u. 401; s. a. Biedermann, Die Entwicklung des Staatslebens in Deutschland, England und Frankreich, S. 320 f. u. 430 f.

900 Zu Gneists monarchistisch verengten Fehldeutungen des englischen Parlamentarismus s. Lamer, Der englische Parlamentarismus in der deutschen politischen Theorie im Zeitalter Bismarcks, insbes. S. 114-117; allgemein zu Gneist und dessen zeitgenössischem Einfluß auf das politische Denken in Deutschland s. neben Lamer (S. 7, 13 u. 112) auch McClelland, The German Historians and England, S. 129-158, sowie die noch immer beste Darstellung bei Heffter, Die deutsche Selbstverwaltung im 19. Jahrhundert, S. 372-402 u. 732-735; wie sehr Gneist in Vergessenheit geraten ist, zeigt die jüngste, siebente Auflage des Staats-Lexikons der Görres-Gesellschaft (1985 ff.), die im Unterschied zur vorangehenden Auflage (Bd. 3, 1959) keinen eigenständigen Artikel mehr über Gneist enthält.

Bluntschli und Biedermann England und Frankreich die Rolle der beiden Pole für die Varianten moderner Staatsentwicklung zu, die als Darstellungsmuster darum besonders geeignet erschienen, „weil die *einheitliche* Staatsbildung der beiden großen Kulturvölker die zugrunde liegenden Gesetze sicherer erkennen läßt als der durch unzählige Varianten der Einzelgliederung verwickelte deutsche Staat".[901] Von besonderer politisch-pädagogischer und historiographischer Bedeutung ist für Gneist die „englische Staatsbildung", da sie „in ihrem nationalen Charakter" den Deutschen näher verwandt sei als die französische.[902]

Zum Vergleichsmaßstab bei der Untersuchung der Staatsentwicklung erhebt Gneist die Zentralisation der Gesetzgebung und der Besteuerung, die ihm als wichtigstes Kriterium des modernen Staates gilt.[903] Früher und entschiedener als in Frankreich und Deutschland habe dieser Prozeß in England eingesetzt, wo die Normannen nach der Eroberung ein „nahezu absolute(s) Königtum" errichtet hätten.[904] Unter ihnen habe sich der „in der europäischen Welt des Mittelalters" einzigartige „*innere Ausbau* eines Staatswesens" vollzogen, dessen nivellierende Tendenz jedoch zur Folge gehabt habe, daß der Adel, „getragen durch die Gleichheit der Interessen *aller* besitzenden Klassen", sich gegen das „absolute Königtum" erhoben und eine Beteiligung an der Regierung erzwungen habe. Durch die Magna Charta, die Gneist als Ausdruck der vollendeten Verschmelzung zwischen der angelsächsischen und der normannisch-fränkischen Nationalität gilt, seien die „Wurzeln des Absolutismus" bereits untergraben worden, doch hätten zur effektiven verfassungsrechtlichen Limitierung der Monarchie die Ausführungsbestimmungen gefehlt. Daher sei es zur Überwindung des Absolutismus erst durch den Ausbau des Verwaltungsrechts im 14. und 15. Jahrhundert gekommen.[905]

Neben der Abstreifung des privatrechtlichen Charakters des Königtums hebt Gneist hierbei vor allem die Entstehung selbständiger Kommunalverbände hervor, deren „Zusammenfassung im Parlament ... zu einem dauernden Gegengewicht der absoluten Staatsregierung geworden (sei)". Jedoch nicht in der Beschränkung mo-

---

901 R. Gneist, Das Englische Parlament in tausendjährigen Wandelungen vom 9. bis zum Ende des 19. Jahrhunderts, Berlin 1886, S. 1; Biedermann, Die Entwicklung des Staatslebens in Deutschland, England und Frankreich, S. 400 ff.; ders., Die Repräsentativ-Verfassung mit Volkswahlen, S. 138; Bluntschli, Lehre vom modernen Staat, S. 450, u. ders., Über den Unterschied der mittelalterlichen und der modernen Staatsidee, S. 30 f.

902 Vgl. ebd.; auf die politisch-pädagogische Funktion der Hinwendung zu England weist Gneist ausdrücklich im Vorwort des 2. Bandes seines Englischen Verfassungs- und Verwaltungsrechts hin: „Geschichte und System des englischen *Selfgovernment* müßten völlig geist- und zusammenhanglos behandelt sein, wenn sie nicht zu *anwendbaren* Grundsätzen für unsere Gegenwart kommen sollten." (S. IX f.).

903 Vgl. Gneist, Das heutige Englische Verfassungs- und Verwaltungsrecht, Bd. 2, Berlin 1860, 857 f. u. 828.

904 Vgl. ebd., Bd. 1, Berlin 1857, S. 62 f., u. ders., Englische Verfassungsgeschichte, Berlin 1882, S. 80 ff., u. das Englische Parlament in tausendjährigen Wandlungen vom 9. bis zum Ende des 19. Jahrhunderts, Berlin 1886, S. 8.

905 Vgl. Gneist, Englische Verfassungsgeschichte, S. 113, 243, 254; s. a. ders., Das heutige englische Verfassungs- und Verwaltungsrecht, Bd. 1, S. 90 ff., sowie ders., Das englische Parlament in tausendjährigen Wandlungen, S. 94 f.

narchischer Gewalt, sondern in dem Dienst für den Staat sieht Gneist die Besonderheit der kommunalen Körperschaften, deren Grundlagen in dem persönlichen Dienst und der Steuerpflicht ihrer Mitglieder liege. Durch die Institutionalisierung des Königtums und die Einrichtung des Selfgovernment-Systems sei, so Gneist, ein „dem Wesen des Staates" entsprechendes „*Gegenseitigkeitsverhältnis* der öffentlichen Rechte" entstanden, das freilich nicht eine Gleichberechtigung von Parlament und Königtum beinhalte. Vielmehr seien, wie Gneist verschiedentlich als zentrales Argument, auf das später noch einzugehen sein wird, hervorhebt, „die Freiheiten des *Parlaments* … in ihrem Entstehen ein Ausfluß der königlichen Gewalt".[906] Das Jahrhundert, in dem unter den Regierungen Eduards I. bis Eduards III. (1272-1377) Parlament und königliche Prärogative geschaffen worden seien, erachtet Gneist als „die eigentliche Bildungszeit" für den englischen „Nationalcharakter, seine Staats- und Gerichts-Verfassung, sein gemeinsames Privatrecht, seine Rechtswissenschaft …".[907]

In dem durch Steuern und Ämtern in der Lokalverwaltung begründeten „Gegenseitigkeitsverhältnis" zwischen Aristokratie und Königtum (dem „Staat") sieht Gneist die entscheidende Differenz zur Form der Staatsbildung auf dem „Kontinent" – nämlich Deutschland und Frankreich –, wo die aus dem Karolingischen Reich hervorgegangenen Staatswesen nicht wie in England unmittelbar monarchische Regierungen hätten hervorbringen können. Durch die Rechte der vormals regierenden Klassen gehemmt, habe auf dem Kontinent die Monarchie nur „unendlich langsamer" emporkommen können, um die in England bereits im 12. Jahrhundert begründete „höhere Einheit" herzustellen. Notgedrungen habe die Monarchie sich hierbei auf die nicht durch ständische Rechte privilegierten Schichten des Volkes stützen müssen, wodurch allerdings ein Zustand entstanden sei, in welchem „die Steuerlast überwiegend auf die erwerbenden und arbeitenden Klassen" und „die geistige Arbeit des Staats in einen besoldeten Beamtenstand (fiel)". Diese für den „absoluten Staat" charakteristische „Arbeitsteilung" habe sich „am vollständigsten und einseitigsten" in Frankreich herausgebildet.[908] Die Bedürfnisse einer Neuorganisation des Staatslebens, vor allem der Steuern und Ämter, seien hier dieselben wie in England gewesen, jedoch hätten im Unterschied zur englischen

Aristokratie in Frankreich „die alten Stände allen gewaltigen Änderungen gegenüber nur *ein* Bestreben (gezeigt): *Aufrechterhaltung ihres Besitzstandes*". Indem das „Bewußtsein öffentlicher Pflicht" in ihnen erloschen und lediglich der Begriff des Privateigentums übrig geblieben sei, hätten sie es dem König überlassen, für alle Bedürfnisse durch neue Steuern und Ämter zu sorgen. Die Folge hiervon sei die

906 Vgl. ders., Englische Verfassungsgeschichte, S. 447-450.
907 Ders., Das heutige englische Verfassungs- und Verwaltungsrecht, Bd. 1, S. 102; s. a. ders., Englische Verfassungsgeschichte, S. 456 ff., u. ders., Das englische Parlament in tausendjährigen Wandlungen, S. 124 f.
908 Vgl. ders., Das heutige englische Verfassungs- und Verwaltungsrecht, Bd. 2, S. 830 f.

Überwucherung des Beamtenstaates und die Zersetzung der Stände gewesen.[909] Den sich anbahnenden Zusammenbruch hätte einzig die Monarchie verhindern können, jedoch habe diese, als sie im 17. Jahrhundert endlich über eine ähnliche Macht wie bereits die englischen Könige des 14. und 15. Jahrhunderts verfügte, um „das königliche Werk zu vollenden", es vorgezogen, „den königlichen Hof zum Mittelpunkt des gesellschaftlichen Glanzes zu machen ...".Wie den übrigen Ständen sei nun auch bei den Monarchen an die Stelle des Bewußtseins „königlicher Pflichten" der Egoismus getreten und somit eine „Fortbildung des Staatswesens" unmöglich gewesen.[910] Den „entscheidenden Wendepunkt für die weitere Verfassung" in Frankreich sieht Gneist in der Finanzierungsform der an die Stelle der alten Lehnsmilizen getretenen Söldnerheere, die im Hundertjährigen Krieg (1346-1453) zwischen Frankreich und England entstanden seien. Im Unterschied zu England, wo die Aristokratie die Kriegsfinanzierung mitgetragen habe, sei in Frankreich das Königtum wegen der resistenten Haltung der alten Stände zur „Steuererhebung ohne Stände" gezwungen gewesen. Von diesem Zeitpunkt an hätten sich die bis dahin ähnlichen ständischen Institutionen beider Länder getrennt: „Aus der englischen Weise der Verteilung der Steuern und Amtspflichten folgte die parlamentarische Verfassung mit derselben Notwendigkeit wie auf dem Kontinent aus der Gestalt der Steuern und Amtspflichten der reine Beamtenstaat hervorgehen mußte." Aus diesem Vergleich leitet Gneist als „das höhere Gesetz des Staatslebens" ab, „daß die Verteilung der Staatslasten notwendig die Verfassungsform bestimmt".[911]

Auf die allgemeine Ebene der historischen Gesetzmäßigkeiten verlegt Gneist auch die „Epoche des Absolutismus", die für ihn nicht eine kontinentale Besonderheit, sondern ein generelles Stadium der Staatsbildung darstellt. In Frankreich, wo das Königtum „Staat" und „Nation" erst zu schaffen, und in Deutschland, wo „das absolute Fürstentum die ständisch geschiedenen Rechte zu einer notdürftigen Einheit zu verschmelzen" gehabt habe, sei diese Epoche ins 17. und 18. Jahrhundert gefallen. England dagegen habe „den notwendigen Durchgang durch den absoluten Staat schon auf der niederen Entwicklungsstufe des 11. und 12. Jahrhunderts überstanden".[912] Die spätere Rückkehr zur persönlichen Regierung unter den Tudors sei, wie Gneist nachdrücklich gegen die bis weit ins 19. Jahrhundert wirkende Auffassung D. Humes hervorhebt, keineswegs „grundsätzlich absolutistisch", sondern zunächst Resultat der Selbstvernichtung des englischen Adels in den Rosenkriegen gewesen. Neben der Reformation, die im Unterschied zu Deutschland in England primär „auf den Staat reflektiert(e)" und deren Hauptaspekt hier das gegen den „kirchlichen Universalstaat" gerichtete „Bestreben nach *na-*

909 Vgl. ebd., S. 845 f.
910 Vgl. ebd., S. 854.
911 Vgl. ebd., S. 832-835.
912 Gneist, Englische Verfassungsgeschichte, S. 547; s. a. ders., Das heutige englische Verfassungs- und Verwaltungsrecht, Bd. 1, S. 214, u. ders., Das englische Parlament in tausendjährigen Wandlungen, S. 7.

tionaler Selbständigkeit" gewesen sei,[913] stellt Gneist die Bedeutung der Verwaltungsreformen unter Heinrich VIII. heraus, der mit seinem antizipierenden „aufgeklärten Despotismus" England befriedet habe.[914]

Während so die „königliche Diktatur der Tudors" zu einem Glanzpunkt der altenglischen Verfassung erhoben wird,[915] erscheint im Kontrast hierzu die Periode der Stuarts um so düsterer. Deren Versuch, den Absolutismus zu restaurieren, sei nicht an dem fehlenden stehenden Heer, sondern an dem unter den Tudors konsolidierten Selfgovernment gescheitert. Zudem erscheint im Unterschied zu der historischen Notwendigkeit des zeitgleichen monarchischen Absolutismus auf dem Kontinent der Stuart-Absolutismus als geschichtsphilosophisch obsolet, da England diese Durchgangsstufe bereits unter den Normannen durchlaufen habe.[916]

In Gneists an England und Frankreich dargestellter idealtypisch-vergleichender europäischer Staatsgeschichte wird Deutschland nur peripher und vor allem in Hinblick auf die historische Bedeutung des Beamtentums berücksichtigt. Hierauf wird im folgenden Abschnitt gesondert einzugehen sein. Hier bleibt zunächst festzuhalten, daß Gneist den historischen Prozess der Staatsbildung in Deutschland nicht prinzipiell von dem der idealtypischen Muster England und Frankreich unterscheidet. „Zweck und Erfolg der staatsrechtlichen Organisation" seien in allen drei Ländern gleich gewesen, und überall sei der Fortschritt zur staatlichen Einheit nur „durch ein energisches Zusammenfassen des Staatswillens in der einfachen und großartigen Weise des legitimen Königtums" errungen worden. In Deutschland habe dieser Vorgang „am spätesten ..., weniger gewaltsam, darum langsamer" eingesetzt, nirgends seien die Relikte ständischer und städtischer Korporationen „schonender" beseitigt worden als hier. In dieser „Schonung" sieht Gneist den „Grundzug unserer im Totalerfolg ... gleichartigen Fortbildung zur Staatseinheit".[917]

Abgesehen von der angenommenen prinzipiellen Gleichheit der englischen, französischen und deutschen Staatsbildung beruht Gneists Sicht der europäischen Staatsgeschichte im wesentlichen auf zwei Aspekten, die nochmals ausdrücklich genannt seien. Neben der Deutung des Absolutismus als „historisch notwendiger Durchgangsstufe" zum modernen (National-)Staat ist dies die Vorstellung von der Pionierrolle Englands. Befand Gneist sich mit der ersten, aus dem Hegelianismus hervorgegangenen und seit den 1850er Jahren zu einem zentralen Topos im liberalen Geschichtsbild avancierenden Idee in Übereinstimmung mit anderen zeitglei-

913 Vgl. ebd., S. 486 f.; s. a. ders., Das heutige englische Verfassungs- und Verwaltungsrecht, Bd. 1, S. 180 f., 204 ff. u. 214, sowie ders., Das englische Parlament in tausendjährigen Wandlungen, S. 200-203.

914 Vgl. ebd., S. 462 f., u. ders., Das heutige englische Verfassungs- und Verwaltungsrecht, Bd. 1, S. 171.

915 Vgl. ebd., S. 509 u. 516 ff.

916 Vgl. ebd., S. 547, u. ders., Das heutige englische Verfassungs- und Verwaltungsrecht, Bd. 1, S. 214.

917 Gneist, Das heutige englische Verfassungs- und Verwaltungsrecht, Bd. 1, S. 679 u. 692.

chen historischen Aufwertungen des Absolutismus, so wird man dies für den zweiten Aspekt kaum sagen können. Im Unterschied zu seinem politischen Einfluß, der vor allem in seinem durch das Scheitern der Revolution von 1848 ausgelösten Bedürfnis der Suche nach verfassungspolitischen Alternativen entsprechenden Untersuchungen über das Selfgovernment sowie seiner monarchistischen Interpretation des englischen Parlamentarismus gründete,[918] gibt es für eine etwaige Resonanz seiner historischen Deutung der englischen Staatsbildung und ihres Frühabsolutismus keine nennenswerten Hinweise. Orientierten sich die übrigen zeitgenössischen Absolutismusdeutungen zumeist an der negativen nationalpolitischen Kontrastierung zwischen Frankreich und Preußen, so trat in der späteren verwaltungsgeschichtlichen Forschung namentlich Schmollers Preußen ganz in den Mittelpunkt. Für die Auffassung einer besonderen Bedeutung Englands für die europäische „Staatsbildung" blieb hier ebenso wenig Platz wie in der etwa von Marx und M. Weber vertretenen These von England als dem Pionierland des modernen Kapitalismus. Für beide blieben Frankreich (Marx) und Preußen (Weber, ebenso Hintze) die idealtypischen Muster bei der historischen Darstellung der Entstehung des modernen Staates.

Daß die verwaltungsgeschichtliche Forschung wesentlich auf Gneists Vorarbeiten beruht und von diesem auch wichtige Anregungen auf die Verfassungsgeschichtsschreibung ausgegangen sind, ist jedoch bald in Vergessenheit geraten[919] und bis heute nicht gebührend gewürdigt worden.[920] Immerhin war Gneist, abgesehen von Biedermann, auf den anschließend eingegangen wird und von dem er sich

---

918 An der Verbreitung der Gneistschen Ideen und damit zugleich an der historischen Aufwertung des Absolutismus hatte Treitschke mit seinen Rezensionen der frühen Gneistschen Werke maßgeblichen Anteil, s. Treitschke, Die Grundlagen der englischen Freiheit, in: PJ, Bd. 1 (1858), S. 366-381, u. ders., Das Selfgovernment, in: ebd., Bd. 6 (1860), S. 25-53. Als Beleg für die zeitgenössische Bedeutung Gneists sei hier lediglich das Urteil E. Loenings angeführt, der in seiner Rezension der Englischen Verfassungsgeschichte schrieb: „Fünfundzwanzig Jahre sind verflossen, seit das erste der großen Werke Gneists über das Verfassungs- und Verwaltungsrecht Englands erschienen ist. Es darf wohl – ohne daß Widerspruch von irgend einer Seite zu befürchten wäre – behauptet werden, daß während dieses Vierteljahrhunderts auf dem gesammten Gebiet der Staatswissenschaften kein Werk an das Licht getreten ist, das auf die wissenschaftliche Forschung, auf die politischen Theorien der Gegenwart und auf die Gesetzgebung einen so mächtigen Einfluß ausgeübt hätte wie die Werke Gneists dies getan haben.", in: Jahrbuch für Gesetzgebung, Verwaltung und Volkswirtschaft im Deutschen Reich, N. F., Bd. 7 (1883), S. 231.

919 Eine Ausnahme bildet das spätere Urteil v. Belows, der die „gerechtere Würdigung des Absolutismus" in direkten Zusammenhang mit der Entstehung der verwaltungsgeschichtlichen Forschung stellt und dabei namentlich Gneists Arbeiten hervorhebt, s. v. Below, Die deutsche Geschichtsschreibung von den Befreiungskriegen bis zu unseren Tagen, S. 94.

920 Hartung erwähnt Gneist in seiner disziplingeschichtlichen Skizze nur beiläufig, vgl. Die Entwicklung der deutschen Verfassungsgeschichtsschreibung, S. 446, Boldt dagegen in den einschlägigen Passagen zur Disziplingeschichte in seiner „Einführung in der Verfassungsgeschichte" gar nicht; unerwähnt bleibt Gneist auch in dem Band: Gegenstand und Begriffe der Verfassungsgeschichtsschreibung, in: Der Staat, Beih. 6, Berlin 1983; s. dagegen das freilich überzogene Urteil von J. Hatschek, der in seinem Gneist-Artikel in der ADB, Bd. 49 (1904), S. 403-413, Gneist als „Begründer der rechtsvergleichenden Methode" rühmt (S. 412).

sowohl durch eine stärkere theoretische Durchdringung der Verfassungsgeschichte als wissenschaftlichem Sujet als auch durch die intensivere Bearbeitung zumal der englischen Verfassungsgeschichte unterschied, der einzige unter den deutschen Historikern und Juristen, der der mediävistischen Verfassungshistorie ein Werk der neuzeitlichen Verfassungsgeschichte zur Seite stellte. Gegenüber der im Zuge der aufkommenden England-Aversion vorwiegend politisch motivierten wissenschaftlichen Verdrängung Gneists bleibt indes trotz aller berechtigter und an späterem Ort weiterzuführender Kritik festzuhalten, daß Gneists Ansatz einer an der Herausbildung von abstrakten Staatsfunktionen (Gesetzgebung, Steuern) orientierten vergleichenden europäischen Verfassungs- und Verwaltungsforschung einen gewichtigen Beitrag zur historischen Theorie des modernen Staates darstellt und noch heute anregend sein kann.

Wie stark die historischen Deutungen der europäischen Staats- und Verfassungsgeschichte trotz weitgehender politischer Übereinstimmungen, zumal in der positiven Beurteilung des englischen Selfgovernment als Vorbild auch für Deutschland, von einander abweichen konnten, erhellt ein Vergleich der Arbeiten Gneists mit den Schriften Biedermanns, der als Herausgeber der „Staatengeschichte der neuesten Zeit"[921] ebenso wie als Autor einen besonderen Anteil an der komparativen Verfassungsgeschichtsschreibung in den späten fünfziger und sechziger Jahren hatte. In seiner bereits mehrfach erwähnten, weit ausholenden Skizze über „Die Entwicklung des Staatslebens in Deutschland, England und Frankreich" verfolgt Biedermann die verschiedenartigen Staatsentwicklungen bis ins frühe Mittelalter zurück. Dabei weist er insbesondere hin auf den unterschiedlichen Verlauf der Verfassungsentwicklung in Frankreich, wo die königliche Macht gewissermaßen in konzentrischen Kreisen sich zunehmend ausgebreitet habe, und England, wo umgekehrt seit der Magna Charta die Macht der Könige stetig eingeschränkt worden sei. Diese durch die Lehnsbeziehungen zwischen den Königen von Frankreich und England – letztere waren als Herzöge der Normandie Vasallen der Könige von Frankreich – unmittelbar miteinander verknüpften gegenläufigen Entwicklungen seien in dem zwischen beiden geführten Hundertjährigen Krieg kulminiert, dem, wie schon Gneist, so auch Biedermann wegweisende Bedeutung für die Staats- und Nationenbildung beider Länder beimißt.

In beiden Ländern sei im Zuge dieses Krieges die Nationaleinheit hergestellt worden. Während dies jedoch in Frankreich, wo der von den Königen mit Unterstützung des Adels und der Städte gegen den englischen „Nationalfeind" geführte Krieg einen nationalen Charakter besessen habe, zur weiteren Stärkung der Monar-

921 Aus dieser zwischen 1858 und 1903 erschienenen, 29 Bände umfassenden Reihe seien hier besonders erwähnt die beiden Eröffnungsbände von L. v. Rochau, Geschichte Frankreichs 1814-1852 (1858), die dreibändige Geschichte Spaniens von H. Baumgarten (1865-1871) sowie Treitschkes fünfbändige Deutsche Geschichte im 19. Jahrhundert (1879-1894). Nicht alle Bände sind unter der Redaktion Biedermanns erschienen. Bereits nach einigen Jahren legte er die Herausgeberschaft nieder, vgl. Brasch, Carl Biedermann als Historiker und Publizist, S. 209 f.

chie geführt habe, sei diese in England weiter geschwächt worden. Erst der endgültige Verlust der kontinentalen Besitzungen habe dazu geführt, daß die bis dahin noch immer als Eroberer sich gerierenden Normannen mit den Angelsachsen zu einer „wirklich … englische(n) Nation" verschmolzen seien. Ähnlich wie zuvor Gneist und im Vorgriff auf die später in der Finanzsoziologie verbreitete These vom Zusammenhang zwischen Staatsbildung und Kriegssteuerpolitik[922] sieht Biedermann hierin auch ein Resultat der durch das aufkommende Söldnerwesen entstehenden Notwendigkeit einer Kriegssteuererhebung. In Frankreich hätten die Stände der Krone das Recht zugestanden, eine solche Kriegssteuer (die „taille") allgemein und ohne besondere Bewilligung zu erheben, in England dagegen habe sie der parlamentarischen Zustimmung bedurft. Dasselbe Ereignis – der Hundertjährige Krieg – sowie die ähnlichen Veränderungen in den Militärsystemen hätten somit zur Entwicklung entgegengesetzter Verfassungstypen geführt – „in England zur Befestigung und Ausbildung der parlamentarischen Verfassung, in Frankreich zur Vollendung der absoluten Königsmacht".[923]

Wie für Bluntschli und Gneist so kommt auch nach Auffassung Biedermanns der gegensätzlichen Entwicklung des Parlamentarismus in England und des Absolutismus in Frankreich europäische Bedeutung zu. Englischer Parlamentarismus und französischer Absolutismus bilden die beiden Pole der neuzeitlichen Staats- und Verfassungsgeschichte. Wenngleich Biedermanns Sympathie dem englischen Parlamentarismus mit seinem lokalen Selbstverwaltungssystem gilt, hebt er bei aller Kritik an der das lokale Leben zerstörenden Zentralisation des französischen Absolutismus dennoch dessen Bedeutung für die staatliche Einheit der Nation hervor.[924] Was das englische und das französische Volk trotz aller Unterschiede miteinander verbinde, sei „das Wetteifern um das lebhafte und berechtigte Gefühl der *Nationalität*".

Eben dieses aber sowie die damit verbundene „innere Einheit und die darauf ruhende Machtstellung nach außen" fehle den Deutschen. Diese spezifisch deutsche politische Entwicklung könne man, wie Biedermann ganz im Unterschied zu Gneist betont, „unmöglich für eine normale halten", solange sie sich nicht dem Gang der anderen Nationen wieder angleiche. Für die Deutschen komme es darum

922 S. hierzu R. Goldscheid, Staatssozialismus und Staatskapitalismus, in: ders./J. Schumpeter, Die Finanzkrise des Steuerstaates. Beiträge zur politischen Ökonomie der Staatsfinanzen, hrsg. v. R. Hickel, Frankfurt a. M. 1976, S. 40-252, insbes. S. 51-56 (zuerst ersch. 1917); ders., Staat, öffentliche Haushalte und Gesellschaft. Wesen und Aufgabe der Finanzwissenschaft vom Standpunkt der Soziologie, in: ebd., S. 253-316, insbes. S. 254 u. 258 (zuerst ersch. 1926); J. Schumpeter, Die Krise des Steuerstaates, in: ebd., S. 329-379, insbes. S. 333-337 (zuerst ersch. 1918); R. Braun, Steuern und Staatsfinanzen als Modernisierungsfaktoren, in: R. Koselleck (Hrsg.), Studien zum Beginn der modernen Welt, Stuttgart 1977, S. 241-262, insbes. S. 244 f., sowie zuletzt die bereits genannte Studie von Witzleben, Staatsfinanznot und sozialer Wandel.

923 Vgl. Biedermann, Die Entwicklung des Staatslebens in Deutschland, England und Frankreich, S. 390-394.

924 Vgl. ebd., S. 358, 360 u. 377.

entscheidend darauf an, zunächst die historischen Ursachen für die Schwächung und Zerstörung ihres Staatslebens zu ergründen, um dann der Frage nachzugehen, ob und wie diese „Verbildungen" rückgängig gemacht werden können.[925]

Biedermann sieht die Besonderheiten der deutschen Geschichte bereits in dem „eingeborenen Charakter der Germanen" angelegt, denen die „staatsbildenden" Eigenschaften und der „Zug staatlicher Einheit" fehle.[926] Während in Gallien unter römischem Einfluß und später im westlichen Teil des Fränkischen Reiches unter den Kapetingern sich das „römische Prinzip des Regierens von oben herab" durchgesetzt habe und so allmählich aus dem Fränkischen Reich der französische Staat hervorgegangen sei, habe in Deutschland unter päpstlichem Einfluß das monarchische Prinzip „unheilbare Wunden" erlitten. Mit dem im Jahr 1077 Heinrich IV. aufgezwungenen Beschluß, die Königsnachfolge nicht länger durch Erb-, sondern durch Wahlrecht zu regeln, sei „die Niederlage der Monarchie und der Nationaleinheit" und der „Triumph des aristokratischen Sonderinteresses" besiegelt worden, noch bevor die Reformation „die Schwächung des nationalen Einheitsbandes und die Befestigung und Erweiterung der territorialen Sonderbildungen" vollendet habe.[927] Schließlich sei auch „die Entwicklung des Städtewesens und des bürgerlichen Geistes" in Deutschland nicht der staatlichen Einheit zugute gekommen. Einerseits habe die dynastische und territoriale Zersplitterung die Herausbildung einer Hauptstadt verhindert, und andererseits habe das Kaisertum kein politisches Interesse an der Entstehung eines kraftvollen Bürgertums besessen. Gerade zur Zeit ihrer größten Machtstellung zwischen dem 13. und 15. Jahrhundert seien die Städte von den berufenen Vertretern der Reichseinheit gänzlich im Stich gelassen worden, und als sie endlich als eigenberechtigter Stand der Reichsverfassung anerkannt worden seien (1487), sei es bereits „zu spät" gewesen.

Dieses „zu spät" spielt nach Auffassung Biedermanns, wie er auch am Beispiel der Zerschlagung der großen Herzogtümer zu zeigen versucht, überhaupt „eine verhängnisvolle Rolle" in der deutschen Geschichte,[928] und es lohnt sich, dieses Argument in einem Seitenblick näher zu verfolgen. Schon früher, zu Beginn seiner publizistischen Tätigkeit, hatte Biedermann auf die im Vergleich zu Frankreich und vor allem zu England politische und ökonomische Rückständigkeit Deutschlands hingewiesen und hieraus sein am Ziel der nationalen Einheit und des materiellen Forschritts orientiertes liberal-nationales Programm entworfen. Befand Biedermann sich mit diesem zunächst gegen den bundesstaatlichen Verfassungspatriotismus des aufgeklärten Liberalismus und den Antikonstitutionalismus insbesondere Preußens gerichteten Programm in weitgehender Übereinstimmung mit F. List und

925 Vgl. ebd., S. 427 f.; gegen diese im protestantischen und katholischen Konservatismus ebenso wie im Germanismus vorherrschende Auffassung s. dezidiert Gneist in seinem Vorwort zu: Das heutige englische Verfassungs- und Verwaltungsrecht, Bd. 1, S. V; wie Gneist auch Aegidi, s. o. Kap. V.2.1.

926 Vgl. ebd., S. 356 ff.

927 Vgl. ebd., S. 369-373.

928 Vgl. ebd., S. 381.

Vertretern der jungen Bourgeoisie namentlich der preußischen Rheinlande,[929] so stieß er andererseits auf Widerspruch seitens des Hegelianismus, dem er einseitige politische Fixierung auf Preußen und Schwanken zwischen liberalen und absolutistischen Ideen vorgehalten hatte. Vor allem aber der wiederholte Vorwurf der Indolenz gegenüber den materiellen Interessen sowie das Urteil, die deutsche Philosophie sei „trotz aller ihrer Reformen und Revolutionen" noch ein „Erbteil der alten Zeit", die „Initiative des Kulturfortschritts (sei) an die große Masse der praktischen Leute, der Geschäftsmänner, der Industriellen übergegangen",[930] rief eine heftige Polemik aus dem Lager des Links- ebenso wie des Rechtshegelianismus hervor.[931] In einer Replik hierauf schrieb Biedermann, es sei „jetzt keine Zeit zum müßigen Spekulieren, jetzt, wo die wichtigsten Interessen Deutschlands auf dem Spiele stehen, wo es sich darum handelt, ob wir wieder als eine einige, mächtige geachtete Nation in den Kongreß der Völker eintreten, oder ob wir abermals – und dann vielleicht auf immer – in unsere frühere Ohnmacht und Zerrissenheit zurückfallen sollen".[932]

Soweit mochte selbst der unter dem Eindruck seiner Tätigkeit als Redakteur der Rheinischen Zeitung, die ihn mit Repräsentanten der rheinländischen Bourgeoisie in Kontakt gebracht hatte, vom (Jung-)Hegelianismus abgerückte junge K. Marx nicht gehen, dessen Kritik an den „deutschen Zuständen" derjenigen Biedermanns in mancher Hinsicht ähnelt. Im Unterschied aber zu Biedermann attestierte Marx der deutschen Rechts- und Staatsphilosophie ausdrücklich, „die einzige mit der *offiziellen* modernen Gegenwart *al pari* stehende *deutsche Geschichte*" zu sein.[933] Nun wird man dieses Urteil von Marx, dem im Vormärz nicht mehr als die Rolle einer publizistischen Randfigur zukommt, nicht überbewerten dürfen. Gleichwohl ist die hohe Wertschätzung der deutschen Staatsphilosophie trotz der Kritik an Hegel ein Topos, der unter der modifizierten Form der „Staatswissenschaft" in den fünfziger Jahren wiederauflebte und mindestens bis zum Ende des deutschen Kaiserreichs einen zentralen Ort im Selbstverständnis der „deutschen Wissenschaft" einnahm.

Vor dem Durchbruch des staatsrechtlichen Positivismus in den achtziger Jahren stand hierfür vor allem das Werk Bluntschlis, dessen „Geschichte der neueren Staatswissenschaft" (1864) wohl nicht zufällig die Reihe „Geschichte der Wissenschaften in Deutschland" eröffnete und der zu einer im Vergleich zu Biedermann

929 S. Schulze, Karl Friedrich Biedermann, S. 316 ff.; Müller, Karl Biedermann und die preußische Hegemonie in Deutschland, S. 34 f.

930 Vgl. Biedermann, Die deutsche Philosophie in ihrer Stellung zum öffentlichen Leben und zur modernen Gesellschaft, in: Der Freihafen, 4. Jg. (1841), H. 1, S. 247-249.

931 S. hierzu Schulze, Karl Friedrich Biedermann, S. 312; Müller, Karl Biedermann und die preußische Hegemonie in Deutschland, S. 35; zur rechtshegelianischen Kritik s. den anonym erschienenen, von Carové verfaßten Artikel: Die „Deutsche Monatsschrift für Literatur und öffentliches Leben", in: RhZ, Nr. 55 u. 62 v. 24.2. u. 3.3.1842, Beiblatt; zur Autorschaft Carovés s. Klutentreter, Die Rheinische Zeitung, Bd. 2, S. 193.

932 Biedermann, Fünfzig Jahre im Dienste des nationalen Gedankens, S. 26 f.

933 Marx, Zur Kritik der Hegelschen Rechtsphilosophie. Einleitung, in: MEW, Bd. 1, Berlin 1957, S. 383 (zuerst ersch. 1844).

entgegengesetzten Deutung der deutschen Staatsgeschichte im Rahmen der vergleichenden europäischen Staats- und Verfassungsgeschichte kam. Während der englische Staat „den seltsamen Eindruck eines zum Teil mittelalterlichen, zum Teil modernen Staates" vermittele, und die Franzosen durch die Wiederaufnahme der römisch-antiken absoluten Staatsidee zwar zu „Bahnbrechern der neuen Zeit" geworden seien, durch die Revolution jedoch möglicherweise unwiederbringlich den „Zusammenhang der neuen Zeit mit der Vergangenheit" verloren hätten, besinne sich die deutsche Nation zwar langsam, „aber … auch tief" auf die Einheit. Für die Nationalstaatsbildung der Deutschen müsse wegen ihrer durch Opfer und Irrtümer bewegten Geschichte „voraus die Wissenschaft, dann … erst ihre Praxis" kommen. Die deutsche Staatswissenschaft sei durch die gründliche Erkenntnis der „Natur des Staates" und der „moderne(n) Staatsidee" der Staatswissenschaft der übrigen europäischen Völker bereits jetzt (i. e. 1855, R. B.) überlegen.[934] Mit dieser Argumentation steht Bluntschli fest in der Tradition der Staatsmetaphysik und der Idee vom historischen Beruf „Deutscher Wissenschaft".[935] Auf beide, insbesondere auf die Entstehung der Staatsmetaphysik, hatte der von Biedermann attackierte Hegelianismus maßgeblichen Einfluß gehabt. Weniger geschichtsphilosophisch, im Ergebnis jedoch mit Bluntschli übereinstimmend, hatte auch Gneist von der „schonenden" Überwindung alter Sonderrechte als Spezifikum der deutschen Staatsbildung gesprochen und hieraus den Schluß gezogen, daß das deutsche Staatsleben „in vielen seiner Grundlagen tüchtiger, … in der geistigen, sittlichen, und wirtschaftlichen Entwicklung der Massen des Volkes sowohl England als Frankreich überlegen (sei)".[936] Ganz im Unterschied zu Biedermann, in dessen Vorstellung Deutschland ein politisch-ökonomischer Nachzügler war, der mit Hilfe einer forcierten und durch eine moderne Sozialpolitik abgefederte Modernisierung Anschluß an England und Frankreich finden müsse, stellte unter dem Eindruck des fortschreitenden Industriekapitalismus und des vermeintlichen Verfalls des englischen Parlamentarismus der Sozialkonservative Gneist den Charakter Deutschlands als vermeintlich „letzte(r) Zufluchtstätte in Europa" heraus, „in welcher der Staat gegen die Volkswirtschaft noch Gehör findet, wo der Charakter der Nation noch einen Halt gibt gegen die einseitigen Anschauungen einer in Umbildung begriffenen Gesellschaft".[937] Bluntschli und Gneist argumentieren somit spiegelbildlich zu Biedermann, indem sie die tragische Verlaufsfigur des „Zu-spät-Gekommenen" in das gleichsam kompensatorische Argument des „Privilegs der Rückständigkeit" (Hildermeier) verkehren.

Innerhalb der vergleichenden europäischen Staats- und Verfassungsgeschichtsschreibung des National-Liberalismus und des klassischen Liberalismus überhaupt

---

934 Vgl. Bluntschli, Über den Unterschied der mittelalterlichen und der modernen Staatsidee, S. 29-35.
935 S. hierzu Schnädelbach, Philosophie in Deutschland 1831-1933, S. 15 u. 35.
936 Gneist, Das heutige englische Verfassungs- und Verwaltungsrecht, Bd. 2, S. 833.
937 Ebd., S. XI.

nehmen Bluntschlis und Gneists Deutungen einerseits sowie Biedermanns Interpretationen idealtypische Gegenpositionen ein. Je stärker dabei die Deutungen unter dem (geschichtsphilosophischen) Leitmotiv der „Staatsbildung" standen, desto positiver wurde die Entwicklung Preußens – wie im Hegelianismus – oder allgemein Deutschlands – wie bei Bluntschli und Gneist – herausgestellt. Je stärker umgekehrt die „Nationenbildung" als Kriterium galt, desto rückständiger mußte Deutschland erscheinen. Am Beispiel Häussers wurde bereits gezeigt, wie diese Position im (antifranzösischen) Nationalismus mündete. Biedermann nimmt hier, wenngleich er der nationalgeschichtlichen Historiographie zuneigt, eine eigentümliche und für die zeitgenössische Diskussion durchaus untypische Stellung ein. Wie sein Begriff des Staates und der Staatsbildung, so ist auch sein Begriff der Nation von geschichtsmetaphysischen Konnationen weitgehend befreit und gleichsam objektiviert. Im Unterschied vor allem zu Häusser reduziert Biedermann trotz früher erwähnter durchgängiger Antiromanismen die europäisch-vergleichende Staats- und Verfassungsgeschichte nicht auf eine abstrakt-moralisierende Gegenüberstellung der Nationen, sondern versucht die materiellen und verfassungsgeschichtlichen Hintergründe für die unterschiedlichen Nationalstaatsentwicklungen herauszuarbeiten. Wie in seinem politischen Programm die Geschäftsleute und Industriellen, so nehmen in seiner „materialistischen" Geschichtsschreibung die Städte als Ort der Gewerbetreibenden und als Protagonisten nationalstaatlicher Einheit ein zentralen Platz ein. Gerade mit diesem vermeintlich typisch „bürgerlichen" Geschichtsbild stand Biedermann jedoch im klassischen Liberalismus ziemlich allein.

Wie schon verschiedentlich im Verlauf dieser Arbeit deutlich wurde, definierte der hegelianische ebenso wie der klassische Liberalismus seine Identität im allgemeinen nicht über den Dritten Stand, dem als aufsteigende soziale Gruppe auch die politische Hegemonie zustehe, sondern über seine „staatsbildende" Funktion. Dies bestätigt sich erneut in dem einschlägigen Artikel der repräsentativsten Quelle für das politische Denken des klassischen Liberalismus – dem „Deutschen Staatswörterbuch" –, wo Bluntschli dem Dritten Stand die Fähigkeit zur Regierung schlichtweg abspricht. Der Dritte Stand müsse und wolle sich statt dessen auf die Verwaltung und die Regierungs*kontrolle* beschränken.[938] Dieses Selbstverständnis großer

938 Vgl. Bluntschli, Art. Dritter Stand, in: DStWb, Bd. 3 (1858), S. 180 ff.; ebenso auch in: Die nationale Staatenbildung und der moderne deutsche Staat, S. 44: „Die deutsche Volksvertretung kann und will nicht regieren wie die englischen Parlamentsparteien. Sie beschränkt sich williger auf die gesetzgeberische Tätigkeit und zieht eine wirksame Kontrolle der Übernahme der Staatsverwaltung vor. Aber sie ist verwandt mit dem gebildeten Beamtenstande, der in Deutschland ebenso mächtig ist als die Gentry in England und weniger abhängig von der Zentralgewalt als die französische Beamtung."; zur „Regierungsfähigkeit" und zur politischen Utopie des „staatsbildenden" Liberalismus einer am englischen Selfgovernment orientierten Elite als offener, auf Besitz und Bildung gegründeter Aristokratie s. allgem. J. H. Knoll, Führungsauslese in Liberalismus Demokratie, Stuttgart 1957, S. 70-82 u. 98-120 (hier zu Treitschke); K. Klotzbach, Das Elitedenken im politischen Liberalismus, Köln u. Opladen 1966, S. 70 f., 82-86 u. 98-103 (hier zu Bluntschli und Gneist); Dotterweich, Heinrich von Sybel, S. 157-162, u. Seier, Die Staatsidee Heinrich von Sybels in den Wandlungen der Reichgründungszeit 1862/71, S. 53 f.; daß in diesem Selbstver-

Teile des deutschen Bildungsbürgertums nicht als Dritt-Stands-Bewegung, sondern als „staatsbildender Liberalismus" schlug sich auch im jeweiligen Geschichtsbild nieder.[939]

Bluntschlis und Gneists sowie Biedermanns gegensätzliche Auffassungen der deutschen Nationalstaatsentwicklung stellen somit frühe Dokumente des klassischen Liberalismus für die beiden Varianten jenes historischen Deutungsmusters dar, das unter dem Terminus „deutscher Sonderweg" die Debatte über die Identität der Deutschen entscheidend mitgeprägt hat. Ursprünglich aus demselben historisch-politischen Kontext gleichzeitig hervorgegangen, hat sich ihre Wirkungsgeschichte indes nacheinander in zwei aufeinander folgenden Phasen vollzogen. Aus dem zunächst, nach der Niederlage im Ersten Weltkrieg freilich affirmative Züge annehmenden dominierenden Paradigma für die Entstehung des „modernen Staates" wurde Deutschland im Zusammenhang mit der historischen Ursachenforschung für die Machtergreifung des Nationalsozialismus und den deutschen Zusammenbruch 1945 zum Paradigma der „verspäteten Nation".[940] Wie elementar dieser politisch begründete Paradigmenwechsel die nachfolgende Absolutismusforschung berührt und in eine tiefe Legitimationkrise gestürzt hat, wurde eingangs dieser Arbeit bereits dargestellt.

2.3.3. Monarchischer Absolutismus und moderner Nationalstaat

Die geschichtsphilosophische Aufwertung des Absolutismus in seiner monarchischen Form hatte als Grundgedanke bereits den Hegelianismus durchzogen. Dabei war das politische ebenso wie das theoretische Verhältnis zwischen Monarchie und modernem Staat jedoch umstritten geblieben. Hatten vor allem die Junghegelianer die unter dem Eindruck der reaktionären Wende in Preußen in der „Rechtsphilo-

---

ständnis weniger ein spezifisch deutsches „Defizit an Bürgerlichkeit" als eher eine „deutsche *Variante an Bürgerlichkeit*" zu sehen ist, hat J. Kocka mit Recht betont, s. Bürgertum und bürgerliche Gesellschaft im 19. Jahrhundert. Europäische Entwicklungen und deutsche Eigenarten, in: ders., (Hrsg.) Bürgertum im 19. Jahrhundert, Bd. 1, München 1988, S. 11-76, insbes. S. 74 ff.

939 Das aus dem Hegelianismus stammende Konzept der „Staatsbildung" grenzt sich dabei sowohl von dem vor allem in der französischen Geschichtsschreibung vertretenen Konzept der „histoire du tiers-état" als auch von der Kulturgeschichtsschreibung der deutschen Spätaufklärung ab. Hierauf, ebenso wie auf die theoretischen Beziehungen zwischen der aufgeklärten Kulturgeschichtsschreibung und der „histoire du tiers-état" kann im Rahmen dieser Arbeit nicht näher eingegangen werden.

940 S. H. Plessner, Die verspätete Nation, zweite, erw. Aufl., Stuttgart 1959 (zuerst ersch. unter dem Titel: Das Schicksal des deutschen Geistes am Ausgang seiner bürgerlichen Epoche, Zürich 1935). Aus der umfangreichen Diskussion über den „deutschen Sonderweg" s. B. Faulenbach, Ideologie des deutschen Weges. Die deutsche Geschichte in der Historiographie zwischen Kaiserreich und Nationalsozialismus, München 1980; D. Blackbourn/G. Eley, Mythen deutscher Geschichtsschreibung, Frankfurt a. M.-Berlin-Wien 1980; H. Grebing, Der „deutsche Sonderweg" in Europa zwischen 1806 und 1945. Eine Kritik, Stuttgart 1986; J. Kocka, Bürgertum und Bürgerlichkeit als Probleme der deutschen Geschichte vom späten 18. zum frühen 20. Jahrhundert, in: ders. (Hrsg.), Bürger und Bürgerlichkeit im 19. Jahrhundert, Göttingen 1987, S. 21-63, insbes. S. 48-51.

sophie" vollzogene Hinwendung Hegels zum „monarchischen Prinzip" attackiert, so konnte sich der Rechtshegelianer Hinrichs in seiner nach der gescheiterten Revolution von 1848 verfaßten Apologie der Monarchie nicht zu Unrecht auf Hegel berufen, wenn er die Monarchie nicht lediglich als Regierungsform verstanden wissen wollte, sondern zum begrifflichen Bestandteil des modernen Staates erklärte. Wenn Hinrichs mit seinem Werk „Die Könige" keinen nennenswerten Widerhall fand,[941] so nicht etwa darum, weil der Zeitgeist antimonarchisch gewesen wäre. Vielmehr gelang dem geschichtsphilosophisch argumentierenden Althegelianer Hinrichs nicht der von jüngeren Hegelianern wie Duncker und Droysen postulierte Übergang vom „phantastischen Idealismus der Philosophie" zum „realen Idealismus der Historie"[942] und damit der Anschluß an den klassischen Liberalismus. Der literarische Mißerfolg von Hinrichs unzeitgemäßem geschichtsphilosophischem Werk kann indes nicht darüber hinwegtäuschen, daß die Mehrzahl der Liberalen zwischen Revolution und Reichsgründung der Sache nach mit der monarchischen Verengung des Staatsbegriffs völlig übereinstimmte. Beide Aspekte dieses Vorgangs, die monarchische Interpretation des Staatsbegriffs und die Behauptung des staatlichen Charakters der Monarchie, haben in der historischen Forschung über den Zusammenhang zwischen monarchischem Absolutismus und der Entstehung des modernen Nationalstaats eine nachhaltige Wirkung hinterlassen.

Dies gilt in besonderem Maße für die Behauptung der Staatlichkeit des monarchischen Absolutismus, der ein moderner Staatsbegriff zugrunde liegt. Am deutlichsten zeigt sich die Anwendung dieses zurückprojizierenden Verfahrens bei Gneist, dessen Darstellung der vornehmlich am Beispiel Englands demonstrierten vergleichenden europäischen Staatsbildung an der Zentralisierung der Gesetzgebung und des Budgetrechts als den vermeintlichen Hauptkriterien des modernen Staates hängt. Für eine Theorie des modernen Staates ist hiermit tatsächlich ein wesentlicher Aspekt angesprochen. Allerdings ist es ein unzutreffender Umkehrschluß, aus der historischen Überwindung lehnsrechtlicher Beziehungen durch die monarchische Zentralisierung unmittelbar deren „staatlichen" Charakter abzuleiten. Zentralisation an sich ist kein hinreichendes Kriterium für die Staatlichkeit oder Nicht-Staatlichkeit eines Gemeinwesens. In allgemeiner geschichtsphilosophischer Form hatten dies bereits die Hegelianer behauptet. Gneists unter dem Mantel empirischer Rechtsgeschichte ebenso axiomatische Beweisführung hat zur Folge, daß er der englischen Monarchie bereits des 14. Jahrhunderts alle vermeintlichen Attribute eines modernen Staates – dauernde Institution „öffentlichen" Rechts, Spezialisierung des Verwaltungsrechts, Differenzierung zwischen „Gesetz" und „Verordnung" etc.[943] – verleiht. Methodologisch befindet sich Gneist mit diesem Verfahren

---

941 S. etwa die kritischen Bemerkungen zu diesem Buch bei G. Waitz, Zur deutschen Verfassungsgeschichte II, in: ders., Abhandlungen zur deutschen Verfassungs- und Rechtsgeschichte, hrsg. v. K. Zeumer, Göttingen 1896, S. 108 (Ndr. Aalen 1966).

942 Vgl. o. S. 106 f.

943 S. Gneist, Englische Verfassungsgeschichte, S. 447 f. u. 459.

in völliger Übereinstimmung mit der germanistischen Verfassungsgeschichtsschreibung, deren fragwürdigem Versuch, modern-staatliche Begriffe auf die mittelalterlichen Institutionen zu übertragen, Böckenförde in seiner schon mehrfach angeführten Untersuchung der deutschen verfassungsgeschichtlichen Forschung im 19. Jahrhundert und zuvor bereits O. Brunner kritisch nachgegangen sind.[944] Deren Kritik bleibt hier sachlich nichts hinzuzufügen.

Um die Problematik für die Absolutismusforschung weiter zu verdeutlichen, seien lediglich einige zusätzliche Beispiele aus der historiographischen Behandlung der beiden Musterländer des Absolutismus – Frankreich und Brandenburg-Preußen – angeführt. So hebt etwa, wie Gneist, auch Sybel die historische Bedeutung der im Hundertjährigen Krieg entstandenen „festen und bleibenden Steuer" in Frankreich hervor, die der königlichen Verwaltung den Zugang in die adeligen Herrschaften verschafft und damit die „wichtigste Grundlage der absoluten Monarchie" errichtet habe.[945] Den vor allem seit Heinrich IV. wachsenden Ämterverkauf kritisiert Sybel darum auch im Unterschied zu Biedermann keineswegs aus moralischen Erwägungen wegen der Korrumpierbarkeit der Beamten, sondern prinzipiell wegen der Aufgabe des staatlichen Steuermonopols.[946] Die unmittelbare Zugriffsmöglichkeit des Königs auf die Bauern behauptet Sybel auch für Brandenburg-Preußen unter Friedrich Wilhelm I.[947] Wenn Friedrich der Große dennoch die Gutsherrlichkeit nicht aufgehoben habe, so sei dies, wie Sybel ausdrücklich bemerkt, nicht auf die etwaige Einschüchterung durch den Widerstand des Adels, sondern auf die für Friedrichs äußere Machtpolitik erforderliche, auf der Gutsherrlichkeit beruhenden Heeresorganisation zurückzuführen.[948] Der hier unterstellte moderne Staatsbegriff findet sich auch bei Häusser, der trotz politischer Kritik an Gans mit diesem und den übrigen Hegelianern in der Auffassung übereinstimmt, daß das Staatsverständnis Ludwigs XIV. nicht der „Idee der absoluten Staatsmacht" entspräche[949] oder, wie Hinrichs behauptet hatte, Ludwig XIV. die welthistorische Bedeutung seines Diktums „l'état c'est moi" gar nicht begriffen und darum pervertiert habe. Ohne

---

944 S. Böckenförde, Die deutsche verfassungsgeschichtliche Forschung im 19. Jahrhundert, insbes. S. 87 ff., 118-130 u. 145; O. Brunner, Moderner Verfassungsbegriff und mittelalterliche Verfassungsgeschichte, in: H. Kämpf (Hrsg.), Herrschaft und Staat im Mittelalter, Darmstadt 1956, S. 1-19 (veränderte Fassung des zuerst 1939 ersch. Aufsatzes), sowie ders., Land und Herrschaft, fünfte Aufl., Wien 1965, S. 111-132 u. 146-164.

945 Vgl. Sybel, Geschichte der Revolutionszeit, Bd. 1, S. 10.

946 Vgl. ebd.; Biedermann, Deutschland im 18. Jahrhundert, S. 80 f.; den Ämterverkauf als vermeintliche Eigenart des französischen Absolutismus hat noch Göhring, Weg und Sieg der modernen Staatsidee in Frankreich, zum Anlaß genommen, die Überlegenheit des preußischen Absolutismus mit seinem disziplinierten Beamtentum zu behaupten, s. S. 2-4; zur neueren Diskussion über den Ämterhandel als gemeineuropäisches Phänomen s. K. Malettke (Hrsg.), Ämterkäuflichkeit: Aspekte sozialer Mobilität im europäischen Vergleich (17. und 18. Jahrhundert), Berlin 1980.

947 Sybel, Über die Entwicklung der absoluten Monarchie in Preußen (1863), in: Kleine historische Schriften, Bd. I, S. 521 u. 525.

948 Vgl. ebd., S. 529, sowie ders., Die christlich-germanische Staatslehre (1851), in: Kleine historische Schriften Bd. I, S. 393 f.

949 Vgl. Hausser, Geschichte der französischen Revolution, S. 7 u. 11.

die Historizität der eigenen Kategorien zu reflektieren, wird hier ganz selbstverständlich ein der Allgemeinheit verpflichteter öffentlich-rechtlicher Begriff des Staates unterlegt, der in der sozialen und politiktheoretischen Wirklichkeit des 17. und 18. Jahrhunderts keine Entsprechung fand. Häussers moralisierende Kritik, Ludwigs XIV. berüchtigter Ausspruch sei ein Indiz für die Unterordnung des Staates unter den Hof, übersieht, daß hier ein seinerzeit übliches und bis weit ins 18. Jahrhundert reichendes Verständnis des Staates zugrunde lag, in welchem fürstlicher Hof und Staat begrifflich gleichgesetzt werden.

Wenn hier auf die Problematik dieses Verfahrens hingewiesen wurde, so nicht etwa mit der bedenklichen Absicht, die den Deutungsmustern der entstehenden Absolutismusforschung zugrunde liegenden zeitgebundenen Fragestellungen zu kritisieren. Allerdings führt diese unhintergehbare Bedingung historischer Forschung nicht zwangsläufig zu der fragwürdigen Methode, die in einem bestimmten historischen Kontext entstandenen Kategorien in ein anderes Milieu zu transportieren. Zwischen zeitgebundenen Fragestellungen und angewandten Methoden besteht keine logische Beziehung. Dieses ist um so mehr hervorzuheben, als auf die Zeitgebundenheit der erkenntnisleitenden Fragestellungen der frühen Absolutismusforschung bereits verschiedentlich hingewiesen wurde,[950] ohne damit jedoch zugleich die Methode rückwärts gewandter Projektion zu überwinden.[951]

---

950 S. Vierhaus, Art. Absolutismus, S. 63 f.; Oestreich, Strukturprobleme des europäischen Absolutismus, S. 181 f.; Kunisch, Absolutismus, S. 181 f.; Hinrichs, Zum Stand und zu den Aufgaben gegenwärtiger Absolutismusfoschung, S. 8; Duchhardt, Das Zeitalter der Absolutismusforschung, S. 167 f.

951 Dies ließe sich an der begrifflichen Vermengung des alteuropäischen Steuerwesens mit dem modernen, auf dem öffentlichen Kredit beruhenden Budgetwesen zum evolutionistischen finanzsoziologischen Konzept des „Steuerstaates" ebenso zeigen wie an den jüngsten, durch eine erstaunliche Immunität gegenüber sensibler Begriffsgeschichte sich auszeichnenden rechtshistorischen Versuchen, alteuropäisches „ius publicum" und modernes „öffentliches Recht" gleichzusetzen (s. D. Wyduckel, Ius Publicum. Grundlagen und Entwicklung des Öffentlichen Rechts und der deutschen Staatsrechtswissenschaft, Berlin 1984, insbes. S. 15-26; D. Stolleis, Geschichte des öffentlichen Rechts in Deutschland, Bd. 1: 1600-1800, München 1988, insbes. S. 43-46 u. 53-57). Beide Aspekte sind Bestandteil des maßgeblich von G. Oestreich inaugurierten Forschungskonzepts, das seit einigen Jahren unter dem Terminus „frühmoderner Staat" zum vorherrschenden Paradigma der Frühneuzeitforschung avanciert ist. Eine kritische Würdigung dieses Konzepts ist im Rahmen der vorliegenden Arbeit nicht möglich, gleichwohl läßt sich festhalten, daß sein zentrales Problem in dem modernistischen Ansatz liegt. So wird ganz in Übereinstimmung mit der hegelianischen und klassisch-liberalen Absolutismusforschung noch in jüngster Zeit die These verfochten, das Landesfürstentum sei mit seiner Steuerpolitik und dem neugeschaffenen Verwaltungsapparat „in den innersten Bereich der adeligen Autonomie" eingedrungen und habe sich damit als „frühmoderner Staat" konstituiert, vgl. W. Schulze, Deutschland im 16 Jahrhundert, Frankfurt a. M. 1988, S. 204-222, insbes. S. 205. Das diesem Geschichtsbild zugrunde liegende Staatsverständnis basiert auf einem Souveränitätsbegriff, dessen moderne Prägung keineswegs, wie allgemein behauptet wird, auf Bodin zurückgeht, sondern erst aus der Herstellung allgemeiner bürgerlicher Freiheit und Gleichheit resultiert und in der Definition M. Webers als staatliches „Monopol legitimer Gewaltsamkeit" ihren klassischen Ausdruck gefunden hat. Die mangelnde Berücksichtigung der fundamentalen begrifflichen Differenz zwischen dem alteuropäischen „Fürstenstaat" und dem modernen, auf „öffentliches Recht" gegründeten konstitutionellen Staat hat zur Folge, daß die historische Dimen-

Entgegen verbreiteter Auffassung ist auch in der jüngeren Absolutismusforschung die „etatistische" Sichtweise keineswegs überwunden.[952] Wohl aber hat die Ständeforschung mit der neuen Leitfrage nach dem Zusammenhang von „Ständetum und Staatsbildung"[953] die ältere, einseitig-positive Bewertung des monarchischen Absolutismus relativiert, die, vorbereitet durch den Hegelianismus, in der borussianischen und national-liberalen Geschichtsschreibung zum vorherrschenden Deutungsmuster moderner Staatsbildung erhoben worden war. Die vor allem nach 1848 nicht mehr nur historische, sondern grundsätzliche Aufwertung der Monarchie brachte die Liberalen freilich in die Nähe der während der preußischen Reaktionszeit zwischen 1851 bis 1858 einflußreichen legitimistischen Rechts- und Staatslehre, deren Hauptrepräsentanten der frühere Mitarbeiter des Berliner politischen Wochenblatts E. L. v. Gerlach und vor allem der frühzeitig als Vertreter eines konservativen Konstitutionalismus hervorgetretene F. J. Stahl waren. Deren – vermeintlicher – Verteidigung des durch das „historische Recht" der Fürsten abgestützten politischen Absolutismus stellten die national-liberalen Autoren die bereits im Hegelianismus vertretene Auffassung eines „Rechts der Geschichte" entgegen, aus der sie die historische Aufwertung mit der aktuellen Kritik des monarchischen Absolutismus dialektisch verknüpften.

Ein früher Beleg des klassischen Liberalismus nach der Revolution ist hierfür der zuerst 1851 in Biedermanns Zeitschrift „Germania" erschienene Aufsatz von Sybel über „Die christlich-germanische Staatslehre", in welchem er die Auffassung eines legitimen historischen Rechts der Fürsten zurückweist und statt dessen den gewaltsamen Charakter des Aufstiegs der modernen Monarchie betont. Im Unterschied zu England, wo König, Adel und Kommune gemeinsam den Weg vom Feudalstaat zur konstitutionellen Monarchie eingeschlagen hätten, und anders als in

---

sion der großen Streitfragen des 19. Jahrhunderts über Privat- und Öffentliches Recht, Staatssouveränität, Budgetrecht u. a. in der „Frühneuzeit"-Forschung nicht immer hinreichend wahrgenommen wird. Es drängt sich die polemische Frage auf, ob denn das 19. Jahrhundert mehr sei als nur der Abschluß des langen 16. Jahrhunderts. Zum Gesamtkomplex s. die in den zwanziger Jahren entstandenen Arbeiten von Goldscheid u. Schumpeter, in: R. Goldscheid/J. Schumpeter, Beiträge zur politischen Ökonomie der Staatsfinanzen, hrsg. v. R. Hickel, Frankfurt a. M. 1976; zu Oestreich s. K. Krüger, Gerhard Oestreich und der Finanzstaat. Entstehung und Deutung eines Epochenbegriffs der frühneuzeitlichen Verfassungs- und Sozialgeschichte, in: Hessisches Jahrbuch für Landesgeschichte 33 (1983), S. 333-346; grundlegend für eine Neubewertung H.-P. Ullmann, Staatsschulden und Reformpolitik. Die Entstehung moderner öffentlicher Schulden in Bayern und Baden 1780-1820, Göttingen 1986; aus der umfangreichen Literatur über den „frühmodernen Staat" sei lediglich verwiesen auf R. v. Dülmen, Die Entstehung des frühneuzeitlichen Europa, Frankfurt a. M. 1982, insbes. S. 11 ff. u. 321-324, sowie Boldt, Deutsche Verfassungsgeschichte, Bd. 1, S. 149-152 u. 193-196, wo der „frühmoderne Staat" als Gegenkonzept zu Brunners Alteuropa-Begriff verstanden wird.

952 So aber Kunisch, Absolutismus, S. 182; Duchhardt, Das Zeitalter des Absolutismus, S. 167.

953 So der gleichnamige Titel eines bereits früher erwähnten Aufsatzes von G. Oestreich; s. a. Baumgart (Hrsg.), Ständetum und Staatsbildung in Brandenburg Preußen; Vierhaus, Ständewesen und Staatsverwaltung in Deutschland im späteren 18. Jahrhundert; ders., Staaten und Stände, S. 105 117.

Frankreich, wo der König allein sich „an die Spitze der nationalen Bewegung" gestellt habe, sei in Deutschland der Feudalstaat in die territiorialen absoluten Monarchien zerfallen. Gleichermaßen gegen die „antinationale" Politik des Kaisers und die nur auf ihr „Privatinteresse" bedachten Stände gerichtet, habe es trotz mancher Schwächen der Fürsten „in Reich und Landschaft keine bessern Vertreter der Nation (gegeben) als sie." Dieses sei der Titel ihrer Herrschaft gewesen. Die Identifizierung von Fürstentum, Legitimität und Recht, wie sie die christlich-germanische Staatslehre vornehme, widerspricht nach Meinung Sybels den geschichtlichen Tatsachen. Vielmehr sei das Gegenteil zutreffend: „ ... so sehr das heranwachsende Fürstentum das Recht der geschichtlichen Entwicklung für sich gehabt hat, so wenig haben die einzelnen Schritte auf dieser Bahn den Charakter formeller Legitimität." Der „innerlich ... höchst begründet(e)" Sieg des absoluten Territorialfürstentums über das Kaisertum habe sich „gegen formelles Reichs- und Kirchenrecht durch Waffengewalt", und der ebenso notwendige Sieg über die territorialen Stände habe sich „gegen Reichs- und Landrecht durch bewaffnete Revolution" vollzogen. „Wer die Herrschaft der deutschen Fürsten als eine legitime anerkennen will", so betont Sybel gegen die „christlich-germanische Staatslehre", müsse anerkennen, „daß es auch berechtigte Revolutionen gibt."[954]

Eine hiermit übereinstimmende Argumentation findet sich auch bei Häusser[955] und in ausgeprägter Form bei Gneist. Bevor hierauf eingegangen werden soll, sind jedoch einige Bemerkungen zur Qualität der Sybelschen Kritik vorauszuschicken, die sachlich im wesentlichen unbegründet ist. Dies gilt zunächst für die der „christlich-germanischen Staatslehre" unterstellten Berufung auf das „historische Recht". Weder bei L. v. Gerlach noch bei Stahl ist diese anzutreffen. Beide haben vielmehr gegen das „historische Recht" in seiner entweder restaurativen oder konservativen (Savigny) Variante den christlich-theistischen Ursprung des Rechts geltend gemacht.[956] Gleiches trifft auf Sybels Kritik des angeblichen politischen Absolutismus der „christlich-germanischen Staatslehre" Gerlachs und Stahls zu,[957] den beide, wenngleich mit anderen Begründungen und anderem politischen Ziel als Sybel, zeitlebens entschieden abgelehnt haben.[958] In hohem Maße fragwürdig ist schließlich die vorausgesetzte Geschlossenheit der „christlich-germanischen Staatslehre" überhaupt. Wohl ist es zwischen Gerlach und Stahl seit Mitte der vierziger Jahre zu einer auf der, von Sybel freilich gar nicht berücksichtigten, politischen Theologie

954 Vgl. Sybel, Die christliche-germanische Staatslehre, S. 393-396.
955 S. Häusser, Deutsche Geschichte, Bd. I, S. 94 f.
956 S. Schoeps, Das andere Preußen, S. 21-28, u. W. Jaeschke, Staat aus christlichem Prinzip und christlicher Staat. Zur Ambivalenz der Berufung auf das Christentum in der Rechtsphilosophie Hegels und der Restauration, in: Der Staat 18 (1979), S. 349-374, zu Gerlach u. Stahl ebd., S. 368 f. u. S. 371 f.
957 Vgl. Sybel, Die christlich-germanische Staatslehre, S. 372 u. 395.
958 S. hierzu oben Kap. III.1.1. u. III.3.2.2. sowie die Zeit nach 1848 miteinbeziehend: Schoeps, Das andere Preußen, S. 31; s. a. H.-Chr. Kraus, Das preußische Königtum und Friedrich Wilhelm IV. im nachmärzlichen Preußen, in: O. Büsch (Hrsg.), Friedrich Wilhelm IV. in seiner Zeit, Berlin 1987, S. 48-93, insbes. S. 81.

beider gegründeten Annäherung und praktischen Zusammenarbeit im Rahmen der hochkonservativen „Kreuzzeitungspartei“ gekommen.[959] Daß hierin jedoch nicht mehr als eine politische Koalition zweier im Grunde sehr unterschiedlicher Denker und Politiker zu sehen ist, haben bereits die Untersuchungen von v. Martin und Schoeps gezeigt. Evident wird diese Differenz auch im Geschichtsbild beider, insbesondere in der historischen Beurteilung des Absolutismus.

Blieb Gerlach wie schon zur Zeit seiner Mitarbeit am Berliner politischen Wochenblatt auch später ein prinzipieller Gegner des Absolutismus,[960] so unterschied der bereits in den dreißiger Jahren als konservativer Konstitutionalist hervorgetretene Stahl zwischen der absoluten Monarchie als legitimem, wenngleich für Preußen nicht mehr praktikablem politischem System und den – in der dritten Auflage seiner „Philosophie des Rechts“ (1854-1856) thematisierten – historischen Leistungen des Absolutismus. Gegenüber der „liberal-konstitutionellen Theorie“ und der „Schule Hallers“, die nach Stahls Auffassung beide über keinen öffentlichen Begriff des Staates und des Königs verfügten,[961] hebt er den staatsbildenden Charakter der absoluten Monarchie hervor, deren Gründung in die Zeit kurz vor der Reformation bis zum Westfälischen Frieden gefallen sei. Entstanden „als Ergebnis von Unrecht auf Seite der Stände und von Unrecht auf Seite des Königs“ habe ihr „weltgeschichtliche(r) Beweggrund“ in der „Umbildung der Reiche aus der patrimonialen und feudalen in die staatliche Form, aus zerstreuter autonomischer in die einheitliche gesammelte Herrschaft“ gelegen. Bei ihrer „durchgreifende(n) Umgestaltung am geschichtlichen Rechtszustand“ habe sie sich zur Überwindung der „ständischen, insbesondere aristokratischen Elemente“ auf das stehende Heer und das Beamtentum gestützt.[962]

Auf Stahls historische Interpretation des Absolutismus und deren Wirkung kann hier nicht weiter eingegangen werden.[963] Bereits aus dieser kurzen Skizze wird jedoch die Unhaltbarkeit der Sybelschen Kritik an Stahl deutlich, der das von Sybel zur historischen Rechtfertigung des Absolutismus in Anspruch genommene geschichtsphilosophische Argument des „Rechts der Geschichte“ zumindest in ver-

959 S. o. Kap. III.3.2.4. sowie: v. Martin, Weltanschauliche Motive im altkonservativen Denken, S. 378 f; Schoeps, Das andere Preußen, S. 76-81; Buchheim, Die Partei Gerlach – Stahl, in: Aus Geschichte und Politik. FS f. L. Bergsträsser zum 70. Geb., hrsg. v. A. Herrmann, Düsseldorf 1954, S. 41-56; Grünthal, Parlamentarismus in Preußen 1848/49-1857/58, S. 261-295.

960 Aus zeitgenössischer liberaler Sicht ist dies selten anerkannt worden, s. etwa J. C. H., Das Königtum von Gottes Gnaden, in: Zeitschrift für deutsches Staatsrecht und deutsche Verfassungsgeschichte, H. 2 (1865), S. 172-178.

961 Vgl. Stahl, Philosophie des Rechts, dritte Aufl., Bd. 2.2, 1856, S. 260, 331-334 u. 461; zu Stahls Staatslehre und ihrer Wirkung in den fünfziger und sechziger Jahren s. v. Oertzen, Die soziale Funktion des staatsrechtlichen Positivismus, S. 72-82.

962 Vgl. ebd., S. 263 u. 455.

963 S. hierzu die knappen Hinweise bei Grosser, Grundlagen und Struktur der Staatslehre Friedrich Julius Stahls, S. 107; Stahls Absolutismusdeutung hat Eingang gefunden in den Art. „Absolutismus“ des konservativen Staats- und Gesellschafts-Lexikons, hrsg. v. H. Wagener, Berlin 1859, S. 172-180.

kappter Form ebenfalls verwendet, wenn er die auf „Unrecht" gebaute absolute Monarchie durch den Fortschritt zur Staatsbildung legitimiert. Über die hiermit erkennbare Distanz zur Historischen Rechtsschule sowie zu Gerlach hinaus ließe sich in einer ausführlichen Analyse die hier nur angedeutete Ähnlichkeit mit der national-liberalen und auch der borussianischen Absolutismusdeutung zeigen.

Folgt man der zeitgenössischen liberalen Kritik an *der* „christlich-liberalen Staatslehre" und insbesondere an Stahl, so mag diese Feststellung verwundern. Nichts indes belegt besser die ideologische Hegemonie des klassischen Liberalismus in den späten fünfziger und sechziger Jahren als diese erfolgreiche Denunziation Gerlachs und vor allem Stahls als Vertreter des politischen Absolutismus, wie sie sich hier am Beispiel Sybels zeigt, der zwischen dem „staatsbildenden" Liberalismus und der nach eigenen Wünschen konstruierten „christlich-germanischen Staatslehre" ein ideologisches Duell inszeniert, dessen Ausgang bereits vor Beginn feststeht. Mit seiner Behauptung, der Liberalismus führe konsequenterweise zur Revolution, ist Stahl im übrigen nicht anders verfahren.[964] Der von beiden Seiten erweckte Eindruck der bipolaren Distanz zwischen den Kontrahenten kann bei näherer Prüfung die Übereinstimmung in grundsätzlichen Fragen freilich nur schlecht überdecken. Gerade diese Nähe erklärt zu einem beträchtlichen Teil die Heftigkeit der von beiden Seiten polemisch geführten Kontroverse.[965] Was den „staatsbildenden" Liberalismus von Stahl trennte, war die einseitig monarchistische Auslegung der Verfassung, keineswegs aber das „monarchische Prinzip" überhaupt, das die Liberalen ja ihrerseits zu einem konstitutiven Bestandteil des Staatsbegriffs erklärten. In Anlehnung an das Diktum von Sybel läßt sich Stahls Position, im Unterschied zu L. v. Gerlach, der erst allmählich und nicht zuletzt unter Stahls Einfluß sich von der privatrechtlichen Patrimonialstaatstheorie Hallers löste, als „staatsbildender" Konservatismus bezeichnen.

Stahl hat seine historische Deutung des Absolutismus erst in die dritte Auflage seiner „Philosophie der Rechts" aufgenommen. Allerdings wäre es verfehlt, dies als eine Reaktion auf vorangegangene liberale Kritik etwa Sybels anzusehen. Implizit ist diese Interpretation, wie auch die Polemik des Berliner politischen Wochenblatts belegt,[966] bereits in der ersten Auflage (1830-1837) enthalten. An Stahls grundsätzlichen Positionen hat sich in den zwischen der ersten und der dritten Auflage seiner „Rechtsphilosophie" liegenden zwanzig Jahren nichts geändert. Daher sind auch die von ihm attackierten Hauptgegner in den fünfziger Jahren noch dieselben wie früher – der aufgeklärte Liberalismus (die „liberal-konstitutionelle Theorie") und die Hallerianer. Ausgespart wird auffälliger-, jedoch nicht zufälligerweise die hegelianische Absolutismusdeutung, mit der Stahl in der Benennung der Hauptkontra-

964 Vgl. Stahl, Philosophie des Rechts, dritte Aufl., Bd. 1, S. 289-329.

965 Nur wenige haben dies so deutlich gesehen wie der auf Ausgleich bedachte Bluntschli, s. dessen kritische Würdigung Stahls in: Geschichte der neueren Staatswissenschaft, S. 694-710, insbes. S. 706; s. a. Heffter, Die deutsche Selbstverwaltung im 19. Jahrhundert, S. 369 f.

966 S. o. Kap. III.2.2. u. III.2.3.

henten ebenso wie sachlich aufgrund gemeinsamer Berührungspunkte in der Geschichts- und spekulativen Rechtsphilosophie weitgehend übereinstimmte.[967]

Erstaunlich ist somit weniger die Nähe Stahls zur hegelianischen, als vielmehr die Nähe der national-liberalen zur hegelianischen und stahlschen Absolutismusdeutung. Denn im Unterschied zu dem hegelianisch geprägten Borussianismus Droysens, Dunckers oder Rößlers lagen dem historischen Denken der weniger homogenen Gruppe der national-liberalen Autoren unterschiedliche geschichtstheoretische Quellen – bei Bluntschli, Gneist und Sybel vor allem die der Historischen Rechtsschule – zugrunde, unter denen die spekulative Rechtsphilosophie zunächst jedoch sich nicht befand. Gerade bei den eben genannten Autoren ist die Übernahme rechtsphilosophischer Ideen in direkter Abgrenzung gegenüber Ranke und Savigny erfolgt. Für Bluntschli, der auf dieser Grundlage sein Konzept der „historisch-philosophischen Staatswissenschaft" entwarf, ist hierauf bereits an früherer Stelle hingewiesen worden. Bemerkenswert ist insbesondere, wie weit der frühere Ranke- und Savigny-Schüler Sybel[968] sich bei der positiven Würdigung des monarchischen Absolutismus durch die Berufung auf das „Recht der Geschichte" von seinen Ursprüngen entfernt und in die argumentative Nähe Droysens und Hinrichs', aber auch Stahls gerät. Bluntschli und Sybel waren keine Einzelfälle. Wenn auch nicht zu Unrecht den klassischen Liberalen „eine tiefere Beziehung zum philosophischen Denken"[969] abgesprochen worden ist, so widerspricht dem nicht die Feststellung, daß die Nachwirkungen des spekulativ-rechtsphilosophischen Denkens allenthalben im klassischen Liberalismus spürbar sind.[970] In dem über die politischen Parteigrenzen hinweg – von Hinrichs bis zu seinem Kritiker Waitz, von Stahl bis Sybel – vertretenen Paradigma der „Staatsbildung" und der monarchischen Verengung des Staatsbegriffs findet dies seinen konzentrierten Niederschlag.

In besonderer Weise erhellt dies am Werk Gneists, in dessen Untersuchung der englischen Verfassungs- und Verwaltungsgeschichte der König „Zentrum und An-

---

967 Auf die Darlegung dieses Zusammenhangs muß hier verzichtet werden. Hinzuweisen bleibt lediglich auf die geschichtsphilosophischen Berührungspunkte zwischen Hegel und Schelling sowie auf Stahls System der Staats- und Rechtsphilosophie, das ihn über Schelling hinaus, zugleich aber, trotz aller Kritik im einzelnen, an den Hegelianismus heranführt; s. hierzu A. Nabrings, Der Einfluß Hegels auf die Lehre vom Staat bei Stahl, in: Der Staat 22 (1983), S. 169-186, u. Jaeschke, Staat aus christlichem Prinzip und christlicher Staat, der jedoch trotz differenzierter Analyse die Unterschiede überbetont (s. S. 369); über die rechts- und staatsphilosophischen Beziehungen zwischen Hegel und Schelling s. zuletzt s. Beiträge von L. Siep u. W. G. Jacobs, in: L. Hasler (Hrsg.), Schelling. Seine Bedeutung für eine Philosophie der Natur und der Geschichte, Stuttgart-Bad Cannstadt 1981; zu Stahls Stellung gegenüber Hegel und Schelling s. Stahl, Philosophie des Rechts, dritte Aufl., Bd. 1, S. 373-490; s. hierzu a. Bluntschli, Geschichte der neueren Staatswissenschaft, S. 695 f.

968 S. hierzu Dotterweich, Heinrich von Sybel, S. 42 f.

969 Hock, Liberales Denken im Zeitalter der Paulskirche, S. 9.

970 S. hierzu ebd., S. 9-14, sowie Löwenstein, Hegels Staatsidee und die Liberalen der Bismarckzeit, insbes. S. 160-168.

gelpunkt“[971] darstellt. Die hieraus resultierenden Fehldeutungen in der Analyse der englischen Verfassungswirklichkeit des 19. Jahrhunderts hat bereits Lamer einer kritischen Prüfung unterzogen, sie betreffen indes ebenso das Bild Gneists von dem gemeineuropäischen, am Beispiel Englands paradigmatisch demonstrierten Vorgang der modernen Staatsbildung überhaupt. Problematisch ist dabei weniger die Betonung der politischen Bedeutung der Krone im Einzelfall, mit der Gneist vor dem Hintergrund der neueren englischen Diskussion seit G. R. Elton bisweilen erstaunlich aktuell wirkt,[972] sondern die Erklärung der gesamten englischen Geschichte seit der normannischen Eroberung gleichsam aus dem „monarchischen Prinzip“. Da für ihn das Königtum „die Quelle alles Rechts“ ist, erscheinen ihm die Freiheiten des englischen Parlaments nicht als Resultat sozialer und politischer Konflikte, sondern als „Ausfluß der königlichen Gewalt“.[973] Hiermit formuliert Gneist nicht nur in weiten Teilen das spiegelbildliche Gegenstück zur ebenso einseitig parlamentarischen Whig-Interpretation der englischen Geschichte,[974] sondern geht in der historiographischen Anwendung des „monarchischen Prinzips“ auch weit über Stahl hinaus, der zwar ebenfalls die Bedeutung Englands als „Träger eines weltgeschichtlichen Fortschritts“ zur „Idee des Staates“ und damit als „klassisches Vorbild für Europa“ herausstellt, dabei jedoch das politische Übergewicht des Parlaments ausdrücklich anerkennt. Als „Individualität der englischen Verfassung“ lehnt Stahl die parlamentarische Form der Staatsbildung für Deutschland jedoch ab.[975]

Man wird nicht fehlgehen, Gneists hypertrophen Monarchismus und seine Nähe zum Konservatismus[976] als Ergebnis einer Neuorientierung des nachmärzlichen Liberalismus zu interpretieren, der das Stigma einer Revolutionspartei mit einem um so zweifelsfreieren Bekenntnis zur Monarchie zu tilgen versuchte und sich damit in einen ideologischen Wettstreit mit dem Konservatismus über den rechtsbegründenden Titel des Königtums begab. Dieses Motiv liegt unverkennbar auch den bereits erwähnten Schriften von Hinrichs, Waitz und Sybel zugrunde, der den „legitime(n) Ursprung“ der absoluten Monarchie ausdrücklich zurückgewiesen und diese statt dessen auf das „Recht der Geschichte“ gegründet hatte. Gneist geht jedoch hierüber

971 Lamer, Der englische Parlamentarismus in der deutschen politischen Theorie im Zeitalter Bismarcks, S. 114.

972 S. hierzu G. R. Elton The Tudor Revolution in Government, Cambridge (Cambridge University Press) 1953; zur jüngsten Diskussion über die Neubewertung der Tudor- und Stuart-Periode s. D. Cannadine, British History: Past, Present – and Future?, in: Past and Present 116 (1987), S. 169, u. E. Hellmuth, Die englische Revolution in revisionistischer Perspektive, in: Geschichte und Gesellschaft 15 (1989), S. 441-454.

973 Vgl. Gneist, Englische Verfassungsgeschichte, S. 450 f., 455 f. u. 616.

974 S. hierzu Gneist, Das heutige englische Verfassungs- und Verwaltungsrecht, Bd. 2, Vorwort, S. V f.; allgemein zur whiggistischen Deutung der englischen Geschichte H. Butterfield, The Whig Interpretation of History, sowie zuletzt die kritischen Bemerkungen in dem oben gen. Aufsatz von Cannadine, British History.

975 Vgl. Stahl, Philosophie des Rechts, zweite Aufl., Bd. 2.2, S. 358 f.; Stahl hat diesen Abschnitt übernommen aus seinem „Monarchischen Prinzip“ (1845).

976 S. hierzu auch Heffter, Die deutsche Selbstverwaltung im 19. Jahrhundert, S. 382, 392, 396 f., u. Lamer, Der englische Parlamentarismus in der deutschen politischen Theorie, S. 115 f.

hinaus, indem er das „Recht der Geschichte" mit der „Legitimität" verknüpft und das staatsbildende Königtum schlechthin für legitim erklärt.[977] Mit diesem Versuch, den Konservatismus gleichsam mit dessen eigenen Waffen zu schlagen, geriet Gneist allerdings in einen unaufgelösten Widerspruch, denn wäre das Königtum tatsächlich die „Quelle alles Rechts", bedürfte die „Epoche des Absolutismus" keiner besonderen Rechtfertigung als notwendige Durchgangsstufe zum modernen Staat, da die in dieser Epoche vernichteten Rechte der autonomen Korporationen lediglich usurpatorischen Charakter trügen. Wenn dieses Gneists ganzes Werk durchziehende Paradoxon insbesondere von konservativer Seite nicht als Kritikpunkt aufgegriffen wurde, so vermutlich darum, weil Stahl sich bei der Begründung des legitimen Charakters der auf „Unrecht" fundierten absoluten Monarchie in einem ähnlichen argumentativen Dilemma befand.[978] Im übrigen war auch im 19. Jahrhundert widerspruchsfreie Argumentation kein Kriterium für politische Wirksamkeit.

Für eine wissenschaftliche Erklärung des Widerspruchs in Gneists Argumentation sind diese Hinweise dennoch wenig befriedigend. Bei näherer Prüfung erweist es sich denn auch als zu vordergründig, die zeitgebundenen Motive und Fragestellungen Gneists auf den Bereich der (Tages-) Politik zu reduzieren. Vielmehr ist die monarchische Verengung seines Staatsbegriffs nicht zuletzt das Ergebnis einer immanenten Logik seines hierarchischen Begriffsapparats, in dessen Mittelpunkt die von L. v. Stein im Anschluß an Hegel übernommene Differenzierung zwischen „Staat" und „Gesellschaft" steht.[979] Indem Gneist diese die Auflösung der politisch-sozialen Welt Alteuropas reflektierende begriffliche Trennung zu einem aus der anthropologischen „Doppelnatur" des Menschen als „sittlichem" und „animalischem" Wesen zu erklärenden universalhistorischen Gegensatz hypostasiert,[980] reserviert er in der historischen Analyse monarchisch regierter Gemeinwesen die Sphäre des Staates konsequenterweise für den König. „Alle Staatsgewalt geht vom König aus" – deutlicher läßt sich die Differenz des „staatsbildenden" Liberalismus nicht nur zum aufgeklärten Liberalismus eines Rotteck und Pölitz, sondern auch zum westeuropäischen Liberalismus des 19. Jahrhunderts kaum formulieren. Gneist selbst stellt diese Differenz ausdrücklich heraus, wenn er die Überlegenheit der deutschen „nationalen Staatsbildung" insbesondere gegenüber den „romanischen Nationen" mit dem in Deutschland fortdauernden monarchischen Staatsgedanken begründet, während jene „seit etwa 100 Jahren in die Grundidee der ‚Volkssouveränität', d. h. der Gesellschaft als Quelle aller öffentlichen Gewalten nur zu oft zurückgefallen sind".[981] Gneists normativ-hierarchische Gegenüberstel-

977 Vgl. Gneist, Das heutige englische Verfassungs- und Verwaltungsrecht, Bd. I, S. 693.
978 Hierauf hat umgekehrt die liberale Kritik aufmerksam gemacht, s. etwa J. C. H., Das Königtum von Gottes Gnaden, S. 174 f.; s. a. Schoeps, Das andere Preußen, S. 34 ff.
979 Zur wissenschaftlichen Beziehung zwischen v. Stein und Gneist s. Stintzing-Landsberg, Geschichte der deutschen Rechtswissenschaft, Bd. III. 2., Text, S. 974 f.
980 S. Gneist, Das englische Parlament, S. 2-4.
981 Gneist, Die nationale Rechtsidee von den Ständen und das preußische Dreiklassenwahlsystem, S. 172, s. a. S. 262 f.

lung von „Staat" und „Gesellschaft", die er auch seiner Epochengliederung der deutschen Geschichte zugrunde legt,[982] hat auf die rechts- und verwaltungsgeschichtliche Forschung einen kaum zu überschätzenden, über die zeitgenössische Wirkung der beiden wissenschaftlichen und politischen Außenseiter R. v. Mohl und L. v. Stein hinausgehenden Einfluß ausgeübt. Auch in der nachfolgenden Absolutismusforschung hat sie tiefe, bis heute nachwirkende Spuren hinterlassen und zu der allgemein verbreiteten, jedoch höchst problematischen Gleichung der Begriffspaare „Staat und Gesellschaft" und „Fürst und Stände" geführt.[983] Die Kehrseite der von Gneist auf die Spitze getriebenen Erhebung des „monarchischen Prinzips" zum erkenntnisleitenden Motiv der mittelalterlichen und neuzeitlichen europäischen Geschichte ist die negative Beurteilung der alten Landstände, die die national-liberale Geschichtsauffassung durchgängig durchzieht. Übereinstimmend betrachten alle hier herangezogenen Autoren die Landstände als Vertreter ihrer Privilegien und Privatrechte, die die Herausbildung des Nationalstaats und des öffentlichen Rechts behindert hätten. In diesem Kontext wird auch die Besonderheit der Idee der Selbstverwaltung bei Gneist deutlich, der sich mit seinem Verständnis von der zur gleichen Zeit in Frankreich geführten Dezentralisierungsdiskussion abgrenzt und namentlich Tocqueville eine Mißdeutung des englischen Selfgovernments vorhält, die das Verhältnis von dezentraler Verwaltung und notwendig zentralisierter Staatsgewalt nicht hinreichend reflektiere.[984] Selbstverwaltung bedeutet für Gneist nicht die Fortexistenz autonomer ständischer Gewalten, sondern die Dezentralisation der Staatsverwaltung bei gleichzeitiger Zentralisation der Gesetzgebung und Besteuerung als den Hauptkriterien des modernen Staates.[985]

Im übrigen richtete sich in Übereinstimmung mit dem Hegelianismus und später dem Borussianismus die Kritik an den alten Landständen zunächst gegen das res-

---

982 S. ebd., S. 40-53.

983 S. etwa in unmittelbarem Anschluß an Gneist dessen Schüler C. Bornhak, Geschichte des preußischen Verwaltungsrechts, Bd. 3, Berlin 1884, S. 321 u. passim, sowie die erste, bis in die zwanziger Jahre verbreitete Gesamtdarstellung der Epoche des Absolutismus von R. Koser, Staat und Gesellschaft zur Höhezeit des Absolutismus (1908), der diese Gleichsetzung bereits stillschweigend voraussetzt; s. hierzu die kritischen Bemerkungen in der Rezension dieses Bandes von P. Herre, in: HZ 104 (1910), S. 621-625, sowie die Kritik an dem sinnentleerten Gebrauch der terminologischen Gegenüberstellung von „Staat und Gesellschaft" durch Gneist bei Stintzing-Landsberg, Geschichte der deutschen Rechtswissenschaft, Bd. III. 2.,Text, S. 975; zur Wirkung der Gleichsetzung von „Staat" im modernen Sinn und „Fürst" bis in die aktuelle Forschung, die im Verlauf dieser Arbeit schon mehrfach angesprochen wurde, sei lediglich verwiesen auf Kunisch, Absolutismus, S. 182, dessen Urteil zufolge „seit dem Zweiten Weltkrieg … die rein etatistische Sicht des Absolutismus als überholt gelten" könne, womit er aber lediglich die einseitig monarchische Sicht des Absolutismus und die notwendige Einbeziehung der Stände bei der „Neubewertung des Absolutismus" meint; beinahe wörtlich übereinstimmend Duchhardt, Das Zeitalter des Absolutismus, S. 167.

984 Vgl. Gneist, Das heutige englische Verfassungs- und Verwaltungsrecht, Bd. 2, S. 857-865.

985 Vgl. ebd., S. 857; zum Aufstieg und Niedergang der deutschen Landstände s. a. ders., Die nationale Rechtsidee von den Ständen und das preußische Dreiklassenwahlsystem, Berlin 1894, S. 77-88.

taurative und legitimistische Geschichtsbild des preußischen Konservatismus,[986] in zunehmendem Maße aber auch gegen die rechtshistorische Germanistik, die einen genetischen Zusammenhang zwischen dem landständischen und dem modernen Repräsentativsystem unterstellte.[987] Vor allem Biedermann wies in einem einschlägigen Artikel über Landstände nachdrücklich die von Welcker formulierte Behauptung zurück, die Landstände seien ihrer „wesentliche(n) Natur und Entstehung" nach nichts anderes gewesen als die „Fortsetzung altdeutscher Freiheitsrechte".[988] Die Überlebtheit des ständischen Wesens infolge des Beharrens auf individuellen und korporativen Sonderrechten hebt auch Häusser hervor. Nicht die alten Landstände, sondern die Fürsten seien es gewesen, die die Abschaffung der „feudalen Überbürdung der Untertanen" begonnen hätten. Auf „populären Rückhalt" gestützt, sei der Absolutismus daher „keineswegs nur eine despotische Laune, sondern eine Wohltat und Notwendigkeit für die Gesamtheit" gewesen.[989]

Die ausgewogenste Beurteilung der Landstände findet sich unter den nationalliberalen Autoren bei dem rechtshistorische Romanistik und Germanistik mit rechtsphilosophischen Elementen verknüpfenden Bluntschli. Weist er einerseits auf den allgemeinen Zusammenhang zwischen ständischer und repräsentativer Verfassung hin, die beide gegen den Absolutismus gerichtet seien, so betont er andererseits die zahlreichen Unterschiede beider Systeme, die letztlich in dem prinzipiellen Gegensatz zwischen moderner „*staatsrechtliche(r)* Repräsentation" und mittelalterlicher „*privatrechtliche(r)* Stellvertretung" begründet lägen.[990] Den Höhepunkt ihrer Macht hätten die Landstände im 15. Jahrhundert erreicht. Indem sie jedoch „eine den Bedürfnissen des Staates und der Einheit der obrigkeitlichen Gewalt" zuwiderlaufende Richtung eingeschlagen hätten, seien den „absolutistischen Gelüsten" Vorwände geliefert worden, um das Institut der Landstände zu untergraben. Der allgemeine Verfall der Landstände nach dem Dreißigjährigen Krieg sei mit der Auflösung des Reiches 1806 abgeschlossen worden, erst danach seien sie „in moderner Form" wieder erstanden.[991] Auf die in diesem Geschichtsbild angelegte Deutung des Absolutismus als historische Übergangsstufe im Rahmen von Bluntschlis vergleichender europäischer Staats- und Rechtsgeschichte ist schon an früherer Stelle hingewiesen worden. War dieses transitorisch-teleologische Denkmuster bereits ein Essential der hegeliani-

986 S. Sybel, Die christlich-germanische Staatslehre, insbes. S. 368 u. 391, sowie Gneist, Das heutige englische Verfassungs- und Verwaltungsrecht, Bd. 1, S. 699 f.

987 S. o. Kap. V.2.2.

988 Vgl. Biedermann, Art. Landstände, in: Allgemeine Encyclopädie der Wissenschaften und Künste, hrsg. v. Ersch-Gruber, Sect. II., Th. 42 (1888), S. 1-10, hier: S. 2; das Zitat von Welcker befindet sich in dessen Art. Deutsches Landesstaatsrecht, in: StL Rotteck-Welcker, dritte Aufl., Leipzig 1860, Bd. 4, S. 446; zu Biedermanns negativer Beurteilung der deutschen Landstände s. a. ders., Deutschland im 18. Jahrhundert, S. 97-100, sowie ders., Die Entwicklung des Staatslebens in Deutschland, England und Frankreich, S. 431 f.

989 Vgl. Häusser, Deutsche Geschichte vom Tode Friedrichs des Großen bis zur Gründung des deutschen Bundes, Bd. 1, S. 94 f.

990 Vgl. Bluntschli, Lehre vom modernen Staat, Bd. 2, S. 49-54.

991 Vgl. ebd., S. 48 f.

schen Absolutismusdeutung gewesen, so wurde es nun, mit Ausnahme des Germanismus, zu einer Grundidee des klassischen Liberalismus unter Einschluß seiner „großdeutschen“ Variante überhaupt.[992] Selbst im großdeutschen Konservatismus etwa eines C. Frantz ist sie anzutreffen.[993] Kern dieser Idee ist die Auffassung, daß der monarchische Absolutismus eine „notwendige Diktatur“[994] bei der Herstellung des nationalen Verfassungsstaates darstelle. Dabei unterschieden die nationalliberalen Autoren vor allem im Hinblick auf die deutsche, zumal preußische Geschichte zwei Phasen. Am präzisesten hat sie Sybel in einem der wenigen speziell den Absolutismus thematisierenden Aufsätze dieser Zeit beschrieben: „Wie die Herrschaft des großen Kurfürsten den Übergang aus den feudalständischen Provinzialverhältnissen zu der einheitlichen und gemeinnützigen Absolutie, so bildet die Tätigkeit Friedrichs II. den Übergang aus dieser Absolutie in den liberalen Ver-

992 Zur großdeutsch-liberalen Absolutismusdeutung s. den Artikel eines ungenannten Autors: Vergangenheit und Zukunft der deutschen Gemeinde, in: DVjSchr, Jg. 1856, H. 2, S. 301: „Die absolutistische Periode … war als Reaktion gegen die mittelalterliche Staatslosigkeit gefordert … Sie war nötig, wenn sie auch keine anziehende ist.“; wiederholt hat sich hierzu auch der damals bekannte Nationalökonom und Publizist W. Kiesselbach geäußert: „Der Absolutismus ist daher eine notwendige Durchgangsstufe in der Entwicklung des Staatsorganismus auf seinem Wege zum Bürgerstaat“, in: Der Krieg und die politische Entwicklung Europas, in: DVjSchr, Jg. 1859, H. 4, S. 21; s. a. ders., Zur Politik der materiellen Interessen, in: DVjSchr, Jg. 1862, H. 33, S. 113. Diese Beispiele der übereinstimmenden Absolutismusdeutung zeigen deutlich, wie wenig sinnvoll es ist, allgemein von einer Spaltung des deutschen Liberalismus in eine „groß-“ und eine „kleindeutsche“ Richtung zu sprechen, zumal der Germanismus diese positive Beurteilung des Absolutismus nicht teilte. Die Frage „großdeutsch“ oder „kleindeutsch“ wurde erst in den sechziger Jahren relevant, in den fünfziger Jahren dagegen ist sie kaum diskutiert worden; s. hierzu I. Boldt, Großdeutsch-bürgerliche Zeitkritik zwischen Revolution und Reichsgründung, dargestellt an Cottas Deutscher Vierteljahrsschrift 1850-1870, Diss. phil Göttingen 1955, S. 46-57. Wie eng die Verbindungen zwischen „groß-“ und „kleindeutschen“ Vertretern des Liberalismus sein konnten, wird gerade am Beispiel Kiesselbachs deutlich, der bei Häusser promoviert wurde und auch später mit diesem ebenso wie mit A. L. v. Rochau befreundet war, s. hierzu

Kaltenbach, Ludwig Häusser, S. 103, 126 u. 230, sowie die biographische Skizze von G. A. Kiesselbach, Der Bremer Dr. phil. Wilhelm Kiesselbach als Vorkämpfer für den deutschen Einheitsgedanken 1848-1864, in: Bremisches Jahrbuch 39 (1940), S. 11-62.

993 S. C. Frantz, Theorie der deutschen Frage, in: DVjSchr, Jg. 1866, H. 2, S. 210 f., u. 227-234; ders., Naturlehre des Staates als Grundlage der Staatswissenschaft, DVjSchr, Jg. 1869, H.1, S. 38, 42 f., 61-68, sowie ebd., H. 2, S. 138.

994 S. Gneist, Englische Verfassungsgeschichte, S. 509; dem Inhalt nach ähnlich ders., Das heutige englische Verfassungs- und Verwaltungsrecht, Bd. 1, S. 251; Sybel, Die Entwicklung der absoluten Monarchie in Preußen, S. 517, 518, 551; Bluntschli, Art. Absolute Gewalt, S. 11. Auf die Erörterung der Spezifik dieses Diktaturbegriffs, der in seiner Zwecksetzung dem sullanischen Typus der Diktatur *reipublicae constituendae causa* entspricht, kann hier nicht weiter eingegangen werden. Immerhin ist es bemerkenswert, daß parallel zu dem seit der Jahrhundertmitte aufkommenden sozialen Diktaturbegriff (L. v. Stein, Marx) dieser gleichsam „staatsbildende“ Diktaturbegriff in den historisch-politischen Wissenschaften, insbesondere in der entstehenden Absolutismusforschung Verbreitung findet; zum Diktaturbegriff s. a. E. Nolte, Art. Diktatur, in: Geschichtliche Grundbegriffe, Bd. 1, S. 900-927, der zu dem hier angesprochenen Aspekt jedoch keine Hinweise enthält.

fassungsstaat."[995] Neben dem hiermit angesprochenen Epochencharakter des Absolutismus verdient die Vielschichtigkeit und Problematik des verwendeten Verfassungsbegriffs im Kontext der sich formierenden Absolutismusforschung besondere Aufmerksamkeit. Hierauf soll nun abschließend eingegangen werden.

Das bereits vor 1848 artikulierte, nach der gescheiterten Revolution von der nicht unbedingt „kleindeutschen", aber doch pro-preußischen Mehrzahl der Liberalen verstärkt empfundene Bedürfnis nach einer historischen Darstellung der preußischen Geschichte warf die Frage nach den hierfür geeigneten Darstellungskriterien auf, zumal Rankes 1847 erschienenen, an der Herausbildung des Systems der „großen Mächte" orientierten „Neun Bücher preußischer Geschichte" dieses Bedürfnis eines liberale Identität stiftenden Geschichtswerks kaum befriedigen konnten (und auch nicht wollten). Die prononciertesten Gegenentwürfe hierzu lieferten Droysen mit seiner „Geschichte der preußischen Politik" und Häusser mit seinen Werken zur „Deutschen Geschichte" und über das „Zeitalter der Reformation". Erkenntnisleitender Begriff war für beide der „Nationalstaat", wobei Häusser stärker den nationalen, Droysen stärker den staatlichen Aspekt und den geschichtsphilosophisch abgeleiteten „deutschen Beruf" Brandenburg-Preußens herausstellte. Demgegenüber trat der im aufgeklärten Liberalismus als Leitidee fungierende Begriff der „Verfassung" zurück. Dieser bereits im Vormärz einsetzende Vorgang verstärkte sich nach 1848, als infolge des gescheiterten nationalen Verfassungswerks ebenso wie aufgrund der desillusionierenden Geschichte des französischen Konstitutionalismus die Skepsis gegenüber der „Verfassung" als vermeintlichem politischem Allheilmittel wuchs.[996] Am geringsten tangierte dies zunächst die Germanisten, deren Hoffnung auf Errichtung eines nationalen Verfassungsstaats sich zwar nicht erfüllt hatte, die hieran aber um so eher festhalten konnten, als sie ihr wissenschaftliches Arbeitsfeld auf das fern der Zeitgeschichte liegende germanisch-deutsche Mittelalter beschränkten. Daß die Reduzierung der rechtshistorischen Germanistik auf mittelalterliche Rechts- und Verfassungsgeschichte jedoch keineswegs erklärte Absicht, sondern vielmehr Konsequenz des im Konzept der Verfassungsgeschichte systematisch angelegten Problems einer geradezu als paradox erscheinenden Verfassungsgeschichte des Absolutismus war, ist schon früher hervorgehoben worden.[997] Um so bemerkenswerter ist es, wenn Bluntschli, Biedermann und vor allem Sybel eben diesen Versuch unternahmen.

Dabei kommt nun freilich auch Sybel in seiner Skizze „Über die Entwicklung der absoluten Monarchie in Preußen" nicht umhin zu konzedieren, daß das, was der Große Kurfürst „zunächst einrichtete, ... das Gegenteil eines volkstümlichen Ver-

---

995 Sybel, Die Entwicklung der absoluten Monarchie in Preußen, S. 538; s. a. Biedermann, Deutschland im 18. Jahrhundert, S. 149 f., u. ders., Geschichte des Deutschen Einheitsgedankens. Ein Abriß deutscher Verfassungsgeschichte von der Urzeit bis zur Errichtung des Neuen Deutschen Kaisertums, Wiesbaden 1894, S. 39; Bluntschli, Lehre vom modernen Staat, Bd. 1, S. 474.

996 S. hierzu a. Simhart, Bürgerliche Gesellschaft und Revolution, S. 146-152.

997 S. o. Kap. V.2.2.

fassungsstaates (war). Das Erste und Dringendste war, Macht zu erlangen, um den Staat erst zu gründen ...".[998] Friedrich Wilhelm I. habe den Ausbau des inneren Staatswesens, insbesondere das Heerwesen vollendet, unter ihm habe die absolute Monarchie ihren Höhepunkt und damit „nach unverbrüchlichen Gesetzen" auch ihren Wendepunkt erreicht.[999] In ihrem Weg sicher fortschreitend habe sich nachfolgend unter Friedrich d. Gr. „die Entwicklung dieser Monarchie zur konstitutionellen Regierungsform" vollzogen.[1000] Vergleicht man Sybels Skizze mit den materialreichen Arbeiten der germanistischen Rechts- und Verfassungsgeschichtsschreibung, so fällt auf, wie wenig bei Sybel die Verfassung und die Institutionen der absoluten Monarchie zum Gegenstand der Untersuchung gemacht werden. Sybels zentrales Argument besteht denn auch in der sich empirischer Beweisführung entziehenden teleologischen Behauptung, daß die preußische „Absolutie ... den Keim zur künftigen Belebung der politischen Freiheit" enthalte und „die *bürokratische Verfassung* (Hervh. R. B.), sei sie für's Erste noch so absolutistisch, mit Naturnotwendigkeit allmählich zum liberalen Staate" führe.[1001]

Eine Verfassungsgeschichte des preußischen Absolutismus hat also auch Sybel nicht geschrieben. Den Grund hierfür wird man weniger in der Vorliebe Sybels für teleologische Argumentation, der ja auch die Germanisten mit ihrer Behauptung des Zusammenhangs von germanischer Freiheit und nationalem Verfassungsstaat nicht grundsätzlich fern standen, sondern im Objekt selbst suchen müssen: Eine – im konstitutionellen Sinn – Verfassungsgeschichte Preußens hat es vor 1848/50 nicht gegeben. Es ist daher kein Zufall, daß das einzige in dieser Zeit erschienene, von dem nationalliberalen Abgeordneten und Publizisten E. Lasker verfaßte Werk zur preußischen Verfassungsgeschichte eine Sammlung von ausschließlich tagespolitischen Aufsätzen und Reden aus der Zeit nach 1850 enthält.[1002]

Sybel war sich der gleichsam vorgegebenen historischen „Verfassungslücke" und den sich hieraus ergebenden historiographischen Darstellungsproblemen durchaus bewußt und hat darum versucht, den Zustand des preußischen Absolutismus als „bürokratische Verfassung" zu umschreiben. Dieser noch für den aufgeklärten Liberalismus undenkbare Begriff indiziert den oben angedeuteten Vorgang der Relativierung der „Verfassung" und die vor allem seit den fünfziger Jahren vordringende Verwaltungsidee. Dies hatte zunächst ganz praktische Gründe, war doch durch den bisherigen Konstitutionalismus in Frankreich ebenso wie in den deutschen Mittel- und Kleinstaaten deutlich geworden, daß die „Verfassung" als institutioneller Rahmen politischen Handelns allein weder im Stande war, das durch die ungebrochene Aktualität der die erste Hälfte des 19. Jahrhunderts durchziehenden Revolution aufgeworfene Problem der Vermittlung von Freiheit und Ordnung noch die in Folge

998 Sybel, Die Entwicklung der absoluten Monarchie in Preußen, S. 518.
999 Vgl. ebd., S. 526.
1000 Vgl. ebd., S. 540.
1001 Vgl. ebd., S. 524 f.
1002 E. Lasker, Zur Verfassungsgeschichte Preußens, Leipzig 1874.

der Dekomposition der ständischen Gesellschaft auftretenden sozialen Verwerfungen zu bewältigen. Der „arbeitende Staat" (L. v. Stein) bedurfte zur praktischen Realisierung der Verfassung ausführender Verwaltungsorgane. Hinzu kam, daß die national-liberalen „politischen Professoren" und Publizisten sich mit ihrer Option für die Führungsrolle Preußens im Prozeß der deutschen Nationalstaatsbildung auf eine Macht einließen, deren Stärke unbestritten in der vor allem seit der Reformzeit unter Stein und Hardenberg neu organisierten Verwaltung begründet lag. Überwunden werden mußte allerdings nach nicht nur national-liberaler Forderung der nach dem Scheitern der hardenbergschen Nationalrepräsentationspläne entstandene „Beamtenabsolutismus".[1003] Über die praktische Politik einer Verfassungs- und Verwaltungsreform gab es unterschiedliche Vorstellungen, festzuhalten bleibt immerhin, daß die Aufwertung der Verwaltung einen unübersehbaren politischen Trend in den fünfziger und frühen sechziger Jahren darstellt, der vor allem die staatswissenschaftliche Literatur durchzieht.[1004] Auch in der historischen Forschung gab es hierfür deutliche Anzeichen,[1005] doch hat dies zunächst noch nicht zur Herausbildung einer historischen Verwaltungsforschung geführt. Dies liegt ganz unmittelbar in den zeitgebundenen Fragestellungen und erkenntnisleitenden Kategorien begründet, unter denen vor der Reichsgründung die „Nationalstaatsbildung" die Skala der Leitbegriffe anführte und in deren Dienst sich in jeweils spezifischer Weise die borussianische Historiographie, die germanistische Verfassungshistorie und die national-liberale Geschichtsschreibung stellten. Für das Verständnis der national-liberalen Absolutismusdeutung kommt dabei Sybels scheinbar beiläufiger Formulierung der „bürokratischen Verfassung" die Rolle eines Schlüsselbegriffs zu, der erneut auf die national-liberale Mittelstellung zwischen dem bürokratischen Borussianismus, insbesondere Droysens,[1006] und der germanistischen Verfassungsgeschichtsschreibung hinweist. Vor allem aber enthält dieser spannungsgeladene, in geschichtsmetaphysisch-transitorischer Weise auf das Ziel des „liberalen Verfassungsstaates" gerichtete Begriff eine erstaunliche Übereinstimmung mit dem hegelianischen, insbesondere mit dem von Gans formulierten Konzept des „vormund-

1003 Die historische Beamtenkritik findet sich ausgeprägt bei Biedermann, Deutschland im 18. Jahrhundert, S. 75-93; allgemein zur Beamtenkritik des klassischen Liberalismus s. Heffter, Die deutsche Selbstverwaltung im 19. Jahrhundert, S. 376, u. Hock, Liberales Denken im Zeitalter der Paulskirche, S. 63-68.

1004 S. Gneist, Das heutige englische Verfassungs- und Verwaltungsrecht, Bd. 1, insbesondere die allgemeinen Erörterungen im Vorwort, S. V-VIII; Bluntschli, Lehre vom modernen Staat, Bd. 3, S. 465-496; L. v. Stein, Die Verwaltungslehre, 10 Bde., Stuttgart 1866-1885; s. a. Angermann, Robert von Mohl, S. 142-190, insbes. S. 186 ff., sowie M. Stolleis, Verwaltungslehre und Verwaltungswissenschaft 1803-1866, in: K. G. A. Jeserich/H. Pohl/C.-Chr. v. Unruh (Hrsg.), Deutsche Verwaltungsgeschichte, Bd. 2, Stuttgart 1983, S. 56-94.

1005 S. etwa die grundsätzlichen Bemerkungen hierzu bei Biedermann, Die Entwicklung des Staatslebens in Deutschland, England und Frankreich, S. 398 f. u. 421 f.; in späteren Jahren hat Sybel gegen Tocqueville und insbesondere gegen H. Taine die positiven Leistungen der französischen Bürokratie des Ancien Régime hervorgehoben, vgl. Sybel, Der alte Staat und die Revolution, in: Kleine historische Schriften, Bd. 2, S. 229-268, insbes. S. 240 ff.

1006 S. hierzu Hock, Liberales Denken im Zeitalter der Paulskirche, S. 64 f.

schaftlichen Staates“ bzw. des „aufgeklärten Despotismus“. Die spezifisch hegelianische historisch-dialektische Beurteilung der Bürokratie, die zunächst eine progressive Rolle im Kampf gegen die Landstände gespielt, nun aber ihre historische Mission erfüllt habe und zum Hemmnis der weiteren Entwicklung zum freiheitlichen Staat geworden sei, findet sich nicht nur bei Sybel, sondern ebenso in Gneists Exkursen zur preußisch-deutschen Verfassungs- und Verwaltungsgeschichte[1007] und in geradezu klassischer Form in dem prägnanten Aufsatz des Mitbegründers der Nationalliberalen Partei K. Twesten über den „Preußischen Beamtenstaat“.[1008]

Sicherlich wäre es völlig abwegig, diese Affinität durch eine bloße Übernahme hegelianischer Geschichtsdeutungen seitens der national-liberalen Autoren erklären zu wollen. Ebenso kurzsichtig wäre es allerdings umgekehrt, die nachhaltigen Wirkungen des Hegelianismus in Abrede zu stellen und nur, weil diese nicht explizit kenntlich gemacht werden, behaupten zu wollen, daß die genannten Aspekte originäre Produkte des national-liberalen Geschichtsbildes seien. Ein scharfsinniger zeitgenössischer Beobachter wie C. Frantz hat nach der Reichsgründung mit Recht auf die „von Hegelscher Denkweise beeinflußte Atmosphäre“ hingewiesen, in der „die meisten der literarischen Stimmführer des National-Liberalismus“ gelebt hätten, „woraus, selbst ohne daß sie es merkten, auch etwas in ihr eigenes Denken eindrang ...“.[1009] Die frappierende Ähnlichkeit zwischen Teilen der national-liberalen und der hegelianischen historisch-politischen Absolutismusdeutung erklärt sich freilich nicht bloß durch eine besondere, möglicherweise in der Faszination seines totalen Systems liegende Langlebigkeit des Hegelianismus. Die ungebrochene Aktualität bereits fünfundzwanzig Jahre zuvor formulierter Argumente weist zugleich auf die strukturelle Kontinuität des in Preußen trotz der Konstitution von 1850 noch immer praktisch und theoretisch ungeklärten Verhältnisses von „Verfassung“ und „Verwaltung“. Wie bereits Gans' Begriff des „vormundschaftlichen Staates“, so beschreibt auch Sybels auf den preußischen Absolutismus bezogener Begriff der „bürokratischen Verfassung“ präzise diesen prekären Zustand.[1010] Die Parallelität zwischen national-liberaler und hegelianischer Absolutismusdeutung erstreckt sich bis in die zeitbedingten Verschiebungen der Argumentationsweise. Hatte sich für Hinrichs nach der kurzen Liberalisierungsphase zu Beginn der vierziger Jahre die noch wenige Jahre zuvor von Gans erneuerte optimistische Prognose der unmittel-

---

1007 S. Gneist, Das heutige englische Verfassungs- und Verwaltungsrecht, Bd. I, S. 683 f. u. 696-702, sowie ders., Die nationale Rechtsidee von den Ständen und das Preußische Dreiklassenwahlsystem, S. 89-105.

1008 K. Twesten, Der preußische Beamtenstaat, in: PJ 18 (1866), S. 1-19 u. 109-148; nach dem bisher Gesagten erweist sich daher Hocks Urteil als überzogen, wonach „zur Zeit der Reichsgründung ... die Stellung (des Liberalismus, R. B.) zum Beamtentum im diamentralen Gegensatz zu den früheren Urteilen stand.“, vgl. Hock, Liberales Denken im Zeitalter der Paulskirche, S. 67.

1009 C. Frantz, Das neue Deutschland, Leipzig 1871, S. 334, zit. n. Löwenstein Hegels Staatsidee und die Liberalen der Bismarckzeit, S. 165.

1010 Zum Zeitbezug der sybelschen Skizze s. a. auch Seier, Die Staatsidee Heinrich von Sybels in den Wandlungen der Reichsgründungszeit, S. 110 f.

bar bevorstehenden Aufhebung des „vormundschaftlichen Staates“ als Illusion erwiesen, so mochte Twesten in seinem nur drei Jahre nach Sybels Skizze zur Entwicklung des preußischen Absolutismus geschriebener Analyse des preußischen Beamtenstaates nicht mehr dessen Glauben folgen, daß der preußische Absolutismus naturnotwendig in den liberalen Verfassungsstaat münde.[1011] Zwischen Sybels und Twestens politischem Erwartungshorizont lagen die für die Liberalen ernüchternden Erfahrungen mit Bismarck im Verlauf des Verfassungskonflikts.[1012] Twesten hat mit seinem „Preußischen Beamtenstaat“ die hegelianische Deutung des preußischen Absolutismus fortgeschrieben und in national-liberaler Form zum Abschluß gebracht. Daß dieser Aufsatz im Jahr 1866 veröffentlicht wurde hat durchaus symbolische Bedeutung, geriet doch mit dem klassischen Liberalismus in seiner Gesamtheit auch dessen Geschichtsbild in einen tiefgreifenden Umwälzungs- und teilweise Auflösungsprozeß.

Ein publizistischer Seismograph dieses innerhalb weniger Jahre sich vollziehenden Umgruppierungsprozesses sind die politischen Zeitschriften, die entweder, wie frühzeitig die borussianischen „Preußischen Jahrbücher“ und später die nationalliberalen „Grenzboten“, auf die Linie der „Realpolitik“ einschwenkten, oder von der Entwicklung überholt wurden und ihr Erscheinen schließlich einstellten. Das prominenteste Opfer war Cottas großdeutsch-liberale „Deutsche Vierteljahrs-Schrift“, die den klassischen Liberalismus von seinen frühesten Anfängen begleitet hatte und dessen großdeutsch-föderative Option nach der kleindeutschen Reichsgründung keine Perspektive mehr bot.[1013] Das für die historische Rechts- und Staatswissenschaft interessanteste Opfer neben dem bereits zu Beginn der sechziger Jahre eingegangenen vormaligen Kampforgan der Germanisten, der „Zeitschrift für deutsches Recht und deutsche Rechtswisssenschaft“, ist die von Aegidi herausgegebene und von Vertretern aller Strömungen des klassischen Liberalismus getragene „Zeitschrift für deutsches Staatsrecht und deutsche Verfassungsgeschichte“, deren erstes Heft 1864 erschien und die bereits nach dem vierten Heft 1867 eingestellt wurde. Mit Recht ist darauf hingewiesen worden, daß das Scheitern dieses Unternehmens, an dem die seinerzeit bedeutendsten Staatswissenschaftler und Rechtshistoriker beteiligt waren – u. a. Mohl, Waitz, Albrecht und H. A. Zachariä –, nicht durch etwaige Absatzschwierigkeiten, sondern vornehmlich durch die politischen Umwälzungen und die Folgen von 1866 für die deutsche Staatsrechtswissenschaft zu erklären sind.[1014] Waren mit der Reichsgründung, deren unmittelbaren Auftakt das Entscheidungsjahr 1866 dar-

---

1011 Vgl. Twesten, Der preußische Beamtenstaat, S. 146 ff.

1012 S. hierzu Huber, Deutsche Verfassungsgeschichte, Bd. 3, Kap. VI, S. 269-377; Nipperdey, Deutsche Geschichte 1800-1866, S. 749-768; Langewiesche, Liberalismus in Deutschland, S. 93-104; zu Sybel s. Seier, Die Staatsidee Heinrich von Sybels in den Wandlungen der Reichsgründungszeit, insbes. S. 75-111.

1013 S. hierzu Boldt, Großdeutsch-bürgerliche Zeitkritik zwischen Revolution und Reichsgründung, dargestellt an Cottas Deutscher Vierteljahrsschrift, insbes. S. 74-79; zum Gesamtzusammenhang s. Nipperdey, Deutsche Geschichte 1800-1866, S. 790 ff.

1014 S. Böckenförde, Die deutsche verfassungsgeschichtliche Forschung im 19. Jahrhundert, S. 100, u. v. Oertzen, Die soziale Funktion des staatsrechtlichen Positivismus, S. 154-162.

stellt, die „kleindeutschen" Strömungen des klassischen Liberalismus nunmehr, wenn auch mit mancherlei Brechungen, „endlich am Ziele",[1015] so war seine ohnehin über geringere Ausstrahlungskraft verfügende großdeutsche Strömung am Ende.[1016]

Hiermit war auch der nationale Aspekt der „Staatsbildung" als politische und wissenschaftliche Leitidee zunächst erschöpft. Zwar blieb vor allem der Nationalliberalismus bis zur innenpolitischen Wende 1878/79 als politische Kraft von Bedeutung, doch traten nach der äußeren Reichsgründung in Politik und Wissenschaft Probleme der inneren „Staatsbildung" in den Vordergrund. Der Übergang vom „Nationalverein" zum 1872 gegründeten „Verein für Sozialpolitik" und Treitschkes Polemik gegen Schmoller markieren diesen Wandel,[1017] der sich auch in der Absolutismusforschung niederschlug. Die Frage nach dem Zusammenhang von Absolutismus und „Nationalstaat" wurde erweitert um den Aspekt des „Sozialstaats", dessen Verwirklichung zum politischen Ziel und dessen historische Erforschung zum neuen erkenntnisleitenden Interesse großer Teile der nachfolgenden Generation erhoben wurde. Erst in diesem Kontext etablierte sich die im Hegelianismus ebenso wie in der borussianischen und teilweise der national-liberalen Absolutismusdeutung als Aspekt immer vorhandene Bürokratie- und Verwaltungsforschung zu einem eigenständigen wissenschaftlichen Arbeitsfeld.

Diesen Perspektivenwechsel vom „Nationalstaat" zum „Sozial- und Verwaltungsstaat" dokumentiert in eindringlicher Weise der Rezensionsessay des jungen Gustav Schmoller zu Droysens Preußen-Werk, in welchem er sich von der gesamten bisherigen Preußen-Historiographie einschließlich Rankes absetzt und einen ersten Umriß seines wissenschaftlichen Programms zur Erforschung der preußischen Verwaltung im 18. Jahrhundert präsentiert, das später in der Quellenedition der „Acta Borussica" gipfelte.[1018] Theoretisch bezog sich Schmoller bei der Begründung seines neuen verwaltungsgeschichtlichen Programms auf Gneist, dessen Ansatz auch C. Bornhak für die preußische Verwaltungsrechtsgeschichte nutzbar machte,[1019] und insbesondere auf die zunächst wenig beachteten und erst in der nachfolgenden Generation Wirkung erzielenden Arbeiten von L. v. Stein.[1020]

1015 So die Überschrift des Schlußkapitels bei Biedermann, Geschichte des Deutschen Einheitsgedankens, S. 66.

1016 S. Boldt, Großdeutsch-bürgerliche Zeitkritik, S. 243.

1017 H. v. Treitschke, Der Sozialismus und seine Gönner, Berlin 1875; zum Gesamtzusammenhang s. Langewiesche, Liberalismus in Deutschland, S. 104-111 u. 187-200, u. Pankoke, Sociale Bewegung – Sociale Frage – Sociale Politik, S. 164.

1018 S. G. Schmoller, Die innere Verwaltung des preußischen Staates unter Friedrich Wilhelm I., in: PJ 25 (1870), S. 575-591 u. Bd. 26 (1870), S. 1-16.

1019 S. C. Bornhak, Geschichte des preußischen Verwaltungsrechts, 3. Bde., Berlin 1884-1886, zu Gneist s. insbesondere die Vorrede, S. III ff.

1020 S. G. Schmoller, Lorenz Stein, in: PJ 19 (1867), S. 245-270; ebd., S. 247, auch die Würdigung der Arbeiten von Gneist für die „Theorie der Staatsverwaltung"; s. a. A. Wagner, Finanzwissenschaft und Staatssozialismus, in: Zeitschrift für die gesammte Staatswissenschaft, 43 (1887), S. 37-112, insbes. S. 37-49 u. 64-68; zur Bedeutung von Gneist und Stein für die deutsche Verwaltungsrechtswissenschaft s. a. Stintzing-Landsberg, Geschichte der deutschen Rechtswissenschaft, Bd. III. 2., Text, S. 972-975.

Literaturverzeichnis

1. Zeitgenössische Literatur

a) Konversations- u. Staatslexika, Enzyklopädien

A New English Dictionary on Historical Principals, ed. by J. A. H. Murray, Clarendon Press (Oxford), Vol. 1 (1888).

Allgemeine Encyclopädie der Wissenschaften und Künste, hrsg. v. J. S. Ersch u. J. Gruber, 99 Bde., Leipzig 1818-1889.

Allgemeines Handwörterbuch der philosophischen Wissenschaften, nebst ihrer Literatur und Geschichte, hrsg. von W. T. Krug, 5 Bde., Leipzig 1827-1834, zweite, verb. u. verm. Auflage 1832-1838.

Chamber's Encylopedia of Universal Knowledge for the People, London 1860.

Das Staats-Lexikon. Enzyklopädie der sämmtlichen Staatswissenschaften für alle Stände, hrsg. v. K. v. Rotteck und K. Welcker. Dritte, umgearbeitete, verbesserte u. vermehrte Auflage, hrsg. v. K. Welcker, Leipzig 1856-1863.

Deutsche Encyclopedie oder Allgemeines Real-Wörterbuch aller Künste und Wissenschaften von einer Gesellschaft Gelehrten, 23 Bde., Frankfurt a. M. 1778-1804.

Deutsches Staatswörterbuch. In Verbindung mit deutschen Gelehrten, hrsg. v. J. C. Bluntschli u. K. Brater, 11 Bde., Stuttgart-Leipzig 1857-1862.

Deutsches Wörterbuch, hrsg. v. J. u. W. Grimm, Bd. 2, Leipzig 1860.

Diccionario de la Lengua Castellana, por la Real Academia Espanola, duodécima Edición, Madrid 1884.

Dictionnaire de la langue française, par E. Littré, Paris (Librairie Hachette) 1876.

Die Gegenwart. Eine encyclopädische Darstellung der neuesten Zeitgeschichte, 12 Bde., Leipzig 1848-1856.

Enciclopedia Universal Ilustrada, Madrid (Espasa-Calpe) 1908 (Ndr. 1973).

Encyclopédie ou Dictionnaire raisonnée des Sciences, des Arts et des Métiers, par une société de Gens de Lettres, 17 Bde. u. 4 Suppl.-Bde., Paris-Neuchatel-Amsterdam 1751-1780.

Grammatisch-kritisches Wörterbuch der hochdeutschen Mundart, Leipzig 1774 (2. verm. Aufl. 1793, 3. Aufl. Wien 1808).

Mehlig, Johann Michael, Historisches Kirchen- und Ketzer-Lexikon, aus den besten Schriftstellern zusammengetragen, 2 Bde., Chemnitz 1758.

Meusel, Johann Georg, Lexikon der vom Jahr 1750 bis 1800 verstorbenen teutschen Schriftsteller, Bd. XV, Leipzig 1815 (Ndr. Hildesheim 1968).

Staats- und Gesellschafts-Lexikon, hrsg. v. H. Wagener, 23 Bde., Berlin 1859-1867.

Staats-Lexikon oder Enzyklopädie der Staatswissenschaften, hrsg. v. K. v. Rotteck und K. Welcker, 15 Bde. u. 4 Suppl.-Bde., Altona 1834-1847.

The Edinburgh Encyclopedia, conducted by D. Brewster, Edinburgh 1830.

The Encyclopaedia Britannica, 9th ed., Edinburgh 1875.

Trinius, Johann Anton, Erste Zugabe zu seinem Freydencker-Lexicon, Leipzig-Bernburg 1765.

Trinius, Johann Anton, Freydenker-Lexikon, oder Einleitung in die Geschichte der neuen Freygeister ihrer Schriften, und deren Widerlegung, Leipzig-Bernburg 1759.

Volkstümliches Handbuch der Staatswissenschaften und Politik. Ein Staatslexikon für das Volk, hrsg. v. R. Blum, 2 Bde., Leipzig 1848-1851 (Ndr. Leipzig 1973).

Zedler, Johann Heinrich, Grosses vollständiges Universal-Lexikon, 64 Bde. u. 4 Suppl.-Bde., Halle u. Leipzig 1732-1754 (Ndr. Graz 1961).

b) Zeitschriften

Alemannia, hrsg. v. J. Chr. v. Aretin, 7 Bde., Sulzbach 1815-1816.

Allgemeine politische Annalen, hrsg. v. J. G. Cotta, München-Stuttgart-Tübingen 1821-1832.

Berliner politisches Wochenblatt, Berlin, Jgg. 1832-1840.

Braga. Vaterländische Blätter für Kunst und Wissenschaft, hrsg. v. J. G. A. Wirth u. K. Hagen, 2 Bde., Heidelberg 1838-1829.

Concordia, hrsg. v. F. Schlegel, Wien 1820-1823. Ndr. Darmstadt 1967. Mit einem Nachwort zur Neuausgabe von E. Behler.

Der Freihafen. Galerie von Unterhaltungsbildern aus den Kreisen der Literatur, Gesellschaft und Wissenschaft, hrsg. v. C. C. Carus, H. König, Dr. Mises, K. Rosenkranz, K. A. Varnhagen v. Ense u. a., Altona 1838-1844.

Deutsche Staatsanzeigen, hrsg. v. A. Müller, Leipzig 1816-1818.

Deutsche Vierteljahrsschrift, hrsg. v. G. v. Cotta u. F. Kölle, Stuttgart-Tübingen 1838-1870.

Die Rheinische Zeitung für Politik, Handel und Gewerbe, Köln 1842-1843. Unveränderter Nachdruck mit einer Einleitung und Bibliographie der Publikationen von Karl Marx in der Rheinischen Zeitung v. Dr. I. Taubert unter Mitw. v. J. Armer, Leipzig 1974.

Hallische Jahrbücher für deutsche Wissenschaft und Kunst, hrsg. v. A. Ruge u. Th. Echtermeyer, Leipzig 1838-1841; fortgef. u. d. T.: Deutsche Jahrbücher für Wissenschaft und Kunst, Leipzig 1841-1843.

Hermes, oder kritisches Jahrbuch der Literatur, hrsg. v. F. A. Brockhaus, (Jg. 1819-1823), Leipzig 1819-1831.

Historisch-politische Blätter für das katholische Deutschland, hrsg. v. G. Görres/G. Phillips, fortgef. v. E. Jörg, München Jgg. 1838-1870.

Historisches Taschenbuch, hrsg. v. Fr. v. Raumer, fortgef. v. W. H. Riehl u. W. Maurenbrecher, Leipzig 1830-1891.

Jahrbücher der Geschichte und Staatskunst, hrsg. v. K. H. L. Pölitz, Leipzig 1828-1837; fortgef. u. d. T.: Neue Jahrbücher für Geschichte und Politik, hrsg. v. F. Bülau, Leipzig 1838-1849.

Kieler Blätter, hrsg. v. einer Gesellschaft Kieler Professoren, Kiel 1815-1819.

Preußische Jahrbücher, hrsg. v. R. Haym, fortgef. v. E. Wehrenpfennig u. H. v. Treitschke, Berlin, Jgg. 1858-1880.

Staats-Anzeigen, hrsg. v. A. L. Schlözer, 18 Bde., Göttingen 1782-1793.

Zeitschrift für deutsches Recht und deutsche Rechtswissenschaft, hrsg. v. A. L. Reyscher/W. E. Wilda/G. Beseler, Leipzig 1839-1861.

Zeitschrift für deutsches Staatsrecht und deutsche Verfassungsgeschichte, unter Mitwirkung von W. E. Albrecht/R. v. Mohl/H. A. Zachariä/G. Waitz hrsg. v. L. K. Aegidi, Berlin 1864-1867.

Zeitschrift für die gesammte Staatswissenschaft, hrsg. v. Mohl/Knaus/Volz/Schüz/Falati/Hoffmann, Tübingen, Jgg. 1844-1890.

Zeitschrift für Geschichtswissenschaft, hrsg. v. A. Schmidt, fortg. u. d. T.: Allgemeine Zeitschrift für Geschichte, Berlin 1844-1847.

c) ***Aufsätze und Monographien***

Achenwall, G., Die Staatsklugheit nach ihren ersten Grundsätzen, Göttingen 1761.

Aegidi, L. K., Die Aufgabe deutscher Staats- und Rechtsgeschichte, in: PJ 1 (1858), S. 31-45.

Aegidi, L. K., Die Aufgabe deutscher Staats- und Rechtsgeschichte. Ein notgedrungener Nachtrag, in: PJ 1 (1858), S. 325-336.

Aegidi, L. K., Suum cuique. Eine Denkschrift über Preußen, Leipzig 1859.

Albrecht, E., Rezension: R. Maurenbrecher, Grundsätze des heutigen deutschen Staatsrechts, Bonn 1837, in: Göttingische gelehrte Anzeigen, St. 150/151 u. 152 v. 21. u. 23. Sept. 1837, S. 1489-1504 u. 1508-1515.

Ancillon, F., Über den Geist der Staatsverfassungen und dessen Einfluß auf die Gesetzgebung, Berlin 1826.

(Anon.), Allgemeine publizistische Übersicht der neuesten Zeitereignisse und sozialen Zustände, in: Der Freihafen, Jg. 3 (1840), H. 2, S. 240-279.

(Anon.), Der deutsche Liberalismus, in: BpW, Jg. 1833, S. 95-97.

(Anon.), Über Zentralisation und Dezentralisation, in: BpW, Jg. 1833, S. 258-258 u. 265-266.

(Anon.), Was ist das sicherste Schutzmittel gegen den Absolutismus?, in: ApW, Jg. 1834, S. 72-74 u. 75-78.

(Anon.), Alter Irrtum in neuem Gewande, in: BpW, Jg. 1837, S. 175-177.

(Anon.), Art. Staats-Raison, in: Zedlers Universal-Lexikon, Bd. 39 (1744), Sp. 672-676.

(Anon.), Artikel Der Kirchenstaat seit seiner Wiederherstellung, in: NapA, Bd. 16 (1825), S. 38-73 u. 287-327.

(Anon.), Ausscheiden v. Rochows aus dem Ministerium, in: RhZ, Nr. 149 v. 29. 5. 1842.

(Anon.), Beyträge zur Einleitung in die Geschichte unserer Zeit, in: NapA, Bd. 20 (1826), S. 1-20.

(Anon.), Das revolutionäre Prinzip, in: BpW, Jg. 1840, S. 144-148.

(Anon.), Das Verhältnis der Revolution zur Literatur und Geistesbildung, in Deutschland, in: BpW, Jg. 1834, S. 14-16.

(Anon.), Das Verhältnis der Staatsgewalt zu den Vorstellungen ihrer Untertanen, in: RhZ, Nr. 200 v. 19.7.1842, Beiblatt; Nr. 202 v. 21.7.1842, Beiblatt; Nr. 207 v. 26.7.1842, Beiblatt.

(Anon.), Der Kampf der Monarchie und Revolution in Spanien unter Don Karlos und Maria Christina, in: Historisch-politische Blätter für das katholische Deutschland, Bd. 3 (1839), S. 294-315.

(Anon.), Der moderne Feudalismus, in: BpW, Jg. 1837, S. 134-135.

(Anon.), Der Schacher mit den Rittergütern, in: RhZ, Nr. 349 v. 15.12.1842.

(Anon.), Die badische Opposition, in: RhZ, Nr. 206 v. 25.7.1842.

(Anon.), Die Geldwirtschaft und die Proletarier, in: BpW, Jg. 1837, S. 222-223.

(Anon.), Die Militär-Organisationen und die Kriegführung vor und nach der Revolution, in: BpW, Jg. 1836, S. 52-54 u. 56-59.

(Anon.), Die politischen Parteien in Deutschland, in: RhZ, Nr. 254 v. 11.9.1842, Beiblatt.

(Anon.), Die Proletarier, in: BpW, Jg. 1835, S. 271-272.

(Anon.), Die Stellung der Bürokratie zur Presse, in: RhZ, Nr. 19 v. 19.1.1843, Beiblatt.

(Anon.), Die zweite Kammer und das Staatsministerium im Großherzugtum Hessen, in: RhZ, Nr. 66 v. 6.3.1842, Beiblatt.

(Anon.), Einiges über die periodische Presse im Großherzogtum Hessen, in: RhZ, Nr. 19 v. 19.1.1843, Beiblatt.

(Anon.), Endziel des konstitutionellen Liberalismus, in: BpW, Jg. 1836, S. 12-14.

(Anon.), Europa im Jahr 1826. Aus den Lettres de Saint-James, cinquième partie, in: NapA, Bd. 20 (1826), S. 97-131, 193-230 u. 289-328.

(Anon.), Europäische Chronik, in: ApA Bd. 8 (1822), S. 86-91.

(Anon.), Frankreich bei der Eröffnung der Session von 1833, in: BpW, Jg. 1833, S. 7-10.

(Anon.), Joseph II. und die belgische Revolution, in: RhZ, Nr. 72 v. 13.3.1842, Beiblatt.

(Anon.), Kleindeutsche Geschichtsbaumeister, in: Historisch-politische Blätter für das katholische Deutschland, Bd. 48 (1861), S. 30-51, 214-244; Bd. 49 (1862), S. 43-80, 689-710, 785-810, 866-885, 962-986; Bd. 50 (1862), S. 44-67.

(Anon.), Noch zur Ehescheidungsfrage, in: RhZ, Nr. 85 v. 26.3.1843, Beiblatt.

(Anon.), Oesterreich im Jahre. 1840, in: Der Freihafen, 4. Jg. (1841), H. 1, S. 320-332.

(Anon.), Politische Zustände und Bestrebungen in Nordalbingien, in: RhZ, Nr. 214 v. 2.8.1842, Beiblatt.

(Anon.), Rez. Karl Riedel (Hrsg.), Bibliothek für moderne Politik und Staatswissenschaft, Darmstadt 1842, in: RhZ, Nr. 158 v. 7.6.1842, Beiblatt, u. Nr. 160 v. 9.6.1842, Beiblatt.

(Anon.), Rezension: Histoire de la révolution d'Espagne de 1820 à 1823 par un Espagnol témoin oculaire, Paris 1824, in: NapA, Bd. 19 (1826), S. 171-200 u. 283-304.

(Anon.), Spanien, in: RhZ, Nr. 39 v. 8.2.1842, Beiblatt.

(Anon.), Spinoza's Grundsätze des Natur- und Staatsrechts, in: BpW, Jg. 1836, S. 59-60.

(Anon.), Über die Unzulässigkeit der willkürlichen Dienstentsetzung der Beamten, in: ApA, Bd. 5 (1822), S. 186-189.

(Anon.), Übereinstimmung der „Presse" und der „Preußischen Staatszeitung" in Verfassungsfragen, RhZ, Nr. 296 v. 23.1.1842, Beiblatt.

(Anon.), Vergangenheit und Zukunft der deutschen Gemeinde, in: DVjSchr, Jg. 1856, H. 2, S. 272-357.

(Anon.), Verhandlungen des Großbrittannischen Parlaments im Jahre 1824, in: ApA Bd. 12 (1824), S. 77-164, 209-269 u. 301-355.

(Anon.). Was erleichterte die Siege der Revolution?, in: BPW, Jg. 1834, S. 162-164.

(Anon.), Zur Lehre vom Pauperismus, in: BpW, Jg. 1839, S. 6-9.

Aretin, J. Chr. v., Was heißt liberal, in: Neue Allemannia, Bd. 1 (1816), S. 163-175.

Aretin, J. Chr. v./Rotteck, K. v., Das Staatsrecht der konstitutionellen Monarchie, 2 Bde., Altenburg 1824-1827.

Arnold, W., Verfassungsgeschichte der deutschen Freistädte, 2 Bde., Hamburg-Gotha 1854.

Art. bilden u. Bildung, in: Deutsches Wörterbuch, hrsg. v. J. u. W. Grimm, Bd. 2, Leipzig 1860, Sp. 13-15 u. 22-23.

Bauer, B., Vollständige Geschichte der Partheikämpfe in Deutschland während der Jahre 1842-1848, 3 Bde., Charlottenburg 1847.

Bauer, E., Das Juste-Milieu, in: RhZ, Nr. 228 v. 16.8.1842, Beiblatt.

Baumgarten, H., Geschichte Spaniens, 3 Bde., Berlin 1865-1871.

Beseler, G., Über die Stellung des römischen Rechts zu dem nationalen Recht der germanischen Völker (1836), in: F. Strich (Hrsg.), Deutsche Akademiereden, München 1924, S. 80-88.

Beseler, G., Volksrecht und Juristenrecht, Leipzig 1843.

Biedermann, K., Fünfzig Jahre im Dienste des nationalen Gedankens. Aufsätze und Reden, Breslau 1892.

Biedermann, K., Art., Landstände, in: Allgemeine Encyclopädie der Wissenschaften und Künste, hrsg. v. Ersch-Gruber, Sect. II., Th. 42 (1888), S. 1-10.

Biedermann, K., Das preußische Staatsprinzip kritisch beleuchtet, in: Hallische Jahrbücher, Jg. 1839, Sp. 2177-2480.

Biedermann, K., Deutschland im 18. Jahrhundert, hrsg. u. eingel. v. W. Emmerich, Frankfurt a. M./Berlin/Wien 1979 (zuerst 1854-1858).

Biedermann, K., Die deutsche Philosophie in ihrer Stellung zum öffentlichen Leben und zur modernen Gesellschaft, in: Der Freihafen, 4. Jg. (1841), H. 1, S. 217-251.

Biedermann, K., Die Entwicklung des Staatslebens in Deutschland, England und Frankreich. Ein Beitrag zur vergleichenden Staats- und Verfassungsgeschichte, in: Historisches Taschenbuch, hrsg. v. F. v. Raumer, 3. Folge, 10. Jg. (1859), S. 315-443.

Biedermann, K., Die Fortschritte des nationalen Prinzips in Deutschland, in: ders., Fünfzig Jahre im Dienste des nationalen Gedankens, S. 2-12 (zuerst 1842).

Biedermann, K., Die Repräsentativ-Verfassung mit Volkswahlen, Leipzig 1864.

Biedermann, K., Geschichte des Deutschen Einheitsgedankens. Ein Abriß deutscher Verfassungsgeschichte von der Urzeit bis zur Errichtung des Neuen Deutschen Kaisertums, Wiesbaden 1894.

Bielfeld, J. F. Frh. v., Lehrbegriff der Staatskunst, 3 Theile. Dritte, nach der neuesten französischen durchgesehenen, verm. u. durchaus verb. Auflage, Breslau-Leipzig 1773-1778.

Bluntschli, J. C., Geschichte der neueren Staatswissenschaft, 3. Aufl., München 1881.

Bluntschli, J. C., Die nationale Staatenbildung und der moderne deutsche Staat, Berlin 1870.

Bluntschli, J. C., Lehre vom modernen Staat, 3 Bde., 6. Aufl., durchges. v. E. Loening, Stuttgart 1806 (Ndr. Aalen 1965).

Bluntschli, J. C., Über den Unterschied der mittelalterlichen und der modernen Staatsidee, München 1855.

Bluntschli, J. C., Art. Absolute Gewalt, in: DStwb, Bd. 1 (1857), S. 8-12.

Bluntschli, J. C., Art. Dritter Stand, in: DStwb, Bd. 5 (1860), S. 176-182.

Bluntschli, J. C., Art. Monarchie, in: DStwb, Bd. 6 (1881), S. 704-741.

Bodin, J., Les six livres de la République, Paris 1576.

Bodin, J., Sechs Bücher über den Staat, 2 Bde., hrsg. v. P. C. Mayer-Tasch, München 1981-1987.

Bodinus, J., De republica libri sex, Paris 1586.

Bornhak, C., Geschichte des preußischen Verwaltungsrechts, 3 Bde., Berlin 1884-1886.

Brendel, S., Die Geschichte, das Wesen und der Werth der National-Repräsentation, Bamberg u. Leipzig 1817.

Brunnquell, J. S., Eröffnete Gedancken von dem allgemeinen Staats-Rechte und dessen höchst-nützlichen Excolirung, Jena 1721, in: ders., Opuscula, Bd. 1., Halle u. Magdeburg 1774, S. 131-164.

Buddeus, A., Das russische Staatsleben, in: Die Gegenwart, Bd. 6 (1851), S. 1-48.

Buddeus, A., Nikolaus I. Pawlowitsch, Kaiser von Rußland, in: Die Gegenwart, Bd. 2 (1849), S. 287-321.

Buddeus, A., Rußlands Heer und Heerwesen, in: Die Gegenwart, Bd. 3 (1849), S. 397-443.

Bülau, F., Allgemeine Geschichte der Jahre 1830-1838, Leipzig 1838.

Bülau, F., Geschichte des europäischen Staatensystems, 3 Bde., Leipzig 1837-1838.

Carové, F. W., Die „Deutsche Monatsschrift für Literatur und öffentliches Leben", in: RhZ, Nr. 55 u. 62 v. 24.2. u. 3.3.1842, Beiblatt.

Carové, F. W., Genesis der Juli-Revolution oder die Staatsidee in Frankreich in ihrer notwendigen Entwicklung von Ludwig XIV. bis auf Ludwig Philipp, mit einem Rückblick auf Deutschland, Siegen-Wiesbaden 1841.

Carové, F. W., Rückblick auf die Ursachen der französischen Revolution und Andeutung ihrer welthistorischen Bestimmung, Hanau 1834.

Carové, F. W, Über das sogenannte germanische und das sogenannte christliche Staatsprinzip, in: RhZ, Nr. 181 v. 30.6.1842, Beiblatt.

Cauer, E., Die Entstehung des preußischen Königtums, in: PJ 9 (1862), S. 485-600.

Cieszkowski, A. v., Prolegomena zur Historiosophie, Berlin 1838.

Dahlmann, F. C., Die Politik, auf den Grund und das Maß der gegebenen Zustände zurückgeführt, Neuaufl. der 1. Ausg. 1835, hrsg. u. eingel. v. M. Riedel, Frankfurt a. M. 1968.

Das Deutsche Zeitungswesen, in: Deutsche Vierteljahrsschrift, Jg. 1840, H. 1, S. 1-66.

Delbrück, H., Constantin Rößler, in: PJ 90 (1897), S. 189-212.

Diezel, G., Deutschland und die abendländische Zivilisation, Stuttgart 1852.

Döring, H., Art. Gans, in: Allgemeine Encyclopädie der Wissenschaften und Künste, hrsg. v. Ersch-Gruber, T. 53 (1851), S. 368-370.

Droysen, J. G., Deutsche Briefe, in: ders., Politische Schriften, S. 3-29 (zuerst 1844).

Droysen, J. G., Die politische Stellung Preußens, in: ders., Politische Schriften, S. 30-64 (zuerst 1845).

Droysen, Geschichte der preußischen Politik, 5 Teile in 14 Bdn., Leipzig 1865-1886.

Droysen, J. G., Briefwechsel, hrsg. v. R. Hübner, 2 Bde., Berlin-Leipzig 1929.

Droysen, J. G., Politische Schriften, hrsg. v. F. Gilbert, München-Berlin 1933.

Droysen, J. G., Schreiben an den Herausgeber, die „Geschichte Deutschlands von 1806-1830“ von Prof. Friedrich Bülau. Hamburg 1842, in: Zeitschrift für Geschichtswissenschaft, hrsg. v. A. Schmidt, Bd. 1, Berlin 1844, S. 479-517.

Droysen, J. G., Vorlesungen über die Freiheitskriege, 2 Bde., Kiel 1846.

Droysen, J. G., Preußen und Deutschland, in: ders., Politische Schriften, S. 103-117 (zuerst 1847).

Duncker, M., Der Staat des Großen Kurfürsten, in: PJ 17 (1866), S. 475.

Duncker, M., Die Geschichtsschreibung der Reflexion und der philosophische Standpunkt, nachgewiesen an: Bülaus „Geschichte des europäischen Staaten-systems“, 2 Teile, Leipzig 1839, in: Hallische Jahrbücher, Jg. 1841, S. 73-75, 77-79, 81-83, 85-91 u. 93-100.

Eiselen, J. F., Art. Öconomisten, in: Ersch-Gruber, 3. Sekt., 2. T., 1832, S. 16-28.

Engels, F., Die Rolle der Gewalt in der Geschichte. in: MEW Bd. 21, Berlin (DDR) 1973, S. 405-461 (zuerst 1888).

Feuerbach, A. v., Kleine Schriften vermischten Inhalts, Nürnberg 1833.

Fischer, F. Chr. J., Über die Geschichte des Despotismus in Deutschland, Halle 1780.

Frantz, C., Naturlehre des Staates als Grundlage der Staatswissenschaft, DVjSchr, Jg. 1868, H. 3, S. 70-145; H. 4, S. 149-218; Jg. 1869, H. 1, S. 19-103, H. 2, S. 72-155, H. 3, S. 72-141.

Frantz, C., Theorie der deutschen Frage, in: DVSchr, Jg. 1866, H. 2, S. 210-238 u. H. 3, S. 179-258.

Gagern, H. Chr. v., Der Einsiedler, oder Fragmente über Sittenlehre, Staatsrecht und Politik, 2 Bde., Stuttgart-Tübingen 1822-1827.

Gans, E. Erwiderung auf Schubarth, in: M. Riedel (Hrsg.), Materialien zu Hegels Rechtsphilosophie, Bd. 1, S. 267-275 (zuerst 1839).

Gans, E., Deutsches Staatsrecht. Einleitung. Vorlesungsnachschrift von G. Waitz (Sommersemester 1834), in: Gans, Philosophische Schriften, S. 155-181.

Gans, E., Naturrecht und Universalrechtsgeschichte. Hrsg. v. M. Riedel, Stuttgart 1981.

Gans, E., Philosophische Schriften, hrsg. u. eingel. von H. Schröder, Glashütten i. T. 1971.

Gans, E., Rezension. Hallams Constitutional History of England, in: ders., Vermischte Schriften, Bd. 2, S. 3-40 (zuerst 1828).

Gans, E., Vermischte Schriften, juristischen, historischen, staatswissenschaftlichen und ästhetischen Inhalts, 2 Bde., Berlin 1834.

Gans, E., Vorlesungen über die Geschichte der letzten funfzig Jahre, in: Historisches Taschenbuch, Bd. 4 (1833), S. 283-326 u. Bd. 5 (1834), S. 409-453.

Gentz, F., Fragmente aus der neuesten Geschichte des politischen Gleichgewichts in Europa, in: ders., Ausgewählte Schriften, hrsg. v. W. Wenck, Stuttgart-Leipzig 1838, Bd. 4, S. 1-201.

Gerlach, W. v., Was ist Recht?, BpW, Nr. 10 (1833), S. 49-52, 60-62 u. 67-70.

Gervinus, G. G., Historische Briefe. Veranlaßt durch Heeren und das Archiv von Schlosser und Bercht (1832), in: ders., Kleine gesammelte historische Schriften, Bd. 7, Karlsruhe 1838, S. 1-134.

Gierke, O. v., Das deutsche Genossenschaftsrecht, Bd. 1, Berlin 1888.

Gierke, O. v., Die Historische Rechtsschule und die Germanisten, Berlin 1903.

Gneist, R., Das englische Parlament in tausendjährigen Wandelungen von 9. bis zum Ende des 19. Jahrhunderts, Berlin 1886.

Gneist, R., Das heutige englische Verfassungs- und Verwaltungsrecht, 2 Bde., Berlin 1857-1880.

Gneist, R., Die nationale Rechtsidee von den Ständen und das preußische Dreiklassenwahlsystem, Berlin 1894.

Gneist, R., Englische Verfassungsgeschichte, Berlin 1882.

Gönner, N. Th., Der Staatsdienst aus dem Gesichtspunkt des Rechts und der Nationalökonomie betrachtet, Landshut 1808.

(Gottschall, R. v.), Die deutsche Philosophie seit Hegels Tode, in: Die Gegenwart, Bd. 6 (1851), S. 296-340.

Hagen, K., Epochen des Absolutismus im neueren Europa, in: RhZ, Nr. 333 v. 29.11., 335 v. 1.12., 338 v. 4.12., 340 v. 6.12. u. 342 v. 8.12.1842, Beilage.

Hagen, K., Über die neuesten Angriffe auf das Repräsentativ-System in Deutschland, in: RhZ, Nr. 188 v. 7.7., Nr. 191 v. 10.7., Nr. 193 v. 12.7. u. Nr. 198 v. 17.7.1842, Beiblatt. (Erw. Fassung in: K. Hagen, Fragen der Zeit, Bd. 1, Stuttgart 1845, S. 277-314).

Hagen, K., Über die rechte Verbindung von Wissenschaft und Leben in: Braga. Vaterländische Blätter, Bd. 1 (1838), S. 367-380.

Hagen, K., Zur Vermittlung des Streits zwischen dem rationalen und dem historischen Prinzipe in unserem Staatsleben, in: Braga, Bd. 2 (1839), S. 266-288.

Haller, K. L. v., Restauration der Staats-Wissenschaft oder Theorie des natürlich-geselligen Zustands; der Chimäre des künstlich-bürgerlichen entgegengesetzt, 6 Bde., Winterthur 1816-1834.

Häusser, L., Deutsche Geschichte vom Tode Friedrich des Großen bis zur Gründung des deutschen Bundes, 4 Bde., dritte verb. u. verm. Auflage, Berlin 1861.

Häusser, L., Die historische Literatur und das deutsche Publikum, in: ders., Gesammelte Schriften, Bd. 1, S. 3-17 (zuerst 1841).

Häusser, L., Gesammelte Schriften, 2 Bde., Berlin 1869-1870.

Häusser, L., Geschichte der französischen Revolution 1789-1799, hrsg. v. W. Oncken, Berlin 1867 (Vorlesung vom Sommersemester 1860).

Häusser, L., Geschichte des Zeitalters der Reformation 1517-1648, hrsg. v. W. Oncken, Berlin 1868 (Vorlesung vom Wintersemester 1859/60).

Häusser, L., Rez. Karl Biedermann, Deutschland im 18. Jahrhundert, in: ders., Gesammelte Schriften, Bd. 2, S. 616-632 (zuerst 1854).

Heeren, A. H. L., Über den Charakter der Despotischen Verfassung, und der Staatsverfassungen überhaupt (1805), in: ders., Ideen über die Politik, den Verkehr und den Handel der vornehmsten Völker der alten Welt, 1. Teil, 2. verm. u. verb. Aufl., Göttingen 1805, S. 978-986.

Heeren, A. H. L., Über die Entstehung, die Ausbildung und practischen Einfluß der politischen Theorien in dem neueren Europa, in: ders., Kleine historische Schriften, Bd. 1, Wien 1817, S. 291-354.

Heeren, A. H. L., Über die Entstehung, die Ausbildung und den practischen Einfluß der politischen Theorien und die Erhaltung des monarchischen Prinzips in dem neueren Europa, Göttingen 1821.

Hegel, G. W. F., Beurteilung der Verhandlungen in der Versammlung der Landstände des Königreichs Württemberg im Jahr 1815 und 1816, in: ders., Werke, Bd. 4, S. 462-597 (zuerst 1817).

Hegel, G. W. F., Enzyklopädie der philosophischen Wissenschaften Bd. 3, in: ders., Werke, Bd. 10 (zuerst 1817).

Hegel, G. W. F., Grundlinien der Philosophie des Rechts, in: ders., Werke, Bd. 7 (zuerst 1821).

Hegel, G. W. F., Phänomenologie des Geistes, in: ders., Werke, Bd. 3 (zuerst 1807).

Hegel, G. W. F., Vorlesungen über die Philosophie der Geschichte, in: ders., Werke, Bd. 12 (zuerst 1822/1828-1837).

Hegel, G. W. F., Die Verfassung Deutschlands, in: ders., Werke, Bd. 1, S. 461-581 (zuerst 1801-1802).

Hegel, G. W. F., Werke in zwanzig Bänden, hrsg. v. E. Moldenhauer/K. M. Michel, Frankfurt a. M. 1970-1982.

Hegel, K., Geschichte der Städteverfassung in Italien, 2 Bde., Leipzig 1847.

Hertzberg, E. F. v., Abhandlung über äußere, innere und religiöse Staatsrevolutionen, Berlin 1791.

Hertzberg, E. F. v., Abhandlung über das dritte Jahr der Regierung Königs Friedrich Wilhelms III. und zu beweisen, daß die Preußische Regierung nicht despotisch ist, Berlin 1789.

Hinrichs, H. F. W., Alte und neue Rechtszustände in Preußen, in: PJ 5 (1860), S. 375-392 u. 417-445.

Hinrichs, H. F. W., Die Könige. Entwicklungsgeschichte der Könige von den ältesten Anfängen bis auf die Gegenwart, Leipzig 1851.

Hinrichs, H. F. W., Politische Vorlesungen. Unser Zeitalter und wie es geworden, nach seinen politischen, kirchlichen und wissenschaftlichen Zuständen, mit besonderm Bezuge auf Deutschland und namentlich Preußen, 2 Bde., Halle 1843.

J. C. H., Das Königtum von Gottes Gnaden, in: Zeitschtift für deutsches Staatsrecht und deutsche Verfassungsgeschichte, H. 2 (1865), S. 172-178.

Jarcke, C. E., Vermischte Schriften, Bd. 1 u. 2, München 1839.

Jarcke, C. E., Aphorismen über Naturrecht, positives Recht und Gesetzgebung, in: BpW, Jg. 1837, S. 101-106.

Jarcke, C. E., Das Berliner politische Wochenblatt am Ende des ersten Jahres ihres Bestehens, in: BpW, Jg. 1832, S. 245-247.

Jarcke, C. E., Der Absolutismus, BpW, Jg. 1832, S. 172-174, 177-179, 190-192.

Jarcke, C. E., Der Bonapartismus, in: BpW, Jg. 1832, S. 277-279.

Jarcke, C. E., Die Naturlehre des Staates, in: BpW, Jg. 1834, S. 298-300.

Jarcke, C. E., Naturrecht und Geschichte, in: BpW, Jg. 1834, S. 256-260.

Jarcke, C. E., Revolution und Absolutismus, in: BpW, Jg. 1833, S. 39-40, 71-73, 77-79 u. 83-85.

Jarcke, C. E., Über die wissenschaftliche Regeneration des staatswissenschaftlichen Studiums, in: BpW, Jg. 1836, S. 130-134.

Jaucourt, Ch. de, Art. despotisme, in: Encyclopédie ou Dictionnaire raisonnée des Sciences, des Art et des Métiers, Bd. 4 (1754), S. 886-889.

Jaucourt, Ch. de, Art. monarchie absolue, in: Encyclopédie ou Dictionnaire raisonnée des Sciences, des Art et des Métiers, Bd. 10 (1755), S. 636-637.

Jung, J. H., Lehrbuch der Staats-Polizey-Wissenschaft, Leipzig 1788.

Justi, J. H. G., Abhandlung von der Anordnung und dem Gleichgewichte der Hauptzweige der obersten Gewalt, in: ders., Gesammelte Politische und Finanzschriften, Bd. 2, Kopenhagen u. Leipzig 1761, S. 13-21.

Justi, J. H. G., Die Natur und das Wesen der Staaten, Berlin-Stettin-Leipzig 1760.

Kant, I., Beantwortung der Frage: Was ist Aufklärung? (1784), in: Immanuel Kant. Politische Schriften, S. 1-8.

Kant, I., Politische Schriften, hrsg. v. O. H. von der Gablentz, Köln-Opladen 1965.

Kant, I., Zum ewigen Frieden, in: Immanuel Kant, Politische Schriften, S. 104-150.

Kant, I., Über den Gemeinspruch: Das mag in der Theorie richtig sein, taugt aber nicht für die Praxis (1793), in: Immanuel Kant. Politische Schritten, S. 64-103.

Keyserlingk, H. W. E. v., Über Repräsentation und Repräsentativ-Verfassungen, Göttingen 1815.

Kiesselbach, W., Der Krieg und die politische Entwicklung Europas, in: DVjSchr, Jg. 1859, H. 4, S. 17-31.

Kiesselbach, W., Zur Politik der materiellen Interessen, in: DVjSchr, Jg. 1862, H. 3, S. 124-172.

Klüber, J. L., Öffentliches Rechts des Teutschen Bundes und der Bundesstaaten, Frankfurt a. M. 1817.

Klüber, J. L., Öffentliches Recht des Teutschen Bundes und der Bundesstaaten, 2., sehr verm. u. verb. Aufl., Frankfurt a. M. 1822.

Klüber, J. L., Öffentliches Recht des Teutschen Bundes und der Bundesstaaten, 3., sehr verm. u. verb. Aufl., Frankfurt a. M. 1831.

Klüber. J. L., Öffentliches Recht des Teutschen Bundes und der Bundesstaaten, 4., mit des Verf. hinterlassenen Bemerkungen und Zusätzen vielfältig verb., und bis zur Gegenwart vervollst. Aufl., Frankfurt a. M. 1840.

Kluckhohn, P., Ludwig Häusser, in: PJ 21 (1868), S. 611-636.

Kolb, G. F., Art. Menschheit, in: StL Rotteck-Welcker, Bd. 10 (1840), S. 426-506.

Köppen, K. F., Friedrich der Große und seine Widersacher, Berlin 1840.

Köppen, K. F., Zur Feier der Thronbesteigung Friedrichs II., in: Die Hegelsche Linke, hrsg. v. H. u. I. Pepperle, S. 128-146 (zuerst 1840).

Krug, W. T., Art. Bildung, in: Allgemeines Handwörterbuch der philosophischen Wissenschaften, hrsg. v. W. T. Krug, Bd. 1 (1827), S. 358-360.

Krug, W. T., Der falsche Liberalismus unserer Zeit (1832), in: ders., GS, Bd. 5, S. 331-384.

Krug, W. T., Der Kampf zwischen Konservativen und Destruktiven und das europäische Ober-Studien-Direktorium (1835), in: ders., GS, Bd. 6, S. 196-230.

Krug, W. T., Die Staatswissenschaft im Restaurationsprozosse der Herren von Haller, Adam Müller und Konsorten (1817), in: ders., GS, Bd. 3, S. 320-392.

Krug, W. T., Gesammelte Schriften, 12 Bde., Braunschweig 1830-1838.

Krug, W. T., Geschichtliche Darstellung des Liberalismus alter und neuer Zeit (1823), in: ders., GS, Bd. 4, S. 324-404.

Krug, W. T., Über Oppositions-Parteien in und außer Deutschland und ihr Verhältnis zu den Regierungen. Nebst einem Nachwort über eine merkwürdige politische Prophezeiung (1835), in: ders., GS, Bd. 5, S. 154-192.

Krug, W. T., Über Staatsverfassung und Staatsverwaltung (1808), in: ders., GS, Bd. 3, Braunschweig 1834, S. 1-44.

Krug, W. T., Dikäopolitik oder neue Restaurazion der Staatswissenschaft mittels Rechtsgesetzes, Leipzig 1824.

Lasker, E., Zur Verfassungsgeschichte Preußens, Leipzig 1874.

Laurent, P. M, Betrachtungen über das theologische und feudale System und über dessen allmähliche Auflösung, in: R. Schäfer (Hrsg.), Saint-Simonistische Texte, Bd. II, Aalen 1975, S. 35-60, Ndr. aus: Neue Monatsschrift für Deutschland, Bd. 23, Berlin 1827, S. 382-405.

Leibniz, G. W., Bedenken welcher Gestalt Securitas publica interna et externa (und status Praesens) im Reich (jetzigen Umständen nach) auf festen Fuß zu stellen (1670), in: ders., Politische Schriften Bd. 1, hrsg. v. H. H. Holz, Frankfurt a. M./Wien 1966, S. 99-148.

Loening, E., Rudolf Gneist's Englische Verfassungsgeschichte, in: Jahrb. für Gesetzgebung, Verwaltung und Volkswirtschaft im Deutschen Reich, NF 7 (1883), S. 231-239.

Marx, K., Zur Kritik der Hegelschen Rechtsphilosophie. Einleitung, in: Marx-Engels-Werke, Bd. 1, Berlin (DDR) 1957, S. 378-391 (zuerst 1844).

Marx, K., Das Kapital, Bd. 1, Nachwort zur 2. Aufl. (1873), in: Marx-Engels-Werke, Bd. 23, Berlin (DDR) 1974, S. 18-31.

Mathy, K., Art. Nationalökonomie, in: Staatslexikon Rotteck-Welcker, Suppl.-Bd. 3 (1847), S. 627-694.

Maurer, G. L. v., Einleitung in die Geschichte der Mark-, Hof-, Dorf- und Stadtverfassung und der öffentlichen Gewalt, 3. Aufl., Ndr. d. Ausgabe von 1854 bzw. 1896 mit einem Nachwort v. K. Dickopf, Aalen 1966.

Maurer, G. L. v., Geschichte der Dorfverfassung in Deutschland, 2 Bde., Erlangen 1865-1866.

Maurer, G. L. v., Geschichte der Fronhöfe, der Bauernhöfe und der Hofverfassung in Deutschland, 4 Bde., Erlangen 1862-1863.

Maurer, G, L. v., Geschichte der Markenverfassung in Deutschland, Erlangen 1856.

Maurer, G. L. v., Geschichte der Städteverfassung in Deutschland, 4 Bde., Erlangen 1869-1871.

Meiners, Chr., Über die Ursachen des Despotismus, in: Göttingisches Historisches Magazin, hrsg. v. Chr. Meiners u. L. Th. Spittler, Bd. 2, Hannover 1788, S. 193-229.

Mohl, R., Über die verschiedene Auffassung des repräsentativen Systems in England, Frankreich und Deutschland, in: Zeitschrift für die gesammte Staatswissenschaft, Bd. 3 (1846), S. 451-495.

Moser, J. J., Teutsches Staatsrecht, Bd. 1, Stuttgart 1766.

Müller, A., Der Despotismus im Vergleich mit den humanen Staatsformen, in: Deutsche Staatsanzeigen, hrsg. v. A. Müller, Bd. 1 (1816), S. 373-382.

Müller, A., Von der Notwendigkeit einer theologischen Grundlage der Gesamten Staatswissenschaften, Leipzig 1819, wieder abgedr. in: Adam Müller, Schriften zur Staatsphilosophie, hrsg. v. R. Kohler, München 1923, S. 177-246.

Murhard, F., Art. Absolutismus, in: StL Rotteck-Welcker, Bd. 1 (1834), S. 143-160.

Murhard, F., Art. Reaction, in: StL Rotteck-Welcker, Bd. 13 (1842), S. 423-466.

Murhard, F., Art. Staatsverwaltung, in: StL Rotteck-Welcker, Bd. 15 (1843), S. 83-104.

Murhard, F., Die unbeschränkte Fürstenschaft, Kassel 1831.

Plant, J. T., Publizistische Übersicht aller Regierungsarten sämtlicher Staaten und Völkerschaften auf der Welt, Berlin 1788.

Pölitz, K. H. L., Die Staatswissenschaften im Lichte unserer Zeit, 2. Aufl., 4 Bde., Leipzig 1827.

Pradt, Dominique Georges Frédéric de Riom de Prolhiac de Fourt de, De la révolution actuelle de l'Espagne et de ses suites, Paris 1820.

Pradt, Dominique Georges Frédéric de Riom de Prolhiac de Fourt de, Die neueste Revolution in Spanien und ihre Folgen, Leipzig 1820.

Pütter, J. St., Beyträge zum Teutschen Staats- und Fürstenrechte, Bd. 1, Göttingen 1777.

Radowitz, J. M. v., Die politischen Parteien, in: BpW, Jg. 1832, S. 221-222.

Radowitz, J. M. v., Ausgewählte Schriften, 3 Bde., hrsg. v. W. Cornides, Regensburg o. J.

Radowitz, J. M. v., Vergangenheit und Gegenwart (1846), in: Radowitz, Ausgewählte Schriften, Bd. 2, S. 293-295.

Radowitz, J. M. v., Sonst und jetzt, in: BpW, Jg. 1837, S. 14-16.

Raumer, F. v., Über die geschichtliche Entwicklung der Begriffe von Recht, Staat und Politik, Leipzig 1826.

Rehberg, A. W., Untersuchungen über die Französische Revolution, 2 Teile, Hannover-Osnabrück 1793.

Reinhard, Charles-Frédéric, Néologiste français, ou Vocabulaire portatif des mots les plus nouveaux de la langue française, avec l'explication en allemand, Nürnberg 1796.

Rochau. A. L. v., Art. Absolutismus, in: StL Rotteck-Welcker, 3. Aufl., Bd. 1 (1856), S. 82-87.

Rochau, A. L. v., Art. Bodin in: StL Rotteck-Welcker, 3. Aufl., Bd. 1 (1856), S. 775-779.

Rohmer, F., Lehre von den Politischen Parteien. Erster Theil: Die vier Parteien, durch Theodor Rohmer, Zürich-Frauenfeldt 1844.

Roscher, W., Geschichte der Nationalökonomik in Deutschland, München 1874.

Roscher, W., Politik. Geschichtliche Naturlehre der Monarchie, Aristokratie und Demokratie, Leipzig 1892.

Roscher, W., Umrisse zu einer Naturlehre der absoluten Monarchie, in: Zeitschrift für die gesamte Staatswissenschaft 45 (1889), S. 1-110.

Roscher, W., Umrisse zur Naturlehre der drei Staatsformen, in: Allgemeine Zeitschrift für Geschichte, hrsg. v. A. Schmidt, Bd. 7 (1847), S. 79-88, 322 365, 436-373; Bd. 9 (1848), S. 285-326 u. 381-413.

Rößler, C., System der Staatslehre, Leipzig 1857 (einzig ersch. Teil: A. Allgemeine Staatslehre).

Rotteck, K. v., Art. Bewegungspartei, in: StL Rotteck-Welcker, Bd. 2 (1835), S. 558-565.

Rotteck. K. v., Art. Bildung, in: StL Rotteck-Welcker, Bd. 2 (1835), S. 567-587.

Rotteck, K. v., Art. Constitution, in: StL Rotteck-Welcker, Bd. 3 (1836), S. 761-797.

Rotteck, K. v., Lehrbuch des Vernunftrechts und der Staatswissenschaft, 4 Bde., Stuttgart 1829-1835.

Rotteck, K. v., Art. Monarchie. in: StL Rotteck-Welcker, Bd. 10 (1840), S. 658-677.

Rotteck, K. v., Art. Naturrecht, in: StL Rotteck-Welcker, Bd. 11 (1841), S. 162-213.

Rotteck, K.v., Art. Historisches Recht, in: StL Rotteck-Welcker, Bd. 8 (1839), S. 3-22.

Rotteck, K,v., Art. Reformen, in: StL Rotteck-Welcker, Bd. 13 (1842), S. 594-620.

Rotteck, K. v., Spanien und Portugal, Karlsruhe-Leipzig 1839.

Rotteck, K. v., Vorwort, in: StL Rotteck-Welcker, Bd. 1 (1834), S. III-XXXII.

Ruge, A., Der protestantische Absolutismus und seine Entwicklung, in: Deutsche Jahrbücher, Jg. 1841, S. 481 f., 485-487, 489 f., 493-495, 509-511, 513-515, 517-519, 521 f., u. 525 f.

Ruge, A., Europa im Jahre 1840, in: Hallische Jahrbücher, Jg. 1840, Sp. 673-676, 681-685, 689-691, 697-709, 713-717, 721-724, 729-732 u. 737-741.

Ruge, A., Zur Kritik des gegenwärtigen Staats- und Völkerrechts, in: Die Hegelsche Linke, hrsg. u. eingel. v. H. u. I. Pepperle, S. 147-171 (zuerst 1840).

Ruge, A./Echtermeyer, Th., Karl Streckfuß und das Preußentum, in: H. u. I. Pepperle (Hrsg.), Die Hegelsche Linke, S. 111-128 (zuerst 1839).

(S.), Art. Spanien, in: StL Rotteck-Welcker, Bd. 14 (1843), S. 631-670.

Savigny, C. F. v., Vom Beruf unserer Zeit für Gesetzgebung und Rechtswissenschaft, in: Thibaut und Savigny. Ihre programmatischen Schriften, hrsg. v. H. E. Hattenhauer, München 1973, S. 95-192.

Scheidemantel, H. G., Das allgemeine Staatsrecht überhaupt und nach der Regierungsform, Jena 1775.

Schlegel, F., Signatur des Zeitalters, in: Concordia, hrsg. v. F. Schlegel, H. 1-6, Wien 1820-1823, Repr. Darmstadt 1967.

Schlegel, F., Versuch über den Republikanismus – veranlaßt durch die kantische Schrift zum ewigen Frieden (1796), in: Immannuel Kant, Politische Schriften, S. 231-248.

Schlözer, A. L. v., Allgemeines Stats-Recht und Statsverfassungslehre, Göttingen 1793.

Schmitthenner, E., Die politischen Parteien der Zeit und das Verhalten des wahren Staatsmannes zu denselben, in: Neue Jahrbücher der Geschichte, der Staats- und Kameralwissenschaften, hrsg. v. F. Bülau, Leipzig 1838, Bd. 2, S. 221-234.

Schmoller, G., Die innere Verwaltung des preußischen Staates unter Friedrich Wilhelm I., in: PJ 25 (1870), S. 575-591 u. 26 (1870), S. 1-16.

Schmoller, G., Lorenz Stein, in: PJ 19 (1867), S. 245-270.

Schröder, W. v., Disquisitio politica vom absoluten Fürstenrecht. Mit Nöhtigen Anmerckungen versehen, welche derselben gefährliche Irrthümer deutlich entdecken und solches praetendirte Recht gründlich untersuchen, hrsg. v. G. S. Treuer, Leipzig-Wolffenbüttel 1719.

Schubarth, K. E., Über die Unvereinbarkeit der Hegelschen Staatslehre mit dem obersten Lebens- und Entwicklungsprinzip des Preußischen Staats, in: Riedel (Hrsg.), Materialien zur Hegelschen Rechtsphilosophie, Bd. 1, S. 249-266 (zuerst 1839).

Sjöborg, G., Über Volksdespotismus, Leipzig 1793.

Spittler, L. T. v., Vorlesungen über Politik (1796), in: ders., Sämmtliche Werke, Bd. XV., hrsg. v. K. Wächter. Stuttgart u. Tübingen 1837.

Stahl, F. J., Die Philosophie des Rechts nach geschichtlicher Ansicht, 2 Bde., Heidelberg 1833-1837.

Stahl, F. J., Philosophie des Rechts, 3. Aufl., 3 Bde., Heidelberg 1854-1856.

Stein, L. (v.), Art. Der Sozialismus in Deutschland, in: Die Gegenwart, Bd. 7, Leipzig 1852, S. 517-563.

Stein, L. (v.), Die Verwaltungslehre, 10 Bde., Stuttgart 1866-1885.

Straten, J. thor, Systematische Abhandlung von den Regierungsformen überhaupt, und der uneingeschränkten Monarchie insbesondere, Flensburg 1760.

Sybel, H. v., Der alte Staat und die Revolution, in: ders., Kleine historische Schriften, Bd. III, 1880, S. 229-268 (zuerst 1879).

Sybel, H. v., Die christlich-germanische Staatslehre, in: ders., Kleine historische Schriften, Bd. I, S. 361-410 (zuerst 1851).

Sybel, H. v., Geschichte der Revolutionszeit von 1789 bis 1795, 3. verm. u. verb. Aufl., Bd. 1, Düsseldorf 1865.

Sybel, H. v., Kleine historische Schriften, 3 Bde., München 1863-1881.

Sybel, H. v., Über den Stand der neueren deutschen Geschichtsschreibung, Marburg 1856.

Sybel, H. v., Über die Entwicklung der absoluten Monarchie in Preußen, in: ders., Kleine historische Schriften, Bd. 1, S. 511-551 (zuerst 1863).

Sybel, H. v., Das neue Deutschland und Frankreich, in: ders., Vorträge und Aufsätze, Berlin 1874, S. 277-302 (zuerst 1866).

Thudichum, F., Das vormalige Reichskammergericht und seine Schicksale, in: ZdR 20 (1861), S. 148-222.

Tocqueville, A. de, De la Démocratie en Amérique, 2 Bde., Paris 1835-1840.

Treitschke, H. v., Das Selfgovernment, in: PJ 6 (1860), S. 25-53.

Treitschke, H. v., Der Sozialismus und seine Gönner, Berlin 1875.

Treitschke, H. v., Deutsche Geschichte im 19. Jahrhundert, 5 Bde., Leipzig 1879-1894.

Treitschke, H. v., Die Grundlagen der englischen Freiheit, in: PJ 1 (1858), S. 366-381.

Twesten, K., Der preußische Beamtenstaat, in: PJ 18 (1866), S. 1-19 u. 109-148.

Tzschirner, H. G., Das Reactionssystem, Leipzig 1824.

Tzschirner, H. G., Die Gefahr einer Deutschen Revolution, Leipzig 1823.

Tzschirner, H. G., Protestantismus und Katholicismus aus dem Standpuncte der Politik betrachtet, Leipzig 1822.

Voltaire, A. B. C. (1768/69), in: Voltaire. Schriften, hrsg. v. G. Mensching, Bd. 2: Republikanische Ideen, Frankfurt a. M. 1979, S. 167-278.

(W. M.), Auf welchem Standpunkt steht die vaterländische Geschichtsforschung, in: DVjschr, Jg. 1838, H. 1, S. 264-292.

Wagner, A., Die Entwicklung der europäischen Staatsterritorien und das Nationalitätsprinzip, in: PJ 19 (1867) S. 245-270; 20 (1867), S. 1-42; 21 (1868), S. 290-313 u. 379-402.

Wagner, A., Finanzwissenschaft und Staatssozialismus, in: Zeitschrift für die gesammte Staatswissenschaft 43 (1887), S. 37-112.

Waitz, G., Abhandlungen zur deutschen Verfassungs- und Rechtsgeschichte, hrsg. v. K. Zeumer, Göttingen 1896 (Ndr. Aalen 1966).

Waitz, G., Das Königtum und die verfassungsmäßige Ordnung, in: ders., Grundzüge der Politik, nebst einzelnen Ausführungen, Kiel 1862, S. 129-152 (zuerst 1858).

Welcker, K. Th., Art. Centralisation, in: StL Rotteck-Welcker. Bd. 3 (1836), S. 388-389.

Welcker, K. Th., Art. Christenthum, in: StL Rotteck-Welcker, Bd. 3 (1838), S. 457-495.

Welcker, K. Th., Systematische Encyklopädie der Staatswissenschaften, oder allgemeine Begründung, Übersicht und Einteilung derselben, in: StL Rotteck-Welcker, 3. Aufl., Bd. 1, Leipzig 1856, S. XXIX-LXIV.

Welcker, K. Th., Die letzten Gründe von Recht, Staat und Strafe, Gießen 1813.

Welcker, K. Th., Art. Deutsches Landes-Staatsrecht, in: StL Rotteck-Welcker, Bd. 4 (1837), S. 337-386.

Welcker, K. Th., Art. Deutsches Landesstaatsrecht, in: StL Rotteck-Welcker, 3. Aufl., Bd. 4 (1860), S. 422-450.

Welcker, K. Th., Art. Mittelalter, in: StL Rotteck-Welcker, Bd. 10 (1840), S. 604-637.

Welcker, K. Th., Art. Öffentlichkeit, StL Rotteck-Welcker, Bd. 12 (1841), S. 252-309.

Welcker, K. Th., Art. Rotteck, in: StL Rotteck-Welcker, Bd. 14 (1843), S. 121-173.

Welcker, K. Th., Art. Staatsdienst, in: StL Rotteck-Welcker, Bd. 14 (1843), S. 727-763.

Welcker, K. Th., Art. Deutsche Staatsgeschichte, in: StL Rotteck-Welcker, Bd. 4 (1837), S. 332 -386.

Welcker, K. Th., Allgemeine encyclopädische Übersicht der Staatswissenschaft und ihrer Theile, in: StL Rotteck-Welcker, 3. Aufl., Bd. 1 (1856), S. 7-68,

(Widmann, M.), Freimütige Anmerkungen zu der Frage: Wer sind die Aufklärer, Bd. 1, Augsburg 1789.

(Widmann, M.), Wer sind die Aufklärer? beantwortet nach dem Alphabet, Bd. 1, o. O. 1786.

Wolff, C. M., Die Lehre der historischen Schule von der Gesetzgebung, in: ders. (Hrsg.), Was Gott nicht zusammengefügt hat, das darf der Mensch scheiden! oder Stimmen über das Ehescheidungs-Recht und den Einfluß der historischen Schule auf die preußische Eherechts-Reform, Berlin 1943, S. 151-154.

Wolff, S. Chr., Grundsätze des Natur- und Völkerrechts, Halle 1754.

Zoepfl, H., Geschichte der deutschen Rechtsinstitute, zweite verm. u. verb. Auflage, Stuttgart 1847.

Zoepfl, H., Grundsätze des allgemeinen deutschen Staatsrechts, fünfte, durchaus verm., u. verb. Auflage, Heidelberg u. Leipzig 1863.

2. Sekundärliteratur

a) *Lexika, Wörterbücher, Nachschlagewerke*

Allgemeine Deutsche Biographie, hrsg. durch die historische Kommission bei der Königlichen Akademie der Wissenschaften, 56 Bde., München-Leipzig 1875-1912.

Breve Diccionario Etimologico da la Lengua Castellana, Madrid 1961.

Diccionario Histórico de la Lengua Espanola, Madrid 1933.
Dictionary of the History of Ideas, ed. Ph. P. Wiener, 4 Bde. u. 1 Index-Bd., New York 1973.
Deutsches Fremdwörterbuch, hrsg. v. H. Schulz, Straßburg 1913.

Geschichtliche Grundbegriffe. Historisches Lexikon zur politisch-sozialen Sprache in Deutschland, hrsg. v. O. Brunner/W. Conze/R. Koselleck, 8 Bde., Stuttgart 1972-1997.

Ladendorff, O., Historisches Schlagwörterbuch, Straßburg-Berlin 1906. Repr., mit einer Einleitung v. H. G. Schumann, Hildesheim 1968.

Meyers Enzyklopädisches Lexikon, 9., völlig neu bearb. Aufl., 28 Bde., Mannheim-Wien-Zürich 1971-1981.

Neue Deutsche Biographie, hrsg. von der Historischen Kommission bei der Bayerischen Akademie der Wissenschaften, bislang: 14 Bde., Berlin 1953 ff.

Sowjetsystem und demokratische Gesellschaft. Eine vergleichende Enzyklopädie, hrsg. v. C. D. Kernig, 6 Bde. u. 1 Sonderbd., Freiburg i. Br. 1966-1972.
Staats-Lexikon. Recht – Wirtschaft – Gesellschaft, in 5 Bänden, hrsg. v. der Görres-Gesellschaft, 7., völlig neu bearb. Aufl., Freiburg/Basel/Wien 1985-1989.

Wörterbuch zur Geschichte, hrsg. v. E. Bayer, Stuttgart 1960,
Wörterbuch zur Geschichte, hrsg. v. H. Bartel u. a., Köln 1984.
Wörterbuch zur Geschichte, hrsg. v. K. Fuchs u. H. Raab, München 1972.
Historisches Wörterbuch der Philosophie, hrsg. v. J. Ritter/K. Gründer/G. Schwabe, 12 Bde., Basel-Stuttgart 1971-2005

b) Aufsätze und Monographien

Absolutismus: Herrschaft und Widerstand, SOWI 12 (1983).

Achterberg, N./Krawietz, W. (Hrsg.), Legitimation des modernen Staates, Wiesbaden 1981 (Archiv f. Rechts- und Sozialphilosophie, Beih. 15).
Anderson, P., Die Entstehung des absolutistischen Staates, Frankfurt a. M. 1979 (zuerst engl. 1974).
Andreas, W., Absolutismus und Aufklärung. Literaturbericht, in: GWU 2 (1951), S. 112-122.

Andrews, St., (Hrsg.), Enlightened Despotism, London 1967.

Angermann, E., Das Auseinandertreten von „Staat" und „Gesellschaft" im Denken des 18. Jahrhunderts, in: Zeitschrift für Politik, N.F. 10 (1963), S. 89-101.

Angermann, E., Der deutsche Frühkonstitutionalismus und das amerikanische Vorbild, in: HZ 219 (1974), S. 1-32.

Angermann, E., Robert von Mohl. Leben und Werk eines altliberalen Staatsgelehrten, Neuwied 1962.

Aretin, K. O. Frh. v., Das Reich. Friedensgarantie und europäisches Gleichgewicht, Stuttgart 1986.

Aretin, K. O. Frh. v. (Hrsg.), Aufgeklärter Absolutismus, Köln 1974.

Aretin, K. O. Frh. v., Einleitung. Der Aufgeklärte Absolutismus als europäisches Problem, in: ders. (Hrsg.), Aufgeklärter Absolutismus, S. 11-51.

Asmus, H., Die Rheinische Zeitung und die Genesis des rheinisch-preußischen Bourgeoisliberalismus, in: H. Bleiber (Hrsg.), Bourgeoisie und bürgerliche Umwälzung in Deutschland 1789-1871, Berlin (DDR) 1977, S. 135-167.

Avineri, S., Hegels Theorie des modernen Staates, Frankfurt a. M. 1975 (zuerst engl. 1972).

Awrech, A. J., Der Absolutismus und seine Rolle bei der Herausbildung des Kapitalismus, in: Sowjetwissenschaft. Gesellschaftswissenschaftliche Beiträge, Berlin (DDR), Jg. 1969, S. 166-182.

Badia, J. F., Die spanische Verfassung von 1812 und Europa, in: Der Staat 2 (1963), S. 153-180.

Barudio, G., Absolutismus Zerstörung der „libertären Verfassung". Studien zur ‚karolinischen Eingewalt' in Schweden zwischen 1680 bis 1693, Wiesbaden 1976.

Barudio, G., Das Zeitalter des Absolutismus und der Aufklärung 1648-1779, Frankfurt a. M. 1981.

Bauer, I./Liepert A., Zum Differenzierungsprazeß im Liberalismus des deutschen Vormärz. Das Verhältnis zwischen Junghegelianern und dem ‚Staatslexikon', in: ZfG 30 (1982), S. 413-425.

Baumgart, P. (Hrsg.), Ständetum und Staatsbildung in Brandenburg-Preußen, Berlin-New York 1983.

Baumgart, P., Wie absolut war der preußische Absolutismus?, in: Preußen. Versuch einer Bilanz, Bd. 2: Preußen: Beiträge zu einer politischen Kultur, hrsg. v. M. Schlenke, Hamburg 1981, S. 89-105.

Becher, U., Politische Gesellschaft. Studien zur Genese bürgerlicher Öffentlichkeit in Deutschland, Göttingen 1978.

Behnen, M., Statistik, Politik und Staatengeschichte von Spittler bis Heeren, in: Boockmann/Wellenreuther (Hrsg.), Geschichtswissenschaft in Göttingen, S. 76-101.

Beiträge zur Entstehung des Staates, hrsg. v. J. Herrmann u. I. Sellnow, 3. Aufl., Berlin (DDR) 1976.

Below, G. v., Der deutsche Staat des Mittelalters, Leipzig 1914.

Below, G. v., Die deutsche Geschichtsschreibung von den Befreiungskriegen bis zu unseren Tagen, Leipzig 1916.

Berdahl, R. M., Anthropologie und Geschichte: Einige theoretische Perspektiven und ein Beispiel aus der preußisch deutschen Geschichte, in: Berdahl u. a., Klassen und Kultur. Sozialanthropologische Perspektiven in der Geschichtsschreibung, Frankfurt 1982, S. 263-287.

Berding, H., Napoleonische Herrschafts- und Gesellschaftspolitik im Königreich Westfalen 1807-1813, Göttingen 1973.

Bien, D. D., Die „Secrétaires du roi" – Absolutismus, Korporation und Privilegien im französischen Ancien Régime, in: Hinrichs (Hrsg.), Absolutismus, S. 249-272 (zuerst 1978).

Birtsch, G., Der Idealtyp des aufgeklärten Herrschers. Friedrich der Große, Karl Friedrich von Baden und Joseph II. im Vergleich, in: Aufklärung, 2. Jg. (1987), S. 9-47.

Birtsch, G., Die Nation als sittliche Idee. Der Nationalstaatsbegriff in Geschichtsschreibung und politischer Gedankenwelt Johann Gustav Droysens, Köln 1964.

Blackburn, D./Eley, G., Mythen deutscher Geschichtsschreibung, Frankfurt a. M.-Berlin-Wien 1980.

Blanke, H. W., Verfassungen, die nicht rechtlich, aber wirklich sind. A. H. L. Heeren und das Ende der Aufklärungshistorie, in: Berichte zur Wissenschaftsgeschichte 6 (1983), S. 143-164.

Blanke, H. W./Rüsen J. (Hrsg.), Von der Aufklärung zum Historismus. Zum Strukturwandel des historischen Denkens, Paderborn 1984.

Blasius, D., Bürgerliche Gesellschaft und Kriminalität, Göttingen 1976.

Blänkner, R., Spät-Alteuropa oder Früh-Neuzeit? Anmerkungen zur Otto-Brunner-Tagung in Trient (19.-21. März 1987), in: Geschichte und Gesellschaft 13 (1987), S. 559-564.

Blänkner, R., Westlicher und östlicher „Absolutismus" auf dem Kontinent, „Parlamentarismus" in England, oder: Vom Elend der Kategorien, in: SOWI 12 (1983). Absolutismus: Herrschaft und Widerstand, S. 218-227.

Böckenförde, E.-W., Der Rechtsbegriff in seiner geschichtlichen Entwicklung, in: Archiv für Begriffsgeschichte, Bd. 12 (1966), S. 145-165.

Böckenförde, E.-W. (Hrsg.), Staat und Gesellschaft, Darmstadt 1976.

Böckenförde, E.-W., Der deutsche Typ der konstitutionellen Monarchie im 19. Jahrhundert (1967), in: ders., Staat, Gesellschaft, Freiheit, S. 112-145.

Böckenförde, E.-W., Die deutsche verfassungsgeschichtliche Forschung im 19. Jahrhundert, Berlin 1961.

Böckenförde, E.-W., Die Historische Rechtsschule und das Problem der Geschichtlichkeit des Rechts, in: ders., Staat, Gesellschaft, Freiheit, S. 9-41 (zuerst ersch. 1965).

Böckenförde, E.-W., Staat, Gesellschaft, Freiheit, Frankfurt a. M. 1976.

Bödeker, H. E., Das staatswissenschaftliche Fächersystem im 18. Jahrhundert, in: R. Vierhaus (Hrsg.), Wissenschaften im Zeitalter der Aufklärung, Göttingen 1986, S. 143-162.

Bödeker, H. E., Prozesse und Strukturen politischer Bewußtseinsbildung der deutschen Aufklärung, in: H. E. Bödeker/U. Herrmann (Hrsg.), Aufklärung als Politisierung – Politisierung der Aufklärung, Hamburg 1987, S. 10-31.

Bödeker, H. E./Iggers, G. G./Knudsen, J./Reill, P. (Hrsg.), Aufklärung und Geschichte. Studien zur deutschen Geschichtswissenschaft im 18. Jahrhundert, Göttingen 1986.

Bödeker, H. E., Art. Menschheit, Humanität, Humanismus, in: Geschichtliche Grundbegriffe, Bd. 3 (1982), S. 1063-1128.

Bohrmann, H./Schneider, P., Zeitschriftenforschung. Ein wissenschaftsgeschichtlicher Versuch, Berlin 1975.

Boldt, H., Art. Monarchie, Abschnitt V., in: Geschichtliche Grundbegriffe, Bd. 4 (1978), S. 189-214.

Boldt, H., Deutsche Staatslehre im Vormärz, Düsseldorf 1974.

Boldt, H., Deutsche Verfassungsgeschichte, Bd. 1: Von den Anfängen bis zum Ende des älteren deutschen Reiches 1806, München 1984.

Boldt, H., Rezension: Ernst Rudolf Huber: Deutsche Verfassungsgeschichte seit 1789, 7 Bde., Stuttgart 1957-1984, in: Geschichte und Gesellschaft 11 (1985), S. 252-271.

Boldt, I., Großdeutsch-bürgerliche Zeitkritik zwischen Revolution und Reichsgründung, dargestellt an Cottas Deutscher Vierteljahrsschrift 1850-1870, Diss. phil. Göttingen 1955.

Boockmann, H./Wellenreuther, H. (Hrsg.), Geschichtswissenschaft in Göttingen, Göttingen 1987.

Born, K. L., Der Wandel des Friedrich-Bildes in Deutschland während des 19. Jahrhunderts, Diss. phil. Köln 1953.

Bosl, K. (Hrsg.), Der moderne Parlamentarismus und seine Grundlagen in der ständischen Repräsentation, Berlin 1977.

Botzenhart, M., Reform, Restauration, Krise. Deutschland 1789-1847, Frankfurt a. M. 1985.

Brandt, H. (Hrsg.), Restauration und Frühliberalismus 1814-1840, Darmstadt 1979.

Brandt, H., Landständische Repräsentation im deutschen Vormärz. Politisches Denken im Einflußfeld des monarchischen Prinzips, Neuwied-Berlin 1968.

Brasch, M., Karl Biedermann als Historiker und Publizist, in: ders., Leipziger Philosophen. Porträts und Studien aus dem wissenschaftlichen Leben der Gegenwart, Leipzig 1894, S. 195-220.

Braun, R., Steuern und Staatsfinanzen als Modernisierungsfaktoren, in: Koselleck (Hrsg.), Studien zum Beginn der modernen Welt, S. 241-262.

Breuer, S./Treiber H. (Hrsg.), Entstehung und Strukturwandel des Staates, Opladen 1982.

Brewer, J., The Sinews of Power. War, Money, and the English State 1688-1783, London (Hutchinson) 1989.

Bruch, R. v., Zur Historisierung der Staatswissenschaften. Von der Kameralistik zur historischen Schule der Nationalökonomie, in: Berichte zur Wissenschaftsgeschichte 8 (1985), S. 131-146.

Brunner, O., Adeliges Landleben und europäischer Geist. Leben und Werk Wolf Helmhards von Hohberg, Salzburg 1949.

Brunner, O., Land und Herrschaft. Grundfragen der territorialen Verfassungsgeschichte Österreichs im Mittelalter, 5. Aufl., Darmstadt 1965 (1. Aufl. 1939).

Brunner, O., Moderner Verfassungsbegriff und mittelalterliche Verfassungsgeschichte, in: H. Kämpf (Hrsg.), Herrschaft und Staat im Mittelalter, Darmstadt 1956, S. 1-19 (zuerst 1939).

Brückner, J., Staatswissenschaften, Kameralismus und Naturrecht. Ein Beitrag zur Geschichte der Politischen Wissenschaft in Deutschland im späten 17. und 18. Jahrhundert, München 1977.

Buchheim, K., Die Partei Gerlach-Stahl, in: Aus Geschichte und Politik. FS L. Bergsträsser zum 70. Geb., hrsg. v. A. Herrmann, Düsseldorf 1954, S. 41-56.

Bussmann, W., Friedrich der Große im Wandel des europäischen Urteils, in: Deutschland und Europa. FS H. Rothfels, hrsg. v. W. Conze, Düsseldorf 1951, S. 375-408.

Bussmann, W., Treitschke. Sein Welt- und Geschichtsbild, Göttingen 1952.

Butterfield, H., The Whig Interpretation of History, New York (Norton) 1965.

Büsch, O. (Hrsg.), Friedrich Wilhelm IV. in seiner Zeit, Berlin 1987.

Büsch, O., Militärsystem und Sozialleben im alten Preußen 1713-1805, Berlin 1962.

Büsch, O./Erbe, M. (Hrsg.), Otto Hintze und die moderne Geschichtswissenschaft, Berlin 1983.

Caemmerer, H. v., Rankes „Große Mächte" und die Geschichtsschreibung des 18. Jahrhunderts, in: Studien und Versuche zur neueren Geschichte. FS Max Lenz zum 60. Geburtstag, Berlin 1910, S. 263-312.

Cam, H. M./Marongiu, A./Stökl, G., Recent Works and Representative Views on the Origins and the Development of Representative Assemblies, in: Relazioni del X. Congresso Internationale di Scienze Storiche Roma 1955, Florenz 1957, Vol. 1, S. 3-101.

Cannadine, O., British History: Past, Present – and Future?, in: Past and Present 116 (1987) S. 169-191.

Carstens, F. L., Die deutschen Landstände und der Aufstieg der Fürsten, in: H. Rausch (Hrsg.), Die geschichtlichen Grundlagen der modernen Volksvertretung, Bd. 2, Darmstadt 1974, S. 315-340 (zuerst 1960).

Carstens, F. L., Princes and Parliaments in Germany, Oxford (Clarendon Press) 1959.

Cervelli, I., Deutsche Liberale im Vormärz. Profil einer politische Elite (1833-1847), in: W. Schieder (Hrsg.), Liberalismus in der Gesellschaft des deutschen Vormärz, Göttingen 1983, S. 312-340.

Conrad, H., Rechtsstaatliche Bestrebungen im Absolutismus Preußens und Österreichs am Ende des 18. Jahrhunderts, in: Hubatsch (Hrsg.), Absolutismus, S. 309-360 (zuerst 1961).

Conze, W., Vom „Pöbel" zum Proletariat. Sozialgeschichtliche Voraussetzungen für den Sozialismus in Deutschland, in: VSWG 41 (1954), S. 333-364.

Daly, J., The ldea of Absolute Monarchy in 17th Century England, in: Historical Journal 21 (1978), S. 227-250.

Deisenroth, A., Deutsches Mittelalter und deutsche Geschichtswissenschaft im 19. Jahrhundert, Rheinfelden 1983.

Denis, M./Blayau, N., Le XVIIIe Siècle, Paris (Armand Colin) 1970.

Denzer, H. (Hrsg.), Samuel Pufendorf, Die Verfassung des deutschen Reiches, Stuttgart 1976.

Denzer, H. (Hrsg.), Jean Bodin. Verhandlungen der internationalen Bodin-Tagung in München, München 1973.

Deuchert, N., Vom Hambacher Fest zur badischen Revolution. Politische Presse und Anfänge deutscher Demokratie 1832-1848/49, Stuttgart 1983.

Dickopf, K., Georg Ludwig von Maurer, 1790-1872, Kallmünz/Opf. 1960.

Diether, O., Leopold von Ranke und Johann Gustav Droysen. Eine Parallele, in: PJ 142 (1910), S. 1-20.

Dilcher, G., u. a. (Hrsg.), Grundrechte im 19. Jahrhundert, Frankfurt a. M.-Bern 1982.

Dilcher, G./Kern, B.-R., Die juristische Germanistik des 19. Jahrhunderts und die Fachtradition der Deutschen Rechtsgeschichte, in: ZRG (GA) 101 (1984), S. 1-46.

Dipper, Chr., Die Bauernbefreiung in Deutschland, Stuttgart 1980.

Dotterweich, V., Heinrich von Sybel. Geschichtswissenschaft in politischer Absicht (1817-1861), Göttingen 1978.

Doyle, W., The Old European Order 1660-1800, Oxford (Oxford University Press) 1978.

Dreitzel, H., Protestantischer Aristotelismus und absoluter Staat. Die „Politica" des Henning Arnisaeus (ca. 1575-1636), Wiesbaden 1970.

Duchhardt, H., Das Zeitalter des Absolutismus, München 1989.

Dukes, P., The Making of Russian Absolutism 1613-1801, London-New York (Longman) 1984.

Durand, G., Etats et Institutions XVIe-XVIIIe siècles, Paris (Librairie Armand Colin) 1969.

Dülmen, R. v., Entstehung des frühneuzeitlichen Europa, Frankfurt a. M. 1982.

Dülmen, R. v., Formierung der europäischen Gesellschaft in der Frühen Neuzeit, in: Geschichte und Gesellschaft 7 (1981), S. 5-41.

Ehmke, H., Karl v. Rotteck, der „politische Professor", Karlsruhe 1964.

Eichstädt, V., Die deutsche Publizistik von 1830, Leipzig 1933.

Eisenstadt, S. N./Rokkan, S. (Hrsg.), Building States and Nations, 2 Bde., London (Sage Publications) 1973.

Elton, G. R., The Tudor Revolution in Government, Cambridge (Cambridge University Press) 1953.

Emmerich, W., „... ein vollständiges Bild des gesamten Kulturlebens." F. K. Biedermanns Gesellschaftsgeschichte aus dem Geist des Vormärz, in: K. Biedermann, Deutschland im 18. Jahrhundert, hrsg. u. eingel. v. W. Emmerich, Berlin 1979, S. VII-XLI.

Engelhardt, U., u. a. (Hrsg.), Soziale Bewegung und politische Verfassung. Beiträge zur Geschichte der modernen Welt, Stuttgart 1976.

Erdmann, K. D., Die Ökumene der Historiker. Geschichte der internationalen Historikerkongresse und des Comité International des Sciences Historiques, Göttingen 1987.

Eschenburg, Th., Tocquevilles Wirkung in Deutschland, in: A. de Tocqueville, Über die Demokratie in Amerika, hrsg. v. J. P. Mayer, Bd. 1, Stuttgart 1959, S. XVII-LXVII.

Esmein, A., La maxime princeps legibus solutus est dans l'ancien droit public français, in: Essays in Legal History, ed. by Paul Vinogradoff, London (Oxford University Press) 1913, S. 201-214.

Eßbach, W., Gegenzüge. Der Materialismus des Selbst und seine Ausgrenzung aus dem Marxismus. Eine Studie über die Kontroverse zwischen Max Stirner und Karl Marx, Frankfurt a. M. 1982.

Eyck, F. G., English and French Influences on German Liberalism before 1848, in: JHI, Vol. XVIII (1957), S. 313-340.

Faber, K. G., Politisches Denken in der Restaurationszeit, in: H. Berding/H. P. Ullmann (Hrsg.), Deutschland zwischen Revolution und Restauration, Königstein-Düsseldorf 1981, S. 258-278.

Faber, K. G., Deutsche Geschichte im 19. Jahrhundert. Restauration und Revolution. Von 1815 bis 1851, Wiesbaden 1979.

Faber, K. G., „Konservatorischer Liberalismus" – „Umstürzender Liberalismus" – „Konservatorischer Obscurantismus". Aus dem Briefwechsel zwischen Marschall und Almendingen (1823), in: Nassauische Annalen. Jahrbuch des Vereins für Nassauische Altertumskunde und Geschichtsforschung 78 (1967), S. 177-207.

Faber, K. G., Die nationalpolitische Publizistik Deutschlands von 1860 bis 1871, 2 Bde., Düsseldorf 1963.

Faber, K. G., Realpolitik als Ideologie. Die Bedeutung des Jahres 1866 für das politische Denken in Deutschland, in: HZ 203 (1966), S. 1-45.

Faber, K. G., Die Rheinlande zwischen Restauration und Revolution, Wiesbaden 1966.

Faber, K. G., Strukturprobleme des deutschen Liberalismus im 19. Jahrhundert, in: Der Staat 14 (1975), S. 201-227.

Faber, K. G., Zum Verhältnis von Absolutismus und Wissenschaft, Wiesbaden 1983.

Faber, W. v., Friedrich Wilhelm Carové 1789-1852. Ein Beitrag zum deutschen Liberalismus im Vormärz, Diss. phil. München (masch.) 1954.

Faßbender-Ilge, M. H., Liberalismus – Wissenschaft – Realpolitik. Untersuchung des „Deutschen Staatswörterbuchs" von Johann Caspar Bluntschli und Karl Brater als Beitrag zur Liberalismusgeschichte zwischen 48er Revolution und Reichsgründung, Frankfurt a. M. 1981.

Faulenbach, B. (Hrsg.), Geschichtswissenschaft in Deutschland, München 1974.

Faulenbach, B., Ideologie des deutschen Weges. Die deutsche Geschichte in der Historiographie zwischen Kaiserreich und Nationalsozialismus, München 1980.

Fehrenbach, E., Rankerenaissance und Imperialismus in der wilhelminischen Zeit, in: B. Faulenbach (Hrsg.), Geschichtswissenschaft in Deutschland, S. 54-65.

Fehrenbach, E., Traditionale Gesellschaft und revolutionäres Recht. Die Einführung des Code Napoléon in den Rheinbundstaaten, Göttingen 1974.

Feldmann, W., Fremdwörter und Verdeutschungen des 18. Jahrhunderts, in: ZdWf, Bd. 8 (1906/07), S. 49-99.

Feldmann, W., Modewörter des 18. Jahrhunderts, in: ZdWf, Bd. 6 (1904/05), S. 101-119 u. 299-353.

Feldmann, W., Die Große Revolution in unserer Sprache, in: ZdWf, Bd.13 (1911/12), S. 245-283.

Fiedler, A., Die staatswissenschaftlichen Anschauungen und die politisch-publizistische Tätigkeit des Nachkantianers Wilhelm Traugott Krug, Diss. phil. Dresden 1933.

Fischer, H., Die Ambivalenz der Moderne. Zu Troeltschs Verhältnis von Reformation und Nation, in: Renz/Graf (Hrsg.), Protestantismus und Neuzeit, S. 54-77.

Fischer, H. D., Handbuch der politischen Presse in Deutschland 1480-1980, Düsseldorf 1981.

Foerster, C., Der Preß- und Vaterlandsverein von 1832/33. Sozialstruktur und Organisationsformen der bürgerlichen Bewegung in der Zeit des Hambacher Festes, Trier 1982.

Franklin, J. H., Jean Bodin and the Rise of Absolutist Theory, Cambridge (Cambridge University Press) 1973.

Friedrich der Große im Spiegel seiner Zeit, hrsg. v. G. B. Volz, Bd. 3, Berlin o. J.

Frohn, R., Die Behandlung sozialgeschichtlicher Probleme aus dem Zeitalter des Absolutismus, in: GWU 3 (1952), S. 385-396.

Fuchs, N., Die politische Theorie Friedrich Murhards 1778-1853, Diss. phil. Erlangen-Nürnberg 1973.

Fürbringer, Chr., Necessitas und Libertas: Staatsbildung und Landstände im 17. Jahrhundert in Brandenburg-Preußen, Frankfurt a. M.-Bern-New York 1985.

Gagliardo, J. G., Enlightened Despotism, London (Routledge & Kegan Paul) 1968.

Gagnér, S., Zielsetzung und Werkgestaltung in Paul Roths Wissenschaft, in: FS H. Krause, hrsg. v. S. Gagnér/H. Schlosser/W. Wiegand, Köln-Wien 1975, S. 276-450.

Gall, L., Bismarck und England, in: Aspekte der deutsch-britischen Beziehungen im Laufe der Jahrhunderte, hrsg. v. P. Kluke/P. Alter, Stuttgart 1978, S. 46-59.

Gall, L., Liberalismus und „bürgerliche Gesellschaft". Zu Charakter und Entwicklung der liberalen Bewegung in Deutschland, in: ders. (Hrsg.), Liberalismus, 2. erw. Aufl., Meisenheim 1980, S. 162-186 (zuerst 1975).

Gall, L., Ludwig Häusser als Historiker und Politiker des kleindeutschen Liberalismus, in: Ruperto-Carola 41 (1987), S. 82-90.

Garber, J., Von der Menschheitsgeschichte zur Kulturgeschichte, in: Kultur zwischen Bürgertum und Volk, hrsg. v. J. Held, Berlin 1983, S. 76-97.

Gegenstand und Begriffe der Verfassungsgeschichtsschreibung, in: Der Staat, Beih. 6, Berlin 1983.

Geiger, L., Berlin 1688-1840. Geschichte des geistigen Lebens der preußischen Hauptstadt, 2 Bde., Berlin 1892-1895.

Gerhard, D., Otto Hintze: His Work and his Significance, in: ders., Gesammelte Abhandlungen, Göttingen 1977, S. 268-295 (zuerst 1970).

Gerhard, D., Probleme ständischer Vertretungen im frühen achtzehnten Jahrhundert und ihre Behandlung in der gegenwärtigen Forschung, in: ders. (Hrsg.), Ständische Vertretungen in Europa im 17. und 18. Jahrhundert, S. 9-31.

Gerhard, D., Regionalismus und ständisches Wesen als ein Grundproblem europäischer Geschichte, in: ders., Alte und neue Welt in vergleichender Geschichtsbetrachtung, Göttingen 1962, S. 13-39 (zuerst 1952).

Gerhard, D. (Hrsg.), Ständische Vertretungen in Europa im 17. und 18. Jahrhundert, Göttingen 1969.

Gerstenberger, H., Zur Theorie der historischen Konstitution des bürgerlichen Staates, in: Probleme des Klassenkampfs 8/9 (1973), S. 207-226.

Gerstenberger, H., Vom Ursprung bürgerlicher Staaten, in: Probleme des Klassenkampfs 47 (1982), S. 119-143.

Gerteis, K., Bürgerliche Absolutismuskritik im Südwesten des Alten Reiches vor der Französischen Revolution, Trier 1983.

Gerteis, K., Physiokratismus und aufgeklärte Reformpolitik, in: Aufklärung, 2. Jg. (1987), S. 75-94.

Gerth, Hans H., Bürgerliche Intelligenz um 1800. Zur Soziologie des deutschen Frühliberalismus. Mit einem Vorwort und einer ergänzenden Bibliographie hrsg. v. U. Herrmann, Göttingen 1976 (zuerst 1935).

Geyer, D., „Gesellschaft" als staatliche Veranstaltung, in: JbbGOE, N.F. 14 (1966), S. 21-50.

Gilbert, F., Johann Gustav Droysen und die preußisch-deutsche Frage, München-Berlin 1931.

Goetting, H., Die sozialpolitische Idee in den konservativen Kreisen der vormärzlichen Zeit, Berlin 1922.

Goldscheid, R., Staat, öffentliche Haushalte und Gesellschaft. Wesen und Aufgabe der Finanzwissenschaft vom Standpunkt der Soziologie, in: R. Goldscheidt/J. Schumpeter, Die Finanzkrise des Steuerstaates. Beiträge zur politischen Ökonomie der Staatsfinanzen, hrsg. v. R. Hickel, Frankfurt a. M. 1976, S. 253-316 (zuerst 1926).

Gollwitzer, H., Art. Aegidi, in: NDB 1 (1953), S. 88-89.

Gollwitzer, H., Der Cäsarismus Napoleons III. im Widerhall der öffentlichen Meinung Deutschlands, in: HZ 173 (1952), S. 23-75.

Gollwitzer, H., Europabild und Europagedanke, 2. Aufl., München 1963.

Gollwitzer, H., Der erste Karlistenkrieg und das Problem der internationalen Parteigängerschaft, in: HZ 176 (1953), S. 479-620.

Göhring, M., Weg und Sieg der modernen Staatsidee in Frankreich, Tübingen 1946.

Görisch, R./Mayer, Th. M. (Hrsg.), Untersuchungsberichte zur republikanischen Bewegung in Hessen 1831-1834, Frankfurt a. M. 1982.

Götze, K.-H., Die Entstehung der deutschen Literaturwissenschaft als Literaturgeschichte, in: Müller (Hrsg.), Germanistik und deutsche Nation, S. 167-226.

Grebing, H., Der „deutsche Sonderweg" in Europa zwischen 1806 und 1945. Eine Kritik, Stuttgart 1986.

Grosser, D., Grundlagen und Struktur der Staatslehre Friedrich Julius Stahls, Köln-Opladen 1963.

Grünthal, G., Parlamentarismus in Preußen 1848/49-1857/58, Düsseldorf 1982.

Haake, W., Die politische Zeitschrift, Bd. 1, Stuttgart 1968.

Haasis, H. G., Morgenröte der Republik. Die linksrheinischen deutschen Demokraten 1789-1849, Frankfurt a. M.-Berlin-Wien 1984.

Habermas, J., Strukturwandel der Öffentlichkeit. Untersuchungen zu einer Kategorie der bürgerlichen Gesellschaft, Neuwied-Berlin 1962.

Haferkorn, F., Soziale Vorstellungen Heinrich von Sybels, Stuttgart 1976.

Haferland, H., Mensch und Gesellschaft im Staatslexikon von Rotteck-Welcker. Ein Beitrag zur Gesellschaftstheorie des Frühliberalismus, Diss. phil. Berlin 1957.

Hahn, H.-W., Geschichte des Deutschen Zollvereins, Göttingen 1984.

Haltern, U., Politische Bildung und bürgerlicher Liberalismus. Zur Rolle des Konversationslexikons in Deutschland, in: HZ 223 (1976), S. 61-97.

Hammerstein, N. (Hrsg.), Deutsche Geschichtswissenschaft um 1900, Wiesbaden 1988.

Hammerstein, N., Jus und Historie. Ein Beitrag zur Geschichte des historischen Denkens an deutschen Universitäten im späten 17. und im 18. Jahrhundert, Göttingen 1972.

Handbuch 5: Staat, hrsg. v. V. Brandes/J. Hoffmannt/U. Jürgens/W. Semmler, Frankfurt a. M.-Köln 1977.

Hardtwig, W., Studentische Mentalität – Politische Jugendbewegung – Nationalismus. Die Anfänge der deutschen Burschenschaften, in: HZ 242 (1986), S. 581-628.

Hardtwig, W., Vormärz. Der monarchische Staat und das Bürgertum, München 1985.

Hartig, P. (Hrsg.), Die Französische Revolution, 4. Aufl., Stuttgart 1972.

Hartmann, V., Repräsentation in der politischen Theorie und Staatslehre in Deutschland, Berlin 1979.

Hartung, F., Die Epochen der absoluten Monarchie in der neueren Geschichte, in: Hubatsch (Hrsg.), Absolutismus, S. 57-64 (zuerst 1932).

Hartung, F./Mousnier, R., Quelques problèmes concernant la monarchie absolue, in: Relazioni del X Congresso Internazionale di Scienze Storico, Vol. IV: Storia Moderna, Florenz 1956, S. 3-56.

Hasler, L. (Hrsg.), Schelling. Seine Bedeutung für eine Philosophie der Natur und der Geschichte, Stuttgart-Bad Cannstadt 1981.

Hatschek, J., Art. Gneist, in: ADB, Bd. 49 (1904), S. 403-413.

Hatton, R. (Hrsg.), Louis XIV and Absolutism, London-Basingstoke (Macmillan) 1976.

Haun, H., Der X. lnternationale Historikerkongreß in Rom 1955 und die Geschichtswissenschaft der DDR, in: ZfG 34 (1987), S. 303-314.

Heffter, H., Die deutsche Selbstverwaltung im 19. Jahrhundert, Stuttgart 1950.

Die Hegelsche Linke, ausgew. u. eingel. v. K. Löwith, Stuttgart-Bad Cannstadt 1962.

Die Hegelsche Linke. Dokumente zu Philosophie und Politik im deutschen Vormärz, hrsg. v. H. u. I. Pepperle, Leipzig 1985.

Die Hegelsche Rechte, ausgew. u. eingel. v. H. Lübbe, Stuttgart-Bad Cannstadt 1962.

Heitz, G., Die Folgen des Dreißigjährigen Krieges und der Wiederaufbau. Die Entstehung des territorialstaatlichen Absolutismus, in: Deutsche Geschichte in zwölf Bänden, hrsg. v. H. Bartel u. a., Bd. 3, Köln 1983, S. 328-362.

Helbig, H., Art. Biedermann, in: NDB, Bd. 2 (1955), S. 223-224.

Heller, H., Hegel und der nationale Machtstaatsgedanke in Deutschland, Leipzig-Berlin 1921.

Hellmuth, E., Die englische Revolution in revisionistischer Perspektive, in: Geschichte und Gesellschaft 15 (1989), S. 441-454.

Henkel, O., Untersuchungen zur Rezeption des Souveränitätsbegriffs durch die deutsche Staatstheorie in der ersten Hälfte des 17. Jahrhunderts, Diss. phil. Marburg 1967.

Hennis, W., Politik und praktische Philosophie, Neuwied-Berlin 1963.

Hennis, W., Zum Problem der deutschen Staatsanschauung, in: H.-H. Hofmann (Hrsg.), Die Entstehung des modernen souveränen Staates, S. 73-93 (zuerst 1959).

Hensmann, F., Staat und Absolutismus bei den Physiokraten, Frankfurt 1976.

Hentschel, V., Die Staatswissenschaften an den deutschen Universitäten im 18. und frühen 19. Jahrhundert, in: Berichte zur Wissenschaftsgeschichte 1 (1978), S. 181-200.

Herde, P., Die deutschen Landstände und das englische Parlament, in: Historisches Jahrbuch 80 (1961), S. 286-297.

Herre, P., Rezension: F. Bezold/E. Gothein/R. Koser, Staat und Gesellschaft der neueren Zeit, Berlin-Leipzig 1908, in: HZ 104 (1910), S. 621-625.

Hinrichs, E. (Hrsg.), Absolutismus, Frankfurt a. M. 1986.

Hinrichs, E., Absolutismus im Schulbuch, in: Internationale Schulbuchforschung 8 (1986), S. 303-320.

Hinrichs, E., Einführung in die Geschichte der Frühen Neuzeit, München 1980.

Hinrichs, E., Fürstenlehre und politisches Handeln im Frankreich Heinrichs IV., Göttingen 1969.

Hinrichs, E., Zum Stand und zu den Aufgaben gegenwärtiger Absolutismusforschung, in: ders. (Hrsg.), Absolutismus, S. 7-32.

Hinrichs, E., Die Voraussetzungen gesellschaftlicher Stabilität im Absolutismus. Bemerkungen zu Frankreich im 17. und 18. Jahrhundert, in: ders., Ancien Régime und Revolution, Frankfurt a. M. 1989, S. 63-80.

Hintze, O., Das monarchische Prinzip und die konstitutionelle Verfassung, in: ders., GA, Bd. 1, Göttingen 1962, S. 359-389 (zuerst 1911).

Hintze, O., Der deutsche Staatsgedanke, in: ZfP 13 (1924), S. 114-131.

Hintze, O., Gesammelte Abhandlungen, 3 Bde., hrsg. u. eingel. v. G. Oestreich, Göttingen 1982.

Hintze, O., Johann Gustav Droysen, in: Hintze, GA, Bd. 2, S. 453-499 (zuerst 1904).

Die Historische Kommission bei der Bayerischen Akademie der Wissenschaften 1658-1958, München 1958.

Hock, W., Liberales Denken im Zeitalter der Paulskirche. Droysen und die Frankfurter Mitte, Münster 1957.

Hoffmann, P., Entwicklungsetappen und Besonderheiten des Absolutismus in Rußland, in: v. Aretin (Hrsg.), Der Aufgeklärte Absolutismus, S. 340-368 (zuerst 1970).

Hofmann, H. H. (Hrsg.), Die Entstehung des modernen souveränen Staates, Köln-Berlin 1967.

Hoke, R., Bodins Einfluß auf die Anfänge der Dogmatik des deutschen Reichsstaatsrechts, in: Denzer (Hrsg.), Jean Bodin, S. 315-332.

Hoke, R., Die Emanzipation der deutschen Staatsrechtswissenschaft von der Zivilistik im 17. Jahrhundert, in: Der Staat 15 (1976), S. 211-230.

Holborn, H., Deutsche Geschichte in der Neuzeit, Bd. 2, München-Wien 1970.

Hong, D.-H., Spinoza und die deutsche Philosophie. Eine Untersuchung zur metaphysischen Wirkungsgeschichte des Spinozismus in Deutschland, Aalen 1989.

Hölzle, E., Dahlmann und der Staat, in: VSWG 17 (1924), S. 351-358.

Hubatsch, W., Das Zeitalter des Absolutismus in heutiger Sicht (1945-1953). Ein Literaturbericht, in: AKG 35 (1953), S. 342-371.

Hubatsch, W., Das Zeitalter des Absolutismus, 1600-1789, Braunschweig 1962.

Huber, E. R., Deutsche Verfassungsgeschichte, 7 Bde., Stuttgart 1957-1984.

Hübinger, G., Georg Gottfried Gervinus. Historisches Urteil und politische Kritik, Göttingen 1984.

Hübinger, G., Geschichte als leitende Orientierungswissenschaft im 19. Jahrhundert, in: Berichte zur Wissenschaftsgeschichte 11 (1988), S. 149-158.

Hübinger, G., Literaturgeschichte als gesellschaftsgeschichtliche Disziplin. Ihre Begründung durch Georg Gottfried Gervinus, in: Geschichte und Gesellschaft 9 (1983), S. 5-25.

Hübner, R., Johann Gustav Droysens Vorlesungen über Politik, in: ZfP 10 (1917), S. 325-376.

Iggers, G. G., Deutsche Geschichtswissenschaft. Eine Kritik der traditionellen Geschichtsauffassung von Herder bis zur Gegenwart, München 1971 (zuerst engl. 1968).

Iggers, G. G., Heinrich von Treitschke, in: H.-U. Wehler (Hrsg.), Deutsche Historiker, Bd. II, Göttingen 1971, S. 68-80.

Ilting, K.-H., Die Struktur der Hegelschen Rechtsphilosophie, in: Riedel (Hrsg.), Materialien zur Hegelschen Rechtsphilosophie, Bd. 2, S. 52-78 (zuerst 1971).

Ilting, K.-H., Hegels Auseinandersetzung mit der aristotelischen Politik, in: G. W. F. Hegel. Frühe Systeme, hrsg. u. kommentiert v. G. Göhler, Frankfurt a. M.-Wien-Berlin 1974, S. 759-785 (zuerst 1963).

Immich, M., Geschichte des europäischen Staatensystems von 1660-1789, München-Berlin 1905.

lngrao, Ch., The problem of „Enlightened Absolutism“ and the German Staates, in: Politics and Society in the Holy Roman Empire, 1500-1806, Chicago 1986, S. 161-180 (The Journal of Modern History, Vol. 58, Supplement, December 1986).

Jaeschke, W., Staat aus christlichem Prinzip und christlicher Staat. Zur Ambivalenz der Berufung auf das Christentum in der Rechtsphilosophie Hegels und der Restauration, in: Der Staat 18 (1979), S. 349-374.

Jantke, C./Hilger, D. (Hrsg.), Die Eigentumslosen. Der deutsche Pauperismus und die Emanzipationkrise in Darstellungen und Deutungen der zeitgenössischen Literatur, Freiburg i. Br. 1985.

Jekosch, A., Die politische Haltung der „Grenzboten“ zum Abschluß der bürgerlichen Umwälzung in Deutschland (1858/59-1866). Ein Beitrag zur Untersuchung liberaler Politik, Diss. phil. (masch.) Dresden 1983.

Jeserich, K. G. A./Pohl H./Unruh, G.-Chr. v. (Hrsg.), Deutsche Verwaltungsgeschichte, Bd. 2, Stuttgart 1983.

Joachimsen, P., Zur Psychologie des deutschen Staatsgedankens, in: ders., Gesammelte Aufsätze zu Renaissance, Humanismus und Reformation, ausgew. u. eingel. v. N. Hammerstein, Aalen 1970, S. 549-620 (zuerst 1922).

Just, L., Stufen und Formen des Absolutismus, in: Hubatsch (Hrsg.), Absolutismus, S. 288-202 (zuerst 1961).

Kaltenbach, A., Ludwig Häusser. Historien et patriote (1818-1867), Paris (Presse Universitaire de France) 1965.

Kaufmann, E., Studien zur Staatslehre des monarchischen Prinzips, Leipzig 1906.

Keane, J. (Hrsg.), Civil Society and the State, London-New York (Verso) 1988.

Kern, B.-R., Georg Beseler. Leben und Werk, Berlin 1982.

Kielmannsegg, P. Graf (Hrsg.), Legitimationsprobleme politischer Systeme, Opladen 1976 (Politische Vierteljahresschrift, Sonderh. 7).

Kiesewetter, H., Theorie und Praxis deutscher Machtstaatspolitik. Hegel und der Hegelianismus, in: TAJB IX (1980), S. 273-308.

Kiesselbach, G. A., Der Bremer Dr. phil. Wilhelm Kiesselbach als Vorkämpfer für den deutschen Einheitsgedanken 1848-1864, in: Bremisches Jahrbuch 39 (1940), S. 11-62.

Klippel, D., Der Einfluß der Physiokraten auf die Entwicklung der liberalen politischen Theorie in Deutschland, in: Der Staat 23 (1984), S. 205-226.

Klippel, D., Politische Freiheit und Freiheitsrechte im deutschen Naturrecht des 18. Jahrhunderts, Paderborn 1976.

Klotzbach, K., Das Elitedenken im politischen Liberalismus, Köln-Opladen 1966.

Klutentreter, W., Die Rheinische Zeitung von 1842/43 in der politischen und geistigen Bewegung des Vormärz, 2 Bde., Dortmund 1966.

Knoll, J. H., Führungsauslese in Liberalismus und Demokratie, Stuttgart 1957.

Kocka, J. (Hrsg.), Max Weber, der Historiker, Göttingen 1986.

Kocka, J. (Hrsg.), Bildungsbürgertum im 19. Jahrhundert, Teil IV: Politischer Einfluß und gesellschaftliche Formation, Stuttgart 1989.

Kocka, J., Bürgertum und bürgerliche Gesellschaft im 19. Jahrhundert. Europäische Entwicklungen und deutsche Eigenarten, in: ders. (Hrsg.), Bürgertum im 19. Jahrhundert, Bd. 1, München 1988, S. 11-76.

Kocka, J., Bürgertum und Bürgerlichkeit als Probleme der deutschen Geschichte vom späten 18. zum frühen 20. Jahrhundert, in: ders. (Hrsg.), Bürger und Bürgerlichkeit im 19. Jahrhundert, Göttingen 1987, S. 21-63.

Kocka, J., Probleme einer europäischen Geschichte in komparativer Absicht, in: ders., Aufklärung und Geschichte, Göttingen 1989, S. 21-28.

Kocka, J./Nipperdey, Th. (Hrsg.), Theorie und Erzählung in der Geschichte, München 1979.

Koebner, R., Despot and Despotism: Vicissitudes of a Political Term, in: Journal of the Warburg and Courtauld Institutes, Vol. XIV (1951), S. 276-302.

Köhler, E., Bildungsbürgertum und nationale Politik. Eine Studie zum politischen Denken Otto Hintzes, Bad Homburg-Berlin-Zürich 1970.

König, H., Zur Geschichte der bürgerlichen Nationalerziehung in Deutschland zwischen 1807 und 1815, Teil 1, Berlin (DDR) 1972.

Köpeczi, B., u. a. (Hrsg.), L'absolutisme éclairé, Budapest-Paris 1985.

Köster, U., Literarischer Radikalismus. Zeitbewußtsein und Geschichtsphilosophie in der Entwicklung vom Jungen Deutschland zur Hegelschen Linken, Frankfurt a. M. 1972.

Kopitzsch, F. (Hrsg.), Aufklärung, Absolutismus und Bürgertum in Deutschland, München 1976.

Kosary, D., Unité et diversité des Lumières, in: Köpeczi u. a. (Hrsg.), L'absolutisme éclairé, S. 11-14.

Koselleck, R. (Hrsg.), Studien zum Beginn der modernen Welt, Stuttgart 1977.

Koselleck, R., Begriffsgeschichte und Sozialgeschichte, in: ders., Vergangene Zukunft. Zur Semantik geschichtlicher Zeiten, Frankfurt a. M. 1979, S. 107-129 (zuerst 1972).

Koselleck, R., Preußen zwischen Reform und Revolution. Allgemeines Landrecht, Verwaltung und soziale Bewegung. zweite, berichtigte Auflage, Stuttgart 1975 (zuerst 1967).

Koser, R., Staat und Gesellschaft zur Höhezeit des Absolutismus, in: F. Bezold/E. Gothein/R. Koser, Staat und Gesellschaft der neueren Zeit, Berlin-Leipzig 1908, S. 231-332.

Koser, R., Zur Charakteristik des Vereinigten Landtags von 1847, in: FS zu Gustav Schmollers 70. Geburtstag, Leipzig 1908, S. 287-331.

Kossmann, E. H., The Singularity of Absolutism, in: R. Hatton (Hrsg.), Louis XIV and Absolutism, S. 3-17.

Kossok, M., Der aufgeklärte Absolutismus. Überlegungen zum historischen Ort und zur Typologie, in: ZfG 33 (1985), S. 622-642.

Kostede, N., Die neuere marxistische Diskussion über den bürgerlichen Staat. Einführung – Kritik – Resultate, in: Gesellschaft. Beiträge zur Marxschen Theorie, Bd. 8/9, Frankfurt a. M. 1976, S. 150-196.

Koszyk, K., Deutsche Presse im 19. Jahrhundert, Berlin 1966.

Kowalewski, K., Friedrich der Große in der Beurteilung der deutschen Geschichtsschreibung von 1815 bis 1870, Diss. phil. (masch.), Hamburg 1951.

Kraus, H.-Chr., Das preußische Königtum und Friedrich Wilhelm IV. im nachmärzlichen Preußen, in: O. Büsch (Hrsg.), Friedrich Wilhelm IV. in seiner Zeit, S. 48-93.

Krause, H. A. P., Die Gegenwart. Eine enzyklopädische Darstellung der neuesten Zeitgeschichte für alle Stände, Leipzig, F. A. Brockhaus. 1848-1856. Eine Untersuchung über den deutschen Liberalismus, Diss. phil. Berlin 1936.

Krautheim, U., Die Souveränitätskonzeption in den englischen Verfassungskonflikten des 17. Jahrhunderts, Frankfurt a. M.-Bern-Las Vegas 1977.

Krautkrämer, U., Staat und Erziehung. Begründung öffentlicher Erziehung bei Humboldt, Kant, Fichte, Hegel und Schleiermacher, München 1979.

Krieger, L., An Essay on Enlightened Despotism, Chicago-London (University of Chicago Press) 1975.

Krill, H.-H., Die Rankerenaissance. Max Lenz und Erich Marcks, Berlin 1962.

Krüger, K., Absolutismus in Dänemark – ein Modell für Begriffsbildung und Typologie, in: Hinrichs (Hrsg.), Absolutismus, S. 65-94 (zuerst 1979).

Krüger, K., Gerhard Oestreich und der Finanzstaat. Entstehung und Deutung eines Epochenbegriffs der frühneuzeitlichen Verfassungs- und Sozialgeschichte, in: Hessisches Jahrbuch für Landesgeschichte 33 (1983), S. 333-346.

Kuhlen, R., Art. Absolut, das Absolute, in: Historisches Wörterbuch der Philosophie, hrsg. v. J. Ritter u. a., Bd. 1, Basel-Stuttgart 1971, Sp. 12-31.

Kunisch, J., Absolutismus, Göttingen 1986.

Kunisch, J., Über den Epochencharakter der frühen Neuzeit, in: Die Funktion der Geschichte in unserer Zeit. FS K. D. Erdmann, hrsg. v. E. Jäckel/E. Weymar, Stuttgart 1975, S. 150-161.

Kunisch, J. (Hrsg.), Der dynastische Fürstenstaat. Zur Bedeutung von Sukzessionsordnungen für die Entstehung des frühmodernen Staates, Berlin 1982.

Kuntzemüller, O., Das Hannoversche Zeitungswesen vor dem Jahr 1848, in: PJ 94 (1898), S. 425-453.

Kück, H., Die Göttinger Sieben, Berlin 1934 (Ndr. Aachen u. Göttingen 1987).

Küntzel, G., Einleitung des Herausgebers, in: Leopold von Ranke, Zwölf Bücher Preußischer Geschichte, Erster Bd., hrsg. u. eingel. v. G. Küntzel, München 1930, S. VII-CLII (= Leopold van Ranke, Gesamtausgabe, hrsg. v. P. Joachimsen, Bd. I, 9).

Küttler, W., Gesellschaftliche Voraussetzungen und Entwicklungstyp des Absolutismus in Rußland, in: Jb. f. d. Geschichte der sozialistischen Länder Europas, Bd. 13/2, Berlin (DDR) 1969, S. 71-108.

Lamer, R. J., Der englische Parlamentarismus in der deutschen politischen Theorie im Zeitalter Bismarcks, Lübeck-Hamburg 1963.

Langer, H., Fragen der Absolutismus-Forschung, in: Jahrbuch für die Geschichte des Feudalismus 3 (1979), S. 365-391.

Langewiesche, D., Die deutsche Revolution von 1848/49 und die vorrevolutionäre Gesellschaft: Forschungsstand und Forschungsperspektiven, in: Archiv für Sozialgeschichte, Bd. XXI (1981), S. 458-498.

Langewiesche, D., Liberalismus in Deutschland, Frankfurt a. M. 1988.

Langner, A. (Hrsg.), Katholizismus, konservative Kapitalismuskritik und Frühsozialismus bis 1850, München-Paderborn-Wien 1975.

Laube, A. u. a. (Hrsg.), Deutsche Geschichte, Bd. 3: Die Epoche des Übergangs vom Feudalismus zum Kapitalismus von den siebziger Jahren des 15. Jahrhunderts bis 1789, Köln 1983.

Lehmann, H., Zum Wandel des Absolutismusbegriffs in der BRD, in: ZfG 22 (1974), S. 5-27.

Lenhardt G./Offe, C., Staatstheorie und Sozialpolitik, in: Ferber, Chr. v./Kaufmann, F. X. (Hrsg.), Soziologie und Sozialpolitik, Opladen 1977, S. 98-127 (KZfSS, Sonderb. 19).

Lenz, M., Geschichte der königlichen Friedrich-Wilhelms-Universität zu Berlin, Halle 1910.

Lhéritier, M., Le despotisme éclairé, de Frédéric II à la Revolution française, in: BICHS 9 (1937), S. 181-225.

Lhéritier, M., Le rôle historique du despotisme éclairé, particulièrement au XVIIIe siècle, in: BICHS 1 (1928), S. 601-612.

Link, Chr., Herrschaftsordnung und bürgerliche Freiheit, Wien-Köln-Graz 1979.

List, G., Historische Theorie und nationale Geschichtsschreibung zwischen Frühliberalismus und Reichsgründung, in: Faulenbach (Hrsg.), Geschichtswissenschaft in Deutschland, S. 35-53.

Littlejohn, G. M., An introduction to Lublinskaya, in: Science and Society 1 (1972), S. 57-64.

Loewenstein, J. I., Hegels Staatsidee und die Liberalen der Bismarckzeit, in: TAJB III (1974), S. 153-172.

Lorenz, O., Die Geschichtswissenschaft in Hauptrichtungen und Aufgaben, Berlin 1886.

Lousse, E., Art. Absolutismus und Gottesgnadentum, in: 50 Beiträge zum europäischen Geschichtsbild, hrsg. in Zusammenarbeit mit dem Europarat und dem internationalen Schulbuchinstitut, Gütersloh 1964, S. 9-16.

Lousse, E., La Commission internationale pour l'histoire des Assembles d'états 1936-1956, in: Schweizer Beiträge zur Allgemeinen Geschichte 14 (1956), S. 190-210.

Löwith, K., Von Hegel zu Nietzsche, Der revolutionäre Bruch im Denken des neunzehnten Jahrhunderts, 4. Aufl., Stuttgart 1958.

Lubasz, H., The development of the modern state, New York-London (Macmillan) 1964.

Lublinskaya, A. D., The contemporary bourgeois conception of absolute monarchy, in: Science and Society 1 (1972), S. 65-92 (zuerst russ. 1961).

Lübbe, H., Politische Philosophie in Deutschland. Studien zu ihrer Geschichte, Basel 1963.

Lüdtke, A., „Gemeinwohl", Polizei und „Festungspraxis". Staatliche Gewaltsamkeit und innere Verwaltung in Preußen, 1815-1850, Göttingen 1982.

Lüdtke, A., Genesis und Durchsetzung des „modernen Staates". Zur Analyse von Herrschaft und Verwaltung, in: Archiv für Sozialgeschichte 20 (1980), S. 474-479.

Maier, H., Die Lehre der Politik an den älteren deutschen Universitäten, in: ders., Politische Wissenschaft in Deutschland, erw. Neuausg., München-Zürich 1985, S. 31-67 (zuerst 1962).

Maihofer, W., Hegels Prinzip des modernen Staates, in: Riedel (Hrsg.), Materialien zu Hegels Rechtsphilosophie, Bd. 2, S. 361-392 (zuerst 1969).

Malettke, K. (Hrsg.), Ämterkäuflichkeit: Aspekte sozialer Mobilität im europäischen Vergleich (17. und 18. Jahrhundert), Berlin 1980.

Malettke, K., Fragestellungen und Aufgaben der neueren Absolutismus-Forschung in Frankreich und Deutschland, in: GWU 30 (1979), S. 140-157.

Mandrou, R., Staatsräson und Vernunft (1649-1775), Berlin-Wien 1975.

Mandt, H., Tyrannislehre und Widerstandsrecht. Studien zur deutschen politischen Theorie des 19. Jahrhunderts, Darmstadt-Neuwied 1974.

Mannheim, K., Konservatismus. Ein Beitrag zur Soziologie des Wissens, hrsg. v. D. Kettler/N. Meja/N. Stehr, Frankfurt a. M. 1984.

Martin, A. v., Der preußische Altkonservatismus und der politische Katholizismus in ihren gegenseitigen Beziehungen, in: Deutsche Vierteljahresschrift für Literaturwissenschaft und Geistesgeschichte 7 (1929), S. 489-514.

Martin, A. v., Weltanschauliche Motive im altkonservativen Denken, in: FS F. Meinecke, München-Berlin 1922, S. 342-384.

Martitz, F. v., Die Monarchie als Staatsform, Berlin 1903.

Masur, G., Friedrich Julius Stahl. Geschichte seines Lebens. Aufstieg und Entfaltung 1802-1840, Berlin 1930.

Mayer, G., Die Anfänge des politischen Radikalismus im vormärzlichen Preußen, in: ders., Radikalismus, Sozialismus und bürgerliche Demokratie, hrsg. v. H.-U. Wehler, Frankfurt a. M. 1969, S. 7-107 (zuerst 1913).

Mayer. G., Die Junghegelianer und der preußische Staat, in: HZ 121 (1920), S. 413-440.

McClelland, Ch., The German Historians and England, London-New York (Cambridge University Press) 1971.

Meinecke, F., Die deutsche Katastrophe, 5. Aufl., Wiesbaden 1955 (zuerst 1946).

Meinecke, F., Johann Gustav Droysen. Sein Briefwechsel und seine Geschichtsschreibung, in: HZ 141 (1929), S. 249-287.

Meinecke, F., Weltbürgertum und Nationalstaat, hrsg. u. eingel. v. H. Herzfeld, Berlin 1962 (zuerst 1907).

Meisner, H. O., Die Lehre vom monarchischen Prinzip im Zeitalter der Restauration und des Deutschen Bundes, Breslau 1913.

Meister, R., Studie zur Souveränität, Berlin (DDR) 1970.

Melton, J. Van Horn, From Enlightenment to Revolution: Hertzberg, Schlözer, and the Problem of Despotism in the Late Aufklärung, in: Central European History 12 (1979), S. 103-123.

Mieck, I., Europäische Geschichte der Frühen Neuzeit, Stuttgart 1970.

Mittenzwei, I., Theorie und Praxis des aufgeklärten Absolutismus in Brandenburg-Preußen, in: JfG 6 (1972), S. 53-106.

Mittenzwei, I./Herzfeld, E., Brandenburg-Preußen 1648-1789. Das Zeitalter des Absolutismus in Text und Bild, Köln 1987.

Mittenzwei, I., Über das Problem des aufgeklärten Absolutismus, in: ZfG 18 (1970), S. 1162-1173.

Mizia, R., Hegelianischer Freiheitsbegriff und Geschichtsschreibung im Vormärz: H. F. W. Hinrichs, Politische Vorlesungen, in: Dilcher u. a. (Hrsg.), Grundrechte im 19. Jahrhundert, S. 45-64.

Mommsen, H., Zum Verhältnis von politischer Wissenschaft und Geschichtswissenschaft in Deutschland, in: Vierteljahreshefte für Zeitgeschichte 10 (1962) S. 283-329.

Mommsen, K., Auf dem Wege zur Staatssouveränität. Staatliche Grundbegriffe in Basler juristischen Doktordisputationen des 17. und 18. Jahrhunderts, Bern 1970.

Mommsen, W., Zur Beurteilung des Absolutismus, in: Hubatsch (Hrsg.), Absolutismus, S. 65-93 (zuerst 1938).

Mommsen, W. J. (Hrsg.), Leopold von Ranke und die moderne Geschichtswissenschaft, Stuttgart 1988.

Mommsen, W. J., Max Webers Begriff der Universalgeschichte, in: J. Kocka (Hrsg.), Max Weber, der Historiker, S. 51-72.

Moore, B., Soziale Ursprünge von Diktatur und Demokratie. Die Rolle der Grundbesitzer und Bauern bei der Entstehung der modernen Welt, Frankfurt 1969 (zuerst engl. 1966).

Mousnier, R., Quelques remarques pour une comparaison des monarchie absolues en Europe et en Asie, in: Revue historique 272 (1984), S. 29-44.

Mönch, B., Der politische Wortschatz der französischen Restauration in Parlament und Presse, Diss. phil. Bonn 1960.

Mucke, R., Die politischen Bewegungen in Deutschland von 1830 bis 1835, Leipzig 1875.

Muhlack, U., Physiokratie und Absolutismus in Frankreich und Deutschland, in: ZHF 9 (1982), S. 15-46.

Mühlpfordt, G., Karl Hagen. Vom Historiker der radikalen Reformation zum Radikaldemokraten 1848, in: TAJB 9 (1980), S. 219-272.

Müller, J. J. (Hrsg.), Germanistik und deutsche Nation 1806-1848. Zur Konstitution bürgerlichen Bewußtseins, Stuttgart 1974.

Müller, J., Karl Biedermann und die preußische Hegemonie in Deutschland. Vom Liberalismus zum Bonapartismus, Diss. Leipzig 1972.

Nabrings, A., Der Einfluß Hegels auf die Lehre vom Staat bei Stahl, in: Der Staat 22 (1983), S. 169-186.

Näf, W., Die Epochen der neueren Gechichte, 2 Bde., 2. Aufl., Aarau 1959.

Näf, W., Frühformen des modernen Staates im Spätmittelalter, in: H.-H. Hofmann (Hrsg.), Die Entstehung des modernen souveränen Staates, S. 101-114 (zuerst 1951).

Neher, W., Arnold Ruge als Politiker und politischer Schriftsteller, Heidelberg 1933.

Neubauer, H., Die Bauernreform Alexanders II. als Ausgangspunkt adeliger Konstitutionsbestrebungen, in: JbbGOE, N.F. 4 (1956), S. 106-137.

Neugebauer, W., Absolutistischer Staat und Schulwirklichkeit in Brandenburg-Preußen, Berlin-New York 1985.

Neumeister, A., Romantische Elemente im Denken der liberalen Führer des Vormärzes, Diss. phil. Leipzig 1931.

Neumüller, M., Liberalismus und Revolution. Das Problem der Revolution in der deutschen liberalen Geschichtsschreibung des 19. Jahrhunderts, Düsseldorf 1973.

Niedhart, G., Aufgeklärter Absolutismus oder Rationalisierung der Herrschaft, in: ZHF 6 (1979), S. 199-211.

Nipperdey, Th., Deutsche Geschichte 1800-1866. Bürgerwelt und starker Staat, München 1983.

Nolte, E., Art. Diktatur, in: Geschichtliche Grundbegriffe, Bd. 1 (1972), S. 900-927.

Obenaus, H., Anfänge des Parlamentarismus in Preußen bis 1848, Düsseldorf 1984.

Oertzen, P. v., Die soziale Funktion des staatsrechtlichen Positivismus, Frankfurt a. M. 1974.

Oestreich, G., Geist und Gestalt des frühmodernen Staates, Berlin 1969.

Oestreich, G., Fritz Hartung als Verfassungshistoriker (1883-1967), in: ders., Strukturprobleme der Frühen Neuzeit, S. 34-56.

Oestreich, G., Otto Hintze und die Verwaltungsgeschichte, in: O. Hintze, Gesammelte Abhandlungen, Bd. III, S. 7-3.

Oestreich, G., Ständetum und Staatsbildung in Deutschland, in: ders., Geist und Gestalt des frühmodernen Staates, S. 277-289 (zuerst 1965).

Oestreich, G., Strukturprobleme der Frühen Neuzeit, hrsg. v. B. Oestreich, Berlin 1980.

Oestreich, G., Strukturprobleme des europäischen Absolutismus, in: ders., Geist und Gestalt des frühmodernen Staates, Berlin 1969, S. 179-197 (zuerst 1968).

Oestreich, G./Auerbach, I., Die Ständische Verfassung in der westlichen und in der marxistisch-sowjetischen Geschichtsschreibung, in: ders., Strukturprobleme der frühen Neuzeit, Berlin 1980, S. 161-200 (zuerst 1972).

Oexle, O. G., Otto von Gierkes „Rechtsgeschichte der deutschen Genossenschaft". Ein Versuch wissenschaftsgeschichtlicher Rekapitulation, in: Hammerstein (Hrsg.), Deutsche Geschichtswissenschaft um 1900, S. 193-217.

On the State, in: International Social Science Journal, Vol. XXXII, Nr. 4, Paris 1980.

Palme, U., Parlament und Bürokratie im 16. bis 20. Jahrhundert, in: Bosl (Hrsg.), Der moderne Parlamentarismus und seine Grundlagen in der ständischen Repräsentation, S. 137-176.

Pankoke, E., Sociale Bewegung – sociale Frage – sociale Politik. Grundfragen der deutschen ‚Socialwissenschaft' im 19. Jahrhundert, Stuttgart 1970.

Pannenberg, W., Reformation und Neuzeit, in: Renz/Graf (Hrsg.), Protestantismus und Neuzeit, S. 21-34.

Petermann, Th., Claude-Henri de Samt-Simon: Die Gesellschaft als Werkstatt, Berlin 1979.

Petrie, Ch., Die absolute Monarchie und ihr System, in: Historia Mundi, Bd. 7, hrsg. v. F. Valjavec, Bern/München 1957, S. 249-276.

Pfetsch, F. R., Zur Entwicklung der Wissenschaftspolitik in Deutschland (1750-1914), Berlin 1974.

Plessner, H., Die verspätete Nation, 2., erw. Aufl., Stuttgarl 1959 (zuerst u. d. T.: Das Schicksal des deutschen Geistes im Ausgang seiner bürgerlichen Epoche, Zürich 1935).

Poggi, G., The Development of the Modern State, Stanford (Stanford University Press) 1978.

Politics and Society in the Holy Roman Empire, 1500-1806. The Journal of Modern History, Vol. 58, Supplement, Chicago 1986.

Poulantzas, N., Politische Macht und gesellschaftliche Klassen, Frankfurt a. M., 2. überarb. Aufl. 1975 (zuerst franz. 1968).

Puchta, H., Die Entstehung politischer Ideologien im 19. Jahrhundert. Dargestellt am Beispiel des Staatslexikons von Rotteck-Welcker und des Staats- und Gesellschaftslexikons von Hermann Wagener, Diss. phil. Erlangen-Nürnberg 1972.

Puhle, H.-J., Theorien in der Praxis des vergleichenden Historikers, in: J. Kocka/ Th. Nipperdey (Hrsg.), Theorie und Erzählung in der Geschichte, S. 119-136.

Quaritsch, H., Staat und Souveränität, Bd. 1, Frankfurt a. M. 1970.

Rassem, M./Stagl, J. (Hrsg.), Statistik und Staatsbeschreibung in der Neuzeit, vornehmlich im 16.-18. Jahrhundert, Paderborn-München-Wien-Zürich 1980.

Raumer, K. v., Absoluter Staat, korporative Libertät, persönliche Freiheit, in: Hubatsch (Hrsg.), Absolutismus, S. 152-201 (zuerst 1957).

Raumer, K. v./Botzenhart, M., Deutschland um 1800: Krise und Neugestaltung. Von 1789 bis 1815, Wiesbaden 1959-1980.

Rausch, H. (Hrsg.), Die geschichtlichen Grundlagen der modernen Volksvertretung, 2 Bde., Darmstadt 1974.

Real, W., Geschichtliche Voraussetzungen und erste Phasen des politischen Professorentums, in: Darstellungen und Quellen zur Geschichte der deutschen Einheitsbewegung im neunzehnten Jahrhundert, hrsg. v. Chr. Probst, Bd. 9, Heidelberg 1974, S. 7-95.

Reclam, H., Über die Herkunft des Ausdrucks „Aufgeklärter Absolutismus" (despotisme éclairé), Diss. phil. Berlin 1943.

Reichardt, R./Schmitt, E. (Hrsg.), Handbuch politisch-sozialer Grundbegriffe in Frankreich 1680-1820, München 1985 ff.

Reissner, H. G., Eduard Gans. Ein Leben im Vormärz, Tübingen 1965.

Renz, H./Graf, F. W. (Hrsg.), Protestantismus und Neuzeit, Gütersloh 1984.

Repgen, K., X. Internationaler Historikerkongreß in Rom, in: GWU 7 (1956), S. 43-47.

Rhein, F., Zehn Jahre „Historisch-politische Blätter" 1838-1848, Diss. phil. Bonn 1916.

Richter, M., Art. Despotism, in: Dictionary of the History of Ideas, hrsg. v. Ph. P. Wiener, New York 1973, Bd. 2, S. 1-18.

Ricken, U., Opposition et polarités d'un champ notionnel: Les philosophes et l'absolutisme éclairé in: AHRF 51 (1979), S. 547-557.

Riedel, M., Aristoteles-Tradition und Französische Revolution, in: ders., Metaphysik und Metapolitik, Frankfurt a. M. 1975, S. 129-168 (zuerst 1963).

Riedel, M., Art. Gesellschaft, bürgerliche, in: Geschichtliche Grundbegriffe, Bd. 2 (1975), S. 719-800.

Riedel, M. (Hrsg.), Materialien zu Hegels Rechtsphilosophie, 2 Bde., Frankfurt a. M. 1975.

Riedel, M., Politik und Geschichte. F. C. Dahlmann und der Ausgang der Aristoteles-Tradition, in: ders., Metaphysik und Metapolitik, Frankfurt a. M. 1975, S. 307-329 (zuerst 1969).

Riedel, M., Der Staatsbegriff der deutschen Geschichtsschreibung des 19. Jahrhunderts in seinem Verhältnis zur klassisch-politischen Philosophie, in: Der Staat 2 (1963), S. 41-63.

Ries, P., Robert Molesworths Analyse des dänischen Absolutismus, in: D. Lohmeier (Hrsg.), Arte et marte, Studien zur Adelskultur des Barockzeitalters in Schweden, Dänemark und Schleswig-Holstein, Neumünster 1978, S. 43-66.

Ritter, G., Der X. Internationale Historikerkongreß in Rom (4.-11. September 1955), in: HZ 180 (1955), S. 657-663.

Ritter, G. A., Die deutschen Parteien 1830-1914, Göttingen 1985.

Ritter, J., Hegel und die französische Revolution, in: ders., Metaphysik und Politik, S. 183-255 (zuerst 1956).

Ritter, J., „Politik“ und „Ethik“ in der praktischen Philosophie des Aristoleles, in: ders., Metaphysik und Politik. Studien zu Aristoteles und Hegel, Frankfurt a. M. 1977, S. 106-132 (zuerst 1967).

Ritter, R., Der Wandel der Souveränitätsidee in der politischen Literatur Frankreichs von 1587-1630, Diss. phil. Freiburg i. Br. 1968.

Rosenberg, H., Bureaucracy, Aristocracy and Autocracy: The Prussian Experience 1660-1815, Cambridge (Harvard University Press) 1958.

Rosenberg, H., Politische Denkströmungen im deutschen Vormärz, Göttingen 1972.

Rosenberg, H., Zur Geschichte der Hegelauffassung, in: ders., Politische Denkströmungen im deutschen Vormärz, S. 69-96 (zuerst 1927).

Rosenberg, H., Theologischer Rationalismus und vormärzlicher Vulgärliberalismus, in: ders., Politische Denkströmungen im deutschen Vormärz, S. 18-50 (zuerst 1930).

Rosenberg, H., Arnold Ruge und die „Hallischen Jahrbücher“, in: ders., Politische Denkströmungen im deutschen Vormärz, S. 97-114 (zuerst 1930).

Rosenberg, H., Geistige und politische Strömungen an der Universität Halle in der ersten Hälfte des 19. Jahrhunderts, in: ders., Politische Denkströmungen im deutschen Vormärz, S. 51-68 (zuerst 1929).

Rosenzweig, F., Hegel und der Staat, 2 Bde., München-Berlin 1920.

Rothacker, E., Savigny, Grimm, Ranke. Ein Beitrag zur Frage nach dem Zusammenhang der Historischen Schule, in: HZ 128 (1923), S. 415-445.

Rothe, K., Selbstsein und bürgerliche Gesellschaft. Hegels Theorie der konkreten Freiheit, Bonn 1976.

Rother, H., Geschichte und Politik in der Gedankenwelt Johann Gustav Droysens, Berlin 1935.

Rückert, J., August Luwig Reyschers Leben und Rechtstheorie. 1802-1880, Berlin 1974.

Rürup, R., Deutsche Geschichte im 19. Jahrhundert, 1815 bis 1871, Göttingen 1984.

Rüsen, J., Johann Gustav Droysen, in: Deutsche Historiker, hrsg. v. H.-U. Wehler, Bd. II, Göttingen 1971, S. 7-23.

Saage, R., Herrschaft. Toleranz. Widerstand. Studien zur politischen Theorie der Niederländischen und Englischen Revolution. Frankfurt a. M. 1981.

Sachße, Chr./Tennstedt, F. (Hrsg.), Soziale Sicherheit und soziale Disziplinierung, Frankfurt a. M. 1985.

Salomon, L., Geschichte des deutschen Zeitungswesens, Bd. 3, Oldenburg 1906.

Sanchez-Agesta, L., Der Staat bei Bodin und in der spanischen Rechtsschule, in: Der Staat 16 (1977), S. 359-371.

Scharf, C., Strategien marxistischer Absolutismusforschung. Der Absolutismus in Rußland und die Sowjethistoriker, in: Annall ISIG 5 (1979), S. 457-506.

Schaumkell, E., Geschichte der deutschen Kulturgeschichtsschreibung, Leizig 1905.

Scheel, W., Das Berliner politische Wochenblatt und die politische und soziale Revolution in Frankreich und England, Göttingen 1964.

Scheuner, U., Hegel und die deutsche Staatsidee des 19. und 20. Jahrhunderts, in: Studium Berolinense, hrsg. v. H. Leussink u. a., Berlin 1960, S. 129-151.

Schieder, Th., Art. Droysen, in: NDB, Bd. 4 (1959), S. 135-137.

Schieder, W., Der rheinpfälzische Liberalismus von 1832 als politische Protestbewegung, in: Vom Staat des Ancien Regime zum modernen Parteienstaat. FS Th. Schieder zum 70. Geb., München/Wien 1978, S. 169-195.

Schieder, W., Die Anfänge der deutschen Arbeiterbewegung. Die Auslandsvereine im Jahrzehnt nach der Julirevolution von 1830, Stuttgart 1963.

Schiera, P., Deutsche Wissenschaft und Realpolitik. 1848-1914, in: Wissenschaftskolleg zu Berlin, Jahrbuch 1982/83, S. 293-307.

Schiera, P./Rotelli, E. (Hrsg.), Lo stato moderno, 2 Bde., Bologna 1971-1973.

Schilfert, G., Deutschland von 1648-1789, Berlin (DDR) 1959.

Schlawe, F., Die junghegelianische Publizistik, in: WaG 20 (1960), S. 30-50.

Schleier, H., Die kleindeutsche Schule (Droysen, Sybel, Treitschke), in: Studien über die deutsche Geschichtswissenschaft, hrsg. v. J. Streisand, Berlin (DDR) 1983, Bd. 1, S. 271-310.

Schlumbohm, J., Exkurs zu den politisch-institutionellen Rahmenbedingungen in der Proto-Industrialisierung, in: P. Kriedte/H. Medick/J. Schlumbohm, Industrialisierung vor der Industrialisierung. Gewerbliche Warenproduktion auf dem Land in der Formationsperiode des Kapitalismus, Göttingen 1977, S. 258-271.

Schlumbohm, J., Freiheit. Die Anfänge der bürgerlichen Emanzipationsbewegung in Deutschland im Spiegel ihres Leitworts, Düsseldorf 1975.
Schmidt, G., Der deutsch-englische Gegensatz im Zeitalter des Imperialismus, in: H. Köhler (Hrsg.), Deutschland und der Westen, Berlin 1984, S. 59-81.
Schmidt, W., Lorenz von Stein, Eckernförde 1956.
Schnabel, F., Deutsche Geschichte im neunzehnten Jahrhundert, 2. Aufl., Bd. 2, Freiburg 1949.
Schnabel, F., Die Idee und die Erscheinung, in: Die Historische Kommission bei der Bayerischen Akademie der Wissenschaften 1858-1958, München 1958, S. 7-69.
Schnädelbach, H., Geschichtsphilosophie nach Hegel, Freiburg-München 1974.
Schnädelbach, H., Philosophie in Deutschland 1831-1933, Frankfurt a. M. 1983.
Schneider, F., Pressefreiheit und politische Öffentlichkeit. Studien zur Geschichte Deutschlands bis 1848, Neuwied-Berlin 1966.
Schoeler, G., Die Anfänge der konservativen Publizistik in Deutschland, Diss. phil. Berlin 1945.
Schoeps, H. J., Das andere Preußen. Konservative Gestalten im Zeitalter Friedrich Wilhelms IV., 2. bearb. und erw. Aufl., Honnef 1957.
Schorn-Schütte, L., Karl Lamprecht. Kulturgeschichtsschreibung zwischen Wissenschaft und Politik, Göttingen 1984.
Schorn-Schütte, L., Stadt und Staat. Zum Zusammenhang von Gegenwartsinteresse und Stadtgeschichtsschreibung der Jahrhundertwende, in: Die alte Stadt 10 (1983), S. 228-266.
Schröder, H.-Chr., Die neuere englische Geschichte im Lichte einiger Modernisierungstheoreme, in: Koselleck (Hrsg.), Studien zum Beginn der modernen Welt, S. 30-65.
Schubert, F. H., Die deutschen Reichstage in der Staatslehre der frühen Neuzeit, Göttingen 1966.
Schulte, v., Art. Zoepfl, in: ADB 45 (1900), S. 432-434.
Schulze, W., Deutschland im 16. Jahrhundert, Frankfurt a. M. 1988.
Schulze, W., Karl Friedrich Biedermann. Eine Studie zum Verhältnis von Wissenschaft, Publizistik und Politik im deutschen Vormärz, in: Aus Theorie und Praxis der Geschichtswissenschaft. FS H. Herzfeld zum 80. Geburtstag, hrsg. v. D. Kurze, Berlin-New York 1972, S. 299-326.
Schulze, W., Landesdefension und Staatsbildung. Studien zum Kriegswesen des innerösterreichischen Territorialstaates (1564-1619), Wien-Köln-Graz 1973.
Schumann, H. G., (Hrsg.), Konservatismus, Köln 1974.
Schumpeter, J., Die Krise des Steuerstaates, in: Goldscheid/Schumpeter, Die Finanzkrise des Steuerstaates, S. 329-379 (zuerst 1918).
Schürmann, A., Friedrich Wilhelm Carové. Sein Werk als Beitrag zur Kritik an Staat und Kirche im frühliberalen Hegelianismus, Diss. phil. Bochum 1971.

Schwabe, K. (Hrsg.), Deutsche Hochschullehrer als Elite 1815-1945, Boppard a. Rh. 1988.

Scott, H. M., Whatever happened to the enlightened despots?, in: history 68 (1983), S. 245-257.

Scribner, B., Understanding Early Modern Europe, in: The Historical Journal 30 (1987), S. 743-758.

Seier, H., Die Staatsidee Heinrich v. Sybels in den Wandlungen der Reichsgründungszeit 1862/71, Lübeck-Hamburg 1961.

Seier, H., Sybels Vorlesungen über Politik und die Kontinuität des „staatsbildenden" Liberalismus, in: HZ 187 (1959), S. 90-112.

Seifert, A., Staatenkunde, eine neue Disziplin und ihr wissenschaftstheoretischer Ort, in: Rassem/Stagl (Hrsg.), Statistik und Staatsbeschreibung in der Neuzeit, S. 217-244.

Sellin, V., Friedrich der Große und der aufgeklärte Absolutismus. Ein Beitrag zur Klärung eines umstrittenen Begriffs, in: Engelhardt u. a. (Hrsg.), Soziale Bewegung und politische Verfassung, S. 83-112.

Sheehan, J., Der deutsche Liberalismus. Von den Anfängen im 18. Jahrhundert bis zum ersten Weltkrieg 1770-1914 (zuerst engl. 1978).

Sieburg, H.-O., Deutschland und Frankreich in der Geschichtsschreibung des 19. Jahrhunderts, 2 Bde., Wiesbaden 1954 u. 1958.

Siemann, W., Die Frankfurter Nationalversammlung 1848/49 zwischen demokratischem Liberalismus und konservativer Reform, Bern-Frankfurt a. M. 1976.

Silberner, E., Johann Jacoby. Politiker und Mensch, Bonn-Bad Godesberg 1976.

Simhart, F., Bürgerliche Gesellschaft und Revolution. Eine ideologiekritische Untersuchung des politischen und sozialen Bewußtseins in der Mitte des 19. Jahrhunderts. Dargestellt am Beispiel einer Gruppe des Münchener Bildungsbürgertums, München 1978.

Skalweit, St., Der Beginn der Neuzeit. Epochengrenze und Epochenbegriff, Darmstadt 1982.

Skalweit, St., Das Herrscherbild des 17. Jahrhunderts, in: Hubatsch (Hrsg.), Absolutismus, S. 248-267 (zuerst 1957).

Skalweit, St., Das Zeitalter des Absolutismus als Forschungsproblem, in: Deutsche Vierteljahresschrift für Literaturwissenschaft und Geistesgeschichte 35 (1961), S. 298-315.

Skazkin, S. D., Art. Absolutism, in: Great Soviet Encyclopedia, 3. Aufl., London 1973, Vol. 1, S. 35-36.

Soboul, A., Historique de la notion d'absolutisme éclairé, in: Köpeczi u. a. (Hrsg.), L'absolutisme éclairé, S. 27-31.

Sontheimer, K., Antidemokratisches Denken in der Weimarer Republik, 3. Aufl., München 1978.

Spühler, W., Der Saint-Simonismus. Lehre und Leben von Saint-Amand Bazard, Zürich 1926.

Srbik, H. Ritter v., Geist und Geschichte vom deutschen Humanismus bis zur Gegenwart, 2 Bde., München-Salzburg 1950/51.

Stammen, Th./Eberle, Fr., Einleitung, in: dies. (Hrsg.), Deutschland und die Französische Revolution 1789-1806, Darmstadt 1988, S. 1-25.

Stammler, W., Politische Schlagworte in der Zeit der Aufklärung, in: Lebenskräfte in der abendländischen Geistesgeschichte. Dank- und Erinnerungsgabe an Walter Goetz, Marburg 1948, S. 199-259.

Stegmann, D./Wendt, H.-J./Witt, P.-Chr. (Hrsg.), Deutscher Konservatismnus im 19. und 20. Jahrhundert. FS Fritz Fischer zum 75. Geburtstag, Bonn 1963.

Stintzing, R. v./Landsberg, E., Geschichte der deutschen Rechtswissenschaft, 3 Teile, München-Leipzig 1880-1910.

Stollberg-Rilinger, B., Der Staat als Maschine. Zur politischen Metaphorik des absoluten Fürstenstaats, Berlin 1986.

Stolleis, M., Arcana imperii und Ratio status, Göttingen 1980.

Stolleis, M., Geschichte des öffentlichen Rechts in Deutschland, Bd. 1 (1600-1800), München 1988.

Stolleis, M., Verwaltungslehre und Verwaltungswissenscbaft 1803-1866, in: Jeserich/Pohl/v. Unruh (Hrsg.), Deutsche Verwaltungsgeschichte, Bd. 2, S. 56-94.

Strauß, H., Zur sozial- und ideengeschichtlichen Einordnung Arnold Ruges, in: Schweizer Beiträge zur Allgemeinen Geschichte 12 (1954), S. 162-173.

Streckfuß, K., Adolph Friedrich Karl Streckfuß (1779-1844), in: Zeitschrift des Vereins für die Geschichte Berlins 66 (1939), H. 2, S. 45-61.

Strnad, A. A., Aspekte des Absolutismus in neuerer Sicht, in: Innsbrucker Historische Studien 5 (1982), S. 181-192.

Sturmberger, H., Das Problem der Vorbildhaftigkeit des türkischen Staatswesens im 16. und 17. Jahrhundert und sein Einfluß auf den europäischen Absolutismus, in: XIIe Congrès International des Sciences Historiques, Wien 1965, Rapport IV, S. 201-209.

Taylor, Ch., Hegel, Frankfurt a. M. 1975.

Thadden, R. v., Georg Gottfried Gervinus und Friedrich Christoph Dahlmann. Geschichte md Politik, in: Boockmann/Wellenreuther (Hrsg.), Geschichtswissenschaft in Göttingen, S. 186-203.

Marxistisch-leninistische allgemeine Theorie des Staates und des Rechts, hrsg. v. Institut für Theorie des Staates und des Rechts der Akademie der Wissenschaften der DDR, Bd. 2, Berlin (DDR) 1974.

Tilly, Ch. (Hrsg.), The Formation of the National State, Princeton (Princeton University Press) 1975.

Titze, H., Die Politisierung der Erziehung, Frankfurt a. M. 1973.

Torke, H.-J., Die neuere Sowjethistoriographie zum Problem des russischen Absolutismus, in: Forschungen zur osteuropäischen Geschichte, Bd. 20 (1973), S. 113-133.

Troeltsch, E., Probleme des Historismus, Tübingen 1922.

Tullner, M., Die Entwicklung der „Mannheimer Abendzeitung“ zum führenden Organ der süddeutschen kleinbürgerlichen Demokratie 1844-1847/48, Diss. Magdeburg 1974.

Ullmann, H.-P., Staatsschulden und Reformpolitik. Die Entstehung moderner öffentlicher Schulden in Bayern und Baden 1780-1820, Göttingen 1986.

Valjavec, F., Die Entstehung der politischen Strömungen in Deutschland 1770-1815. Unveränd. Nachdr. der Erstausgabe von 1951, mit einem Nachwort v. J. Garber, Kronberg/Ts.-Düsseldorf 1978.

Varrentrapp, C., Rankes Historisch-politische Zeitschrift und das Berliner Politische Wochenblatt, in: HZ 99 (1907), S. 35-119.

Vetter, K., Die Stände im absolutistischen Preußen. Ein Beitrag zur Absolutismus-Diskussion, in: ZfG 24 (1976), S. 1290-1306.

Vierhaus, R., Absolutismus, in: ders., Deutschland im 18. Jahrhundert, S. 63-83 (zuerst 1966).

Vierhaus, R., Politisches Bewußtsein in Deutschland vor 1789, in: ders., Deutschland im 18. Jahrhundert, S. 183-201 (zuerst 1967).

Vierhaus, R., Art. Bildung, in: Geschichtliche Grundbegriffe, Bd. 1 (1972), S. 508-551.

Vierhaus, R., Deutschland im 18. Jahrhundert. Politische Verfassung – Soziales Gefüge – Geistige Bewegungen. Ausgewählte Aufsätze, Göttingen 1987.

Vierhaus, R., Deutschland im Zeitalter des Absolutismus, Göttingen 1978.

Vierhaus, R., Grundlagen europäischer Zivilisation. Zum Problem der Darstellung europäischer Geschichte, in: K.-E. Jeismann/R. Riemenschneider (Hrsg.), Geschichte Europas für den Unterricht der Europäer, Braunschweig 1980, S. 12-22.

Vierhaus, R. (Hrsg.), Herrschaftsverträge, Wahlkapitulationen, Fundamentalgesetze, Göttingen 1977.

Vierhaus, R., Otto Hintze und das Problem der vergleichenden europäischen Verfassungsgeschichte, in: Büsch/Erbe (Hrsg.), Otto Hintze und die moderne Geschichtswissenschaft, S. 95-110.

Vierhaus, R., Art. Konservativ, Konservatismus, in: Geschichtliche Grundbegriffe, Bd. 3 (1982), S. 531-565.

Vierhaus, R., Art. Liberalismus, in: Geschichtliche Grundbegriffe, Bd. 3 (1982), S. 741-785.

Vierhaus, R., Staaten und Stände. Vom Westfälischen bis zum Hubertusburger Frieden 1648 bis 1763, Berlin 1984.

Vierhaus, R., Ständewesen und Staatsverwaltung in Deutschland im späteren 18. Jahrhundert, in: ders., Deutschland im 18. Jahrhundert, S. 33-49 (zuerst 1966).

Vogel, B., Beamtenkonservatismus. Sozial- und verfassungsgeschichtliche Voraussetzungen der Parteien in Preußen im frühen 19. Jahrhundert, in: D. Stegmann u. a. (Hrsg.), Deutscher Konservatismus im 19. und 20. Jahrhundert, S. 1-31.

Vogel, B., Reformpolitik in Preußen 1807-1820, in: Preußen im Rückblick, hrsg. v. H.-J. Puhle/H.-U. Wehler, Göttingen 1980, S. 202-223.

Vontobel, J., Die liberal-konservative organische Rechts- und Staatslehre Johann Caspar Bluntschlis, Diss. Zürich 1956.

Wagner, F., Europa im Zeitalter des Absolutismus und der Aufklärung. Die Einheit der Epoche, in: ders. (Hrsg.), Europa im Zeitalter des Absolutismus und der Aufklärung, Stuttgart 1968, S. 1-163.

Waitz, E., Georg Waitz. Ein Lebens- und Charakterbild, Berlin 1913.

Walder, E., Aufgeklärter Absolutismus und Staat, in: v. Aretin (Hrsg.), Aufgeklärter Absolutismus, S. 123-146 (zuerst 1957).

Walder, E., Zur Geschichte und Problematik des Epochenbegriffs „Neuzeit" und zum Problem der Periodisierung der europäischen Geschichte, in: Festgabe H. v. Greyerz zum 60. Geb., Bern 1967, S. 21-47.

Wallerstein, I., Das moderne Weltsystem: Kapitalistische Landwirtschaft und die Entstehung der europäischen Weltwirtschaft im 16. Jahrhundert, Frankfurt a. M. 1986 (zuerst amerik. 1974).

Weber, H. (Hrsg.), Politische Ordnungen und soziale Kräfte im alten Reich, Wiesbaden 1980.

Weber, M., Gesammelte Aufsätze zur Religionssoziologie, Bd. 1, Tübingen 1920.

Weber, M., Wirtschaft und Gesellschaft, 5., rev. Aufl., Tübingen 1976.

Wehner, O., Ludwig Karl Aegidi (1825-1901). Ein Lebensbild des ersten Pressesprechers im Deutschen Auswärtigen Amt, in: JGMOD 37 (1988), S. 91-103.

Weidemann, W., Friedrich Murhard (1778-1853) und der Altliberalismus, in: Zeitschrift des Vereins für hessische Geschichte und Landeskunde, N. F., Bd. 45 (1928), S. 229-276.

Weinacht, P.-L., Staat. Studien zur Bedeutungsgeschichte des Wortes von den Anfängen bis ins 19. Jahrhundert, Berlin 1968.

Weis, E. (Hrsg), Reformen im rheinbündischen Deutschland, München 1984.

Weis, E., Art. Absolutismus, in: Staats-Lexikon der Görres-Gesellschaft, 7., völlig neu bearb. Aufl., Freiburg 1985, Sp. 37-41.

Weis, E., Bayerns Beitrag zur Wissenschaftsentwicklung im 19. und 20. Jahrhundert, in: M. Spindler (Hrsg.), Handbuch der bayerischen Geschichte, Bd. 4/2, München 1975, S. 1036-1088.

Weis, E., Der Durchbruch des Bürgertums 1776-1848, Berlin 1978.

Weis, E., Enlightenment and Absolutism in the Holy Roman Empire: Thoughts on Enlightened Absolutism in Germany, in: Politics and Society in the Holy Roman Empire, 1500-1806, S. 181-197.

Weiss, A. R., Friedrich Adolf Trendelenburg und das Naturrecht im 19. Jahrhundert, Kallmünz/Opf. 1960.

Wenck, W., Deutschland vor hundert Jahren, Leipzig 1887.

Wende, P., Radikalismus im Vormärz, Wiesbaden 1975.

Westphal, O., Bemerkungen über die Entwicklung einer allgemeinen Staatslehre in Deutschland, in: Vom staatlichen Werden und Wesen. FS E. Marcks zum 60. Geb., dargeb. v. L. Bergsträsser u. a., Stuttgart-Berlin 1921, S. 25-42.

Westphal, O., Der Staatsbegriff Heinrich v. Treitschkes, in: Deutscher Staat und deutsche Parteien. FS F. Meinecke zum 60. Geb., hrsg. v. P. Wentzke, München-Berlin 1922, S. 155-200.

Westphal, O., Welt- und Staatsauffassung des deutschen Liberalismus. Eine Untersuchung über die Preußischen Jahrbücher und den konstitutionellen Liberalismus in Deutschland von 1868 bis 1863, München 1919.

Wieacker, F., Privatrechtsgeschichte der Neuzeit, 2. neub. Aufl., Göttingen 1967.

Wild, R., Freidenker in Deutschland, in: ZHF 6 (1979), S. 253-285.

Wilhelm, Th., Die englische Verfassung und der vormärzliche Liberalismus, Stuttgart 1928.

Willoweit, D., Rechtsgrundlagen der Territorialgewalt, Köln-Wien 1975.

Wines, R. (Hrsg.), Enlightened Despotism. Reform or Reaction?, Boston (Heath), 1967.

Wirtz, R., „Widersetzlichkeiten, Excesse, Tumulte und Skandale". Soziale Bewegung und gewalthafter sozialer Protest in Baden 1815-1848, Frankfurt a. M.-Berlin-Wien 1981.

Wittram, R., Formen und Wandlungen des europäischen Absolutismus, in: Hubatsch (Hrsg.), Absolutismus, S. 94-117 (zuerst 1948).

Wolgast, E., Absolutismus in England, in: H. Patze (Hrsg.), Aspekte des europäischen Absolutismus, Hildesheim 1977, S. 1-22.

Wülfing, W., Schlagworte des Jungen Deutschland, in: ZdSpr, Bd. 21 (1965), S. 42-59 u. 160-174; Bd. 22 (1966), S. 36-56 u. 154-178; Bd. 23 (1967), S. 48-82 u. 166-177; Bd. 24 (1968), S. 60-71 u. 161-183; Bd. 25 (1969), S. 96-115 u. 175-179; Bd. 26 (1970), S. 60-83 u. 162-175.

Würtenberger, Th., Art, Legitimität, Legalität, in: Geschichtliche Grundbegriffe, Bd. 3 (1982), S. 677-740.

Wyduckel, D., Ius Publicum. Grundlagen und Entwicklung des Öffentlichen Rechts und der deutschen Staatsrechtswissenschaft, Berlin 1984.

Wyduckel, D., Princeps Legibus Solutus. Eine Untersuchung zur frühmodernen Rechts- und Staatslehre, Berlin 1979.

Zehntner, H., Das Staatslexikon von Rotteck und Welcker. Eine Studie zum deutschen Frühliberalismus, Jena 1929.

Zivilisationen & Geschichte

Herausgegeben von Ina Ulrike Paul und Uwe Puschner

Band 1 Ljiljana Heise: KZ-Aufseherinnen vor Gericht. Greta Bösel – „another of those brutal types of women"? 2009.

Band 2 Ivonne Meybohm: Erziehung zum Zionismus. Der Jüdische Wanderbund Blau-Weiß als Versuch einer praktischen Umsetzung des Programms der Jüdischen Renaissance. 2009.

Band 3 Tamara Or: Vorkämpferinnen und Mütter des Zionismus. Die deutsch-zionistischen Frauenorganisationen (1897-1938). 2009.

Band 4 Sonja Knopp: „Wir lebten mitten im Tod". Das „Sonderkommando" in Auschwitz in schriftlichen und mündlichen Häftlingserinnerungen. 2010.

Band 5 Vera Kallenberg: Von „liederlichen Land-Läuffern" zum „asiatischen Volk". Die Repräsentation der ‚Zigeuner' in deutschsprachigen Lexika und Enzyklopädien zwischen 1700 und 1850. Eine wissensgeschichtliche Untersuchung. 2010.

Band 6 Stefan Gerbing: Afrodeutscher Aktivismus. Interventionen von Kolonisierten am Wendepunkt der Dekolonisierung Deutschlands 1919. 2010.

Band 7 Karena Kalmbach: Tschernobyl und Frankreich. Die Debatte um die Auswirkungen des Reaktorunfalls im Kontext der französischen Atompolitik und Elitenkultur. 2011.

Band 8 Monika Brockhaus: „Ein Ereignis von weltgeschichtlicher Bedeutung". Die Balfour-Deklaration in der veröffentlichten Meinung. 2011.

Band 9 Klaus Geus (Hrsg.): Utopien, Zukunftsvorstellungen, Gedankenexperimente. Literarische Konzepte von einer „anderen" Welt im abendländischen Denken von der Antike bis zur Gegenwart. 2011.

Band 10 Gregor Hufenreuter: Philipp Stauff. Zur Geschichte des Deutschvölkischen Schriftstellerverbandes, des Germanen-Ordens und der Guido-von-List-Gesellschaft. Ideologe, Agitator und Organisator im völkischen Netzwerk des Wilhelminischen Kaiserreichs. 2011.

Band 11 Ghazal Ahmadi: Iran als Spielball der Mächte? Die internationalen Verflechtungen des Iran unter Reza Schah und die anglo-sowjetische Invasion 1941. 2011.

Band 12 Thomas Brünner: Public Diplomacy im Westen. Die Presseagentur *Panorama DDR* informiert das Ausland. 2011.

Band 13 Jonas Kleindienst: Die Wilden Cliquen Berlins. „Wild und frei" trotz Krieg und Krise. Geschichte einer Jugendkultur. 2011.

Band 14 Anne Katherine Kohlrausch: Literarische Selbstverortung als historische Handlung. *The Travels of Dean Mahomet*, 1794. 2011.

Band 15 Reinhard Blänkner: „Absolutismus". Eine begriffsgeschichtliche Studie zur politischen Theorie und zur Geschichtswissenschaft in Deutschland, 1830–1870. 2011.

www.peterlang.de

Peter Lang · Internationaler Verlag der Wissenschaften

Volker Seresse (Hrsg.)

Schlüsselbegriffe der politischen Kommunikation in Mitteleuropa während der frühen Neuzeit

Frankfurt am Main, Berlin, Bern, Bruxelles, New York, Oxford, Wien, 2009.
91 S.
Kieler Werkstücke. Reihe G. Beiträge zur Frühen Neuzeit.
Herausgegeben von Olaf Mörke. Bd. 4
ISBN 978-3-631-54590-4 · br. € 27.50*

Wer in der politischen Debatte bestimmte Schlüsselbegriffe verwendet, markiert damit seine Position; er zeigt, welche Normen von Politik und Gesellschaft er für wesentlich hält. Das ist heute nicht anders als in der Vormoderne, um deren politische Sprache es in diesem Band geht. In drei Fallstudien zur Schweizer Eidgenossenschaft, zu Schleswig-Holstein-Gottorf sowie zu Bayern und Kleve-Mark im Vergleich wird die politische Kommunikation es 16./17. Jahrhunderts untersucht. Welche Schlüsselbegriffe wurden als Argument in Konfliktsituationen verwendet? Welches Selbstverständnis der politischen Akteure – Bauern, städtische Magistrate, Landstände, Fürsten – ist anhand der Schlüsselbegriffe erkennbar? Welche Bedeutung für die großen Entwicklungslinien politischer Kultur hat es, wenn bestimmte Begriffe im Lauf der Zeit immer mehr hervor- oder zurücktraten?

Aus dem Inhalt: Zur Bedeutung von Schlüsselbegriffen der politischen Kommunikation für das Verständnis frühneuzeitlicher Politik · Werte und Normen in eidgenössischen Konflikten des 17. Jahrhunderts · Politische Argumente in einem ständisch-landesherrlichen Konflikt in Schleswig-Holstein-Gottorf im Jahr 1642 · Schlüsselbegriffe fürstlichen und landständischen Selbstverständnisses in Kleve-Mark und Bayern im 16./17. Jahrhundert

Printed by
CPI books GmbH, Leck

FSC
www.fsc.org
MIX
Papier | Fördert
gute Waldnutzung
FSC® C083411

Kolibri 360 GmbH
Ferdinand-Jühlke-Straße 7
99095 Erfurt, Deutschland
produktsicherheit@kolibri360.de